錢鍾書集

錢鍾書集

管錐編

（二）

生活·讀書·新知 三聯書店

圖書在版編目(CIP)數據

錢鍾書集:管錐編(二)/錢鍾書著.—2版.—北京:生活·讀書·新知三聯書店,2007.10 (2022.8重印)
ISBN 978-7-108-02750-4

Ⅰ.錢… Ⅱ.錢… Ⅲ.①錢鍾書(1910~1998)-文集 ②社會科學-文集 Ⅳ.C52

中國版本圖書館CIP數據核字(2007)第086086號

書名題簽　錢鍾書　楊　絳

特約編輯　趙秀亭
責任編輯　孫曉林　馮金紅
裝幀設計　陸智昌
責任印制　董　歡
出版發行　生活·讀書·新知三聯書店
　　　　　(北京市東城區美術館東街22號)
郵　　編　100010

目　次

老子王弼註 一九則

目　次

列子張湛註 九則

焦氏易林 三一則

目　次

楚辭洪興祖補註 一八則

目　次

太平廣記 二一三則

目　次

目　次

目　次

目　次

老子王弼註

一九則

一　老子王弼本

王弼註本《老子》詞氣𢚩舒，文理最勝，行世亦最廣。晉、唐註家於馬遷所謂"言道德之意五千餘言"者，各逞私意，陰爲筆削。欲洗鉛華而對真質，涴脂粉以出素面，吾病未能。原文本相，其失也均，寧取王本而已矣。清中葉錢大昕、嚴可均輩始盛推唐中宗景龍二年易州龍興觀碑本。倡新特而矜創獲，厭芻豢而思螺蛤，情侈意奢，獎譽溢量，無足怪而亦不必非者。逮今時移事往，言迹俱陳，善善從長，當戒偏頗。柳宗元《陸文通墓表》嘗譏專己訾異者曰："黨枯竹，護朽骨"；龍興頑石之不必黨護，猶枯竹與朽骨耳。錢氏《潛研堂金石文跋尾續》卷二稱龍興觀碑本多"從古字"，如"無"作"无"之類，又稱第一五章之"能弊復成"爲"遠勝他本"之"故能蔽不新成"。夫"無"作"无"，正如"氣"作"炁"、"夢"作"萲"，自是《參同契》、《真誥》以還，道流相沿結體，亦猶僧侶書"歸"作"皈"、"静慮"作"青心"，皆所以立異示別於俗人書字者。余少時見齋醮青詞黄榜猶然，不得概目爲"古字"；道俗之别，非古今之分也。以字之"從古"定本之近古，亦不盡愜。匹似有清乾嘉以還，學人作字，好準《説文》，猶徐鉉之以小篆體爲楷書、魏了翁之以小篆體爲行書（《徐公文集》附李昉《徐公墓志銘》、劉辰翁《須溪集》卷七《答劉英伯書》），施之於録寫四六文、五七言律絶詩、長短句，聊示抗志希古（參觀李慈銘《越縵堂日記》同治九年二月三十日）。

【增訂四】潘耒《遂初堂文集》卷六《曉菴遺書序》記王錫闡寅旭"著古衣冠，獨來獨往，用篆體作楷書，人多不識。"按顧炎武《太原寄王高士錫闡》："忽覩子綱書，欣然一稱善。"自註："王君尺牘多作篆書"；雖用孔融報張紘書語，實指"篆體楷書"耳。

倘有人書杜牧《張好好詩》、蘇軾《赤壁賦》，持較見存二篇真跡，亦必多"從古字"，然而其字太古適徵其本之非真古耳。蓋"從古"有二，勿容淆而一之。不自知之因襲，此可以沿流溯源者也；有所爲之矯揉，此則刻意"復古"，事已斷絃，心圖續尾，未渠可從而推見其所逕接親承者也。且本之"勝"否，依文義而不依字體。"能弊復成"之義固"遠勝他本"。顧碑本二六章之"輕則失臣"、四三章之"無有入於無聞"、四五章之"躁勝塞"、五〇章之"揩其爪"、六一章之"牡常以静勝牝"、七七章之"斯不見賢"，諸若此類，或義不可通，或義可通而理大謬，得不謂爲遠輸他本哉？亦豈可拈一臠以概全鼎、得筍而并煮叢竹哉？寸長尺短，固宜處以公心耳。龍興碑本之尤可笑者，在其節省助詞，句法每似無名之指屈而不伸。當縁道士陋妄，書字既"從古"，文詞亦以削去虚字爲古。譚獻《復堂類集·日記》卷五云："易州石刻語助最少，論者以爲近古"；同卷又云："閲《史記》，知後世之節字省句以爲古者，皆可笑也！"後節移併前節，便道出吾意中語。助詞雖號"外字"，非同外附。《文心雕龍·章句》

謂："'夫'、'惟'、'蓋'、'故'者，發端之首唱；'之'、'而'、'於'、'以'者，乃劄句之舊體；'乎'、'哉'、'矣'、'也'者，亦送末之常科。據事似閒，在用實切。"《史通·浮詞》亦謂："是以'伊'、'惟'、'夫'、'蓋'，發語之端也；'焉'、'哉'、'矣'、'兮'，斷句之助也。去之則言語不足，加之則章句獲全。""閒"而切"用"，"浮"而難"去"，正《老子》第一一章"當其無有以爲用"之理。彼黄冠之徒以語助爲無助於事，以虚字爲閒字、浮詞，殆未能觸類傍通歟？然則於五千言，雖口沫手胝，勒石壽珉，總如説食不飽耳。馮景《解舂集文鈔·補遺》卷二《與高雲客論魏序書》云："《論語》首章凡三十字。曩估客言，曾見海外盲儒發狂疾，删去虚字十六，訓其徒曰：'學時習，説。朋遠來，樂。不知，不愠，君子。'簡則簡矣，是尚爲通文義者乎？"余讀易州碑本《道德經》，時有海外盲儒爲《論語》削繁或吝惜小費人拍發電報之感。時賢承錢、嚴之緒言，奉碑本爲不刊，以河上公本亞之，而處王弼本于下駟。尊聞行知，亦無間然。偶覩其撰著，如第一〇章作："載營魄抱一，能无離？專氣致柔，能嬰兒？滌除玄覽，能无疵？愛人治國，能无爲？天門開闔，能爲雌？明白四達，能无知？"吾之惑滋甚。六句依文求義，皆屬陳敍口吻，乃標點作詰問語氣，中逗之而末加"？"號焉。何緣得意忘言如此？豈别有枕膝獨傳、夜半密授乎？既而恍悟：河上公本與碑本無異，唯王弼本六句末皆著"乎"字爲詰質語，問號之加，職是之由。是貌從碑本而實據王本，潛取王本之文以成碑本之義。范氏掩耳椎鐘，李逵背地吃肉，軒渠之資，取則不遠。余初讀《老子》即受王弼註本；龔自珍有《三别好》詩，其意則竊取之矣，亦曰從吾所好爾。

二　一　章

“道可道，非常道。名可名，非常名”；《註》：“可道之道、可名之名，指事造形，非其常也；故不可道、不可名也。”按《韓非子·解老》解首二句略謂物之存亡、死生、盛衰者，“不可謂常”，常者，“無攸易，無定理，是以不可道”；王註亦其意，特未逐字詁釋耳。俞正燮《癸巳存稿》卷一二云：“《老子》此二語‘道’、‘名’，與他語‘道’、‘名’異。此云‘道’者，言詞也，‘名’者，文字也。《文子·道原》云：‘書者，言之所生也；名可名，非藏書者也’；《精誠》云：‘名可名，非常名；著於竹帛，鏤於金石，皆其麤也’；《上義》云：‘誦先王之書，不若聞其言，聞其言，不若得其所以言，故名可名，非常名也’；《上禮》云：‘先王之法度有變易，故曰名可名，非常名也。’《淮南子·本經訓》云：‘至人鉗口寢說，天下莫知貴其不言也。故道可道，非常道；名可名，非常名。著於竹帛，鏤於金石，可傳於人者，其麤也。晚世學者博學多聞，而不免於惑’；《繆稱訓》云：‘道之有篇章形埒者，非其至者也’；《道應訓》云：桓公讀書堂上，輪人曰：獨其糟粕也。故老子曰：‘道可道，非常道，名可名，非常名。’皆以《老子》‘道’爲言詞，‘名’爲文字。

《周官》：‘外史掌達書名於四方’，《註》云：‘古曰名，今曰字’；‘大行人諭書名’，《註》云：‘書名，書之字也，古曰名’；《聘禮》：‘百名以上書於策’，《註》云：‘名，書文也，今之字’；《論語》：‘必也正名乎’，《義疏》引《鄭註》云：‘謂正書字，古者曰名，今世曰字。’古謂文字爲‘名’。”俞説非也。清代以來，治子部者，優於通訓解詁，顧以爲義理思辨之學得用文字之學盡了之，又視玄言無異乎直説，蔽於所見，往往而有。俞氏操術，即其一例，特尤記醜而博者爾。王弼註以“指事造形”説“名”，即借“六書”之“指事”、“象形”；俞氏以“名”爲“文字”，大似發揮王註。然説“名”爲“字”，援徵重疊，而説“道”爲“言”，未舉佐證；至云：“此二語‘道’、‘名’與他語‘道’、‘名’異”，亦持之無故。姑就其所侈陳“古謂文字爲‘名’”論之。

名皆字也，而字非皆名也，亦非即名也。《春秋繁露·深察名號》篇曰：“鳴而施命謂之名；名之爲言，鳴與命也。”其言何簡而雋耶！俞氏等“名”於“字”，蓋見有“鳴”而不見有“命”也。曰“字”，謂聲出於脣吻、形著於簡牘者也；曰“名”，謂字之指事稱物，即“命”也，《墨子·經》上、《經説》上所謂：“舉、擬實也，以之名擬彼實也。”譬如“之”、“乎”、“焉”、“哉”等，詞學屬之語助(synsemantic)，名學列於附庸(syncategorematic)①，以其不足爲“名”也，顧仍不失爲“字”也。《道德經》稱“老子”，白叟亦稱“老子”，名之所指舉大異，而書文道字同也。呼老子曰“李耳”，或曰“猶龍氏”，或曰“太上道德真君”，名之所指舉一也，而文字則三者迥異也。“上”與“下”，許慎所謂字

① S. Ullmann, *Principles of Semantics*, 2nd ed., 58.

之“指事”也，非即名之指事也：設取老子之語，冠履倒置，以“不失德”爲“上德”而“不德”爲“下德”，而老氏之徒且斥爲舉名乖正而擬實失當矣，然“上”、“下”二字仍無傷爲六書中之指事也。凡此尚是迹之粗而論之卑者焉。字取有意，名求傅實；意義可了(meaningful)，字之職志也；真實不虚(truthful)，名之祈嚮也。因字會意，文從理順，而控名責實，又無徵不信，“虚名”、“華詞”、“空文”、“浪語”之目，所由起也。“名”之與“字”，殊功異趣，豈可混爲一談耶？《太平廣記》卷一七三引《小説》載東方朔曰：“夫大爲馬，小爲駒；長爲雞，小爲雛；大爲牛，小爲犢；人生爲兒，長爲老。豈有定名哉？”即韓非《解老》所謂“初盛而後衰”，初名舊名無當後實新實，故易字而另名之。此亦“可名非常名”也。夫易字以爲新名，正緣舊名之字“常”保本意而不符新實耳。故名之變易不“常”，固因實之多方無方，而亦因字之守“常”難變其意。至若人之形貌品性，則更非“兒”、“老”等名所能舉擬，當别易他名如“美、醜”、“善、惡”之類，又所謂“可名非常名”也。“竹帛金石”、“篇章形埒”之留傳爲“糟粕”者，豈非由於文字之“常”不足爲道與名之“常”乎？執禮經之註解以概道家之名理，曰“古謂文字爲‘名’”，亦思不審而辯不明者歟。“名家”將無同於文字學家耶？管子、申子、尹文子、公孫龍子、吕不韋、荀子、韓非子諸家之言“正名”、形名參同、名以喻實，豈爲許慎、劉熙擁帚先驅耶？余尋繹《論語》鄭玄註，嘗笑其以《子路》章爲政先務之“正名”解爲“正書字”；清之爲“漢學”者至以《述而》兩言“好古”之“古”，解爲“訓詁”（參觀方東樹《漢學商兑》卷中之下）。信斯言也，孔子之道不過塾師訓蒙之莫寫破體、常翻字典而已，彼尸祝孔林者以及破孔户而據牀唾堂者，皆視蝨如輪、小題大做矣！蓋學究執分寸而忽億度，處把握而却寥廓，恢張懷抱，亦僅足以容學究；其心目中，治國、平天下、博文、約禮皆莫急乎而不外乎正字體、究字義。一經箋釋，哲人智士悉學究之化身，要言妙道皆字典之賸義。俞氏之解老，猶鄭君之註孔也。或有據《周禮》、《禮記》註，因説《老子》五章“不如守中”之“中”爲“圖籍”者；是“竹帛”、“篇章”雖“糟粕”而必保“守”勿失也，豈老子柱下守藏史之故態復萌、結習難除乎？亦如以孔子説成訓蒙師矣。“書名”之“名”，常語也；“正名”之“名”，術語也。今世字書於專門術語之訓詁，尚猶略諸，況自古在昔乎？專家著作取常語而損益其意義，俾成術語；術語流行，傅會失本而復成常語。梭穿輪轉，往返周旋。作者之聖、文人之雄，用字每守經而尤達權，則傳註之神、箋疏之哲，其解詁也，亦不可知常而不通變耳。

語言文字爲人生日用之所必須，著書立説尤寓託焉而不得須臾或離者也。顧求全責善，嘖有煩言①。作者每病其傳情、説理、狀物、述事，未能無欠無餘，恰如人意中之所欲出。務致密則苦其粗疏，鈎深賾又嫌其浮泛；怪其粘着欠靈活者有之，惡其曖昧不清明者有之。立言之人句斟字酌、慎擇精研，而受言之人往往不獲盡解，且易曲解而滋誤解。“常恨言語淺，不如人意深”（劉禹錫《視刀環歌》），豈獨男女之情而已哉？“解人難索”，“余欲無言”，歎息彌襟，良非無故。語文之於心志，爲之役而亦爲

① F. Mauthner, *Kritik der Sprache*, 3. Aufl., I, 86-7 (Fluch der Sprache); III 629-32 (Unzufriedenheit mit der Sprache).

之累焉。是以或謂其本出猿犬之鳴吠(le cri perfectionné des singes et des chiens)，哲人妄圖利用①；或謂其有若虺蛇之奸狡(der Schlangenbetrug der Sprache)，學者早蓄戒心②。不能不用語言文字，而復不願用、不敢用抑且不屑用，或更張焉，或擯棄焉，初非一家之私憂過計，無庸少見多怪也。象數格物諸科，於習用語文，避之若浼，而别籍符號③，固置不論。哲學家湛冥如黑格爾、矯激如尼采之流，或病語文宣示心藴既過又不及（dass diese Äusserungen das Innere zu sehr，als dass sie es zu wenig ausdrücken)④，或鄙語文乃爲可落言詮之凡庸事物而設，故“開口便俗”（Die Sprache ist nur für Durchschnittliches，Mittleres，Mitteilsames erfunden. Mit der Sprache vulgarisiert bereits der Sprechende)⑤，亦且舍旃。即較能踐實平心者，亦每鑑於語文之惑亂心目，告戒諄諄。如《墨子·小取》謂“言多方”，“行而異，轉而危，遠而失，流而離本”；《吕氏春秋·察傳》謂“言不可以不察”，“多類非而是，多類是而非”；斯賓諾莎謂文字乃迷誤之源(the cause of many and great errors)⑥；霍柏士以濫用語言

① A. France，*Le Jardin d'Epicure*，*Oeuvres complètes*，Calmann-Lévy，IX，430-1.

② Hamann，quoted in F. Mauthner，*op. cit.*，I，335；II，718.

③ Cf. V. Pareto，*A Treatise on General Sociology*，tr. A. Bongiorno and A. Livingston，§§ 114-6，336-7，Dover ed.，I，61，229-30；Ch. Perelman，*The Idea of Justice and the Problem of Argument*，tr. J. Petrie，143-4.

④ *Phänomenologie des Geistes*，Berlin：Akademie Verlag，229.

⑤ *Götzendämmerung*，“Streifzüges eines Unzeitgemässen”，§ 26，*Werke*，hrsg. K. Schlechta，II，1005.

⑥ *Treatise on the Improvement of Understanding*，in J. Wild，ed.，*Spinoza*，*Selections*，35.

(the abuses of speech) 判爲四類，均孳生謬妄①；邊沁所持"語言能幻構事物"(fictitious entities)之説，近人表章，已成顯學②。詞章之士以語文爲專門本分，託命安身，而歎恨其不足以宣心寫妙者，又比比焉。陸機《文賦》曰："恒患意不稱物，文不逮意"；陶潛《飲酒》曰："此中有真意，欲辯已忘言"；《文心雕龍·神思》曰："思表纖旨，文外曲致，言所不追，筆固知止"；黄庭堅《品令》曰："口不能言，心下快活自省"；古希臘文家(Favorinus)曰："目所能辨之色，多於語言文字所能道"(Plura sunt in sensibus oculorum quam in verbis vocibusque colorum discrimina)③；但丁歎言爲意勝(Il parlare per lo pensiero è vinto)④；歌德謂事物之真質殊性非筆舌能傳(Den eigentlichen Charakter irgendeines Wesens kann sie[eine schriftliche und mündliche Ueberlieferung] doch nicht mittheilen, selbst nicht in geistigen Dingen)⑤。

【增訂四】福樓拜《包法利夫人》中有一節致慨於言語之不堪宣情盡意："歷來無人能恰如其分以達己之需求，思念或悲痛；語言猶破鍋然，人敲擊之成調，冀感動星辰，而祇足使狗熊踴躍耳"(...puisque personne, jamais, ne peut donner l'exacte mesure de ses besoins, ni de ses conceptions,

---

① *Leviathan*, I.4, Routledge, 14ff..

② Bentham, *Theory of Fictions*, ed. C. K. Ogden, 12, 15-6.

③ Aulus Gellius, II. iii, *op. cit.*, II, 210.

④ *Il Convito*, III. 4, *Opere*, ed. E. Moore and P. Toynbee, 275; Cf. *La Divina Commedia*, Ricciardi, 320n.; Campanella, *La Cantica*, Proemio, *Opere di G. Bruno e di T. Campanella*, Ricciardi, 787.

⑤ *Italienische Reise*, 2 Jan. 1787, *Sämtliche Werke*, "Tempel-Klassiker", XIII, 159.

ni de ses douleurs, et que la parole humaine est comme un chaudron fêlé où nous battons des mélodies à faire danser les ours, quand on voudrait attendrir les étoiles. —*Madame Bovary*, II. xii, *op. cit.*, p. 265)。但丁、歌德之旨得此乃罕譬而喻矣。

聊舉犖犖大者，以見責備語文，實繁有徒。要莫過於神秘宗者。彼法中人充類至盡，矯枉過正，以爲至理妙道非言可喻，副墨洛誦乃守株待兔、刻舟求劍耳。《莊子·秋水》謂“言之所不能論，意之所不能察致者”，即《妙法蓮華經·方便品》第二佛説偈之“止、止不須説！我法妙難思”，亦即智者《摩訶止觀》卷五之“不可思議境”。《法華玄義》卷一下所謂“聖默然”，西方神秘家言標目全同，幾若迻譯①。

【增訂四】西班牙神秘宗師謂“聖默然”乃無言、無欲、無思之畢静俱寂境界，上帝此際與靈魂密語(No hablando, no deseando, no pensando se llega al verdadero y perfecto silencio místico, en el cual habla Diós con el alma. —Molinos, *Guía espiritual*, lib. I, cap. 17, in B. Croce, *La Poesia*, 5ª ed., 1953, p. 263)。

《老子》開宗明義，勿外斯意。心行處滅，言語道斷也。

“道可道，非常道”；第一、三兩“道”字爲道理之“道”，第二“道”字爲道白之“道”，如《詩·牆有茨》“不可道也”之

① Mauthner, *op. cit.*, I, 81-2, 117-20 (das heilige Schweigen), III, 617-8 (die Stummen des Himmels); M. Scheler, *Die Wissensformen und die Gesellschaft*, 63 (sanctum silentium).

“道”，即文字語言。

【增訂二】《禮記・禮器》：“蓋道求而未之得也。……則禮不虛道”；鄭玄註前“道”：“猶言也”，註後“道”：“猶由也、從也。”“道可道”一句中之前“道”即鄭註之後“道”，其後“道”則鄭註之前“道”也。

【增訂四】《莊子・知北遊》：“道不可言，言而非也。……道不當名”；《五燈會元》卷一六元豐清滿章次：“僧問：‘如何是道？’師曰：‘不道。’曰：‘爲甚麽不道？’師曰：‘道是閑名字。’”二節均足箋“道可道”兩句。

古希臘文“道”（logos）兼“理”（ratio）與“言”（oratio）兩義①，可以相參，近世且有謂相傳“人乃具理性之動物”本意爲“人乃能言語之動物”②。“名可名，非常名”；“名”如《書・大禹謨》“名言茲在茲”之“名”，兩句申説“可道”。第二五章云：“吾不知其名，字之曰‘道’”，第三二章云：“道常無名”，第四一章云：“道隱無名”，可以移解。“名”，名道也；“非常名”，不能常以某名名之也；“無名，天地之始”，復初守靜，則道體渾然而莫可名也；“有名，萬物之母”，顯跡賦形，則道用粲然而各具名也。首以道理之“道”，雙關而起道白之“道”，繼轉而以“名”釋道白之“道”，道理之見於道白者，即“名”也，遂以“有名”、“無名”雙承之。由道白之“道”引入“名”，如波之折，由“名”分爲“有名”、“無名”，如雲之展，而始終貫

① S. Ullmann, *Semantics*, 173. cf. Hobbes, *op. cit.*, p. 18.

② Heidegger, *Sein und Zeit*, I^{te}, Hälfte, 3. Aufl., 165 (der Mensch als Seiendes, das redet).

注者，道理之“道”。兩“道”字所指各别，道理與語文判作兩事，故一彼一此，是非異同。倘依俞氏，兩“道”字均指“言詞”，則一事耳，“道可道”即“言可言”，與一一得一、以水濟水，相去幾何？“言可言，非常言”：語大類馮道門客避府主名諱而誦《五千文》之“不敢説可不敢説，非常不敢説”；義殆等“逢人只説三分話”、“好話説三遍，聽了也討厭”，變老子爲老嫗矣！一四章云：“視之不見名曰夷，聽之不聞名曰希，搏之不得名曰微”；二五章云：“强爲之名曰‘大’，‘大’曰‘逝’，‘逝’曰‘遠’，‘遠’曰‘反’”；乃“非常名”之示例。道之全體大用，非片詞隻語所能名言；多方擬議，但得梗概之略，迹象之粗，不足爲其定名，亦即“非常名”，故“常無名”。苟不貳不測之道而以定名舉之，是爲致遠恐泥之小道，非大含細入、理一分殊之“常道”。蓋可定者乃有限者(le défini est le fini)也[①]。不可名故無定名，無定名故非一名，别見《周易》卷《繫辭》(一)論“無名”而亦“多名”。世俗恒言：“知難而退”；然事難而人以之愈敢，勿可爲而遂多方嘗試，拒之適所以挑之。道不可説、無能名，固須卷舌緘口，不著一字，顧又滋生横説竪説、千名萬號，雖知其不能盡道而猶求億或偶中、抑各有所當焉。談藝時每萌此感。聽樂、讀畫，覩好色勝景，神會魂與，而欲明何故，則已大難，即欲道何如，亦類賈生賦中鵩鳥之有臆無詞。巧構形

① Plotin, *Ennéades*, V.3.13:“C'est pourquoi, en vérité, il est ineffable; quoi que vous diriez, vous direz *quelque chose*: or ce qui est au-delà de toutes choses, ... n'a pas de nom; car ce nom serait autre chose que lui”; 14:“Nous pouvons parler de lui, mais non pas l'exprimer lui-même... il est trop haut et trop grand pour être appelé l'être... supérieur au verbe” (tr. É. Bréhier, V, 67, 68).

似，廣設譬喻，有如司空圖以還撰《詩品》者之所爲，縱極描摹刻劃之功，僅收影響模糊之效，終不獲使他人聞見親切。是以或云詩文品藻祇是繞不可言傳者而盤旋（ein Herumgehen um das Unaussprechliche）①。亦差同“不知其名”，而“强爲之名”矣！柏拉圖早謂言語文字薄劣（the inadequacy of language），故不堪載道，名皆非常（Hence no intelligent man will ever be bold as to put into language those things which his reason has contemplated, especially into a form that is unalterable. Names, I maintain, are in no case stable）②；幾可以譯註《老子》也。

《全唐文》卷五三八裴度《寄李翺書》論《六經》之文“至易至直。奇言怪語未之或有，此所謂‘文可文，非常文’也。”蓋謂平易質直之文經久長新，而雕飾矯揉之文則朝華夕秀、花歸葉別，非“常文”也。“可文”即指“奇言怪語”，“常文”正仿“常道”、“常名”。足資參驗。

---

① B. Croce, *La Poesia*, 5ª ed., 131 (W. von Humboldt).

② *Thirteen Epistles*, Letter VII, tr. L. A. Post, 96–7. Cf. E. Cassirer, *Die Philosophie des symbolischen Formen*, I, 63–5.

三　二　章

“天下皆知美之爲美，斯惡已；皆知善之爲善，斯不善已。故有無相生，難易相成，長短相較，高下相傾，音聲相和，前後相隨”；《註》：“喜怒同根，是非同門，故不可得偏舉也。”按中外神秘宗之見與蔽，略具此數語，聖・馬丁（Saint-Martin）所謂神秘家者流同鄉里亦同語言也①。兹分説之。

知美之爲美，别之於惡也；知善之爲善，别之於不善也。言美則言外涵有惡，言善則言外涵有不善；偏舉者相對待。斯賓諾莎曰：“言是此即言非彼”（Determinatio est negatio）②；“有無”、“難易”等王弼所謂“六門”，皆不外其理。此無可非議者也。顧神秘宗以爲大道絶對待而泯區别。故老子亦不僅謂知美則别有惡在，知善則别有不善在；且謂知美、“斯”即是惡，知善、“斯”即非善，欲息棄美善之知，大而化之。《淮南子・道應訓》太清問：“不知乃知耶？知乃不知耶？”無始答以“知善之爲善，

---

① Evelyn Underhill, *Mysticism*, 12th ed., 80.

② *Correspondence*, Letter L (to Jarig Jelles), tr. A. Wolf, 270. Cf. *Ethica*, I, Prop. viii, Schol, 1, “Classiques Garnier”, I, 30.

斯不善已”；蓋等此語於“爲道日損”。陸佃《埤雅》卷三《羊》類引王安石《字説》云：“羊大則充實而美，美成矣則羊有死之道焉；《老子》曰：‘天下皆知美之爲美，斯惡已’”；蓋等此語於“福兮禍所伏”。《淮南》膚泛，《字説》附會，然於《老子》語不解作：知美則知亦有惡、知善則知亦有不善，而解作：知即是不知、知美即已是惡、知善即已是不善，無乎不同。《老子》三章：“使民無知無欲”，四章：“和其光，同其塵”，一八章：“大道廢，有仁義”，二〇章：“俗人昭昭，我獨昏昏，俗人察察，我獨悶悶”，四九章：“渾其心”，重言申明，皆《莊子·天地》所云“渾沌氏之術”。《關尹子·三極》謂“利害心”、“賢愚心”、“是非心”、“好醜心”胥不可“明”，是以“聖人渾之”，又《八籌》謂“唯其渾淪，所以爲道”；《維摩詰所説經·文殊師利問疾品》第五、《不思議品》第六、《觀衆生品》第七、《見阿閦佛品》第一二云：“分别亦空”，“法無取捨”，“欲貪以虚妄分别爲本”，“於諸法無分别”；《陀羅尼經·夢行分》第三云：“離於二邊，住平邊相，……悉不讚毁，……亦不選擇”；《圓覺經》云：“得無憎愛，……隨順覺性”；《五燈會元》卷一僧璨《信心銘》云：“至道無他，唯嫌揀擇，但莫憎愛，洞然明白”；以至陶勒（Tauler）所謂“混然一團”（on allen underscheit），季雍夫人（Madame Guyon）所謂“聖漠然”（la sainte indifférence）；此物此志也。知美之爲美、善之爲善，由分别法，生揀擇見，復以揀擇見，助長分别法，愛憎進而致貪嗔。老子明道德之旨，俾道裂樸散復歸寧一。《吕氏春秋·貴公》曰：“荆人有遺弓者，而不肯索，曰：‘荆人遺弓，荆人得之，又何索焉！’孔子聞之曰：‘去其荆而可矣。’老聃聞之曰：‘去其人而可矣。’”即泯人我以齊得喪之意也。雖然，“惡”不偏舉，正如“美”也；“不善”須對待，正如“善”也。苟推名辯之理，申老子之語，亦當曰：“天下皆知惡之爲惡，斯美已；皆知不善之爲不善，斯善已”；東家之西即西家之東爾。顧本道德之旨，老子必仍曰：“天下皆知惡之爲惡，斯惡已；皆知不善之爲不善，斯不善已”；趨而歸之，逃而去之，是皆走爾。鑑差别異即乖返樸入渾，背平等齊物之大道。蓋老子於昭昭察察與悶悶昏昏，固有拈有捨，未嘗漫無甄選，一視同仁。是亦分别法，揀擇見歟！曰無分別，自異於有分別耳，曰不揀擇，無取於有揀擇耳；又“有無相生”之理焉。一二章云：“聖人爲腹不爲目，故去彼取此。”三八章云：“大丈夫處其厚不居其薄，處其實不居其華，故去彼取此。”豈非“知美”、“知善”，去取毅然？楊萬里《誠齋集》卷九二《庸言》七斥老子“去其人”之語曰：“高則有矣！非其理也。且弓以用言也；‘去其人’，則弓孰得之？得孰用之？”言莫能行，難圓己說，神秘宗蓋莫不然。老子説之難自圓者，亦不止一端，孫盛《老子疑問反訊》（《廣弘明集》卷五）拘攣一字一句，抑又末已。如白居易《讀〈老子〉》云：“言者不知知者默，此語吾聞於老君；若道老君是知者，緣何自著《五千文》？”①；

【增訂四】白居易又有《贈蘇鍊師》：“猶嫌莊子多詞句，只讀《逍遥》六七篇”，可與其《讀〈老子〉》參觀。《全晉文》卷一八何劭《王弼别傳》載裴徽問曰：“夫無者，誠萬物之所資，聖人

① 德國詩人（Klopstock）教人修詞立言以簡省爲貴（die Kürze），愈省愈妙，或評之曰：“若然，則以此教人時即已自背其教矣”（Sie konnte ja nicht mitreden, ohne ihren Charakter zu verleugnen）（A. W. Schlegel：“Der Wettstreit der Sprachen”, *Kritische Schriften und Briefe*, W. Kohlhammer, I, 252），可參觀。

莫肯致言，而老子申之無已，何耶?”即《讀〈老子〉》詩意。又如一三章曰：“及吾無身，吾有何患?”而七章、四四章、五二章乃曰：“外其身而身存”，“名與身孰親?”“毋遺身殃”。蓋身求存而知欲言，真情實事也；無身無言，玄理高論也。情事真實，逃之不得，除之不能，而又未肯拋其玄理，未屑卑其高論；無已，以高者玄者與真者實者委蛇而爲緣飾焉。於是，言本空也，傅之於事，則言辯而遁；行亦常也，文之以言，則行僞而堅。“無言”而可以重言、寓言、卮言、荒唐之言矣；“無身”而可以脂韋滑稽、與世推移、全軀保命、長生久視矣；“無爲”而可以無不爲、無所不爲矣；黄老清静，見之施行而爲申韓谿刻矣。且朴必散，淳必漓，如道一生二也。夫物之不齊，故物論難齊；生揀擇見，由於有分別法。雖老子亦不得不謂有“美”與“善”故得而“知爲美”、“知爲善”也。憎法之有分别，乃欲以見之無揀擇爲對治，若鳩摩羅什所言“心有分別，故鉢有輕重”（《高僧傳》卷二），因果顛倒，幾何不如閉目以滅色相、塞耳以息音聲哉?嚴復評點《老子》二〇章云：“非洲鴕鳥之被逐而無復之也，則埋其頭目於沙，以不見害者爲無害。老氏‘絶學’之道，豈異此乎!”摭拾西諺（the ostrich policy），論允喻切。竊謂黑格爾嘗譏謝林如“玄夜冥冥，莫辨毛色，遂以爲羣牛皆黑”（sein Absolutes für die Nacht ausgeben，worin alle Kühe schwarz sind）[1]，亦可借評。

“有無相生，難易相成”等“六門”，猶畢達哥拉斯所立“奇偶、一多、動静”等“十門”[2]，即正反依待之理。《管子·宙

① *Phänomenologie des Geistes*，*op. cit.*，19.

② Aristotle，*Metaphysics*，I.5，985 b 23.

合》:“是非有，必交來”;《墨子·經》上:“同異交得，放有無”(“放”即“仿”);《莊子·齊物論》:“彼出於是，是亦因彼，彼是方生之説也。……是亦彼也，彼亦是也”，又《秋水》:“知東西之相反而不可以相無”;《維摩詰所説經·入不二法門品》第九:“從我起二爲二”，肇註:“因我故有彼，二名所以生。”曰“相生”，曰“交來”，曰“交得”，曰“因”，曰“從起”，皆言此理。“難易相成”，可以老解老。六三章云:“圖難於其易，爲大於其細;天下難事，必作於易，天下大事，必作於細”，此一意也;循序以進，漸靡以成，霤穿石，綆斷幹也。《韓非子·喻老》説“大必起於小，族必起於少”，而舉塞穴塗隙以免水火爲患，曰:“此皆慎易以避難，敬細以遠大者也。”謂及事之尚易而作之，則不至於難爲，及事之尚細而作之，則無須乎大舉，似違此章本意。老云“圖難”、“作於易”，所以進取;韓云“避難”、“慎易”，所以防免;着眼有别。韓蓋恐涓涓者將爲江河而早窒焉，患綿綿者將尋斧柯而先抓焉，移解六四章之“其脆易泮，其微易散”云云，庶幾得之。《左傳》隱公元年祭仲勸鄭莊公除太叔段曰:“無使滋蔓，蔓難圖也”;《國語·吴語》申胥諫夫差與勾踐盟曰:“及吾猶可以戰也;爲虺勿摧，爲蛇將奈何!”;《後漢書·丁鴻傳》上封事云:“夫壞崖破巖之水，源自涓涓，干雲蔽日之木，起於葱青;禁微則易，救末者難”;均韓非此節之旨也。六四章又云:“合抱之木生於毫末，九層之臺起於累土，千里之行始於足下”，可爲立者説法，猶《荀子·勸學》言“積土成山，積水成淵，積蹞步以至千里”，或《學記》言“蛾子時術之”，真積力久，勉督之詞也;而亦可爲破者説法，猶《左傳》、《韓非子》等云云，防微杜漸，則成儆戒之詞矣。復一喻之兩柄耳。六三章云："多易必多難，是以聖人猶難之，故終無難矣"，此另一意；《國語·晉語》四郭偃答晉文公曰："君以爲易，其難也將至矣；君以爲難，其易將至焉"，可借以解老。劉晝《新論·防慾》云："將收情慾，必在危微"，又云："塞先於未形，禁慾於危微"，亦韓非意；宋儒以下，習言《書·大禹謨》之"危微精一"，不知六朝尚有此用，李密《陳情表》："人命危淺，朝不保夕"，《文選》五臣註呂延濟云："危、易落，淺、易拔"，正劉語的詁也。《陳書·傅縡傳》載縡所撰《明道論》，有云："夫居後而望前，則爲前，居前而望後，則爲後。而前後之事猶如彼此，彼呼此爲彼，此呼彼爲彼，彼此之名，的誰居處？以此言之，萬事可知矣。本末前後，是非善惡，可恒守耶？"以爲"諸見不起"，則對待自消，化察察昭昭爲昏昏悶悶。神秘宗深知"六門"之交得而不可偏舉，欲消除而融通之，乃一躍以超異同，一筆以勾正反，如急吞囫圇之棗、爛煮糊塗之麵，所謂頓門捷徑者是[①]。《老子》二〇章云："唯之與阿，相去幾何？善之與惡，相去若何？"；《莊子·大宗師》云："故其好之也一，其弗好之也一，其一也一，其不一也一。……與其譽堯而非桀也，不若兩忘而化其道"；即逕謂"六門"、"二名"，多事無須，欲大抹摋以爲無町畦也。《論語·子罕》孔子說"偏其反而"曰："何遠之有？"何晏註："以言權道，反而後至於大順也"，全取《老子》六五章語；毛奇齡《論語稽求篇》卷四亦釋爲"相反之思"相成"以作正"。參之《中庸》之"執其兩端用其中"，

---

① Cf. J. Cohn, *Theorie der Dialektik*, 218："Die Mystik geht vom Widerspruche unmittelbar zum Absoluten über, in dem er gelöst gedacht wird (coincidentia oppositorum) —ihr fehlt der Fortgang；. . . sie benutzt ihn nur als Sprungbrett, von dem aus sie sich in Fluten der Alleinheit schwingt."

亦儒家於辯證之發凡立則也。宋儒張載《正蒙·太和》:“兩不立則一不可見,一不可見則兩之用息。……有象斯有對,對必反其爲,有反斯有仇,仇必和而解”;《參兩》:“一故神,兩故化”;義昭綱舉,逾越前載。《朱子語類》言:“善、惡雖相對,當分賓主;天理、人欲雖分派,必省宗孽”;更進而謂相對者未必相等。羅璧《識遺》卷七《對獨説》發揮斯意,魏源《古微堂集》内集卷一《學篇》之一一陰襲之而稍加文藻,其詞曰:“天下物無獨必有對,而又謂兩高不可重,兩大不可容,兩貴不可雙,兩勢不可同,重、容、雙、同,必争其功。何耶?有對之中,必一主一輔,則對而不失爲獨。乾尊坤卑,天地定位,萬物則而象之,此尊而無上之誼焉。是以君令臣必共,父命子必宗,夫唱婦必從,天包地外,月受日光。雖相反如陰陽、寒暑、晝夜,而春非冬不生,四夷非中國莫統,小人非君子莫爲幮幪,相反適以相成也。手足之左,不如右强。”囿於“三綱”之成見,舉例不中,然頗識正反相“對”者未必勢力相等,分“主”與“輔”。

【增訂二】董仲舒、朱熹、羅璧、魏源輩論事物相對相持者未必勢力相等相敵,可參觀唐釋澄觀《華嚴經疏鈔會本》卷三四《光明覺品》第九“多中無一性”節下疏,言“一多相依,互爲本末”,而“總有十義”。其二“雙現同時,相資無礙”,其八“力用交徹,有力相持”,即矛與盾之勢均力敵也;其一“孤標獨立”,其六“無力相持”,即矛與盾之强弱懸殊而判“賓主”、“主輔”矣。

【增訂四】正反相對未必勢位相等,二者非爲齊偶(coordination),乃判主從(subordination)。古希臘時,柏拉圖及亞理士多德亦一變舊説,使“對立之兩名由水平綫關係變而爲垂直綫關係，由平等變而爲不平等”（the relation of two terms in a binary opposition was converted from a horizontal to a vertical relation....not a relation of two equal terms but the order of their inequality. —T. K. Seung，*Structuralism and Hermeneutics*，1982，pp. 29—30）。即魏源所謂：“有對之中，必一主一輔，則對而不失爲獨。”

【增訂三】“手足之左，不如右强。”按古醫書早云爾。《内經素問》第五《陰陽應象大論》：“天不足西北，故西北方陰也，而人右耳目不如左明也。地不滿東南，故東南方陽也，而人左手足不如右强也。”“明”字該“耳目”二者，猶《後漢書·楊厚傳》之“並及”、“兼言”也（參觀81頁）。

蓋名言（concepts）之正反，仇對而不能和、專固而不能化者也。“善”名則義謂“善”，“惡”名則義謂“惡”耳。然事物（things）之稱正反者，則可名非常名，未嘗純一而無他、定恒而不變，消長乘除；名“善”者得以成“惡”，名“惡”者得以成“善”焉，或又雜糅而“善惡混”焉，顧“善”“惡”兩名之義判一正一反，自若也。名言之正反，交互對當，一若力敵德齊；“善”之與“惡”，並峙均勢，相得始彰，相持莫下也。然事物之稱正反者，必有等衰，分强弱，“對而不失爲獨”，故“善”可剋“惡”，“惡”或勝“善”焉。董仲舒《春秋繁露·基義》言“物莫無合，而合各有陰陽”，然“陰道無所獨行”，意即陰陽對待而陽主陰輔也，至羅氏而暢闡之。釋書如《陀羅尼經·夢行分》第三論“住中道心”，“離於二邊”，《金剛仙論》卷三、卷七論“中道之理”，不“墮二邊”；至宗寶編《六祖大師法寶壇經·付囑》第一〇云：“出語盡雙，皆取對法”，“二道相因，生中道義”，更簡了矣。

四 五 章

“天地不仁，以萬物爲芻狗；聖人不仁，以百姓爲芻狗”；《註》：“物不具存，則不足以備載矣。地不爲獸生芻而獸食芻，不爲人生狗而人食狗。……聖人與天地合其德，以百姓比芻狗也。”按“芻狗”即《莊子·天運》篇之“已陳芻狗”，喻無所愛惜，蘇轍《老子解》等早言之。王註望文曲解，而亦具至理，故嚴復歎賞曰：“此四語括盡達爾文新理，至哉王輔嗣！”然嚴氏雖馳域外以觀昭曠，未得環中而合肯綮，尚是浪爲配當。王弼所明，非物競之“新理”，乃闢陳言“目的論”（teleology）。《論衡·自然篇》首節駁“天生五穀以食人，生絲麻以衣人”，而其説未暢。《列子·説符篇》齊田氏歎曰：“天之於民厚矣！生魚鳥以爲之用”；鮑氏之子進曰：“不如君言。天地萬物與我俱生，類也。……非相爲而生之。……且蚊蚋之噆膚，虎狼食肉，非天本爲蚊蚋生人、虎狼生肉者哉！”即王註之意。西人如亞理士多德曰：“苟物不虚生者，則天生禽獸，端爲人故”（Now if nature makes...nothing in vain，the inference must be that she has made all animals for the sake of man）①。後

---

① Aristotle，*Politics*，I.viii，*Basic Works*，Random House，1137.

人稱天地仁而愛人，萬物之生皆爲供人利便(ut omnia naturalia tanquam ad usum ut media considerent)①；如大海所以資人之食有魚而調味有鹽也，瓜形圓所以便闔家團坐而噉也，豚生多子正爲供庖廚也，鼻聳人面正爲戴眼鏡也②，可入笑林。古羅馬哲人早斥庸俗陋見謬以天之生物擬於人之製器，倒果爲因，乃舉五官四肢爲例而斷言曰："有體可資用，非爲用而生體"（omnia perversa praepostera sunt ratione，/nil，ideo quoniam natumst in corpore ut uti/possemus，sed quod natumst id procreat usum）③；要言不煩，名論不刊。培根謂格物而持目的論，直是無理取鬧，徒亂人意(Final causes in physics are impertinent)④；斯賓諾莎譏此論强以人欲之私爲物理之正(causa autem，quae finalis dicitur，nihil est praepter ipsum humanum appetitum)⑤；伏爾泰小說、海涅詩什亦加嘲諷⑥。脱嚴氏不曰"達爾文新論"而曰"培根、斯賓諾莎古訓"，則近是矣。

王弼解"芻狗"，雖乖原喻，未大違"不仁"之旨。"不仁"有兩，不可不辨。一如《論語・陽貨》之"予之不仁也"或《孟子・離婁》之"不仁暴其民"，涼薄或凶殘也。二如《素問・痹

---

① Spinoza，*Ethica*，I，Appendix，Garnier，I，105.

② D.Mornet，*Les Sciences de la Nature en France au 18e Siècle*，152 ff.；E. Cassirer，*Rousseau*，*Kant*，*Goethe*，65 ff..

③ Lucretius，IV.823-835，"Loeb"，306.

④ *Advancement of Learning*，III.4，*The Physical and Metaphysical Works of Bacon*，ed.J.Devey，141.

⑤ Spinoza，*Ethica*，IV，Praefatio，*op.cit.*，T.II，p.4.

⑥ Voltaire，*Candide*，ch. 1（Pangloss）（*Romans et contes*，"Bib. de la Pléiade"，145，661 note）；Heine："Zur Teleologie"（Fragment）.

論》第四三之"不痛不仁"或《廣韻·三十五禡》之"傻俹、不仁也"，麻木或痴頑也。前者忍心，後者無知。"天地不仁"蓋屬後義，如虚舟之觸，飄瓦之墮，雖滅頂破額，而行所無事，出非有意。杜甫《新安吏》云："眼枯即見骨，天地終無情"①，解老之渾成語也。《荀子·天論》謂"天行有常，不爲堯存，不爲桀亡"；《論衡·感類篇》、《雷虚篇》等都言天無"喜怒"；韓愈《孟東野失子》詩："天曰'天地人，由來不相關'"，又《與崔羣書》："不知造物者意竟何如，無乃所好惡與人異心哉？又不知無乃都不省記，任其死生壽夭耶？"均資參印。故芻狗萬物，乃天地無心而"不相關"、"不省記"，非天地忍心"異心"而不憫惜。王弼註："天地任自然，無爲無造，萬物自相治理，故不仁也"；劉峻《辯命論》："夫道生萬物則謂之道，生而無主，謂之自然。……生之無亭毒之心，死之豈虔劉之志"，明闡可移作王註之疏焉。西人有云："大自然(natura magna)既生萬物以利人，而又使人勞苦疾痛，不識其爲慈親歟？抑狠毒之後母歟？"(ut non sit satis aestimare, parens melior homini an tristior noverca fuerit)；又或云："就孕育而言，自然乃人之親母，顧就願欲而言，自然則人之後母耳"(Madre è di parto e di voler matrigna)②。則怨天地"不仁"，而責其包藏禍心，是"不仁"之第一義。一美學家撰小説，甚詼詭，言世間無生之器物，即如眼鏡、鐘錶、衣鈕、紙筆等日用具，莫不與人惡作劇（die Tücke des Objekts），

① Cf. Schopenhauer, *Die Welt als Wille und Vorstellung*, IV, § 54, *Sämtl. Werke*, hrsg. E. Grisebach, I, 362: "*Natura non contristatur.*"

② Pliny, *Natural History*, VII. 1, "Loeb", II, 506; Leopardi: "La Ginestra", *Opere*, Ricciardi, I, 157.

然初無成心，亦非蓄意(ohne alles Nachdenken, nicht mit Ueberlegung)，蓋自然(die Natur)鬼黠作惡而天真無辜(satanisch schuldhaft ganz unschuldig)①。亦怨天地"不仁"，而諒其不懷叵測，是"不仁"之第二義。嚴氏所服膺誦説之約翰·穆勒嘗著《宗教三論》，詳闡自然之行乎其素，夷然不屑人世所謂慈悲與公道(most supercilious disregard both of mercy and of justice)②，於第二義發揮幾無餘蘊，亦即王弼註意，嚴氏似未之讀也。别見《全唐文》卷論柳宗元《天説》。

王弼註謂"聖人與天地合其德"，即言其師法天地。《鄧析子·無厚篇》："天於人無厚也，君於民無厚也"；"無厚"亦即"不仁"。"聖人"以天地爲儀型，五千言中大書不一書。天地不仁，故聖人亦不仁，猶第七章言天地"不自生"，聖人"是以"亦"外其身"也。然天地無心，其不仁也，"任"或"不相關"而已。聖人雖"聖"，亦"人"也；人有心也，其不仁也，或由麻木，而多出殘賊，以凶暴爲樂③。人與天地合德者，克去有心以成無心，消除有情而至"終無情"，悉化殘賊，全歸麻木。其受苦也，常人以爲不可堪，其施暴也，常人以爲何乃忍，而聖人均泰然若素，無動於中焉。

---

① F. Th. Vischer, *Auch Einer*, Insel Verlag, 21, 26, 68-9. cf. Poe: "The Angel of the Odd", *Poems and Miscellanies*, Oxford, 159; Zola, *Pages d'Exil*, publiées et annotées par Colin Burns, 50 (les objets se cachent parfois pour nous éprouver); Swinburne, *Letters*, ed. Cecil Y. Lang, VI, 64 (malevolent furniture); Santayana, *Letters*, ed. Daniel Cory, 15 (the joke of things at our expense).

② J. S. Mill, *Three Essays on Religion*, Longmans, p. 29.

③ Cf. Pubilius Syrus, § 128: "Crudelis lacrimis pascitur non frangitur", *Minor Latin Poets* "Loeb", 30; M. Scheler, *Wesen und Formen der Sympathie* 11 (die Grausamkeit als eine Funktion des Nachfühlens).

斯多噶哲學家之“無感受”（參觀《周易》卷論《繫辭》之二），基督教神秘宗之“聖漠然”，與老子之“聖人不仁”，境地連類。

【增訂四】蘇偉東《羅馬十二帝傳》第四卷第二九節即記一暴君（Gaius Caligula）淫威虐政，不惜人言，自誇具有斯多噶派所謂“無感受”之美德，以飾其“不知愧怍”（inverecundia）（Suetonius，*op. cit.*，Vol. I，p. 451）。

借曰能之，乃刻意矯揉，盡心涵養，拂逆本性，庶幾萬一。正如一〇章稱“玄德”曰：“專氣致柔，能嬰兒乎？”（參觀《莊子·庚桑楚》論“衛生之經”在乎“能兒子”，《吕氏春秋·具備》論“三月嬰兒”之“合於精，通於天”），蓋爲成人説法。嬰兒固“能”之而不足稱“玄德”；“玄德”者，反成人之道以學嬰兒之所不學而自能也。《大般涅槃經·嬰兒行品》第九謂“如來亦爾”；《五燈會元》卷五石室善道云：“十六行中，嬰兒爲最；哆哆和和時喻學道之人離分别取捨心故。讚歎嬰兒，可況喻取之；若謂嬰兒是道，今時人錯會。”嬰兒之非即“玄德”，正如嬰兒之非即是“道”。人而得與天地合德，成人而能嬰兒，皆“逆”也，六五章論“玄德”所謂“反乃至大順”，後世神仙家言所謂“順之即凡，逆之即聖”（張伯端《悟真篇》卷中《七言絶句六十四首》第一一首朱元育註；參觀鄭善夫《少谷全集》卷一八《與可墨竹卷跋》、李光地《榕村語録》續編卷六論《參同契》）。

【增訂三】參觀771頁。《大智度論》卷一四《釋初品中羼提波羅蜜義》：“菩薩自念：我不應如諸餘人，常隨生死水流；我當逆流，以求盡源，入泥洹道。”771頁引柏格森同書復謂當旋轉日常注意（*détourner* cette attention），迴向（la *retourner*）真知（*ib.*，174）。一小説家亦謂造藝須一反尋常知見之道方中

(Ce travail de l'artiste, c'est exactement le travail inverse, etc. —Proust, *Le Temps retrouvé* in *A la Recherche du Temps perdu*, "Bib. de la Pléiade", III, 896)。均"逆流以求盡源"之法。

在天地爲自然，在人爲極不自然；在嬰兒不學而能，在成人勉學而難能。老子所謂"聖"者，盡人之能事以效天地之行所無事耳。《莊子·大宗師》曰："庸詎知吾所謂天之非人乎？所謂人之非天乎？"前語若謂聖人師法天地爲多事，後語若謂凡夫不師法天地得便宜，機圓語活，拈起放下，道家中莊生所獨也。

求"合"乎天地"不仁"之"德"，以立身接物，强梁者必慘酷而無慈憫，柔巽者必脂韋而無羞恥。黄老道德入世而爲韓非之刑名苛察，基督教神秘主義致用而爲約瑟甫神父(Père Joseph)之權謀陰賊[1]，豈盡末流之變本忘源哉？或復非跡無以顯本爾。《史記·韓非傳》早曰："其極慘礉少恩，皆原於道德之意"；《三國志·魏書·鍾會傳》："於會家得書二十篇，名曰《道論》，而實刑名家也"，亦堪隅舉焉。

曰"天地不仁"，明事之實然，格物之理也。曰"聖人不仁"，示人所宜然，治心之教也。前者百世之公言，後者一家之私説。至於人與天地合德而成聖，則事願或相違，心力每不副，仰高鑽堅，畫虎刻鵠，宜然者又未必果然[2]。此不可不熟察而分别言之也。

---

① A. Huxley, *Grey Eminence*, 137-8, 186.

② Cf. Scheler: "Ordo Amoris": "Die Indifferenzzone ist nur einer idealer Schnitt, der von unserem wechselnden Gemütsverhalten nie völlig erreicht wird", *Schriften aus dem Nachlass*, I, 252.

五七章

“天地所以能長且久者，以其不自生，故能長生。是以聖人後其身而身先，外其身而身存；非以其無私邪？故能成其私。”按六七章亦曰：“不敢爲天下先，故能成器長。”皆有心之無心，有爲（去聲）之無爲（平聲），“反”以至“順”，亦假“無私”以遂“其私”也。“天地”無意志，不起我相，故不“自”生；人有意志，即陷我執，故成“其”私。無長久之心，而能有長久之事，天地也；身不能長久，而心欲長久，人也。“聖人”本人之大欲，鑑天地之成事：即果求因，以爲天地之長久，由於其無心長久也；復推類取則，以爲人而亦無心長久，則其身必能長久矣。然則聖人之無心長久，爲求身之能長久，正亦有心長久；不爲天下先，正欲後起佔先。天地無此居心也，而聖人自命師法天地，亦不揣其本而齊其末矣。天地者，著成壞存亡之形跡，而不作趨避得喪之計較者也。老子操術甚巧，立説則不能自圓也。“後其身”、“不爲先”之旨即《史記·楚世家》引《周書》：“欲起無先”；《楚辭·遠遊》：“虛以待之兮，無爲之先！”；《莊子·刻意》篇：“感而後應，迫而後動，不得已而後起”；《淮南子·原道訓》：“先者難爲知，而後者易爲攻也；先者上高，則後者攀之；先者踰下，則後者蹶之；……先者則後者之弓矢質的也。猶錞之與刃，刃犯難而錞無患者，何也？以其託於後位也。”然見諸施行，不無利鈍。何則？事勢物情，難歸一律，故曰“木雁兩失”（《宋書·王景文傳》明帝手詔），而亦曰：“木雁各喜”（韓愈《落齒詩》）。弈棋以先着爲强，積薪復後來居上，《左傳》昭公二十一年廚人濮引《軍志》亦曰：“先人有奪人之心，後人有待其衰。”《老子》六四章：“其脆易泮，其微易散，爲之於未有，治之於未亂”，豈非制人先發、防患未然哉？故《文子·道原》曰：“夫執道以耦變，先亦制後，後亦制先。……所謂後者，調其數而合其時；時之變則間不容息，先之則太過，後之則不及”；《淮南子》因襲之：“所謂後者，非謂其底滯而不發、凝結而不流，貴其周於數而合於時也。夫執道理以耦變，先亦制後，後亦制先……時之反側，間不容息，先之則太過，後之則不逮。”蓋發而得當，先之後者，亦即更後者之先也，此又所謂“道可道，非常道”耳。抑“後其身”、“外其身”，豈謂忘身不計身，有若《後漢書·鄧、張、徐、張、胡傳·論》所云“臨生不先其存”者歟？信斯言也，則後其身者，不臨難苟免，而身先赴湯火，冒鋒鏑，後天下之樂而樂矣；外其身者必不全軀保首領，而成仁取義，置性命於度外，勿顧藉身之存殁矣。殆非老子之初衷或本意耶？嵇康《養生論》言“忽名位”，“棄厚味”，“遺生而後身存”；其所曰“遺”，庶幾老子所曰“後”、“外”也。“後身”、“外身”皆可各明一義，又“名可名，非常名”之例焉。《淮南子·道應訓》説老子此二句，舉公儀休嗜魚而不受國人獻魚，謂受人魚則或致免相，免相則“不能自給魚”；蓋無異《史記·貨殖列傳》言：“廉吏久，久更富。”《朱文公文集》卷四五《答丘子服》之一論老子曰：“其言‘外其身、後其身’者，其實乃所以先而存之也，其愛身也至矣！此其學所以流而爲楊氏之爲我也”；是矣。

六　一一章

"三十輻，共一轂；當其無，有車之用。埏埴以爲器，當其無，有器之用。鑿户牖以爲室，當其無，有室之用。故有之以爲利，無之以爲用"；《註》："以其無、能受物之故，故能以實統衆也。皆以無爲用也。"按河上公註："'無有'謂空處故"；畢沅《〈道德經〉考異》亦主"無有"二字連讀："當其無有，車之用"云云，引《周禮·考工記》鄭玄註"以無有爲用"佐證之。此亦大類俞正燮以《周禮》鄭註釋"名可名"。"無有"連讀，三者皆不成句，而結句"無"與"有"之對照，亦上失所承。蓋"無有"即"無"，三"有"既皆從"無"而化烏有，不復能出而與"無"平分"利"、"用"。畢氏之流，覩字尚存"有"，而昧其意已成"無"，文理義理，蓋兩失矣。《淮南子·説山訓》："鼻之所以息，耳之所以聽，終以其無用者爲用矣。物莫不因其所有，用其所無，以爲不信，視籟與竽"；足爲《老子》本章確箋，"因有用無"，詞意圓該。河上公註"無"爲"空"；竊謂中虚曰"空"，外曠亦曰"空"，此章蓋言中空，非言太空，觀器、室等例可見也。

【增訂四】《後漢書·方術傳》上《論》："李固、朱穆等以爲處士純盜虚名，無益於用，故其所以然也。……原其無用，亦所以爲用，則其有用，或歸於無用矣。”無用之用，足佐老義。

司馬光《傳家集》卷六〇《與王介甫書》：“介甫於諸書無不觀，而特好《孟子》與《老子》之言”；吕希哲《吕氏雜記》卷上：“王聖美嘗言，見介甫説：‘老、莊者，聖不足以言之！’”然王氏於老子之言非無所不説者，《臨川集》卷六八《老子》篇論此章云：“然工之琢削，未嘗及於無者，蓋無出於自然之力，可以無與也。今之治車者，知治其轂輻而未嘗及於無也。然而車以成者，蓋轂輻具，則無必爲用也。如其知無爲用而不治轂輻，則爲車之術固已疏矣。故無之所以爲用也，以有轂輻也；無之所以爲天下用者，以有禮樂刑政也。如其廢轂輻於車，廢禮樂刑政於天下，而坐求其無之爲用也，則亦近於愚矣！”説理明徹，而未堪折服老子。蓋就本章論，老子衹戒人毋“實諸所無”，非教人盡“空諸所有”（《五燈會元》卷三龐蘊居士章次）。當其無，方有“有”之用；亦即當其有，始有“無”之用。“有無相生”而相需爲用；淮南所謂必“因其所有”，乃“用其所無”耳。

洪邁《容齋續筆》卷一二：“莊子論‘無用之用’，本老子：‘三十輻，共一轂，當其無，有車之用。’《學記》：‘鼓無當於五聲，五聲勿得不和；水無當於五色，五色勿得不章’，其理一也。今夫飛者以翼爲用，縶其足則不成飛；走者以足爲用，縛其手則不能走。爲國者其勿以無用待天下之士則善矣！”宛轉關生，善於解《老》；飛走二喻實取之《淮南子·説山訓》：“走不以手，縛手走不能疾；飛不以尾，屈尾飛不能遠。物之用者，必待不用者。”古羅馬大史家嘗設喻謂五官四肢惡腹之無所事事，衹安享而不勞作也（Ventrem in medio quietum nihil aliud quam datis voluptatibus frui)，因相約惰息，不爲致飲食，終於舉體衰敝[1]；又縛手屈尾之充類至盡也。然莊子論“無用之用”有兩義，洪氏語焉而未察。《人間世》：“是不材之木也，無所可用，故能若是之壽。……山木自寇也，膏火自煎也，桂可食，故伐之，漆可用，故割之，人皆知有用之用，而莫知無用之用也”；郭象註：“有用則與彼爲功，無用則自全其生。”此一義也，乃偷活苟全之大幸耳；《山木》已曰：“昨日山中之木以不材得終其天年，今主人之雁以不材死”，即徵其非通方咸宜之大道，故韓愈《落齒》詩言：“木雁各有喜。”《墨子·親士》謂銛錐先挫，錯刀先靡，甘井近竭，招木近伐，“彼人者寡不死其所長”，正不材木“有喜”也；而又謂“雖有賢君，不愛無功之臣；雖有慈父，不愛無益之子”，復是能鳴雁“有喜”矣。《莊子·外物》：“惠子謂莊子曰：‘子言無用。’莊子曰：‘知無用而始可與言用矣。天地非不廣且大也，人之所用容足耳，然則廁足而墊之致黄泉，人尚有用乎?’惠子曰：‘無用。’莊子曰：‘然則無用之爲用也亦明矣。’”此另一義，即洪氏所謂本諸老子者耳。《徐無鬼》：“故足之於地也踐，雖踐，恃其所不蹍而後善，博也”；《文子·上德》：“足所踐者少，其不踐者多；心所知者寡，其不知者衆。以不用而能成其用，不知而能全其知也”；亦此旨。後世祖述紛如，《淮南子·説林訓》：“足以蹍者淺矣，然待所不蹍而後行”；潘岳《秋興賦》：“行投趾於容跡兮，殆不踐而獲底；闕側足以及泉兮，雖猴猨而不履”；《顔氏家訓·名實篇》：“人足所履，不足數寸，然而咫尺之途，必顛蹶於崖岸，拱把之梁，每沉溺於川谷者，何

[1] Livy, II.xxxii, 9-12; cf. Shakespeare, *Coriolanus*, I, i.99 ff..

哉？爲其傍無餘地故也”；邵雍《伊川擊壤集》卷一六《路徑吟》：“面前路徑無令窄，路徑窄時無過客，過客無時路徑荒，人間大率皆荆棘”（《宋元學案》卷九載雍臨殁誡程頤曰：“面前路徑須令寬，路窄則自無着身處，況能使人行也！”）。有故反其詞以神其事者，如《列子·湯問》侈言善御者“輿輪之外，可使無餘轍，馬蹄之外，可使無餘地”。有觸類而傍通者，如徐枋《居易堂集》卷四《戒子書》：“矢之利用者，分寸之鏃，而必任之以三尺之幹；筆之利用者，分寸之毫，而必任之以七寸之管。子欲用筆而去其管，用矢而去其幹耶？”

【增訂四】徐枋所舉兩例，疑本諸吕坤《呻吟語》卷六《廣喻》：“劍長三尺，用在一絲之銛刃；筆長三寸，用在一端之鋭毫，其餘皆無用之羡物也。雖然，劍與筆但有其銛者鋭者在，則其用不可施。則知無用者有用之資，有用者無用之施。”

《全唐文》卷八〇三李磎《廣廢莊論》略云：“無用之説有三，不可混而同一。有虚無之無用者，則老子埏埴鑿户之説，其用在所無也；有有餘之無用者，則惠子側足之喻，其用必假於餘也；有不可用之無用者，苗之莠、粟之粃也。”似未識一與二之可相通，户牖即埏埴外之餘空也；又不知三當概木之散而言之，則“不可用”而固可用以“自全”焉。析理殊疏。

七　一三章

“吾所以有大患者，爲吾有身；及吾無身，吾有何患?”按要言不煩，實情不虛，設難問如立木義。一切欲超越凡人、脱離塵網之教理道術，莫非試解木義之鋸義也。團詞提挈，略有三焉。

一者欲“吾有身”而又無“患”。《朱文公全集》卷四五《答丘子服》之一論此章曰：“其愛身也至矣，此其學之傳所以流而爲楊氏之爲我也”；嚴復評亦曰：“此章乃楊朱爲我、莊周養生之所本。”兹申其義。《史記·封禪書》記齊、燕方士“爲方仙道，形解銷化”；道士踵事加厲，鍊氣、辟穀、燒丹、羽化，皆求保精、氣、神而除老、病、死也。老子於“貴身”、“愛身”，莊子於“養生”、“不以害其生”，略標旨趣，未示科條；白居易《海漫漫》所謂：“何況玄元聖祖五千言，不言藥，不言仙，不言白日昇青天。”

【增訂四】明羅欽順《整知記》：“今之道家蓋源於古之巫祝，與老子殊不相干。老子誠亦異端，然……道德五千言具在，於凡祈禳、禁禱、經呪、符籙等事，初未有一言及之。而道家立教，乃推尊老子，置之三清之列，以爲其知之所從出，不亦妄乎!”即白居易《海漫漫》之意。

故道流之從事長生方術者，或病其迂闊無補，如《抱朴子·釋滯》云："五千文雖出老子，然皆泛論較略耳，其中了不肯首尾全舉其事、有可承按者也。但暗誦此經，而不得要道，直爲徒勞耳，又況不及者乎！至於文子、莊子、關令尹喜之徒，其屬文華，雖祖述黄、老，憲章玄虚，但演其大旨，永無至言。或復齊死生爲無異，以存活爲徭役，以殂歿爲休息。其去神仙已千億里矣！豈云耽玩哉？"

【增訂三】《莊子·養生主》："可以盡年"，郭象註："夫養生非求過分，蓋全理盡年而已。"《淮南子·俶真訓》："是故傷死者，其鬼嬈，時既者，其神漠。是皆不得形神俱没也。"高誘註："'漠'定也。……道家養形養神，皆以壽終，形神俱没，不但'漠'而已也。老子曰：'以道竦天下，其鬼不神'，此謂俱没也。"此蓋道家本旨，"貴身"、"養生"，衹期"盡年"、"壽終"而"形神俱没"；葛洪所以譏其"去神仙千億里"也。《漢書·藝文志·神仙》："聊以盪意平心，同死生之域，而無怵惕於胸中"，近《淮南》之説；雖曰"神仙"，而亦"去神仙千億里"矣！"傷死者鬼嬈"，可參觀《左傳》昭公七年子産論"强死者、其魂魄猶能馮依於人以爲淫厲"。

道士於道家冒名頂替，托梁易柱，葛洪獨夷然不屑，彼法中之特立畸行者也。北魏崔浩攘斥佛、老而崇信道士，足爲洪言佐證。梁釋慧皎不廢老、莊，其《高僧傳》卷一〇《曇始傳》謂浩"少習左道"；《魏書·崔浩傳》記浩不好老、莊，每讀不過數十行輒棄之曰："此矯誣之説，不近人情，必非老子所作！"又師事"天師"寇謙之，受《神中録圖新經》，修攝養之術。蓋惑於"左道"，轉疑道君五千文之僞，如黎邱丈人之反以真子爲奇鬼矣。

“不近人情”、即王羲之《蘭亭詩序》所謂“一死生爲虚誕，齊彭殤爲妄作”（别詳《全晉文》卷論王《序》）。葛洪乃道流之正而不譎者，故質言《老子》之無裨“要道”；道流之譎者，不捐棄《老子》而反誦説之，假借其高名，附會其微言。觀《楚辭·遠遊》以道家之“真人”與方士之“仙人”同流，知道術概同，芳澤雜糅，由來舊矣。後世如《雲笈七籤》卷一〇引《老君太上虚無自然本起經》説《老子》四二章“三生萬物”，謂“三”指氣、神、精；卷四七引《玄門大論三一訣》説一四章云：“三者，精、神、氣也。‘夷’即是精，‘希’即是神，‘微’即是氣”；卷五五引《入室思赤子法》、卷五六引《元氣論》説五五章“比於赤子”云：“上補泥丸，下壯元氣”，“陰陽相感溉，精凝成童子”；《悟真篇》卷中《七言絶句》第一二首：“《陰靈符》寶字逾三百，《道德》靈文衹五千；今古神仙無限數，盡從此地達真詮”；莫不賣馬脯而懸羊頭以爲招。其他養性延命、服食採補等口訣囊方，心痴語妄，均欲能有身而無其患、能有生而無老、病、死爾。

二者於吾身損之又損，減有而使近無，則吾尠患而或無所患。《莊子·山木》所謂：“少君之費，寡君之欲，雖無糧而乃足。”禁欲苦行，都本此旨。心爲形役，性與物移，故明心保性者，以身爲入道進德之大障。憎厭形骸，甚於桎梏，克欲遏情，庶幾解脱；神秘宗至以清淨戒體爲天人合一之梯階①。《文子·上仁》、《吕氏春秋·君守》、《淮南子·主術訓》皆曰：“中欲不出謂之扃，外欲［一作‘邪’］不入謂之閉”；《莊子·在宥》説“長生”曰：“目無

① Evelyn Underhill, *op. cit.*, 145, 169, 198, 231 (the purgative life and the unitive life).

所見，耳無所聞，心無所知，慎汝内，閉汝外。”《老子》三章曰：“不見可欲，使民心不亂”，一二章曰：“五色令人目盲，五音令人耳聾，五味令人口爽”；《莊子·胠篋》進而欲“絶竽瑟”，“滅文章”，“塞瞽曠之耳”，“膠離朱之目”。陸賈《新語·慎微》：“乃苦身勞形，入深山，求神仙，棄二親，捐骨肉，絶五穀，廢詩書，背天地之寶，求不死之道”；自苦其身以求自永其生，益復等而下之，蓋漢初已有此等人，謂爲《在宥》之變本別傳也可。釋典於“身患”愈危言悚人。《大智度論·十方菩薩來釋論》第一五：“問曰：‘何以問少惱少病不？……何以不問無惱無病？……’答曰：‘有身皆苦，……身爲苦本，無不病時’”；《法苑珠林》卷九引《分別功德論》、卷七一引《譬喻經》皆記有人既死，鬼魂還自鞭其遺體，曰：“此屍困我”，“此是我故身，爲我作惡”；《五燈會元》卷二〇宗元謂道謙行路即曰：“駝個死屍路上行”。斯多噶派大師誨人曰：“汝乃么麽靈魂負載死屍耳”(Thou art, as Epictetus said, a little soul burdened with a corpse)①；神秘宗祖師自羞有身體(avoir honte d'être dans un corps)②；聖·保羅誡徒衆：“毋供養肉體，縱隨嗜欲”(Make not provision for the flesh, to fulfil the lusts thereof)③。以身爲羞、爲患、爲累，由嫌生厭，自厭生恨，遂以身爲仇，不恤摧創之、殘賊之④。古希臘哲人(Democritus)

---

① Marcus Aurelius, *Meditations*, IV. 41, tr. T. J. Jackson, 90; Epictetus, *Discourses*, IV. 1, "Loeb", II, 269. Cf. *Ennéades*, I. i. 10, tr. É. Bréhier, I, 46.

② *La Vie de Plotin*, in *Ennéades*, T. I, p. 1.

③ *The Romans*, 11, 14.

④ Francis Thompson: "Health and Holiness": "The body was proclaimed enemy, and as an enemy it was treated" (*Works*, III, 251).

自抉其眼，以爲視物之明適爲見理之障，唯盲於目庶得不盲於心(oculorumim pedimentis liberasset)①。男女爲人生大欲，修道者尤思塞源除根。《四十二章經》、《法句譬喻經》均載有人患淫不止，欲自斷根，佛曰："不如斷心"；《高僧傳》二集卷三七《遺身篇·論》云："又有未明教迹，婬惱纏封，恐漏初篇，割從閹隸。……不曉反檢内心，而迷削於外色，故根色雖削，染愛愈增"②；《太平廣記》卷九四引《紀聞》記釋儀光、卷九七引《朝野僉載》記釋空如均求不破色戒而自宫。《新約全書》亦言"有人爲登天而自宫"(that made themselves eunuchs for the kingdom of heaven's sake)③；或有云閹者之魂升舉，上帝親啓天門以納之(The Lord himself opens the kingdoms of the heavens to the eunuchs)④；長老奥立經（Origen）之自犍最爲著例。此更損身息患之可憫笑者。中欲外邪，交扇互長，扃中以便絶外，絶外浸成厭世，仇身而遂仇物。《紅樓夢》二一回寶玉酒後讀《莊子·胠篋》，提筆增廣之，欲"焚花散麝"，"戕釵灰黛"，俾"閨閣之美惡始相類"而"無戀愛之心"，正是此旨。黛玉作絶句譏之曰："不悔自家無見識，却將醜語詆他人!"誠哉其"無見識"! 凡仇身絶物，以扃閉爲入道進德之門者，胥於心之必連身、神之必係形(Leib bin ich und

① Aulus Gellius, X. xvii, "Loeb", II, 260. Cf. Descartes, *Méditations métaphysiques*. III: "Je fermerai maintenant les yeux, je boucherai mes oreilles, je détournerai tous mes sens" , etc..

② Cf. Montesquieu, *Lettres Persanes*, ix, Garnier, 19, Le Premier Eunuque: "Hélas! on éteignit en moi l'effet des passions, sans en éteindre la cause. "

③ Matthew, 14 12; cf. Augustine, *Confessions*, VIII. 1, "Loeb", I, 404.

④ E. Westermarck, *Early Beliefs and their Social Influence*, 122-3.

Seele；und Seele ist nur ein Wort für ein Etwas am Leibe)①，不識無見也。

三者雖有身而不足爲吾患，能爲吾患者心也，身亦外物而已。心若常静，身即感物而動，吾奚患焉？舉足下足，長在道場；念生念滅，同歸淨業。於是揚言："不斷淫、怒、癡，亦不與俱"，"行於非道，是爲通達佛道"（《維摩詰所説經·弟子品》第三、《佛道品》第八）；"無事於心，無心於事"，"愚人除境不忘心，智者忘心不除境"（《五燈會元》卷七宣鑒、卷一七寶覺）；"其口雖言，其心未嘗言，方且與世違而心不屑與之俱"（《莊子·則陽》）；"惑者聞任馬之性，乃謂放而不乘；聞無爲之教，遂云行不如卧，何其往而不返哉？斯失乎莊生之旨遠矣！"（《莊子·馬蹄》郭象註）；"好酒好色"，皆爲"真人"，蓋"善治内者，物未必亂而性交逸"（《列子·楊朱》）；"須知大隱居廛市，何必深山守静孤？""休妻謾道陰陽隔，絶粒徒教腸胃空！"（《悟真篇》卷上《七言四韻》第一一、一五首）不絶物而應物，不禁欲而恣欲；諸如"目中有妓，心中無妓"，"佛在心頭留，酒肉穿腸過"，文過口給，更僕難終。

【增訂四】《後漢書·逸民傳》："［戴良］母卒，兄伯鸞居廬啜粥，非禮不行，良獨食肉飲酒，哀至乃哭，而二人俱有毁容。或問良曰：'子之居喪，禮乎？'良曰：'然！禮所以制情佚也。情苟不佚，何禮之論？夫食旨不甘，故致毁容之實；若味厚不存口，食之可也。'"此即"忘心不除境"之説，哀"在心頭"，

① Nietzsche，*Also sprach Zarathustra*，"Von den Verächten des Leibes"，*Werke*，hrsg. K. Schlechta，II，300.

而酒肉僅“穿腸”也。

《全唐文》卷九二四司馬承禎《坐忘論·收心》篇所謂：“若徧行諸事，言‘心無染’者，於言甚美，於行甚非，真學之流，特宜戒此。”西方古説亦有以身心截爲兩橛，謂犯戒由心不在身(Mentem peccare, non corpus)，貞潔乃以論心，身遭淫辱固無妨(Si autem animi bonum est [pudicitia], etiam oppresso corpore non amittitur)①；詩文每以此爲誘惑之藉口或譬慰之常套②。别見《全唐文》卷論王維《與魏居士書》。

---

① Livy, I.1 viii.9 (Collatinus *et al* to Lucretia), "Loeb", I, 202; St. Augustine, *The City of God*, I.xviii, "Loeb", Vol.I, p.80, cf. XIV.iii: "anima peccatrix fecit esse corruptibilem carnem".

② E.g. Machiavelli, *La Mandragola*, III.xi: "perchè la volontà è quella che pecca, non el corpo" (*Opere*, Ricciardi, 1014); Boccaccio, *Il Decamerone*, III.8: "perciò che ella [la santità] dimora nell'anima e quello che io vi domando è peccato del corpo", x.5: "per questa volta il corpo ma non l'animo gli concedo" (ed. Hoepli, 219, 619); Montaigne, *Essais*, II.xii: "l'offense consiste en la volonté, non en la poictrine, aux yeux, aux genitoires" (éd. "Bibliothèque de la Piéiade", 503); Shakespeare, *The Rape of Lucrece*, 1655-6: "Though my gross blood be stain'd with this abuse, / Immaculate and spotless is my mind"; Voltaire, *L'Ingénu*, ch.20: "Le crime ne peut être que dans le coeur, le vôtre est à la vertu et à moi" (*Romans et Contes*, "Bib. de la Pléiade", 290).

【增訂四】莎士比亞《情人怨》中亦道此意(All my offences that abroad you see / Are errors of the blood, none of the mind. —*A Lover's Complaint*, 183-4)。

八　一四章

“是謂無狀之狀，無物之象，是謂惚恍”。按二一章：“道之爲物，惟恍惟惚。惚兮恍兮，其中有象，恍兮惚兮，其中有物。”蘇轍《老子解》説一四章云：“狀、其著也，象、其微也；‘無狀之狀，無物之象’，皆非無也”；吕惠卿《道德經傳》説二一章云：“象者疑於有物而非物也，物者疑於無物而有物者也。”作者註者皆工於語言，能形容似無如有之境。游藝觀物，此境每遭。形下之跡雖不足比倫老子所謂“道”，而未嘗不可借以效韓非之“喻老”；“夫唯不可識，故强爲之容”，一五章已告我矣。韓愈《早春呈水部張十八員外》之一：“天街小雨潤如酥，草色遥看近却無”（參觀李華《仙遊寺》：“聽聲静復喧，望色無更有”）；司空圖《詩品・沖淡》：“遇之匪深，即之愈稀”，又《飄逸》：“如不可執，如將有聞”；曹元寵《卜算子・詠蘭》：“著意聞時不肯香，香在無心處”；辛棄疾《鷓鴣天・石門道中》：“似有人聲聽却無”；梅曾亮《游小盤谷記》：“寂寥無聲而耳聽常滿”，又《缽山餘霞閣記》：“市聲近寂而遠聞”①；

---

① Cf. Wordsworth, *The Prelude*, Bk. VI, 3-4, ed. E. de Selincourt and Helen Darbishire, 265: “as if distance had the power/To make the sounds more audible.”

羅斯金（Ruskin）描摹名畫（Turner："Babylon"）中風物有云："天際片雲，其輪廓始則不可見，漸乃差許意會，然後不注目時纔覺宛在，稍一注目又消失無痕"（the cloud，with its edge first invisible，then all but imaginary，then just *felt* when the eye is *not* fixed on it，and lost when it is，at last rises）①；近人論"自由詩"（vers libre）所蘊節奏（the ghost of some simple metre）云："不經心讀時，則逼人而不可忽視；經心讀時，又退藏於密"（to advance menacingly as we doze，and withdraw as we rouse）②。立言各有攸爲，而百慮一致，皆示惟怳惟惚。《文子·精誠》篇所謂"遠之即近，近之即疏"，是矣。

---

① *Modern Painters*，Pt I，Sect. iii，ch. 3，George Routledge，I，253.

② T. S. Eliot，*To Criticize the Critic*，187.

九　一七章

“功成事遂，百姓皆謂我自然”。按二五章：“人法地，地法天，天法道，道法自然”；五一章：“道生之，德畜之。……是以萬物莫不尊道而貴德。道之尊，德之貴，夫莫之命而常自然”；六四章：“是以聖人……學不學，復衆人之所過，以輔萬物之自然而不敢爲。”可以合觀。一七章乃言“太上”，《註》：“謂大人也”；“大人”亦即“聖人”。

“我自然”而曰“百姓謂”者，大人自知非己之本然，而繕性養知使然，不“順”而“逆”，即“法”與“學”，四二章所謂“吾將以爲教父”也；大人或愚百姓而固不自欺也。“自然”而然，即“莫之命而常”，蓋未嘗別有所“法”或舍己而“學”，亦不自覺爲“教父”而供人之“法”與“學”也。故天地“萬物自然”，黑格爾所謂“自在”(an sich)；大人“我自然”，則習成自然，妙造自然，出人入天，黑格爾所謂“是一是三”(Triplizität)、“端末回環”(Kreis)[①]，關捩已轉、公案平添矣。人、地、天、道四者累疊而取法乎上，足見自然之不可幾及。

---

① *Wissenschaft der Logik*, *op. cit.*, III, 367, 374.

一、五、六、七、一六、二三章等以天地並稱或舉天以概地，此則以“法地”爲“法天”之階焉；一、一六、二五、三二、四二章等以“道”爲究竟，此則以“法自然”爲“法道”之歸極焉。渾者畫，簡者繁，所以示人爲“聖”爲“大”之須工夫，明“我自然”之談何容易，非謂地、天、道亦如職官之按班分等、更迭仰承而不容超資越序以上達也。嘗試論之。惡“天地”之尚屬分别法也，乃標“混成先天地”之“道”。然道隱而無跡、朴而無名，不可得而法也；無已，仍法天地。然天地又寥廓蒼茫，不知何所法也；無已，法天地間習見常聞之事物。八章之“上善若水”，一五章之“曠兮其若谷”，二八章之“爲天下谿”，三二章之“猶川谷之於江海”，三九章之“不欲琭琭如玉，珞珞如石”，四一章之“上德若谷”，六六章之“江海所以能爲百谷王者，以其善下之”，七六章之“萬物草木之生也柔脆”，七八章之“天下莫柔弱於水”；皆取則不遠也。非無山也，高山仰止，亦可法也；老以其貢高，捨而法谷。亦有火也，若火燎原，亦可法也；老以其炎上，捨而法水。水自多方矣，孔見其晝夜不舍，孟見其東西無分，皆匪老所思存也，而獨法其柔弱。然則天地自然固有不堪取法者，道德非無乎不在也。此無他，泯分别法，除揀擇見，則天地自然無從法耳。

治人攝生，有所知見，驅使宇宙間事物之足相發明者，資其緣飾，以爲津逮。所謂法天地自然者，不過假天地自然立喻耳，豈果師承爲“教父”哉。觀水而得水之性，推而可以通焉塞焉，觀谷而得谷之勢，推而可以酌焉注焉；格物則知物理之宜，素位本分也。若夫因水而悟人之宜弱其志，因谷而悟人之宜虛其心，因物態而悟人事，此出位之異想、旁通之歧徑，於詞章爲

“寓言”，於名學爲“比論”（analogy），可以曉喻，不能證實，勿足供思辯之依據也①。凡昌言師法自然者，每以借譬爲即真，初非止老子；其得失利鈍，亦初不由於果否師法自然。故自然一也，人推爲“教父”而法之，同也，而立説則紛然爲天下裂矣。《中庸》稱“君子之道，察乎天地”，稱聖人“贊天地之化育”，然而儒家之君子、聖人與道家之大人、聖人區以别焉，蓋各有其“天地”，“道”其所“道”而已。即就老子之例論之。禽蟲亦“萬物”也，老子捨而取“草木”以示範。余讀鮑照《登大雷岸與妹書》：“栖波之鳥，水化之蟲，智吞愚，强捕小，號噪驚聒，紛牣乎其中”；又杜甫《獨立》：“空外一鷙鳥，河間雙白鷗。飄飖搏擊便，容易往來游。草露亦多濕，蛛絲仍未收。天機近人事，獨立萬端憂。”高天大地，皆伏殺機，魚躍鳶飛，莫非强食；《中庸》曰：“萬物並育而不相害”，此則有見於“萬物並育而相害”，庶幾稍窺“達爾文新理”者乎！苟以此爲天地自然而法之，則“聖人”之立身操術必大異乎師草木之“柔脆”矣。《左傳》襄公二十九年鄭行人子羽曰：“松柏之下，其草不殖”；陶潛《歸田園居》曰：“種豆南山下，草盛豆苗稀。”是草木之競存相害，不減禽蟲②。苟“聖人”亦有會心，則其法草木也殆將捨“柔

① H. W. B. Joseph, *An Introduction to Logic*, 2nd ed., 533-4; J. Passmore, *Philosophical Thinking*, 50-1 (the spelling out of analogies).

② Cf. Joseph de Maistre, *Les Soirées de Saint-Pétersbourg*, 7e Entretien, “Les Classiques Garnier”, II, 25: “*In mutua funera*, Déjà, dans le règne végétal, on commence à sentir la loi”, etc.; Leopardi, *Il Zibaldone*, a cura di F. Flora, II, 1005-6: “Entrate in un giardino di piante, d'erbe, di fiori” etc.; Hardy: “In a Wood”: “Combatants all!” etc.; Heinrich Lerch: “Im Schützengraben”: “Zwei gleiche Bäume stehn Zusammen nicht” etc..

脆”而别有取則歟。《墨子·天志》下曰：“順天之意者兼也，反天之意者别也”；順天者“義正”，大不攻小，强不侮弱，“聖知”也，逆天者“力正”，攻小侮弱之“盜賊”也。此墨子“立爲儀法”之“天”也。然而嚴復所樂道之斯賓塞，非以人羣之强凌弱、衆暴寡、貧富不均、上下交征爲即物競天演當然之理[1]乎？是則壟斷强梁、營私逐利而無忌諱，墨子所斥爲“反天”之“盜賊”者，正亦“順帝之則”、法天行道之“聖人”、“大人”已。

充老子之道，雖欲法天地自然而不能得也，五千文之勝義至言亦無從有也。欲以渾淪之心，上師渾成之物，語之自相違牾而事之不可施行者也。韓非“解老”、“喻老”，而《六反》篇斥“學者不察當世之實事”，有曰：“老聃有言曰：‘知足不辱，知止不殆’，夫以殆辱之故而不求於足之外者，老聃也，今以爲足民而可以治，是以民爲皆如老聃也”；《忠孝》篇斥“烈士爲恬淡之學而理恍惚之言”，有曰：“事君養親，不可以恬淡，……言論忠信法術，不可以恍惚；恍惚之言、恬淡之學，天下之惑術也。”豈非指無爲清淨之治，坐可言而起不可行歟？已操入室之戈矣。抑匪獨老子爲然也。哲人之高論玄微、大言汗漫，往往可驚四筵而不能踐一步，言其行之所不能而行其言之所不許。《戰國策·趙策》二蘇子謂秦王曰：“夫刑名之家皆曰：‘白馬非馬也’，已如白馬實馬，乃使有白馬之爲也”；《韓非子·外儲說》左上曰：“兒說、宋人之善辯者也，持‘白馬非馬也’，服齊稷下之辯者。乘白馬而過關，則顧白

---

① B. Dunham, *Man against Myth*, 62 ff., 72 ff..

馬之賦。故藉之虚詞，則能勝一國，考實按形，不能謾於一人”；桓譚《新論》亦曰：“公孫龍謂‘白馬非馬’，人不能屈。後乘白馬，無符傳，欲出關，關吏不聽。此虚言難以奪實也”（《全後漢文》卷一五）。

【增訂二】虚言“非馬”而不能“奪”實乘白馬，可參觀康德駁“本體論證”所謂一百元之概念終不如一百元之實幣能增財富也（Aber in meinem Vermögenszustande ist mehr bei hundert wirklichen Thalern，als bei dem blossen Begriffe derselben [d.i. ihrer Möglichkeit] — *Krit. d. rein. Vernunft*，hrsg. Benno Erdmann，6. Aufl.，462.）。

休謨逞其博辯，於“因果”、“自我”等無不獻疑，掃空而廓清之，顧曲終奏雅，乃曰：“吾既盡破世間法，空諸所有，孑然無依，悄然自傷（that forlorn solitude，in which I am plac'd in my philosophy），不知我何在抑何爲我矣（Where am I，or what）。吾乃進食，食畢博戲（I dine，I play a game of backgammon），與友人閒話，游息二、三小時後，重理吾業，遂覺吾持論之肅殺無温、牽强可笑也”（these speculations appear so cold，and strained，and ridiculous）①。肯以躬行自破心匠，不打誑語，哲人所罕。若夫高睨大言，乃所謂蓄備兩副哲學，一爲索居之適，一供羣居之便（deux philosophies，l'une de cabinet，l'autre de sociéte），亦所謂哲學家每如營建渠渠夏屋，却不能帡幪入處，而衹以一把茅蓋頂（Most systematisers are like a man who builds

① Hume，*Treatise of Human Nature*，Bk. I，Pt. iv，Sect. 7，“Everyman's Library”，I，249，254.

an enormous castle and lives in a shack close by)[1]。莫里哀劇中一角色，外飾道貌而中蘊淫心，自白："世間諸樂洵犯上天禁忌，然無事不可設法與彼蒼通融"(Le ciel défend，de vrai，certains contentements；/Mais on trouve avec lui des accommodements)[2]。宗教與神秘家言歧舌貳心，以爲方便妙用，無異乎此爾。《莊子·齊物論》："聖人和之以是非而休乎天鈞，是之謂兩行"，成玄英疏："不離是非，而得無是非，故謂之'兩行'。"《華嚴經·離世間品》第三八之六："能作如是權實雙行法是佛業"，即"依二諦"，"真諦"與"俗諦"，如"一雙孤雁掠地高飛，兩個鴛鴦池邊獨立"(《翻譯名義集·統論二諦篇》第六四，參觀《魏書·釋老志》、《華嚴疏鈔懸談》卷一六、《宗鏡録》卷五論"權"、"實")。"二諦"、"兩行"，一致同歸。

【增訂三】《淮南子·要略》："故言道而不言事，則無以與世浮沉；言事而不言道，則無以與化游息。"以"與世浮沉"及"與化游息"兼行并用；魏晉以前古籍詮"兩行"、"二諦"，似莫章明於此者。

【增訂四】《翻譯名義集》喻"二諦"語亦即禪人話頭。如《五燈會元》卷一二華嚴普孜章次："故句中無意，意在句中。於斯明得，一雙孤雁，撲地高飛；於斯未明，一對鴛鴦，池邊獨立。"

洞山良价云："説取行不得底，行取説不得底"(《五燈會元》卷

① Diderot："Philosophie pyrrhonienne"，*Oeuvres complètes*，éd. J. Assézat，XVII，491；Kierkegaard，*Journals*，tr. A. Dru，156. Cf. L. Nelson，*Socratic Method and Critical Philosophy*，tr. T. K. Brown III，9，101.

② Molière，*Tartuffe*，IV. 5.

四寰中章次），雖曰機鋒，不啻供狀。胡寅《斐然集》卷一七《寄秦會之》斥佛説“判心迹，二言行”，至以“中原板蕩”歸罪之，談言微中，未可盡目爲儒生門户迂見也。釋慧皎《高僧傳》卷五記道安曰：“不依國主，則法事難舉”；海涅嘲中世紀基督教乃精神與物質之協議（ein Konkordat zwischen dem Geist und der Materie），前者居虚位（*de jure* herrscht），後者掌實權（*de facto* herrscht）①，一皇而一帝；亦殊途同歸於“依二諦”而已。

① Heine, *Zur Geschichte der Religion und Philosophie in Deutschland*, I, *Sämtliche Werke*, Weichert, VIII, 24-6.

一〇 二六章

"重爲輕根，静爲躁君"；《註》："不行者使行，不動者制動，是以重必爲輕根，静必爲躁君也。"按《易·復》："復其見天地之心乎"；王弼註："復者、反本之謂也。天地以本爲心者也。凡動息則静，静非對動者也；語息則默，默非對語者也。然則天地雖大，富有萬物，雷動風行，運化萬變，寂然至無，是其本矣。"若相近而不妨移註者，實則另明一義，祇可解一六章之"各歸其根，歸根曰静"耳。"歸根"之"根"與"爲根"之"根"，着眼不同，王註曰"使"曰"制"而不曰"本"，甚精當。此章蓋言輕與重、躁與静孰先；先乃優先之先(ontologically superior)，非先前之先(chronologically anterior)，較量作用，非溯列程序。如《文子·道原》："人生而静，天之性也，感物而動，性之害也"，或《樂記》："人生而静，天之性也，感於物而動，性之欲也"；亦言静爲動本，而與《老子》此章比勘，語意迥異，乃指序之初始，非顯用之主要。曰"君"，以其能制使臣下；曰"根"，以其能牽動枝幹。静如處女，以逸待勞，静可以制躁也；末大必折，根朽葉危，根不重而失也。苟以"重爲輕根"、"輕則失本"與"各歸其根"混爲一談，説作根柢、本來，則此二句費解難通。何則，累輕然後能重，積羽折軸，是輕爲重根、輕始得本矣；且重由輕成，而静爲躁破，二事初不相類，故積輕則漸近重，積躁則愈違静，減輕則更遠於重，減躁則稍鄰於静矣。杜甫《别李秘書始興寺所居》："安爲動主理信然"，是"静爲躁君"之的解，其用字又掎摭一五章之"孰能安，以久動之徐生"；註杜者見"重聞西方《止觀經》"句，遂僅知抱佛脚耳。

一一　二八章

“知其雄，守其雌，爲天下谿。……知其榮，守其辱，爲天下谷。”按六一章：“大國者下流”，六六章：“江海所以能爲百谷王者，以其善下之”，七八章：“受國之垢，是謂社稷主”，均同斯旨。即《左傳》宣公十五年伯宗諫晉侯所云：“諺曰：‘高下在心，川澤納汙，山藪藏疾，瑾瑜匿瑕’；國君含垢，天之道也”；使伯宗不言爲“諺”，説者殆將以伯宗爲老氏之徒歟。七七章：“天之道其猶張弓歟！高者抑之，下者舉之”，而《左傳》昭公三十二年晉史墨曰：“社稷無常奉，君臣無常位，自古以然，故《詩》[《十月之交》]曰：‘高岸爲谷，深谷爲陵’”；谷爲高者之抑而陵爲下者之舉也，説者又可以史墨爲秉老氏之遺教矣。五八章：“禍兮福之所倚，福兮禍之所伏”，而《荀子·大略》曰：“禍與福鄰，莫知其門”，《戰國策·楚策》四或謂楚王曰：“禍與福相貫，生與亡爲鄰”；苟説《老子》者留意及此，將謂韓非之解老、喻老，蓋演其師荀卿之緒，且縱横之學亦出道德，不獨刑名耳。三六章：“將欲廢之，必固興之；將欲奪之，必固與之”，而《魏策》一任章教魏桓子割地與知伯曰：“《周書》曰：‘將欲敗之，必故輔之；將欲取之，必故與之’”，《吕氏春秋·行論》：

"《詩》曰：'將欲毁之，必重累之；將欲踣之，必高舉之'"；倘未言《周書》與《詩》，説者或溯《短長書》之源自《道德經》也。六〇章："治大國若烹小鮮"，而《詩·檜風·匪風》："誰能烹魚，溉之釜鬵"，《毛傳》："溉、滌也；烹魚煩則碎，治民煩則散，知烹魚則知治民矣"；陳啓源《毛詩稽古編》謂"周道"以"優柔寬簡爲治"，"《老子》意與《毛傳》正同"，亦其例焉。故考論學風道統不可以若是其幾也。一家學術開宗明義以前，每有暗與其理合，隱導其説先者，特散錢未串，引弓不滿，乏條貫統紀耳。羣言歧出，彼此是非，各挾争心而執己見，然亦每有事理同，思路同，所見遂復不期而同者，又未必出於蹈跡承響也。若疑似而不可遽必，毋寧觀其會通，識章水之交貢水，不逕爲之譜牒，强瓜皮以搭李皮。故學説有相契合而非相受授者，如老、莊之於釋氏是已；有揚言相攻而陰相師承者，如王浮以後道家僞經之於佛典是已。倘以歸趣偶同，便謂淵源所自，則類《魏書·釋老志》載世祖詔、《新唐書·李蔚傳·贊》等謂佛經乃竊老、莊之餘緒而附益，或清季學者謂西洋之宗教、科學胥本諸《墨子》而其政典國制盡出於《周官》。乍覩形貌之肖，武斷骨肉之親，與以貓爲虎舅、象爲豕甥、而鴕鳥爲駱駝苗裔，何以異乎？

一二　三九章

“故致數輿無輿”；《註》：“故致數輿乃無輿也。”按王註一如未註，倘以爲語意曉然，無須贅説耶？嚴復評曰：“‘數輿’者，‘一’之反對”，以上文有“昔之得一者，天得一以清，地得一以寧，神得一以靈”云云也，已識其旨。宋人如蘇轍《老子解》云：“輪、輻、蓋、軫、衡、軛、轂、轊會而爲車，物物可數，而車不可數”；林希逸《竹溪鬳齋十一稿》續集卷二《再和除字韻》云：“失馬塞翁云得馬，數車柱史論無車”；皆得此句之解。元李道純《道德會元》引唐成玄英《老子義疏》：“輿，車也。箱、輻、轂、輞，假合而成，徒有車名，數即無實；五物四大，爲幻亦然。所以身既浮處，貴將焉寄?”；復爲申説曰：“數車之各件，無一名車者，喻我是一身，無一名我也。”其解“數輿無輿”一句甚確，而去老子設喻之旨，大相逕庭，可謂得“語”之“意”矣，猶未得“意”之“隨”也（《莊子·天道》篇）。《莊子·則陽》云：“丘里者，合十姓百名而以爲風俗也。合異以爲同，散同以爲異。今指馬之百體而不得馬，而馬係於前者，立其百體而謂之馬也。”

【增訂四】美國民歌嘲村人赴市鎮買袴，空手而歸，云祇覩房屋無數，市鎮不得見也（Yankee Doodle went to town/To buy a pair of trousers，/He swore he could not see the town/For so many houses. —“Yankee Doodle”，G. Grigson，ed.，*The Faber Book of Popular Verse*，1974，p.166）。此即昧於莊子言“十姓百名”可“合”以爲“丘里”之義，而犯當世哲學家所謂“範疇錯誤”（category mistake）矣（G. Ryle，*The Concept of Mind*，1949，pp.16—7：“But where is the University?” etc.）。

老之“數輿乃無輿”，即莊之“指馬不得馬”，亦即《墨子·經説》下之“二與一亡，不與一在。”二有一乎？曰：有。則一可謂之二也？借曰不然，二復安在？蓋老、莊摧破名學所謂“分散智論”（fallacia divisionis）耳。以輻若轂之不可稱輿也，遂謂無輿；以蹄若尾之不可稱馬也，遂謂無馬；執散而爲各一（units）以破合而成同一（unity）。似是而非，故老、莊辭而闢之。各别而指數之，則合成“丘里”者散爲“十姓百名”，“一”亦分“裂”散“發”而無從“得”矣。《齊物論》不云乎：“故分也者，有不分也？”嵇康《答〈難養生論〉》曰：“凡此數者，合而爲用，不可相無，猶轅、軸、輪、轄，不可一乏於輿也”，足申老子之旨。吕惠卿註《老子》見陸德明《釋文》“輿”作“譽”，釋爲“譽出於無譽”；後人亦置本句之“數”字以上文之“一”字於度外，牽合《莊子·至樂》與《淮南子·説山訓》高誘註，釋爲“求美名則不得美名”。修身行己，强聒不舍，而於名理思辯，如以水投石，莫之受焉。或又見釋氏《那先比丘經》論軸、輞、輻、轅等“不合聚是諸材木不爲車”，“合聚是諸材木用爲車，因得車，人亦如是”，乃謂成玄英本此附會，佛學流入以前，吾國無其説。

則是唐之道士尚能傍通内典，而近世學人并不知《莊子》矣。比喻兩柄多邊，故指(denote)同而旨(signify)不必同；成氏覩佛、老皆以輿爲譬，因謂老子此章亦如佛之欲曉示五藴聚幻，毫釐千里，其謬失蓋在斯耳。澄觀《華嚴經疏鈔懸談》卷二四云："今時成英尊師作莊、老疏，廣引釋教，以參彼典，但見言有小同，豈知義有大異"，可以爲例矣。

老子喻，言有輿也，不持分散智論，可以得"一"；佛喻，言無車也，正持分散智論，所以破"聚"。二者用意相背。分散以明本無，釋氏之慣技。如《大般涅槃經·獅子吼菩薩品》第一一之三亦即云："離五陰已，無别衆生，善男子，如離箱、轂、輪、軸、輻、輞，更無别車。"龍樹菩薩《大智度論·緣起義釋論》第一云："譬如車，轅、輻、軸、輞等和合故有，無别車也。人亦如是，五衆和合故有，無别人也"；

【增訂三】《大智度論》卷三〇《釋初品中十八空》："如車以輻、輞、轅、轂衆合爲車，若離散各在一處，則失車名。五衆和合因緣，故名爲人，若别離五衆，人不可得。"

其《中論·觀如來品》第二二云："因五指有五拳，是拳無有自體；因五陰名我，是我即無自體"，與車喻正出一轍。《楞嚴經》卷二、卷三之破五陰、六入、七大、十界"因緣和合"，或圭峰宗密《原人論》之節節支解"色心和合"，清辯滔滔，無異分舉一則不成二、指百體則不得馬、數件則無輿，蓋恃此法爲顯真理惑之利器而不自知其爲智論也。復舉一則，以資軒渠。《優婆塞經》教人棄離"嗔恚蓋"云："有智之人，若遇惡罵，當作是念。是罵詈字，不一時生；初字生時，後字未生，後字生已，初字復滅。若不一時，云何是罵？直是風聲，我云何瞋！"佛書每忘己事之未工，而笑他人之已拙，如《百喻經》之四四：“有人因饑，食七枚煎餅”食六枚半已，便得飽滿。其人恚悔，以手自打，言：“我今飽足，由此半餅，前六餅唐自捐棄，設知半餅能充足者，應先食之”；或如《長阿含經》之七《弊宿經》中婆羅門縛賊，剥皮，臠肉，截筋，打骨以求“識神”，小兒吹灰、擣薪以求火，村人以爲聲在貝中，觸貝命作聲，不知須以口吹貝。夫聚諸材方得車、因五指有拳，正如積六枚餅乃能飽、合貝與口氣而作聲。即以子矛攻子盾也可。歷來文士，不識此故，以分散之誖謬爲剖析之精微，紛紛祖構。韋應物《聽嘉陵江水聲》：“水性自云静，石中本無聲，云何兩相激，雷轉空山驚？”語尚含渾。歐陽修《鐘莛説》：“甲問於乙曰：‘鑄銅爲鐘，削木爲莛，以莛叩鐘，則鏗然而鳴。然則聲在木乎？在銅乎？’乙曰：‘以莛叩垣則不鳴，叩鐘則鳴，是聲在銅。’甲曰：‘以莛叩錢積則不鳴，聲果在銅乎？’乙曰：‘錢積實，鐘虚中，是聲在虚器之中。’甲曰：‘以木若泥爲鐘則無聲，聲果在虚器之中乎？’”蘇軾《爲沈君〈十二琴説〉作詩》：“若言琴上有琴聲，放在匣中何不鳴？若言聲在指頭上，何不於君指上聽？”皆拾《楞嚴經》“非於根出，不於空生”之牙慧，知肝膽爲胡越，而不省齊楚爲眉目（語本嚴遵《道德指歸》），無以過於觸貝之村人、擣薪之小兒焉。

【增訂二】《大般涅槃經·聖行品》第七之三舉燧火、酪酥等喻以明“衆緣和合”，有曰：“譬如因鼓、因空、因皮、因人、因桴，和合出聲。鼓不念言：‘我能出聲’；乃至桴亦如是。聲亦不言：‘我能自生。’”可以解歐陽修、蘇軾之難矣。

【增訂三】《大智度論》卷九九《釋曇無竭品第八十九上》：“譬如箜篌聲，……衆緣和合故生。有槽，有頸，有皮，有絃，有柱，有棍，有人以手鼓之，衆緣和合而有聲。是聲亦不從槽出，不從頸出，不從皮出，不從絃出，不從棍出，亦不從人手出；衆緣和合，乃爾有聲。……諸佛身亦如是。……離五指更無有拳，……離五衆則無有佛。”

《吕氏春秋·别類》篇：“夫草有莘有藟，獨食之則殺人，合而食之則益壽。萬堇不殺。漆淖、水淖，合兩淖則爲蹇，濕之則爲乾。金柔、錫柔，合兩柔則爲剛，燔之則爲淖”；蓋有見於分而亦不可無見於合，吕不韋之喻堪助老、莊數輿、指馬之喻張目也。

西方哲理名家亦每陷於分别眢論而不自知。如休謨之破我、破因果，正用指馬百體、數車各件之法①。萊伯尼茨倡“小感覺”(les petites perceptions)說，謂合無量數小聲息而成巨響，故聞巨響者即可分聆其每一小聲息(Il faut qu'on ait quelque perception de chacun de ces bruits)②；蓋誤以爲合而始具有者，散亦仍具體而微③。以散則無存而疑合亦不存，以合則有成而信散亦能成(fallacia compositionis)；如翻覆手，義各墮邊。《列子·楊朱》篇孟孫陽曰：“一毛微於肌膚，肌膚微於一節，省矣。然則積一毛以成肌膚，積肌膚以成一節，一毛固一體萬分中之一

① *Treatise*, Bk I, Pt iii, Sect.2 (the idea of cause and effect); Pt iv, Sect.6 (personal identity)(*op. cit.*, I, 76 ff., 238 ff.). Cf. M. R. Cohen, *The Meaning of Human History*, 64: "Hume's argument is analogous to Zeno's argument against motion by resolving time and space into an infinity of disconnected points and instants."

② Leibniz, *Novreaux Essais sur l'Entendement*, Préface, *Philosophischen Schriften*, hrsg. C. J. Gerhardt. V, 47.

③ W. James, *Principles of Psychology*, I, 164-5 (an excellent example of the so-called fallacy of division).

物，奈何輕之乎?”全身重，故一毛亦不輕，遂弗肯損一毫以濟一世；持之有故，而論則陷智。充數車、指馬之道，有覩於分，無見於合，則不足以知量之增減可致質之變化(der Sprung aus quantitativer Veränderung in qualitative)①。老標“得一”，莊舉“邱里”，誠對治之藥言哉！莎士比亞賦《二鳥》詩以喻愛情，略如陳子昂所謂“相得如青鳥翡翠之婉孌”（《全唐文》卷二一六《館陶郭公姬墓志銘》），有云：“可判可別，難解難分”（Two distincts, division none)②；頗資斷章取義，可牽合枯立治論學之語：“辨別非即分散”（Distinction is not division)③。明乎斯理，庶幾有一而不亡二、指百體而仍得馬、數各件而勿失輿矣。

① Hegel, *Wissenschaft der Logik*, *op. cit.*, I, 490. Cf. Leibniz, *op. cit.* Préface, 49 (La nature ne fait jamais de sauts); Liv. IV, ch. 16, § 12, S. 455.

② *The Phoenix and the Turtle*, st. 7.

③ *Biographia Literaria*, ch. 14.

一三 四〇 章

"反者，道之動"；《註》："高以下爲基，貴以賤爲本，有以無爲用，此其反也。"按一六章："夫物芸芸，各復歸其根"，《註》："各返其所始也"；二五章："字之曰道，强爲之名曰大，大曰逝，逝曰遠，遠曰反"，《註》："不隨於所適，其體獨立，故曰反"；三〇章："其事好還"，《註》："有道者務欲還反無爲"；六五章："玄德深矣遠矣，與物反矣，然後乃至大順"，《註》："反其真也。"《文子・道原》雖曰"反者，道之常也"，不似《老子》之重言申明。王弼註語皆膚略，未窺微眇。《老子》用"反"字，乃背出分訓之同時合訓，足與"奥伏赫變"(aufheben)齊功比美，當使黑格爾自慚於吾漢語無知而失言者也（參觀《周易正義》卷論《易有三名》)。[1]

---

① 觀其議論，僅略知一二漢字之拼音而已，如謂"po"一音有"玻"(glas)、"擘"(zerspalten)、"潑"(wässern)、"婆"(altes weib)、"僕"(sklave)、"薄"(ein wenig)等十一義(*Philosophie der Geschichte*, I Teil, ii Abschnitt, Reclam, 191)，亦猶法國傳教士(Père Bourgeois)歎漢語難學，"chou"一音即有"書"(a book)、"樹"(a tree)、"述"(to relate)、"輸"(the loss of a wager)等六義也(I. Disraeli, *Curiosities of Literature*, I, 268.)。

【增訂三】法國傳教士論漢文難學，見於一七六九年十月十五日渠自北京致某夫人書，書存《宣化述奇彙牘》中(Du Halde, *Lettres édifiantes et curieuses de Chine*, ed. I et J.-L. Vissière, 1979, 469)。

“反”有兩義。一者、正反之反，違反也；二者、往反（返）之反，回反（返）也（“回”亦有逆與還兩義，常作還義）。《中庸》：“生於今之世，反古之道，如此者裁及其身者也”，鄭玄註：“謂不知今王之新政可從”；《漢書·文帝紀》詔曰：“今單于反古之道”，顔師古註：“反、還也”，又《昭帝紀》詔曰：“望王反道自新”，師古註：“欲其旋反而歸正”；謂從古而復其道也。《商君書·更法》篇：“湯、武之王也，不脩古而興；殷、夏之滅也，不易禮而亡。然則反古者未必可非，循禮者未足多是也”；謂逆古而棄其道也，“反古”對“脩古”言，“脩古”之“脩”即“循禮”之“循”，遵由也（參觀王念孫《讀書雜志·管子》一舉例），此“反”正同《國語·周語》下衛彪傒譏萇弘“違天一也，反道二也”之“反”。前之“反”言遵言合，後之“反”言違言離，此背出之分訓。《老子》之“反”融貫兩義，即正、反而合，觀“逝曰遠，遠曰反”可知；景龍本四七章：“其出彌遠，其知彌近”，“逝”而“反”之謂也。“遠曰反”者，猶“各復歸其根”，“其事好還”，“深矣遠矣，與物反矣”，亦猶《易·復》：“反復其道”，“復其見天地之心乎”，“不遠復”。

【增訂四】黑格爾《哲學史》論“精神”之運展爲“離於己”而即“歸於己”，“異於己”以“復於己”（Die Entwicklung des Geistes ist Auseinandergehen, sichauseinanderlegen, und darin zugleich ein Zusichkommen...aber es ist die Natur des Geistes, der Idee, sich zu entfremden, um sich wiederzufinden. —*System und Geschichte der Philosophie*, ed. J. Hoffmeister, 1944, Vol. I, pp. 109, 110）。詞意甚類老子之“逝曰遠，遠曰反”。

試以通用術語詮之。“大”爲正；“逝”者、離去也，違大而自異，即“反”；“遠”乃去之甚、反之極；而“反（返）”者、遠而復，即反之反（dé-négation），“至順”即“合”於正。故“反（返）”、於反爲違反，於正爲回反（返）；黑格爾所謂“否定之否定”（Das *zweite* Negative，das Negative des Negation，ist jenes Aufheben des Widerspruchs）①，理無二致也。“反者道之動”之“反”字兼“反”意與“返”亦即反之反意，一語中包賅反正之動爲反與夫反反之動而合於正爲返。竊謂吾國古籍中《老子》此五言約辯證之理，《孟子·盡心》“無恥之恥，無恥矣”七言示辯證之例，皆簡括弘深；焦循《孟子正義》據洪邁、惠棟語解“之”字義爲“適”、爲“變”（洪、惠乃説《後漢書·光武帝紀》上“諱秀”句下章懷註，王先謙《集解》引），“變”即“反”、“適”即“逝”矣。黑格爾曰矛盾乃一切事物之究竟動力與生機（die Wurzel aller Bewegung und Lebendigkeit），曰辯證法可象以圓形，端末銜接（als einen in sich geschlungen Kreis），其往（ein Vorwärts）亦即其還（ein Rückwärts），曰道真（das Wahre）見諸反覆而返複（die entgegensetzende Verdopplung）。曰思惟運行如圓之旋（ein Kreis，der in sich zurückgeht）②，數十百言均《老子》一句之衍義，亦如但丁詩所謂“轉濁成靈，自身回旋”（e fassi un'alma sola，/che vive e sente，e sè in sè rigira）③。詩人勃萊克（Blake）曰：“無反則無動：引與拒、智與力、愛與憎，無之人不

① *Wissenschaft der Logik*，*op. cit.*，III，365.

② *Ib.*，II，80；III，373，375；*Aesthetik*，Aufbau，69；*Phänomenologie des Geistes*，*op. cit.*，20；*Geschichte der Philosophie*，Felix Meiner，I，118，cf. 109.

③ *Purgatorio*，XXV. 74-5.

能生存”（Without contraries is no progression. Attraction and Repulsion, Reason and Energy, Love and Hate, are necessary to Human existence）①；祇道正反，未道反反之返。《易·泰》卦："無往不復"；《禮記·樂記》："樂盈而反，以反爲文"；《史記·春申君列傳》黄歇上書："臣聞物至必反"，又《貨殖列傳》："貴上極則反賤，賤下極則反貴"；《文子·自然》："天道默默，……智不能得，輪轉無端。……惟道無勝，……輪轉無窮"；《鶡冠子·環流》："物極必反，命曰環流"；《列子·天瑞》："不化者往復，往復其際不可終"，又《仲尼》："故物不至者則不反"；《莊子·則陽》："得其環中以隨成。……橋運之相使，窮則反，終則始"，又《寓言》："始卒若環，莫得其倫"；《荀子·王制》："始則終，終則始，若環之無端也"；《吕氏春秋·大樂》："天地車輪，終則復始，極則復反"，又《圜道》："圜周復雜，無所稽留"，又《博志》："全則必缺，極則必反，盈則必虧"，又《似順論》："事多似倒而順，多似順而倒，有知順爲倒、倒之爲順者，則可與言化矣。至長反短，至短反長，天之道也"；《淮南子·原道訓》："輪轉而無廢，水流而不止，鈞旋轂轉，周而復匝"，又《主術訓》："智欲圜者，環復轉運，終始無端。"諸節之"復"字"反"字皆兼示"回復（複）"與"反復（覆）"、"回反（返）"與"違反"，即老子語意；"輪轉"、"環流"又如黑格爾之以圓形擬狀也。柏拉圖早謂理智之運轉（la révolution de l'Intellect）作圓相（une image des cercles）②。神秘

① "The Marriage of Heaven and Hell", *Poetical Works*, Oxford, 248.

② Platon, *Les Lois*, 898 a, *Oeuvres complètes*, "Bib. de la Pléiade", II, 1024.

宗師潑洛丁納斯引而申之，謂證道乃往而復(un mouvement qui revient sur luimême)，其動也圓(le mouvement circulaire)，如蕩子背土迷方而終反故里(Enfuyons-nous donc dans notre chère patrie; comme des hommes revenus d'une longue course errante)①。猶老子之言“逝曰遠，遠曰反”或《妙法蓮華經·信解品》第四所喻“有人捨父逃走，馳騁四方，以求衣食，五十餘年，漸漸遊行，遇到父舍”②。潑洛克勒斯書中義旨粲備；以反(épistrophe)爲道之動(Every effect remains in its cause, proceeds from it, and reverts upon it)，故動以圓爲態(All that proceeds from any principle and reverts upon it has a cyclic activity)，而合以分爲體(All that participates unity is both one and not-one)③。蓋爲黑格爾之先者千餘年。返爲反之反亦即“否定之否定”，十四世紀德國神秘宗鉅子講道集中已言之(unity is a negation of negation and denial of denial)④。《莊子·知北遊》："余能有無矣，而未能無無也”，又《齊物論》“類與不類”云云節郭象註：“既遣是非，又遣其遣，遣之又遣”；《韓非子·解老》：“夫故以‘無爲’、‘無思’爲虛者，其意常不忘虛，是制於爲虛也。虛者，謂其意無所制也，今制於爲虛，是不虛也”（參觀《朱子語類》卷九六：“司馬子微《坐忘論》……但只管要得

---

① Plotin, *Ennéades*, I. vi. 8, II. ii, 1, IV. iv. 16, V. ix. 1, tr. É. Bréhier, I, 104, II, 21, IV, 117, V, 161-2.

② Cf. St. Luke, 14: 11-22 (the prodigal son).

③ Proclus, *Elements of Theology*, tr. E. R. Dodds, Prop. 35, 33, 2 (pp. 39, 37, 3); cf. Prop. 15, 17, 31-2, 37, 42, 146 (pp. 17, 19, 35, 37, 41, 45, 129).

④ Meister Eckhart, *Sermons*, tr. J. M. Clark, Sermon XXI, p. 230; cf. p. 27.

忘，便不忘，是坐馳也"；卷一一四："才要閒，便不閒，才要静，便不静"；卷一一八："才着個要静底意，便是添了無數思慮")；龍樹菩薩《中論·觀法品》第一八："非實非非實"，又《觀涅槃品》第二五："涅槃無有有，何處當有無?"；《維摩詰所説經·文殊師利問疾品》第五："又問：'以何爲空?' 答曰：'空空'"；《圓覺經》卷上："遠離爲幻，亦復遠離"；《肇論·般若無知論》第三："無知非謂知無"；《五燈會元》卷一僧璨《信心銘》："止動歸止，止更彌動；……止動無動，動止無止。"并無而無之，并空而空之，忘虚息止，遣其遣而非其非，皆否之否、反之反，所以破理之爲障，免見之成蔽①。西方神秘家言所謂"抛撇得下"（Gelassenheit）②。詩詠如白居易《重酬錢員外》："本立空名緣破妄，若能無妄亦無空"；而杜荀鶴《題著禪師》："説空空説得，空得到空麽?"十字纂言提要，可當一偈。第一"空"、名詞，第二"空"、副詞，謾也、浪也，第三"空"、動詞，破也、除也，第四"空"、又名詞；若曰："任汝空談'空'，汝能空'空'否?"語雖拈弄，意在提撕也。

---

① Cf. Diogenes Laertius, IX. 58: "Metrodorus used to declare that he knew nothing, not even the fact that he knew nothing". ("Loeb", II, 471; cf. 102 and 104, pp. 513, 515)

② Angellus Silesius: "Gott aber selbst zu lassen" (L. Forster, *The Penguin Book of German Verse*, 144); Mme Guyon: "Les âmes en Dieu perdues, /Ne voient plus même leur rien". (A. J. Steele, *Three Centuries of French Verse*, 221)

一四　四一章

"大音希聲"。按《莊子·天地》："無聲之中，獨聞和焉"，即此意。脱仿前説一四章之例，强爲之容，則陸機《連珠》："繁會之音，生於絶絃"，白居易《琵琶行》："此時無聲勝有聲"，其庶幾乎。聆樂時每有聽於無聲之境。樂中音聲之作與止，交織輔佐，相宣互襯，馬融《長笛賦》已摹寫之："微風纖妙，若存若亡；……奄忽滅没，曄然復揚。"寂之於音，或爲先聲，或爲遺響，當聲之無，有聲之用。是以有絶響或闃響之静（empty silences），亦有蘊響或醖響之静（peopled silences）①。静故曰"希聲"，雖"希聲"而蘊響醖響，是謂"大音"。樂止響息之時太久，則静之與聲若長别遠暌，疏闊遺忘，不復相關交接。《琵琶行》"此時"二字最宜着眼，上文亦曰"聲暫歇"，正謂聲與聲之間隔必暫而非永，方能蓄孕"大音"也。此境生於聞根直覺，無待他根。濟慈名什《希臘古盎歌》（Ode on a Grecian Urn）云："可聞曲自佳，無聞曲逾妙"（Heard melodies are sweet, but those unheard/Are sweeter），却未許混爲一

① Susanne K. Langer, ed., *Reflections on Art*, 111.

談。渠自覩盎上繪牧人弄笛（Ye soft pipes，play on；/Pipe to the spirit dittoes of no tone），乃想象笛上之吹，以耳識幻感補益眼識實覺①。

【增訂四】參觀《談藝録》第二"黄山谷詩補註"第五十六及其"補訂"。博亞爾多詩中詠壁畫尤利西斯與女魅（Circe）故事云："海濱一少女，面色鮮皎猶生，觀其容顔如亦聞其言語者"（Era una giovanetta in ripa al mare，/sì vivamente in viso colorita，/che，chi la vede，par che oda parlare. —*Orlando innamorato*，VI. §50，*op. cit.*，Vol. I，p.131；cf. Jean H. Hagstrum，*The Sister Arts*，1958，p.73，Aretino）。亦寫眼識實感引起耳識幻覺也。又 2271 頁及 2368—2369 頁。

李斗《揚州畫舫録》卷一一記吴天緒説書云："效張翼德據水斷橋，先作欲叱咤之狀。衆傾耳聽之，則唯張口努目，以手作勢，不出一聲，而滿堂中如雷霆喧於耳矣。謂人曰：'桓侯之聲，詎吾輩所能效狀？其意使聲不出於吾口，而出於各人之心，斯可肖也。'"蓋以張口努目之態，激發雷吼霆嗔之想，空外之音，本於眼中之狀，與濟慈詩之心行道同；均非如音樂中聲之與静相反相資，同在聞聽之域，不乞諸鄰識也。别詳《杜少陵詩集》卷論《奉觀嚴鄭公廳事岷山沲江畫圖》。

① Cf. J. Volkelt，*System der Aesthetik*，III，110（die sinnliche Ergänzung）；A. Russo，*L'Arte e le Arti*，17-9（le sensazioni concomitanti immaginate）.

一五　四七章

“其出彌遠，其知彌少。”按四八章所謂“爲道日損”也。“知”、知道也，即上句之“見天道”，非指知識；若夫知識，則“其出愈遠”，固當如四八章所謂“爲學日益”耳。景龍本“少”作“近”，亦頗達在邇求遠、往而復返之旨。《文子·道原》：“大道坦坦，去身不遠，求諸遠者，往而復返”；《吕氏春秋·論人》：“太上反諸己，其次求諸人；其索之彌遠者，推之彌疏，其求之彌强者，失之彌遠。”《關尹子·一宇》尤能近取譬：“觀道者如觀水。以觀沼爲未止，則之河，之江，之海，曰：‘水至也！’殊不知我之津、液、涎、淚皆水”；陸九淵《象山全集》卷二二《雜説》“道譬則水”條、卷三四《語録》“涓涓之流”條均遜其俯拾即是。方士祇以養生爲道，遂若《關尹子》之借喻可坐實者；如《黄庭内景經·口爲章》：“漱咽靈液災不干”，《瓊室章》：“寸田尺宅可治生，若當決海百瀆傾”，《外景經·上部》：“玉池清水上生肥”。信斯言也，則酷暑行道者暍渴乞漿，可答之曰：“汝自咽津唾，渴即解矣”！釋典如《妙法蓮華經·信解品》第四、《楞嚴經》卷四等窮子捨父逃走，衣中有如意珠而行乞諸喻，用意正同《老子》、《文子》。潑洛丁納斯以浪子歸故鄉喻遠覓方識道之在邇（Enfuyons-nous donc dans notre chère patrie comme Ulysse etc.; Ils se plaisent en cette région de Vérité qui est la leur, comme des hommes revenus d'une longue course errante, etc.)①; 聖·奧古斯丁曰:"汝居吾中,吾却外覓"(et ecce intus eras et ego foris, et ibi te quaerebam)②; 德國神秘宗詩人有句:"帝天即在身,何必叩人門?"(Der Himmel ist in dir/Was suchst du ihn dann bei einer andern Tür?)③。雖然,此非釋、道等出世者之私言也。儒家教人,道其所道,復不謀而合。《論語·述而》即曰:"仁遠乎哉?"(參觀葉適《習學記言序目》卷一三)。《孟子》數申厥旨,《離婁》:"自得之,取之左右逢其源";《告子》:"夫道若大路然,豈難知哉?人病不求耳。子歸而求之,有餘師",又:"道在邇而求之遠,事在易而求之難";《盡心》:"萬物皆備於我矣。反身而誠,……求仁莫近焉"(參觀《朱子語類》卷三一論"三月不違仁"、卷一一八論"萬物皆備於我")。見於賦詠而幾同謡諺,則有如杜牧《登池州九峰樓寄張祜》:"睫在眼前長不見,道非身外更何求";《宋詩紀事》卷九〇夏元鼎詩:"崆峒訪道至湘湖,萬卷詩書看轉愚;踏破鐵鞋無覓處,得來全不費工夫";《五燈會元》卷六僧本如偈:"處處逢歸路,頭頭達故鄉,本來成現事,何必待思量",卷一三良价本悟偈:"切忌從他覓,迢迢與我疏";《鶴林玉露》卷一八尼詩:"盡日尋春不見春,芒鞋踏破隴頭雲;歸來拈把梅花嗅,春在枝頭已十

① *Ennéades*, I vi.8; V.ix.1, *op.cit.*, I, 104 et V, 161-2.

② *Confessions*, X.27; cf.I.2: "Quo te invoco, cum in te sim?", "Loeb", I, 4.

③ Angelus Silesius, *Der Cherubinische Wandersmann*, F.J.Warnke, *European Metaphysical Poetry*, 192.

分”（陸心源《〈宋詩紀事〉補遺》卷四〇陳豐《尋春》略同）；王守仁《文成全書》卷二〇《詠良知示諸生》：“無聲無臭獨知時，此是坤乾萬有基；拋却自家無盡藏，沿門持鉢效貧兒。”文士學者，每同此感。如《文心雕龍·神思》：“或理在方寸，而求之域表，或義在咫尺，而思隔山河”；王國維《静菴文集》續編《文學小言》五：“古今之成大事業、大學問者，不可不歷三種之階級：‘昨夜西風凋碧樹，獨上高樓，望盡天涯路’，此第一階級也；‘衣帶漸寬終不悔，爲伊消得人憔悴’，此第二階級也；‘衆裏尋他千百度，回頭驀見，那人正在，燈火闌珊處’，此第三階級也”；

【增訂四】十七世紀法國文家拉布吕耶爾述作文甘苦謂，慘淡經營，往往貧於一字，久覓不得，及夫終竟得之，則直白自然，若當初宜搖筆即來而無待乎含毫力索者（Un bon auteur, et qui écrit avec soin, éprouve souvent que l'expression qu'il cherchait depuis longtemps sans la connaître et qu'il a enfin trouvée est celle qui était la plus simple, la plus naturelle, qui semblait devoir se présenter d'abord et sans effort. —La Bruyère, *Les Caractères*, I, §17, Classiques Hachette, p. 33）。此亦“衆裏尋他千百度”而“回頭驀見”之境也。

龔固《日記》：“文人欲創新標異，始則傍搜遠紹，終乃天然成現，得於身己，或取之左右”（En littérature, on commence à chercher l'originalité laborieusement chez les autres, et très loin de soi, ... plus tard on la trouve naturellement en soi... et tout près de soi）[1]。胥足與前論四〇章所謂“逝”、“遠”而“反

[1] *Journal des Goncourt*, 5 Avril 1864, Éd. définitive, II, 149.

(返)”之境界相參印。詞章中言求佳偶(Quel che cercando va, / porta in se stesso, /miser, né può trovar quel ch’ha da presso)①,覓至樂 (navibus atque/Quadrigis petimus bene vivere; quod petis hic est. Willst du immer weiter schweifen? /Seh, das Gute liegt so nah. /Lerne nur das Glück ergreifen, /Denn das Glück ist immer da)②,每歎遠尋勿獲而在近不知。或詠背棄慈親,天涯地角,乞人愛憐,廢然而返,始識春暉即在母目中(Ich wollte gehn die ganze Welt zu Ende/Und wollte sehn, ob ich die Liebe fände, /.../Und ach! Was da in deinem Aug’geschwommen, / Das war die süsse, langgesuchte Liebe)③;與踏破鐵鞋、芒鞋之慨無異。人生閱歷所證,固非神秘家言所得而私矣。

① Marino, *L’Adone*, V. 24, *Marino e i Marinisti*, Ricciardi, 76.

② Horace, *Epist.*, I. xi. 28-9; Goethe: “Sprüche”.

③ Heine, *Romanzen*: “An meine Mutter B. Heine”, ii.

一六　五六章

“知者不言，言者不知。”按《莊子·天道》及《知北遊》亦道此；《知北遊》且曰：“辯不如默，道不可聞。……道不可見，見而非也；道不可言，言而非也。……至言去言，至爲去爲。”皆申説“道可道，非常道”，白居易所爲反脣也（見前論第一、二章）。《吕氏春秋·精諭》：“聖人相諭不待言，有先言言者也。……故勝書能以不言説，而周公旦能以不言聽。……至言去言，至爲無爲”（《淮南子·道應訓》、《列子·説符》略同）。雖用莊子語，一若高論玄虛而實與莊貌同心異，蓋指觀人於微之術。其舉例如善察“容貌音聲”、“行步氣志”，正類《戰國策·趙策》一記郄疵謂知伯“韓、魏之君必反”，知伯以告，“郄疵謂知伯曰：‘君又何以疵言告韓、魏之君爲?’知伯曰：‘子安知之?’對曰：‘韓、魏之君視疵端而趨疾。’”《孟子·盡心》所謂：“見面盎背，四體不言而喻”，詩人所謂：“片心除是眉頭識，萬感都從念脚生”（胡仲參《竹窗小稿·秋思》），或奸細所謂：“目語心計，不宣脣齒”（《三國志·吴書·周魴傳》），亦猶情侣之眼色、瘖啞之手勢，不落言詮而傳情示意，均是“能交談之静默”（un taire parlier）

而已①。

【增訂二】《孟子》論"不言而喻"，明曰："其生色也"；即著跡見象。《管子·樞言》論"先王貴周"——即保密——"周者不出於口，不見於色"；《吕氏春秋》所説乃"不出於口"，而未"不見於色"。《禮記·曲禮》論"爲人子之禮"，曰："聽於無聲，視於無形"；宋儒以"先意承志"釋之，又正《吕氏春秋》之"先言言"耳。

此等不出聲而出話，縱即離絶言説——《天道》之"名"與"聲"，不免依傍跡象——《天道》之"形"與"色"。故吕不韋之"不言"，乃可言而不必言；老、莊之"不言"，乃欲言而不能言；一則無須乎有言，一則不可得而言。釋澄觀《華嚴疏鈔懸談》卷二一："絲竹可以傳心，目擊以之存道，既語默視瞬皆説，則見聞覺知盡聽，苟能得法契神，何必要因言説？……漏月傳意於秦王，果脱荆軻之手；相如寄聲於卓氏，終獲文君之隨"；亦祇足爲《精諭》之衍義爾。釋典反復丁寧："心行處滅，言語道斷"（《維摩詰所説經·弟子品》第三又《見阿閦佛品》第一二、《中論·觀法品》第一六、《大智度論·釋天主品》第二七、《肇論·涅槃無名論》第四、《法華玄義》卷一〇上、《法華文句記》卷二六等），始與老、莊有契。《維摩詰所説經·入不二法門品》第九記文殊問法，"維摩詰默然無言，文殊師利歎曰：'善哉！善

① Montaigne, *Essais*, II.12, "Bib. de la Pléiade", 431-2. Cf. Proust, *Le Côté de Guermantes*: "La vérité n'a pas besoin d'être dite pour être manifestée", etc., *A la Recherche du Temps perdu*, "Bib. de la Pléiade", II, 66; Martin Buber, *Between Man and Man*, tr. by R. G. Smith, p. 3: "For a conversation (*Zwiesprache*) no sound is necessary, not even a gesture" etc..

哉！乃至無有文字語言，是真入不二法門！'"；尤後世所傳誦樂道。如《世説新語·文學》："支道林造《即色論》，示王中郎，中郎都無言。支曰：'默而識之乎?'王曰：'既無文殊，誰能見賞！'"；《文選》王屮《頭陀寺碑》："是以掩室摩竭，用啓息言之津；杜口毗邪，以通得意之路。"所謂"聖默然"，亦《五燈會元》卷四趙州從諗説僧燦《信心銘》所謂："纔有語言，是揀擇，是明白。"劉禹錫罕譬而喻，《贈别君素上人詩》并《引》："夫悟不因人，在心而已。其證也，猶喑人之享太牢，信知其味，而不能形於言，以聞其耳也"；《五燈會元》卷一六慧林懷深章次："僧問：'知有，道不得時如何?'師曰：'啞子喫蜜。'"席勒有句云："脱靈魂而有言説，言説者已非靈魂"（Spricht die Seele，so spricht，ach！die *Seele* nicht mehr）①，可以囊括斯旨。不"明"不"白"，即《文子·微明》："冥冥之中，獨有曉焉；寂寞之中，獨有照焉。其用之乃不用，不用而後能用之也；其知之乃不知，不知而後能知之也"；亦即《莊子·齊物論》："庸詎知吾所謂知之非不知耶?庸詎知吾所謂不知之非知耶?"，《人間世》之"以無知知"，《徐無鬼》之"無知而後知之"，《知北遊》："論則不至，明見無值"（郭象註："暗至乃值"），

【增訂四】原引《莊子·知北遊》，宜增引同篇："媒媒晦晦，無心而不可與謀。"

《天地》："冥冥之中，獨見曉焉"，《在宥》："至道之精，窈窈冥冥；至道之極，昏昏默默。"《關尹子·九藥》至曰："聖人言蒙曚，所以使人聾；聖人言冥冥，所以使人盲；聖人言沉沉，所以

① Schiller："Sprache"，*Werke*，hrsg. L. Bellermann，2. Aufl. I，184 .

使人瘖"；《五燈會元》卷三龐藴居士曰："眼見如盲，口説如啞"；勃魯諾亦以盲啞人爲證道之儀型，示知見易蔽，言語易訛(per tema che difetto di sguardo o di parola non lo avvilisca)①。盲、聾、啞人正"沉冥無知"境界(the Darkness of Unknowing)之寓像耳。

【增訂三】古道家言中，《道德指歸論》再三以盲聾啞喻至道。《天下有始篇》："爲瘖爲聾，與天地同；爲玄爲默，與道窮極"；《知者不言篇》："聰明内作，外若聾盲。……得道之士，損聰棄明，不視不聽，若無見聞，閉口結舌，若不知言"；《萬物之奥篇》："君子之立身也，如喑如聾，若樸若質，藏言於心，常處玄默"；《上士聞道篇》："簡情易性，化爲童蒙，無爲無事，若癡若聾"；《知不知篇》："處無能之鄉，託不知之體。……若盲若聾，無所聞見。"《老子》二〇章重言"我愚人之心也哉！""而我獨頑似鄙"，後學遂至此極。世俗流傳，文昌帝君有兩侍童，一"天聾"、一"地啞"，《後西遊記》第二四回、《堅瓠八集》卷四即言之，意亦發於"爲瘖爲聾，與天地同"耳。

白居易之嘲，莊子固逆料而復自解之。《寓言》："故曰無言，言無言，終身言，未嘗言，終身不言，未嘗不言"；《徐無鬼》："丘也聞不言之言矣"；《則陽》："其口雖言，其心未嘗言。"夫既不言即言，則言亦即不言，《在宥》之"淵默而雷聲"即《天運》之"雷聲而淵默"。絶肖後世嘲"禪機顛倒倒顛"，所謂"這打叫做不打，不打乃叫做打"（真復居士《續西遊記》第九〇回，參

① Bruno, *Degli eroici furori*, II, Dial. iv, *Opere di Bruno e di Campanella*, Ricciardi, 648.

觀張耒《明道雜誌》丘浚擲珊禪師事、沈廷松《皇明百家小説》第一一三帙潘游龍《笑禪録》經説有我即是非我節），謔而未爲虐矣。《列子·仲尼》稱南郭子：“亦無所不言，亦無所不知；亦無所言，亦無所知”；祇泯正與反而等之，不綜正與反而合之，又齊物和光之慣技也。釋氏亦然。《維摩詰所説經·觀衆生品》第七：“舍利弗默然不答，天曰：‘如何耆舊大智而默？’答曰：‘解脱者無所言説，故吾是不知所云。’天曰：‘言説文字皆解脱相。……是故舍利弗無離文字説解脱也。所以者何？一切諸法是解脱相。……’舍利弗言：‘善哉！善哉！’”僧肇註：“未能語默齊致，觸物無閡。”《華嚴經·十通品》第二八：“能於一切離文字法中生出文字，與法與義，隨順無違，雖有言説，而無所著”；釋澄觀《華嚴經疏鈔懸談》卷一〇：“以無言之言，詮言絶之理”，又卷一六：“從初得道，乃至涅槃，不説一句，……即寂寞無言門。……斯皆正説之時，心契法理，即不説耳，明非緘口名不説也。”釋宗密《禪源諸詮都序》卷下之一：“藥之與病，只在執之與通。先德云：‘執則字字瘡疣，通則文文妙藥’”（參觀《大乘本生心觀經·發菩提心品》第一一、《大智度論·我聞一時釋論》第二、《中論·觀行品》第一三等）。釋延壽《宗鏡録》卷六〇：“説與不説，性無二故。……《思益經》云：‘汝等比丘，當行二事：一、聖説法，二、聖默然。’……故昔人云：‘幻人説法幻人聽，由來兩個總無情；説時無説從君説，聽處無聽一任聽。’”《五燈會元》卷三隱峯章次潙山靈祐曰：“莫道無語，其聲如雷”；卷七玄沙宗一偈：“有語非關舌，無言切要詞”，又卷一五雲門文偃開堂訓衆：“若是得底人，道火不能燒口；終日説事，未嘗掛着脣齒，未嘗道着一字；終日着衣喫飯，未嘗觸着一粒米、掛一縷絲。”蓋彼法之常談，亦文士之口頭禪，如王勃《釋迦如來成道記》：“或無説而常説，或不聞而恒聞”；王維《謁璿上人》詩《序》：“默語無際，不言言也”，又《薦福寺光師房花藥詩序》：“故歌之詠之者，吾愈見其默也”，又《爲幹和尚進註〈仁王經〉表》：“以無見之見，不言之言”；

【增訂四】原引王維《進註〈仁王經〉表》，宜增同篇：“法離言説；了言説即解脱者，終日可言。法無名相；知名相即真如者，何嘗壞相。”

陸游《渭南文集》卷一五《〈普燈録〉序》：“蓋非文之文、非言之言也。”白居易嘗學佛參禪，自作《讀禪經》詩解道：“言下忘言一時了”，却於《老子》少見多怪，何知二五而不曉一十哉？

神秘宗别有一解嘲之法，則藉口於以言去言、隨立隨破是也（參觀《周易》卷論《乾》）。《金剛經》：“所言一切法，即非一切法，是名一切法”；《關尹子·三極》：“蝍蛆食蛇，蛇食鼃，鼃食蝍蛆，互相食也。聖人之言亦然：言有無之弊，又言非有非無之弊，又言去非有非無之弊。言之如引鋸然，唯善聖者不留一言”；祝世禄《環碧齋小言》：“禪那才下一語，便恐一語爲塵，連忙下一語掃之；又恐掃塵復爲塵，連忙又下一語掃之。”前論四〇章引《莊子》郭象註之“無無”、“遣遣”；《中論·觀涅槃品》第二五之“亦邊亦無邊，非有非無邊；亦常亦無常，非常非無常”；以及禪宗之“下轉語”，即引鋸、掃塵、吐言自食之例，復如服藥以治病而更用藥以解藥焉。西方一善賞析文體者亦謂神秘家言，詞旨紛沓若狂舞然，後語抵銷前語（Mystics have surrounded God with a wild dance of words, where each negates the one before)①，可資參證。《商君書》有"以言去言"之語，命意懸殊。《墾令》："此謂以法去法，以言去言，……以刑去刑，刑去事成"；《去强》："以刑去刑，國治"；《畫策》："故以戰去戰，雖戰可也；以殺去殺，雖殺可也；以刑去刑，雖重刑可也"；《賞刑》："明賞之猶至於無賞也，明刑之猶至於無刑也，明教之猶至於無教也。"蓋謂出一令可以止横議、殺一犯可以儆百衆。《書·大禹謨》："刑期於無刑"；《鶡冠子·王鈇》："以死遂生"，陸佃註："以殺止殺"；同歸一揆。固非神秘宗隨立隨破、不留一言之旨，而自有當於相反相成、輪轉環流之理。神秘宗不妨假借商君語曰：以言去言，雖多言可也。

神秘宗尚可以權宜方便自解。如《大智度論·我聞一時釋論》第二所謂"於無我法中而説'我'"，又《釋七喻品》第八五所謂諸佛欲曉鈍根，故"以種種語言譬喻爲説"。慧皎《高僧傳》卷八《論》："夫至理無言，玄致幽寂。幽寂故心行處斷，無言故言語路絶。言語路絶，則有言傷其旨；心行處斷，則作意失其真。所以淨名杜口於方丈，釋迦緘默於雙樹。故曰：'兵者不祥之器，不獲已而用之'；言者不真之物，不獲已而陳之。"王績《東皐子集》卷下《答陳道士書》："昔孔子曰'無可無不可'，而欲居九夷；老子曰'同謂之玄'，而乘關西出；釋迦曰'色即是空'，而建立諸法。此皆聖人通方之玄致，豈可以言行詰之哉!"白居易之詩，正"以言行詰"老子者也。白嘗學佛，乃未聞《華

---

① K. Vossler, *The Spirit of Language in Civilization*, tr. O. Oeser, 33-4 (Rilke, *Das Stundenbuch*, II: "und sich den andern immer anders zeigt"); cf. G. Marcel, *Homo Viator*, 312: "A chaque instant Rilke brise les images qu'il vient de former et leur en Substitue d'autres qui peuvent paraître *inverses*".

嚴經·離世間品》第三八之六所謂“權實雙行法”或《魏書·釋老志》所謂“權應”，何歟？

《易·繫辭》上曰：“書不盡言，言不盡意”，最切事入情。道、釋二氏以書與言之不能盡，乃欲并書與言而俱廢之，似斬首以療頭風矣。《圓覺經》云：“有照有覺，俱名障礙。……照與照者，同時寂滅；譬如有人，自斷其首，首已斷故，無能斷者”；蓋彼法方且沾沾以下策爲捷徑焉！晁迥《法藏碎金録》卷四：“孔子曰：‘余欲無言’，有似維摩詰默然之意”；沈作喆《寓簡》卷七亦謂維摩詰默然似顔回之“終日不違如愚”。援儒入釋，如水與油，非若釋之於道，如水與乳也。陸九淵《象山全集》卷三四《語録》：“如曰：‘予欲無言’，即是言了”，意亦欲區别孔子於維摩詰耳。

【增訂四】《莊子·知北遊》：“天地有大美而不言，四時有明法而不議，萬物有成理而不説”；郭象註：“此孔子之所以云：‘予欲無言’。”援孔入道，如晁迥之援孔入釋也。

一七　五八章

“禍兮，福之所倚；福兮，禍之所伏。”按《淮南子·人間訓》論“禍福之轉而相生”，舉塞翁得馬失馬爲例，而班固《幽通賦》云：“北叟頗識其倚伏”，“北叟”者、“塞翁”，“倚伏”本《老子》，正以《淮南》喻《老》也。《文子·符言》：“惟聖人知病之爲利，利之爲病”；又《微明》：“禍與福同門，利與害同鄰，是非至精，莫之能分。……利與害同門，禍與福同鄰，非神聖莫之能分”；曰“同門”、“同鄰”，猶“倚”、“伏”耳。“禍兮福倚”即西語所謂“化裝之賜福”（blessings in disguise），自慰亦以慰人之常談；“福兮禍伏”則不特可自惕惕人，更足以快饜妬羡者幸災樂禍之心。閲世觀化，每同此感，初不必讀《老子》、《文子》而後恍然。如《戰國策·楚策》四或謂楚王曰：“禍與福相貫，生與亡爲鄰”；《燕策》一齊王“按戈而却曰：‘一何慶弔相隨之速也！’”；《韓策》三或謂韓公仲曰：“夫孿子之相似者，唯其母知之而已；利害之相似者，唯智者知之而已”；十七世紀法國政治家(Richelieu)常語人：“時事轉换反復，似得却失，似失却得”（Il y a si grandes révolutions dans les choses et dans les temps, que ce qui paraît gagné est perdu et ce qui semble perdu est gagné)①。“孿子”之喻視“同門”、“同鄰”更新切。《大般涅槃經·聖行品》第七之二：“如有女人入於他舍，是女端正，顔貌瑣麗。……主人見已，即便問言：‘汝字何等？繫屬於誰？’女人答言：‘我身即是功德大天。……我所至處，能與種種金、銀、瑠璃、頗梨、真珠。……’主人聞已，……即便燒香散花，供養禮拜。復於門外，更見一女，其形醜陋，衣裳弊壞，……女人答言：‘我字黑闇。……我所行處，能令其家所有財寶一切衰耗。’主人聞已，即持利刀，作如是言：‘汝若不去，當斷汝命！’女人答言：‘汝甚愚痴！……汝家中者，即是我姊。我常與姊，進止共俱；汝若驅我，亦當驅彼。’主人還入，問功德大天。……言：‘實是我妹；我與此妹，行住共俱，未曾相離。’”“行住不離”與“倚伏”、“姊妹”與“孿子”，命意一揆，而美醜顯殊則不如“伏”與“相似”之造微矣。古希臘詩人亦歎：“上天錫世人一喜，必媵以二憂”(The immortals apportion to man two sorrows for every boon they grant)②。前論第二章引王安石《字説》解《老子》“美斯爲惡”，以羊肥則“有死之道”爲例，足相發明。《晉書》卷七五《王湛等傳·論》：“亦猶犬彘腴肥，不知禍之將及”；孫之騄《蟹録》載徐渭自題畫蟹詩：“欲拈俗語恐傷時：西施秋水盼南威，樊噲十萬匈奴師，陸羽茶鍬三五枝”——即隱“看汝横行到幾時！”；美俗諺有云：“豬肥即其厄運”(Fattenin'hogs ain't in luck)；口腹小故，不妨繼安石爲解

① La Rochefoucauld, *Oeuvres*, “Les Grands Écrivains de la France”, I, 151, note.

② Pindar, *Pythian Odes*, III. 81-2, “Loeb”, 193.

《老》也。

【增訂二】《逸周書·周祝辭》已云："肥豕必烹。"

【增訂三】齊己《野鴨》："長生緣甚瘦，近死爲傷肥"，即王安石釋"美"之旨。張君觀教曰："徐渭自題畫蟹詩第二句寓'看'字，第三句寓'横行'字，皆易識。第四句非申說不解：'茶鍬'即茶匙，匙者、掐取之具；'茶鍬三五枝'即'掐幾匙'，諧音爲'到幾時'也。"

"禍福轉而相生"又同"命運車輪"(the Wheel of Fortune)之說，參觀《全漢文》卷論董仲舒《士不遇賦》。

一八　七二章

“夫唯不厭，是以不厭。”按此又一字雙關兩意，上“厭”乃厭（饜）足之“厭”，與“狎”字對，下“厭”乃厭惡之“厭”。正如七一章：“夫唯病病，是以不病”；第一“病”即“吾有何患”之“患”、“絶學無憂”之“憂”，第二、三“病”即“無瑕讁”之“瑕”、“能無疵乎”之“疵”。患有瑕疵，則可以去瑕除疵以至於無；故《潛夫論·思賢》引“夫唯”二句而説之曰：“是故養壽之士，先病服藥。”《全唐文》卷三八二元結《㢈廎銘》：“目所厭者，遠山清川；耳所厭者，水聲松吹；霜朝厭者寒日，方暑厭者清風。於戲！厭、不厭也，厭猶愛也”；“厭猶愛也”即饜飫，而“不厭”之“厭”猶憎也，即厭餮，用字之法正同《老子》七二章。涉筆成趣，以文爲戲，詞人之所慣爲，如陶潛《止酒》詩以“止”字之歸止、流連不去（“居止”、“閒止”）與制止、拒絶不親（“朝止”、“暮止”）二義拈弄。哲人説理，亦每作雙關語，如黑格爾之“意見者，己見也”（Eine Meinung ist mein），畢熙納（L. Büchner）及費爾巴哈之“人嗜何，即是何”（Der Mensch ist，was er ist）①，

① Hegel, *Geschichte der Philosophie*, “Berliner Einleitung”, Felix Meiner, I, 27; Feuerbach: “Das Geheimnis des Opfers”, *Sämtliche Werke*, hrsg. W. Bolin und F. Jodl, X, 41.

【增訂四】費爾巴哈語疑即點化十九世紀初法國食譜中名言："汝告我汝食何物，我即言汝何如人"（Dis-moi ce que tu manges, je te dirai ce que tu es. —J.-A. Brillat-Savarin, *Physiologie du goût*, "Aphorismes", iv, Lib. Gustave Adam, 1948, p.13）。

狡猾可喜，膾炙衆口，猶夫《老子》之"道可道"、"不厭不厭"、"病病不病"也。

【增訂三】《大智度論》卷五三《釋無生三觀品》第二六："'遠離'者是'空'之别名。……故'阿羅蜜'、秦言'遠離'，'波羅蜜'、秦言'度彼岸'。此二音相近，義相會，故以'阿羅蜜'釋'波羅蜜'。"亦釋典中用雙關語説理也。吾國禪宗機鋒拈弄，尤以雙關語爲提撕慣技，如《五燈會元》卷四趙州從諗章次："問：'如何是道？'師曰：'牆外底。'曰：'不問這個。'師曰：'你問那個？'曰：'大道。'師曰：'大道通長安'"；卷七德山宣鑒章次："治《金剛經》，……路上見一貧婆子賣餅，因息肩買餅點心"，婆曰："我有一問，你若答得，施與點心。……《金剛經》道：'過去心不可得，現在心不可得，未來心不可得'，未審上坐點那個心？"楊景賢《西遊記》第二一折孫行者與賣餅貧婆打諢，來歷出此。

【增訂五】故西人説禪，亦歎其雙關語之應接不暇云（M. C. Hyers, *Zen and the Comic Spirit*, 1974, p.144, the Profusion of Puns）。

經、子中此類往往而有。《禮記·文王世子》武王"夢帝"，以爲天錫以"鈴"，而文王釋爲天錫以"齡"，孔《正義》引皇侃説甚當。《左傳》襄公二十七年伯州犁曰："令尹將死矣！不及三年。……信以立志，參以定之；信亡，何以及三?”《正義》：“‘參’即‘三’也”；《文選》袁宏《三國名臣序贊》：“三光參分，宇宙暫隔”，是其遺意。

【增訂二】《論語·衛靈公》記孔子曰：“不曰‘如之何？如之何?’者，吾末如之何也已矣!”承兩“如之何”而三焉，詞氣却迥異，亦文詞之拈弄也。

《國語·晉語》九：“董叔娶於范氏，叔向曰：‘盍已乎!’曰：‘欲爲繫援焉［韋昭註：自繫綴以爲援助］。’他日，……范獻子執而紡［韋註：懸也］於庭之槐，叔向過，曰：‘子盍爲我請乎!’叔向曰：‘求繫既繫矣，求援既援矣；欲而得之，又何請焉!’”“繫”連、“援”助雙關爲綑縛之“繫”、鈎弔之“援”，真鄒誕解“滑稽”所謂“能亂同異”者（詳見《史記》卷論《樗里子、甘茂傳》），而“繫援”之兼聯合與懸掛兩義又酷肖富蘭克林之雙關名言（All hang together or all hang separately）也。《莊子·則陽》：“靈公之爲靈”，則郭象註已明言：“‘靈’有二義”矣。《公孫龍子·指物論》：“物莫非指，而指非指”，下句猶僧肇《寶藏論·離微體静品》第二：“指非月也”；“指”兼指（sign）與旨（significatum）二義焉。《淮南子·精神訓》：“能知一，則無一之不知也；不能知一，則無一之能知也”；高誘註：“上‘一’、道也，下‘一’、物也。”《春秋繁露·五行對》：“故五行者，五行也”；合觀《五行五事》篇，則上“行”、金水木火土，而下“行”、貌言視聽思爾。聊舉詞章數例，一以貫之。王維《戲贈張五弟諲》之二：“宛是野人也，時從漁父漁”；韓偓《八月六日作》之二：“圖霸未能知盜道，飾非唯欲害仁人”；《清波雜志》載張元題詩僧寺：“夏竦何曾聳，韓琦未必奇”；元好問《出都》：“官柳青青莫回首，短長亭是斷腸亭”；此

《禮記》“齡”、“鈴”與《左傳》“參”、“三”之類也。庾信《擬詠懷》：“平生何謂平”；劉叉《修養》：“世人逢一不逢一”；陸龜蒙《和襲美新秋》：“辯伏南華論指指，才非玄晏借書書”；袁宏道《徐文長傳》：“無之而不奇，斯無之而不奇也”；此《老子》“道可道”、《公孫龍子》“指非指”、《淮南子》“知一無一”之類也。《莊子》“靈公之爲靈”，厥類更夥，如陳琳《爲曹洪與魏文帝書》：“怪乃輕其家邱，……猶恐未信邱言”（《文選》李善註：“孟康《漢書》註曰：‘邱、空也’；此雖假孔子名而實以空爲戲也”；參觀《漢書·儒林傳》：“疑者邱蓋不言”，如淳註：“齊俗以不知爲‘邱’”，師古註：“非也，……效孔子自稱‘邱’耳”）；《梁書·朱异傳》武帝曰：“朱异實異”，又《太平廣記》卷二四六引《談藪》梁武曰：“吴均不均，何遜不遜，宜付廷尉”（《南史》卷三三《何遜傳》作“帝曰：‘吴均不均，何遜不遜，未若吾有朱异，信則異矣！’”）；盧仝《與馬異結交詩》：“是謂大同而小異”；陳繼儒《眉公詩録》卷二《香雨樓》：“川光白賁，蕙草碧滋；馬遠不遠，大痴非痴”；談遷《棗林雜俎》仁集載聯：“自成不成，福王無福”；王霖《弇山詩鈔》卷三《客有評余詩者，云在“西江派”中，作數語謝之》：“敢道後山今有後，須知雙井古無雙。”蓋修詞機趣，是處皆有；説者見經、子古籍，便端肅莊敬，鞠躬屏息，渾不省其亦有文字游戲三昧耳。

【增訂三】袁文《甕牖閒評》卷一：“萱草豈能忘憂也！《詩》言‘焉得諼草，言樹之背’者，‘諼’訓‘忘’，如‘終不可諼兮’之‘諼’；蓋言：‘焉得忘憂之草而樹之北堂乎?’……‘諼’字適與‘萱’字同音，故當時戲謂萱草爲‘忘憂’，而註詩者適又解云：‘諼草令人忘憂。’後人遂以爲誠然也。”則亦經籍中雙關之例矣。

【增訂四】兹復益古籍中雙關數事。《吕氏春秋·異寶》："楚越之間有寢之丘者，此其地不利而名甚惡"；高誘註："惡謂丘名也。"其地即寢丘也；"名"指"丘"耶？指"寢"耶？抑二"名"均非美稱，合而爲"甚惡"耶？或可申原引陳琳《爲曹洪與魏文帝書》李善註。《晉書·王濟傳》："武帝嘗會公卿藩牧於式乾殿，顧［王］濟、［楊］濟、［王］恂、［孔］恂而謂諸公曰：'朕左右可謂洵洵濟濟矣！'"《金樓子·立言》："更覺［魏］長高之爲高，虞存之爲愚也。"曾季貍《艇齋詩話》："東湖［徐俯］江行見雁，出一對云：'沙邊真見雁'，有真贗之意。久之，公自對'雲外醉觀星'；以'醒醉'對'真贗'，極工！"李元度《天岳山房文鈔》卷一七《遊金焦北固山記》："椒山祠壁鍥楊忠愍詩，有'楊子江行入揚子，椒山今日遊焦山'，句字奇偉。"朱竹垞《風懷二百韵》："皂散千條莢，紅飄一丈薔；重關于盼盼，虚牖李當當"；楊謙《曝書亭詩註》卷六僅引《花南老屋歲鈔》及《輟耕録》載于、李兩妓名，歷來説者於此聯皆不得其解。竊謂乃雙關語，謂男女内外有坊，意中人相隔不得見也；"盼"雙關盼望，"當"雙關阻當，借元時名妓小字示意，而"于"亦諧"予"耳。《五燈會元》載雙關語公案尚有如卷四趙州從諗章次："僧問：'學人有疑時如何？'師曰：'大宜小宜［大便小便］？'曰：'大疑。'師曰：'大宜東北角，小宜僧堂後。'"又卷一九保福殊章次："問：'如何是禪？'師曰：'秋風臨古渡，落日不堪聞。'曰：'不問這個蟬。'師曰：'你問那個禪？'曰：'祖師禪。'師曰：'南華塔外松陰裏，吹露吟風又更多。'"

一九　七八章

“聖人云：受國之垢，是謂社稷主；受國之不祥，是謂天下王。正言若反。”按蘇轍《老子解》云：“正言合道而反俗，俗以受垢爲辱、受不祥爲殃故也。”他家之説，無以大過，皆局於本章。夫“正言若反”，乃老子立言之方，《五千言》中觸處彌望，即修詞所謂“翻案語”（paradox）與“冤親詞”（oxymoron），固神秘家言之句勢語式耳①。

有兩言於此，世人皆以爲其意相同相合，例如“音”之與“聲”或“形”之與“象”；翻案語中則同者異而合者背矣，故四一章云：“大音希聲，大象無形。”又有兩言於此，世人皆以爲其意相違相反，例如“成”之與“缺”或“直”之與“屈”；翻案語中則違者諧而反者合矣，故四五章云：“大成若缺，大直若屈。”復有兩言於此，一正一負，世人皆以爲相仇相克，例如“上”與“下”，冤親詞乃和解而無間焉，故三八章云：“上德不

---

① Jonas Cohn, *Theorie der Dialektik*, 219: “Die beliebteste Ausdruckform dieser Geisteshaltung, die man ‘intuitionistisch’ nennen kann, ist das Oxymoron”; cf. 110.

德。”此皆蘇轍所謂“合道而反俗也”。然猶皮相其文詞也，若抉髓而究其理，則否定之否定爾。反正爲反，反反復正（Duplex negatio affirmat）；“正言若反”之“正”，乃反反以成正之正，即六五章之“與物反矣，然後乃至大順”。如七章云：“以其不自生，故能長生。……非以其無私耶？故能成其私。”夫“自生”、正也，“不自生”、反也，“故長生”、反之反而得正也；“私”、正也，“無私”、反也，“故成其私”、反之反而得正也。他若曲全枉直、善行無轍、禍兮福倚、欲歙固張等等，莫非反乃至順之理，發爲冤親翻案之詞。《金剛仙論》卷三：“我謂爲有，如來説無；我適謂無，如來復爲我説有，此明中道之理”；

【增訂二】參觀前論第二章引《壇經·付囑品》。《大般涅槃經·獅子吼菩薩品》第一一之一亦言：“無常、無斷，乃名中道”；《梵行品》第八之二：“世尊有大方便：無常説常，常説無常；我説無我，無我説我；非道説道，道説非道”云云都二十餘句。《付囑品》有“五對”、“十二對”、“三十六對”之目，謂：“問‘有’將‘無’對，問‘無’將‘有’對，問‘凡’以‘聖’對，問‘聖’以‘凡’對。”“二道相因，生中道義”；亦“大方便”之屬也。

神會《語録》第一殘卷：“今言中道者，要因邊義；若不因邊義，中道亦不立”；施彦執《北窗炙輠》卷上記一僧曰：“佛法豈有他哉？見人倒從東邊去，則爲他東邊扶起；見人倒從西邊去，則爲他西邊扶起；見渠在中間立，則爲他推一推”（參觀方回《桐江集》卷一《名僧詩話序》、《獨深居點定〈玉茗堂集〉》文卷三《〈五燈會元〉序》、尤侗《艮齋雜説》卷六論禪語得“翻案法”）。與“正言若反”，可相説以解也。

德國神秘宗一詩人(Daniel von Czepko)嘗作小詩，題曰《因彼故此》(Jedes durch Andere)①，足爲翻案語、冤親詞、正言若反之式樣。故如“黑暗之光”(rayo di tiniebla；du dunkelhelles Licht；au rayon ténébreux；a deep but dazzling darkness)②、“死亡之生”(We need death to live that life which we cannot outlive;to liue but that he thus may neuer leaue to dy；du tötest den Tod，durchlebst ihn ewigtief)③、“苦痛之甘美”(O Süssigkeit in Schmerzen! O Schmerz in Süssigkeit!)④等語，不可勝稽，皆神奇而化臭腐矣。

【增訂四】聖·奥古斯丁讚頌上帝，皆出以“冤親詞”，如云：“至隱而至顯”，“長動而長止”，“赫怒而寧静”，“言説而緘默”(Secretissime et praesentissime；semper agens，semper quietus；irasceris et tranquillus；loquens muti. —*Confessions*，I，iv，Loeb，Vol.I，p.8)；又自省云：“人居世間，乃死亡之生歟？抑生存之死歟?”(dico vitam mortalem，an mortem vitalem? —*ib*.I.vi，p.12)

---

① Max Wehrli，*Deutsche Barocklyrik*，3.Auf.170.

② San Juan de la Cruz，*Noche Escura del Alma*，II. 5(E.A.Peers，*Spanish Mysticism*，223)；Catharina Regina von Greiffenberg：“Ueber das unaussprechliche heilige Geistes-Eingeben”(Wehrli，183)；J.Rousset，*Anthologie di la Poésie baroque française*，I，Introduction，20；Henry Vaughan：“The Nihgt”(*Works*，ed. L.C. Martin，523).

③ John Donne，*Devotions*，XV(*Complete Poetry and Selected Prose*，ed.J.Hayward，534)；Richard Crashaw：“A Hymne to Sainte Teresa”(*Poetical Works*，ed.，L. C.Martin，2nd ed.，319)；Quirinus Kuhlmann：“Unio Mystica”(Wehrli，189).

④ Fr. von Spee：“Die Gespons Jesu klaget ihrem Hertzen Brand”(F. J. Warnke，*European Metaphysical Poetry*，164).

嘗試論之。道不可言，言滿天下而仍無言；道常無爲，無所不爲而仍無爲；乃至“廢心而用形”（《列子·仲尼》），“跡每同人，心常異俗”（《全唐文》卷九二四司馬承禎《坐忘論》），“雖妻非娶，雖饗非取”（《五燈會元》卷二元珪章次）。神秘宗所以破解身心之連環、彌縫言行之矛盾者，莫非正言若反也，豈特一章一句之詞旨而已哉！

《荀子·榮辱篇》曰：“陋也者，天下之公患也。”患之而求盡免於陋，終不得也；能不自安於陋，斯亦可矣。蘇轍之解《老子》，旁通竺乾，嚴復之評《老子》，遠徵歐羅；雖於二西之書，皆如賣花擔頭之看桃李，要欲登樓四望，出門一笑。後賢論釋，經眼無多，似於二子，尚難爲役。聊舉契同，以明流別，匹似辨識草木鳥獸之羣分而類聚爾。非爲調停，亦異攀附。何則？玄虛、空無、神秘三者同出而異名、異植而同種；傾蓋如故，天涯比鄰，初勿須强爲撮合。即撮合乎，亦如宋玉所謂“因媒而嫁，不因媒而親”也。

列子張湛註

九則

一　張湛註列子

《漢書·古今人表》置老子於“中上”、列子於“中中”、莊子即“嚴周”於“中下”，軒輊之故，不可致詰矣。《文心雕龍·諸子》篇先以“孟軻膺儒”與“莊周述道”並列，及乎衡鑑文詞，則道孟、荀而不及莊，獨標“列禦寇之書氣偉而采奇”；《時序》篇亦稱孟、荀而遺莊，至於《情采》篇不過借莊子語以明藻繪之不可或缺而已。蓋劉勰不解於諸子中拔《莊子》，正如其不解於史傳中拔《史記》、於詩詠中拔陶潛；綜覈羣倫，則優爲之，破格殊倫，識猶未逮。《全唐文》卷四九五權德輿《醉説》：“《六經》之後，班、馬得其門，其若慤如中郎，放如漆園”；莊、馬已跳出矣。韓愈《進學解》：“左、孟、莊、騷，太史所録”，《送孟東野序》復以莊周、屈原、司馬遷同與“善鳴”之數；柳宗元《與楊京兆憑書》、《答韋中立論師道書》、《報袁君陳秀才避師名書》舉古來文人之雄，莊、屈、馬赫然亦在，列與班皆未掛齒。文章具眼，來者難誣，以迄今兹，遂成公論。陸游《劍南詩稿》卷四九《雨霰作雪不成，大風散雲，月色皎然》自註：“韓文公以《騷》配《莊》，古人論文所未及也！”誠非妄歎。然劉氏失之於莊耳，於列未爲不得也。列固衆作之有滋味者，視莊徐行稍後。列之文詞遜莊之奇肆飄忽，名理遜莊之精微深密，而寓言之工於敍事，娓娓井井，有倫有序，自具一日之長。即或意出撏撦，每復語工鎔鑄。柳宗元《河東集》卷四《辨列子》復謂"文詞類莊子，而尤質厚少爲作"，《容齋續筆》卷一二亦言"書事簡勁弘妙，多出莊子之右"，子有莊、列，殆比史有馬、班，柳、洪輩好尚或偏而擬倫未失。

【增訂四】吕本中《童蒙詩訓》："《列子》氣平文緩，非《莊子》步驟所能到"；俞樾《春在堂尺牘》卷一《與戴子高》："《莊子》書……精義微言，尚不及《列子》。即以文論，《莊子》雖汪洋自恣，尚不如《列子》之曲盡事理也。"此兩節揚列抑莊，均待拈出。

使《列子》果張湛所僞撰，不足以貶《列子》，衹足以尊張湛。魏晉唯阮籍《大人先生論》與劉伶《酒德頌》，小有莊生風致，外此無聞焉爾。能贋作《列子》者，其手筆駕曹、徐而超嵇、陸，論文於建安、義熙之間，得不以斯人爲巨擘哉？

姚鼐《惜抱軒文後集》卷二《跋〈列子〉》云："出於張湛，安知非湛有矯入者乎？"余觀張之註《列》，似勝王弼之註《老》，僅次郭象之註《莊》。然王與郭於不可知者置之不論，張則時復揚言不知爲不知。不特此也，王之於老，以順爲正之妾婦也；郭之於莊，達心而懦之囁嚅翁也[①]；而張之於列，每犯顔讜論，作

① 例如《逍遥遊》堯與許由節，成玄英疏即曰："然觀莊文則貶堯而推許，尋郭註乃劣許而優堯，何耶？"然郭之"優堯"，乃謂堯較許爲更符莊旨，故前闢"當塗者"之"若謂"云云，而後復稱"堯實冥矣"，譏"世"之莫"識"。蓋異於莊而不敢質言，貌若申莊者也。又如《胠篋》聖人利天下少而害天下多節，郭註："信哉斯言！斯言雖信而猶不可無聖者"云云，欲匡正莊而必先將順焉，所謂"唯唯否否"也。又如《秋水》落馬首、穿牛鼻節，郭註："人之生也，可不服牛乘馬乎？"云云至"則天理滅矣"，實駁詰而復曲意彌縫也。

諍臣焉。頗乖古註常規，殊爲差事。拈數例明之。

《天瑞》：“易無形埒”，《註》：“不知此下一字”；“林類年且百歲”，《註》：“書傳無聞，蓋古之隱者也。”《湯問》：“夷堅聞而志之”，《註》：“夷堅未聞，亦古博物者也。”《仲尼》：“孤犢未嘗有母”，《註》：“不詳此義；此語近於鄙，不可解。”《周穆王》：“乔𠓗爲右”，《註》：“上‘齊’下‘合’，此古字，未審。”此皆勿諱不知，坦然闕疑也。《湯問》：“𧇊俞、師曠方夜擿耳俛首而聽之”；《註》：“𧇊俞未聞也；師曠、晉平公時人，夏革無緣得稱之，此後著書記事者潤益其辭耳。”《力命》：“朕豈能識之哉?”；《註》：“此篇明萬物皆有命，則智力無施；《楊朱》篇言人皆肆情，則制不由命。義例不一，似相違反。……故列子叩其兩端，使萬物自求其中。”同篇：“子產執而戮之，俄而誅之”；《註》：“此傳云子產誅鄧析，《左傳》云駟歂殺鄧析而用其竹刑，子產卒後二十年而鄧析死也。”《楊朱》：“恣意之所欲行”；《註》：“管仲功名人耳，相齊致霸，動因威謀，任運之道既非所宜，且於事勢不容此言。又上篇復能勸桓公適終北之國，恐此皆寓言也。”同篇：“鄭國之治偶耳，非子之功也”；《註》：“此一篇辭義太逕庭抑抗，不似君子之音氣。”此皆獻疑送難，匡救而或復斡旋也。苟本文即出註者僞託，則註者自言寡陋與夫訟言作者之失，均譸張爲幻，兩舌分身，所以堅人之信而售己之欺。雖然，舉措異常，安排太過，欲使人惑，反致人疑，蓋而彌彰，大痴小黠耳。顧張湛强不知以爲知，未解而强爲解，穿鑿乖剌，亦往往而有。苟本文與註文果出一手，則虎項金鈴，繫者能解，當不至窘閡爾許。《天瑞》：“不生者疑獨”，“疑”即《黄帝》“乃疑於神”之“疑”，《莊子·達生》作“乃凝於神”，“疑獨”者“凝獨”之謂，定於一而不分也；張乃曲解爲疑而不決之“疑”。同篇引晏子曰：“仁者息焉，不仁者伏焉”，見《晏子春秋·内諫》上；張乃妄謂：“晏子不辨有此言，假託所稱。”《黄帝》：“至人潛行不空”，當從《莊子·達生》作“至人潛行不窒”，謂無阻礙也；張乃强釋爲“不以實有爲閡”，蓋以“不空”爲名詞也。同篇：“四累之上也”，此節本《淮南子·道應訓》，而淮南又本《吕氏春秋·順説》，高誘於兩家皆有註，其註吕書云：“四累謂卿、大夫、士及民四等也”，註劉書云：“凡四事皆累於世而男女莫不歡然爲上也”；虞兆隆《天香樓偶得》嘗釋“四累”爲“四更端”而斥高註“四等”爲“盲人説夢”；張乃曰：“處卿、大夫、士、民之上，故言‘四累’”，是本文襲《淮南子》，而註文又沿《吕氏春秋》高註之誤也。《柳河東集》卷一五《晉問》：“吾聞君子患無德，不患無土；患無土，不患無人；患無人，不患無宫室；患無宫室，不患材之不己有；先生之所陳，四累之下也”；正用“四累”，累積之“累”，故可以疊而居“上”，亦可以壓而在“下”也①。《楊朱》：“其唯聖人乎！”《釋文》：“從此句下‘其唯至人矣！’連爲一段”，是也；張乃横截爲二，是於本文之詞氣語脈都未了了也。諸如此類，足徵本文雖嫁名於列禦寇，而僞託者未必爲作註之張湛。雖然，世事無奇不有。仇國敵軍，詐降行間（去聲），有所謂“苦肉計”，不惜滅親割愛，乃至摧殘肢體，以博受降者之深信大任。豈造作僞書，亦復如是，一意欺世，遂甘心出醜，自損其名歟？舉似以待勇於摘奸發伏者。

---

① 西方古修詞學名之爲“階梯法”(gradatio)，參觀 H. Lausberg, *Handbuch der literarischen Rhetorik*, I, 315。

二 天瑞

“用之不勤”；《註》：“王弼曰：‘無物不成而不勞也。’”按見《老子》六章；五二章：“終身不勤”，王弼註：“無事永逸”，可相發明。《國語·楚語》上范無宇曰：“大能掉小，故變而不勤”，韋昭註：“變、動也，勤、勞也”；《易·繫辭》：“乾以易知，坤以簡能”，韓康伯註：“不爲而善始，不勞而善成。”二節足釋此句之詞意。《淮南子·原道訓》：“纖微而不可勤”，高誘註：“勤、盡也”，而下文：“布施而不既，用之而不勤”，高誘註：“既、盡也，勤、勞也。”一篇之内，若相違異，殊見註者之非率爾漫與。蓋“既”既訓“盡”，“勤”復訓“盡”，修詞之餘食贅行也；且質體之耗則曰“盡”，運用之疲則曰“勞”，二義相成，而明體示用，言各有宜。《禮記·樂記》：“徵亂則哀，其事勤，羽亂則危，其財匱”；“事”曰“勤”、勞也，言作用也，“財”曰“匱”、盡也，言積體也。《本經訓》：“取焉而不損，酌焉而不竭”，高誘註：“損、減也，竭、盡也。”“既”與“勤”體用異詞，此則數量異詞，“損”之與“竭”皆減少也、而程度別矣。《北堂書鈔》卷六五引劉楨《魯都賦》：“挹之不損，取之不動”，“動”字必“勤”之訛，又屬“竭、盡”之義，蓋亦與“損”對照以示比量也。訓詁須兼顧詞章、義理，此其一例。英詩人託爲大自然(Nature)語云："吾無幾微用力之容"（There is no effort on my brow）[①]，即"不勞"之"不勤"耳。

"生者不能不生，化者不能不化。"按《全唐文》卷五一九梁肅《〈神仙傳〉論》："夫人之生，與萬物同，……生死相沿，未始有極。……列禦寇謂：'生者不能不死，死者不能不化'，蓋謂此也。彼仙人之徒方竊竊然化金以爲丹，煉氣以存身，覬千百年居於六合之内。……號爲道流，不亦大可哀乎！"蓋誤憶《列子》語也，然忘言而頗得意；梁氏奉釋氏天台宗，其外生死之旨固宜與莊、列有契耳。

"故生物者不生，化物者不化"；《註》："《莊子》亦有此言，向秀註"云云。按《莊子》佚文，《困學紀聞》卷一一翁元圻註已輯補。

"萬物皆出於機，皆入於機"云云；《註》："生於此者，或死於彼，死於彼者，或生於此，而形生之主未嘗蹔無。是以聖人知生不常存，死不永滅，一氣之變，所適萬形。"按《列子》此節取《莊子·至樂》結尾鋪張增飾，郭象註云："此言一氣而萬形，有變化而無死生也。"張湛註襲郭象語，復用《列子》本篇下文林類節之"故死於是者，安知不生於彼"，及《楊朱》篇之"知生之蹔來，知死之蹔往"。移花接木，而托樑易柱，陰以《莊子》之變化牽合釋氏之輪迴，正如《弘明集》卷五以桓譚"薪火之譬"牽合釋氏神不滅之教也。雖乖《莊子》原意，却得《列子》用心。《莊子·知北遊》："生也死之徒，死也生之始。……臭腐

① Arnold："Morality".

復化爲神奇，神奇復化爲臭腐，故曰通天下一氣耳"；未嘗不可資深文附會，作輪迴説之張本，郭、張兩註中"一氣"二字即自此出。故《列子》實每駸駸已入乎釋，而貌猶依依未離乎道，竊取而若袖手，逸出而似裹足，洵工於陰陽向背者，亦依託之雄哉！陳澧《東塾讀書記》卷一二論"列子乃中國之佛"，又引錢大昕《養新録》、洪亮吉《曉讀書齋初録》皆謂輪迴説出《列子》；不知王應奎《柳南隨筆》卷一論林類節早曰："則知輪迴之説，自佛氏未入中國以前，固已開其端矣。"

【增訂三】《容齋四筆》卷一引林類節，以爲"此一節即張湛《序》所謂'與佛經相參'者也"，其意即指"輪迴"。熊伯龍《無何集》卷一三亦云："輪迴之説不起於佛教；佛教未興，《列子》已有'往反'之説。《列子》云云，此輪迴之説也。"

《列子》本篇以此節遥爲林類語先容，以"出機入機"暗爲輪迴假道；張湛此節註預露其隱，傾筐篋而揭葫蘆，後文林類語下乃反無註，閃屍藏頭，處士殆得黄祖腹中意耶？《荀子·正名》："狀變而實無别而爲異者，謂之'化'，有化而無别，謂之'一實'"；楊倞註："化者，改舊形之名，若田鼠化爲鴽之類。"《莊子·至樂》所舉"烏足之根爲蠐螬、葉爲胡蝶"等等，實不外其事。蓋狀變形改之"化"，是處即有，夫人盡覩①。自蛹成蛾，卵成鳥，以至"腐草爲螢"、"老筐爲雀"，流俗之所共談，初無待儒家、道家之深識創見；且僉就形論形，亦未嘗思出其位，傍及於形與神之離合也。生死輪迴之於形氣變化，彌近似而易亂真。

① Cf. Voltaire, *Dictionnaire philosophique*, art. "Métamorphose", *Oeuvres complètes*, ed. L. Moland, XX, 75.(Tout paraît enfin métamorphosé dans la nature.)

變化祇言形不常存，輪迴則主神不終滅；變化知有形一端而已，輪迴則剖形神爲兩橛，形體可更而昭靈不昧、元神無改①。《太平廣記》卷三八七《圓觀》（出《甘澤謡》）載牧豎歌竹枝詞云："三生石上舊精魂，賞月吟風不要論；慚愧情人遠相訪，此身雖異性長存"；輪迴之旨盡於一、四兩句中矣。《國語・晉語》九趙簡子歎曰："雀入於海爲蛤，雉入於淮爲蜃，黿鼉魚鱉莫不能化；唯人不能，哀夫！"郭璞生當玄風大扇之世，賦《游仙詩》，嚮往於"漆園傲吏"，乃使趙簡子事曰："淮海變微禽，吾生獨不化！"具徵璞於《莊子》之"出機入機"未作輪迴解，而於《列子》之"出機入機"又未嘗知聞也。《太平廣記》卷一〇一《韋氏子》（出《續玄怪録》）記相里氏子泣語其妻曰："洪爐變化，物固有之。雀爲蛤，蛇爲雉，雉爲鴿，鳩爲鷹，田鼠爲鴽，腐草爲螢，人爲虎、爲猨、爲魚、爲鼈之類，史傳不絶。[君委形之後，神化] 爲鳥，豈敢深訝！"則已以趙簡子所言形體變化(metamorphosis)與佛教所言轉世輪迴(metempsychosis)通爲一談，猶《莊子・至樂》之旨淆於《列子・天瑞》之旨耳。

"又有人鍾賢世"；《註》："'鍾賢世'宜言'重形生'。"按同篇："終進乎？不知也"；《註》："'進'當爲'盡'，此書'盡'字例多作'進'也。"《列子》一書用字，每同聲通假，羌無故實，度越常理，此兩例是也。他如同篇之"仞而有之"及《周穆王》之"夢仞人鹿"，借"仞"爲"認"；《黄帝》之"口所偏

① Cf. E. Rhode, *Psyche*, tr. W. B. Hillis, "International Library of Philosophy, Psychology and Scientific Method", 342, 346-7, 361; A. Lalande, *Vocabulaire technique et critique de la Philosophie*, 9e éd., 623.

肥”，借“肥”爲“非”，“姬將語汝”、“姬魚語汝”，借“姬”、“魚”爲“居”、“予”，“二者亦知”，借“亦”爲“易”，“心庚念是非，口庚念利害”，借“庚”爲“更”，“狀不必童而智童”，借“童”爲“同”；《周穆王》之“迷之郵者”、“幾虛語哉”，《楊朱》之“清之郵，貞之郵”，借“郵”、“幾”爲“尤”、“豈”；《湯問》之“行假念死乎”，借“行假”爲“何暇”。幾類“枇杷”作“琵琶”、“花椒生薑”作“花菽生江”等笑枋。《楊朱》之“爲欲盡一生之歡”，“究其所以放於盡”，《仲尼》之“心更念是非，口更言利害”，則又書“盡”、“更”本字。文廷式《純常子枝語》卷二三因阮籍《詠懷》詩沈約註：“‘游’字應作‘由’，古人字類無定也”，遂謂“漢晉人用字假借之例甚寬”，如借“堂”作“唐”、“祈”作“期”等；惜未徵之《列子》。林希逸《竹溪鬳齋十一稿》續集卷二《四和‘除’字韻寄元思別駕》：“好友年來吟驟進，相逢何日語姬魚！”下句倉卒不可解，既而思之，林氏曾撰《列子口義》，正以《黃帝》篇“姬魚語汝”爲來歷耳。

【增訂三】經籍中同聲訛傳，每無異後人之寫別字。如《禮記·問喪》：“雞斯徒跣”，鄭玄註：“當爲‘笄纚’，聲之誤也”；《禮器》：“詔侑武方”，鄭註：“‘武’當爲‘無’，聲之誤也。”沈濤《銅熨斗齋隨筆》卷二：“《周禮·秋官》：‘以荒辨之法治之’，註：‘鄭司農云：辨、讀爲風別之別’；又：‘正之以傅別約劑’，註：‘故書別爲辨，鄭司農云：辨讀爲風別之別。’‘風別’字未見所出，古讀‘風’音如‘分’，故傳寫誤。”觀《詩經》中《綠衣》《雄雉》等篇，“風”字與“心”字叶韻，沈説得之。《潛夫論·志氏姓》：“拜［張］良爲韓信都，‘信都’者，‘司徒’也。俗間音不正，曰‘信都’，或曰‘申徒’或

‘勝屠’，然其本共一‘司徒’耳。”吴聿《觀林詩話》記宛丘逆旅壁間畫一婦人鞋樣，下題云：‘不信但看羊子解，便須信道菊兒姜’”；“羊”、“様”，“解”、“鞋”，“菊”、“脚”，“姜”、“强”也。胥堪與《聊齋志異》卷一一《嘉平公子》所嘲“花菽生江”連類。均當作平等觀，未可榮古而虐今，貴遠而賤近也。

“無知也，無能也，而無不知也，而無不能也。”按自是釋、道之高論，已成老生之常談。晁迥《法藏碎金録》卷二：“古德云：‘有所知者，有所不知，無所知者，無所不知。’上八字有似夜有其燭，燭不及而有所不見；下八字有似晝無其燭，燭不用而無所不見。”設譬甚佳，可以借解。

“運轉亡已，天地密移，疇覺之哉？……損盈成虧，隨世隨死，往來相接，間不可省，疇覺之哉？凡一氣不頓進，一形不頓虧。……亦如人自世至老，貌色智態，亡日不異，皮膚爪髮，隨世隨落，非嬰孩時有停而不易也。間不可覺，俟至後知”；《註》：“此則莊子舟壑之義。”按《莊子·秋水》：“物之生也，若驟若馳，無動而不變，何爲乎，何不爲乎，夫固將自化”；又《養生主》：“指窮於爲薪，火傳也，不知其盡也”；郭象註：“人之生也，一息一得耳，向息非今息，故納養而命續”；與《列子》此節意義較近，張湛等僅知有《大宗師》而已！“間”如《墨子·經》上“有間，中也；間，不及旁也”之“間”，“俟至”之“至”即“及旁”之“及”；“停”如《水經注》卷一三平城静輪宫節“物不停固”或卷一六太學石經節之“世代不同，物不停故”之“停”，即朱慶餘《近試上張籍》“洞房昨夜停紅燭”之“停”，謂保留。《莊子·大宗師》所言“密移”，乃潛移也，故曰："然而夜半有力者負之而走，昧者不知也。"《列子》此節所言"密移"，乃漸移也，息息不停，累微得著，故曰："間不可省、覺，不頓進、虧。"着眼大異。漸必潛，而潛未必漸。黑格爾論量之漸積(jene Allmählichkeit des nur vermehrenden Fortgangs)以至質之突變(ein qualitativer Sprung)，舉母腹中兒自懷胎漸至免身爲例[①]，與列子之舉嬰孩至老爲例，其揆一焉。劉晝《新論·惜時》篇："夫停燈於缸，先焰非後焰，而明者不能見；藏山於澤，今形非昨形，而智者不能知。何者？火則時時滅，山亦時時移。"亦如張湛以《列子》之漸移解《莊子》之潛移，實非夜半負山之本旨。《淮南子·説林訓》："河水之深，其壤在山"，高誘註："言非一朝一夕"，仍屬朝夕漸移，非半夜潛移也。《列子》"自世至老"之喻，近取諸身，如嵇康《養生論》："亡之於微，積微成損，積損成衰，從衰得白，從白得老。"其寓意又與釋氏暗通消息，如《肇論·物不遷論》第一云："然則莊生之所以藏山，仲尼之所以臨川，斯皆感往者之難留，豈曰排今而可往？人則謂少壯同體，百齡一質，徒知年往，不覺形隨。是以梵志出家，白首而歸，鄰人見之曰：'昔人尚存乎？'梵志曰：'吾猶昔人，非昔人也。'鄰人皆愕然"（元康《肇論疏》卷上："未詳所出經也"）。至《弘明集》卷五羅含《更生論》："今談者徒知向我非今，而不知今我故昔我耳"，則如《天瑞》林類之言輪迴轉世，命意大異。就一生言，"今人"非"昔人"，而兼他生言，"今我"是"昔我"，胡越肝膽之旨爾。詞章如劉禹錫《送鴻舉遊江南》七言古詩《引》："因思夫冉冉之光，渾渾之輪。時而言，

① *Phänomenologie des Geistes*, Berlin: Akademie Verlag, 15.

有初、中、後之分；日而言，有今、昨、明之言；身而言，有幼、壯、艾之期。乃至一謦欬、一彈指中際皆具，何必求三生以異身耶?”(參觀蘇軾《過永樂文長老已卒》:“三過門間老病死，一彈指頃去來今”)；柳宗元《戲題石門長老東軒》:“坐來念念非昔人”；邵雍《擊壤集》卷一二《寄曹州李審言龍圖》之二:“嚮日所云‘我’，如今却是‘伊’；不知今日我，又是後來誰?”皆“薪盡火傳”、“無日不異”、“猶昔非昔”之佳詮也。《維摩詰所説經·弟子品》第三:“諸法不相待，乃至一念不住”，肇註:“彈指頃有六十念過”，而康僧會《安般守意經序》:“彈指之頃，心九百六十轉；一日一夕，十三億意”(《全三國文》卷七五；《法苑珠林·攝念篇》第二六引《惟無三昧經》則云:“一日一宿，有八億四千萬念”)；若“念念非昔人”，則一晝夜當得十三億我！西方舊日詩家謂人心變動不止，一小時中二十餘今昔人代謝(Oh, what a thing is man! ... /He is some twentie sev'rall men at least/Each sev'rall houre)①；近世文家言經久不變之情感乃無量數似同實異、乍生即滅之情感連續而成(ils se composent d'une infinités d'amours successifs, de jalousies différentes et qui sont éphémères)，吾人一生中心性死而復活，相繼相貫(une vraie mort de nous-même, mort suivie, il est vrai, de résurrection; la mort fragmentaire et successive telle qu'elle s'insère dans toute la durée de notre vie)②；或言瞬息間百千萬我故新遞續(Riconescete forse anche

① George Herbert: “Gidinesse”, *Works*, ed. E. F. Hutchinson, 127.

② Marcel Proust, *Du Côté de chez Swann*, ii; *A l'Ombre des Jeunes Filles en Fleurs*, ii (*A la Recherche du Temps perdu*, “Bib. de la Pléiade”, I, 372, 671-2).

voi ora，che un minuto fa *voi eravate un altro*? Non solo，ma voi eravate anche cento altri，centomila altri）①。亦有質往年遷之説。斯賓諾莎言人身中新陳代謝，每至通體都失本來（in aliam naturam a sua prorsus diversam mutari），何待横屍，方爲死亡（Nam nulla ratio me cogit，ut statuam Corpus non mori，nisi mutetur in cadaver）②。叔本華言吐故洩穢（das stete Aushauchen und Abwerfen von Materie）即肉體之部分死亡，人於大死、全死以前，無時無日不小死（im Tode das Selbe in erhöhter Potenz und im Ganzen geschiet，was täglich und stündlich im Einzelnen bei der Exkretion vor sich geht）③。流俗又相傳人之骨肉髮膚每七年悉换却一過（But seven years I suppose are enough to change every pore of one's skin；Our bodies every seven years are completely fresh-materialed：the same and not the same）④。古詩有云："生命即息息相續之死亡"（presentes succesienes de difunto）；當世名家小説中託爲醫生語曰："生即死"（Tja，Leben ist Sterben－une destruction organique）⑤。皆此意爾。

---

① Luigi Pirandello，*Uno*，*Nessuno e Centomila*，Lib. II，cap. 5，*Opere*，a cura di C. Alvardo，I，1310.

② *Ethica*，IV，Prop. xxxix，Schol.，"Classiques Garnier"，II，84.

③ Schopenhauer，*Die Welt als Wille und Vorstellung*，IV，§ 54.

④ Jane Austen，*Letters*，ed. R. W. Chapman，2nd ed.，148；John Keats，*Letters*，ed. H. E. Rollins，II，208.

⑤ Francisco de Quevedo："Soneto：Ah de la Vida"，Eleanor L. Turnbull，*Ten Centuries of Spanich Poetry*，308；Thomas Mann，*Der Zauberberg*，Kap. 5，*Gesammelte Werke*，Aufbau，II，379. Cf. Montaigne，*Essais*，III. xiii，"Bib. de la Pléiade"，1063；J.-B. Chassignet，*Mespris de la Vie*，Sonnet v，J. Rousset，*Anthologie de la Poésie baroque française*，I，199.

榮啓期曰："天生萬物，唯人爲貴，而吾得爲人，是一樂也。……男尊女卑，……吾既得爲男矣，是二樂也。人生有不見日月、不免襁褓者，吾既已行年九十矣，是三樂也。"按後世詞章熟典之"榮期三樂"也，又見《説苑·雜言》、《孔子家語·六公》。二西之書有酷類者。《四十二章經》記佛説："既離三惡道[地獄、餓鬼、畜生]，得爲人難；既得爲人，去女即男難；既得爲男，六情完具難；六情完具，生中國難"；希臘哲人泰理斯(Thales)亦常曰："吾有三福(three blessings)：吾生得爲人而不爲畜，是一福也；得爲男而不爲女，是二福也；得爲希臘上國之民而不爲蠻夷，是三福也"(First, that I was born a human being and not one of the brutes; next, that I was born a man and not a woman; thirdly a Creek and not a barbarian)①。享上壽與生上國孰勝，盍各言志，不必是丹非素耳。

"杞國有人憂天崩墜，身亡所寄，廢寢食者。"按此與《湯問》篇愚公移山事，於《列子》書中流傳最著，已爲恒言成語。《海外軒渠録》寫飛浮島國(Laputa)之民愁慮無寧晷(never enjoying a minute's peace of mind)，所憂蓋天體將生變故(their apprehensions arise from several changes they dread in the celestial bodies)，例如惴惴恐日輪漸逼地球，行且吸而吞之，以是寢不安席，生趣全無(they can neither sleep quietly in their beds, nor have any relish for the common pleasures or amusements of life)②。此亦西方寓言中之杞人也，特無"往曉之"者耳。

---

① Diogenes Laertius, *Lives of Eminent Philosophers*, I, 33, "Loeb", I, 35.

② Swift, *Gulliver's Travels*, III. ii, Oxford, 192-3.

三　黄　帝

“蓋非舟車足力之所及，神游而已”；《註》：“神道恍惚，不行而至者也。”按《周穆王》：“吾與王神游也，形奚動哉?”；《註》：“所謂神也，不疾而速，不行而至。”全取《易·繫辭》上：“唯神也，故不疾而速，不行而至。”《三國志·魏書·何晏傳》裴註引《魏氏春秋》記晏品目朝士有曰：“‘唯神也，不疾而速，不行而至’，吾聞其語，未見其人”；蓋魏、晉人喜用之語。

列子“進二子之道，乘風而歸”；《註》：“《莊子·逍遥遊》：‘列子御風而行，泠然善。’”按下文列子告尹生曰：“心凝形釋，骨肉都融，不覺形之所倚，足之所履，隨風東西，猶木葉幹殼。竟不知風乘我耶？我乘風乎?”《仲尼》篇“足之所履”句下尚有“心之所念，言之所藏，如斯而已，則理無所隱矣”等語，無“隨風東西”云云。周君振甫曰：“《莊子》：‘此雖免乎行，猶有所待者也’，郭象註：‘非風則不得行，斯必有待也，唯無所不乘者無待耳。’《列子》：‘心凝形釋’云云，張湛註：‘無待於外。’御風一事也，而《列子》之境高於《莊子》，豈非仿襲前人而欲駕出其上，所謂與古争强梁乎?”蘇轍《欒城集》卷一八《御風辭題鄭州列子祠》有云：“苟非其理，屨屐足以折趾，車馬足以毁體，萬物皆不可御也，而何獨風乎？昔吾處乎蓬蓽之間，止如枯株，動如槁葉，居無所留而往無所從也。有風瑟然，拂吾廬而上，……而吾方黜聰明，遺心胸，足不知所履，手不知所馮，澹乎與風爲一，故風不知有我而吾不知有風也。蓋兩無所有，譬如風中之飛蓬耳。超然而上，薄乎雲霄而不以爲喜也，拉然而下，隕乎坎井而不以爲凶也。夫是以風可得而御矣。今子以子爲我，立乎大風之隧，凛乎恐其不能勝也，蹙乎恐其不能容也。……子不自安，而風始不安子躬矣。子輕如鴻毛，彼將以爲千石之鐘；子細如一指，彼將以爲十仞之墉。"寫"心凝形釋"頗工，録以供共賞焉。

"自吾之事夫子友若人也，三年之後，心不敢念是非，口不敢言利害，始得夫子一眄而已。五年之後，心庚念是非，口庚言利害，夫子始一解顔而笑。七年之後，從心之所念，庚無是非，從口之所言，庚無利害，夫子始一引吾並席而坐。九年之後，横心之所念，横口之所言，亦不知我之是非利害歟。亦不知彼之是非利害歟。……内外進矣。"按循堦漸升，凡分四級，張湛註已闡言之。然説七年云："順心之極，任口之理"，説九年云："恣其所念，縱其所言"；區畫差别，似欠分明。可參觀《老子》卷第四〇章；苟假郭象語道之，七年"遣是非"，九年"又遣其遣"也。

【增訂四】郭象註《齊物論》所謂"又遣其遣"，即《知北遊》所謂"無無"（見693頁）。按《庚桑楚》又云："有不能以有爲有，必出乎無有，而無有一無有"；郭註："若無能爲有，何謂無乎？一無有遂無矣。無者遂無"；王先謙《集解》引宣云："並無有二字亦無之。"龍樹《中論·觀涅槃品》既言："何處當有無?"《觀行品》第一三又云:"大聖説空法,爲離諸見故,若復見有空,諸佛所不化。……譬如有病,須服藥可治,若藥復爲病,則不可治。"《大智度論》卷三一《釋初品中十八空》:"先以法空破内外法,復以此空破三空,是名空空";卷三六《釋習相應品之二》:"以空破空,亦無有空。……破一切法,空亦復空。"莊子於"無有一無有",釋氏於"空破空",皆丁寧反復。西方近日論師目佛説爲"消極之虚無主義",并"虚無"而否定之(Pour demeurer fidèle au nihilisme passif qu'il a pris pour principe, le bouddhisme doit tendre à l'indifférence absolue, par la négation de toutes les valeurs, y compris, par conséquent, la valeur du néant.—Raymond Polin, *Du laid, du mal, du faux*, 1948, p.83),尚未及於漆園之微言也。葉廷琯《吹網録》卷一引顧陳垿《抱桐讀書眼》説《論語·子罕》:"子絶四:毋意,毋必,毋固,毋我",云:"意、必、固、我,常人之情。毋意、必、固、我者,賢人之學。并絶去禁止之迹,自然無此四者,此聖人之不可及也。'絶四'是'絶四毋'。"竊謂此與宋楊簡《絶四記》之説暗合,亦即拾莊生"坐忘"、"遣遣"及列子"從心"、"横心"之緒,以申孔門之教爾。劉將孫《養吾齋集》卷八《解〈金剛經〉序》:"此真爲人解縛減擔。……昔吾夫子亦有四句偈曰:'毋意,毋必,毋固,毋我'";似尚未深求至於斯極也。

《莊子·達生》云:"知忘是非,心之適也。……始乎適而未嘗不適者,忘適之適也";忘其忘即遣其遣,白居易《隱几》:"既適又忘適,不知吾是誰",本此。又《莊子·大宗師》女偊曰:"吾猶守而告之,參日而後能外天下。……吾又守之,七日而後能外物。……吾又守之，九日而後能外生”，又顔回曰：“回忘仁義矣！……回忘禮樂矣！……回坐忘矣！”；《寓言》顔成子游曰：“自吾聞子之言，一年而野，二年而從，三年而通，四年而物，五年而來，六年而鬼入，七年而天成，八年而不知死、不知生，九年而大妙。”《列子》斯節命意遣詞，均出《莊子》，捉置一處，便見源流。《列》之襲《莊》，世所熟知，然衹覩其明目張膽者，至脱胎换骨、假面化身處，則識破尚鮮也。“不知”、“忘適”、“坐忘”之境，不特無是非利善之辨，并泯心物人我之分，渾淪冥漠，故曰“内外進［盡］”。《維摩詰所説經・文殊師利問疾品》第五：“空病亦空”，僧肇註：“階級漸遣，以至無遣也”；顯取郭象“遣其遣”之文，“階級”猶三、五、七、九年之以兩年爲一級。《肇論・不真空論》第二：“豈謂滌除萬物，杜塞視聽，寂寥虚豁，然後爲真諦乎？誠以即物順通，故物莫之逆；即僞即真，故性莫之易。性莫之易，故雖無而有；物莫之逆，故雖有而無”；又《般若無知論》第三：“聖心虚静，無知可無，可曰‘無知’，非謂‘知無’”①。西班牙神秘宗師分靈魂静穆（callar）之等衰，初地蒙昧不見外物（dormimos a las cosas temporales），中地悶墨渾忘自我（un olvido aún de nostros mismos），終地如沉酣熟眠酒窟中（el anima se adormece como en celda vinaria），黑甜而無所覺知②。均可參印“内外進［盡］矣”；“知無”、“遣”也，“無知”、“遣其遣”也；爛醉卧酒窟中，猶《文子・精誠》：“闇若醇

① Cf. Grillparzer, *Aphorismen*: “Zwischen nichts wissen und Nichts wissen – ”, *Gesammelte Werke*, hrsg. E. Rollett und A. Sauer, II, 107.

② Francisco de Ossuna, *Tercer Abecedario Espiritual*, XXI. 4, Allison Peers, *Spanish Mysticism*, 74, 191.

醉而甘，卧以游其中”也。

【增訂二】劉宋譯《楞伽經·一切佛語心品》之二：“得諸三昧身，乃至劫不覺；譬如昏醉人，酒消然後覺。彼覺法亦然，得佛無上身。”與《文子》及西班牙神秘宗師取譬相近。

董其昌《容臺别集》卷一：“晦翁嘗謂：‘禪典都從子書翻出，尚有《列子》未經翻出，當更變幻。’不知謂何等語也。吾觀内典有初、中、後發善心，古德有‘初時山是山，水是水，向後山不是山，水不是水，而向後山仍是山，水仍是水’，……及佛國禪師《十牛頌》……等次第，皆從《列子》：‘心念利害，口談是非；其次三年，心不敢念利害，口不敢談是非；又次三年，心復念利害，口復談是非，不知我之爲利害是非，不知利害是非之爲我’，同一關捩。”引《列子》文有舛錯，而能識其與釋説同揆，要爲具眼。“古德”語見《五燈會元》卷一七青原惟信章次；《牧牛圖頌》之一〇《雙泯》，《牧牛又十頌》之八《人牛俱忘》至一〇《入鄽垂手》，即“九年之後”造詣也。董氏引朱熹語，則不詳何出。《朱文公文集》卷六七《觀〈列子〉偶書》、《别集》卷八《釋氏論》下、《朱子語類》卷六八、又一二五、一二六反復言道士不知讀老、莊書，反“爲釋氏竊而用之”，佛書“大抵都是剽竊老子、列子意思”，“列子語、佛氏多用之”，“列子言語多與佛經相類”，“佛家先偷列子”；絶非謂“《列子》未經翻出”。《全唐文》卷六三六李翱《去佛齋論》：“佛所言者，列禦寇、莊周言之詳矣”；宋祁《筆記》卷中：“釋迦、文殊剟言之瘢，刮法之痕，與中國老聃、莊周、列禦寇之言相出入；大抵至於道者，無今古華戎，若符契然”；語皆無病。宋氏撰《新唐書·李蔚傳·贊》論佛經乃曰：“鞮譯差殊，不可究詰，多是華人之譎誕者，攘莊、列之説佐其高，層累架騰，直出其表，以無上不可加爲勝”；則不辨疑似，厚誣武斷。而《朱子語類》卷一二六亟稱之曰：“此説甚好！如歐陽公……程子……皆不見他正贓，却是宋景文捉得他正贓。”實則栽贓入罪，早見《魏書·釋老志》載太平真君七年三月詔：“皆是前世無賴子弟劉元真、吕伯彊之徒，乞胡之誕言，用老、莊之虚假，附而益之”；宋祁不得專其文致之功也。《全唐文》卷七五六杜牧《唐故灞陵駱處士墓誌銘》：“尤不信浮圖學，有言者，必約其條目，引《六經》以窒之曰：‘是乃其徒盜夫子之旨而爲其詞，是安能自爲之！’”；是誣良爲盜，唐人且有以佛典爲竊攘孔子者！蔣湘南《游藝録》卷三《别録》記龔自珍嗤《新唐書·李蔚傳·贊》曰：“此儒者夜郎自大之説耳！”；蔣氏《七經樓文鈔》卷四《西法非中土所傳論》：“或疑釋家書乃竊儒書而僞爲者，則陋儒夜郎自大之見也”，當本龔氏，“儒書”即謂“中土”書；卷三《經咒本旨》：“大概中國之佛經竊諸莊、列，西方之佛經本諸婆羅門”，則欲兼采宋祁與龔自珍兩家之論耳。

“而後眼如耳，耳如鼻，鼻如口，無不同也。心凝形釋，骨肉都融”；《註》：“夫眼耳鼻口，各有攸司。今神凝形廢，無待於外，則視聽不資眼耳，嗅味不賴鼻口。”按《仲尼》：“老聃之弟子有亢倉子者，得聃之道，能以耳視而目聽。魯侯聞之大驚……亢倉子曰：‘傳之者妄！我能視聽不用耳目，不能易耳目之用。我體合於心，心合於氣，氣合於神，神合於無。……乃不知是我七孔四支之所覺、心腹六藏之所知，其自知而已矣’”；《註》：“耳目者，視聽户牖；神苟徹焉，則視聽不因户牖，照察不閡牆壁耳。”“不能易耳目之用”者，如《公孫龍子·堅白論》：“視不得其所堅，……拊不得其所白。……目不能堅，手不能白”；《莊子·天下》：“譬如耳目鼻口，皆有所明，不能相通”；《焦氏易林·隨》之《乾》：“鼻目易處，不知香臭”；陸機《連珠》：“臣聞目無嘗音之察，耳無照景之神”；此常世所識也。“視聽不用耳目”、“神合於無”者，神會而不以官受，如《文子·道德》：“故上學以神聽，中學以心聽，下學以耳聽”；此神秘宗侈陳之高境也。《列子》兩節實發揮《莊子·人間世》：“夫徇耳目内通，而外於心知”；“徇”通“洵”，“内通”即“無不同”、“内徹”、“不閡牆壁”，“外於心知”即“不知是心腹六藏之所知”、不以“心聽”。釋典慣言五官通用，如《楞嚴經》卷四：“由是六根互相爲用。阿難，汝豈不知，今此會中，阿那律陀無目而見，跋難陀龍無耳而聽，殑伽神女非鼻聞香，驕梵鉢提異舌知味，舜若多神無身覺觸?”又卷一〇：“銷磨六門，合開成就，見聞通隣，互用清淨”；《五燈會元》卷一二淨因繼成上堂：“鼻裏音聲耳裏香，眼中鹹淡舌玄黄，意能覺觸身分別，冰室如春九夏凉”，又卷一三洞山良价偈：“也大奇！也大奇！無情説法不思議！若將耳聽終難會，眼處聞時方得知”；《羅湖野録》卷一載空室道人作死心禪師讃：“耳中見色，眼裏聞聲”；張伯端《禪宗歌頌詩曲雜言·性地頌》：“眼見不如耳見，口説争如鼻説。”詞章如蘇軾《東坡集》卷四〇《法雲寺鐘銘》、趙秉文《滏水集》卷二《遊懸泉賦》又卷五《擬和韋蘇州》二〇首之七，皆掇拾爲文字波瀾。“眼如耳，耳如鼻，鼻如口，無不同”，即“銷磨六門”，根識分别，掃而空之，渾然無彼此，視可用耳乃至用口鼻腹藏，聽可用目乃至用口鼻腹藏，故曰“互用”；“易‘耳目之用”則不然，根識分别未泯，不用目而仍須“以耳視”猶瞽者，不用耳而仍須“以目聽”

猶聾者也。西方神秘宗亦言“契合”(Correspontia)，所謂：“神變妙易，六根融一”(O métamorphose mystique/De tous mes sens fondus en un!)①。然尋常官感，時復“互用”，心理學命曰“通感”(Synaesthesia)；徵之詩人賦詠，不乏其例②，如張說《山夜聞鐘》：“聽之如可見，尋之定無象。”蓋無待乎神之合無、定之生慧③。陸機《連珠》言：“目無嘗音之察，耳無照景之神”，“嘗音”之“嘗”即“嘗食”、“嘗藥”之“嘗”，已潛以耳之於音等口之於味；其《擬西北有高樓》明曰：“佳人撫琴瑟，纖手清且閑；芳氣隨風結，哀響馥若蘭”，豈非“非鼻聞香”？有如“昂鼻嗅音樂”(lifted up their noses/As they smelt music)④。楊萬里《誠齋集》卷一七《又和二絶句》之二：“剪剪輕風未是輕，猶吹花片作紅聲”，嚴遂成《海珊詩鈔》卷五《滿城道中》：“風隨柳轉聲皆緑，麥受塵欺色易黄”，豈非“耳中見色”？有如“天色昏黑中，黄鳴者蟲，朱響者鐘”(sotto il cielo bigio, il giallo grida, il rosso squilla)⑤。

【增訂三】楊萬里謂風吹花而作“紅聲”，嚴遂成謂風吹柳而作“緑聲”；近世西班牙詩人(Federico Garcia Lorca)有句云：“碧風。碧樹枝”(Verde viento. Verdes ramas—“Ro-

① Baudelaire: “Tout Entière”, *Oeuvres complètes*, “Bib. de la Pléiade, 116. Cf. R.-B. Chérix, *Commentaire des “Fleurs du Mal”*, 31-6; P. Mansell Jones, *The Background of Modern French Poetry*, 16, 31, 37.

② 略見《通感》。

③ Cf. Coleridge, *Biographia Literaria*, ed. J. Shawcross, II, 103; J.-P. Sartre, *L'Imaginaire*, 139-141.

④ Shakespeare, *The Tempest*, IV. i. 177-8.

⑤ D'Annunzio: “Notturno”, E. di Michelis, *Tutto D'Annunzio*, 530.

mance sonambulo")；説者謂風因所吹之物而得色也(The wind is green here only because of where it blows—Stanley Burnshaw, ed., *The Poem Itself*, Pelican, 238)。《成實論》卷二："世間事中，兔角、龜毛、蛇足、鹽香、風色等，是名無"；《文選・賦・物色》李善註："有物有文曰'色'；風雖無正色，然亦有聲。"此言物理耳。詩人通感圓覽，則不特無中生有，覩風爲"碧"色，且復以耳爲目，聞風聲之爲"紅"、"緑"色焉。常語亦曰"風色"，又曰"音色"，與詩人之匠心獨造，正爾會心不遠。

陳與義《簡齋集》卷二二《舟抵華容縣夜賦》："三更螢火鬧，萬里天河横"，黄景仁《兩當軒集》卷一九《醉花陰・夏夜》："隔竹捲珠簾，幾個明星，切切如私語"，豈非"眼裏聞聲"？有如"天上繁星啁啾"(va col suo pigoliò di stelle)①。《瑯嬛記》卷上莊氏女"每弄《梅花曲》，聞者皆云'有暗香'"；雖野語乎，亦本聯想而生通感也。道家之"内通"、釋氏之"互用"，言出有因，充類加厲，遂説成無稽爾。

"至人潛行不空，蹈火不熱，行乎萬物之上而不慄。"按本篇上文言華胥國民入水不溺，入火不熱，斫撻無傷痛，乘空如履實，寢虚若處牀；下文言商丘開高臺投下若飛鳥，泳淫隈得珠，入大火取錦，又趙襄子見人從石壁中出，隨烟燼上下，游金石，蹈水火；《周穆王》言"化人"入水火，貫金石，反山川，移城邑，乘虚不墜，又老成子"學幻"，能存亡自在，翻校四時，冬起雷，夏造冰，飛者走，走者飛。於《莊子・田子方》及《達

① G. Pascoli: "Il Gelsomino notturno", *Opere*, Mondadori, 1058.

生》所侈陳“真人”、“至人”伎倆，踵事增華，所欠者，《逍遥遊》中藐姑神人之“乘雲氣、御飛龍”耳。蓋已熟聞釋氏所侈“神通”而剌取之。如《長阿含經》之二〇《阿摩晝經》論“專念一心、無覺無觀”之“四禪”云：“身能飛行，石壁無礙，游空如鳥，履水如地”（二四《堅固經》同）；《大方廣佛華嚴經·十地品》第二六論“得無量神通力”云：“能動大地，以一身爲多身，多身爲一身；或隱或顯；石壁山障，所往無礙，猶如虚空；入地如水，履水如地；日月在天，有大威力，而能以手捫摸摩觸”；《大般涅槃經·光明徧照高貴德王菩薩品》第一〇之二云：“或時分此一身爲無量身，無量之身復爲一身；山壁直過，無有障礙；履水如地，入地如水；身成烟焰，如大火聚；……或爲城邑聚落舍宅山川樹木；或作大身，或作小身、男身、女身、童身、童女身”；《大智度論·解了諸法釋論》第一二釋“如化”，亦備舉“十四變化”。故梁僧祐《弘明集·後序》已援《列子·周穆王》篇載“化人”事，以證“開士之化，大法萌兆，已見周初”；初唐釋道世《法苑珠林》卷二二載道宣自記乾封二年二月諸天人下降與之問答，得知佛於夏桀時已垂化中國，“有天人姓陸名玄暢”告道宣曰：“弟子是周穆王時生，……文殊、目連來化，穆王從之，即《列子》所謂‘化人’者是也”；親聆天語，更鑿鑿有據。後世僧史奉爲不刊之典，如南宋釋志磐《佛祖統紀》卷三四徑記穆王時文殊菩薩、目連尊者同來中國，“《列子》‘化人’，即文殊等”。蓋僧徒讀《列子》寓言，如痴人聞説夢，而道宣復以見鬼語坐實之者。《西遊記》第三回孫悟空自誇“聞道”之後，有七十二般變化，如入金石無礙，火不能焚、水不能溺等，已見《莊》、《列》；“變化”即老成子所學之“幻”也。

“用志不分，乃疑於神”；《註》：“專意則與神相似者也。”按此節全本《莊子·達生》，《莊子》“疑”字作“凝”；《列子》此處之“疑於神”，正如《天瑞》之“不生者疑獨，疑獨其道不可窮”，亦“凝”之意。蓋“疑”通“擬”（如《檀弓》曾子責子夏“使西河之人疑汝於夫子”，《漢書·谷永傳》論改作昌陵“費疑驪山”），亦通“凝”。張註兩處，一從字面釋爲疑惑，一本通假釋爲擬比，皆不切當。俞樾《諸子平議》卷一六乃欲改《莊》從《列》，并舉《莊》下文梓慶削木節爲佐證，於義亦墮。夫言非一端：梓慶節“器之所以疑神者其是歟”，承“見者驚猶鬼神”來，明指旁觀者之心事而言，作“疑”是也；此節“乃凝於神”，承痀瘻丈人自稱“有道”而能“不反不側”，蓋當事者示人以攝心專一之旨，正當作“凝”。《管子·形勢》篇：“無廣者疑神”，“無廣”即“不分”，“疑神”亦即“凝於神”矣。《列子·周穆王》：“百骸六藏，悸而不凝”，正“凝於神”之反；《黃帝》：“心凝形釋”，張註：“神凝形廢”，又可移釋“凝於神”。“執臂若槁木之枝”，非“形廢”而何？故《列》之“疑於神”，宜解爲“凝於神”之意，而《莊》之“凝於神”，不必改作“疑於神”之文也。

“海上之人有好漚鳥者”云云。按《容齋四筆》卷一四早言此節與《呂氏春秋·精諭》中一節相同。呂書云：“海上之人有好蜻者”，高誘註：“蜻蜓小蟲”，而《列子》易蟲爲鳥。《鶡冠子·泰録》云：“未離己而在彼者，狎漚也”，陸佃註：“如狎漚者，心動於内，則漚鳥舞而不下。”陸解甚確；則《鶡冠子》之僞作，後於《列子》耶？《三國志·魏書·高柔傳》裴註：“孫盛曰：機心内萌，則鷗鳥不下”；孫在東晉初，殆已見《列子》耶？

晉人文字驅遣《列子》，此爲朔矣。謝靈運《山居賦》："撫鷗鯈而悅豫，杜機心於林池"，自註："莊周云：'海人有機心，鷗鳥舞而不下'"；實用《列子》此文而嫁名《莊子》，

【增訂四】《世説·言語》："佛圖澄與諸石遊，林公曰：'澄公以石虎爲海鷗鳥'"，劉峻註："莊子曰：'海上之人好鷗者'"云云。亦以爲事出《莊子》，豈漆園逸文歟？

豈如李商隱《判春》所謂"珠玉終相類，同名作夜光"乎？參觀論《全晉文》孫綽《孫子》。

"有神巫自齊來處於鄭，命曰季咸"一節。按本《莊子·應帝王》"鄭有神巫曰季咸"一節。段成式《酉陽雜俎》續集卷四早謂《列子》此節乃華嚴命一公看心，普寂請柳中庸筮心，詵禪師使日照三藏測心等傳説所自出。唐無名氏《歷代法寶記》載"邪通婆羅門"爲智詵看心事，視段氏所引《詵禪師本傳》較多節目。《太平廣記》卷四四七《大安和尚》（出《廣異記》）大安命聖菩薩看心，《五燈會元》卷二南陽慧忠命大耳三藏看心，皆一事而放紛爲衆説耳。沈括《夢溪筆談》卷二記山陽女巫事，實亦同根所生也。

"宋有狙公者"一節。按本《莊子·齊物論》"何謂'朝三'？狙公賦芧曰"一節，而敍事較具首尾。《列》取《莊》文，皆條理之，此即一例，相形之下，《莊子》突如其來，大似狙公事先見《列子》，莊用其語而説明來由矣！"朝三暮四"與"朝四暮三"，所以明"名實不虧"而"喜怒爲用"；蓋三四、四三，顛之倒之，和仍爲七，故"實"不"虧"而"名"亦未"虧"。《百喻經》之三四："昔有一聚落，去王城五由旬，村中有好美水。王勑村人日日送其美水，村人疲苦，悉欲遠移。時彼村主，語諸人

言：'汝等莫去。我當爲汝白王，改五由旬爲三由旬，使汝得近往不疲。'即往白王，王爲改之，作三由旬。衆人聞已，便大歡喜。"與賦芧事劇類，改五作三，則不"虧"實而祇"虧"名，亦能回"苦"作"喜"也。

四　周穆王

“西極之國，有化人來”一節。按葉大慶《考古質疑》卷六以“化人”來自“西極”，又厭憎王之“宮室”、“廚饌”、“嬪御”，乃揣度曰：“其佛歟？與宣律師《傳》所謂周穆王時佛法來中國之説脗合。山谷嘗讀《列子》，便謂：‘普通年中事不從葱嶺傳來’，其亦有見於此歟？”厭憎世俗食色居室之奉，未遽即佛；觀陸賈《新語·慎微》篇，知秦漢間“求神仙”者，亦已“苦身勞形入深山，……捐骨肉，絶五穀”。然以此節合之《仲尼》篇“西方聖人”節、《天瑞》篇“死是生彼”節、《湯問》篇“偃師”節等，積銖累羽，便非偶然。作《列子》者意中有佛在，而言下不稱佛，以自示身屬先秦，乃不知有漢，無論魏、晉也。

“夢有六候”一節。按此本《周禮·春官·占夢》，張湛註亦逕取之鄭玄註。“六夢”古説，初未了當；王符《潛夫論·夢列》篇又繁稱寡要，《世説·文學》載樂令語則頗提綱挈領：“衛玠總角時問樂令夢，樂云：‘是想。’衛云：‘形神所不接，豈是想耶？’樂云：‘因也。未嘗夢乘車入鼠穴、擣虀噉鐵杵，皆無想無因故也。’”“形神不接”之夢，或出於“想”①，姑置勿論；樂於

① Freud, *Die Traumdeutung*, 6. Aufl., 123 (Verschiebung, Traumentstellung).

“因”初未申説。《列子》此篇“想夢自消”句，張註：“此‘想’謂覺時有情慮之事，非如世間常語盡日想有此事，而後隨而夢也。”蓋心中之情欲、憶念，概得曰“想”，則體中之感覺受觸，可名曰“因”。當世西方治心理者所謂“願望滿足”（eine Wunscherfüllung）及“白晝遺留之心印”（Traumtag，die Tagesreste），想之屬也；所謂“睡眠時之五官刺激”（die Sinnesreize），因之屬也①。《大智度論·解了諸法釋論》第一二：“夢有五種：若身中不調，若熱氣多，則多夢見火、見黄、見赤；若冷氣多，則多夢見水、見白；若風氣多，則多夢見飛、見黑；又復所聞、見事，多思惟念故，則夢見；或天與夢，欲令知未來事。”“身中不調”，即“因”；“聞、見、思惟”，即“想”。《全後漢文》卷四六崔寔《政論》：“夫人之情，莫不樂富貴榮華，……晝則思之，夜則夢焉”，“思”即願望耳。《雲笈七籤》卷三二《養性延命録》引《慎子》佚文云：“晝無事者夜不夢”；白晝未遺心印也。《淮南子·道應訓》：“尹需學御，三年而無得焉，私自苦痛，常寢想之，中夜夢受秋駕於師”；《太平御覽》卷七五三引《夢書》云：“夢圍棋者，欲鬭也”；均想夢也。段成式《酉陽雜俎》卷八記盧有則“夢看擊鼓，及覺，小弟戲叩門爲街鼓也”；陸游《劍南詩稿》卷一二絶句“桐陰清潤雨餘天”一首題云：“夏日晝寢，夢游一院，闃然無人，簾影滿堂，唯燕蹋箏絃有聲，覺而聞鐵鐸風響璆然，殆所夢也”；均因夢也。黄庭堅《六月十七日晝寢》：“紅塵席帽烏韡裏，想見滄洲白鳥雙；馬齧枯萁喧午枕，夢成風雨浪翻江”；滄洲結想，馬齧造因，想因合而幻爲風雨

---

① *Ib.*, 85 ff., 116, 158; 15 ff..

清凉之境，稍解煩熱而償願欲。二十八字中曲盡夢理。《楞嚴經》卷四謂重睡人眠熟，其家人擣練舂米，“其人夢中聞舂擣聲，别作他物，或爲擊鼓，或爲撞鐘”；《山谷内集》卷一一任淵註引此經而復申之曰：“聞馬齕草聲，遂成此夢也。……以言江湖念深，兼想與因，遂成此夢。”任註補益，庶無賸義，以《楞嚴》僅言因而未及想，衹得詩之半也；《外集》卷一三《次韻吉老》之七：“南風入晝夢，起坐是松聲”，史容註亦引《楞嚴》，則函蓋相稱，以詩惟言因耳。想、因之旨，舊説紛紜，都不愜當。《世説》劉峻註“想”、“因”，即附合於“六夢”：“所言‘想’者，蓋‘思夢’也，‘因’者，蓋‘正夢’也”；不及“喜夢”（“喜悦而夢”）、“懼夢”（“恐懼而夢”）、“噩夢”（“驚愕而夢”）、“寤夢”（“覺時道之而夢”）。蓋劉氏解“想”義甚隘，不如張湛明通，遂無可位置四夢；其以“正夢”（“無所感動，平安自夢”，“平居自夢”）爲“因”，則固知“因”之别於“想”，而尚未道所以然。葉子奇《草木子》卷二下：“夢之大端二：想也，因也。想以目見，因以類感；諺云：‘南人不夢駝，北人不夢象’，缺於所不見也”（《張協狀元戲文》亦有此諺）；則“想”不過指物象之印於心者而已，衹是夢之境象（Trauminhalt），至夢之底藴（Traumgedanken）若喜、懼、思、慕①，胥置度外，“類感”何謂，索解無從。惲敬《大雲山房文稿》初集卷一《釋夢》云：“《周禮·占夢》三曰‘思夢’，樂廣所言‘想’也；一曰‘正夢’，二曰‘噩夢’，四曰‘寤夢’，五曰‘喜夢’，六曰‘懼夢’，廣所言‘因’也。後人以‘因羊念馬、因馬念車’釋‘因’，是亦‘想’耳，豈足盡‘因’之義也！……因其正而正焉，

① Freud, *op. cit.*, 95, 191.

因其噩而噩焉，因其寤而寤焉，因其喜懼而喜懼焉。……心所喜怒，精氣從之，其因乎内者歟。……一體之盈虚消息，皆通於天地，應於物類，其因之兼乎外者歟？……以覺爲夢之所由生，以夢爲覺之吉凶所由見，其理中正不可易如此。”惲氏所駁“後人”語，見蘇軾《夢齋銘》、《困學紀聞》卷一〇考其意本乎杜夷《幽憂子》者。“一體之盈”云云，竄取《周穆王》篇之文，而曲解爲禨祥。夫既“因乎内”，何以不得爲“想”？“思”亦“因乎内”，何以不得與“内所喜怒”並列爲“因”？進退失據，趣歸莫定。“因兼乎外”，“吉凶所由見”，則指夢爲預示，可同龜策之卜，夢見於幾先，事落於兆後①，即《潛夫論·夢列》之“直”與“象”、《論衡·紀妖》之“直夢”、《大智度論》之“天與夢使知未來”；固承《周官》，而於樂廣所樹二義之外，另生枝節。真德秀《真西山文集》卷三三《劉誠伯字説》：“余惟《周官》‘六夢’之占，獨所謂‘正夢’不緣感而得，餘皆感也。感者何？中有動焉之謂也”；以五夢同歸於想，似勝劉、惲。心有感動爲想，其他非由心動於中而生之夢，則均屬因；《河南程氏遺書》卷二下：“人夢不惟聞見思想，亦有五藏所感者。”遠古載籍道“感氣之夢”最詳者，當是《内經素問》第一七《脈要精微論》：“是知陰盛則夢大水恐懼，陽盛則夢大火燔灼，陰陽俱盛則夢相毁殺傷，上盛則夢飛，下盛則夢墮，甚飽則夢與，甚飢則夢取，肝氣盛則夢怒，肺氣盛則夢哭，短蟲多則夢聚衆，長蟲多則夢相擊毁傷。”又第八〇《方

① Cf. Aristotle, on Prophesying by Dreams, ch. 1, *Basic Works*, Random House, 626-7; C. S. Lewis, *The Discarded Image*, 163(Macrobius, *Onocresius*: “Veridical dreams”).

盛衰論》："肺氣虚則使人夢見白物，見人斬，血藉藉，得其時則夢見兵戰。腎氣虚則夢見舟船溺人，得其時則夢秋水中若有畏恐。肝氣虚則夢見菌香生草，得其時則夢伏樹下不敢起。心氣虚則夢救火陽物，得其時則夢燔灼。脾氣虚則夢飲食不足，得其時則夢築垣蓋屋。"《列子》本篇言："陰氣壯則夢涉大水，陽氣壯則夢涉大火，藉帶而寢則夢蛇，飛鳥銜髮則夢飛"，或《潛夫論》言"感氣之夢"，正如項斯《贈道者》："自説身輕健，今年數夢飛"；《化書·道化》："狂風飄髮，魂魄夢飛"；袁文《甕牖閒評》卷八自記"忽夢身上截爲水所浸，下截則埋在土中"，覺後思之，"是夜天氣甚寒，上截偶失蓋覆而身冷，下截有衾。"此類全緣體覺，未涉心意，是"因"非"想"，皎然可識，《周官》"六夢"，無可附麗。作《列子》者，漫然率爾，於《周官》逐車後之塵，拾牙餘之慧，不察自舉諸例非"六夢"所可概也。吾國古人説"想"者，有三家頗具勝義，聊表襮之。一、張耒《右史文集》卷五一《楊克一圖書序》："夫'因'者，'想'之變。其初皆有兆於余心，遷流失本，其遠已甚，故謂之'因'，然其初皆'想'也。而世不能明其故，以所因者爲非想。夫使如至人之無想歟？則無夢矣！豈有夢而非想者哉？"張氏不顧想、因乃心身内外之辨，殊嫌滅裂，而謂爲遠近故新之殊，却益神智。人之"遠"想，忽幻夢事，衹自省邇來無其想，遂怪其夢之非想不根，渾忘"遠甚"曾有"初"想，蓋醒時記性所不能及者，夢中追憶了然(man in Traume etwas gewusst und erinnert hat, was der Erinnerungsfähigkeit im Wachen entzogen war)①。文家德昆西

① Freud, *op. cit.*, 7.

嘗謂心中之感受情思，相繼無窮，日積時累，一層一掩(endless layers of ideas，images,feelings)，大似古人每於羊皮紙文籍上，別寫篇章，刮磨舊字，以新字罩加焉，一之不已，而再而三，遞代覆疊，後跡之於前痕能蓋而不能滅(Each succession has seemed to bury all that went before. And，yet，in reality，not one has been extinguished)①；"遷流失本"而"初想"固在，若是班乎。二、方以智《藥地炮莊》卷三《大宗師》："樝與齋曰：'夢者，人智所現，醒時所制，如既絡之馬，卧則逸去。然經絡過，即脱亦馴，其神不昧，反來告形。'"醒制而卧逸之説與近世析夢顯學所言"監察檢查制"(die Zensur)眠時稍懈②，若合符契。柏拉圖早窺斯理，正取譬於馬之轠絡(the reins)③；聖·奧古斯丁嘗反躬省察，醒時所能遏止之邪念於睡夢中沓來紛現，乃究問理智此際安往(ubi est tunc ratio，qua talibus suggestionibus resistit vigilans)④；即"醒制卧逸"也。

【增訂三】赫兹里特(William Hazlitt)有《説夢》一篇，暢論人於作夢時，情欲放恣，形骸脱略(The curb is taken off our passions；we are off our guard)。一言以蔽曰："吾人於睡夢

① De Quincey，*Suspiria de Profundis*："The Palimpsest of the Human Brain"，*Collected Writings*，ed. D. Masson，XIII，346，348；cf. James Sully，quoted in Freud，*op. cit.*，95（like some palimpsest etc.）.

② Freud，*op. cit.*，101.

③ Plutarch，*Moralia*："How a Man becomes aware of his Progress in Virtue"，12，"Loeb" I，441-3；cf. P. Shorey，*Platonism Ancient and Modern*，196（*Republic*，571 C ff.）.

④ St Augustine，*Confessions*，X.30，"Loeb"，II，152；cf. *Paradise Lost*，V，108 ff..

中不爲僞君子”（We are not hypocrites in our sleep—“On Dreams”, *Complete Works*, ed. P. P. Howe, XII, 23），洵警語也！

西方文家或云：眠時心門鍵閉，思念不能奪門，乃自窗躍入室中，遂爾成夢（In sleep the doors of the mind are shut, and thoughts come jumping in at the windows）①；或云：醒時心官（Geistesfunktion）如守關吏（die Tätigkeit eines Toreinnehmers－Acciseofficianten－Oberkontrollassistenten），究詰綦嚴，游思逸想，胥禁出境（die Ausfuhr ist verboten）②。馬絡也、心門也、守關吏也、監察檢查制也，四者名開義合，又“想”之進一解也。嘗試論之，搜神志怪，每言物之成精變人形者，眠時醉候，輒露本相。如《洛陽伽藍記》卷四《法雲寺》節記孫巖妻睡，夫解其衣，“有毛長三尺，似野狐尾”；《大唐西域記》卷三《烏仗那國》節記龍女熟寐，“首出九龍之頭”；故洪亮吉《北江詩話》卷一喻袁枚詩即曰：“如通天神狐，醉即露尾。”荒唐無稽，而比象不爲無理，均“醒制卧逸”之旨；妖寐而現原形，猶人之“醉後吐真言”、夢中見隱衷爾。三、潘德輿《養一齋集》卷一一《驅夢賦》：“主人晨起，意動色沮，�八眙噩夢，數避無所。因召趾離，面赤發語，呼曰：‘爾來！爾胡余苦？……凡我晝無，爾夜必有；衝踏纍至，不記妍醜，襲我不備，蕩析紛糅。……’趾離欠伸，……向我而嗔，曰：‘子不德，翳吾是憎。……宦塗屏

① Boswell, *The Ominous Years*, 11 Jan. 1776, ed. C. Ryskamp and F. A. Pottle, 218.

② Hoffmann, *Die Elixiere des Teufels*, *Sämtliche Werke*, hrsg. C. G. v. Maassen, II, 263.

誉，子實不貞，晝僞遏蔽，夜吐其情。……凡子有身，此夢如影；不蹈夢區，不燭心境。……我晝何居？即子之家。……爾我合體，子母呿呿。……'" 藥地微言引緒，潘氏發舒而成偉詞。"晝遏夜吐"即醒制卧逸；"襲我不備"即入室不由門而自窗。欲"燭"知"心境"，必"蹈"勘"夢區"，即王安石《荆文公詩》卷四一《杖藜》："堯桀是非猶入夢，因知餘習未全忘"；陸游《劍南詩稿》卷五四《孤學》："家貧占力量，夜夢驗工夫"，又卷六〇《勉學》："學力艱危見，精誠夢寐知；衆人雖莫察，吾道豈容欺？"（參觀卷五八《又明日復作長句自規》、卷八四《書生》）；楊時《龜山集》卷三〇《游執中墓誌》："夜考之夢寐，以卜其志之定與否也"；陳瑚《聖學入門》卷上："夢寐之中，持敬不懈。程子云：'人於夢寐間，亦可卜所用之淺深。'省察至此，微乎！微乎！"，又卷下："夢行善事爲一善，夢行不善事爲一過"（參觀《尺牘新鈔》卷一〇陳鍾琠《與友》）；復即弗洛伊德所謂"釋夢乃察知潛意識之平平王道"也（Die Traumdeutung aber ist die Via regia zur Kenntnis des Unbewussten im Seelenleben）①。又按《草木子》以"目見"爲夢之大本，亦自有故。《酉陽雜俎》卷八云："夫瞽者無夢，則知夢者習也"；畢豐（Buffon）謂夢境中眼見多而耳聞少（Dans les rêves on voit beaucoup, on entend rarement）②；弗洛伊德謂夢幻雖不盡屬眼界色相，而以色相爲主（vorwiegend in visuellen Bildern, aber doch nicht ausschliesslich）③；均資參證。

---

① *op. cit.*, 449.

② *Histoire naturelle*, IV, *Pages choisies*, Larousse, 32.

③ *op. cit.*, 34.

"將陰夢火，將疾夢食，飲酒者憂，歌儛者哭"；《註》："或造極相反。"按此即"六夢"所不能包蓋者，張湛乃曰："即《周禮》'六夢'之義，理無妄然"，漫浪之談耳。《莊子·齊物論》亦云："夢飲酒者旦而哭泣，夢哭泣者旦而田獵。"莊、列皆言預兆先幾之迷信，等夢於卜筮；倘能曰"旦哭泣者夜夢飲酒，旦田獵者夜夢哭泣"，則窺見心情損益盈虧之秘蘊，而非神話寱語矣①。《潛夫論·夢列》篇有"極反之夢"一門，張湛或即取其名目爲註；所舉例爲晉文公夢楚子伏己而監腦，戰乃勝楚。占夢爲先事之反兆，即習俗中"反象以徵"（reverse symbolism）之一種，見《周易》卷論《革》。王充《論衡·紀妖》論占夢雖云："樓臺山陵，官位之象也；人夢上樓臺、升山陵，輒得官"，而他書匙與同調者。《史記·趙世家》孝成王四年夢見"金玉之積如山"，筮史敢占之，曰："憂也！"；《三國志·蜀書·蔣琬傳》夢牛頭流血，"意甚惡之"，占夢趙直曰："夫見血者，事分明也；牛角及鼻，'公'字之象，君位必當至公"；《世説新語·文學》人問殷浩："何以將得位而夢棺，將得財而夢矢穢？"；《南史·沈慶之傳》："嘗夢引鹵簿入廁中，慶之甚惡入廁之鄙，時有善占夢者爲解之曰：'君必大富貴！'"；《北齊書·李元忠傳》："將仕，夢手執炬火入其父墓，中夜驚起，甚惡之。旦告其受業師，占云：大吉！"；《弘明集》卷九梁蕭琛《難范縝〈神滅論〉》："凡所夢者，或反中詭遇，趙簡子夢童子裸歌而吴入郢、晉小臣夢負公登天而負公出諸廁之類，是也"；《太平廣記》卷一二九引《紀聞》晉陽人夢爲虎所嚙，母曰："人言夢死者反生，夢想顛倒故

① Ib. 352 (Goethe, Keller).

也”，又卷二七七引《廣德神異録》唐高祖夢墮牀下，爲蟲蛆所食，智滿禪師曰：“牀下者，陛下也；羣蛆食者，所謂‘共仰一人活’耳”，又卷三二四引《異苑》記梁清夢：“糞汙者，錢財之象；投擲者，速遷之徵”；《説郛》卷三二《海山記》隋煬帝爲牛慶兒解夢曰：“夢死得生。”正史野記所載“極反”解夢之例，更僕難終，兹復自詞章及白話小説中摭拾數事。秦觀《淮海集》卷三《紀夢答劉全美》：“夢出城闉登古原，草木榮夭帶流水；千夫荷鍤開久殯，云是‘劉郎字全美’。既寤茫然失所遭，河轉星翻汗如洗。世傳夢凶常得吉，神物戲人良有旨；全美身名海縣聞，閉久當開乃其理”（參觀蘇軾《秦少游夢發殯而葬之者，云是“劉發之柩”；是歲發首薦，秦作詩賀之，劉涇亦作，因次其韻》）；沈廷松《皇明百家小説》第一一三帙潘游龍《笑禪録》：“一人告友：‘我昨夜夢大哭，此必不祥。’友云：‘無妨！無妨！夜裏夢大哭，日裏便是大笑。’其人復云：‘若果然，夜裏夢見有我在哭，日裏豈不是無我在笑？’”；《拍案驚奇》二刻卷一九：“夢是反的：夢福得禍，夢笑得哭”；《醒世姻緣傳》四四回薛素姐夢兇神破胸換其心，驚叫而醒，母問知，因慰之曰：“夢凶是吉。好夢！我兒别害怕！”西欲亦同，其舊諺（Dreams go by contraries）可徵；古羅馬小説《金驢記》即云：“夜夢預示晝事之反”（Tunc etiam nocturnae visiones contraries eventus nonumquam pronuntiant）①。意大利古掌故書亦記一人夢得鉅金，而醒則首爲貓糞所污（era fra oro e moneta, e la mattina si coperse di sterco di gatta）②。

① Apuleius, *Metamorphoseon*, IV.27.

② Sacchetti, *Il Trecentonovelle*, no.164. *Opere*, Rizzoli, 551.

【增訂四】英國古小説中人自言夜來得吉夢（the most lucky dreams），夢見棺材與交叉白骨（coffin and crossbones），爲嘉期不遠（approaching marriage）之兆（*The Vicar of Wakefield*, I. x）。

然相傳苟夢哭，必睡中真哭至痛淚承睫（But you must really cry and not dream that you were crying and wake dry-eyed），夢兆始驗而果有喜事，否則荒幻無足信①；斯又吾國野談所不拘泥者。《詩·小雅·斯干》占夢："維虺維蛇，女子之祥"；《論衡·言毒》："故人夢見火，占爲口舌；夢見蝮蛇，亦口舌"；而心析學解夢謂蛇象男根（das Symbol des männlichen Glieds）②。痴人説夢等耳，顧苟調停撮合，則夢蛇爲女子之祥，乃"反象以徵"耳；夢蛇爲口舌之兆，乃"上升代换"（oral displacement from below upwards）耳③，可資嗢噱者也。

【增訂二】王闓運《湘綺樓日記》民國四年二月十八日："夜夢食點心，兆有口舌。"此種俗説實同《易》之《頤》，較王充所謂夢火兆口舌，似有理致。

"周之尹氏大治産"一節，老役夫旦旦爲僕虜，夜夜夢爲人君，如劉朝霞所謂"夢裏幾回富貴，覺來依舊恓惶"（《太平廣記》卷二五〇引《開天傳信記》）。奇情妙想，實自《莊子·齊物論》論夢與覺之"君乎牧乎固哉"六字衍出，説者都未窺破。隱於針鋒粟顆，放而成山河大地，亦行文之佳致樂事。《拍案驚奇》

---

① R. Hoggart, *The Uses of Literacy*, 29.

② Freud, *op. cit.*, 243.

③ J. C. Flugel, *Man, Morals and Society*, 147.

二刻卷一九牧童寄兒事又踵而敷飾，有曰：“不如莊子所説那牧童做夢，日裏是本相，夜裏做王公。”不曰“列”而曰“莊”，又以“牧童”代“役夫”，似示《列子》此節本諸《莊子》一句者。果爾，則文人慧悟逾於學士窮研矣。李商隱《過楚宫》：“微生盡戀人間樂，只有襄王憶夢中”；彼老役夫與牧童亦心同此感者歟。

“鄭人有薪於野者，……真得鹿，妄謂之夢，真夢得鹿，妄謂之實。”按《莊子·大宗師》：“且汝夢爲鳥而厲於天，夢爲魚而没於淵，不識今之言者其覺者乎？其夢者乎？”即《列子》此節所胎息也。

“宋陽里華子”節，略謂華子中年病忘，家人憂之，魯有儒生，自媒能治。積年之疾，一朝而瘳。華子大怒，黜妻罰子，曰：“曩吾忘也，蕩蕩然不覺天地之有無，今頓識既往數十年存亡得失、哀樂好惡，擾擾萬緒起矣！”按《永樂大典》卷二九五一《神》字引周邦彦《禱神文》：“背山子既弱冠，得健忘疾，坐則忘起，起則忘所適，與人語則忘所以對，……莫知所以治之。有老子之徒教之曰：‘……然子自知其忘，忘未甚也；并此不知，乃其至歟！’”；即本此節而兼《仲尼》篇尹生“九年後内外盡”節之旨。全無記憶則泯過去與未來，不生悵悔希冀種種煩惱；尼采嘗説善忘（das Vergessenkönnen）爲至樂之本（wodurch Glück zum Glücke wird）①，正發明“蕩蕩”之所以别於“擾擾”。

【增訂三】尼采論善忘爲至樂之本，可參觀220頁註①引濟慈詩所謂“甜美之無記憶”（sweet forgetting）。詩人每羨禽獸

① Nietzsche, *Vom Nutzen und Nachteil der Historie*, I, *Werke*, hrsg. K. Schlechta, I, 212.

之冥頑不靈，無思無慮，轉得便宜。如利奥巴迪因羊而興歎（Leopardi："Canto notturno di un Pastore errante dell'Asia"："O greggia mia che posi，oh te beata，/che la miseria tua，credo，non sai！"—*Opere*，Riccardo Ricciardi，I，106—7），戈扎諾覩鵝而生悟（Guido Gozzano："La Differenza"："Penso e ripenso：—che mai pensa l'oca/gracidante alla riva del canale? /Pare felice! .../.../Ma tu non pensi. La tua sorte è bella！" —C. L. Golino，*Contemporary Italian Poetry*，2），亦猶尼采之讚牛牲健忘耳（Betrachte die Herde，usw.）。

古羅馬大詩人霍拉斯咏希臘一士患狂易之疾，坐空室中，自生幻覺，聞見男女角色搬演院本，擊節歎美（qui se credebat miros audire tragoedoes/in vacuo laetus sessor plausorque theatro）；其友求良醫治之已，士太息曰："諸君非救我，乃殺我也！"（pol，me occidistis，amici，/non servastis）；蓋清明在躬，無復空花妄象誤之，遂亦無賞心樂事娱之矣（sic extorta voluptas/et demptus per vim mentis gratissimus error）①。近代一意大利人作詩，謂有發狂疾者，自言登大寶爲國王（sul trono），頤指氣使（commandava come un Re），志得意滿，其友延醫療之，神識既復，恍然自知窶人子也，乃大恨而泣曰："爾曹弑我！昔者迷妄，而吾之大樂存焉，今已矣！"（Voi m'avete assassinato! /col tornar

① Horace，*Epistolae*，II. ii. 128—41，"Loeb"，434. Cf. Montaigne，*Essais*，II. xii *op. cit.*，474—5；La Rochefoucauld，*Réflexions morales*，92 et 528，*op. cit.*，71，252—3.

della ragione/da me lungi se ne va/un error，ch'era cagione/della mia felicità)①。機杼與陽里華子事不謀而合。西洋詩文每寫生盲人一旦眸子清朗，始見所娶婦奇醜，或忽覩愛妻與忠僕狎媟等事，懊惱欲絶，反願長瞽不明，免亂心曲，其病眼之翳障不啻爲其樂趣之保障焉②。蓋與病忘、病狂，諷諭同歸，胥所謂“難得糊塗”，“無知即是福”（Ignorance is bliss），亦即嚴復評《老子》第二〇章所謂“鴕鳥政策”也③。

“秦人逢氏有子，……有迷罔之疾，聞歌以爲哭，視白以爲黑，……水火寒暑，無不倒錯者焉。……老聃曰：“汝庸知汝子之迷乎？今天下之人皆惑於是非，昏於利害，同疾者多，固莫有覺者。且一身之迷不足傾一家，一家之迷不足傾一鄉，一鄉之迷不足傾一國，一國之迷不足傾天下。天下盡迷，孰傾之哉？向使天下之人其心盡如汝子，汝則反迷矣”；《註》：“明是非之理未可全定，皆衆寡相傾以成辯爭也。”按“傾”即“傾軋”之“傾”，如《史記・魏其、武安侯列傳》：“欲以傾魏其諸將相”，逾越其

---

① C. I. Frugoni：“Poeta e Re”，E. M. Fusco，*La Lirica*，I，414.

② Thomas Hood：“Tim Turpin”，*Poetical Works*，ed. W. Jerrold，88；Nietzsche，*Also sprach Zarathustra*：“Von den Erlösung”，*op. cit.*，II，392；G. Clemenceau，*Le Voile du Bonheur*；V. Mercier，*Irish Comic Tradition*，35（Synge，*The Well of the Saints*；Yeats，*The Cat and the Moon*）.

③ Cf. *Orlando Furioso*，XLIII. vi，Hoepli，457：“Ben sarebbe folle/chi quel che non vorria trovar cercasse” etc.；*Anatomy of Melancholy*，Part. II，Sect. III，Mem. VIII，Bell，II，238（ignorance as panacea of evils）；M. Prior：“To the Honourable Charles Montague”，*Literary Works*，ed. H. B. Wright and M. K. Spears，109：“If We see right，We see our woes” etc.；Swift，*A Tale of a Tub*，ix，Oxford，497：“This is the sublime and refined point of felicity，called，the possession of being well-deceived.”

上也。蓋謂辯争之時，寡不敵衆。逢氏子所以爲“迷”者，以其如衆醉獨醒之特異，遂横被指目；苟盡人皆然，則此子不爲“迷”矣。《莊子·天地》：“三人行而一人惑，所適者猶可致也，惑者少也；二人惑則勞而不至，惑者勝也。而今也以天下惑，予雖有祈嚮不可得也。”實《列子》此節之所濫觴。一家之見同而一身有異議，衆口同聲，一喙莫置，與渾家争，不能勝也；一家之於一鄉，一鄉之於一國，一國之於天下，小不勝大而反爲大所勝，可以類推。天下者，無外而莫大，倘遍天下盡“迷”，則不復有能“傾”、“勝”之者。《太平御覽》卷四九〇引“孰傾之哉”作“孰正之哉”，乃不顧張註“相傾”，未解文意而臆改耳。又按本篇上文記古莽之國，“其民不衣不食而多眠，五旬一覺，以夢中所爲者實，覺之所見者妄”，當與此節合觀，皆造微之論。彼言實妄之判，本乎久促，此明是非之争，定於衆寡。人之較量事物，每以長存者爲實而暫見者爲幻，覺長久之可信恃勝於暫促（To endure is to ensure），如《大般涅槃經·序品》第一所謂“亦如畫水，隨畫隨合”，《金剛經》所謂“如露亦如電”。古莽之民常眠暫覺，宜其以夢事爲實。人之較量事物，復每以共言、衆言者爲真，而獨言、寡言者爲妄，覺衆共之可信恃，優於寡獨（Majority makes meliority），如《淮南子·説山訓》所謂“衆説成林，三人成市虎”，禪家所説“一人傳虚，萬人傳實”（《五燈會元》卷七靈祐真覺、卷八東禪契訥等章次）。逢氏之子孤行特立，形單影孑，宜其被“迷罔”之稱。《宋書·袁粲傳》記粲謂周旋人曰：“昔有一國，國中一水號曰狂泉。國人飲此水無不狂，唯國君穿井而汲，獨得無恙。國人既並狂，反謂國主之不狂爲狂。”宋米芾有顛怪名，《侯鯖録》記蘇軾嘗宴客，芾亦在座，酒半忽起立曰："世人皆以芾爲顛，願質之子瞻。"軾笑答曰："吾從衆!"枯立治述人曰："吾斷言世人爲狂，而世人皆以我爲狂，彼衆我寡，則吾受狂名而已"("I asserted that the world is mad," exclaimed poor Lee, "and the world said, that I was mad, and confound them, they outvoted me")。皆即所謂"苟舉世皆誤，則舉世不誤"(quand tout le monde a tort, tout le monde a raison)①。逢氏之子，所遭正同。此本常理恒情，日由之而不自知者。《列子》欲齊物論，乃二氏之結習，不必與校；若其推究顯真闢妄之辯、申是絀非之争，每不過如衆楚之與一齊、十寒之與一曝，則又洞究人事，未容抹摋焉。

【增訂二】"苟舉世皆誤，則舉世不誤"；此隨風逐流之"吾從衆"也。《管子·君臣》上："夫民、别而聽之則愚，合而聽之則聖，雖有湯武之德，復合於市人之言"；此集思廣益之"吾從衆"也。貌同心異，人事固非一端可盡矣。

【增訂四】德國古小説中人自言被"狂易"(Tollheit)之目，與世抵牾(verdammte Widerspruch)，"顛倒乖張者乃是世人抑即是我，二者必有一焉。然彼既衆口一詞，則吾休矣"(Eins ist nur möglich. Entweder stehen die Menschen verkehrt, oder ich. Wenn die Stimmenmehrheit hier entscheiden soll, so bin ich verloren. —*Die Nachtwachen des Bonaventura*, VII, Edinburgh Bilingual Library, 1972, p. 112)。亦即蘇軾答米芾、枯立治述狂人李語意。

---

① Coleridge, *Biographia Literaria*, ch. 12; La Chaussée, *La Gouvernante*, I. iii.

五　仲　尼

“魯侯大悦，他日以告仲尼，仲尼笑而不答”；《註》：“今以不答爲答，故寄之一笑也。”按《莊子·田子方》：“仲尼見之而不言。……曰：‘若夫人者，目擊而道存，亦不可以容聲矣。’”一笑一默，都將孔子寫成彼法中人；其不言亦似淨名之默然（《維摩詰所説經·入不二法門品》第九），其微笑亦似迦葉之破顔（《大梵天王問佛決疑經》，參觀智昭《人天眼目》卷五）。李白《山中問答》：“問余何意栖碧山，笑而不答心自閑”；題曰“問答”，詩曰“不答”而“笑”，此等張致，《論語》中孔子所無也。王通《中説·王道》：“韋鼎請見子，三見而三不語”，阮逸註即引“目擊道存”；《中説》仿《論語》，而“文中子”又仿《莊子》中之孔子也。“笑而不答”之爲裝模作樣，更過於《墨子·非儒》下所譏之“會噎爲深”。《癸巳存稿》卷一四：“明人喜言‘笑’者，由趨風氣，僞言之。文集中曰‘余笑而不言’者，必有二三處，非是不爲尖新。”亦見一斑。

“孔子動容有間曰：‘西方之人有聖者焉。……’商太宰默然心計曰：‘孔丘欺我哉！’”按隱稱釋迦而不著其名，且故示商太宰之勿信，閃爍惝怳，工於掩飾者也。故《廣弘明集》卷二載王邵《齊書·述佛志》撮述此節及《黄帝》篇夢游華胥節而論之曰：“此之所言，彷彿於佛”；編者釋道宣於卷一逕說此節曰：“孔子深知佛爲大聖也，時緣未升，故默而識之。”其事仿《論語·子罕》太宰問“夫子聖者與?”及《說苑·善說》太宰嚭問“孔子何如?”，而其意則師《莊子·天運》孔子讚老子曰“吾乃今於是乎見龍!”，莊託孔子語以尊老子，列託孔子語以尊釋迦，作用大同。觀《弘明集》卷一無名氏《正誣論》（有云：“石崇之爲人，余所悉也”，作者必生於西晉）、慧皎《高僧傳》卷一《帛遠傳》，足徵晉世道士與釋子争長，東漢相傳老子入夷之說，至是而粲備爲老子、尹文子“化胡成佛”之說。此說誠“誣”，然於釋仍收而列諸兒孫，初不擯爲非其族類。《列子》、道家言也，遂無妨采摭釋氏，如張湛序所云“往往與佛經相參”；而及其譽揚釋氏，則嫁名於儒宗，不託詞於道祖。他心予揣，姑妄言之。一則作者雖濡染釋教，終屬道流。倘言老子、尹文子“動容”嚮往“西方聖者”，不啻豎降旛而倒却道家門庭架子。二則當時釋道尚似偶鬩牆之一家兄弟，若儒則外人耳；異端之仰止，勝於同道之標榜。宋釋志磐《佛祖統紀》卷一五《述》云：“智者之爲道也，廣大悉備。爲其徒者自尊信之，未足以信於人，惟名儒士夫信而學焉，則其道斯爲可信也。……智者之道於是愈有光焉”；後事之直陳，或足以抉前事之隱情乎？孔子服膺猶龍，已著乎莊生之書，并載乎《史記》，陸雲《登遐頌》皆贊“神仙”，而孔仲尼赫然與王喬、左慈輩並列，以其“興言慕老”。《列子》遂增記孔子之亦傾倒大雄，猶轉多師而事兩君焉，實則未始離一宗也。《後漢書·桓帝紀》永興八年正月、十一月使中常侍之苦縣祠老子，九年七月祠黄、老於濯龍宫，而《論》稱帝“設華蓋以祠浮屠、老子”；《郎顗、襄楷傳》載楷上書曰：“又聞宫中立黄、老、浮屠之祠。……或言老子入夷狄爲浮屠”；《光武十王傳》楚王英"晚節更喜黄、老，學爲浮屠齋戒祭祀"，詔報曰："楚王誦黄、老之微言，尚浮屠之仁祠"；《西域傳·論》曰："至於佛道神化，興自身毒。……漢自楚英始盛齋戒之祀，桓帝又修華蓋之飾。……詳其清心釋累之訓、空有兼遣之宗，道書之流也。"蓋釋、道二家，初未分茅設蕝（參觀姜宸英《湛園未定稿》卷二《二氏論》）。牟融《理惑論》作於"漢靈帝崩後"，老、佛並舉，沆瀣一氣："鋭志於佛道，兼研《老子》五千文"，"吾既覩佛經之説，覽《老子》之要。"孫綽《遊天台山賦》刻劃道流修栖之勝地，"皆玄聖之所游化，靈仙之所窟宅"，而結語融會道釋："散以象外之説，暢以無生之篇，泯色空以合跡，忽即有而得玄，釋二名之同出，消一無於三旛。"《全晉文》卷六二輯孫《道賢論》，以天竺七僧方竹林七賢，或曰"不異"，或曰"體同"，斯又"合跡"之驗歟？支遁爲當時名僧大德，《道賢論》稱其"雅尚老莊"，《世説·文學》記其論《逍遥遊》，"作數千言，才藻新奇，花爛映發"，是釋而尚道也；《全晉詩》卷七載遁《詠禪思道人》自序："孫長樂作道士坐禪之象，并而贊之，聊著詩一首"，詩有云："會衷兩息間，綿綿進禪務"，又道而參禪矣。《全晉文》卷一六七闕名僧《戒因緣經鼻奈耶序》："以斯邦人，莊老教行，與《方等經》'兼忘'相似，故因風易行也。"《高僧傳》卷六《慧遠傳》："嘗有客聽講，難實相義，往復移時，彌增疑昧，遠乃引《莊子》義爲連類，於是惑者曉然；是後安公特聽慧遠不廢俗書"。《列仙傳》出魏、晉人手，託名劉向，自序曰："吾搜校藏書，緬尋太史，撰《列仙圖》，自黄帝以下迄至於今。……得一百四十六人，其七十四人已見佛經矣。"《世説新語·文學》"殷中軍見佛經"一則劉孝標註引其語而推言："如此即漢成、哀之間已有經矣。……蓋明帝遣使廣求異聞，非是時無經也”;《弘明集》卷二宗炳《明佛論》亦援此序以證佛入中國“非自漢明而始”;《隋書·經籍志》四謂佛經“自漢已上,中國未傳;或云久以流佈,遭秦之世,所以堙滅。”顔之推《顔氏家訓·歸心》篇佞佛依僧,而《書證》篇能識劉向序中語“由後人所羼,非本文也”。唐、宋學士捜抉閒冷,釋子張大世系,均樂道劉序而昧忽顔訓,如晁説之《嵩山文集》卷一六《成州新修大梵寺記》、王楙《野客叢書》卷一〇、釋道世《法苑珠林》卷二〇、釋智昇《開元釋教録》卷一六、釋志磐《佛祖統紀》卷三五等侈陳東漢前中國早有佛經,曾藏孔壁,更庋天禄,志磐且記洪興祖語:“[《列仙傳》]今書肆板行者,乃云:‘七十四人已在仙經’,蓋是道流妄改耳。”清之經生爲漢學者如陳啓源《毛詩稽古編·附録·西方美人》尚津津言孔子慕釋迦、東周有佛經。竊以爲:《列仙傳·序》語於先秦之梵已譯華,洵是僞證,而於魏晉之道尚挽釋,則未嘗非確據也。始則互相借重,幾泯町畦,浸假而固圉禦侮,設蕝分茅,由勢利之競,發邪正之辯。教宗攻訐,大抵皆然,如争浴而各誇無垢,交譏裸裎①。脱作《列子》者其生也晚,及知苻朗《苻子》所言“老氏之師名釋迦文佛”(《法苑珠林》卷六九《破邪篇之餘》引),更晚而獲知《南齊書·高逸傳》所記釋道“互相非毁”,或逾晚而得知《法苑珠林·破邪篇》所記釋道生死相校,或不假孔子之名西向而笑,授釋子以柄乎?孔子一人之口,或借以頌老猶龍,或借以讚佛爲聖;及夫釋與道鬨,亦各引儒爲助,三教間情事大類魏、蜀、吴三國角逐。明末耶教東來,亦復援儒而擯釋,閲《辨學遺牘》可見;當時士夫因謂利瑪竇之

① Cf. I. Disraeli, *Curiosities of Literature*, III, 238 ff. (Political religionism).

"學，遠二氏，近儒，中國稱之曰'西儒'"（劉侗、于奕正《帝京景物略》卷五）①。出家人捭闔從衡，遠交近攻，蓋於奉持其本教之寶書聖典而外，枕秘尚有《短長》也！

"門之徒役以爲子列子與南郭子有敵不疑"；《註》："敵，讎也。"按"疑"通"凝"，合也。"不疑"即不合；《世説新語》有《仇隙》門，有"隙"則間隔不能合，"敵"者仇隙之謂。

"龍叔謂文摯曰"一節。按龍叔等榮辱得失，齊生死貧富，"視人如豕，視吾如人"，張湛註所謂"無往不齊"，"能以萬殊爲一貫"，此其"心六孔流通"也；然龍叔不識此爲"聖智"之境，乃以爲"疾"而求文摯"已"之，此其"一孔不達"也。蓋不如陽里華子之病忘而並忘其忘或顔回之能坐忘。參觀《老子》卷論四〇章。《大乘本生心地觀經·發菩提心品》第一一："本設空藥，爲除有病，執有成病，執空亦然"；《五燈會元》卷一二曇穎達觀章次記谷隱藴聰語："此事如人學書，點畫可效者工，否者拙，蓋未能忘法耳；當筆忘手，手忘心，乃可也"；《法藏碎金録》卷二："二姓之親，因媒而成，親成而留媒不遣，媒反爲擾。一真之道，因智而合，道合而留智不遣，智反爲礙。"龍叔者，"執空"、"留智"、"未能忘法"者也。以"無往不齊"爲病，即尚未能"無往不齊"，因别病於不病而有趣有避。即以"無往不齊"爲藥，亦尚未能"無往不齊"，因藥者，病之對治，仍屬分别法與揀擇見。《力命篇》季梁得病，以其子之求醫爲"不肖"，庶幾心之七孔都通者耶？然尚嫌"肖"、"不肖"仍分明耳！

---

① Cf. V. Pinot, *La Chine et la Formation de l'Esprit Phlosophique en France*, 73–5.

“知而亡情，能而不爲，真知真能也。發無知，何能情？發不能，何能爲，聚塊也，積塵也，雖無爲而非理也。”按張湛以下註者於此節皆失其解，或遂説“發”爲“廢”，仍不得解，進而删改字句，蓋未曉神秘家言“反以至大順”也。參觀《老子》卷論五章。《孟子·梁惠王》：“曰：‘不爲者與不能者之形何以異？’……‘是不爲也，非不能也’”（參觀《抱朴子》内篇《辨問》：“俗人或曰：‘周孔皆能爲此，但不爲耳’”云云）；《莊子·齊物論》：“何居乎？形固可使如槁木，而心固可使如死灰乎？”合此二節，可以釋《列子》矣。槁木、死灰與聚塊、積塵等類；聚塊、積塵亡情不爲，亦與真知真能“形”無以“異”。然而不可皮相目論也。活潑剌之身心使如死灰槁木，庶幾入道；死灰槁木則原非有道者也。惟有知而亡情，有能而不爲，庶幾真知真能；若聚塊積塵，本無知也，非亡情也，本不能也，非不爲也，豈得比於“善若道”哉？故曰“雖無爲而非理也”。“發”如司馬遷《報任少卿書》“發背沾衣”或潘岳《西征賦》“發閿鄉而警策”之“發”，出於、昉自之義。正如《老子》言“反”成人之道而“能嬰兒”，乃爲“玄德”；若嬰兒者，由焉而不知，初未許語於“玄德”①。西人論心性思辯之學，有謂必逆溯尋常思路（invertir la direction habituelle du travail de la pensée）方中②，與“反爲道之動”、“順之即凡、逆之即聖”，理亦無殊也。參觀下論《力命》篇黄帝之書節、《湯問》篇偃師節。

“取足於身，游之至也；求備於物，游之不至也”；《註》：“人

---

① Cf. Hegel, *Phänomenologie des Geistes*, Akademie Verlag, 20: “nicht eine *ursprüngliche Einheit als solche*, oder *unmittelbare* als solche”.

② Bergson, *La Pensée et le Mouvant*, 241.

雖七尺之形，而天地之理備矣。故首圓足方，取象二儀；鼻隆口窊，比象山谷；肌肉連於土壤，血脈屬於川瀆，温蒸同乎炎火，氣息不異風雲。内觀諸色，靡有一物不備。”按張湛所註，似於本文觸類旁附，然自是相傳舊説。《文子·十守》：“頭圓象天，足方象地；天有四時、五行、九曜、三百六十日，人有四肢、五藏、三百六十節；天有風雨寒暑，人有取與喜怒；膽爲雲，肺爲氣，脾爲風，腎爲雨，肝爲雷”（《淮南子·精神訓》略同）；《意林》卷五引《鄒子》：“形體骨肉，當地之厚也，有孔竅血脈，當川谷也”；《春秋繁露·人副天數》：“唯人獨能偶天地。人有三百六十節，偶天之數也；形體骨肉，偶地之厚也；上有耳目聰明，日月之象也；體有空竅理脈，川谷之象也；……腹胞實虚，象百物也；百物者最近地，故腰以下，地也；……足布而方，地形之象也”；《太玄經·飾》之次五：“下言如水，實以天牝”；楊泉《物理論》：“言天者必擬之於人；故自臍以下，人之陰也，自極以北，天之陰也”；《廣弘明集》卷九甄鸞《笑道論·造立天地一》引《太上老君造立天地初記》：“老子遂變形，左目爲日，右目爲月，頭爲崑崙山，髪爲星宿，骨爲龍，肉爲獸，腸爲蛇，腹爲海，指爲五嶽，毛爲草木，心爲華蓋，乃至兩腎合爲真要父母”；田藝蘅《玉笑零音》：“地以海爲腎，故水鹹；人以腎爲海，故溺鹹”；《戴東原集》卷八《法象論》：“日月者，成象之男女也；山川者，成形之男女也；陰陽者，氣化之男女也；言陰陽於一人之身，血氣之男女也。”皆所謂七尺之形而備六合之理也。青烏家言每本此敷説，如鄭思肖《所南文集》中以《答吴山人問遠游地理書》最爲長篇，即言“地亦猶吾身也”，因詳論“地理之法與針法同”。吾國古來復有以人身爲備國家之理者，《晏子春秋·諫》上齊景公曰：“寡人之有五子，猶心之有四支";《荀子·天論》、《解蔽》亦以心"治五官"爲"天君"、"形之君";皮日休《六箴序》謂"心爲己帝，耳目爲輔相，四支爲諸侯。"踵事增華，莫妙於馮景《解春集文鈔》卷一〇《鼻息説》:"天子、元首也，二三執政、股肱也，諫官、王之喉舌也;此見於詩書傳記，天下之公言也。庶人、鼻也，其歌謡詛祝謗議，猶鼻孔之息也。九竅百骸四體之衰强存亡，懸於鼻息也;口可以終日閉，而鼻息不可以一刻絶";魏源《古微堂内集》卷二《治篇》之一二全襲之。他若《笑道論·法道立官十一》引《五符經》:"膽爲天子大道君，脾爲皇后，心爲太尉，左腎爲左徒，右腎爲司空"云云，悠謬宜爲甄鸞所笑。

【增訂三】《内經素問》第八《靈蘭秘典論》論"十二藏"，亦有"心者、君主之官，……肺者、相傅之官"云云。

彭士望《樹廬文鈔》卷一〇《藥格》:"聖賢、天地之心，豪傑、天地之耳目手足，……四譯羈縻，庸庸多後福，天地之矢溺，……釋老、天地之奇夢，腐儒障霧，天地之臀"云云，亦堪捧腹，是外國人爲腐儒之苗裔矣！西洋古來有"大地爲一活物論"(hylozoism)，謂世界大人身，人身小世界，彼此件件配當(correspondance)①;又有以人首(la tête)比立法、司法機關(les pouvoirs législatif et judiciaire)，四肢(les membres)比行政機關(le pouvoir exécutif)②，亦彷彿晏子、荀子之意焉。

① Marjorie Hope Nicolson, *Mountain Gloom and Mountain Glory*, 160-3.

② Rivarol, *Écrits politiques et littéraires*, choisis par V.-H. Debidour, 132-3. Cf. Bacon, *The Advancement of Learning*, Bk II, ed. A. Wright, 76 (the ancient fable); Kant, *Anthropologie*, § 40, *Werke*, hrsg. E. Cassirer, VIII, 84-5 (die verstandlose Sinnlichkeit wie ein Volk ohne Oberhaupt usw.).

六　湯問

“禹之治水也”一節。按參觀《周易》卷論《繫辭》六。

鄭師文學鼓琴，三年不成章，歎曰：“内不得於心，外不應於器，故不敢發手而動絃”；《註》：“心、手、器三者互應而後和音發矣。”按當合觀下文泰豆氏論御曰：“内得於中心，而外合於馬志。……得之於銜，應之於轡，得之於轡，應之於手，得之於手，應之於心。”《淮南子·主術訓》衹云：“内得於心中，外合於馬志”，未及手與銜、轡及銜與轡之均相應，無此邃密也。《詩·鄭風·大叔于田》：“兩驂如手”，孔穎達《正義》：“兩驂進止，如御者之手”；《秦風·駟驖·正義》復申之曰：“謂馬之進退，如御者之手，故爲御之良”；蓋釋“如手”之“如”爲“如意”、“如志”之“如”，殆采《淮南》、《列子》之意以説經耶？《列子》於心、手外，更舉器或物如絃、馬、轡、銜，實會通《莊子·天道》言輪扁“不徐不疾，得之於手，而應於心”，及《達生》言工倕“旋而蓋規矩，指與物化而不以心稽”，而更明晰。《關尹子·三極》論善鼓琴者曰：“非手非竹，非絲非桐；得之心，符之手；得之手，符之物”，詞尤圓簡。蓋心有志而物有性，造藝者强物以從心志，而亦必降心以就物性。自心言之，則發乎心者得乎手，出於手者形於物；而自物言之，則手以順物，心以應手。一藝之成，内與心符，而復外與物契，匠心能運，而復因物得宜。心與手一氣同根，猶或乖睽，況與外物乎？心物之每相失相左，無足怪也①。心（l'intenzione formativa）與物（la materia d'arte）迎拒從違之情（doma ma non viola，resiste ma non impedisce）②，談者綦多，第於善事利器之要，又每略諸。《列子》言心、手而及物，且不遺器，最爲周賅。夫手者，心物間之騎驛也，而器者，又手物間之騎驛而與物最氣類親密（della materia fan anche parte gli strumenti）者也③。器斡旋彼此，須應於手，並適於物④。干將補履，不應於手而復不適於物也；鉛刀切玉，應於手而仍不適於物爾。《藝文類聚》卷七四引王僧虔《書賦》："手以心麾，毫以手從"；譚峭《化書・仁化》："心不疑乎手，手不疑乎筆，忘手筆然後知書之道"；蘇軾《東坡集》卷四〇《小篆般若心經贊》："心忘其手手忘筆"；蘇轍《欒城集》卷一七《墨竹賦》："忽乎忘筆之在手與紙之在前"；心、手、器三者相得，則"不疑"而"相忘"矣。米芾《寶晉英光集》卷三《自漣猗寄薛郎中紹彭》："已矣此生爲此困，有口能談手不隨；

① Cf. *Ennéades*, I.vi.2, tr. É. Bréhier, I, 27: "Est laid aussi tout ce qui n'est pas dominé par une forme et par une raison, parce que la matière n'a pas admis complètement l'information par l'idée"; *Paradiso*, I. 129, *La Divina Commedia*, Ricciardi, 794: "perch'a risponder la materia è sorda" (cf. XIII. 76-8, p. 954).

② L. Pareyson, *Estetica*: *Teoria della Formatività*, ed. 2ª, 33-5.

③ *ib.*, 40.

④ Cf. Lotze, *Logic*, tr. B. Bosanquet, I, 8: "A tool mustfulfil two conditions: fit the thing and fit the hand"; H. Focillon, *Vie des Formes*, Leroux, 58: "Il existe entre la main et l'outil une familiarité humaine... Ce qui agit est agi à son tour."

誰云心存乃筆到，天公自是秘精微”；陸友《硯北雜志》卷下記趙孟頫語：“書貴能紙筆調和，若紙筆不佳，譬之快馬行泥淖中，其能善乎?”；周亮工《尺牘新鈔》卷二莫是龍《與曹芝亭》：“扇惡不能作佳書，如美人行瓦礫中，雖有邯鄲之步，無由見其妍也”（參觀吴長元《燕蘭小譜》卷一《題湘雲蘭石扇頭》：“堪嗟湘女凌波襪，瓦礫堆中小舞來!”）；劉霦補輯本傅山《霜紅龕全集》卷二二《字訓》：“吾極知書法佳境，第始欲如此而不得如此者，心手紙筆主客互有乖左之故”；張照《天瓶齋書畫題跋》卷上《跋董文敏臨顔平原送蔡明遠序》：“思翁平生得力處在學顔。……晚乃造晉人之門，已目力腕力不如心矣。”則心或不得於手，得於手矣，又或不得於紙筆焉。《歷代名畫記》卷二特著“夫工欲善其事，必先利其器”一大節，歷數“齊紈吴練”以至“絶仞食竹之毫”，“百年傳致之膠”，良有以耳。

【增訂二】早在張彦遠以前，言造藝不可忽視器材者，如《全三國文》卷七四皇象《與友人論草書》：“宜得精毫筦筆，委曲宛轉，不叛散者；紙當得滑密不粘汙者；墨又須多膠紺黝者”；《全齊文》卷七竟陵王子良《答王僧虔書》：“夫‘工欲善其事，必先利其器。’伯喈非流紈體素，不妄下筆；若子邑之紙、妍妙輝光，仲將之墨、一點如漆，伯英之筆、窮神極意，妙物遠矣!”董逌《廣川書跋》卷一〇《魯直烏絲欄書》：“字尤用意，極於老壯態，不似平時書。但烏絲治之不得法，礙□礫決，頗失行筆勢，蓋縑帛不如昔也。……今爲烏絲，不如昔工”；亦器不利則不應手之例。“老壯”當是“老當益壯”之縮減，殊不成語；董氏兩《跋》，甚有學識，而筆舌蹇吃，《朱文公文集》卷五一《答董叔重》稱其《廣川家學》，復曰：“但其他文澀難曉。”然玩其經營行布，却非無意於爲文者。

【增訂三】《全梁文》卷四六陶弘景《與梁武帝啓》之六論書法云：“手隨意運，筆與手會”，亦即王僧虔《書賦》語意。《全三國文》卷三二韋誕《奏題署》：“夫‘工欲善其事，必先利其器。’用張芝筆、左伯紙及臣墨，兼此三具，又得臣手，然後可逞”；《全晉文》卷一四四衛鑠《筆陣圖》有論筆、硯、墨、紙“要取”何材一大節。

雕刻之於器與物尤不造次①，蓋更踰於書畫云。英國舊劇中角色評學畫者曰：“汝目不隨手，手不隨心”（your eye goeth not with your hand;your hand goeth not with your mind）②；即亦謂心手相左也。

偃師進“能倡者”，能歌善舞，穆王與姬侍同觀其技；倡者目挑王之侍妾，王怒，偃師“立剖散倡者以示王，皆傅會革、木、膠、漆、白、黑、丹、青之所爲”，王歎曰：“人之巧乃可與造化者同功乎!”；《註》：“近世人有言人靈因機關而生者。……人藝粗拙，但寫載成形，塊然而已；至於巧極，則幾乎造化。似或依此言，而生此説。”按《莊》、《列》之書有傳誦兩寓言，與釋典若應聲學步者：《養生主》庖丁解牛之喻與《雜阿含經》卷一一之二七六“譬如屠牛師”節（《增壹阿含經》卷五之一同），偃師此事與《生經》卷三《佛説國王五人經》第二工巧者作“機關木人”節，是也。佛教於東周已流入中國之説，幸非公言定論，故《莊子》猶

① H. Focillon, *op. cit.*, 23, 51－2, 71; J. Pommier, *Questions de Critique et d'Histoire littéraire*, 84－5.

② Lyly, *Campaspe*, III. iv (Appelles to Alexander).

得免於鄰子竊鈇之疑，不然，鍛鍊起贓，百口難辯。《列子》於釋氏巧取神偷，已成鐵案，平添一款，多少無所在耳。“機關人”吾國夙有，如《檀弓》孔子謂“爲俑者不仁”，鄭玄註：“俑、偶人也，有面目，機發有似於生人”，《正義》：“刻木爲人，而自發動，與生人無異，但無性靈知識”；即唐梁鍠詠《傀儡》名句所謂：“刻木牽絲作老翁，雞皮鶴髮與真同。”段安節《樂府雜録》記“自昔傳云”漢高祖困於平城，陳平“即造木偶人，運機關舞於陴間”，乃“傀儡子”之始。《三國志·魏書·方技傳》裴註引傅玄記“天下之名巧”扶風馬鈞“三異”，其三爲：“設爲女樂舞象，至使木人擊鼓吹簫；作山嶽，使木人跳丸擲劍，緣絙倒立，出入自在；百官行署，舂磨鬬雞，變巧百出。……馬先生之巧，雖古公輸般、墨翟、王爾，近漢世張平子，不能過也！”然雖“似於生人”、“與真同”、“出入自在”，而終“無性靈知識”。《生經》之“機關木人”乃能“黠慧無比”，見王夫人而色授魂與，“便角翕眼色視”之，則如張湛註言“靈因機關而生”、“巧極幾乎造化”者，空掃吾國前載矣。是以《列子》“依此言”而下文又曰：“班輸、墨翟自謂能之極也，聞偃師之巧，終身不敢語藝”；意謂此土所未曾有耳。“馬先生”巧侔古人，近在魏晉人耳目間，而《列子》祇道輸、翟，並不肯道張衡、王爾，所以自示其書之出於先秦人；亦猶《楊朱》篇：“老子曰：‘名者、實之賓’”，强奪《莊子·逍遥遊》中名言歸諸老聃，所以自示生世早於莊周。皆謹密不苟；蓋作僞固由膽大，而售僞必須心細也。佛經以傀儡子或機關木人爲熟喻，《雜譬喻經》卷八北天竺木師造木女行酒食，南天竺畫師自畫絞死像，“汝能誑我，我能誑汝”，頗類古希臘兩畫師競勝，甲所畫能誑禽鳥，而乙所畫並能誑甲（quoniam [Zeuxis] ipse vulcres fefelisset, Parrahsius autem se artificem)[1]。《大般涅槃經·如來性品》第四之二迦葉云："譬如幻主機關木人，人雖覩見屈伸俯仰，莫知其内而使之然"；《華嚴經·菩薩問明品》第一〇寶首菩薩頌云："如機關木人，能出種種聲，彼無我非我，業性亦如是"；《楞嚴經》卷六文殊師利偈云："如世巧幻師，幻作諸男女，雖見諸根動，要以一機抽，息機歸寂然，諸幻成無性，六根亦如是"；《大智度論·解了諸法釋論》第一二云："曲直及屈申，去來現語言，都無有作者，是事是幻耶？爲機關木人？爲是夢中事？"吾國釋子偈頌承之，如《宗鏡録》卷三七引頌云："誰無念？誰無生？若實無生無不生，喚取機關木人問"；《瑯嬛記》卷上引《禪林實語》云："譬如兩木人，分作男女根，設機能摇動，解衣共嬉戲。"釋氏此譬，言人身之非真實；拉梅德里(De la Mettrie)論人是機器(L'Homme Machine)，亦舉巧匠(Vaucanson)所造機關人爲比[2]，則言靈魂之爲幻妄。斯又一喻多邊之例。《力命篇》："黄帝之書云：'至人居若死，動若械'"；"械"即《莊子·天地》"有械於此，鑿木爲機"之"械"，謂外如機關之動而中"無心"也。至人"無心之極"，"若死"、"若械"，然陳死人與機關人却不堪爲"至人"。正復《仲尼篇》論"聚塊積塵"之理耳。

孔周之劍，"一曰'含光'，視之不可見，運之不知有，其所觸也，泯然無際，經物而物不覺。"按可以喻《老子》四三章所謂"無有入無間"。《墨子·經》上："次，無間而不相攖也"，

---

① Pliny, *Natural History*, XXXV. 36, "Loeb", IX, 310.

② F. A. Lange, *The History of Materialism*, tr. E. C. Thomas, II, 75, n. 72; cf. I, 243.

《經說》上："無厚而後可"；含光之劍能以"無厚"而入"不相攖"矣。《詩・大明・正義》引太公論兵法有曰："謀出無孔"，言機密無隙可窺也，"無孔"、"無間"、"無際"一意。

黑卵醉卧，來丹揮劍，"自頸至腰三斬之，黑卵不覺"，趣出遇黑卵子，"擊之三下，如投虚"；黑卵醒曰："我嗌疾而腰急"，其子曰："我體疾而支彊，彼其厭我哉！"按即"厭魅"之"厭"。意大利古詣詩寫英雄（Orlando）寶劍（Durlindana）之利，神鋒一揮，斬敵兩段，其體中斷而仍若未觸者，故敵雖被殺死而不自知，依然跨馬苦戰（Onde ora avendo a traverso tagliato/Questo Pagan, lo fe si destramente, /Che l'un pezzo in su l'altro suggellato/Rimase, senza muoversi niente:/E come avvien', quand'uno è rescaldato, /Che le ferite per allor non sente, /Così colui del corpo non accorto, /Andava combattendo ed era morto）[1]。黑卵中劍"不覺"，乃"劍不能殺人"也；此乃善殺人者能使人死而"不覺"（non sente）中劍，更詼詭矣。"三寶"劍"皆不能殺人"，"無施於事"，即謂物愈精則用愈寡，物而爲"寶"，必物之不輕用乃至不用抑竟無用者耳。

【增訂四】《莊子・刻意》："夫有干越之劍者，柙而藏之，不敢用也，寶之至也。"即余所謂："物而爲'寶'，必物之不輕用乃至不用抑竟無用者。"意大利古諺云："物太好遂至於不足貴。"（Tanto buon che val niente），亦斯旨也。

---

① Berni, *Orlando Innamorato*, II. xxiv, quoted in *Orlando Furioso*, tr. John Hoole, Vol. I, "Introduction", p. xxxix.

七　力　命

“力謂命曰：‘若之功奚若我哉？’命曰：‘汝奚功於物而欲比朕？’”按此篇宗旨實即《莊子·達生》首二句：“達生之情者，不務生之所無以爲，達命之情者，不務知之所無奈何”，郭象註：“分外物也，命表事也。”《莊子》之《天運》、《秋水》、《繕性》、《鶡冠子》之《環流》、《備知》等皆言“時命”；《列子》以“力命”對舉，殆承《墨子》。《非命》上：“命富則富，命貧則貧，……雖强勁何益哉？”；《非命》中：“而天下皆曰其力也，必不能曰我見命焉”；《非命》下：“夫豈可以爲命哉？故以爲其力也”；“强勁”正如《非命》下之“强必治，不强必亂”等句之“强”，皆即“力”也。《論衡·命祿篇》：“才力而致富貴，命祿不能奉持”，亦以“力”、“命”對舉。西土則馬基亞偉利尤好言“力命之對比”（Il contrasto famoso Fortuna-Virtù）①。列子所謂“知命”、“信命”者，如北宮了不知榮辱之在彼在我，如季梁病大漸而不乞靈於醫藥，漠然中無所感，寂然外無所爲。果能證此乎，

① *Il Principe*, cap.7e 25；*Discorsi*, II 29, 30e III, 9；*La Vita di Castruccio Castracani da Lucca*（*op. cit.*, 22, 80-2, 297-9, 302-3, 344, 552）.

則較尼采所謂“愛命”(amor fati)之境地更爲恬静超脱。亦妄言之以妄聽之云爾。

“黄帝之書云:‘至人居若死,動若械。’”按參觀前論《湯問篇》偃師節。此亦神秘宗要義也。《老子》二〇章:“俗人昭昭,我獨昏昏;俗人察察,我獨悶悶;……衆人皆有以,我獨頑似鄙。”《莊子》出以比喻,《齊物論》:“形固可使如槁木,而心固可使如死灰乎!”;《庚桑楚》:“兒子動不知所爲,行不知所之,身若槁木之枝,而心若死灰”;《徐無鬼》:“形固可使若槁骸,心固可使若死灰乎!”已强聒不捨。

【增訂四】《文子·道原》引老子曰:“形如槁木,心若死灰。”《天下》論慎到曰:“推而後行,曳而後往,若飄風之還,若羽之旋,若磨石之隧。全而無非,動静無過,未嘗有罪。是何故?夫無知之物,無建己之患,無用知之累。……故曰:‘至於若無知之物而已,無用賢聖,夫塊不失道。’豪傑相與笑之曰:‘慎到之道,非生人之行,而至死人之理,適得怪焉!’”尤大放厥詞。王夫之《莊子解》卷三三釋此節曰:“此亦略似莊子,而無所懷、無所照,蓋浮屠之所謂‘枯木禪’者。”“塊”即《仲尼篇》“聚塊積塵”之“塊”;“死人之理”即“居若死”;有知之人“至於若”無知之物,生人“至”死人之“理”即“反以至大順”,參觀《老子》卷論第五章。《老子》第一〇章、《莊子·庚桑楚》以“能嬰兒”、“能兒子”爲“玄德”、“至和”。然嬰兒、兒子雖不識不知,尚非無識無知,仍屬“生人”,勿同“死人”或“無知之物”,猶不得爲謂極則。遂進而取死灰、槁木、械、塊、羽、石之倫,以譬息心念、忘形骸之止境。真每況愈下矣。參觀《毛詩》卷論《隰有萇楚》。西土神秘家言亦以絶聖棄智、閉聰塞明爲證道人天，每喻於木石之頑、鹿豕之蠢。布魯諾昌言“至聖之無知”（santa ignoranza）、“至神之失心風”（divina pazzia）、“超越凡人之蠢驢境地”（sopraumana asinità）①；季雍夫人自稱如“機關之抽發”（comme par un ressort），如“球之輥轉”（une balle qu'un homme pousse），如“穢惡器具”（un vil instrument）之由人用舍②。皆與“械”、“塊”、“飄物”、“磨石”等類，“無建己之患，無用知之累”，“頑似鄙”者。巴斯楷爾說虔信云：“使汝蒙昧如畜獸”（cela vous fera croire et vous abêtira）③。考論者謂當時笛楷爾之學方大行，以爲禽獸無靈性，其運施衹同機器之動作（l'automatisme des bêtes）；巴斯楷爾若曰，人而欲陟降在天，當麻木其心，斷思絶慮（une stupeur mentale, une abstention systématique de toute réflexion et de tout raisonnement），效畜獸而法機關（s'adresser à la bête, à la machine）④。是亦“若械”之意耳。

“魏人有東門吴者，其子死而不憂。其相室曰：‘公之愛子，天下無有；今子死不憂何也？’東門吴曰：‘吾嘗無子，無子之時不憂，今子死，乃與嚮無子同，臣奚憂焉？’”按《戰國策·秦策》三應侯失韓之汝南，秦昭王曰：“國其憂矣！”應侯曰：“臣不憂。……梁人有東門吴者”云云，僅“公之愛子也”、“乃與無

① Bruno, *Cabala del Cavallo Pegaseo con l'aggiunta dell'Asino Cillnico*, Dialogo 1, *op. cit.*, 553.

② Mme Guyon: “Conduite d'Abandon à Dieu”, J. Rousset, *Anthologie de la Poésie baroque française*, I, 137 et 139.

③ Pascal, *Pensées*, no. 233, éd. V. Giraud, 150.

④ É. Gilson, *Les Idées et les Lettres*, 268, 270, 274; cf. E. Baudin, *La Philosophie de Pascal*, I, 64-5.

子時同也”二句小異。樊增祥《樊山續集》(即《詩集三刻》)卷一〇《玄文》:“玄文未就揚雲老，説着童烏即淚垂；爲語老牛須割愛，譬如犢子未生時”；正用此意。脱無《國策》一節，必有人拈東門吴事，爲《列子》陰采釋氏之例矣。實則慰人自慰，每强顔達觀，作退一步想，不必承教於老釋之齊物觀空。如李頎名篇《送陳章甫》結句：“聞道故林相識多，罷官昨日今如何?”；蓋謂章甫求官而未得(參觀《全唐文》卷三七三陳章甫《與吏部孫員外書》)，譬如“相識”得官而終“罷”爾，差同《魏書·陽尼傳》自言：“吾昔未仕，不曾羡人，今日失官，與本何異?”《更豈有此理》卷二《譬解解》云：“東郭有乞兒，行歌於道。或哀之曰：‘子服腐矣!’曰：‘譬如袒。’‘子履敝矣!’曰：‘譬如跣。’‘羹殘而炙冷矣!’曰：‘譬如飢。’‘子病矣!’曰：‘譬如死。’‘子病而死矣，則又何説焉?’曰：‘譬如不死。’”以東郭闡釋東門，亦謀於野則獲也。

八 楊朱

“人而已矣，奚以名爲?”按此篇以身與名對待，正如《力命》之以力與命對待也。《老子》四四章：“名與身孰親? 身與貨孰多?”作《列子》者本其旨而儷比事例，瀾翻雲詭，遂成佳觀。嚴復評點《老子》是章曰：“馬季長曰：‘左手攬天下之圖書，右手刭其喉，雖愚者不爲。’則身固重也，故曰：‘貴以身爲天下。’楊朱所得於老者以此。”當即指《列子》本篇。引語見《後漢書·馬融傳》上，全文云：“融既飢困，乃悔而歎息，謂其友人曰：‘古人有言：左手據天下之圖，右手刎其喉，愚夫不爲。所以然者，生貴於天下也。今以曲俗咫尺之羞，滅無貲之軀，殆非老、莊所謂也’”（《世説·文學》註引融《自敍》字句小異，無“殆非老、莊”云云）；章懷註：“莊子曰：言不以名害其生者。”《仲長統傳》引《昌言·法誡》篇亦有“左手”云云，末句作“愚者猶知難之”；章懷又註：“事見《莊子》。”《宋書·范曄傳》引“古人”云云同。重身輕名之爲老、莊遺教，馬融早已道破；然今本《莊子》已佚其所引語，王先謙《後漢書集解》本沈欽韓謂見《御覽》，又引《文子·上義》。《淮南子·精神訓》及《泰族訓》並有此語。今本《莊子·讓王》篇云：“今使天下書銘於君之前，書之言曰：‘左手攫之則右手廢，右手攫之則左手廢，然而攫之者必有天下’，君能攫之乎?”《吕氏春秋·審爲》篇載子華子語略類。又《墨子·貴義》：“予子天下而殺子之身，子爲之乎？必不爲”；《韓非子·内儲説》上：“故今有於此，曰：‘予汝天下而殺汝身’，庸人不爲也”；均同馬融引語之意。《老子》曰“大患有身”，而又曰“外其身而身存”，“貴以身爲天下”，“無遺身殃”；《莊子》“以生爲附贅縣疣”（《大宗師》），以“身非汝有，是天地之委形”（《知北遊》），而又以“活身”爲“善”（《至樂》）。《列子》此篇，語尤恣放。夫愛身惜命，人之常情，然誇稱一死生、外形骸者而珍髮膚如衛頭目，則匹似逃影而行日中、匿跡而走雪上也。本篇禽子謂楊朱曰：“以子之言問老聃、關尹，則子言當矣”，張湛註：“聃、尹之教，貴身而賤物也。”歐陽修好言：“老之徒曰‘不死’者，是貪生之説也”（《集古録跋尾》卷六《唐華陽頌》又卷九《唐會昌投龍文》）。老、莊不言“不死”之方，軼名晉人作《正誣論》（《弘明集》卷一），因道士譏沙門不能令人長生益壽，即引莊子語反折之；列子且託楊朱答孟孫陽而言“理無不死”，“理無久生”。然皆“貪生”、“活身”之意，溢於楮墨，況其“徒”之流爲術士者乎！求不死與齊生死，皆念念不能忘死，如擊舟水上，則魚下沉而鳥高翔，行事反而心畏一也①。參觀《全晉文》卷論王該《日燭》。

《莊子·應帝王》云：“無爲名尸”，《駢拇》云：“小人則以

① Cf. Montaigne, *Essais*, III. xii *op. cit.*, 1012–3; V. Pareto, *A Treatise on General Sociology*, § 2086, *op. cit.*, II, 1446 (contradictory derivations of a given residue).

身殉利，士則以身殉名，大夫則以身殉家，聖人則以身殉天下，其於傷性以身爲殉一也”；《刻意》云：“野語有之曰：‘衆人重利，廉士重名’”；《秋水》云：“無以得殉名”；《盜跖》云：“小人殉財，君子殉名”，又論夷齊等六人云：“皆離名輕死，不念本養壽命者也。”雖重言之而未暢厥旨。《列子》託於楊朱，牽合“爲我”、“不拔一毛利天下”之説，詞愈肆而意加厲，且泛作横流，遁入傍門。保生全身進而娱生恣體，因身去名進而以名利身。莊之引而未發、動而尚幾者，列遂擴充至盡，酣放無餘。老、莊有列，殆類荀卿之有李斯，蘇軾所慨“父殺人則子必行劫”者歟！《莊子·盜跖》祇曰：“今吾告子以人之情：目欲視色，耳欲聽聲，口欲察味，志氣欲盈。……不能説其志意、養其壽命者，皆非通道者也。”《列子》之言則如冰寒於水焉，曰：“名乃苦其身，燋其心。……人之生也奚爲哉？奚樂哉？爲美厚爾，爲聲色爾。而美厚復不可常厭足，聲色不可常翫聞。乃復爲刑賞之所禁勸，名法之所進退，遑遑爾競一時之虚譽，規死後之餘榮，偊偊爾慎耳目之觀聽。……徒失當年之至樂，不能自肆於一時。”張湛釋之曰：“故當生之所樂者，厚味、美服、好色、音聲而已耳。而復不能肆性情之所安、耳目之所娱，……自枯槁於當年，求餘名於後世者，是不達乎生生之趣也。”已略同古希臘亞理斯諦潑斯（Aristippus）等之利己享樂論（egoistic hedonism），以耳目口腹之快感爲至善極樂之本相（pleasurable sensation as the *Urphänomene of Eudaimonia*）①。又曰：“當身之娱，非所去也”，“死後之名，非所取也”；李白《行路難》云：“且樂生前一

① Gomperz, *Greek Thinkers*, *op. cit.*, II, 214.

杯酒，何須身後千載名?”，《少年行》云：“看取富貴眼前者，何用悠悠身後名?”，或《魯拜集》云：“只取現鈔，莫管支票”(Ah,take the Cash，and let the Credit go)①，可借以最括此說。然《列子》所惡於名者，以其逆性累身耳；苟厚生適性，舍名莫能，則不特不去名、廢名，且將求名、興名，固未嘗一概抹殺也。曷觀乎《楊朱篇》曲終奏雅曰：“豐屋、美服、厚味、姣色，有此四者，何求於外？……今有名則尊榮，亡名則卑辱；尊榮則逸樂，卑辱則憂苦。……名胡可去？名胡可賓？但惡夫守名而累實。”尤《莊子·盜跖》之所未言者。彼曲學枉道以致富貴，甚至敗名失節以保首領，皆冥契於不“累實”之旨，謂爲《列子》之教外别傳可矣。

《孟子·滕文公》曰：“楊氏爲我”；《淮南子·俶真訓》曰：“全性保真，不以物累形，楊子之所立也。”身體爲“我”之質(the material self)，形骸爲“性”之本，然而“我”不限於身體，“性”不盡爲形骸。釋典曰“我、我所”（參觀《維摩詰所説經·方便品》第二“離我我所”句肇註)；凡可以成我相、起我執、生我障者，雖爲外物，不與生來，莫非“我”也、“性”也(A man's self is the sum total of all that he *can* call his)②。故“我”與“性”皆隨遇損益；“爲我”而僅止於身，“全性”而衹囿於形，人當病痛之時，處困絶之境，勢所必然，初非常態。苟疾苦而不至危殆，貧乏而未及凍餒，險急而尚非朝不慮夕，乃至

① Fitzgerald, *Rubaiyàt*, XIII; cf. Shakespeare, I *Henry IV*, V. i. 131 ff.: “What is honour? A Word” etc.

② James, *Principles of Psychology*, I, 291.

出息不保還息，則所“全”之“性”、所“爲”之“我”，必超溢形骸身體，而“名”其首務也。“名”非必令聞廣譽、口碑筆鉞也，即“人將謂我何”而已（che si discorrerà di lui；was die Andern von uns denken）①。塞天破而震耳聾之大名無不以“人謂我何”託始，如雄風起於萍末焉。名屬我相；我相排他，而名又依他，以人之毁譽，成己之聲稱，我慢有待乎人言。愛身惜生之外而復好“名”（approbativeness），此人之大異乎禽獸者也（the differentia of man par excellence）②。古人倡“名教”，正以“名”爲“教”，知人之好名僅亞於愛身命，因勢而善誘利導，俾就範供使令（別詳《全晉文》卷論戴逵《放達爲非道論》）。劉熙載《昨非集》卷二《書〈列子·楊朱〉篇後》：“名與善相維者也，去名是去善也。……名不足以盡善，而足以策善，楊朱則用以抑名者抑善也”；以“名”爲“教”即以“名策善”也。《列子》非“名”，蓋有見於好名之心每足與愛身命之心争强而且陵加焉耳。夫得財以發身，而捨身爲財者有之，求名以榮身，而殺身成名者有之，行樂以娱身，而喪身作樂者有之，均所謂“殉”也。《老子》第五〇章、七五章反復言：“人之生，動至死地，以其生生之厚”，“以其求生之厚，是以輕死”；《文子·符言》：“欲尸名者，必生事。……人生事，還自賊”；早發斯理。《商君書·算地》篇以爲盜賊“身危猶不止者，利也”，“上世之士”饑寒勞苦“而爲之者，名也”，因欲以名、利爲治國馭民之善巧方便。

① Leopardi, *Zibaldone*, *op. cit*. I, 1016; Schopenhauer, *Parerga und Paralipomena*, “Aphorismen zur Lebensweisheit”, Kap. 4, *Sämtl. Werke*, hrsg. P. Deussen, IV, 372.

② A. O. Lovejoy, *Reflections on Human Nature*, 82, 92.

《通鑑·唐紀》八貞觀元年“上謂侍臣曰：‘吾聞西域賈胡得美珠，剖身以藏之。……人皆知彼之愛珠而不愛其身也。吏受賕抵法與帝王徇欲而亡國者，何以異於彼胡之可笑耶！’魏徵曰：‘昔魯哀公謂孔子曰：人有好忘者，徙宅而忘其妻。孔子曰：又有甚者，桀紂乃忘其身。亦猶是也’”；又《唐紀》一〇貞觀九年“上謂魏徵曰：‘齊後主、周天元皆重斂百姓，厚自奉養，力竭而亡。譬如饞人自噉其肉，肉盡而斃，何其愚耶？’”；蘇軾《東坡題跋》卷一《偶書》：“劉聰聞當爲須遮國王，則不復懼死；人之愛富貴，有甚於生者。月犯少微，吴中高士求死不得；人之好名，有甚於生者。”發身、榮身、娱身而反忘身或且亡身，此又人情世事之常。譚峭《化書·德化》喻之於人製木偶而木偶能禍福人，“張機者用於機”①，亦即黑格爾論史所謂“願遂事成而適違願敗事”（die Handlung sich umkehrt gegen den，der sie vollbracht）②。有謂心行常經之第四條爲“手段僭奪目的”（das Prinzip der Heterogonie der Zwecke）③；以身殉名，是其一例。反客爲主，出主入奴，正如磨墨墨磨、弄猴猴弄也。

“百年、壽之大齊。得百年者，千無一焉。設有一者，孩抱

① Cf. Goethe，*Faust*，II，7003-4："Am Ende hängen wir doch ab/Von Kreaturen，die wir machten"（i.e. Homunculus）；Mary Shelley，*Frankenstein*，ch. 10，The Heritage Press，104："Remember，thou hast made me more powerful than thyself... I am thy creature" etc.

② *Philosophie der Geschichte*，Reclam，64.

③ W. Wundt，*Grundzüge der physiologischen Psychologie*，6，Auf.，III，764 ff.；*Völkerpsychologie*，VII，387. Cf. C. von Ehrenfels，*System der Werttheorie*，133（Zielfolge nach abwärts）.

以逮昏老，幾居其半矣。夜眠之所弭，晝覺之所遺，又幾居其半矣。痛疾哀苦，亡失憂懼，又幾居其半矣。量十數年之中，逌然而自得，亡介焉之慮者，亦亡一時之中爾。”

【增訂四】《六度集經》卷八《明度無極章》第八《阿離念彌經》：“百歲之中，夜卧除五十歲，爲嬰兒時除十歲，病時除十歲，營憂家事及餘事除二十歲。人壽百歲，纔得十歲樂耳。”與《列子》語尤類。

按本之《莊子》而語益危切者；《盜跖》云：“人上壽百歲，中壽八十，下壽六十，除病瘦死喪憂患，其中開口而笑者，一月之中，不過四五日而已矣!”後世詞章每賦此意，蓋齊心同所感也。如白居易《狂歌詞》：“五十已後衰，二十已前癡，晝夜又分半，其間幾何時”；范仲淹《剔銀燈》：“人世都無百歲；少癡騃，老成尩悴，只有中間、些子少年，忍把浮名牽繫”；王觀《紅芍藥》：“人生百歲，七十稀少。更除十年孩童小，又十年昏老。都來五十載，一半被睡魔分了。那二十五載之中，寧無些個煩惱?”；盧疎齋《蟾宫曲》：“想人生七十猶稀，百歲光陰，先過了三十。七十年間，十歲頑童，十歲尩羸，五十歲平分晝黑，剛分得一半兒白日”(《陽春白雪》前集卷二、《樂府羣珠》卷四)；唐寅《一世歌》：“人生七十古來少，前除幼年後除老。中間光景不多時，又有炎霜與煩惱”，又《七十詞》：“前十年幼小，後十年衰老。中間祇五十年；一半又在夜裏過了。算來只有二十五年，在世受盡多少奔波煩惱”(《六如居士全集》卷一)。皆輾轉撏撦《莊》、《列》。吉朋記回王(Caliph Abdalrahmen)自言在位五十餘年，極武功文德之盛，而屈指歡樂無愁慮之日，才兩來復(the days of genuine and pure happiness amount to fourteen)，又一帝(Emperor Seghed)自計畢生悦愉不過旬日①。拉勃吕埃謂：必待樂而後笑，或且至死無啓顏之時；倘以快意之日計晷，則享遐齡者亦衹得數閱月差不虚生而已(Il faut rire,de peur de mourir sans avoir ri. La vie est courte，si elle ne mérite ce nom lorsqu'elle est agréable，puisque，si l'on cousait ensemble toutes heures que l'on passe avec ce qui plaît，l'on ferait à peine d'un grand nombre d'années une vie de quelques mois)②。十七世紀意大利詩人賦《人生苦》，自慨年將五十，而取生平心暢神怡之時刻累積之，難盈一日(Dieci lustri di vita o poco meno/porto sul dorso；e se ricerco quante/son l'ore lieta，a numerar l'istante，/posso a pena formarne un di sereno)③。歌德亦言已生世七十五載，而合計歡忻之日，先後差足四週耳(ich kann wohl sagen，dass ich in meinen fünfundsiebzig Jahren keine vier Wochen eigentliches Behagen gehabt)④。當世意大利小説名作中主人翁老病垂死，卧榻回憶終身七十三年，惟二、三年尚非浪度，其餘莫不爲憂苦煩惱所耗磨(Ho settantatrè anni，all'ingrosso ne avrò vissuto，veramente vissuto，un totale di due... tre al massimo. E i dolori，la noia，quanto erano stati? Tutto il resto：settanti anni)⑤。胥同心之言矣。又按詞章中用《莊子》"開口而笑"者，杜牧《九日齊安登

① *The Decline and Fall of the Roman Empire*，ch. 52，"The World's Classics"，VI,29-30.

② La Bruyère，*Les Caractères*，IV.63-64，Hachette，116.

③ T. Gaudiosi："Infelicità della Vita umana"，*Marino e i Marinisti*，Ricclardi，1077.

④ Eckermann，*Gespräche mit Goethe*，27 Jan.1824，Aufbau，102.

⑤ Tomasi di Lampedusa，*Il Gattopardo*，Feltrinelli，168-9.

高》："人世幾回開口笑，菊花须插滿頭歸"，最爲傳誦。《全唐文》卷三八七獨孤及《冬夜裴員外、薛侍御置酒燕集序》："歌曰：'一年解頤笑，幾日如今朝！'"，又《仲春裴胄先宅宴集聯句賦詩序》："裴側弁慢罵曰：'百年歡會，鮮於別離，開口大笑，幾日及此？日新無已，今又成昔！'"；兩用《莊子》語，早於杜牧。

"晏平仲問養生於管夷吾，管夷吾曰'肆之而已，勿壅勿閼。……恣耳之所欲聽，恣目之所欲視，恣鼻之所欲向，恣口之所欲言，恣體之所欲安，恣意之所欲行。'"按下文端木叔節亦曰："放意所好，其生民之所欲爲、人意之所欲玩者，無不爲也，無不玩也。"上文有一節論"伯夷非亡欲"，"展季非無情"，一"矜清"而"餓死"，一"矜貞"而"寡宗"；張湛註："此誣賢負實之言，然欲有所抑揚，不得不寄責於高勝者耳。"此節重申厥旨，公然違背老、莊，張氏不爲彌縫，僅疑"管仲功名人，不容此言"。夫管、晏生世遠隔，並不容對答（參觀《考古質疑》卷三謂相去百五十至百七十年），張氏所"疑"，亦察秋毫而不見輿薪者歟。老、莊之"貴身"、"養生"，主"損"主"嗇"主"扃閉"，別詳《老子》卷論第一三章；《吕氏春秋·本生》斥"伐性之斧"、"爛腸之食"等，即其遺意。《列子》之"養生"，主"肆"與"恣"，深非"廢虐之主"；"勿壅勿閼"之於"扃閉"，如矛盾相接、箭鋒相拄。

【增訂三】《莊子·讓王》："中山公子牟曰：'雖知之，未能自勝也。'瞻子曰：'不能自勝則從。神無惡乎。不能自勝而强不從者，此之謂重傷。重傷之人，無壽類矣。'"《吕氏春秋·審爲》"從"作"縱之"（參觀《文子·下德》、《淮南子·道應》）。蓋知欲之當禁，禁而不得，則不如縱之。古籍道兹事曲折，無如許造微者。欲不可强遏，然亦須嘗試"自勝"，與列子之徑言“恣欲”者異矣。

《文子·上禮》、《淮南子·精神訓》抨擊“終身爲哀或悲人”之“雕琢其性，矯拂其情”，禁目所欲，節心所樂，而謂“達至道者則不然”，“縱體肆意，而度制可以爲天下儀”；則酷肖“從心所欲不踰矩”，與《列子》貌同心異。嵇康《養生論》曰：“知名位之傷德，故忽而不營，非欲而强禁也；識厚味之害性，故棄而弗顧，非貪而後抑也”；淵源老、莊，如《達生》之言“棄事”、“遺生”。向秀《難〈養生論〉》曰：“今五色雖陳，目不敢視；五味雖存，口不得嘗；以言争而獲勝則可。焉有勺藥爲荼蓼，西施爲嫫母，忽而不欲哉？苟心識可欲而不得從，性氣困於防閑，情志鬱而不通，而言養之以和，未之聞也”；乃鄰比於《列子》之“勿壅勿閼”。王世貞《弇州史料後集》卷三五記明嘉、隆間講學有顔山農者，“爲奇邪之談”，每言：“人之貪財好色皆自性生，其一時之所爲，實天機之發，不可壅閼之，第過而不留，勿成固我而已”（《古今談概》卷二、《寄園寄所寄》卷六引《朝野異聞》略同）；實與《列子》暗合。英詩人勃來克再三言：“欲願而不能見諸行事，必致災疾”；“寧殺摇籃中嬰兒，莫懷欲蓄願而不行動”（He who desires but acts not，breeds pestilence；Sooner murder an infant in cradle than nurse unacted desires）①；正“勿壅勿閼”爾。斯理至近世心析學之説“抑遏”、“防禦”、“佔守”（Verdrängung，Verschanzung，Gegenbesetzung）而大暢②。智者

① Blake，*Marriage of Heaven and Hell*：“Proverbs of Hell”.

② Freud，*Vorlesungen zur Einführung in die Psychoanalyse*，Internationaler Psychoanalytischer Verlag，425-6.

《摩訶止觀》卷二論“修大行”有云：“若人性多貪欲，機濁熾盛，雖對治折服，彌更增劇，但恣趣向。何以故？蔽若不起，不得修觀。譬如綸釣，魚强繩弱，不可争牽，但令鉤餌入口，隨其遠近，任縱沉浮，不久收穫。”則不僅“養生”須“恣”，“修行”亦可先“恣”。元曲《城南柳》第二折吕洞賓云：“且教他酒色財氣裏過，方可度脱他成仙了道”；流俗之語，蓋有由來。蕭士瑋《深牧菴日涉録》十一月十六日記：“紫柏老人云：‘我未嘗見有大無明人，如有之，千尺層冰，一朝暖動，即汪洋莫測也’”；即此義諦。德國神秘宗鉅子亦謂：“誤入邪徑，方登大道”（die liute koment ze grôzen dingen，sie sîen ze dem êrsten vertreten）①，可相比勘也。

“子産有兄曰公孫朝，有弟曰公孫穆；朝好酒，穆好色。……朝、穆曰：‘夫善治外者，物未必治而身交苦，善治内者，物未必亂而性交逸。’……子産忙然無以應之。……鄧析曰：‘子與真人居而不知也！’”按《列子》全書中，此節最足駭人，故張湛註謂“詞義太逕庭抑抗”，“過逸之言”。實則《黄帝》篇已襲《莊子·達生》，侈言“醉人神全”如“聖人”，本節於嗜酒外，復增好色耳。蓋言神秘經驗者可分二門：一爲“冷静明澈宗”（die kühle，helle Intellektuellen-mystik），齋攝其心，一爲“昏黑沈酣宗”（die dunkle vitale Rauch-mystik），陶醉其身②；殊路同歸，皆欲證“聖人”、“真人”、“至人”境界。

① Eckhart，quoted in C.G.Jung，*Psychologischen Typen*，340.cf.J.B.Yeats，*Letters to His Son and Others*，179（the word “invitation” should be substituted for “temptation” etc.）.

② Max Scheler，*Die Wissensformen und die Gesellschaft*，19，63.

【增訂四】袁宏道《瀟碧堂集》卷二〇《德山麈談》："透關的人亦有兩様。有走黑路者，若大慧等是也；走明白路者，洪覺範、永明。"亦如神秘經驗之分"静明"與"黑酣"兩宗也。

《黄帝》篇列子"學於夫子"九年，是静明之例也，《莊子》多有；此篇公孫朝、穆兄弟好酒色，乃黑酣之例，坐實《文子・精誠》所言："故通於太和者，闇若醇醉而甘，卧以游其中"，滄海横流而不啻天荒突破焉。藉陶醉以博超凡入"聖"、豁妄歸"真"，乞靈於酒或藥，如錢起《送外甥懷素上人》所謂"醉裏得真如"者，是處有之①，

【增訂三】《大智度論》卷三一《釋初品中十八空》："如人醉睡，入無心定"，即"醉裏得真如"。《巨人世家》中"神瓶"(la dive Bouteille)示象，或人(Bacbuc)以拗口語釋之曰："人飲醇成神"(Notez，amis，que de vin divin on devient—Rabelais，*Le Cinquiesme Livre*，ch.45，*Oeuv. comp.*，ed. J. Plattard，V，169)。

【增訂四】當世英美俚語遝稱服某種麻醉藥(LSD)爲參"立地禪"(instant Zen)(*Harrap's Slang Dictionary*，1984，Pt I，p.372)；"立地"如"立地成佛"之"立地"，謂登時也。註①引詹姆士等人所意計不及矣。

而域中自莊生以還，衹頌酒德。如《神仙傳・章震傳》："弟子號'太陽子'，好飲酒；或問之，云：'晚學俗態未除，故以酒自驅耳'"；皮日休《酒中十詠・序》："頽然無思，以天地大順爲隄

① James，*Varieties of Religious Experience*，378；E. Westermarck，*Origin and Development of Moral Ideas*，II，591；A. Huxley，*Texts and Pretexts*，19-20.

封，傲然不持，以洪荒至化爲爵賞。……真全於酒者也!"，又第十首："如尋罔象歸，似與希夷會"；晁迥《法藏碎金録》卷一："夫醉者墜奔車而不傷，全其外也，乘蕩舟而不懼，全其内也。故先賢頌酒，贊酒功德，稱其美利，蓋非徒然"；陸友《硯北雜誌》卷下記道士黄可立曰："寇謙之、杜光庭之科範，不如吴筠之詩，吴筠之詩，不如車子廉、楊世昌之酒。何則？漸近自然"；錢秉鐙《田間詩集》卷四《效淵明〈飲酒〉詩》第二首："方其酣醉時，虚空一何有；試問學人心，有能如此否?"胥同天竺《奥義書》以熟眠爲歸真返朴之高境(When a man sleeps here, then...he becomes united with the True, he is gone to his own [self])①，而借酒爲梯航。色功德堪比酒功德，則自《列子》之公孫穆"好色"而爲"真人"始。曠世相和，寥落無幾。方士妖言，若張衡《同聲歌》所詠"素女爲我師，天老教軒皇"，或邊讓《章華臺賦》所謂"脩黄軒之要道"，乃長生久視之術，迥異乎《列子》之撰。《列子》固明言"理無不死"、"理無久生"；"真人"非不死之仙人也。男歡女愛與禪玄契悟，自可互喻。言情而取譬於理道者，如元稹《夢遊春》："結念心所期，反如禪頓悟，覺來八九年，不向花迴顧"，即其《離思》之四："曾經滄海難爲水，除却巫山不是雲；取次花叢懶迴顧，半緣修道半緣君。"若曰：一覩佳人絶世，恍識諸餘粉黛都無顔色，寵專愛集，不復濫用其情，正如參禪一旦了徹，大事已畢，妄緣盡息，掃塵斬葛，不復錯用其心。元氏詩以膠注之痴擬超脱之悟，捉境地之背道分馳者，使之背靠貼坐，洵語不猶人矣。説理而取譬於情欲則

① *Khāndogya*, VI. viii. 1-2, *The Sacred Books of the East*, I, 98-9.

《老子》第六一章已曰："牝常以静勝牡，以静爲下"；《禮記·大學》曰："如好好色"，《祭義》曰："如欲色然"，又《坊記》曰："民猶以色厚於德"，《論語·子罕》曰："未見好德如好色"，又《學而》曰："賢賢易色"（參觀《坊記》與《祭義》兩句鄭註及孔疏、王守仁《王文成公全集》卷五《與黄勉之》之二、顧炎武《日知録》卷六、陳錫璐《黄嬭餘話》卷八、王念孫《廣雅疏證·釋言·易》、《紅樓夢》第八二回）。

【增訂三】《大智度論》卷七三《釋深奥品第五十七上》論"菩薩摩訶薩念般若波羅蜜"，喻"如多淫欲人與端正淨潔女人共期"而不遂，"念念常在彼女人所"云云；《五燈會元》卷一九昭覺克勤呈偈言"道"云："金鴨香消錦繡幃，笙歌叢裏醉扶歸，少年一段風流事，只許佳人獨自知。"均言"好德如好色"也。

紫陽真人張伯端《金丹四百字·序》至曰："骨脈如睡之正酣，精神如夫婦之歡合，……此乃真境界也，非譬喻也！"天竺《奥義書》喻天人融浹於男女抱持（Now as a man, when embraced by a beloved wife, knows nothing that is without, nothing that is within, thus this person, when embraced by the intelligent Self, knows nothing that is within）①；歐洲載籍中侔揣此境，有謂如媾合者（l'atto copulativo de l'intima e unita cognizione divina; copulazione è la più propria e precisa parola che significhi la beatitudine）②，有謂如接吻者（the soul receiving a kiss from the

① *Brihadāranyaka*, IV, iii, 21, *The Sacred Books of the East*, XV, 128.

② Leone Ebreo, *Dialoghi d'Amore*, Dial. I, ed., S. Caramella, 46.

Godhead; the kiss exchanged between the unity of God and the humble man)[1]。顧雖云“非譬喻”，而實僅譬喻；比此方彼，仍如比鄰傍户，初非合火通家，未嘗直以色欲爲真如妙道之津梁門徑，有似《列子》之言公孫穆也。《宗鏡録》卷二一述天台宗“五戒”，本“無立無遣”之旨，“圓人”有“飲酒法門”及“染愛法門”；德國浪漫主義論師謂醉酒使人返朴(Von den Bewusstseynformen ist die Trunkenheit die vorzüglichste—als Rückkehr in das elementare Bewusstseyn)，而情愛使人得一得全(Man findet oft nur darum das Universum in der Geliebten. Es ist ein süsses Meer von leiser Unendlichkeit)[2]；近世英國一小説名家尤昌言男女之事能證入沉冥不可思議境地[3]；胥足助《列子》張目者歟。

【增訂四】《列子》言“好色”亦可爲“真人”，皇甫湜《出世篇》寫此窮極形相：“旦旦狎玉皇，夜夜御天姝。當御者幾人，百千爲番，宛宛舒舒。忽不自知，支消體化膏露明，湛然無色茵席濡。俄而散漫，裵然虛無，翕然復摶，摶久而蘇。精神如太陽，霍然照清都。四肢爲琅玕，五臟爲璠璵。顔如芙蓉，頂爲醍醐。與天地相終始，浩漫爲歡娱。”侔色揣稱，不特如紫陽真人所道“金丹境界”，亦幾乎白行簡《陰陽交合大歡樂賦》筆意，吾國古詩中絶無僅有之篇也，而未見拈出。韓門有孟郊

① J. Clark, *Meister Eckhart*, 203, 242.

② Fr. Schlegel, *Literary Notebooks*, ed. H. Eichner, §§1316, 1357, 1499, pp.138, 142, 153, 275 (note).

③ D. H. Lawrence, *Collected Letters*, ed. H. T. Moore, II, 1249-1250; cf. A. Huxley, *The Olive Tree*: “D. H. Lawrence”, 204, 206.

之“垂老抱佛脚”(《讀經》),殆類相傳退之之尊大顛,復有皇甫湜之“夜夜御天姝”,殆又類相傳退之之服“火靈庫”耶?西方論者或又以俄羅斯作家羅札諾夫與英國之勞倫斯並舉,以其昌言男女行欲可以出人入天、脱肉拯靈,淫肆即法會也(Vasilii Rozanov is the nearest to a Russian D. H. Lawrence.... He believed in salvation through sexual intercourse and dreamed of the *paradisus voluptatis* of Genesis and an association between the brothel and the church. —M. Bradbury and J. McFarlane, ed. *Modernism*, Penguin, 1978, p. 139)。

“不以一毫利物”,“世固非一毛之所濟”,“一毛固一體萬分中之一物,奈何輕之乎?”按參觀《老子》卷論第三九章。《列子》與《文子》、《老子》、《莊子》皆道家之言道而不言術者,梁肅《〈神仙傳〉論》且誤引《列子》以駁斥神仙家之燒丹煉氣。然《列子》視其他三《子》爲便於方士之假借緣飾。如《周穆王》、《黄帝》兩篇侈陳“至人”、“化人”之幻,仙法可以依附焉;《楊朱》篇揚言“養生”恣欲、“真人”好色,房術得爲藉口焉。黄震《黄氏日鈔》卷五五:“佛本言戒行,而後世易之以不必持戒,其説皆陰主《列子》”;蓋尚承朱熹“佛家先偷《列子》”之論,而又未識《列子》更爲道士末流開方便之門也。即如本節教人吝惜一毛,苟充類而引申之,則通身舉體,無内外鉅細,皆必寶重愛護,即涕唾便溺,亦一視同珍。故《全晉文》卷一一六葛洪《養生論》祇教少思、少言等十二少,《全唐文》卷七三九施肩吾《識人論》亦祇教“不欲遠唾以損氣”,而《雲笈七籤》卷三二《養性延命録》、卷三三《攝養枕中方》等於“十二少”

之外，諄諄命人“終日不涕唾”；《雲仙雜記》卷八引《河中記》：“方山道人時元亨鍊真厭世三十餘年，精唾涕淚俱惜之”；李日華《六硯齋筆記》卷二、《三筆》卷四皆記李赤肚“禁人不得洩氣，大小遺節忍至十日半月”。道士中有識者，未嘗不以爲訴厲，如《全唐文》卷九二六吴筠《金丹》：“或閉所通，又加絶粒，以此尋之，死而最疾”，正指斯類。自不肯拔一毫而至於不願漏一滴、出一息，讀《列子》託爲楊朱之言，可見霜而知冰矣。

九 説 符

“宋有蘭子者，以技干宋元”；《註》：“凡人物不知生出者謂之蘭也。”按蘇時學《爻山筆話》謂“今世俗謂無賴子爲‘爛仔’，其義疑本於此”。竊意蘇説近是，“蘭子”即後世之“賴子”；李治《敬齋古今黈》卷二《富歲子弟多賴》條、翟灝《通俗編》卷一一《賴子》條皆引《五代史·南平世家》，謂“猶言無賴”，惜未上溯《列子》之“蘭子”。宋祁《景文集》卷四八《舞熊説》：“晉有蘭子者”云云，正用《列子》之字以指《五代史》所言之人。《儒林外史》第四二回：“被幾個喇子囮着”，《紅樓夢》第三回：“潑辣貨，南京所謂辣子”，皆一音之轉。元曲《隔江鬭智》第一折周瑜曰：“那癩夫諸葛亮”，“癩”亦“賴”字之變，非謂孔明患伯牛之疾也。

【增訂二】《孤本元明雜劇》有《五馬破曹》，劇中曹操屢呼諸葛亮爲“懶夫”，如第三折：“這懶夫足智多謀”，第四折《楔子》：“這懶夫好狠也!”“懶”同“蘭”、“賴”、“癩”、“喇”，非謂孔明如嵇叔夜之“不堪”，亦猶“癩”非謂孔明如冉伯牛之“有疾”也。《雜劇》中《九宫八卦陣》第二折李逵駡羅真人：“這懶夫好無禮也！……你個能避懶的村夫有甚見識!”“懶”

即“避懶”，“避懶”同“僛懶”，無賴也，如《西遊記》第一六回行者反詰唐僧：“老孫是這等僛懶之人？幹這等不良之事？”

“東方有人焉，曰爰旌目，將有適也，而餓於道。狐父之盜曰丘，見而下壺餐以餔之”云云。按《吕氏春秋・介立》篇記此事，稱爰旌目不食盜食爲能“辨義”而輕生。即陸機《猛虎行》所謂：“渴不飲盜泉水，熱不息惡木陰；惡木豈無枝？志士多苦心。”劉向《新序》亦采其事入《節士》篇。《列子》則譏爰旌目曰：“是失名實者也”，已屬翻案議論。汪中《述學》補遺《狐父之盜頌》厥詞大放，乃歎美盜丘若不容口：“悲心内激，直行無撓。吁嗟子盜，孰如其仁！用子之道，薄夫可敦。悠悠溝壑，相遇以天。孰爲盜者，吾將託焉！”此盜居然遂似梁山泊好漢之鼻祖[1]，又一大翻案。汪氏侘傺牢騷，《經舊院弔馬守真文》之弔娼與此篇之頌盜，適堪連類。然周密《癸辛雜識》續集卷上載宋末龔開《宋江三十六人贊》已稱“盜賊之聖”；明季而還，《水滸傳》盛行，汪氏許狐父之盜以“仁”，正同流俗推梁山泊好漢爲“忠義”，似奇論而實常談耳。又按《吕氏春秋》及《列子》均謂狐父之盜名“丘”，而《莊子・盜跖》訶孔子曰：“盜莫大於子，天下何故不謂子‘盜丘’？”無心偶合乎？抑有意影射耶？《莊子・胠篋》言“盜亦有道”，贊“盜”亦即“聖人”，《盜跖》乃斥“聖人”亦即“盜”。《列子・天瑞》齊之國氏、向氏節東郭先生曰：“若一身庸非盜乎？盜陰陽之和以成若生、載若形，況外物而非盜哉？”云云，則不特“聖

---

① Cf. M. Praz, *The Romantic Agony*, tr. A. Davidson, 83, 357 (the nobie bandit).

人”，芸芸衆生，無非“盜”者。《陰符經》卷中：“天地、萬物之盜，萬物、人之盜，人、萬物之盜”，更擴而充之，莫黑非烏，莫赤非狐，天地、人、物，等爲“盜”爾。莎士比亞劇中一憤世者語羣盜(bandits)謂：日、月、水、土莫不行同盜賊(The moon's an arrant thief, etc.)，凡百行業亦即穿窬(there is boundless theft/In limited professions)，舉目所見，人乎物乎，一一皆盜賊也(each thing's a thief; all that you meet are thieves)①；亦猶是矣。

“楊朱之弟曰布，衣素衣而出，天雨，解素衣，衣緇衣而反。其狗不知，迎而吠之。楊布怒，將扑之”；《註》：“不内求諸己而厚責於人，亦猶楊布服異而怪狗之吠也。”按《列子》取《韓非子·説林》下楊布之狗事，以喻行己接物之道，張湛註是也。然尚可觸類而通，更端以説。苟衡以明心見性之學，則此事足徵狗之智力祇解聯想(association)而不解分想(dissociation)；博物者言狗辨别事物，藉鼻嗅甚於藉目視，姑置勿論也可。

【增訂二】《説文解字》以“臭”字入《犬》部：“禽走，臭而知其迹者，犬也。從‘犬’、從‘自’。”當作如此句讀；“禽”即獸，“其”即已“走”之“禽”，“自”者，《説文》：“自：鼻也，象鼻形。”造字者正以嗅覺爲犬之特長，故借“犬鼻”泛示百凡人禽聞根之能所。“臭而知迹”之“臭”非名詞而是動詞，即“嗅”，《論語·鄉黨》之“三嗅而作”正同《荀子·禮論》之“三臭不食”。段玉裁讀“禽走臭而知其迹者”爲一句，註曰：“‘走臭’猶言逐氣；犬能行路蹤踪前犬之所至，於其氣知之也。……引伸假借爲凡氣息芳臭之稱”；蓋讀破句，文遂

① *Timon of Athens*, IV. iii. 427ff..

不詞，因從而曲解焉。“其”字失所系屬，於是犬一若僅能追知犬類之氣息者！則“走狗烹”何待“狡兔死”乎？

【增訂三】英國哲學家嘗謂狗亦自有“推理體系”（the dog's system of logic），兩言以蔽曰：“物而有，必可嗅；嗅不得，了無物”（What is smells, and what does not smell is nothing—F. H. Bradley, *Principles of Logic*, I, 31）；可佐許慎張目。

《左傳》成公三年晉侯享齊侯，“齊侯視韓厥，韓厥曰：‘君知厥也乎？’齊侯曰：‘服改矣’”；杜預註：“戎服、異服也；言服改，明識其人。”齊侯高出於楊布之狗者，以其知隨身之服（varying concomitants）非即身耳。後世詞章本狗認衣不認人之旨，另樹一義，與《韓》、《列》相待相成。元曲紀君祥《趙氏孤兒·楔子》屠岸賈道白有云：“將神獒鎖在淨房中，三五日不與飲食。於後花園紮下一個草人，紫袍玉帶，象簡烏靴，與趙盾一般打扮，草人腹中懸一付羊心肺。某牽出神獒來，將趙盾紫袍剖開，着神獒飽餐一頓，依舊鎖入淨房中，又餓了三五日，復行牽出那神獒，撲着便咬，剖開紫袍，將羊心肺又飽餐一頓。如此試驗百日，度其可用。……某牽上那神獒去，其時趙盾紫袍玉帶，正立在靈公坐榻之邊。神獒見了，撲着他便咬。”《史記·趙世家》、《新序·節士》、《說苑·復恩》等記下宮之難，皆未道屠岸賈飼獒，紀君祥匠心獨運，不必別有來歷。嘗見莫泊桑小說，寫寡婦有獨子爲人殺，欲報仇，而無拔刀相助者，因紮草爲人（l'homme de paille），加之衣巾，取香腸（un long morceau de boudin noir）繞其頸如領帶（une cravate）；亡子舊畜牝犬（la chienne “Sémillantc”）頗猘，婦鏈繫之於草人傍，不與食兩晝夜，然後解鏈，犬即怒撲草人嚙其頸斷；如是者三月，婦往覓子仇，嗾犬噬而殺焉[1]。十八世紀法國神甫(le Père Prémaire)曾譯《趙氏孤兒》(*Le Petit Orphelin de la Maison de Tchao*),盛傳歐洲,莫泊桑殆本《楔子》謀篇而進一解歟?

【增訂三】近世滑稽小説名家嘗寫一少年採動物訓練者(those animal-trainer blokes)之法,以太妃糖餌稚子,俾代己求婚(P. G. Wodehouse, *Carry on, Jeeves*!: "Fixing it for Freddie"),與莫泊桑所言"食化",莊諧異施矣。

楊布之狗覩衣異而謂着衣者亦異,屠岸賈之獒覩衣同而謂着衣者亦同,事反而理合,貌異而心同。其義藴即心理學所言"比鄰聯想"(association by contiguity)、生理學所言"條件反射"(conditioned reflex)者是[2]。更前於元人院本,則有如南唐譚峭《化書·食化》云:"庚氏穴池,構竹爲凭檻,登之者,其聲策策焉。辛氏穴池,構木爲凭檻,登之者,其聲堂堂焉。二氏俱牧魚於池,每凭檻投餌,魚必踴躍而出。他日但聞策策、堂堂之聲,不投餌亦踴躍而出。則是庚氏之魚可名'策策',辛氏之魚可名'堂堂',食之化也";又南宋陳善《捫蝨新話》卷四云:"陳文壽嘗語余:'人有於庭欄間鑿池以牧魚者,每鼓琴於池上,即投以餅餌。……其後魚聞琴聲丁丁然,雖不投餅餌,亦莫不跳躍而出。客不知其意在餅餌也,以爲瓠巴復生。'予曰:'此正宋齊丘所謂食化者。'"飼獒、餌魚,與巴甫洛甫之啗狗使流饞涎(salivation),同歸"食之化也"。是故屠岸賈之狗不特遥踵楊布之狗,

---

① Maupassant: "Une Vendetta", *Contes du Jour et de la Nuit*, Conard, 137 ff..

② G. H. S. Razran, *Conditioned Responses*, 5: "Association is not a special attribute of the mind, but a universal property of protoplasm."

抑且隱導巴甫洛甫之狗矣。

“齊田氏祖於庭，食客千人，中坐有獻魚雁者”云云。按參觀《老子》卷論五章。《列子》此事全本《孔叢子》附孔臧所撰《連叢》卷下：“季彦見劉公，客適有獻魚者，公熟視魚，歎曰：‘厚哉天之於人也！生五穀以爲食，育鳥獸以爲肴。’衆坐僉曰：‘誠如明公之教也！’季彦曰：‘賤子愚意竊與衆君子不同。萬物之生，各稟天地，未必爲人，人徒以知，得而食焉。……伏羲始嘗草木可食者，一日而遇七十二毒，然後五穀乃形，非天本爲人生之也。故蚊蚋食人，蚯蚓食土，非天故爲蚊蚋生人、蚓蟲生地也。……’公良久曰：‘辯哉！’”《太平御覽》卷四六四引王瑱《童子傳》記孔林年十歲對魯相劉公語同，“魚”作“雁”。桓譚《新論·祛蔽》篇記與劉伯玉辯，劉曰：“天生殺人藥，必有生人藥也”；答曰：“鈎吻不與人相宜，故食則死，非爲殺人生也。譬若巴豆毒魚，礜石賊鼠，桂害獺，杏核殺豬，天非故爲作也。”《孔叢子》、《列子》言養生之物，《新論》言殺生之物；兩義相成，如函得蓋。屠隆《鴻苞集》卷二九《戒殺文示諸子》云：“迷人不知，乃藉口天生萬物本以資人食養。嗟乎！如虎狼遇人則食，天豈以萬物之命供人，乃又以人之命供虎狼耶！”；虞淳熙《虞德園先生集》卷二〇《〈天主實義〉殺生辨》云：“若曰‘天生肉食海物以養人’，將曰‘天生人以養毒蟲毒獸’乎？彼非人不飽，猶人非物不飽也”；王弢《蘅華館詩録》卷二《記李壬叔所述語》云：“佛氏戒殺生，西儒尤斥絶。昔有艾約瑟，談佛喜闢佛；偶詣國清寺，與僧成面折。兩争未得平，僧笑其詞拙：‘猛虎居深山，搏人以爲活；天生人於世，豈亦爲彼設？虎意或如斯，子言殊未必！’艾君置不言，頰赬詞已竭。李七歸述之，使我解糾結。”三家皆助釋氏張目，而持論如拾鮑氏之子唾餘。

【增訂三】《河南程氏外書》卷八程頤論“佛戒殺生”曰：“儒者……一説天生禽獸本爲人食。此説不是。豈有人爲蟣蝨而生耶？”

【增訂四】洪亮吉《卷施閣文甲集》卷一《意言·百物篇》駁“天生百物專以養人”之説尤詳，然非助釋氏張目，而陰申《論衡·自然篇》之緒，亦即《老子》五章王弼註之意也。

《列子》此節似亦潛襲儒書以陰申佛教，孔臧之於異端，不啻齎盜糧矣！晉、宋以還，道士剽掠釋典，造作《化胡》、《西昇》等《經》，鄙惡可笑，鈍賊無意智，更下於《天瑞》篇之向氏爲盜。若夫空空妙手，竄取佛説，聲色不動，蹤踪難尋，自有《列子》在。蓋擬議以成變化，異乎撏撦割裂，能脱胎换骨，不粘皮帶骨。故自宋至清，談者祇以爲釋典與《列子》暗合，或反疑釋典攘竊《列子》，真類《南齊書·高逸傳》載顧歡《夷夏論》所嘲：“是吕尚盜陳恒之齊，劉季竊王莽之漢也！”盜而能使聽訟者反坐主人，《荀子·非十二子》所謂“賊而神”，《法言·淵騫》所謂“穿窬之雄”，《列子》有焉。《天瑞》篇之國氏爲盜，殆如夫子自道矣。

“乞兒曰：‘天下之辱，莫過於乞。乞猶不辱，豈辱馬醫哉！’”按嵇康《難〈自然好學論〉》：“俗語曰：‘乞兒不辱馬醫。’”《列子》此節當是“俗語”之演義也。

【增訂三】《列子》此篇尚有“人有亡鈇者，意其鄰之子”云云一節，全本《吕氏春秋·去尤》，歷世傳誦。《太平御覽》卷七六三《器物部》八引《玄晏春秋》亦云：“鄰人亡斧及雞，意余竊之。居三日，雞還，斧又自得，鄰人大愧。”遂若親遭其事者，又平添一雞。

焦氏易林

三一則

一　焦延壽易林

《日知録》卷一八疑世傳《易林》爲東漢人著而嫁名焦延壽。《後漢書·崔駰傳》記崔篆撰《易林》，又《儒林傳》上本《連叢》下記駰"以家《林》爲孔僖筮"；清儒遂欲奪之焦以歸於崔，牟廷相、丁晏輩如訟師之争産然。《方術傳》下記許曼之祖父峻者，"所著《易林》，至今傳於世"，則角立之兩增而爲鼎峙之三。《禮記·月令》孔《正義》引《易林》："震主庚、子、午，巽主辛、丑、未"云云，與此書體制迥異，是别有《易林》，不知即出誰手；

【增訂三】《月令》孔《正義》引《易林》，見《季夏之月》節"季夏行春令"云云下，孔按曰："是未屬巽也。"李石《續博物志》卷四："《易林》曰：'巽爲雞，雞鳴節時，家樂無憂'"；亦不見今本《易林》。《續博物志》卷六又曰："後漢崔篆著《易林》六十四篇"，豈所引語出崔書歟？

惠棟《易漢學》卷四遽以歸於"焦氏又得之周、秦以來先師之所傳"，武斷尤必矣。焦歟、崔歟，將或許歟，姓氏偶留，而文獻尟徵，苟得主名，亦似於知其人、讀此書，無甚裨益。竊欲等楚弓之得失，毋庸判兒貓之是非也。漢、宋皆用爲占候射伏之書；

《四庫提要》卷一〇九、梁玉繩《瞥記》卷一均引《東觀漢紀》載永平五年事，黄伯思《序》道雍熙二年事，程迥《雜識》道宣和末、紹興末事，歷歷可徵。劉斧《青瑣高議》後集卷一〇《僧卜記》言張圭、馬存求異僧占"食禄"之地，得《潰卦》與《散卦》，張曰："《易》中無《潰》、《散》二卦"，僧曰："此乃焦貢《易林》言也"；《易林》初無此二卦，而亦徵焦書在宋爲流俗之所熟聞，卜筮者杜撰卦文，至託其名以售欺誑衆矣。黄伯思《序》已許其"文辭雅淡，頗有可觀覽"；有明中葉，談藝之士予以拂拭，文彩始彰，名譽大起。術數短書得與於風雅之林者，楊慎實有功焉，庶幾延壽或篆抑峻之後世鍾期乎。楊有仁編《太史升菴全集》卷五三摘《易林》佳句，歎爲"古雅玄妙"，而嗤世人無識，"但以占卜書視之"。

【增訂四】王世貞《藝苑卮言》卷二："延壽《易林》、伯陽《參同》，雖以數術爲書，要之皆四言之懿，《三百》遺法耳。"卷七謂馮惟訥《古詩紀》當"補録"《易林》。于慎行《穀山筆麈》卷七："予讀《焦氏易林》，其詞古奥爾雅而指趣深博，有《六經》之遺，非漢以下文字。然世徒以爲占卜之書，學士勿誦也。"于氏似未聞楊慎、王世貞早已稱賞是書者，於以見後來鍾、譚拂拭《易林》之功不小也。

鍾惺、譚元春評選《古詩歸》，甄録諸《林》入卷四，讚賞不絶口，曰："異想幽情，深文急響"，曰："奇妙"，曰："簡妙"，曰："《易林》以理數立言，文非所重，然其筆力之高、筆意之妙，有數十百言所不能盡，而藏裹迴翔於一字一句之中，寬然而餘者。"竟陵之言既大行，《易林》亦成詞章家觀摩胎息之編。如董其昌《容臺詩集》卷四有七律，題云：《癸亥元日與林茂之借

〈焦氏易林〉，貽以福橘五枚，茂之有作，依韻和之》；林古度固嘗屬鍾、譚詩派者（《林茂之詩選》王士禛序："見鍾伯敬、譚友夏而悦之，一變爲幽隱鉤棘之詞"；《天池落木菴存詩》不分卷《林茂之與竟陵先生始昵終隙，……突而惠詩，答以此篇》）。倪元璐《倪文正公遺稿》卷一《畫石爲祝寰瀛》，有董瑞生評："造句著情，《易林》遜其簡辣"；李嗣鄴《杲堂文鈔》卷四《後五詩人傳》稱胡一桂四言詩："奇文奥義，識學兼造，當是焦延壽一流，爲後來詞人所絶無者。……猶得存此一卷詩，使後世與《易林》繇辭並讀。"蓋《易林》幾與《三百篇》並爲四言詩矩矱焉。漢人依傍《易經》之作，尚有揚雄《太玄經》；雄老於文學，慘淡經營，而偉詞新喻如"赤舌燒城"（《干》之次八；柳宗元必賞此語，《河東集》卷二《解祟賦》："胡赫炎燻熇之烈火兮，而生夫人之齒牙！"正敷演其象）、"童牛角馬"、"垂涕累鼻"、"割鼻食口"、"嚙骨折齒"、"海水羣飛"（《劇》之上九，亦見《劇秦美新》）等，屈指可盡，相形而見絀也。

馮班《鈍吟雜録》卷三云："古人文章自有阡陌，《禮》有湯之《盤銘》、孔子之《誄》，其體古矣。乃《三百五篇》都無銘、誄，故知孔子當時不以爲詩也。馮惟訥《古詩紀·古逸》盡載銘、誄、箴、誡，殆失之矣。騷、賦亦出於詩，與詩畫界。有韻之文，不得直謂詩。《書》曰：'詩言志'，《詩·序》曰：'發乎情。'王司寇欲以《易林》爲詩，直是不解詩，非但不解《易林》也。夫鏡圓餅亦圓，餅可謂鏡乎？"限局以疑遠大，似是而非之論也。《三百五篇》無箴、銘、誄而有頌，《周頌》、《商頌》、《魯頌》累牘盈卷，是"孔子當時"以頌爲詩矣。陸機《文賦》曰："誄纏緜而悽愴，銘博約而温潤，箴頓挫而清壯，頌優游以彬蔚”，以四體連類。豈頌獨“言志”、“發情”，而誄之“纏綿悽愴”，不得爲“言志”、“發情”乎？亦見《三百五篇》之體例，未足資别裁之所依據矣。元稹《樂府古題·序》言《詩》、《騷》以後，“詩之流爲二十四名，……皆《詩》人六義之餘”，頌、銘、箴、誄，赫然都與其數，馮氏敢以譏“王司寇”者上譏元相耶？“有韻不得直爲詩”，其言是也。然科以所標“言志”、“發情”，則“有韻”之名“詩”者亦每“不得直爲詩”，如鍾嶸《詩品·序》即擯“平典似道德論”；而“有韻”之向不名“詩”者，却“直”可“爲詩”而無害。蓋祇求正名，渾忘責實，知名鏡之器可照，而不察昏鏡或青緑斑駁之漢、唐銅鏡不復能照，更不思物無鏡之名而或具鏡之用，豈未聞“池中水影懸勝鏡”（庾信《春賦》）耶？甚至“以溺自照”、“以影質溺”（王世貞《弇州四部稿》卷一五〇《藝苑巵言》評謝榛、湯嘉賓《睡菴文集》卷三《王觀生近藝序》、阮大鋮《春燈謎》王思任《序》）耶？

【增訂三】《河南程氏外書》卷一〇程頤述宋仁宗時王隨語：“何不以溺自照面，看做得三路運使無？”此語見諸載籍，殆莫早於是，然必先已爲常談矣。明、清小説院本中習道之，如《金瓶梅》第一一回西門慶罵孫雪娥、《儒林外史》第三回胡屠户罵范進，《綴白裘》第一二集卷二《四節記·嫖院》賈志誠打諢且實演其事。

《晏子春秋》内篇《雜》下之一諷齊景公“懸牛首於門而賣馬肉於内”，此言常施於賣主者也。然倘買客舌不知味，目論耳食，其將見市招而購老馬之蹄，謂爲犓牛之腴，朵頤大嚼，且以飫享太牢自誇而誇諸人。談藝者輕心輕信，顧名忽實，則“文”、“筆”等辨體之名，“性靈”、“復古”等分派之名，“唐詩”、“宋詩”等斷代之名，“江左齊梁文”、“河朔魏周文”等因地之名，以及某人或某作當時若後世之盛名大名，皆可作如是觀，無一非懸門之牛首耳。欲食牛者，得馬肉而津津焉啖之，癖嗜馬者，覩牛首而望望然去之，其失惟均矣。

《易林·益》之《革》：“雀行求粒，誤入罟罭；賴仁君子，復脱歸室”（《師》之《需》等略同），又《大有》之《萃》：“雀行求食，出門見鷂，顛蹶上下，幾無所處”；可持較曹植《野田黄雀行》：“不見籬間雀，見鷂自投羅？羅家見雀喜，少年見雀悲，拔劍捎羅網，黄雀得飛飛”，又《鷂雀賦》：“向者近出，爲鷂所捕，賴我翻捷，體素便附。”《坤》之《既濟》：“持刃操肉，對酒不食，夫行從軍，小子入獄，抱膝獨宿”（《復》之《剥》等略同）；可持較古詩《十五從軍征》：“烹穀持作飯，采葵持作羹，羹飯一時熟，不知貽阿誰。”《乾》之《訟》：“罷馬上山，絶無水泉，喉焦脣乾，舌不得言”（《震》之《姤》等略同）；又似兼《隴頭歌辭》與《隴頭流水歌辭》“西上隴阪，羊腸九回，寒不能語，舌卷入喉”。“雲從龍”，《易·乾》卦語也，《易林·同人》之《蠱》鋪陳之：“龍渴求飲，黑雲影從；河伯捧觴，跪進酒漿，流潦滂滂”（《未濟》之《鼎》等略同），境物愈詼詭矣。“脣亡齒寒”，《左傳》僖公五年諺也，《易林·未濟》之《遯》引申之：“脣亡齒寒，積日凌根，朽不可用，爲身災患”（參觀《訟》之《復》：“蹇兔缺脣，行難齒寒”），情詞加急切矣。《枯魚過河泣》，寥寥二十字而首尾完具之故事也，“夫函牛之鼎沸，而蠅蚋弗敢入”，又《淮南子·詮言訓》家常習近之喻也；《易林·大畜》之《觀》飾後喻以類前事：“三蛆逐蠅，陷墮釜中，灌沸渰殪，與母長訣”（《鼎》之《訟》等略同），取瑣穢之物以譬慘戚之況，相映成趣矣。異想佳喻，俯拾即是，每可比

《善哉行》瑟調；苟不知爲卜筮之辭，馮氏暗中摸索得之，當亦"直謂'詩'"，何期覿面不相識也!《易》有"象"而《詩》有比，皆擬之形容，古人早已相提並舉，具詳《易》卷論《乾》。瓶器異而水相同，燈燭殊而光爲一，馮氏譏王士禛"不解"，余則美其通識真賞，能與楊慎輩相視莫逆。沈德潛《古詩源》録及箴、銘，而不取《易林》，倘懾於馮氏之論歟?

【增訂三】占卜之詞不害爲詩，正如詩篇可當卜詞用。《堅瓠秘集》卷五《籤訣》記"射洪陸使君廟以杜少陵詩爲籤，亦驗"，即是一例。西方古時亦取荷馬、桓吉爾史詩資占鬮，《巨人世家》一章嘗詳道之（*Le Tiers Livre*，ch. x："Comment Pantagruel remonstre a Panurge difficile chose estre le conseil de mariage, et des sors homeriques et virgilianes"）。若拘馮氏"文章阡陌"之論，則三大家且因此而不得與於詩流耶?

【增訂四】《堅瓠秘集》一則全本《老學菴筆記》卷二；《劍南詩稿》卷四七有五言古詩五首，題亦云：《予出蜀日，嘗遣僧則華乞籤於射洪陸使君廟，使君以老杜詩爲籤，予得〈遣興〉詩五首中第二首，其言教戒甚至……》。

《易林》之作，爲占卜也。詔告休咎，不必工於語言也。章學誠《文史通義》内篇一《詩教》下所謂："焦貢之《易林》、史游之《急就》，經部韻言之，不涉於詩也。"顧乃白雉之筮出以黄絹之詞，則主旨雖示吉凶，而亦借以刻意爲文，流露所謂"造藝意願"（si carica l'operazione utilitaria/d'un intenzionalità formativa）①。

① L. Pareyson, *Estetica*, 2ª ed., 39.

已越“經部韻言”之境而“涉於詩”域，詩家祇有愕歎不虞君之涉吾地也，豈能痛詰何故而堅拒之哉！卜筮之道不行，《易林》失其要用，轉藉文詞之末節，得以不廢，如毛本傅皮而存，然虎豹之鞹、狐貉之裘，皮之得完，反賴於毛。古人屋宇、器物、碑帖之類，流傳供觀賞摩挲，原皆自具功能，非徒鑑析之資。人事代謝，製作遞更，厥初因用而施藝，後遂用失而藝存。文學亦然；不須遠舉，即拾《升菴全集》同卷所稱酈道元《水經注》爲例也可。酈書刻劃景物佳處，足並吴均《與朱元思書》而下啓柳宗元諸游記，論者無異詞，至有云：“古人記山水手：太上酈道元，其次柳子厚，近時則袁中郎”（張岱《瑯嬛文集》卷五《跋〈寓山志〉》之二）。顧輿地之書，模山範水是其餘事，主旨大用絶不在此。則言文而及酈《注》者，亦將被訶爲“直不解文，非但不解《水經注》”歟？山膏善罵，竊恐似仰空而唾、逆風而溺，還汙着於己身耳！議論類馮氏者不少，如阮元《揅經室三集》卷二《書梁昭明太子〈文選序〉後》，即力言經、史、子不得爲“文”。蓋皆未省“詩”與“文”均可由指稱體制之名進而爲形容性能之名（considerare la poesia piuttosto come aggettivo che come sostantivo）①。名義沿革，莫勿如是，非特“詩”、“文”，參觀《史記》卷論《律書》。斤斤欲“正名”而“定名”者，未

① D. G. Ruggiero, *La Filosofia Moderna*, III, 66－7（Vico）. Cf. E. Staiger, *Grundbegriffe der Poetik*, “Nachwort”, 5. Aufl., 236－7：“Die Substantive Epos, Lyrik, Drama gebraucht man in der Regel als Namen für das Fach, in das eine Dichtung als Ganzes nach bestimmten äusserlich sichtbaren Merkmalen gehört. Die Adjektive lyrisch, episch, dramatisch dagegen erhalten sich als Namen einfacher Qualitäten, an denen eine bestimmte Dichtung Anteil haben kann oder auch nicht”.

一思“可名非常名”之事理爾。

【增訂四】倘過信阮元《書〈文選序〉後》拘墟之説，六代人談藝語即每扞格難通。例如《晉書·傅咸傳》云：“好屬文論，雖綺麗不足，而言成規鑒。潁川庾純常歎曰：‘長虞之文近乎詩人之作矣！’”是“綺麗不足”之“文論”可被“詩人之作”之目。苟科以“正名”之律，豈非自語相違之醉囈哉！

二　乾

《乾》："道陟石阪，胡言連蹇；譯瘖且聾，莫使道通。請謁不行，求事無功。"按段成式《酉陽雜俎》續集卷四《貶誤》門謂梁元帝《易連山》引《歸藏斗圖》與此文同，"蓋相傳誤也"。《師》之《升》云："耳目盲聾，所言不通；佇立以泣，事無成功。"兩林詞意相近，近世所謂羣居而仍獨處(la solitude en commun, solitary confinement inside one's self)、彼此隔閡不通(failure in communication)之境，可以擬象。《舊約全書》載巴別城(the curse of Babel)事，語言變亂不通(confound their language)，則不能合作成功①，亦可印契。"胡言"者，胡人之言，即外國語，非譯莫解；而舌人既聾且啞，道心之路榛塞，得意之緣圮絶。徒居象寄狄鞮之名，全失通欲達志之用；北斗南箕，六張五角，情事更可笑憫。《文子·符言》記老子曰："夫言者所以通己於人也，聞者所以通人於己也。既瘖且聾，人道不通"(《淮南子·泰族訓》同，增"瘖者不言，聾者不聞"二句)。

【增訂二】《穀梁傳》文公六年："且瘖且聾，無以相通。"

① *Genesis*, 11, 6-8.

夫“譯”一名“通事”，尤以“通”爲職志，却竟“人道不通”，《易林》視《文子》進一解矣。殊方絶域之言，兜離繆糾，耳得聞而心莫能通；浸假則本國語之無理取鬧、匪夷所思者，亦比於外國語之不知所云。“胡説亂道”之“胡”，即“胡虜”、“胡馬”、“胡服”之“胡”。由言而及行，遂曰“胡作妄爲”，猶《孟子·滕文公》“南蠻鴃舌之人，非先王之道”，言既“鴃舌”，行必“貊道”。《太平御覽》卷七九九引《風俗通》：“‘胡’者互也，言其被髮左衽，言語贄幣，事殊互也”；葉適《習學記言序目》卷二〇：“《詩》、《書》所以號名‘蠻’、‘夷’、‘戎’、‘狄’者，以其無禮義忠信，爲相别異之稱也，初不論遠近内外。……春秋以後，……先王之道盡廢，華戎無別，混爲一區，於是九州之内，但以地勢爲中夏”；章炳麟《新方言》卷二《釋言》：“胡、倭、蠻，四裔之國也；今謂行事無條理、語言無倫次曰‘胡’，浙江别謂之‘倭’，凡專擅自恣者，通謂之‘蠻’。”蓋邦域族類之名本寓美刺，然就地定名，可以遷地而成通稱，非從主而不可假人者(non-adherent)。俗情我慢自大，異族非種，每遭鄙訕(offensive nationality)，人地之號變爲品藻之目；如清代俗語謂人或事飾僞無實曰：“西洋景一戳就穿”（參觀張塤《竹葉菴文集》卷一一《雜詠京師新年諸戲》之七《西洋景》：“意大利亞國，天西大小洋，人心能假託，物理本恢張”），謂災禍將起曰：“要鬧西洋”（見包世臣《齊民四術》卷一一《致廣東按察姚中丞書》），劇中打諢謂手銬爲“西洋眼鏡”、板刷爲“東洋牙刷”（《綴白裘》第一二集卷二《四節記·嫖院》），與先世之貶諷“胡”、“蠻”無異。

【增訂四】《兒女英雄傳》第一六回：“又出了這等一個西洋法

子”；彌君松頤校釋本三二七頁：“即不是正經的辦法，或歪門邪道的意思。”

古希臘之“野蠻”(barbaros)一字，本指外國人，象其音吐婁羅也，引申而指外國人之獷魯無文，更進則本國人之傖荒不學者，亦得以此命之①；正同《公羊傳》昭公二十三年所論中國而有夷狄之行，則“中國亦新夷狄也”。

【增訂三】王令《廣陵集》卷二《別老者王元之》：“一戎中侵欲内侮，猶遣萬甲彊場屯。何哉二氏日内壞，不思刷去仍資存！嘗聞古人敦氣類，皆以夷狄禽獸論”；卷一三《書墨後》：“至於二夷之荒妄雄猾……老數百年而佛，佛今千有餘年矣。”等“老”於“佛”，亦目爲“夷”、“夷狄”，一若青牛西去無異乎白馬東來者！書法正《公羊》所謂“中國亦新夷狄”，參觀2309頁。

【增訂四】石介《徂徠文集》卷六《明四誅》：“夫佛、老者，夷狄之人也。……以夷狄之教法，亂中國之教法”；卷一〇《中國論》：“聞乃有巨人名曰‘佛’，自西來入我中國，有龐眉名曰‘聃’，自胡來入我中國。……以其道易中國之道。”是老子非“化胡”而是“胡化”也！昌黎《原道》以“老”與“佛”爲“夷狄之法”，别出於“禹、湯、文、武、周公、孔子”之“先王之教”，語尚渾淪，石徂徠、王廣陵遂逕目老子

① W. Jaeger *Paideia*, tr. G. Haighet, III, 79. Cf. Gibbon, *Decline and Fall of the Roman Empire*, ch. 5, note 104, “The World's Classics”, V 552; E. J. Jacobs, ed., *Italian Renaissance Studies*, 63 (B. Varchi, *L'Ercolano*: “Questo nome *barbaro* è voce equivoca... quando si riferisce all'animo,... alla diversità o lontananza delle regioni,... al favellare” etc.).

爲“胡”、爲“夷”，並削其中國之籍矣。《劍南詩稿》卷四一《冬日讀白集作古風》第六首：“吾常慕昔人，石介與王令。……吾徒宗六經，崇雅必放鄭”；連類並舉，正以二人之勇於衛道也。

魏文帝《典論·論文》：“時有齊氣”（《文選》李善註：“言齊俗文體舒緩，而徐幹亦有斯累”，引《漢書·地理志》載齊人之歌二句爲例；似當引《漢書·薛宣、朱博傳》：“齊郡舒緩養名”、“數百人拜起舒遲”等語，更切），《魏書·島夷劉裕傳》：“意氣楚刺”；“胡言”與“齊氣”、“楚氣”，若是班乎，均以風土爲月旦耳。大慧《正法眼藏》吴潛《序》：“要得一則半則胡言漢語，覰來覰去，綻些光景”，謂取無義理語反復參究；《五燈會元》卷一七隆慶慶閑章次黄龍曰：“這裏從汝胡言漢語”，謂由其任意亂道；

【增訂四】《五燈會元》卷一六黄檗志隱章次：“一個説長説短，一個胡言漢語”；又卷二〇玉泉宗璉章次：“豈是空開脣皮、胡言漢語來?”

以“漢”對“胡”，足證“胡説”之“胡”原爲“胡言連謇”之“胡”，即外國異族。《會元》卷一九太平慧勤章次亦云：“胡言易辨，漢語難明”，而卷二〇馮楫章次：“梵語唐言，打成一塊”，又東禪思岳章次：“唐言梵語親分付”；洪邁《夷堅丙志》卷二《趙縮手》載趙《自讚》：“相逢大笑高談，不是胡歌虜沸”，謂非亂吵亂嚷。一以“梵”代“胡”，一以“虜”配“胡”，均指亂道，“胡説”本意乃胡人之語，皎然大明矣。

【增訂二】《孤本元明雜劇》中《村樂堂》頭折王臘梅：“休聽這弟子孩兒胡言漢語的!”，又《下西洋》第二折王景弘：“這厮靠後，休胡說!”二語參稽，“胡說”之“胡”本意曉然。

【增訂三】《全金元詞》一二四五頁馮尊師《沁園春》：“敢胡言貉語，説地談天”；《警世通言》卷六《俞仲舉題詩遇上皇》：“俞良帶酒，胡言漢語。”詞意明了。配“漢”之“胡”，自指外夷；配“胡”之“貉”，如《孟子·告子》“貉道也”之“貉”，即《書·武成》“華夏蠻貊”之“貊”。“胡言”而偶以“貉語”，猶《夷堅志》之以“虜沸”偶“胡歌”也。《三朝北盟會編·靖康中帙》六五黄潛善論張邦昌曰：“既得作相，便胡批亂判，安然爲之”，已同今語，竊意“亂”即“虜”音之轉耳。

佛典習言“胡、漢”，彷佛今言“中外”，如鳩摩羅什譯《大智度論·共摩訶比丘僧釋論》第六：“出家人名‘比丘’，譬如胡、漢、羌、虜，各有名字。”釋道宣《高僧傳》二集卷二載隋僧彦琮著《辯正論》，嚴辨“胡”、“梵”之名：“胡本雜戎之胤，梵唯真聖之苗，根既懸殊，理無相濫”；王國維《觀堂集林》卷一三《西胡考》上謂唐人著書皆祖彦琮。顧初唐官書如《晉書》、《隋書》，一則《姚興載記》上屢稱佛經爲“胡本”，一則《經籍志》四有“皆胡言也”、“胡僧所譯”之語；闢佛如傅奕《請廢佛法表》之“秃丁邪戒、妖胡浪語”、“胡神之堂”等，更不待言；後來禪宗語録又以“梵”、“胡”互文等訓。是彦琮定名未嘗一律遵用，王語亦祇得涯略而已。又按《文選》左思《魏都賦》：“或魋結而左言”，劉淵林註引揚雄《蜀紀》：“椎結左語，不曉文字”；王融《三月三日曲水詩序》：“左言入侍”，李善註引《蜀紀》較詳；然劉、李均未釋“左言”。《禮記·王制》：“亂名改作，執左道以亂政”；《易林·履》之《革》：“訛言妄語，傳相詿誤，道左失迹，不知所處”；《説郛》卷五王君玉《續纂》立《左科》一門，行事荒謬如“上厠回嗽口，唤人爺作‘大人’，唤自己作‘足下’”等皆屬焉。“左言”之“左”即此等義；“胡言”傍通而爲亂道，“左言”則直目胡或四裔語爲亂道矣。

《小過》：“從風放火，荻芝俱死。”按《剥》之《坤》同，“放”作“縱”；《泰》之《旅》：“從風放火，牽騏驥尾，易爲功力，因催受福”；《賁》之《觀》、《井》之《臨》同，“從”作“順”，“催”作“懼”。《淮南子·俶真訓》：“巫山之上，順風縱火，膏夏紫芝與蕭艾俱死”；《五燈會元》卷一一風穴延沼章次記僧問：“如何是臨機一句?”答：“因風吹火，用力不多”；《紅樓夢》第一六回鳳姐歷舉管家奶奶們“全掛子的武藝”，其一爲“引風吹火”，“引”視“因”、“從”、“順”更進一解。“牽騏驥尾”乃倒行逆施，與“從風放火”，事理適反。《明夷》之《大畜》、《革》之《晉》皆曰：“牽尾不前，逆理失臣”；《晉書·后妃傳》上惠賈后亦曰：“繫狗當繫頸，今反繫其尾。”竊疑“牽騏驥尾”之“尾”字譌。《吕氏春秋·重己》：“使烏獲疾引牛尾，尾絶力勯，而牛不可行，逆也；使五尺童子引其棬，而牛恣所以之，順也”；《淮南子·主術訓》：“今使烏獲藉蕃從後牽牛尾，尾絶而不從者，逆也；若指之桑條以貫其鼻，則五尺童子牽而周四海者，順也。”

【增訂二】《太玄經·勤》之次七：“勞牽，不於其鼻於其尾，弊”；范望解：“牽牛不於鼻而於尾，弊。”

意大利古掌故書亦有“捉狗牽尾”之諺(egli avessono preso un cane per la coda)，釋者曰：“將遭其噬也”(e si fossero fatti mordere)①，足相發明。

① F. Sacchetti, *Trecentonovelle*, no. 160, *Opere*, Rizzoli, 531.

《未濟》："長面大鼻，來解己憂，遺吾福子，與我惠妻。"按《需》之《升》云："凶子禍孫，把劍向門"；《否》之《巽》云："杜口結舌，言爲禍母"；《坎》之《兑》與《遯》之《未濟》皆云："酒爲歡伯，除憂來樂"；《大有》之《小過》云："長生歡悦，以福爲兄"；《睽》之《乾》與《蹇》之《同人》云："喜爲吾兄，使我憂亡"；《益》之《蠱》云："上福喜堂，見我歡兄"；《升》之《遯》云："累爲我孫"等。擬人結眷，新詭可喜。《荀子·賦篇》早有"友風而子雨"、"簪以爲父，管以爲母"之句；桓譚《新論·辨惑》篇著"鋡則金之公，而銀者金之昆弟也"之語；《後漢書·李固傳》章懷註引《春秋感精符》曰："故父天母地，兄日姊月"；魯褒《錢神論》曰："黄金爲父，白銀爲母，鉛爲長男，錫爲嫡婦"；近世如章有謨《景船齋雜記》尚載："俗謂財可當兒孫，故五金獨金、銀以'子'稱，若銅、錫、鐵則無如是矣。"然聯宗通譜，皆爲物事。《易林》鑄詞，則推及心事與情況，猶《管子·七臣七主》篇之"居爲非母，動爲善棟"，或釋典之呼"死"爲"王"、呼"老"爲"賊"，如《大般涅槃經·聖行品》第七之二即云："擒獲壯色，將付死王"，"常爲老賊之所劫奪"，"病王亦復如是"，"或爲怨賊之所逼害"。西方中世紀呼"貧"爲"夫人"（The Lady Poverty），呼"慧"爲"所歡"（Eternal Wisdom the beloved）①，後來詩家呼"慎"爲"王"（King Care）②，呼"愁"爲"媪"（Dame Cura，Frau Sorge）③，

① J. Huizinga，*Homo Ludens*，tr. R. F. C. Hull，139-40.

② Nicholas Breton："The Will of Wit"，A. H. Bullen ed.，*Poems Chiefly Lyrical from Romances and Prose-Tracts of the Elizabethan Age*，57.

③ Hyginus，*Fabulae*（*Anatomy of Melancholy*，Part I，Mem. III，Subs. X，Bell，I，314）；Goethe，*Faust*，II，Akt V，1385.

正出一轍。李咸用《短歌行》:“坎鼓鏗鐘殺愁賊”;皮日休《皮子文藪》卷一《憂賦》:“其子爲恨,其孫爲愁”;若是班乎。陸龜蒙嘗撏撦“歡伯”入詩,《對酒》:“後代稱歡伯,前賢號聖人”;黄庭堅繼響,《謝答聞善二兄》九絶之一:“身入醉鄉無畔岸,心與歡伯爲友朋”,又七:“尊中歡伯笑爾輩,我本和氣如三春。”詩文遂相沿用,如李彭《日涉園集》卷二《觀吕居仁詩》:“擊節歌之侑歡伯”;賀鑄《慶湖遺老集·拾遺·中秋懷寄潘邠老》因作狡獪:“得酒未容歡獨伯,把書端與睡爲媒”;他名則棄置若補天餘之道傍石矣。“禍母”復見康僧會譯《舊雜譬喻經》卷上之二二,略謂一國安泰無災疾,王忽問羣臣:“聞天下有‘禍’,何類?”臣莫能對,天神因化人形,以鐵索繫物似豬,入市言賣“禍母”,臣重價購取,果爲悶本愁基,致城焚國亂焉。

三　坤

《臨》："白龍赤虎，戰鬬俱怒。"按《同人》之《比》："白龍黑虎，起伏俱怒，戰於阪兆"（《益》之《比》略同），又《賁》之《坎》："虎囓龍指，太山之崖"；至《遯》之《震》："白虎推輪，蒼龍把衡"（《大壯》之《謙》同），則二物協力而不相爭。吾國好言"龍虎鬬"，南烹及吾鄉小食猶有以此命名者，如西方古博物學之言龍(draco)象鬬、又詩文之每言虎蛇或獅鱷鬬也①。《論衡·物勢篇》曰："龍虎交不相賊也"，常語"龍跳虎卧"或"龍吟虎嘯"，皆並提雙舉而非彼此相角。龍如子産之論洧淵，虎如卞莊之從管與，復各自同類相殘。均别於異類爲仇。韓愈《過鴻溝》詩："龍疲虎困割川原，億萬蒼生性命存"，則《易林》意矣。《太平廣記》卷四二三引《尚書故實》："南中旱，即以長繩引虎頭骨投有龍處"，正欲激二物使怒鬬，俾虎嘯風生、龍起雲從，而雨亦隨之。蘇軾《起伏龍行》："赤龍白虎戰明日"，其《白水山佛跡巖》："潛鱗有飢蛟，掉尾取渴虎"，情景亦彷彿。蘇

① Pliny, *Natural History*, VIII, xi, "Loeb", III, 26; Shelley: "A Vision of the Sea", 138 ff.; *The Adventures of Baron Munchausen*, Pt I, ch. I.

轍《欒城三集》卷一《久旱府中取虎頭骨投邢山潭水得雨戲作》："龍知虎猛心已愧，虎知龍懶自增氣，山前一戰風雨交，父老曉起看麥苗"；與阿兄真伯仲壎篪也。《參同契》上篇曰："白虎爲熬樞，汞日爲流珠，青龍與之俱"；蓋方士術語以水或汞爲龍而火或鉛爲虎（參觀張伯端《悟真篇》上《七言四韻》之五朱元育註），與《易林》之"白虎"、"蒼龍"，貌同心異。故《參同契》上篇又曰："古記題《龍虎》"，宋王道亦作《古文龍虎上經註疏》，皆指丹鼎燒煉。"龍虎鬬"乃成道流詩詠中濫熟詞頭，如曹鄴《寄嵩陽道人》："將龍逐虎神初王。"吕巖《七言》："龍交虎戰三週畢，兔走烏飛九轉成"；又《寄白龍洞劉道人》（亦見張伯端《悟真篇·拾遺》）："金翁偏愛騎白虎，姹女常駕赤龍身。虎來静坐秋江裏，龍向潭中奮身起；兩獸相逢戰一場，波浪奔騰如鼎沸"；又《漁父詞》："龍飛踴，虎性獰，吐個神珠各戰爭。"宋張伯端《金丹四百字》："龍從東海來，虎向西山起，兩獸戰一場，化作天地髓"；又《悟真篇》卷中《七言絶句》："西山白虎正猖狂，東海青龍不可當，兩手捉來令死鬬，化成一片紫金霜。"夏元鼎《水調歌頭》："便是蟾烏遇朔，親見虎龍吞啗，頃刻過崑崙。"郭印《雲溪集》卷六《和曾端伯安撫〈勸道歌〉》："盤旋火龍水虎，和合陰汞陽砂"（卷四《問養生於曾端伯》則云："龍虎間名字，安用分爐鼎"）。不足多舉。

《剥》："南山大玃，盗我媚妾，怯不敢逐，退然獨宿。"按猿猴好人間女色，每竊婦以逃，此吾國古來流傳俗説，屢見之稗史者也。《藝文類聚》卷九五引阮籍《獼猴賦》言猴"體多似而非類"，舉古人爲比，如"性偏凌"比韓非，"整衣冠"比項羽，有曰："耽嗜慾而眄視，有長卿之妍姿"，正取挑卓氏孀女之司馬相如爲比，斥猴之漁色耳。張華《博物志》卷九："蜀中南高山上有物如獮猴，名曰猴玃，一名馬化。伺行道婦女有好者，輒盜之以去，而爲室家。"《太平廣記》卷四四四《歐陽紇》（出《續江氏傳》）記大白猿竊取紇妻，先已盜得婦人三十輩；此篇知者最多，實《剥》林數句之鋪陳終始而已。《類説》卷一二引《稽神録・老猿竊婦人》、《古今小説》卷二〇《陳從善梅嶺失渾家》、《剪燈新話》卷三《申陽洞記》皆踵歐陽紇事。楊景賢《西遊記》院本中孫行者尚未脱故套，第九折中攝金鼎國王女爲室，正如申陽公之"攝偷可意佳人入洞"也；即回嚮皈依之後，遇色亦時起凡心，觀第一七折在女兒國事、一九折對鐵扇公主語可知。至吴承恩《西遊記》小説之石猴始革胡孫習性，情田鞠草，欲海揚塵，以視馬化、申陽，不啻異類變種矣。西方俗説，亦謂猿猴性淫，莎士比亞劇本中詈人語（yet as lecherous as a monkey）可徵也[1]。

① *II Henry IV*, III.ii.333 (Falstaff on Shallow); *As You Like It*, IV.i.153: "more giddy in my desires than a monkey." Cf. Herrick: "Lacon and Thyrsis": "Ever gamesome as an ape", *Poetical Works*, ed. L.C. Martin, 306 and 562 note.

四　屯

《小畜》："夾河爲婚，期至無船，淫心失望，不見所歡。"按《兑》之《屯》同，"淫"作"摇"；《臨》之《小過》亦同，"期至"作"水長"，"淫"作"摇"；"所歡"作"歡君"；《屯》之《蹇》："爲季求婦，家在東海；水長無船，不見所歡"（《涣》之《履》同）；《觀》之《明夷》："家在海隅，橈短流深；企立望宋，無木以趨"；《復》之《大壯》："兩崖相望，未同枕牀。"意境均類，具詳《毛詩》卷論《蒹葭》。《師》之《同人》："季姬踟躕，結衿待時，終日至暮，百兩不來"，亦相彷彿，而情事則兼《豐》之"伯兮叔兮，駕余與歸"與《氓》之"乘彼垝垣，以望復關"矣。

《豫》："重茵厚席，循皋採藿，雖躓不懼，反復其宅。"按《蒙》之《隨》、《訟》之《艮》、《坎》之《坤》皆云："猿墮高木，不踒手足；還歸其室，保我金玉"（《否》之《臨》、《復》之《震》、《益》之《豫》略同）；《比》之《謙》："蜩飛墮木，不毁頭足；保我羽翼，復歸其室。"猿蜩高墮而不傷，茵席下承而不懼，雖皆否而能亨，然有待之與無待，判以别焉。《淮南子·覽冥訓》謂赤螭、青虬"威動天地"，足使"猿狖顛蹶而失木枝"，

《主術訓》復謂“猿狖失木而禽於狐狸”;《易林》不啻爲下轉語。以猿爲喻，猶西諺之以貓爲喻(The cat falls on its feet)。英國哲學家洛克戲作《叫春貓》詩(Love and Cats)，即稱其雖墜自牆頭屋頂，却不失足，掉尾逕行，揚揚如也(But the cats when they fall/From an house or wall/keep their feet, mount their tails, and away)①;法國文家高諦葉(Gautier)自誇信手放筆，無俟加點，而字妥句適，有如擲貓於空中，其下墮無不四爪着地者(Je jette mes phrases en l'air comme des chats, je suis sûr qu'elles retomberont sur leurs pattes)②。

---

① Maurice Cranston, *John Locke*, 190.

② E. et J. de Goncourt, *Journal*, 3 Janvier 1857, Édition définitive, I, 127.

五　蒙

《萃》"黿羹芳香，染指勿嘗；口飢於手，公子恨饞。"按《需》之《解》、《未濟》之《離》皆云："一指食肉，口無所得，染其鼎鼐，舌饞於腹"；《損》之《鼎》衹三句，無"染其鼎鼐"。《履》之《萃》、《訟》之《益》、《旅》之《蠱》、《無妄》之《大畜》則又云："延頸望酒，不入我口。"後四林即《樂府詩集》卷四九《西烏夜飛》曲所云："目作宴瑱飽，腹作宛惱飢"，俗諺謂之"許看不許吃"，"眼飽肚裹飢"。

【增訂三】《全宋詞》三八四六頁徐都尉《殢人嬌》："燈前料想，也飢心飽眼"，"心"字與"肚"字作用無異，猶俗語"牽心掛肚腸"之互文一意也。

前三林則不僅眼見，抑復手觸，而終不獲入口充腸，撩撥愈甚，情味遂更難堪。然推"口飢於手"之例，當曰"腹饞於舌"，却曰"舌饞於腹"，豈言腹雖果而貪嘴未已，類《紅樓夢》第一六回所謂"還是這麽眼饞肚飽的"？"延頸"、"眼飽"，與"望梅止渴"、"畫餅充飢"等常語，取譬相類，而命意適反；一謂轉增欲慕，一謂聊可慰藉，又一喻之兩柄也。

《漸》："烏飛無翼，兔走折足，雖欲會同，未得所欲。"按烏能飛者，而喪其翼，兔善走者，而傷其足（參觀《蹇》之《損》：“脱兔無蹄，三步五罷”），正如《乾》之“譯”爲通華夷兩家之郵者，而“瘖且聾”也。人事離奇曲折，每出尋常意度，足令啼笑皆非，《易林》工於擬象。《淮南子·説山訓》：“寇難至，躄者告盲者，盲者負而走，兩人皆活，得其所能也”；而《易林·否》之《噬嗑》：“伯蹇叔盲，足病難行，終日至暮，不離其鄉”（《濟》之《艮》一、二句作：“四蹇六盲，足痛難行”）。蓋走宜爲盲者“所能”，却又值其足痛不勝步武，猶兔之折脛矣。吾鄉俗諺所謂：“正要做親［結婚］，大胖牽［腿抽］筋”（沈起鳳《文星榜》第九齣、《伏虎韜》第一六齣亦有此諺，詞小異而褻），亦言緊要時刻偏不得力，誤事掃興也。

【增訂四】《何典》第九回：“那劉打鬼正要想跑，不料夾忙頭裏膀牽筋起來，弄得爬灘弗動。”蓋蘇、常、滬等地皆有此諺。

跛恃瞽爲足，瞽賴跛爲目，有無相資，絜長補短；《淮南》舉似，無間中外。智者《法華玄義》卷一上引《百論》：“若神無觸，身不能到，如盲跛二人相假能到”；“智目行足”之語亦見卷二、卷四。希臘古詩屢詠一跛一盲，此負彼相，因難見巧，合缺成全（One man was maimed in his legs, while another has lost his eyesight. The blind man, taking the lame man on his shoulders, kept a straight course by listening to the other's orders. It was bitter, all-daring necessity which taught them how, by dividing their imperfections between them, to make a perfect whole）[1]。

---

[1] *The Greek Anthology*, IX. 11, Philippus of Isidorus, "Loeb", III, 7. Cf. IX. 12, Leonidas of Alexandria; 13, Plato the Younger; 14, Antiphilus of Byzantium (pp. 7, 9).

十八世紀法國詩人寓言中國瞽人與癱瘓人相約，秉孔子“人當互助”（Aidons-nous mutuellement）之遺訓，“我以爾視，爾以我行”（Je marcherais pour vous, vous y verrez pour moi）①。十八世紀德國文家本盲甕相須之事爲謔語云：“盲問甕：‘您行嗎?’（Wie gehts?）甕答盲：‘您瞧呢！’（Wie Sie sehen!）”②。意大利童話名著《木偶奇遇記》寫狐佯甕而貓僞盲，一嚮導，一扶持（La Volpe，che era zoppa，camminava appoggiandosi al Gatto，che era cieco，si lasciava guidare dalla Volpe）③，偕而行乞，若異病相憐，以同惡相濟。西方舊喻理智如目，能見而不能行，必與情欲合，方如有足堪步武（L'esprit est l'oeil de l'âme. Sa force est dans les passions. Suffit-il avoir la vue bonne pour marcher? Ne faut-il pas avoir des pieds? etc.）。叔本華因舊喻而翻新樣，世尤傳誦：願欲（der Wille）如瞽健兒，强有力而莫知適從，理智（der Intellekt）如跛瘓漢，炯能見而不利走趨，於是瞽者肩負跛者，相依爲命（In Wahrheit aber ist das Verhältnis Beider der starke Blinde, der den sehenden Gelähmten auf den Schultern trägt）④。

---

① Florian, *Fables*: "L'Aveugle et le paralytique", *Oeuvres*, "Collection des Grands Classiques Français et Étrangers", 33.

② G.-C. Lichtenberg, *Aphorismen*, hrsg. A. Leitzmann, III, 102; cf. *Don Quijote*, I.50, *op. cit.*, IV, 285, Sancho: "... Yà Dios y véamonos, como dijo un ciego à otro."

③ C. Collodi, *Le Awenture di Pinocchio*, cap. 12, Salani, 48; cf. cap. 36, p. 198.

④ Vauvenargues, *Oeuvres choisies*, "La Renaissance des Livres", 161; Schopenhauer, *Die Welt als Wille und Vorstellung*, Ergänzungen zum zweiten Buch, Kap. 19, "Vom Primat des Willens im Selbstbewusstseyn".

獨《易林》昭示襄助而仍唐捐之況，一破成例。智者《摩訶止觀》卷五："自非法器，又闕匠他，二俱墮落，盲躃夜游，甚可憐愍!"則又如《世説新語·排調》之《危語》詩："盲人騎瞎馬，夜半臨深池"；然語意未圓，必躃者並患雀盲，庶勿能"夜游"耳。

《節》："三人共妻，莫適爲雌，子無名氏，公不可知。"按《小畜》之《歸妹》："三婦同夫，忽不相思"（《剥》之《謙》同）；《履》之《未濟》："一雌兩雄，客勝主人"；《大有》之《小畜》："一室百子，同公異母"；《大畜》之《蠱》："一巢九子，同公共母"；《益》之《大有》："一婦六夫，亂擾不治"；《節》之《夬》："一雌二雄，子不知公。"蓋兼取女多夫與男多婦爲象焉；"客勝主人"謂外遇之得婦歡心逾於家主公耳。古希臘哲學家嘗宿妓，妓後有身，往告謂是其所種，此人答："脱汝經行刺葦叢中，肌膚剟創，汝能斷言某一葦直傷汝尤甚耶?"（You are no more sure of this than if, after runing through coarse rushes, you were to say you had been pricked by one in particular）①；十七世紀法國小説論蕩婦生子，亦有此喻，易蘆葦爲荆棘、身經爲手觸（une personne qui se seroit picquée les mains en touchant à des épines, et ne pourroit dire laquelle ce seroit de toutes qui auroit fait la blesseure）②；又常諺："兒必奇慧，方知父誰"（It's a wise child that knows its own father）③；均所謂"公不可知"、"子不知

① Diogenes Laertus, *Lives of Eminent Philosophers*, II.81, "Loeb", I, 209.

② Ch. Sorel, *Histoire comique de Francion*, Liv. II, "Société des Textes Français Modernes", II, 145; cf. "She doesn't know what briar scratched her."

③ Cf. Sacchetti, *Trecentonovelle*, no. 126, *op. cit.*, 394: "Etu come sai che tu sei figliuolo di cui tu ti tieni? non lo saprebbe né provare, né mostrare."

公”也。

【增訂二】古希臘辯士亦以“子不知公”爲騁詞鼓舌之資(Dio Chrysostom, *Discourse* XV. 4-5, “Loeb”, II, 147-9)。《全晋文》卷四九傅玄《傅子》記三男子娶一女生四子,争子而訟,則實事之早見載籍者。

六　師

《屯》："殊類異路，心不相慕；牝牛牡猳，獨無室家。"按《大有》之《姤》、《革》之《蒙》略同，"獨"作"鰥"。此可以釋《莊子·齊物論》："蝯猵狙以爲雌，麋與鹿交，鰌與魚游。毛嬙麗姬，人之所美也；魚見之深入，鳥見之高飛，麋鹿見之決驟。四者孰知天下之正色哉？"猿鹿魚鳥各愛其雌，不愛"人之所美"，即"殊類異路，心不相慕"也。《左傳》僖公四年楚子使與齊師言曰："唯是風馬牛不相及也"；《正義》："服虔曰：'牝牡相誘謂之風'"；《列女傳》卷四《齊孤逐女傳》："夫牛鳴而馬不應者，異類故也"；《論衡·奇怪篇》："牝牡之會，皆見同類之物，精感欲動，乃能授施。若夫牡馬見雌牛，雄雀見牝雞，不與相合者，異類故也。殊類異性，情欲不相得也"，與《易林》語尤類。詞章中多詠此意，如《藝文類聚》卷九二引梁元帝《鴛鴦賦》："金雞玉鵲不成羣，紫鶴紅雉一生分"；李商隱《柳枝詞》："花房與蜜脾，蜂雄蛺蝶雌，同時不同類，那復更相思？"又《閨情》："紅露花房白蜜脾，黄蜂紫蝶兩參差"；黄庭堅《戲答王定國題門》："花裏雄蜂雌蛺蝶，同時本自不作雙。"於"風馬牛"、"魚入鳥飛"等古喻，皆可謂脱胎換骨者。韓憑妻《烏鵲歌》云：

“烏鵲雙飛，不樂鳳凰；妾是庶人，不樂宋王”，亦正取“殊類異路，心不相慕”之喻，以申“使君自有婦，羅敷自有夫”之旨耳。拉丁文諺：“豕視豕美，狗視狗美，牛視牛美，驢視驢美”（Suis sui，canis cani，bos bovi，et asinus asino pulcherimus videtur）；又：“苟相愛憐，癩蟆天仙”（quisquis amat ranam，ranam putat esse Dianam）①；前一語即《易林》意，後一語則兼有《莊子》“孰知正色”及張衡《西京賦》“盛衰無常，唯愛所丁”意。伏爾泰曰：“何謂美？詢之雄蝦蟆，必答曰：‘雌蝦蟆是！’”（Demandez à un crapaud ce que c'est que la beauté，le grand beau，le *to kalon*. Il vous répondra que c'est sa crapaude）②。於同氣相求及白居易《秦中吟·議婚》所謂“人間無正色，悦目即爲姝”，蓋無不包該矣。别詳《全後漢文》卷論《西京賦》。又按姚旅《露書》卷二論《莊子》此節云：“此言魚鳥以類爲美，而不知人之美，故曰：‘四者孰知天下之正色也。’自《初學記》採‘魚鳥’二句，説者遂失其義，謂美貌爲‘沉魚落雁之容’”；是也。宋之問《浣紗篇贈陸上人》：“艷色奪人目，效颦亦相誇。一朝還舊都，靚妝尋若耶；鳥驚入松網，魚畏沈荷花”；陳普《石堂先生遺集》卷一八《戲呈友人》：“年來學道未知方，羞逐鶯花燕蝶忙。三五年加心死盡，有如魚鳥見毛嬙”；皆尚不失《莊子》之義。

《噬嗑》：“采唐沬鄉，要我桑中，失信不會，憂思約帶。”按

① Burton，*Anatomy of Melancholy*，Pt. III，Sect. I，Mem. I，Subs. II and Sect. III，Mem. III Subs. I；“Everyman's”，III，16，155.

② *Dictionnaire Philosophique*，art. “Beau”，*Oeuvres Complètes*，éd. L. Moland，XVII，556.

《臨》之《大過》、《無妄》之《恒》、《巽》之《乾》同，《蠱》之《謙》作"失期不會"。《復》之《節》："簪短帶長，幽思窮苦"，《恒》之《咸》作"苦窮"，可以合觀。皆道愁思使人消瘦，《海録碎事》卷九《聖賢人事》、《類説》卷六〇《拾遺類總》均引《愁鬼》詩所謂"特解寬衣帶，偏能損面皮"。首如飛蓬，簪則見短，猶腰如削筍，帶則見長。後世言情，印板落套，楊景賢《西遊記》第一三齣至託爲豬八戒語以諷："小生朱太公之子，往常時白白淨淨一個人，爲煩惱娘子呵，黑乾消瘦了，想當日漢司馬、唐崔護都曾患這般的症候，《通鑑》書史都收。"楊慎《太史升菴全集》卷五三、吴景旭《歷代詩話》卷二同舉《古詩十九首》之"相去日已遠，衣帶日已緩"，謂"憂思約帶"四字盡之。他如謝朓《和王主簿〈怨情〉》："徒使春帶賒，坐惜紅顏變"；徐陵《長相思》："愁來瘦轉劇，衣帶自然寬，念君今不見，誰爲抱腰看"；《讀曲歌》："逋髮不可料，憔悴爲誰覩，欲知相憶時，但看裙帶緩幾許"；此亦以帶示意者。

【增訂四】《玉臺新詠》卷一〇蕭驎《詠衵複》："纖腰非學楚，寬帶爲思君。"

劉學箕《賀新郎》："手展流蘇腰肢瘦，歎黄金兩釧香消臂"；王實甫《西廂記》第四本第三折："聽得道一聲去也，鬆了金釧；遥望見十里長亭，減了玉肌，此恨誰知?"；《兒女英雄傳》三四回、四〇回力仿之，長姐兒甫聞將小别或遠宦，即"金鐲子落地"、"衣裳的腰褙肥了就有四指"，致成笑枋。此捨帶而别以釧、鈿等示意者。李商隱《贈歌妓》第二首："只知解道春來瘦，不道春來獨自多"；趙汝茪《如夢令》："歸未！歸未！好個瘦人天氣!"；此又直言消瘦，不假物示意者，則以李清照《鳳凰臺上憶吹簫》："今年瘦，非干病酒，不是悲秋"，最爲警拔。蓋"獨自多"與"歸未"點明"瘦"之故；李詞不言"瘦"之緣由，而言"病酒"、"悲秋"皆非"瘦"之緣由，如禪宗所謂無"表言"而衹"遮言"，名學推理所謂"排除法"（method of difference），以二非逼出一是來，却又不明道是何，説而不説，不説而説。《宗鏡録》卷三四："今時人皆謂遮言爲深、表言爲淺"，此理可推之於綺語也。陳德武《望遠行》："誰道，爲甚新來消瘦，底事懨懨煩惱？不是悲花，非干病酒，有個離腸難掃"；取李語敷衍，費詞而作表言，徒成鈍置。姚燮《賣花聲》："春痕憔悴到眉姿，只道寒深耽病久，諱説相思"，與李語相較，亦復説破乏味。

《頤》："鴉鳴庭中，以戒災凶，重門擊柝，備不速客。"按《大過》之《涣》"鴉"作"烏"，"不速"作"憂暴"，《旅》之《困》作"鴉噪庭中"。俗忌烏鳴，以爲報凶，如《水滸》第七回衆潑皮聞"老鴉哇哇的叫"而"叩齒"，觀此數林，知漢世已然。《藝文類聚》卷九二引晉成公綏《烏賦》稱"烏之爲瑞久矣"，嘉其爲"祥禽"、"善禽"、"令鳥"；是古亦有以鴉爲報喜之説。薛季宣《浪語集》卷一《信烏賦》："南人喜鵲而惡烏，北人喜烏而惡鵲"；洪邁《容齋續筆》卷三："北人以烏聲爲喜，鵲聲爲非，南人反是"，並引《北齊書》及白居易詩爲例；蓋俗尚莫衷一是也。

七　比

《歸妹》："一身兩頭，莫適其軀，無見我心，亂不可治。"按《坤》之《賁》："一身五心，亂無所得"；《師》之《大畜》、《剥》之《歸妹》："一身五心，反覆迷惑"；《恒》之《泰》："一身兩頭，近適二家，亂不可治"，又《既濟》："三嫗治民，不勝其任；兩馬争車，敗壞室家"；《遯》之《需》："三首六目，政多煩惑"；《晉》之《乾》："一衣三冠，無所加元"；《益》之《大有》："一婦六夫，……莫適爲公"；《睽》之《隨》："五心六意，歧道多怪"；皆謂十羊九牧也。《小畜》之《復》又《歸妹》之《萃》："三足無頭，不知所之"；則謂蛇無頭不行也。《同人》之《乾》："一臂六手，不便於口"；《咸》之《離》："一身三口，語無所主"；《睽》之《節》："一身三手，無益於輔"；《蹇》之《未濟》："一口三舌，相妨無益"；《大畜》之《履》："三首六身，莫適所閑；更相摇動，失事便安"；《夬》之《震》："一身三口，莫適所與"；《損》之《蒙》："四手共身，莫適所閑，更相妨接，動失事便"；又謂枝多礙事也。一則號令分歧而無所適從；一則無人號令而無所適從；一則人冗誤事，官多枉法，指使欠靈，號令難行。前二事指在上位者，後一事指在下位者。《咸》之《坎》、《晉》之《噬嗑》："大尾小頭，重不可摇，上弱下强，陰制其雄"；

《蒙》之《歸妹》、《震》之《鼎》："體重飛輕，未能踰關，不離室垣"；《涣》之《頤》："大尾細腰，身不可摇"；亦皆言雖令不行，然而寓旨又别——此如《管子·霸言》所謂"上夾而下苴"，乃强大不受使令，非如彼之紛擾不中使令也。世事多方，更端莫盡，禍倚福伏，心異貌同；合觀諸《林》，亦如蒙莊寓言之穀、豹雙亡而木、雁各喜矣。"六手"、"三口"等與《晉》之《坤》、《屯》之《履》："百足俱行，相輔爲强"，適相形對照。"大尾"、"腰重"即《韓非子·揚權》："數披其木，毋使枝大本小，……枝將害心"，或《淮南子·泰族訓》："末大於本則折，尾大於腰則不掉矣"，亦即《太玄經·争》之次六："臂膊脛如，股脚膹如，維身之疾。""百足"即《文子·上德》及《淮南子·説林訓》："善用人者，若蚈之足，衆而不相害"，又《淮南子·兵略訓》："故千人同心，則得千人力，萬人異心，則無一人之用。……故良將之卒，……若蚈之足，……衆而不相害，一心以使之也"；《太玄經·鋭》之初一："蟹之郭索，後蚓黄泉。測曰：……心不一也"，范望解："用心之不一，雖有郭索多足之蟹，不及無足之蚓"，亦其意。蚈、百足蟲也；衆相輔而不相害，則如"百足"，衆不相濟而相礙，則如"六手"、"三口"、"郭索"①，未可渾同以概言耳。《睽》之《節》後半云："兩足共節，不能克敏"，另明一義；兩足而並一脛，失其所以爲兩，步武維艱矣。蓋分體方能合用，脛足之左右相須，適如齒分上下、剪分兩刃，正不以并一爲貴，言辯證法者每取爲擬喻②。參觀《易》卷論《噬嗑》。

① Cf. A. Koestler, *The Act of Creation*, 76 (The paradox of the centipede).

② W. H. Sheldon, *Process and Polarity*, 11: "To the polar opposites, right and left foot, are added the polar opposites, poise and fall—the second pair, joining with the first, give the process of advance".

《易林》雖想像"一身兩頭"，祇示兩姑之間難爲婦，僅如《韓非子·揚權》："一栖兩雄，其鬭㘖㘖；一家二貴，事乃無功；夫妻持政，子無適從"；不如《韓非子·説林》下之警切："蟲有蚘者，一身兩口，爭食相齕，遂相殺也。"《雜寶藏經》卷三亦載昔雪山有鳥，名爲"共命"，一身二頭，一頭嘗食美果，一頭生嫉，即取毒果食之，二頭俱死；《佛本行集經》卷五九記其事更詳，兩頭各有名字，"一頭若睡，一頭便覺"；《百喻經》第五四則、《雜譬喻經》第二五則言一蛇"頭尾相諍"，各欲"爲大"，致"墮火坑死"。旨同韓非，謂分必至於相爭，爭且至於同盡。釋書大行，韓非"蚘"喻相形減色，遂掩没不彰；如司空圖《共命鳥賦》（《全唐文》卷八〇七）、傅山《詠史感興雜詩》之三四（劉霦輯《霜紅龕全集》卷一）皆託共命鳥以寄慨寓諷。劉基《誠意伯文集》卷三《郁離子·天地之盜》篇："孽搖之墟有鳥焉，一身而九頭"云云，增鳥首之數如郭璞《江賦》所謂"奇鶬九頭"而已；爭食而"九頭皆傷"與共命鳥之"二頭俱死"，用意初無别焉。

八　小　畜

《屯》："取火泉源，釣魚山巔；魚不可得，火不肯然。"按《比》之《屯》、《鼎》之《旅》略同。《履》之《賁》："上山求魚，入水捕貍"；《坎》之《鼎》："探巢捕魚，耕田捕鰌"；《艮》之《遘》："操笱搏貍，荷弓射魚"；《旅》之《噬嗑》、《損》之《歸妹》："教羊逐兔，使魚捕鼠"；均可合觀。皆謂求失其所、用違其器、事反其理；猶《孟子·梁惠王》之譏"猶緣木而求魚"，《荀子·仲尼篇》、《强國篇》之嘲"猶伏而咶天，救經而引其足"，當入王琪《續雜纂》中《左科》門者。《九歌·湘君》："採薜荔兮水中，搴芙蓉兮木末"；《淮南子·説山訓》："譬如樹荷山上而蓄火井中，操釣上山，揭斧入淵"；《太玄經·勤》之上九："其勤其勤，抱車入淵，負舟上山；測曰：其勤其勤，勞不得也"；《參同契》中篇："棄正從邪徑，欲速閼不通：汲水捕雉兔，登山索魚龍，植麥欲穫黍，運規以求方"；《後漢書·劉玄傳》李淑上書："譬猶緣木求魚，升山採珠"；《晉書·夏侯湛傳·抵疑》："是猶反鏡而索照，登木而下釣。"諸若此類，直所從言之異路耳。以行事之荒謬，示世道之反常失經，别詳《楚辭》卷論《九歌》。

《夬》："福祚之家，喜至憂除，如風兼雨，出車入魚。"按末句當是本馮諼《彈劍鋏歌》之"出無輿"、"食無魚"，第三句猶舜《南風歌》之言"解慍"及《穀梁傳》僖公三年六月之言"喜雨"也。《屯》之《大有》："河伯大呼，津不得渡，船空無人，往來亦難"，大似《箜篌引》之"公無渡河"；《乾》之《隨》："乘龍上天，兩蛇爲輔"，逕用介子推《龍蛇歌》之"龍欲上天，五蛇爲輔"。此類皆掇撦馮班所謂"詩"以爲占詞者。《剥》之《恒》："羊頭兔足，少肉不飽"（《既濟》之《訟》下句作："羸瘦少肉"），則與"雞肋"比事；《需》之《隨》："田鼠野雞，意常欲逃，拘制籠檻，不得動搖"，則與"檻猿籠鳥"連類；《觀》之《需》："蒿蓬代柱，大厦顛仆"，則與"荷弱不勝梁"儷偶。詩文運古，避熟就生，可取材焉。

九　泰

《明夷》："求兔得獐，過其所望。"按《蒙》之《解》："望鷄得雛，求馬獲駒"；《復》之《咸》："求雞獲雛，買鱉失魚；出入鈞敵，利行無饒"；《復》之《困》："求犬得兔，請新遇故，雖不當路，適吾舊舍"；《無妄》之《歸妹》："捕魚遇蟹，利得無幾"；《履》之《大過》："踰江求橘，並得大栗"；《觀》之《復》："探㲉得螽，所願不喜"；《小過》之《涣》："求玉獲石，非心所欲，祝願不得。""捕魚遇蟹"即羅願《爾雅翼》卷三一引漁者諺所謂："網中得蟹，無魚可賣。"皆所得非所求，而或則過望，或則失望，或則"鈞敵"。常言類此者，失望爲多，如《詩·邶風·新臺》："魚網之設，鴻則離之"，《毛傳》："言所得非所求也"；陸璣《草木蟲魚疏》卷上："網魚得鱮，不如啗茹"；乃至《三國演義》第一〇一回諸葛亮曰："吾今日圍獵，欲射一'馬'，誤中一'獐'。"如袁準《正書》："歲在申酉，乞漿得酒"（《全晉文》卷五五）之非所求而過所望者較少，《易林》則數言之。《小過》之《蹇》："失羊捕牛，無損無憂"，又與《吕氏春秋·離俗覽》中"路之人"論"亡戟得矛"一揆。至若不獲所求而反失所有，《易林》亦屢象其情事。如《歸妹》之《損》、《巽》之《大畜》

皆云："争雞失羊，亡其金囊"；《隨》之《泰》："摶鳩彈鵲，獵兔山北；丸盡日暮，失獲無得"；《損》之《蠱》："乘牛逐驥，日暮不至，露宿多畏，亡其騂騅"；《賁》之《中孚》："騎豚逐羊，不見所望，經涉虎廬，亡豚失羊"（《乾》之《蹇》作"徑涉虎穴，亡羊失羔"，《家人》之《明夷》作"亡身失羔"）；《大畜》之《豐》："鈞鯉失綸，魚不可得"；胥《易·旅》之六五所謂"射雉，一矢亡"，即俗諺之"賠了夫人又折兵"、"偷雞不得反失米"。《易林》明事埒事，可謂粲焉大備。又按《歸妹》之《節》："張羅捕鳩，兔離其災"，即《詩·新臺》之魚網鴻離。

《節》："龜厭河海，陸行不止，自令枯槁，失其都市，憂悔爲咎，亦無及已。"按《益》之《震》同，"河"作"江"；《無妄》之《小畜》："鮹蝦去海，游於枯里；街巷迫狹，不得自在，南北四極，渴餒成疾"（《謙》之《明夷》略同），用意相似。取象即古詩所謂"枯魚過河泣，何時悔復及"，而補出"厭"字，則"悔"字得以烘托。《太玄經·去》之初一："去此靈淵，舍彼枯園"，情事殊肖，而《易林》物有主名，事具顛末，非同《太玄》之無序也。《後漢書·張衡傳》衡答客嘲作《應間》，有云："子覩木雕獨飛，愍我垂翅故棲；吾感去鼃附鴟，悲爾先笑而後號咷也"；章懷註祇言"鼃"即"蝦蟆"，王先謙《集解》引沈欽韓釋爲"若使附逐嗜腐鼠之鴟，必爲所食"，亦屬强解，仍未明"附逐"之故。等揣摩也，請對以臆可乎？竊疑當時或有俗傳，謂蝦蟆正如《易林》之龜及鮹蝦厭居水中，亦欲捨去而曠觀漫游，遂附鴟騰空，致隕身失命。桓寬《鹽鐵論·復古》篇："燕雀離巢宇而有鷹隼之憂，坎井之鼃離其居而有蛇鼠之患，況翱翔千仞而游四海乎！"頗資參印。此類寓言，各國都有。佛典載鼈欲去湖，就食遠方，乞鶴銜之飛行；一作二雁説龜遷地，銜樹枝兩端，命龜噛中間，携以高舉遠翔（《法苑珠林》卷五九引《雜譬喻經》、卷九九引《五分律》）；宋人“諺語”稱鸛鴿作東道延蟹，使鉗己足，隨以上樹杪危巢（鄭清之《安晚堂詩集》卷一〇《再和糟蟛蜞送葺芷且答索飲語》詩自《跋》）。鼇、龜皆中途墮地。西方童話亦有蛙附雁南飛之事，謂蛙中途下墮池塘，幸不死，悶絶復蘇，乃强顔飾説：“自天而降，一來觀風問俗，逝將去此爾”[1]；尤極嘲詼之致。

【增訂四】清末赤山畸士輯譯《海國妙喻》中已有《龜學飛》一則。英國民歌《青蛙與烏鴉》一篇寫蛙不甘伏處河中，鴉誘其登山跳舞，蛙爲所動，鴉援引之上岸，即吞食之(The Frog he came a-swimming, a-swimming to the land O, /And the Crow he came a-hopping to lend him his hand O. /.../And ate him all up O. —*The Frog and the Crow*, in G. Grigson, ed. *The Faber Book of Popular Verse*, 1974, pp. 67–8)。亦猶《易林》之“龜厭河海”而“陸行”遭“咎”也。

張衡所指，殆相彷彿，故曰：“先笑而後號咷”，猶《易林》之龜“憂悔無及”也。姑妄言之。

① V. Garshin: “Liagushka-Putieshestvytsa”.

一〇 大有

《豫》："雷行相逐，無有休息。"按《坤》之《泰》、《坎》之《師》、《困》之《大過》同，"休"皆作"攸"。《古詩歸》卷四鍾惺評云："二語盡雷之性情行徑；杜詩：'隱隱尋地脈'，'尋'字之妙本此"；《唐詩歸》卷一七杜甫《白水縣崔少府十九翁高齋》："何得空裏雷，隱隱尋地脈"，鍾惺評云："'尋'字妙，雷之性情盡具此一字中。"《易林》二語，工於體物而能達難寫之狀，鍾氏讀詩洵非紅紗蒙眼者。雷聲似圓而轉，故《淮南子·原道訓》曰："電以爲鞭策，雷以爲車輪"，高誘註："電激氣也，雷轉氣也"；揚雄《河東賦》亦曰："奮電鞭，驂雷輜"；《論衡·雷虛篇》曰："圖畫之工圖雷之狀，纍纍如連鼓之形"；《易林·解》之《豐》亦曰："雷鼓東行。"梅堯臣《冬雷》："嘗觀古祠畫，牛首槌連鼓"，又《觀楊之美畫》："雷部處上相與期，人身獸爪負鼓馳，後有同類挾且槌，……此畫傳是閻令爲"；則同《論衡》所言圖狀而加人物。蓋世俗傳説已融通視聽，如繪聲而觀音矣。《初學記》卷一引晉李顒《雷賦》："審其體勢，觀其曲折，輕如伐鼓，轟若走轍"；雖兼輪與鼓之喻，而未盡聲勢之殊相。《易林》以聲聲相續爲聲聲相"逐"，活潑連綿，音態不特如輪之轉，抑如後浪之趁前浪，兼輪之滚滚與浪之滚滚，鍾嶸所謂“幾乎一字千金”，可以移品。鍾惺擬之於杜句“隱隱尋地脈”，余復欲參之杜《上牛頭寺》詩云：“青山意不盡，滚滚上牛頭”，言峯巒銜接，彌望無已，如浪花相追逐，即岑參《登慈恩寺浮圖》所謂“連山若波濤，奔湊似朝東”也。英詩人（G. M. Hopkins）嘗狀雷如以銅鑼轉成大片聲音，平鋪地版（The thunder musical and like gongs rolling in great floors of sound）①；蓋謂雷聲似展面漸廣，與“逐”之謂雷聲似追踪漸遠，異曲同工。

① G. F. Lahey，*G. M. Hopkins*，155.

一一　謙

《大畜》："目不可合，憂來摇足，悚惕危懼，去我邦域。"按《萃》之《睽》、《兑》之《解》略同，"摇"皆作"搔"；《觀》之《咸》："晝卧里門，悚惕不安，目不得合，鬼搔我足"，亦相似。《淮南子·詮言訓》："心有憂者，筐牀衽席弗能安也"；《易林》以"憂來搔足"達示此意，奇警得未曾有。《大過》之《遯》："坐席未温，憂來叩門，踰牆北走，兵交我後，脱於虎口"；亦尚新穎。《遯》之《漸》："端坐生患，憂來入門，使我不安"；"入門"不如"叩門"之生動者，無形體之事物亦能出入，而叩則如僧之月下推敲，非具支體不辦，林雲銘《挹奎樓選稿》卷三《損齋焚餘自序》："吏債終日，憂來叩門"，即本之。《全三國文》卷一九曹植《釋愁文》："愁之爲物，惟惚惟怳，不召自來，推之勿往"；《全隋文》卷三四釋真觀《愁賦》："不遣喚而自來，未相留而却住；雖割截而不斷，乃驅逐而不去"；《海録碎事》卷九《聖賢人事部》下載庾信《愁賦》："攻許愁城終不破，盪許愁門終不開！何物煮愁能得熟？何物燒愁能得然？閉户欲推愁，愁終不肯去；深藏欲避愁，愁已知人處"；《全宋詞》七四三頁徐俯《卜算子》："柳外重重疊疊山，遮不斷愁來路"；薛季宣《浪語集》卷一一《春愁詩效玉川子》:“逃形入冥室,關閉一已牢,周遮四壁間,羅幕密以綢,愁來無際畔,還能爲我添幽憂。”侔色揣稱,寫憂愁無遠勿至,無隙亦入,能以無有入無間。運思之巧,不特勝“憂來叩門”,抑且勝於《浮士德》中之“憂媪”有空必鑽,雖重門下鑰,亦潛自匙孔入宮禁(Die Sorge, sie schleicht sich durchs Schlüsselloch ein),或烏克蘭童話之“憂魅”(die Sorgenkobolde),小於微塵,成羣入人家,間隙夾縫,無不伏處①;然視“憂來搔足”,尚遜詼詭。又按揚雄《逐貧賦》有“呼貧與語”、“貧遂不去”等語,不似後世“窮鬼”、“窮神”、“窮媳婦”、“精窮老祖”等之加名號以成脚色;其《太玄經·釋》之次八亦曰:“與死偕行。”觀乎《易林》,雖偶有如《臨》之《兑》、《既濟》之《歸妹》:“貧鬼守門,日破我盆”,而十九與揚雄鑄語相類;諸林之“憂”即其一例,乃是漢人修詞常習耳。《坤》之《小過》:“初憂後喜,與福爲市”(《訟》之《坎》、《蠱》之《小畜》同);《蒙》之《咸》:“坐立歡門,與樂爲鄰”(《革》之《屯》同,《小畜》之《井》“門”作“忻”);《蒙》之《旅》:“與喜俱居”(《蠱》之《巽》同,《蒙》之《巽》“居”作“來”);《訟》之《大過》:“啞啞笑言,與善飲食”;《訟》之《咸》:“福爲我母”(《同人》之《旅》同);《小畜》之《賁》:“駕福乘喜,來至家國”(《解》之《睽》“來”作“東”、“家”作“嘉”);《小

① *Faust*, II, 11391; *Die Wunderblume und andere Märchen*, Berlin: Verlag Kultur und Fortschritt, 229. Cf. George Herbert: “Confession”, *Works*, ed. E. F. Hutchinson, 126: “O what a cunning guest/Is this same grief! /Within my heart I made closets; and in them many a chest; /And like a master in my trade/In those chests boxes; in each box a till: /Yet grief knows all, and enters when he will” etc..

畜》之《無妄》:“與福爲婚”(《頤》之《小過》同);《同人》之《臨》:“與福爲怨”;《蠱》之《臨》:“則天順時,與樂俱居”;《觀》之《離》:“福過我里,入門笑喜”;《噬嗑》之《小畜》:“福與善坐”;《復》之《大有》:“與禍馳逐,凶來入門”;《復》之《巽》:“東行破車,步入危家”;《無妄》之《履》:“啞啞笑喜,與歡飲酒”;《無妄》之《噬嗑》:“載喜抱子,與利爲友”;《無妄》之《兑》:“遂至歡國,與福笑語”;《大過》之《困》:“大步上車,南到喜家”;《坎》之《賁》:“南販北賈,與怨爲市”;《坎》之《震》:“東行飲酒,與喜相抱”(《恒》之《大有》作“篤心自守”云云);《睽》之《革》:“駕黄買蒼,與利相迎”;《蹇》之《晉》:“避凶東走,反入禍口”等,不具舉。《歸妹》之《豫》:“逐利三年,利走如神,輾轉東西,如鳥避丸”;不言人求利不獲,而言利畏人疾避,尤詞令之妙。陶潛《乞食》:“飢來驅我去”,亦差同“憂來叩門”風致,《中州集》卷一〇《辛敬之小傳》記其語曰:“明日道路中又當與老飢相抗去矣!”,則又如白居易之呼元稹爲“老元”矣。

《艮》:“空槽住豬,豚彘不至;張弓祝雞,雄父飛去。”按《困》之《節》:“雄父夜鳴”,皆謂公雞;《宋書·五行志》二、《晉書·五行志》中載京口謡:“黄鴡雞,莫作雄父啼。”此林所埒,即《吕氏春秋·功名》:“以貍致鼠,以冰致蠅,雖工不能。……以去之之道致之也”;《淮南子·説山訓》:“執彈而招鳥,揮棁而呼狗,欲致之,顧反走”,又《主術訓》:“無以異於執彈而來鳥,揮棁而狎犬也。”李義山《雜纂·必不來》五事之第三爲“把棒呼狗”,即同《淮南》。

一二　豫

《比》："虎飢欲食，爲蝟所伏。"按《鼎》之《涣》："虎飢欲食，見蝟而伏"；又《無妄》之《兑》："持蝟逢虎，患厭不起"；《大畜》之《泰》："虎卧山隅，蝟爲功曹，伏不敢起"；《明夷》之《小過》："虎怒捕羊，蝟不能攘"；《大過》之《革》："從蝟見虎，雖危不殆。"蝟能伏虎，古之傳説。《説苑・辨物》篇師曠對晉平公曰："鵲食蝟，蝟食鵔鸃，鵔鸃食豹，豹食駮，駮食虎"；陸佃《埤雅》卷四要删之曰："蝟能制虎，鵲能制蝟。"鵲能制蝟，則如《乾》之《萃》："如蝟見鵲，不敢拒格"，《史記・龜策列傳》所謂："蝟辱於鵲。"蝟能制虎，其説流布方將，如《太平廣記》卷二四八《侯白》（出《啓顏録》）："有一大蟲，欲向野中覓肉，見一刺蝟仰卧，謂是肉臠，欲銜之，忽被蝟卷着鼻，驚走，不知休息"；又卷四四二《戲場蝟》（出《酉陽雜俎》）："蝟見虎，則跳入虎耳"；今諺尚云："老虎吃刺蝟，無下嘴處。"

【增訂四】李石《續博物志》卷二："蝟能跳入虎耳中，見鵲便自仰腹受啄。"

西説則謂蝟能勝狐。荷馬等皆詠狐具百巧千能，蝟祇蜷縮成團，別無他長，顧憑此一端，即使狐智窮才竭，莫奈之何（The fox knows many a wile; but the hedgehog's one trick can beat them all)①。亞美尼亞童話言狐自負智囊多妙計(ich habe stets einen ganzen Sack voll Künste bei mir)，及大難臨身，不如松鼠祇擅上樹一技之得保性命②。均謂技不貴多而貴絶，略如《朱子語類》卷八又卷一一五引釋宗杲語："寸鐵可殺人；無殺人手段，則載一車鎗刀，逐件弄過，畢竟無益。"然虎猛而狐狡，非無"手段"者，却於蝟無所施其本領，則又禪人所謂："伊伎倆有窮，吾不見不聞無盡"(《五燈會元》卷二道樹章次)。法國寓言名篇道狐與貓競技，猶亞美尼亞童話之言狐與松鼠也，捷徑多、利便夥，則徘徊瞻顧，不能當機立斷、用志不紛，反致失時誤事(Le trop d'expédients peut gâter une affaire; /On perd du temps au choix, on tente, on veut tout faire)③。則又《老子》第二二章所謂："少則得，多則惑"，

【增訂四】《五燈會元》卷一六中際可遵章次："如何個個踏不著，祇爲蜈蚣太多脚。"可箋老子所謂"少則得，多則惑"。

亦所謂"好物多則取舍難"(l'embarras du choix)。仁智異見，會心各具如此。

《涣》："忍醜少羞，無面有頭。"按《泰》之《觀》同；《剥》之《鼎》又曰："泥面亂頭，忍恥少羞。"今以抱愧含羞，爲"無面見人"，古語亦然。

【增訂四】"忍醜少羞"之"醜"必"愧"之訛，觀"忍恥少羞"句可見。

---

① *The Margites*, § 5, in *Hesiod, the Homeric Hymns, and Homerica*, "Loeb", 539; Cf. *The Oxford Book of Greek Verse in Translation*, 187, Archilochus.

② *Die Wunderblume*: "Der Fuchs und das Eichhörnchen", *op. cit.*, 457-8.

③ La Fontaine, *Fables*, IX. 14, "Le Chat et le Renard".

《史記·項羽本紀》項王曰："縱江東父兄憐而王我，我何面目見之!"；《三國演義》第八九回孔明曰："今被吾擒了四番，有何面目再見人耶?"；皆言奇恥大慚，故一承之曰："籍獨不愧於心乎?"，一承之曰："孟優羞慚滿面。"蔡襄《蔡忠惠公集》卷三《四賢一不肖詩》："出見縉紳無面皮"，或《紅樓夢》第五五回："連你也沒臉面"、"那纔正經沒臉呢"，即今語"丢盡臉"也。《易林》以"無面"承"少羞"，則意適相反，乃指無恥、不識羞，如《兒女英雄傳》第七回之言"没臉婦人"，即今語"不要臉"也。"少羞"而亦曰"泥面"，則如《西遊記》第七九回之"泥臉子"，亦猶"泥壁"之"泥"，塗堊增附，即今語"厚臉皮"也。貼層漫蓋，事同圬墁，如煙霞散人《斬鬼傳》第三回涎臉鬼有"一副鐵臉，用布鑲漆了，又將樺皮貼了幾千層"（參觀賈仲名《對玉梳》第二折："樺皮臉風癡着有甚彫抹"），

【增訂二】闕名《病劉千》第三折："無處發付那千層樺皮臉"，《龍門隱秀》第三折："你那臉是千層樺皮，你也不羞。"

或《廣笑府》卷五撞席者有"二十四層筍殼臉，剥了一層又一層"，皆"泥面"之旨矣。喜怒哀懼諸情，即不發爲聲音言語，亦動中而形乎外，著於容顔，播及肢體。獨羞惡之心，舍上面而外，流露惟艱；古來常談不特曰"無慚色"，抑且曰"顔之厚"，又如《漢書·韋賢傳》作詩自劾責曰："誰能忍愧，寄之我顔。"人之顔面一若專爲示羞愧而設，故無慚色者稱"顔厚"、"臉皮老"，而喜怒不形於色者，未嘗遭此品目焉。西語中"羞慚"之字，古文原指"面貌醜陋"（*le honteux* traduit le mot *laid en* grec）①；古羅馬

① R. Bayer, *Histoire de l'Esthétique*, 57.

《博物志》言動物中唯人具雙頰(malae)，頰乃羞慚之所，赧色了然(pudori shaec sedes：ibi maxume ostenditur rubor)①；近世哲學家云："人者，能雙頰發紅之動物也，識羞恥故"(das Tier，das rote Backen hat... Scham，Scham，Scham)②。不知恥，不害羞，則表達愧情之顏面虚生閒置，雖有若無，是以"少羞"等於"無面"。"無面"可解爲自覺羞愧，亦可解爲不覺羞愧。此復文同不害意異也（參觀《左傳》卷論隱公元年）。十七世紀諷世文描狀政客(a modern politician)，謂其無上美德(virtue)爲無羞恥(impudence)，戴靭革面具(a vizard，the toughest leather on his visagt)，刀斫之輒口捲鋒摧(turns edge and is blunted)③，正同"鐵臉"矣。

【增訂四】《雞肋編》卷中："韓世忠……所領兵，……以銅爲面具，軍中戲曰：'韓太尉銅顏，張太尉鐵顏。'世謂無廉恥、不畏人者爲'鐵顏'也。""張太尉"指張俊。《斬鬼傳》"一副鐵臉"之説，由來舊矣。臉即面也，而"鐵臉"爲邪辟無恥，"鐵面"則爲正直無私，一貶一褒，意如升膝墜淵。單文孑立之同訓者，兩文儷屬則每異義焉（參觀279頁又890頁），此亦一例。

① Pliny, *Natural History*, XI, ivii.157, "Loeb", III, 530.

② Nietzsche, *Also sprach Zarathustra*: "Von den Mitleidigen", *Werke*, hrsg. K. Schlechta, II, 346. Cf. Scheler: "Ueber Scham und Schamgefühl": "Dieses Gefühl gehört gleichsam dem Clair-obscur der menschlichen Natur an" (*Schriften aus dem Nachlass*, I, 55, cf. 70, 78).

③ Samuel Butler, *Characters and Passages from Notebooks*, ed. A. R. Waller, 9, 14.

一三　蠱

《訟》："長舌亂家，大斧破車。"按《否》之《謙》："人面鬼口，長舌爲斧"；《臨》之《坎》及《艮》之《頤》："八面九口，長舌爲斧"；《賁》之《乾》："八口九頭，長舌破家"；《觀》之《隨》："躓馬破車，惡婦破家"；《大過》之《大有》："馬躓車傷，長舌破家。"大同小異，頻見屢出。梁元帝《金樓子·后妃》篇記其母宣修容云："妬婦不憚破家。"楊慎《古今諺》載《易緯》引古語："躓馬破車，惡婦破家"及"一夫兩心，拔刺不深"；馮惟訥《古詩紀》卷一〇、孫瑴《古微書》卷一五輾轉因承。實則此四句均出《易林》，"躓馬"云云見《觀》之《隨》，"一夫"云云見《噬嗑》之《豐》；楊氏誤爲"《易緯》引"。周嬰《卮林》卷五《正楊》糾《古今諺》，却未及此；卷七《詮鍾》則因《古詩歸》以"一夫"云云爲出《易緯》，遂訛鍾惺"簸糠眯目"，而未察鍾乃沿楊之誤耳。又《升菴全集》卷五三摘《易林》佳句，有"解我胸春"；《易林》初無其句，不知楊氏何處挪移也。

一四　觀

《益》："去辛就蓼，苦愈酷毒，不思我家，避穽入坑，憂患日生。"按《豐》之《益》第二句作"毒愈苦甚"，無第三句；《蹇》之《晉》："避凶東走，反入禍口"；《艮》之《無妄》："欲避凶門，反與禍鄰"；《姤》之《比》："鹿畏人匿，俱入深谷，短命不長，爲虎所得，死於牙腹"（《革》之《剥》等略同）；《井》之《節》："避蛇東走，反入虎口。"用意皆即關漢卿《謝天香》第二折天香所謂："我正是閃了他悶棍着他棒，我正是出了箏籃入了筐"，或《紅樓夢》第一〇七回賈母所謂："可不是他們躲過了風暴，又遭了雨麽？"去辛就蓼、避穽入坑、匿谷遭虎、避蛇遇虎四喻中之第二最流行，如《晉書·褚翜傳》謂陳撫等曰："幸無外難而内自相擊，是避坑落井也"；元曲《凍蘇秦》第一折秦唱："往前去賺入坑，往後來退入井。"

一五　噬　嗑

《無妄》："愛我嬰女，牽引不與，冀幸高貴，反得賤下。"按同卦之《夬》："齊侯少子，才略美好，求我長女，賤薄不與，反得醜陋，後乃大悔"；二林相類。《大過》之《咸》略同《無妄》，《比》之《漸》、《泰》之《震》、《漸》之《困》則略同《夬》。

一六　賁

《旅》："猾醜假誠，前後相違；言如鼈咳，語不可知。" 按《太平御覽》卷七四三引《抱朴子》佚文："龜、鼈、鼉之鬼令人病咳"，似古人以介族與咳嗽相係聯也。"鼈咳" 指語聲之低不可聞，創新詭之象，又極嘲諷之致。其狀即如《太平廣記》卷四七一引《續玄怪録》記薛偉化魚，大呼其友，而 "略無應者"，繼乃大叫而泣，人終 "不顧"，蓋 "皆見其口動，實無聞焉"。

【增訂三】樂鈞《耳食録》卷二《章琢古妻》較《醒世恒言》卷二六《薛録事魚服證仙》更踵事增華，寫林甲心有所慕，即 "魂離" 而化鳥、化友人婦、亦嘗化魚，爲鄰僕釣得，獻於主，殺而烹之，甲大聲乞命，"百端呼號，皆不省"；事後，鄰家云："向見魚口唼唼不已，實不聞聲。"

黄庭堅《阻風銅陵》："網師登長鱣，賈我腥釜鬲。斑斑被文章，突兀喙三尺，言語竟不通，噞喁亦何益!" 正寫此情景，而《山谷外集》卷八史容註僅知引《吴都賦》之 "噞喁浮沉"，真皮相也。英國劇院市語以口開合而無音吐爲 "作金魚"（to goldfish）①，亦

① W. Granville, *A Dictionary of Theatrical Terms*, 91.

“謦咳”之類歟。卡夫卡小説《變形記》(*Die Verwandlung*)寫有人一宵睡醒，忽化爲甲蟲，與卧室外人應答，自覺口齒了澈，而隔户聽者聞聲不解(Man verstand zwar also seine Worte nicht mehr, trotzdem sie ihm genug klar, klarer als früher, vorgekommen waren)①，酷肖薛偉所遭。談者或舉以爲羣居類聚而仍孤踪獨處(die völlige Kontaktlosigkeit)之象②。竊謂當面口動而無聞，較之隔壁傳聲而不解，似更淒苦也。

---

① Kafka, *Erzählungen*, S. Fischer, 85.

② F. Strich, *Kunst und Leben*, 144; cf. H. Zulliger, *Horde*, *Bande*, *Gemeinschaft*, 18(das Miteinandersein im Gegensatz zum blossen Mitsein).

一七　剥

《隨》："獮猴冠帶，盜在非位，衆犬共吠，倉狂蹶足。"按《大壯》之《屯》略同。蓋取《史記·項羽本紀》之"沐猴而冠"一語，加以生發，大似寓言一則矣。西方詩文則以猴着衣履爲喻。如一拉丁詩家譏飾僞者至竟敗露，譬之沐猴錦衣而呈其尻（humani qualis simulator simius aris，/quam puer adridens pretioso stamine Serum/velavit nudasque nates ac terga reliquit，/lidibrium mensis）①；又一意大利文家戒人非分每自取咎，譬之沐猴着靴，寸步難行（si sa che la scimmia，per calzarsi gli stivali，restò presa pel piede）②。後喻可與《太平廣記》卷四四六引《國史補》記猩猩着屐而被捕參觀。

① Claudian，*In Eutropium*，I，303-6，"Loeb"，I，161.

② G.Basile，*Il Pentamerone*，tr.B.Croce，"Introduzione"，3（cf.539，"Note e Illustrazioni"）.

一八　復

《恒》："雨師駕駟，風伯吹雲；秦楚争强，施不得行。"按言風吹雲散遂無雨耳，而寫成雨與風相争持不下，一新視聽。可謂以"雨欲退，雲不放，海欲進，江不讓"（今釋澹歸《滿江紅·大風泊黄巢磯下》）之筆意，寫"黑雲翻墨未遮山，卷地風來忽吹散"（蘇軾《六月二十七日望湖樓醉書》）之景象矣。

一九　無　妄

《豫》："東家中女，嫫母最醜，三十無室，媒伯勞苦。"按《比》之《大有》、《大過》之《兑》："嫫母衒嫁，媒不得坐"；《需》之《恒》："蝙蠕生子，深目黑醜，雖飾相就，衆人莫取"（《觀》之《無妄》作"蝸螺生子"，《遯》之《剥》第二句下增"似類其母"一句）；《噬嗑》之《萃》、《革》之《鼎》："烏孫氏女，深目黑醜，嗜欲不同，過時無偶"；《復》之《蒙》："鷂鴟娶婦，深目窈身，折腰不媚，與伯相背"（《明夷》之《艮》作"鴞鴟"）；《困》之《艮》："塗行破車，醜女無媒，莫適爲偶，孤困獨居"；《涣》之《蠱》："獨宿憎夜，嫫母畏晝。"數林皆取女之緣慳偶怨爲象。《師》之《小過》："鄰不我顧，而望玉女，身多癩疾，誰肯媚者"，《隨》之《豐》、《噬嗑》之《睽》、《損》之《中孚》略同，"癩疾"或作"秃癩"，"身多"句或作"身疾瘡癩"；《中浮》之《益》："久鰥無偶，思配織女，求非其望，自令寡處。"此數林又取男之失配爲象。"與伯相背"之"伯"即《詩・衛風・伯兮》之"伯"，謂夫也；"寡處"指鰥居，即《禮記・王制》"此四者天民之窮而無告者"，《正義》所謂"其男子無妻亦謂之'寡'"，《日知録》卷三二説《小爾雅・廣義》"凡無妻無夫通謂之‘寡’”，正引此林。“望玉女”、“思織女”以至於無偶，可與前論《噬嗑》二林合觀。男高攀不得，尚可不娶，女高攀不得，輒須下嫁；蓋世情患女之無家急於患男之無室也。“嫫母畏晝”，以黑夜足掩匿其醜耳，《獨漉篇》所謂“夜衣錦繡，誰知僞真”；古希臘語云：“滅燭無見，何别媸妍”（All women are the same when the lights are out）①，李漁《奈何天》第二折中醜人自云：“惡影不將燈作伴，怒形常與鏡爲仇”，亦其意。目盲者長在冥冥中，是以嵇康《答〈難養生論〉》曰：“今使瞽者遇室，則西施與嫫母同情。”然醜婦既“畏”白晝矣，復以厭“獨宿”而“憎”玄夜，則宇宙間安得有非晝非夜、不晦不明之時日哉？

【增訂三】法國古詩人頌讚耶穌誕生之夕爲“非晝非夜之第三時間”（un troisième temps qui n'est ny nuit ny jour – Du Bois-Hus：“La Nuit des Nuits”，J. Rousset，*Anthologie de la Poésie baroque française*，I，172）。

其擬示羝觸藩、矛攻盾之致，洵别具意匠者矣。

《明夷》：“千雀萬鳩，與鷂爲仇，威勢不敵，雖衆無益，爲鷹所擊。”按即《戰國策·楚策》一張儀説楚王曰：“無以異于驅羣羊而攻猛虎也，……聚羣弱而攻至强也”；劉基《誠意伯文集》卷三《郁離子·天地之盜》篇：“以虎鬬虎，則獨虎之不勝多虎也明矣；以狐鬬虎，則雖千狐其能勝一虎哉？”皆喻衆心雖同，

① Plutarch，*Moralia*，“Advice to Bride and Groom”，46，“Loeb”，II，335. Cf. Burton，*Anatomy of Melancholy*，Pt. III，Sect. II，Mem. III，subs. IV “Everyman's”，III，105（*nocte latent mendae*）；Brantome，*Vies des Dames Galantes*，Discours II，Garnier，152.

而事終不集。《歸妹》之《屯》："魚欲負流，衆不同心"，即《戰國策·燕策》二或獻書燕王所謂"將奈何合衆弱而不能如一"，則喻衆不同心，事遂無成。《剥》之《解》："四馬共轅，東上太山，騂驪同力，無有重難，與君笑言"；《大過》之《升》："蝦蟆羣坐，從天請雨，雲雷疾聚，應時輒下，得其願所"（《漸》之《同人》略同）；又喻衆同心而事果就。變故多方，難於一概，莊生木、雁兩寓言已明此意；《淮南子·人間訓》亦曰："物類之相摩近而異門户者，衆而難識也，故或類之而非，或不類之而是，或若然而不然者，或不若然而若然者。"玩索諸《林》，可免於知其一不知其二焉。《戰國策·秦策》一秦惠王謂寒泉子曰："諸侯不可一，猶連雞之不能俱上於棲，亦明矣"（原誤作"止於棲"，據王念孫《讀書雜志·國策》一改定）；《淮南子·説山訓》："百人抗浮，不若一人挈而趨，物固有衆而不若少者"；復謂同心而無可協力，反彼此牽制干礙，《易林》所未擬象也。又按漢人風俗，遇旱，取五蝦蟆置方池中，進酒脯祝天，"再拜請雨"，董仲舒《春秋繁露·求雨》第七四記其儀節甚備。《易林》增"五"爲"羣"，逕以"請"屬蝦蟆，生氣大來，積勢復盛，想見其閣閣齊噪以上達天聽之狀。"坐"而"請雨"，更包舉形態。"坐"字雖可施於蟲鳥，如《古樂府》："烏生八九子，端坐秦氏桂樹間"，杜甫《遣悶戲呈路十九曹長》："黄鸝並坐交愁濕"，又《見螢火》："簾疏巧入坐人衣"，李端《鮮于少府宅看花》："游蜂高更下，驚蝶坐還起"，然皆借指止息而已，猶曩日英語之以"sit"（坐）通於"set"（下止）也。唯謂蛙蟆爲"坐"，現成貼切。何光遠《鑑戒録》卷四載蔣貽恭詠蝦蟆詩有云："坐卧兼行總一般"；《類説》卷六引《廬陵官下記》載一客作蛙謎試曹著云：

“一物坐也坐，卧也坐，立也坐，行也坐，走也坐”（馮夢龍《黄山謎》載蛙謎作“行也是坐，立也是坐，坐也是坐，卧也是坐”）。蓋“坐”足以盡蛙之常、變、動、静各態焉。顧景星《白茅堂集》卷二〇《發自大名縣、是日大風沙》：“風霧蓬科轉，驚沙迭坐飛”，自註：“‘孤蓬振起，驚沙坐飛’，言振而後起、坐而復飛也。”是以此“坐”與蛙、螢之“坐”歸於一律也。鮑照《蕪城賦》：“孤蓬自振，驚沙坐飛”，《文選》李善註：“無故而飛”，“坐”與“自”互文同義；顧氏誤憶上句，遂曲解下句耳。“無故”言“坐”，“因故”亦言“坐”，如《陌上桑》：“來歸相怒怨，但坐觀羅敷”；錢謙益《列朝詩集》丁卷五李攀龍《陌上桑》：“來歸相怨怒，且復坐斯須”，評曰：“本詞猶云‘只爲’也，今訛爲‘行坐’之‘坐’！”“坐”字誤人如此！

二〇　大　過

《謙》："瓜葩匏實，百女同室，苦醯不熟，未有配合。"按《豐》之《損》："兩女共室，心不聊食；首髮如蓬，憂常在中。"皆《易·革》彖所云："兩女共室，其心不相得"；別詳《易》卷論《睽》。外國古詩文中則每道兩女共室而心相得之情境①。

① Cf. *Greek Anthology*, X. 68, Agathias, "Loeb", IV, 39; Ovid, *Metamorphoses*, IX, 726 ff. (Iphis); Ariosto, *Orlando Furioso*, XXV. 35-6 (Fiordispina), Hoepli, 264; *Arabian Nights*, "The First Captain's Tale", tr. Powys Mathers, IV, 478, 486, 488.

二一　離

《遯》："三狸搏鼠，遮遏前後，死於圜域，不得脱走。"按《恒》之《升》、《明夷》之《頤》、《豐》之《無妄》、《節》之《咸》略同。《離》之《晉》："三虎搏狼，力不相當，如摧腐枯，一擊破亡"；《兑》之《漸》三、四句作："如鷹格雉，一擊破亡。"三虎搏狼，三狸搏鼠，皆言合衆强以破一弱；前引《無妄》之《明夷》所謂"千雀萬鳩，與鷂爲仇"，則言合衆弱不能禦一强。《蹇》之《坤》及《革》之《巽》："兔聚東郭，衆犬俱獵，圍缺不成，無所能獲"；又言衆强雖合，而謀之不熟，慮之不周，亦不保事之必成，未遽如德諺所謂"犬衆則兔無逃命"（Viele Hunde sind des Hasen Tod）。多變其象，示世事之多端殊態，以破人之隅見株守，此《易林》之所長也。但丁亦嘗有羣狸搏一鼠之喻(Tra male gatte era venuto il sorcio)①。

---

① *Inferno*, XXII. 58.

二二 恒

《巽》："怨蝨燒被，忿怒生禍。"按《全三國文》卷四六阮籍《大人先生傳》："然炎丘火流，焦邑滅都，羣蝨處於褌中而不能出也。"此林言人欲殺蝨而不惜自焚其被，取象已開阮嗣宗而用意則踵諸子。《晏子春秋·内篇·問》上："夫社束木而塗之，鼠因往託焉；熏之則恐燒其木，灌之則恐敗其塗"；《淮南子·説山訓》："壞塘以取龜，發屋而求狸，掘室而求鼠，割脣而治齲"，又《説林訓》："治鼠穴而壞里閭，潰小皰而發痤疽。"似均遜"怨蝨燒被"四字之簡妙。

二三　大　壯

《大壯》："左有噬熊，右有嚙虎，前觸鐵矛，後躓强弩，無可抵者。"按《震》之《歸妹》、《歸妹》之《震》、《未濟》之《大畜》皆云："火雖熾，在吾後，寇雖衆，在吾右；身安吉，不危殆"；可以合觀。《易·蹇》之"往蹇來連"，《困》之"臀困於株木，入於幽谷"，相形見絀。火左寇右，尚網開兩面，此則周遮遏迫，心迹孤危，足爲西方近世所謂"無出路境界"（Ausweglosigkeit）之示象，

【增訂四】卡夫卡有小説一篇，託爲檻猿自述，道"無出路"（kein Ausweg）之情，親切耐尋味，且進而言有"出路"非即能大"自由"（man nicht genau versteht, was ich unter Ausweg verstehe.… Ich meine nicht diese grosse Gefühl der Feiheit nach allen Seiten. —F. Kafka: "Ein Bericht für eine Akademie", in *Erzählungen*, Philip Reklam jun., 1981, pp. 196-7），更發深省。

亦即趙元叔所慨"窮鳥"之遭際也。《後漢書·趙壹傳》載《窮鳥賦》："有一窮鳥，戢翼原野。罼網加上，機穽在下，前見蒼隼，後見驅者，繳彈張右，羿子彀左，飛丸激矢，交集于我。思

飛不得，欲鳴不可；舉頭畏觸，摇足恐墮”；足與斯林抗衡，皆於《九章·惜誦》：“矰弋機而在上兮，罻羅張而在下”，不啻踵事增華。他如王逸《九思》之六《悼亂》：“將升兮高山，上有兮猴猿；欲入兮深谷，下有兮虺蛇；左見兮鳴鵙，右覩兮呼梟”；李康《運命論》：“六疾待其前，五刑待其後，利害生其左，攻奪出其右”；杜甫《石龕》：“熊羆哮我東，虎豹號我西，我後鬼長嘯，我前狨又啼”；詞意匡格無殊。釋書擬喻有相類者，而益險急。如《法苑珠林》卷五七引《賓頭盧突羅闍爲優陀延王說法經》：“昔日有人，行在曠野，逢大惡象，爲象所逐。……見一邱井，即尋樹根，入井中藏。有黑白二鼠，牙囓樹根；此井四邊，有四毒蛇，欲螫其人。而此井下，并有三大毒龍。……所攀之樹，其根動摇。……於時動樹，敲壞蜂窠，衆蜂飛散，唼螫其人。有野火起，復來燃樹”；鳩摩羅什譯《維摩詰所説經·方便品》第二：“是身如丘井”句下自註：“昔有人有罪於王，其人怖罪逃走，王令醉象逐之”云云，即撮述之。

【增訂四】鳩摩羅什譯《維摩詰經·方便品》自註所言詳見道略集鳩摩羅什譯《衆經撰雜譬喻》卷上第七則。

禪宗接引，遂以爲話頭，如《五燈會元》卷七羅山道閑章次：“問：‘前是萬丈洪崖，後是虎狼獅子，當恁麼時如何？’師曰：‘自在’”；卷九芭蕉慧清章次：“上堂：‘如人行次，忽遇前面萬丈深坑，背後野火來逼，兩畔是荆棘叢林，……當與麼時，作麼生免得？’”明羅懋登《西洋記演義》第三九回張天師與王神姑鬭法敗走，前阻大海，旁峙懸崖，上有采樵者垂葛藤使攀登，藤太短，天師解腰間黄絲縧續之，始可着力，樵夫援至半壁，不上不下，止手嘲諢，棄之而去，於是黄蜂聚螫，黑白二鼠咬藤，海有三龍，山有四蛇，競來吞噬，天師窘急，神姑解法，則“原來在槐樹上吊着”；實敷説釋典也。釋氏故事於中世紀傳入基督教神甫之耳，有改頭換面，貫串爲小説者，采及此喻，易象爲獨角獸(unicorn)，後來形諸圖繪，又易爲熊(bear)，然數典而浸忘其祖矣①。西方古諺云：“前臨絶壁，後有惡狼”(A fronte praecipitium, a tergo lupus)。一詼詭小説中主翁言：“吾忽見一獅當路，驚駭欲僵，回顧身後則赫然有巨鱷在；避而右，必落水中，避而左，必墜崖下”(I was almost petrified at the sight of a lion. The moment I turned about, I found a large crocodile. On my right hand was the piece of water, and on my left a deep precipice)②。近世心析學言人處境困絶，每遁入狂易(die Flucht in die Krankheit)，亦取譬於亞剌伯人騎駱駝行萬山窄徑中，左峭壁而右深谷，峯回路轉，斗見一獅欲撲，退避不能(Umkehr und Flucht sind unmöglich)③。均可連類。

---

① St. John Damascene, *Barlaam and Ioasaph*, xii, Apologue 4, “Loeb”, 187-9; A. Dobson, *A Bookman's Budget*, 85-6(Jacob Cats).

② *The Adventures of Baron Munchausen*, ch. 1, Three Sirens Press, 21.

③ Freud, *Vorlesungen zur Einführung in die Psychoanalyse*, Internationaler Psychoanalytischer Verlag, 399-400.

二四　解

《蒙》："朽輿疲駟，不任御轡；君子服之，談何容易！"按東方朔《非有先生論》："談何容易！"，《文選》李善註："言談説之道何容輕易乎"；是也，勝於《漢書》顏師古註："不見寬容，則事不易。"蓋即"説難"之意，謂言之匪易也。《舊唐書·后妃傳》上長孫皇后曰："況在臣下，情疏禮隔，故韓非爲之'説難'，東方稱其'不易'"；"連類相倫，蓋得正解。桓寬《鹽鐵論·鹽鐵鍼石》："故曰：'談何容易！'談且不易，而況行之?"；《南齊書·王僧虔傳》誡子之不讀書而冒爲"言家"以"欺人"，有曰："曼倩有云：'談何容易！'……自少至老，手不釋卷，尚未敢輕言"；兩節釋義視善註更爲明兦。《晉書·張華傳》馮紞譖張華而迂曲其詞，武帝詰之，紞曰："東方朔有言：'談何容易！'；《易》：'臣不密則失身'"；亦謂有難言之隱，未可矢口直陳。《梁書·劉孝綽傳》答世祖："竊以文豹何辜，以文爲罪。由此而談，又何容易！故韜翰吮墨，多歷寒暑"；則謂文士最易得罪，故不可輕易爲文，非"談"之須慎重，而作之須慎重，指事而不指言，於東方原意，已有走作。今世道斯語，乃譏難事而易言之、空談易而不知實行難，一反言之匪易之原意。此林舉

“服”乘“朽輿疲駟”，爲説來易而做來難之例，已同今用矣。曹植《酒賦》以人稱酒能使“質者或文，剛者或仁，卑者忘賤，窶者忘貧”，因駁之曰：“噫！夫言何容易!”；《舊唐書·元行沖傳》恚諸儒排己，著《釋疑》，列舉“改易章句”有五“難”，而曰：“談豈容易!”，謂改易事難；元結《寄源休》：“昔常以荒浪，不敢學爲吏：況當在兵家，言之豈容易?”，與“爲吏”對照，即武事更難爲；《全唐文》卷八〇司空圖《與極浦書》：“象外之象，景外之景，豈容易可談哉?”，“容”、“可”兩字同意贅文，謂詩中此境難臻；柳永《玉女摇仙佩》詠《佳人》：“擬把名花比，恐傍人笑我，談何容易”，謂名花難比佳人；《皇朝文鑑》卷一一四孫復《答張洞書》：“噫！斯文之難至也久矣！……惟董仲舒、揚雄、王通而已。由是而言之，則可容易至之哉？若欲容易而至之，則非吾之所聞也”，“言”字已同駢枝，“容”與“可”同意贅文，又略去“豈”字，謂“斯文難至”，“至”者，見諸行事也；楊萬里《誠齋集》卷一〇八《答吴節推》：“彼此無情分，豈可干求？談何容易！不惜取辱，但無益耳”，謂求人事難；洪邁《夷堅丁志》卷一八《路當可》：“滕言嘗與中外兄弟白舅氏，丐一常行小術可以護身者，舅曰：‘談何容易！吾平生持身莊敬，不敢斯須興慢心，猶三遇厄’”，謂護身無厄之難；屠隆《鴻苞集》冠以張應文《鴻苞居士傳》，載隆《辭世詞》，其五曰：“談何容易：‘一絲不掛!’古人臨死，説句大話”，“大話”即易於空談、難於實施者。皆謂言之匪艱，行之維艱也。蓋今之通用，由來悠遠，早著漢、魏，中歷唐、宋、明，而“談且不易”、“安敢輕言”之原意，湮没已久矣。

二五 蹇

《革》："折梃舂稷，君不得食；頭癢搔跟，無益於疾。"按兩事均堪入"左科"門，後喻更能近取譬。後世常以切理饜心，比於搔着癢處，如杜牧《讀韓杜集》："杜詩韓筆愁來讀，似倩麻姑癢處搔"；《五燈會元》卷八康山契隱章次："隔靴搔癢"；耿定向《天臺先生全書》卷八《雜俎》載搔癢隱語："左邊左邊，右邊右邊，上些上些，下些下些，不是不是，正是正是，重些重些，輕些輕些"，王守仁聞之曰："狀吾致知之旨，莫精切若此！"；周暉《金陵瑣事》卷三載焦竑等夜坐搔癢詩："學道如同癢處搔"云云。《鹽鐵論·利議》："不知趨舍之宜，時勢之變，議論無所依，如膝癢而搔背"，與此林尤合。《韓非子·姦劫弑臣篇》："若以守法不朋黨，治官而求安，是猶以足搔頂也"；《易林》、《鹽鐵論》謂所搔非處，韓子謂欲搔不能，言各有當，而同歸"左科"。《五燈會元》卷二〇淨慈師一章次："古人恁麼說話，大似預搔待癢"，亦謂古語或於今事中肯，而搔喻尤奇，可與"留渴待井"（陳師道《後山詩註》卷二《送杜侍御純》）相輔互映。

【增訂三】《道德指歸論》卷一《上德不德篇》："是以事不可預設，變不可先圖，猶痛不可先摩而癢不可先折。"即謂不可

"預搔待癢",與禪宗同喻。"折"猶《孟子·梁惠王》"爲長者折枝"之"折",抑搔也;然玩此《論》文筆,鑄語屬字,不甚古奥,竊疑乃"抓"字之譌耳。

【增訂四】《五燈會元》卷八鳳凰從琛章次:"僧問:'如何是和尚家風?'師曰:'……汝不是其人。'曰:'忽遇其人時又如何?'師曰:'不可預搔待癢。'"

二六　益

《萃》："往來井上，破甕壞盆。"按即揚雄《酒箴》："觀瓶之居，居井之眉；處高臨深，動常近危，身提黄泉，骨肉爲泥"；今諺所謂："瓦罐終於井上破。"西諺亦謂："弔桶常下井，損邊又折柄"（Tante volte al pozzo va la secchia，/ch'ella vi lascia il manico o l'orecchia）①。

---

① A. Arthaber, *Dizionario comparato di Proverbi*, 628; cf. Villon, *Le Testament*, "Ballade des Proverbes".

二七　姤

《損》："夢飯不飽，酒未入口；嬰女雖好，媒雁不許。"按言望梅而渴不止也。《潛夫論·實貢》："夫説粱飯食肉，有好於面，而不若糲粢藜蒸之可食於口也"；《華嚴經·菩薩問明品》第一〇："如人設美饍，自餓而不食，於法不修行，多聞亦如是"；《楞嚴經》卷一："雖有多聞，若不修行，與不聞等，如人説食，終不能飽"，又寒山詩："説食終不飽，説衣不免寒。""夢飯"之造境寓意深於"説食"，蓋"説食"者自知未食或無食，而"夢飯"者自以爲食或可得而食也。楊萬里《誠齋集》卷八四《易論》："夢飲酒者，覺而言之於童子，童子曰：'奚而不醒也！'"；李開先《中麓閒居集》卷一《喻意》："夢中有客惠佳酒，呼奴抱去熱來嘗。忽聽雞聲驚夢覺，鼻内猶聞酒氣香。追悔一時用意錯，酒佳涼飲有何妨！"；馮夢龍《廣笑府》卷五："一好飲者夢得美酒，將熱而飲之，忽然夢醒，乃大悔曰：'恨不冷吃！'"；又幾如此林第二句之衍義矣。

二八　萃

《既濟》："老狐多態，行爲蠱怪。"按《睽》之《升》："老狐屈尾，東西爲鬼。"吾國相傳狐興妖爲幻，畜獸之尤。《史記·陳涉世家》記"篝火狐鳴呼"事，可想見秦世風俗已信狐之善變怪，《易林》亦道此事之古者。陳勝、吴廣"喜念鬼"，而吴廣爲"狐鳴"，又與"老狐爲鬼"相發明。別詳《太平廣記》卷論卷四四七《陳羡》。

二九　漸

《大過》："鷹鸇獵食，雉兔困急，逃頭見尾，爲害所賊。"按《革》之《蠱》同，首句作"鷹鷂欲食"；《革》之《離》亦云："逃頭見足，身困名辱，欲隱避仇，爲害所賊。"蘇轍《欒城集》卷一《次韻子瞻聞不赴商幕》第一首："閉門已學龜頭縮，避謗仍兼雉尾藏"，自註："雉藏不能盡尾，鄉人以爲諺"；楊榮《蜨廠詩集·壬寅六月紀事》："未憑駝足走，先學雉頭藏"；吾鄉諺亦有："藏頭野雞，縮頭烏龜"，一自信爲人不能見己，一示人以己不敢見人，撮合之巧，冥契欒城。觀此林則漢人已云然矣。西土謂爲"駝鳥術"（the ostrich policy），嚴復嘗舉以諷老子，別見《老子》卷論第二章。《吕氏春秋·自知》言盜鐘者"恐人聞"鐘音"況然"，乃"自掩其耳"；《楞嚴經》卷六："譬如有人，自塞其耳，高聲大叫，求人不聞"；十八世紀德國一文家云："俗情以爲己不見人，則人亦不己見，如小兒欲無人覩而自閉其目也"（wie die Kinder，die Augen gehaiten um nicht gesehen zu werden）①；皆《易林》所謂"雉兔逃頭"之心理。夫盜鐘必用手，

---

① Lichtenberg，*op. cit.*，III，217.

即鐘輕而一手可挈，兩耳亦祇能掩一，依然聞“況然”之音，須䵒纊塞耳始中，《吕覽》之喻似遜《楞嚴》之周密矣。《魏書·爾朱榮傳》表：“掩眼捕雀，塞耳盜鐘”，以《後漢書·何進傳》陳琳語對《吕覽》語，銖錙悉稱。

三〇 兑

《大過》："符左契右，相與合齒。"按符與契皆剖分左右，之官持左符而責償執右契；王楙《野客叢書》卷二八《郡守左符》、程大昌《演繁露》卷一《左符魚書》又卷四《魚袋》、趙翼《陔餘叢考》卷三三《合同》詳考之，而皆未引此林。杜牧《新轉南曹，未敍朝散，出守吴興》："平生江海志，佩得左魚歸"，又《春末題池州弄水亭》："使君四十四，兩佩左銅魚"；陸龜蒙《謹和諫議罷郡敍懷》："已報東吴政，初捐左契歸"；蘇頌《蘇魏公集》卷一三《同事閤使見問奚國山水何如江鄉》："終待使還酬雅志，左符重乞守江湖。"亦名家詩句之供佐驗者。

三一　未濟

《師》："狡兔趯趯，良犬逐咋；雌雄爰爰，爲鷹所獲。"按司馬光《司馬文正公傳家集》卷五《窮兔謡》："鶻翅崩騰來九霄，兔命迫窄無所逃。秋毫就死忽背躍，鶻拳不中還飛高。安知韓盧復在後，力屈但作嬰兒號。"正其情景；一逃犬咋而爲鷹獲，一免鶻爪而落犬口。此林十六字幾如縮本郊獵圖矣。

楚辭洪興祖補註

一八則

一　離騷經章句序

王逸《離騷經章句·序》：“‘離’、別也，‘騷’、愁也，‘經’、徑也；言己放逐離別，中心愁思，猶依道徑，以風諫君也”；洪興祖《補註》：“太史公曰：‘離騷者，猶離憂也’；班孟堅曰：‘離猶遭也，明己遭憂作辭也’；顏師古曰：‘憂動曰騷。’余按古人引‘離騷’，未有言‘經’者，蓋後世之士祖述其詞，尊之爲‘經’耳，非屈原意也。逸說非是。”按《補註》駁“經”字甚允，於“離騷”兩解，未置可否。《全唐文》卷二九六趙冬曦《謝燕公〈江上愁心賦〉》：“離、別也，騷、愁焉。惡乎然？惡乎不然！”徑取王逸序語，而易“也”爲“焉”，意理畢達，頗得孟子說《詩》之法。項安世《項氏家說》卷八、王應麟《困學紀聞》卷六皆據《國語·楚語》上伍舉云：“德義不行，則邇者騷離而遠者距違”，韋昭註：“騷、愁也，離、叛也”，以爲“楚人之語自古如此”，“離騷”即“騷離”，屈原蓋以“離畔爲愁”。足備一解而已。夫楚咻齊傅，乃方言之殊，非若胡漢華夷之語，了無共通。諸侯朝廷官府之語，彼此必同大而異小，非若野處私室之語，因地各別。苟布在方策，用以著作，則較之出於脣吻者，彼此必更大同而小異焉。《論語·述而》之“雅言”，劉寶楠《正義》釋爲别於土話之“官話”，是矣而未盡然；以其僅識官話視土話爲整齊畫一，而未識筆於書之官話視吐諸口之官話愈整齊畫一，官話筆於書之訓詁雅頌者又視筆於書之通俗底下者愈整齊畫一。故楚之鄉談必有存於記楚人事或出楚人手之著作，然記楚人事、出楚人手之著作，其中所有詞句，未宜一見而概謂“楚人之語自古如此”。“騷離”與“距違”對文，則“騷”如《詩·大雅·常武》“繹騷”之“騷”，謂擾動耳。伍舉承言之曰：“施令德於遠近，而小大安之也；若斂民利以成其私欲，使民蒿焉而忘其安樂而有遠心。”是“騷”即不“安”，“騷離”即動盪涣散。

【增訂二】伍舉所謂“騷離”，即《論語·季氏》所謂“邦分崩離析”耳。

韋昭解“騷”爲“愁”，不甚貼切《國語》之文，蓋意中有馬遷、王逸輩以《楚辭》“騷”爲“憂”、“愁”之舊解，遂沿承之。韋解本采《楚辭》註，項、王乃復據以補正《楚辭》註；朱熹嘗謂《山海經》依傍《天問》，後人釋《天問》轉溯諸《山海經》，毋乃類是？韋解“騷離”爲民“愁”而“叛”，項、王遂解“離騷”爲屈原以民“叛”而“愁”。夫即使《國語》之韋解愜當，《楚辭》文既倒置，詁之分者未遽即可移用。卑無高論，請徵之尋常筆舌。匹似“東西”之與“西東”，“風流”之與“流風”，“雲雨”之與“雨雲”，“日月”之與“月日”，“大老”、“中人”、“小妻”之與“老大”、“人中”、“妻小”，均未可如熱鐺翻餅。“主謀”洵即“謀主”，而“主事”絶非“事主”；“公相”不失爲“相公”，而“公主”迥異“主公”。“字畫”、書與畫也，又書法或字跡也，“畫字”則作字或簽名矣；“尊嚴”、體貌望之儼然也，“嚴尊”，則稱事爲父矣；“死戰”、猶能生還也，“戰死”則祇許弔戰場而招歸魂矣；“混亂”、事勢不清平也，“亂混”則人不務正業而游手餬口矣。“主客”以言交際、酬酢，而“客主”則言交戰争辯，“主客”又爲官府及僧寺典客者之稱矣。更僕難終，均類手之判反與覆，而非若棍之等倒與顛。復安保“騷離”之必同於“離騷”哉？單文孤證，好事者無妨撮合；切理饜心，則猶有待焉。

均是單文孤證也，竊亦郢書燕説，妄言而姑妄聽之可乎？王逸釋“離”爲“別”，是也；釋“離騷”爲以離別而愁，如言“離愁”，則非也。“離騷”一詞，有類人名之“棄疾”、“去病”或詩題之“遣愁”、“送窮”；蓋“離”者，分闊之謂，欲擺脱憂愁而遁避之，與“愁”告“別”，非因“別”生“愁”。猶《心經》言“遠離顛倒夢想”；或道士言太上老君高居“離恨天”，在“三十三天之上”（《西遊記》第五回），乃謂至清極樂、遠“離”塵世一切愁“恨”，非謂人間傷“離”傷別怨“恨”之氣上衝而結成此天也。

【增訂三】“離恨天”本意，可參觀《大智度論》卷九七《釋薩陀崙品》第八八中言“衆香城”中“有四娱樂園，一名‘常喜’，二名‘離憂’……”；玄奘譯《大般若波羅蜜多經》第二分《修治地品》第一八之一二列舉“遠離十法”，有“遠離不喜愁戚心”、“遠離追戀憂悔心”等。蓋“離”去“憂”、“愁”而成“喜”、“樂”，非如李端《宿淮浦憶司空文明》之“愁心一倍長離憂”，乃因别“離”而“愁”、“憂”加“倍”。元曲每以“離恨天”對“相思病”（如石子章《竹塢聽琴》第二折），似望文生義，解同何遜《與胡興安夜别》之“芳抱新離恨”，不喜而戚。後來如孫原湘《天真閣集》卷二八《離恨天歌》遂大放厥詞，至云："愁天一角萬古渾，日月不到雲昏昏"，當非太上老君居之安者矣。

【增訂四】《大般若波羅蜜多經》初分《緣起品》第一之一言南方"最後世界名'離一切憂'，佛號'無憂德如來'。……有菩薩名曰'離憂'"。

《詩·泉水》曰："駕言出遊，以寫我憂"；《莊子·山木》魯侯有憂色，市南宜僚進言謂"游於無人之野"、"大莫之國"，則可以"去君之累，除君之憂"；庾信《愁賦》曰："深藏欲避愁"；李白《暮春江夏送張祖監丞之東都序》曰："吁咄哉！僕書室坐愁，亦已久矣。每思欲遐登蓬萊，極目四海，手弄白日，頂摩青穹，揮斥幽憤，不可得也"；韓愈《忽忽》曰："忽忽乎吾未知生之爲樂也，欲脱去而無因"；辛棄疾《鷓鴣天》曰："欲上高樓本避愁"；莫非欲"離"棄己之"騷"愁也。《遠遊》開宗明義曰："悲時俗之迫阨兮，願輕舉而遠遊"；王逸《九思·逢尤》曰："心煩憒兮意無聊，嚴載駕兮出戲遊"，逸自註或其子延壽註："將以釋憂憤也"；正是斯旨。憂思難解而以爲遷地可逃者，世人心理之大順，亦詞章抒情之常事，而屈子此作，其巍然首出者也。逃避苦悶，而浪跡遠逝，乃西方浪漫詩歌中一大題材①。足資參印。

"離"訓遭、偶，亦訓分、畔。就《離騷》一篇言之。"進不入以離尤兮"，用前訓也；"余既不難夫離別兮"，"何離心之可同

① E. g. Goethe, *Faust*, I. 418: "Flieh! Auf! Hinaus in's weite Land!"; Mallarmé : "Brise marine" : "Fuir! là-bas fuir! " Cf. Leopardi: "Dialogo di Cristoforo Colombo e di Pietro Gutierezz" (*Opere*, Riccardo Ricciardi, I, 602: "che per un tempo essa ci tiene liberi della noia" ecc.); Baudelaire: "Le Voyage", "Any Where Out of the World" (*Oeuvres complètes*, "Bibliothèque de la Pléiade", 198, 355).

兮”，“飄風屯其相離兮”，“紛總總其離合兮，斑陸離其上下”，皆用後訓。“不難夫離別”，乃全篇所三致意者，故《亂》“總撮其要”曰：“又何懷乎故都！”“忽反顧以遊目兮，將往觀乎四荒”；“濟沅湘以南征兮，就重華而陳詞”；“駟玉虬以乘鷖兮，溘渫風余上征”；“何離心之可同兮，吾將遠逝以自疏”；“懷朕情而不發兮，余焉能忍與此終古”；“騷”而欲“離”也。“回朕車以復路兮，及行迷之未遠”；“僕夫悲余馬懷兮，蜷局顧而不行”；“騷”而欲“離”不能也。棄置而復依戀，無可忍而又不忍，欲去還留，難留而亦不易去。即身離故都而去矣，一息尚存，此心安放？江湖魏闕，哀郢懷沙，“騷”終未“離”而愁將焉避！庾信《愁賦》曰：“深藏欲避愁，愁已知人處”；陸游《春愁》曰：“春愁茫茫塞天地，我行未到愁先至”（《劍南詩稿》卷八）；周紫芝《玉闌干》釋然曰：“覓得醉鄉無事處”，而元好問《玉闌干》又爽然曰：“已被愁知！”；臨清人商調《醋葫蘆》曰：“幾番上高樓將曲檻凭，不承望愁先在樓上等”（李開先《一笑散》）。西方古今詩家，或曰：“驅騎疾逃，愁踞馬尻”（Post equitem sedet atra Cura），或又歎醇酒婦人等“一切避愁之路莫非迎愁之徑”（Denn all mein Irren war ein Weg zu dir）①。皆心同此理，輒喚奈何。寧流浪而猶流連，其唯以死亡爲逃亡乎！故“從彭咸之所居”爲歸宿焉。思緒曲折，文瀾往復；司空圖《詩品・委曲》之“似往已廻”，庶幾得其悱惻纏綿之致。《詩・邶風・柏舟》一篇，稍闢斯境，然尚是剪而不斷之情，《離騷》遂兼理而愈亂之況。

① Horace, *Carminum*, III, i. 40; Hermann Hesse: “An die Melancholie” (W. Rose, *A Book of Modern German Lyric Verse*, 96).

語意稠疊錯落，如既曰："余固知謇謇之爲患兮，忍而不能舍也"，又曰："寧溘死以流亡兮，余不忍爲此態也"，復曰："阽余身而危死兮，覽余初其未悔"；既曰："何方圜之能周兮"，復曰："不量鑿而正枘兮"；既曰："世溷濁而不分兮，好蔽美而嫉妬"，復曰："世溷濁而嫉賢兮，好蔽美而稱惡"；既曰："心猶豫而狐疑兮，欲自適而不可"，復曰："欲從靈氛之吉占兮，心猶豫而狐疑。"諸若此類，讀之如覩其鬱結蹇產，念念不忘，重言曾欷，危涕墜心。曠百世而相感，誠哉其爲"哀怨起騷人"（李白《古風》第一首）也。

二 離 騷

“惟庚寅吾以降”;《註》:“寅爲陽正,故男始生而立於寅,庚爲陰正,故女始生而立於庚”;《補註》:“《説文》曰:‘元氣起於子,男左行三十,女右行二十,俱立於巳,爲夫婦。褢妊於巳,巳爲子,十月而生。男起巳至寅,女起巳至申,故男年始寅,女年始申也。’《淮南子》註同。”按洪引《説文》,乃“包”字之解,前尚有數語云:“象人褢妊;巳在中,象子未成形也。”《淮南子・氾論訓》:“禮三十而娶,文王十五而生武王,非法也”,高誘註亦言“男子數從寅起”、“女子數從申起”,而更詳於《説文》。段玉裁《説文解字註》引《淮南》高註及《神仙傳》,斷之曰:“按今日者卜命,男命起寅,女命起申,此古法也。”實則宋程大昌《演繁露》卷五早取《通典》註引《説文》“包”字解而論之云:“即今三命家謂‘男[生]一歲,小運起寅……女生一歲,小運起申’者是也。……不知許氏於何得之。殆漢世已有推命之法矣,而許氏得之耶?或是許氏自推男女生理而日者取以爲用也?”程氏未知王、高皆以此説註書,不獨許氏用以解字。漢碑每有“三命”之詞,王楙《野客叢書》卷二六謂“即陰陽家五星三命之説”;合王、許、高三家註書解字觀之,野客未爲臆測也。“皇覽揆余初度兮，肇錫余以嘉名”；王逸註：“觀我始生年時，度其日月，皆合天地之正中”，亦似以星命爲釋。《詩·小雅·小弁》：“我辰安在?”；鄭玄《箋》：“言‘我生所值之辰安所在乎?’謂‘六物’之吉凶”；孔穎達《正義》引《左傳》昭公七年伯瑕對晉侯問，謂“六物”乃“歲、時、日、月、星、辰”。是則鄭之箋《詩》酷肖王之註《騷》，想見東漢已流行後世日者之説矣。

【增訂三】朱松《韋齋集》卷一〇《送日者蘇君序》亦引《小弁》句及註疏而申説曰：“然則推步人生時之所值，以占其貴賤壽夭，自周以來有之矣。”

錢大昕《潛研堂文集》卷三《星命説》、紀昀《閱微草堂筆記》卷一二、俞正燮《癸巳存稿》卷六等皆未及此。

“惟草木之零落兮，恐美人之遲暮。”按《詩·衛風·氓·小序》“華落色衰”，正此二句之表喻；王逸註所謂“年老而功不成”，則其裏意也。下文又云：“老冉冉其將至兮，恐脩名之不立”；“及榮華之未落兮，相下女之可貽”；“恐鵜鴂之先鳴兮，使百草爲之不芳”；“及余飾之方壯兮，周流觀乎上下”。言之不足，故重言之。不及壯盛，田光興感；復生髀肉，劉備下涕；生不成名而身已老，杜甫所爲哀歌。後時之悵，志士有同心焉。

“朝飲木蘭之墜露兮，夕餐秋菊之落英”；《註》：“英、華也；言己旦飲香木之墜露，……暮食芳菊之落華”；《補註》：“秋花無自落者，當讀如‘我落其實而取其華’之‘落’。”按“夕餐”句乃宋以來談藝一公案，張雲璈《選學膠言》卷一三已引《西溪叢語》、《野客叢書》、《菊譜》諸説。洪氏糾正王逸註“落華”，意中必有此聚訟在。李壁《王荆文公詩箋註》卷四八《殘菊》：“殘菊飄零滿地金”，《註》：“歐公笑曰：‘百花盡落，獨菊枝上枯耳’，戲賦：‘秋英不比春花落，爲報詩人仔細看！’荆公曰：‘是定不知《楚辭》夕餐秋菊之落英，歐九不學之過也！落英指衰落。’《西清詩話》云：‘落、始也。’竊疑小説謬，不爲信。”《苕溪漁隱叢話》前集卷三四引《西清詩話》外，復引《高齋詩話》記嘲王安石者爲蘇軾，則《警世通言》卷三《王安石三難蘇學士》淵源所自也。史正志《史老圃菊譜·後序》調停歐、王，謂“左右佩紉，彼此相笑”，菊“有落有不落者”，而終曰：“若夫可餐者，乃菊之初開，芳馨可愛耳，若夫衰謝而後落，豈復有可餐之味？《楚辭》之過，乃在於此。或云：‘……落英之落，蓋謂始開之花耳。然則介甫之引證，殆亦未之思歟？’或者之説，不爲無據”；是仍以安石爲誤。宋人如吴曾《能改齋漫録》卷二論《西清詩話》、費袞《梁谿漫志》卷六、魏慶之《詩人玉屑》卷一七引《梅墅續評》，後來陳錫璐《黄嬭餘話》卷三、吴景旭《歷代詩話》卷五七亦蒐列諸説，胥主“落英”之“落”當解爲“初”、“始”。安石假借《楚辭》，望文飾非，幾成公論。安石大弟子陸佃《埤雅》卷一七：“菊不落華，蕉不落葉”，蓋似隱駁乃師詩句。他如朱淑真《黄花》：“寧可抱香枝上老，不隨黄葉舞秋風”；鄭思肖《寒菊》：“寧可枝頭抱香死，何曾吹落北風中！”言外胥有此公案，而借以寄慨身世。惟樓鑰、王楙謂“落”正言隕落，而於全句别作解會。王説出《野客叢書》卷一，張雲璈已引之；樓説出《攻媿集》卷七五《跋楚薌圖》云：“人言木蘭即木筆，雖别有辛夷之名，未知孰是，而頗有證焉。半山有‘籬落黄花滿地金’之句，歐公云‘菊無落英。’半山云：‘歐九不曾讀《離騷》！’公笑曰：‘乃介甫不曾讀耳！’竟無辨之者，余嘗得其説。靈均自以爲與懷王不能復合，每切切致此意。木蘭仰生而欲飲其墜露，菊花不謝而欲餐其落英，有此理乎？正如薜荔在陸而欲採於水中，芙蓉在水而欲搴於木末。”心良苦而説甚巧。顧《九歌·湘君》以“心不同兮媒勞”申説採荔搴蓉，枉費心力之意甚明；《離騷》以“長顑頷亦何傷”申説飲露餐英，則如王逸註所謂“飲食清潔”，猶言“寧飲水而瘦”，非寓豈“有此理”之意。《荆文詩集》卷四七《縣舍西亭》第二首：“主人將去菊初栽，落盡黄花去却迴”；蓋菊花之落，安石屢入賦詠。夫既爲詠物，自應如鍾嶸《詩品》所謂“即目直尋”、元好問《論詩絶句》所謂“眼處心生”。乃不徵之目驗，而求之腹笥，借古語自解，此詞章家膏肓之疾：“以古障眼目”（江湜《伏敔堂詩録》卷八《雪亭邀余論詩，即以韻語答之》）也。嗜習古畫者，其觀賞當前風物時，於前人妙筆，熟處難忘，雖增契悟，亦被籠罩，每不能心眼空靈，直湊真景①。詩人之資書卷、講來歷者，亦復如是②。安石此掌故足爲造藝者“意識腐蝕”（the corruption of consciousness）③之例。《禮記·月令》季秋之月曰：“菊有黄花”，

【增訂四】《西京雜記》卷一《黄鵠歌》：“金爲衣兮菊爲裳”，以“菊”配“金”，是言其“有黄花”也。

張翰《雜詩》曰：“暮春和氣應，白日照園林，青條若總翠，黄

① Cf. Hogarth, *The Analysis of Beauty*, Preface: “It is also evident that the painter's eye may not be a bit better fitted to receive these new impressions who is in like manner too much captivated with the works of art”(ed., J. Burke, 24).

② Cf. De Sanctis, *Storia della Letteratura italiana*, cap. Xi: “Lo scrittore non dice quello che pensa o immagina o sente, perchè non è l'immagine che gli sta innanzi, ma la frase di Orazio e di Virgilio”(ed. riveduta da A. Parente, I, 342).

③ R. G. Collingwood, *Principles of Art*, 216.

花如散金”；唐人如崔善爲《答無功九日》以二語捉置一處：“秋來菊花氣，深山客重尋，露葉疑涵玉，風花似散金”，而承曰：“摘來還汎酒”，是尚知菊英之不落，隱示“散金”之爲假借成語。至安石以菊英亦黄，遂逕取張翰之喻春花者施之於秋花，語有來歷而事無根據矣。若其引《離騷》解嘲，却未必誤會。“落英”與“墜露”對稱，互文同訓。《詩》雖有“落”訓“始”之例，未嘗以言草木，如《氓》之“桑之未落，其葉沃若；桑之落兮，其黄而隕”，正謂隕落。《離騷》上文曰：“惟草木之零落兮”，下文曰：“貫薜荔之落蕊”，亦然。下文又曰：“溘吾游此春宫兮，折瓊枝以繼佩，及榮華之未落兮，相下女之可遺”；《補註》：“瓊，玉之美者；……天爲生樹，……以琳琅爲實，……欲及榮華之未落也。”若科以“菊不落花”之律，天宫帝舍之琅樹琪花更無衰謝飄零之理，又將何説以解乎？比興大篇，浩浩莽莽，不拘有之，失檢有之，無須責其如賦物小品，尤未宜視之等博物譜録。使苛舉細故，則木蘭榮於暮春，而《月令》曰：“季秋之月，菊有黄華；是月也，霜始降，草木黄落。”菊已傲霜，而木蘭之上，零露尚溥，豈旦暮間而具備春秋節令之徵耶？朝祇渴抑無可食而夕祇飢抑無可飲耶？指摘者固爲吹毛索痏，而彌縫者亦不免於鑿孔栽鬚矣。

“謇吾法夫前修兮，非世俗之所服”；《註》：“言我忠信謇謇者，乃上法前世遠賢，固非今時俗人之所服行也；一云‘謇’、難也，言己服飾雖爲難法，我倣前賢以自修潔，非本今世俗人之所服佩。”按王説是矣而一間未達，蓋不悟二意之須合，即所謂“句法以兩解爲更入三昧”、“詩以虛涵兩意見妙”（李光地《榕村語録》正編卷三〇、王應奎《柳南隨筆》卷五），亦即西方爲

“美學”定名立科者所謂“混含”(con-fusio)[①]是也。此乃修詞一法[②],《離騷》可供隅反。“修”字指“遠賢”而并指“修潔”,“服”字謂“服飾”而兼謂“服行”。一字兩意,錯綜貫串,此二句承上啓下。上云:“擥木根以結茝兮,貫薜荔之落蕊,矯菌桂以紉蕙兮,索胡繩之纚纚”,是修飾衣服,“法前修”如言“古衣冠”;下云:“雖不周於今之人兮,願依彭咸之遺則”,“今之人”即“世俗”,“依遺則”即“法前修”,是服行以前賢爲法。承者修潔衣服,而啓者服法前賢,正是二詮一遮一表,亦離亦即。更下又云:“余雖好修姱以鞿羈兮,謇朝誶而夕替,既替余以蕙纕兮,又申之以攬茝”;“進不入以離尤兮,退將復修吾初服,製芰荷以爲衣兮,集芙蓉以爲裳”;“佩繽紛其繁飾兮,芳菲菲其彌章,民生各有所樂兮,余獨好脩以爲常”;“汝何博謇而好修兮,紛獨有此姱節,薋菉葹以盈室兮,判獨離而不服”;“户服艾以盈要兮,謂幽蘭其不可佩”;“修”謂修潔而“服”謂衣服。“孰非義而可用兮,孰非善而可服”;“不量鑿而正枘兮,固前修以菹醢”;“修”謂遠賢而“服”謂服行。“修”與“服”或作直指之詞,或作曲喻之詞,而兩意均虛涵於“謇吾”二句之中。張衡《思玄賦》極力擬《騷》,有云:“襲温恭之黻衣兮,被禮義之繡裳,辮貞亮以爲鞶兮,雜伎藝以爲珩”則與“結典籍而爲罟兮,敺儒墨以爲禽”,皆坐實道破,不耐玩味矣。

---

① A. Riemann, *Die Aesthetik A. G. Baumgartens*, 110: “Je mehr Einzelheiten... in einer verworren Vorstellung beisammen sind,... desto poetischer wird sie.”

② Cf. N. Frye, *Anatomy of Criticism*, 72 ff. (The principle of manifold meaning); S. Ullmann, *Semantics*, 188 ff. (Ambiguity as a device of style); Winifred Nowottny, *The Language Poets Use*, 146 ff. (Ambiguity and “ambiguity”).

“怨靈脩之浩蕩兮，終不察夫民心”；《註》：“‘浩’猶‘浩浩’，‘蕩’猶‘蕩蕩’，無思慮貌也”；《補註》：“五臣云：‘浩蕩、法度壞貌。’”按“無思慮”之解甚佳；高拱無爲，漠不關心國事，即可當《北齊書·後主紀》所謂“無愁天子”，而下民已不堪命矣。註家申説爲“驕敖放恣”或“法度廢壞”，便詞意淺直。《詩·大雅·蕩》：“蕩蕩上帝”，鄭玄《箋》：“法度廢壞”，正自失當，五臣乃傳移以釋《楚辭》，亦王逸言“驕敖放恣”有以啓之也。干寶《晉紀總論》：“民風國勢如此，雖以中庸之才、守文之主治之，辛有必見之於祭祀，季札必得之於聲樂，范燮必爲之請死，賈誼必爲之痛哭，又況我惠帝以蕩蕩之德臨之哉！”即言惠帝之無所用心，若以壞法驕恣釋之，便乖婉諷語氣，既不稱其生性愚懦，復與“德”字不屬。劉峻《辯命論》：“爲善一，爲惡均，而禍福異其流，廢興殊其迹，蕩蕩上帝，豈如是乎？”即言天帝之不問不管，若以壞法驕恣釋之，則“豈如是”之詰質無謂；因恣志枉法，必且作善者均致禍，作惡者概得福，匪僅爲善爲惡同而或禍或福異也。《書·洪範》：“無偏無黨，王道蕩蕩；無黨無偏，王道平平；無反無側，王道正直”；首言道路之寬廣，次言道路之平坦，末言道路之正直。道上空曠無物，猶心中空洞無思，故亦稱“蕩蕩”。

【增訂二】張籍《短歌行》：“青天蕩蕩高且虚”，亦以“高”與“虚”説“蕩蕩”，兼遼遠與空無。

石君寶《秋胡戲妻》第二折：“這等清平世界、浪蕩乾坤，你怎敢把良家婦女公調戲？”；《水滸》第二七回：“清平世界、蕩蕩乾坤，那裏有人肉的饅頭？”“乾坤”之“浪蕩”、“蕩蕩”謂太平無事，正如“靈脩”之無思、“王道”之無物；若沿壞法驕恣之解，則當曰“怪不得把良家婦調戲、剁人肉作饅頭餡”矣。又按“浩蕩”兼指距離遼邈。詩人用字，高長與廣大每若無别；如陸機《挽歌》之三：“廣宵何寥廓，大暮安可晨!”，不殊甯戚《飯牛歌》之“長夜冥冥何時旦!”“靈脩”不僅心無思慮，萬事不理，抑且位高居遠，下情上達而末由，乃俗語“天高皇帝遠”耳。蓋兼心與身之境地而言；陶潛名句曰：“心遠地自偏”，皇帝則“地高心自遠”，所謂觀“存在”而知“性行”者也①。《吕氏春秋·制樂》記子韋語：“天之處高而聽卑”；《三國志·蜀書·秦宓傳》張温問：“天有耳乎?”宓答：“天處高而聽卑”；《南齊書·蕭諶傳》諶臨死謂莫智明曰：“天去人亦復不遠。……我今死，還取卿”；皆謂“靈脩”雖居處“浩蕩”，與下界寥闊不相聞問，而宅心不“浩蕩”，於人事關懷親切。《北宫詞紀》外集卷三馮惟敏《勸世》：“一還一報一齊來，見如今天矮”；《琵琶記》第二六折李贄評：“這裏天何等近！緣何别處又遠?”；《醒世姻緣傳》第五六回：“這天矮矮的，唬殺我了!”，又五七回：“這天爺近來更矮，湯湯兒就是現報。”“近”、“矮”正同“聽卑”、“不遠”，皆“浩蕩”之反，言其能下“察夫民心”也。

“衆女嫉余之蛾眉兮，謡諑謂余以善淫”；《註》：“‘衆女’謂衆臣；女、陰也，無專擅之義，……故以喻臣。‘蛾眉’、美好之人”；《補註》：“衆女競爲謡言以譖愬我，彼淫人也，而謂我善淫。”按王逸《序》：“《離騷》之文，依《詩》取興。……‘靈脩’、‘美人’以比於君”；“思美人之遲暮”句，《補註》謂“美

① Cf. Heidegger, *Sein und Zeit*, 1. Hälfte, 3. Aufl., 42: “Das Was-sein(essentia) dieses Seienden muss... aus seinem Sein(existentia) begriffen werden”.

人”或“喻君”，或“喻善人”，或“自喻”。夫不論所喻(tenor)爲誰，此句取以爲喻(vehicle)之“美好之人”稱“余”者，乃女也，“衆女嫉余之蛾眉兮”，又即下文之“好蔽美而嫉妬”也。上文“思美人之遲暮”，王逸註：“‘美人’謂懷王也”；下文“思九洲之博大兮，豈唯是有其女?”，“和調度以自娱兮，聊浮游以求女”；不論其指臣皇皇欲得君，或君汲汲欲求賢，而詞氣則君子之求淑女，乃男也。不然，則人痾矣。後之稱“自”與前之稱“余”，蓋一人耳；撲朔迷離，自違失照。憶十六世紀英國諷諭名篇《狐、猿謀篡歌》中，以獅乃百獸之君，故假以喻王，是爲牡(The Lyon sleeping lay in secret shade，/His Crown and Scepter lying him beside)，而英國時方女王(Elizabeth)當朝，牡者遂時爲牝(For so braue beasts she loueth best to see，/In the wilde forest raunging fresh and free；To have thy Princes grace，yet want her Peeres)①；亦雌亦雄，忽男忽女，真堪連類也。《楚辭》中齟齬不安，時復類斯。如本篇云：“爲余駕飛龍兮，雜瑶象以爲車。……鳳皇翼其承旂兮，高翺翔之翼翼。忽吾行此流沙兮，遵赤水而容與，麾蛟龍使梁津兮，詔西皇使涉予。”飛龍爲駕，鳳皇承旂，有若《九歌·大司命》所謂“乘龍兮轔轔，高駝兮沖天”，乃竟不能飛度流沙赤水而有待於津梁耶？有翼能飛之龍詎不如無翼之蛟龍耶？抑將如班固《東都賦》之“乘龍”，或張衡《南都賦》之“飛龍”，釋“駕龍”爲駕馬歟？則“蛟龍”又何物哉？《文選》江淹《恨賦》李善註引《竹書紀年》周穆王

① Spenser：“Prosopopoia：or Mother Hubberds Tale”，952-3，629-630，900，*Minor Works*，Variorum Edition by E. Greenlaw *et al*.，II，130，122，129.

伐越，師至九江，“叱黿鼉以爲梁”；初非駕龍以翔，故須架鼉以度耳。《西遊記》第二二回唐僧抵“流沙河”，阻道不能過，八戒謂行者既有“筋斗雲”之術，“把師父背着，只消點點頭，躬躬腰，跳過去罷了”，行者答謂“遣泰山輕如芥子，携凡夫難脱紅塵”，“若將容易得，便作等閑看”；以明唐僧取經必“就地而行”，不可“空中而去”。行者之言正作者自圓之補筆也。若騰空遠邁，而過水須橋，則説之未圓而待彌縫者。嚴忌《哀時命》云：“弱水汩其爲難兮，路中斷而不通，勢不能凌波以徑度兮，又無羽翼而高翔。……車既弊而馬罷兮，蹇邅徊而不能行”；智過所師，庶無語病，足見有“羽翼”而能“高翔”者，“徑度”“弱水”而不“爲難”也。又如《九歌·東君》云：“靈之來兮蔽日，青雲衣兮白霓裳”；“靈”非他，“日”是也，篇首所謂“暾將出兮東方，照吾檻兮扶桑”也。“將出”已“照”，及“來”乃反自“蔽”乎？“雲衣霓裳”掩蔽容光顏焕，豈竟如《九辯》之“氾濫浮雲，壅蔽明月”乎？《禮記·禮運》：“故政者，君之所以藏身也”，鄭玄註：“謂輝光於外而形體不見，如日、月、星、辰之神”，或資參釋；倘若《神曲》所言以光自匿，光華射目，日體不可正視，如蛹藏繭内（e col suo lume sè medesmo cela；Sì come il sol，che si cela egli stessi/per troppa luce；che mi raggia dintorno，e mi nascon de/quasi animal di sua seta fasciato）①，則“蔽日”者，“蔽於日”、“日蔽”之謂歟？然不曰“光”而曰

① *Purgatorio*，XVII，57；*Paradiso*，V.133-4 e VIII.53-4.蠶種於六世紀已自吾國傳入羅馬，馬哥波羅東游歸後，意大利養蠶大盛（參觀 L. Olschki，*L'Asia di Marco Polo*，43），故但丁亦知有繭矣。

"日"，又似判"靈"、"日"而二之。王逸註曰："言日神悅喜，於是來下，從其官屬，蔽日而至也。"憑空添上"官屬"，即覺原語欠圓，代爲斡旋。此類疵累不同於"秋菊落英"之譏。秋菊落英，乃與文外之事實不符(correspondence)；據芳譜卉箋，自可科以無知妄作之罪，而談藝掎摭，視爲小眚，如肌膚之疾而已。此類蓋文中之情節不貫(coherence)，猶思辯之墮自相矛盾①，則病在心腹者矣。匹似杜甫《游何將軍山林》："紅綻雨肥梅"；姚旅《露書》卷三駁之曰："梅花能綻，梅子不能綻，今初夏言綻，則好新之過。"是乖違外物之疵也。白居易《繚綾》："中有文章又奇絶，地鋪白烟花簇雪。織者何人衣者誰？越溪寒女漢宫姬。去年中使宣口敕，天上取樣人間織：織爲雲外秋雁行，染作江南春水色"；一綾也，色似白復似碧，文爲花忽爲鳥。又本身牴牾之病已。説詩者每於前失强聒不舍，而於後失熟視無覩，殆皆行有餘力之博物君子耳！擬之三段論法，情節之離奇荒誕，比於大前提；然離奇荒誕之情節亦須貫串諧合，誕而成理，奇而有法。如既具此大前提，則小前提與結論必本之因之，循規矩以作推演。《西遊記》第六回齊天大聖與二郎神鬭法，各摇身善變，大聖變魚游水中，二郎變魚鷹，大聖急遁而變他物；夫幻形變

① Croce, *Estetica*, 10ª ed., 51："Lo stesso principio di contradizione non è altro, in fondo, che il principio estetico della coerenza."

【增訂三】狄德羅論想像，有云："詩人臆造事情，不異哲人推演事理，有條貫與無條貫之别而已"(Et le poète qui feint, et le philosophe qui raisonne, sont également, et dans le même sens, conséquents ou inconséquents— "De la Poésie dramatique", X "Du Plan", *Oeuv*, *comp*, ed. J. Assézat, VII, 334-5)。可與克羅采語合觀。

狀，事理所無也，而既爲魚矣，則畏魚鷹之啄，又常事常理也。

【增訂四】歌德《浮士德》卷上有浮士德與魔鬼問答一節。浮問："汝奚不自窗而出乎?"魔原由門入，乃對："魔與鬼有科律(ein Gesetz dei Teufel und Gespenster)毋得違：自何處入，亦必自其處出。初步專由自主，繼武即局趣爲奴"（Das erste steht uns frei，beim zweiten sind wir Knechte. —*Faust*，I，1409－12)。蓋亦猶吾國舊小説所謂："不來由客，來時由主"(《平妖傳》二六回)，或阿拉伯古諺所謂："入時自作主張，出時須人許可"（You enter at your own bidding—you leave at another's. —Sir Richard Burton，*Selected Papers*，ed. N. M. Penzer，p. 82)。頗可移解余所謂故事情節之大前提雖不經無稽，而其小前提與結論却必順理有條。原引《西遊記》第六回大聖變魚，二郎變魚鷹啄之，大聖因變水蛇，二郎神遂變灰鶴啄之；又第六一回牛王變天鵝，行者即變海東青，牛王急變黄鷹，"反來嗛海東青"，行者變烏鳳，"專一趕黄鷹"，牛王變香獐，行者變餓虎，"趕獐作食"，牛王變文豹，"要傷餓虎"，行者變狻猊，"要食大豹"。其初變也，自由遂願，任意成形；及乎既變之後，則賦形秉性，而物性相制，不得乖違。故化獐矣，必畏虎，欲不畏虎，惟有别化爲豹。《封神演義》第九一回中楊戩與梅山七怪之袁洪"各使神通，變化無窮，相生相克"，如袁"變怪石"，楊"即變石匠"；《古今小説》卷一三《張道陵》八部鬼帥變"老虎來攫真人"，真人"變獅子逐之"，鬼帥"再變大龍"，真人即"又變大鵬金翅鳥啄龍睛"等；正相彷彿。元魏譯《賢愚經·須達起精舍品第四十一》寫佛弟子與外道幻師鬬法：勞度差"呪作一樹"，舍利弗

“作旋嵐風，吹拔樹根”；勞度差“復作一山”，舍利弗“化作金剛力士，以金剛杵，遥用指之，山即破壞”；勞度差“復作一龍”，舍利弗“化作一金翅鳥王，擘裂噉之”；勞度差“復作一牛”，舍利弗“化作獅子王，分裂食之”。雖導夫先路，而粗作大賣，要不如後來者入扣連環之居上也。

試例以西方童話。貓着鞾謁術士曰：“人盛言公能隨意幻形，竊未能信，願目驗焉。請化爲象，可乎?”術士嗤之，立地成巨象。貓驚嘆曰：“神乎技矣！不識亦解化獅歟?”術士即轉形爲雄獅，貓皇恐曰：“莫怖殺儂!”術士忻然意得，貓曰：“公化大物之能，僕已嘆觀止；苟兼工化成小物如鼷鼠者，則獨步天下而僕亦不敢再瀆矣。”術士曰：“小子可教！老夫不惜爲汝一顯身手耳。”語畢躍而作鼠，貓撲而咋之（Der Zauberer sprang als Maus im Zimmer herum. Der Kater war hinter ihm her，fing die Maus mit einem Sprung und frass sie auf）[①]。貓之衣履人言與術士之隨心幻物，荒唐之囈語也，而有鼠則遭貓捕，又真實之常事矣。

【增訂四】西方民謡、神話亦言術士競技，重迭變幻，互克交制。如女化兔，則男化獵犬，女遂化蠅，男登化網蛛（Then She became a hare，/A hare all on the plain；/And He became a greyhound dog，/And fetched her back again. /Then She became a fly，/A fly all in the air；/And He became a spider，/And fetched her to his lair. —“The Two Magicians”，in *The Oxford Book of Light Verse*，ed. W. H. Auden，

① Brüder Grimm，*kinder-und Hausmärchen*，“Der Gestiefelte Kater”，Berlin：Der Kinderbuchverlag，372-3.

pp.379－80；cf.“The Twa Magicians” in *The Faber Book of Popular Verse*，ed. G. Grigson，1974，pp.278－80)；或徒化蟮(eel)入水，師化鰻(conger)相逐，徒於是化鴿飛空，師乃化鷹欲攫(“The School of Salamanca”，in Italo Calvino，*Italian Folktales*，tr. G. Martin，1980，pp.444－6)。此類志異頗多(cf. Katharine Briggs，*A Dictionary of Fairies*，Penguin Books，1979，p.361，“The Wizard's Gillie ”)，要皆同歸一揆。格林童話又一則述師變公雞，徒遽變狐狸而嚙雞頭斷(So the master changes himself into a cock，and the youth becomes a fox，and bites his master's head off. —“The Thief and his Master”，*The Complete Grimm's Fairy Tales*，Routledge and Kegan Paul，1975，p.338)。夫以師之神通，豈不能以變獵犬始哉？顧既自擇爲雞，則如弈者之落子已錯，囿於禽性，不免爲狐口中食，徒因得而致其死命焉。斯所謂第一步自主、第二步爲奴，亦所謂後起者勝耳。又按法國舊傳貓著鞾故事(Perrault：“Le chat botté”)中，與貓鬬法者爲魔(ogre)而非術士，僅化獅、鼠二物耳(Iona and Peter Opie，*The Classic Fairy Tales*，Granada，1980，pp.150－1)。

駕飛龍而沖天，此奇情幻想也；龍能飛翔，則應空度流沙赤水，此引端推類，以終事與始事貫通，墨子《大取》所謂“語經”也。始段無根不實，而衷、終兩段與之委蛇，順理有條。蓋無稽而未嘗不經，亂道亦自有道(probable impossibility)，未可鴻文無範、函蓋不稱也。尤侗《艮齋續説》卷七論王安石《殘菊》詩案曰：“《離騷》大半寓言，但欲拾其芳草，豈問其始開與既落乎？不然豈芰荷果可衣乎？芙蓉果可裳乎？”頗窺寓言之不同實言（參觀《毛詩》卷論《河廣》）。潘諮《林阜間集·常語》卷上曰：“事之至奇者，理之所固有者也；若無是理，必無是事。譬如挾太山以超北海，事所必無；然究竟太山與挾者類，北海與超者類。故雖無其事，猶許人説，蓋夢思所能到。若挾北海以超太山，亦無此幻説矣。”更進而知荒誕須藴情理。竊欲下一轉語。《西遊記》第四二回觀音淨瓶中“借了一海水”，而“右手輕輕的提起，托在左手掌上”；苟有器可納，“挾北海”未爲不可。倘具偌大神通，能挾北海而竟淹於池，解超太山而忽蹪於垤，則義不兩立，事難一貫，非補筆末由圓其説矣。

“女嬃之嬋媛兮，申申其詈予”；《註》：“女嬃、屈原姊也，嬋媛猶牽引也，申申、重也”；《補註》引《説文》、《水經注》等申説“屈原有賢姊”，而以“申申”爲“和舒之貌”，與王逸異。按段玉裁《説文解字註》謂：“惟鄭玄注《周易》：‘屈原之妹名女須’，《詩·正義》所引如此。”指《小雅·桑扈》“君子樂胥”句《正義》，而阮元《〈毛詩註疏〉校勘記》云：“案‘姊’誤‘妹’。”則古人皆以爲屈子有姊也。《詩·正義》以《周禮》之“胥徒”與“女須”牽合，李謙菴似因而別生解悟，遂説“嬃”等於胥役之女者。施閏章《愚山別集》卷三《矩齋雜記》引李説云：“天上有須女星，主管布帛嫁娶；人間使女謂之‘須女’，須者、有急則須之謂。故《易》曰：‘歸妹以須，反歸以娣’，言須乃賤女，及其歸也，反以作娣。……後人加‘女’於‘須’下，猶‘娣’、‘姪’之文本不從‘女’，後人各加‘女’於旁也。漢吕后妹樊噲妻名吕嬃，蓋古人多以賤名子女，祈其易養之意；生女名‘嬃’，猶生男名‘奴’耳。屈所云‘女嬃’，明從上文‘美人’生端。‘女嬃’謂‘美人’之下輩，見美人遲暮，輒亦無端詬厲；‘嬋媛’、賣弄之態也，‘申申’、所詈不一詞也。丈夫不能遭時主，建立奇功，致小輩揶揄，反來攻君子之短，致敗君子逢世之策，斯亦足悲矣!”室人摧謫，出於“賢姊”抑出於“賤女”，無可究詰。李語聊備一解。張雲璈《選學膠言》卷一三引《集解》：“嬃者賤妾之稱，比黨人也；嬋媛、妖態也”，而舉吕嬃之例以申之，乃謂“女之通稱，不必專屬姊妹”。似未見施氏書者，故合舉之。

“思九州之博大兮，豈唯是有其女？……何所獨無芳草兮？爾獨懷乎故宇!”按表喻則《左傳》成公二年申公巫臣所謂“天下多美婦人，何必是”也；裏意則《史記·季布欒布列傳》朱家所謂“此不北走胡，即南走越”也。楚材用晉，衛鞅入秦，去國易主，如李斯《書》中之“客”，春秋戰國間數見不鮮；下文亦曰：“何離心之可同兮，吾將遠逝以自疏。”韓愈《後廿九日復上書》所謂：“於周不可，則去之魯，於魯不可，則去之齊，於齊不可，則去之宋、之鄭、之秦、之楚”，而非“天下一君、四海一國”之比。《邶風·柏舟》云：“覯閔既多，受侮不少，静言思之，不能奮飛”；屈子則固能“奮飛”者，故下文曰：“歷吉日乎吾將行。”去父母之邦，既爲物論之所容，又屬事勢之可行。而始則“懷情不發”；至不能“忍與終古”，猶先占之“靈氛”；占而吉，尚“猶豫狐疑”，遲遲其行，再占之“巫咸”；及果“遠逝”矣，乃“臨睨舊鄉”，終“顧而不行”。讀“又何懷乎故都”而試闔卷揣其下文，必且以爲次語是《魏風·碩鼠》“去女適彼”之類，如馬融《長笛賦》所謂“屈平適樂國”，安料其爲“吾將從彭咸之所居”，非“遠逝”而爲長逝哉！令人爽然若失，復黯然以悲。蓋屈子心中，“故都”之外，雖有世界，非其世界，背國不如捨生。眷戀宗邦，生死以之，與爲逋客，寧作纍臣。樂毅報燕惠王書曰："忠臣去國，不潔其名"（《史記·樂毅傳》、《戰國策·燕策》二作"忠臣之去也"）；畸人獨行，并一"去"而無之，出乎其類者歟！蘇轍《欒城集》卷一七《屈原廟賦》設身代言，有云："宗國隕而不救兮，夫予舍是安去？……予豈如彼婦兮，夫不仁而出訴？"；頗能傳其心事，"彼婦"二句又即燕惠王與樂間書所言："室不能相和，出語鄰家"（《燕策》三，《樂毅傳》作"室有語，不相盡，以告鄰里"）爾。

"余以蘭爲可恃兮，……椒專佞以慢慆兮"；《註》："蘭、懷王少弟司馬子蘭也。……椒、楚大夫子椒也"；《補註》："子蘭有蘭之名，無蘭之實。……子蘭既已無蘭之實而列乎衆芳矣，子椒又欲以似椒之質充夫佩幃也。"按下文"覽椒蘭其若玆兮"，王註亦云然。韓愈《陪杜侍御游湘西寺》："静思屈原沉，遠憶賈誼貶；椒、蘭争妬忌，絳、灌共讒諂"；以椒與蘭爲二人名，本王説也。以人名雙關諧讔，如《論語·雍也》之"犁牛"、《莊子·則陽》之"靈公"，固古人詞令所早有，别見《老子》卷論七二章。屈子此數語果指子蘭、子椒兩楚大夫不？同朝果有彼二憸不？均争訟之端。然椒、蘭屢見上文，王、洪註都解爲芳草，此處獨釋成影射雙關；破例之故安在，似未有究焉者。汪琬《堯峯文鈔》卷二三《草庭記》云："余惟屈原作《離騷》，嘗以香草喻君子，如江蘺、辟芷、葍苢、揭車、蕙茝，如蘭如菊之類，皆是也；以惡草喻小人，則如茅資、菉葹、蕭艾、宿莽是也。而或謂蘭蓋指令尹子蘭而言，則江蘺、辟芷，又將何所指乎？無論引物連類，立言本自有體，不當直斥用事者之名。且令尹素疾原而讒諸王，此小人之尤者也。原顧欲'滋'之、'紉'之、'佩'之，若與之最相親暱，亦豈《離騷》本旨哉！余竊疑子蘭名乃後人緣《騷》辭附會者。”論亦明通，顧無以解“蘭芷變而不芳兮”以下一節。蓋此節若不牽引子蘭解之，則“立言”尚未爲“有倫有脊”，而曰“有體”乎哉！夫“謂幽蘭其不可佩”、“謂申椒其不芳”者，乃“黨人”之“溷濁嫉賢”、“蔽美稱惡”也。脱“荃蕙化茅”，“芳草爲艾”，“蘭羌無實”，“椒祇何芳”，則“黨人”真知灼見，而屈子爲皮相無識矣。及乎“覽椒蘭其若兹兮”，察其務入濫充、初非芳草，爲屈子者，自當痛悔深惡，去之若浼，却緊承曰：“惟兹佩之可貴兮，委厥美而歷兹；芳菲菲而難虧兮，芬至今猶未沫。”則椒蘭又“列乎衆芳”而無愧，初非“無實”不“可恃”者，豈品種有不同歟？抑蕙纕攬茝，則“佩繽紛其繁飾”，而竢時失刈，則“時繽紛其變易”耶？無乃籠統而欠分别交代也？數句之間，出爾反爾。是以王、洪逕以“余以蘭爲可恃兮”至“覽椒蘭其若兹兮”一節僅承“蘭芷變而不芳兮”，謂乃雙關子蘭、子椒。所以溝而外之於全篇，示此處“直斥”人名，絶不與“紉秋蘭以爲佩”、“雜申椒與菌桂”等語同科，未容牽合貫串。正亦覺作者語意欠圓，代爲彌縫耳。

三　九　歌（一）

《東皇太一》："靈偃蹇兮姣服，芳菲菲兮滿堂"；《註》"'靈'、謂巫也"；《補註》："古者巫以降神，'靈偃蹇兮姣服'，言神降而託於巫也，下文亦曰'靈連蜷兮既留'。"按洪説甚當。《雲中君》："靈連蜷兮既留"，王註："'靈'、巫也，楚人名巫爲'靈子'"；又："靈皇皇兮既降"，王註："'靈'謂雲神也。"是王亦識"靈"之爲神而亦爲巫，一身而二任者，特未能團辭提挈如洪耳。"靈子"即《東君》"思靈保兮賢姱"之"靈保"，王註"巫也"，洪註并引"詔靈保，召方相"；亦即《詩·小雅·楚茨》之"神保"。《楚茨》以"神"與"神保"通稱，《九歌》則"靈"兼巫與神二義；《毛詩》卷論《楚茨》已説其理，所謂"又做師婆又做鬼"。蔣驥《楚辭餘論》卷上謂"言'靈'者皆指神，無所謂巫者"，而"靈保"即主祭之"尸"；蓋未解此理。故《九歌》中之"吾"、"予"、"我"或爲巫之自稱，或爲靈之自稱，要均出於一人之口。如《大司命》："何壽夭兮在予"，《註》："'予'謂司命"；《東君》："撫余馬兮安驅"，《註》："'余'謂日也"；即降於巫之神自道。《湘夫人》："聞佳人兮召予"，《註》："'予'、屈原自謂也"；《湘君》："目眇眇兮愁予"，《註》"'予'、屈原自謂也”；則請神之巫自道，王註誤會，此例不少。巫與神又或作當局之對語，或爲旁觀之指目。《湘夫人》：“靈之來兮如雲”，《山鬼》：“若有人兮山之阿”，巫以旁觀口吻稱神；《東君》：“思靈保兮賢姱”，神以旁觀口吻稱巫。《雲中君》：“思夫君兮太息”，《註》：“‘君’謂雲神”；《湘君》：“君不行兮夷猶”，《註》：“‘君’謂湘君”；是類亦巫稱神。《大司命》：“踰空桑兮從汝”，《註》：“屈原將訴神，陳己之怨結”；非也，乃巫語神。《山鬼》：“子慕予兮善窈窕”，《註》：“‘子’謂山鬼也”；非也，乃神語巫。作者假神或巫之口吻，以抒一己之胸臆。忽合而一，忽分而二，合爲吾我，分相爾彼，而隱約參乎神與巫之離坐離立者，又有屈子在，如玉之烟，如劍之氣。胥出一口，宛若多身（monopolylogue），敍述搬演，雜用並施，其法當類後世之“説話”、“説書”。時而巫語稱“靈”，時而靈語稱“予”，交錯以出，《舊約全書》先知諸《書》可以連類。天帝降諭先知，先知傳示邦人，一篇之中稱“我”者，或即天帝，或即先知；讀之尚堪揣摩天人貫注、神我流通（ein denkwürdiges Ineinanderfliessen des göttlichen und des menschlichen Ich）之情狀①。如聖經公會官話譯本《阿摩司書》第三章第一節阿摩司告誡云“以色列人哪！你們全家是我從埃及地領上來的，當聽耶和華攻擊你們的話”②；“我”、耶和華自稱也，“當聽”云云則阿摩司之言也。又《彌迦書》第二章第七節：“豈可説耶和華的心腸狹窄麽？這些事是他所行的麽？

① W. Muschg, *Tragische Literaturgeschichte*, 3. Aufl., 97.

② Amos, 3.1: “Hear this word that the Lord hath spoken against you, O children of Israel, against the whole family which I brought up from the land of Egypt, saying...”

我耶和華的言語豈不是與行動正直的人有益麼?”[①]；“他”、彌迦稱耶和華也，“我”耶和華自道也，字下黑點、譯者示此三字原文無而譯文所增以免誤會也。參之《毛詩》卷論《楚茨》所引《漢書・武五子傳》載巫降神語，觸類隅反，索解《九歌》，或有小補焉。一身兩任，雙簧獨演，後世小説記言亦有之，如《十日談》中寫一男求歡，女默不言，男因代女對而己復答之（e cominciò in forma della donna, udendolo elia, a rispondere a sè medesimo），同口而異“我”（io）[②]，其揆一也。

① Micah, 2.7: “Is the Spirit of Jehovah straitened? are these his doings? Do not my words do good to him that walketh uprightly? ”

② *Il-Decamerone*, III.5, Hoepli, 192-3.

四　九　歌（二）

《雲中君》："與日月兮齊光。"按《九章·涉江》亦云："與日月兮齊光。"《史記·屈原、賈生列傳》："推此志也，雖與日月争光可也"；洪興祖於"楚辭卷第一"下《補註》："班孟堅、劉勰皆以爲淮南王語，豈太史公取其語以作傳乎?"實則淮南王此語，亦正取之《楚辭》，以本地風光，爲夫子自道耳。

五　九　歌（三）

《湘君》：“采薜荔兮水中，搴芙蓉兮木末”；《註》：“言己執忠信之行，以事於君，其志不合。”按所謂“左科”，詳見《焦氏易林》卷論《小畜》。蓋池無薜荔，山無芙蓉，《註》云“固不可得”者是，正如韋應物《横塘行》所謂：“岸上種蓮豈得生？池中種槿豈能成？”或元稹《酬樂天》所謂：“放鶴在深水，置魚在高枝。”《湘夫人》：“鳥萃兮蘋中，罾何爲兮木上？”；《註》：“夫鳥當集木顛而言草中，罾當在水中而言木上，以喻所願不得，失其所也。”解尚未的。夫鳥當集木，罾當在水，正似薜荔生於山、芙蓉出乎水也；今乃一反常經，集木者居藻，在水者掛樹，咄咄怪事，故驚詰“何爲？”。與下文“麋何食兮庭中？蛟何爲兮水裔？”相貫。采荔搴芙之喻尚涵自艾，謂己營求之誤，此則逕歎世事反經失常，意更危苦。王註“麋”、“蛟”二句云：“麋當在山林而在庭中，蛟當在深淵而在水涯，以言小人宜在山野而陞朝廷，賢者當居尊官而爲僕隸”；頗悟其旨，惜未通之於“鳥”、“罾”兩句。《卜居》：“世溷濁而不清，蟬翼爲重，千鈞爲輕”；《懷沙》：“變白以爲黑兮，倒上以爲下”；錯亂顛倒之象，寓感全同。西方詩歌題材有歎“時事大非”（die Zeitklage）、“世界顛倒”（le monde renversé）一門，薈萃失正背理不可能之怪事（Reihung unmögliche Dinge，*adynata*，*impossibilia*），如“人服車而馬乘之”（horses ride in a coach，men draw it），“牛上塔頂”（un boeuf gravit sur un clocher），“赤日變黑”（le soleil est devenu noir），“驢騎人背”（der Esel den Menschen ritt），“牲宰屠夫”（der Ochse den Metzger metzelte）之類，以諷世自傷[①]。海涅即有一首，舉以頭代足行地、牛烹庖人、馬乘騎士等爲喻[②]；無異屈子之慨“倒上以爲下”耳。

【增訂四】當世有寫中世紀疑案一偵探名著，中述基督教兩僧侶諍論，列舉“世界顛倒”諸怪狀（Figure di un mondo rovesciato），如天在地下、熊飛逐鷹、驢彈琴、海失火等等。一僧謂圖繪或談説爾許不經異常之事，既資嘻笑（sorriso），亦助教誡（edificazione），足以諷世砭俗，誘人棄邪歸善；一僧謂此類構想不啻汙衊造物主之神工天運，背反正道（mostrano il mondo al contrario di ciò che deve essere），異端侮聖（Umberto Eco，*Il nome della rosa*，Primo giorno：dopo nona，Bompiani，1986，86－8）。蓋刺亂者所以止亂，而亦或可以助亂，如《法言·吾子》所云“諷”而不免於“勸”者。謂二人各明一義也可。

賈生弔屈之“方正倒植”云云，本出祖構，姑置不論。他如《太

① Burton，*Anatomy of Melancholy*，“Democritus to the Reader”（the world turned upside downward）；E. R. Curtius，*Europäische Literatur und lateinisches Mittelalter*，2Aufl.，104－8；J. Rousset，*Circé et le paon*，Nouv，éd.，27，260.

② “Verkehrte Welt”：“Wir gehen auf den Köpfen！/Die Kälber braten jetzt den Koch，/Auf Menschen reiten die Gäule”usw.

玄經·失》之次八："雌鳴於辰，牝角魚木；測曰：雌鳴於辰，厥正反也"，范望《解》："《尚書》曰：'牝雞無晨'，此之謂也；牝宜童而角，魚宜水而木，失之甚也!"（參觀《更》之次五："童牛角馬，不今不古；測曰：童牛角馬，變天常也"）；或王建《獨漉歌》："獨漉獨漉，鼠食貓肉"；機杼悉合。情詩中男女盟誓，又每以不可能之事示心志之堅摯（參觀《毛詩》卷論《行露》），如《敦煌曲子詞·菩薩蠻》："枕前發盡千般願，要休且待青山爛，水面上秤槌浮，直待黄河徹底枯。白日參辰現，北斗迴南面，休即未能休，且待三更見日頭。"

【增訂四】黄遵憲《日本雜事詩》一〇七首"彈盡三弦訴可憐"云云，自註："舊有謡曰：'倡家婦，若有情，月尾三十見月明，團團雞卵成方形。'"正取"不可能事物"爲喻。黄氏筆妙，譯詞儼若吾國古謡諺矣。

此亦西方情詩中套語[①]。彭斯(Burns)名什("O my Love's like a red, red rose"，蘇曼殊譯爲《頻頻赤牆靡》者，即云："倉海會流枯，頑石爛炎熹，微命屬如絲，相愛無絶期"（Till a' the seas gang dry, my dear, /And the rocks melt wi' the sun)；拜倫嘗厭其濫惡，排調盡致[②]。作者或與故爲新，從反面著筆，如張籍《白頭吟》："君恩已去若再返，菖蒲花開月長滿"；英國詩人亦咏實命不猶，有情無望，待天墮地裂，好事當成(unless the giddy heaven fall, /And earth some new convulsion tear)[③]。一欲不可

① A. Preminger, ed., *Encyclopedia of Poetry and Poetics*, 5, "Adynaton".

② *Don Juan*, II. 19-20: "And oh! if e'er I should forget, I swear" etc., Variorum Edition by T. G. Steffan and W. W. Pratt, II, 166-7.

③ Andrew Marvell: "The Definition of Love".

能之確無可能，一冀不可能之或有可能，因同見異。情人正緣知其事之不可能，故取以賭呪；至於“世界顛倒”，則向謂爲不可能者竟爾可能，“千鈞”居然輕於“蟬翼”而得泛泛“水面”矣。《史記·刺客列傳》“亡歸燕”句下《正義》及“太史公曰”句下《索隱》、《正義》皆引《燕丹子》秦王不許太子歸，曰：“烏頭白，馬生角，乃可!”，《論衡·感虚》作：“日再中，天雨粟，烏白頭，馬生角，廚門木象生肉足”；《元秘史》卷二脱朵延吉兒帖不從老人諫云：“深水乾了，明石碎了，不從他勸”；英國名劇中霸王云：“欲我弭兵，須待天止不運、地升接月”（When heaven shall cease to move on both the poles，/And when the ground，whereon my soldiers march，/Shall rise aloft and touch the horned moon）①。梟忍之心與旖旎之情，陽剛陰柔雖殊，面專固之致則一，故取譬如出一轍；苟以“烏頭白”、“明石碎”等爲《子夜》、《讀曲》之什，無不可也。元曲《漁樵記》第二折玉天仙嗤朱買臣曰：“投到你做官，直等的日頭不紅，月明帶黑，星宿睞眼，北斗打呵欠！直等的蛇叫三聲狗拽車，蚊子穿着兀刺靴，蟻子戴着烟氈帽，王母娘娘賣餅料！投到你做官，直等的炕點頭，人擺尾，老鼠跌脚笑，駱駝上架兒，麻雀抱鵝蛋，木伴歌生娃娃!”事均不可能，而兒女要盟用以喁喁軟語者，夫婦勃谿乃用以申申惡詈焉。正猶世界顛倒之象，志士如屈子、賈生所以寄寓悲憤，而笑林却用爲解頤捧腹之資耳。如《太平廣記》卷二五八引《朝野僉載》嘲權龍襄詩：“明月晝耀，嚴霜夜起”；《北宮詞紀外集》卷二《商調梧葉兒·嘲人説謊》：“東村裏雞生鳳，

① Marlowe，*Tamburlaine*，I.iii 11-3.

南莊上馬變牛，……瓦壟上宜栽樹，陽溝裏好駕舟”；相傳《荒唐詩》：“極目遥聽欸乃歌，耳中忽見片帆過，鯉魚飛到樹枝上，波面何人跨黑騾?”又“竹鞋芒杖快遨遊，一葉扁舟嶺上浮，長笛數聲天欲睡，有人騎犬上高樓”；吾鄉兒歌有：“亮月白叮噹，賊來偷醬缸；瞎子看見了，啞子喊出來，聾髩聽見了，蹩脚趕上去，折手捉住了!”；西方成人戲稚子，亦謂曾目擊(ich sah)石磨與鐵砧浮河面、船張帆行山頭、牛卧高屋瓦上、一兔疾走，盲人覩之，瘖人大呼，跛足追奔捕得①。磨砧泛河與秤槌浮水、牛卧屋頂與牛升塔顛，皆無以異；“鯉魚飛上枝”又肖《五代史補》卷二載江南童謡“東海鯉魚飛上天”。而忽諧忽莊，或嘻笑，或怒罵，又比喻有兩柄之例矣。禪宗公案，伐材利用。如《宗鏡録》卷二五、卷四一説“不可思議”：“日出當中夜，花開值九秋”，“紅埃飛碧海，白浪湧青岑”；《五燈會元》卷九韶州靈瑞答俗士：“木雞啣卵走，燕雀乘虎飛，潭中魚不見，石女却生兒”；卷一〇僧問：“古德有言：‘井底紅塵生，山頭波浪起’，未審此意如何?”光慶遇安答：“古今相承，皆云：‘塵生井底，浪起山頭，結子空花，生兒石女’”；卷一一風穴延沼：“木雞啼子夜，芻狗吠天明”；卷一二曇穎達觀：“秤錘井底忽然浮，老鼠多年變作牛”，又道吾悟真：“三面貍奴脚踏月，兩頭白牯手拏煙，戴冠碧兔立庭柏，脱殼烏龜飛上天”；

---

① Brüder Grimm, *op. cit.*, 364, “Das Dietmarsische Lügenmärchen”. Cf. G. Borrow, *The Bible in Spain*, ch. 32. “Everyman’s Lib.”, 305: “A handless man a letter did write, /A dumb dictated it word for word” etc.; R. L. Green, *A Century of Humorous Verse*, 275: “Two dead men got up to fight, /Two blind men to see fair play” etc..

【增訂三】《五燈會元》卷一六天衣義懷章次："無手人能行拳，無舌人解言語。忽然無手人打無舌人，無舌人道箇甚麽？"卷一九楊歧方會章次："須彌頂上浪滔天，大海洋裏遭火爇。"

餘不具舉。釋典常以"龜毛兔角"爲事物必無者之例，如《大般涅槃經·憍陳如品》第二五之一論"世間四種名之爲'無'"，其四曰："畢竟無，如龜毛兔角"。禪宗始以此類話頭爲參悟之接引，所謂"其上更無意義，只是一個呆守法，麻了心，恰似打一個失落一般"（《朱子語類》卷一二四、一二六），"一則半則胡言漢語，覷來覷去，綻些光景"（大慧《正法眼藏》吴潛《序》）。嘗試論之，《莊子·天下》篇斥惠施"其道舛駁，其言也不中"，羅列其詭辯諸例。治名墨之學者，自别有説；而作詞令觀，乃"不可能"、"世界顛倒"之類，"其言也不中"亦即"胡言漢語"而已。如"天與地卑"、"山與澤平"之於"山無陵、天地合"，"埃飛碧海、浪湧青岑"；"卵有毛"、"雞三足"、"犬爲羊"、"丁子有尾"之於"烏頭白、馬生角"、"龜毛兔角"、"三面貍奴、兩頭白牯"，"鼠變牛"、"人擺尾"；波瀾莫二。此皆事物之不可能（physical impossibility），與實相乖，荒唐悠謬也。如"今日適越而昔來"、"狗非犬"、"白狗黑"等，乃更進而兼名理之不可能（logical impossibility），自語不貫，鉏鋙矛盾矣。前者發爲文章，法語戲言，無施不可，所引《九章》以下，各有其例。後者衹資詼諧，如方以智《藥地炮莊》卷七《徐無鬼》："既謂'夜半無人'，又誰爲鬬？既謂'不離岑'，又誰在舟中，怨又何處造乎？此何異'空手把鋤頭，步行又騎水牛'哉？"（二語出傅大士《頌》，見《五燈會元》卷二）；《咄咄夫增補一夕話》卷六《未之有也》詩："一樹黄梅個個青，響雷落雨滿天星；三個和尚四方坐，不言不語口唸經”；或英國舊諧劇（burlesque）排場（prologue）云：“請諸君兀立以安坐，看今晝之夜場戲文”（You who stand sitting still to hear our play，/which we tonight present you here today）①，以及所謂“愛爾蘭無理語”（Irish bull）與小兒“糾繞語”（tangle-talk）。啓顔捧腹，斯焉取斯。言情詩歌多“方正倒植”、“畢竟無”、“未之有也”之喻，談藝者所熟知，然未嘗觸類而觀其滙通，故疏鑿鈎連，聊著修詞之道一貫而用萬殊爾。

① J. Spence，*Anecdotes*，*Observations and Characters of Men and Books*，ed.，S. W. Singer，“Centaur Classics，” 116；cf. Anonymous：“A Messe of Nonsense”，*The Oxford Book of Seventeenth-Century English Verse*，893：“It was at noon neer ten a clock at night” etc..

六　九　歌（四）

《大司命》："紛總總兮九州，何壽夭兮在予"；《註》："'予'謂司命。言普天之下，九州之民誠甚衆多，其壽考夭折，皆自施行所致，天誅加之，不在於我也"；《補註》："此言九州之大，生民之衆，或壽或夭，何以皆在於我，以我爲司命故也。"按"誅"僅指"夭折"言，而兼指"壽考"者，孔穎達《左傳正義》所謂"從一而省文"，略去"賞"、"錫"字之類，參觀《易》卷論《繫辭》；不然，則"加"當作厚與解耳。《補註》矯《註》之誤解，甚是。下文"壹陰兮壹陽，衆莫知兮余所爲"，《註》謂屈原自言，謬甚！《補註》正之曰："此言司命。"蓋"陰陽"之變、"壽夭"之數，其權皆大司命總持之。苟如"壽夭"句《註》，則大司命乃推諉於主上之庸臣也，而如"陰陽"句《註》，大司命又似蔭蔽其親近之昏君矣！然王註"壽夭"句雖失屈子用心，而就其註本文論之，亦尚有意理。人"自致"壽夭而"天加"誅賞，正《荀子·天論》篇之旨，所謂"天政"者是。天下人多，芸芸總總，各"自施行"，不在司命之與奪，此旨於蘇軾《泗州僧伽塔》所云："耕田欲雨刈欲晴，去得順風來者怨，若使人人禱輒遂，造物應須日千變"，或《紅樓夢》第二五回寶釵所嗤："我笑如來佛比人還忙，又要度化衆生，又要保佑人家的病痛，又要管人家的婚姻”，亦已如引而不發、明而未融。古希臘喜劇中言天神欲遠離人世糾擾，故居至高無上之處(settled up aloft，as high as they can go)，不復見下界之交争、聞下界之禱祈①，蓋多不勝管，遂恝置“不管”矣。

【增訂二】參觀《毛詩正義》卷論《正月》“天不管”。十六世紀德國詩人(Hans Sachs)賦《聖彼得牧羊》(Sankt Peter mit der Geiss)，妙於嘲詼，兹撮述之。聖彼得覩世事不得其平，人多怨苦，乃諫天主曰：“皇矣上帝，周知全能，萬物之主，奈何萬事不理，於下界之呼籲祈求若罔聞乎?”天主曰：“吾欲命汝攝吾位一日，汝好爲之。”彼得欣然不讓。適有貧嫗，枯瘠襤褸，縱一羊於野食草，祝曰：“乞上帝庇祐，俾勿遭難!”天主語彼得：“汝聞此嫗之禱矣，胡不垂憐，以昭靈應。”彼得因加意將護此羊，而羊頑劣矯健，上山下谷，馳躍無已時，彼得追逐，罷於奔命，汗出如瀋，亟待日落，得息仔肩，天主顧而大笑。(Der Herrsah Petrum an und lacht')(*The Oxford Book of German Verse*，15－8)蓋一羊尚不勝牧，而況牧四海衆生哉！故“靈脩浩蕩，不察民心”，便如王逸所謂“不在於我”，亦省却“日千變”而“比人忙”耳。翩其反而，則英諺有云：“魔鬼是大辛勤人”，“魔鬼最忙於所事”(The Devil is a very hard-working fellow；The Devil is a busy bishop in his own diocese)。萬能上帝，游手無爲，而萬惡魔鬼，鞠躬勇爲，此一詩兩諺可抵一部有神論者之世界史綱也。

① Aristophanes，*The Peace*，207，“Loeb”，II，21.

【增訂三】吾國古説不特謂上帝萬事不理，并偶有謂上帝唯惡是務。《詩·生民》："居然生子"句下《正義》："王基曰：'王肅信二龍實生褒姒，不信天帝能生后稷。是謂上帝但能作妖，不能爲嘉祥，長於爲惡，短於爲善。肅之乖戾，此爲甚焉!'"西方十八世紀以還，有主"上帝性惡"，"乃惡毒無上天尊"者（le mal est l'essence de Dieu；l'Être suprême en méchanceté —Mario Praz，*op. cit*. 102－3）。王肅"乖戾"，於此意引而不發、明而未融耳。舉似以補考論吾國宗教家言之闕。

【增訂四】近人闡釋布萊克爲《舊約·約伯書》所繪插圖，謂畫中有"無所事事之上帝"（Dieu fainéant）在（Northrop Frye，*Spiritus Mundi*，1976，pp. 231，235）。

七　九　歌（五）

《國殤》："凌余陣兮躐余行，左驂殪兮右刃傷"；《註》："言敵家來侵凌我屯陣，踐躐我行伍也。"按《註》"敵家"乃漢、唐古語，今語則分言爲"敵方"、"冤家"。

【增訂三】《孟子·公孫丑》上："雖千萬人吾往矣"，東漢趙岐註："雖敵家千萬人，我直往突之。"

《三國志·蜀書·法正傳》正與劉璋牋云："敵家則數道並進"，《魏書·文帝紀》裴註引《典論》云："以單攻複，每爲若神，對家不知所出"，又《王基傳》基上疏云："今與賊家對敵，當不動如山"；"對家"、"賊家"均即"敵方"。《五燈會元》卷二六祖示法達偈云："心迷法華轉，心悟轉法華；誦久不明已，與義作仇家"；"仇家"即"怨家"耳。

八　天　問

王逸解題："呵而問之，以渫憤懣，舒瀉愁思"；《補註》："天地事物之憂，不可勝窮。……天固不可問，聊以寄吾之意耳。……'知我者其天乎！'此《天問》所爲作也。"按觀王、洪題解後，讀本文而不爽然失望者，未聞其語也，然而竊數見其人矣。鍾、譚《古、唐詩歸》每有"題佳而詩不稱"、"題妙可以庇詩"之評，吾於《天問》竊同此感。

【增訂四】王世貞《藝苑卮言》卷二："《天問》雖屬《離騷》，自是四言之韻。但詞旨散漫，事跡惝怳，不可存也。"蓋亦不取《天問》之文也。

初覩其題，以爲豪氣逸思，呑宇宙而訴真宰，殆彷彿《莊子·天運》首節"天其運乎？地其處乎？"云云，且擴而充之，寓哀怨而增唱歎焉。及誦起語曰："遂古之初，誰傳道之？"，乃獻疑於《補註》所謂"世世所傳説往古之事"，非呵指青天而逕問。初不放誕如李白之"搔首問青天"也，簡傲如孟郊之"欲上千級閣，問天三四言"也；憤鬱如王令之"欲作大歎吁向天，穿天作孔恐天怒"也；而祇如《論衡·談天》之質詰"久遠之文、世間是之言"耳。故其文太半論前志舊聞，史而不玄。所問如"何闔而晦？何開而明？”“崑崙縣圃，其尻安在？”之類，往往非出於不信，而實出於求知，又異乎《論衡》之欲“别”“虚實”、“真僞”。尚有事理初無難解而問者，如“伯禹腹鮌，夫何以變化？”“舜閔在家，父何以鱞？”之類；或明知而似故問者，如“妹嬉何肆？湯何殛焉？”“何條放致罸，而黎服大悦？”之類。雜糅一篇之中，頗失倫脊，不徒先後之事倒置、一人之事割裂，有若王逸所謂“不次序”也。“天命反側，何罸何佑？”兩句以下，所問比干、箕子等事，託古寓慨之意稍著，顧已煞尾弩末，冷淡零星，與《離騷》《九歌》之“傷情”、“哀志”，未許並日而語。《史記·屈原、賈生列傳》：“太史公曰：‘余讀《離騷》、《天問》、《招魂》、《哀郢》，悲其志’”；苟馬遷祇讀《天問》，恐未必遽“悲”耳。王、洪亦意中有《離騷》諸篇在，先入爲主，推愛分潤(halo effect)；若就《天問》本篇，則箋釋語如“渫憤懣、寫愁思”也，“天地事物之憂不可勝窮”也，皆誇大有失分寸，汗漫不中情實。使無《離騷》、《九歌》等篇，《天問》道“瓌詭”之事，均先秦之“世世傳說”，獨立單行，仍不失爲考史之珍典；博古者“事事”求“曉”，且穿穴爬梳而未已。談藝衡文，固當别論。篇中蹇澀突兀諸處，雖或莫不寓弘意眇指，如説者所疏通證明；然此猶口吃人期艾不吐，傍人代申衷曲，足徵聽者之通敏便給，而未得爲言者之詞達也。《天問》實借《楚辭》他篇以爲重，猶月無光而受日以明，亦猶拔茅茹以其彙，異於空依傍、無憑藉而一篇跳出者。《離騷》、《九歌》爲之先，《九章》、《遠遊》爲之後，介乎其間，得無蜂腰之恨哉！

先秦之文以問詰謀篇者，《楚辭》尚有《卜居》，《管子》亦有《問》篇。明趙用賢刻《管子》，評《問》曰：“此篇文法累變而不窮，真天下之奇也!”；良非妄歎。持較《卜居》，則《天問》之問情韻枯燥；持較《問》篇，則《天問》之問詞致呆板；均相形而見絀。嵇康《卜疑》仿《卜居》，《顔氏家訓·歸心》篇《釋一》仿《天問》，二篇孰爲衆作之有滋味者，亦展卷可辨爾。魏慶之《詩人玉屑》卷一九引黄玉林云：“唐皇甫冉《問李二司直詩》：‘門前水流何處？天邊樹繞誰家？山絶東西多少？朝朝幾度雲遮？’此蓋用屈原《天問》體。荆公《勘會賀蘭山主絶句》：‘賀蘭山上幾株松？南北東西共幾峰？買得住來今幾日？尋常誰與坐從容？’全用其意。此體甚新。”頗似造作譜牒，遠攀華胄。實未須於五七言詩外别溯。如陶潛《贈羊長史》：“路若經商山，爲我少躊躇。多謝綺與角，精爽今何如？紫芝誰復採？深谷久應蕪？”非具體乎？正不勞遥附《天問》耳。王績《在京思故園見鄉人問》截去首尾，中間自“衰宗多弟姪，若個賞池臺？”至“院果誰先熟，林花那後開？”凡十二句，蔚爲鉅觀。陳傅良《止齋文集》卷二《懷石天民》中間“君貌今何如？孰與我老蒼？”至“末乃及田舍，何有還何亡？”凡十八句，於王詩擬議而稍變化；朱熹《朱文公集》卷四《答王無功〈在京思故園見鄉人問〉》逐問隨答，又不啻柳宗元之《天對》矣。貫串問語，綴插篇什，厥例更多，如白居易《夢劉二十八、因詩問之》：“但問寢與食，近日復何如？病後能吟否？春來曾醉無？樓臺與風景，汝又何如蘇?”；杜牧《張好好詩》：“怪我苦何事，少年垂白鬚？朋游今在否？落拓更能無?”；李端《逢王泌自東京至》：“逢君自鄉至，雪涕問田園：幾處生喬木？誰家在舊村?”；貫休《秋寄栖一》：“一別一公後，相思時一吁；眼中瘡校未？般若偈持無?”；《中興羣公吟稿》戊集卷四高九萬《舍姪至》：“故山坟墓何人守？舊宅園亭幾處存？問答恍然如隔世，若非沉醉定銷魂”；又卷七嚴粲《夜投荒店戲成》：“唤起吹松火，開門問帶嗔：‘隨行曾有米？同伴幾何人？’”；李夢陽《鄭生至自泰山》：“昨汝登東嶽，何峯是極峰？有無丈人石？幾許大夫松？”尤近體之膾炙人口者。凌雲翰《柘軒集》卷一《畫》之四：“問訊南屏隱者：草堂竹樹誰栽？昨夜何時雨過？山禽幾個飛來？”；王次回《疑雨集》卷四《臨行口占爲阿鎖下酒》：“問郎燈市可曾遊？可買香絲與玉鈎？可有繡簾樓上看，打將瓜子到肩頭？”；黄玉林所稱皇甫冉、王安石兩首，以“問”、“勘”安置於題中，故詩可逕如梁襄王之“卒然問曰”，此兩首入詩方“問”，機杼又别。若杜牧《杜秋娘詩》：“地盡有何物？天外復何之？指何爲而捉？足何爲而馳？耳何爲而聽？目何爲而窺？”；陸龜蒙《襲美先輩以龜蒙所獻五百言，既蒙見和，復示榮唱，再抒鄙懷》：“誰蹇行地足？誰抽刺天鬐？誰作河畔草？誰爲洞中芝？誰若靈囿鹿？誰猶清廟犧？誰輕如鴻毛？誰密如凝脂？誰比蜀嚴静？誰方巴賨貲？誰能釣抃鼇？誰能灼神龜？誰背如水火？誰同若塤篪？誰可作梁棟？誰敢去谷蠡？”；六合萬彙，無不究詰及之，庶幾如黄氏所謂“用屈原《天問》體”者歟。辛棄疾《木蘭花慢·中秋飲酒》自註：“用《楚辭·天問》體賦”，自不待言。

【增訂四】《全唐詩外編》第六頁宋之問《度大庾嶺》：“城邊問官使：‘早晚發西京？來日河橋柳，春條幾寸生？昆池水合緑？御苑草應青？緩緩從頭説，教人眼暫明。’”孫枝蔚《溉堂前集》卷四《喜妻子至江都》之三：“縱横置琴瑟，次第問桑麻：曾乞何人米？還存幾樹花？壁應因雨壞？吏可爲租譁？”

【增訂三】所覩長短句中此體，私喜朱彝尊《柳梢青》：“遵海南耶？我行山路，朝儛非耶？遥望秦臺，東觀日出，即此山耶？崖光一線雲耶？青未了，松耶柏耶？獨鳥來時，連峯斷處，雙髻人耶？”而蔚爲鉅觀，殆莫如萬樹《賀新涼》：“汝到園中否？問葵花向來鋪緑，今全紅否？種柳塘邊應芽發，桃實樹冬活否？青筍籜褪蒼龍否？手植盆荷錢葉小，已高擎碧玉芳筒否？曾緑遍芳叢否？書箋爲寄村翁否？乞文章、茅峯道士，返茅峯否？舍北人家樵蘇者，近斫南山松否？隄上路、尚瞢工否？是處秧青都是浪，我、鄰家布谷還同否？曾有雨、有風否？”

《敦煌曲子詞·南歌子》第一首：“斜影朱簾立，情事共誰親？”云云，質詢如魚貫珠串，第二首一一解答；《樂府羣珠》卷四無名氏《朱履曲》第一首：“因甚蓬鬆鬌髻？”云云，第二首亦有問必對；黄氏而得覩之，必且謂爲兼用《天問》與《天對》之體。王績《春桂問答》第一首爲“問春桂：……”，第二首爲“春桂答：……”；沈佺期《答魑魅代書寄家人》：“魑魅來相問：‘君何失帝鄉？……抱愁那去國，將老更垂裳？’影答：‘余他歲，恩私宦洛陽’”云云，問七句而答六〇句，俱在一篇；則皆黄氏不應不見也。

“上下未形，何由考之？……馮翼惟像，何以識之？”；《補註》引《淮南子·精神訓》而説之曰：“古未有天地之時，惟像無形。”按郭璞《江賦》：“類胚渾之未凝，象太極之構天”；《文選》李善註：“言雲氣杳冥，似胚胎渾混，尚未凝結，又象太極之氣，欲構天也；《春秋命歷序》曰：‘冥莖無形，濛鴻萌兆，渾渾混混。’”移釋“未形惟像”，至當不易。“未形”而“惟像”，驟讀若自語違反。蓋“像”出於“形”，“形”斯見“像”，有

“像”安得無“形”？今語固合而曰“形像”，古人亦互文通用，如《樂記》：“在天成像，在地成形”；《老子》四一章：“大象無形”；《莊子·庚桑楚》：“以有形者象無形者而定矣”；《吕氏春秋·君守》：“天無形而萬物以成，至精無象而萬物以化”；曹植《七啓》：“譬若畫形於無象，造響於無聲”；《禮記·月令·正義》：“道與大易自然虚無之氣，無象不可以形求。”

【增訂二】《尚書·説命》：“乃審厥象，俾以形傍求於天下”，亦互文同訓之古例。

夫苟呈其象，則必具此形，無形而有象，殆類“丁子有尾”歟！就《天問》此數語窺之，竊謂形與象未可概同。《鄧析子·無厚》篇：“故見其象，致其形；循其理，正其名；得其端，知其情”；“名”爲“理”之表識，“端”爲“情”（事）之幾微，“象”亦不如“形”之明備，語意了然。物不論輕清、重濁，固即象即形，然始事之雛形與終事之定形，劃然有别。“形”者，完成之定狀；“象”者，未定形前沿革之暫貌。積磚如阜，比材如櫛，未始非形也；迨版築經營，已成屋宇，則其特起高驤、洞開交映者爲形，而如阜如櫛者不足語於形矣。未理之璞，方棱圓渾，自各賦形，然必玉琢爲器，方許其成形焉。天地肇造，若是班乎。

【增訂三】《鶡冠子·環流》：“有意而有圖，有圖而有名，有名而有形”，陸佃註“有圖”曰：“可以象矣。”是亦“象”先而“形”後之例也。

故聖·奥古斯丁闡釋《創世紀》所言未有天地時之混沌，亦謂有質無形，乃物質之可成形而未具形者（informitas materiae；quiddam inter formam et nihil；materia informe；materielem adhuc informem, sed certe formabilem)①；後世詩人賦此曰："有物未形，先天地生"(An unshap'd kind of *Something* first appear'd)②。正所謂"惟像無形"爾。元氣胚胎，如玉之璞，乾坤判奠，如玉爲器；故自清濁分明之天地而觀渾淪芒漠之元氣，則猶未成"形"，惟能有"象"。苟由璞而回溯其藴于石中，由塼若材而反顧未煅之土與未伐之林，則璞也、塼也、材也三者均得爲成"形"，而石也、土也、林也胥"未形"之"惟像"矣。終"象"爲"形"，初"形"爲"象"，如定稿稱"文"，而未定之文衹命"稿"。亞理士多德論"自然"(nature)有五義，其四爲"相形之下，尚未成形之原料"(the primary material relatively unshaped)，其五爲"止境歸宿之形"(the end of the process of becoming, the form)③；席勒談藝謂："已成器定形之品物亦衹是素料樸材，可供意匠心裁"(Selbst das Gebildete ist Stoff nur dem bildenden Geist)④。

【增訂四】德國神秘宗師愛克哈特論神工，以"自無成有"之"創造"别於"由渾至晝"之"經營"(He carefully distin-

① *Confessions*, XII.iv, vi, viii, xvii, "Loeb", II, 292, 294, 300, 326; cf. xx, xxii, xxix, pp.332-4, 338, 361.

② Cowley, *Davideis*, I,789, *The Oxford Book of Seventeenth-Century English Verse*, 708. Cf. C. M. Walsh, *The Doctrine of Creation*, p.27.

③ *Metaphysics*, *Bk II*, ch. 4, *Basic Works of Aristotle*, Random House, 755-6.

④ Schiller: "Der Nachahmer", *Werke*, hrsg. L. Bellermann, 2. Aufl., I, 182. Cf. Hegel, *Geschichte der Philosophie*, "Einleitung", Felix Meiner, I, 112: "Goethe sagt daher mit Recht irgendwo: 'Das Gebildete wird immer wieder zum Stoff.' Die Materie, die Gebildete ist, Form hat, ist wieder Materie für eine neue Form."

guishes between "creation and organisation", creating from nothing and the ordering of existing material. —James M. Clark, *Meister Eckhart*, p. 42)。

蓋"形"可名，非常名。春來花鳥，具"形"之天然物色也，而性癖耽吟者僅目爲"詩料"；及其吟安佳句，具"形"之詞章也，而畫家以爲"詩中有畫"之題，作者以爲驅使點化之資，談者以爲賞析評述之本；後之視今，猶今之視昔，相"形"而爲"像"。筆削以成史傳，已自具"形"矣；增損史傳以成小説，則小説乃"形"，史傳"惟像"耳；復改編小説而成戲劇，則小説"惟像"，而"形"又屬諸戲劇焉。翩其反而，史家謀野有獲，小説戲劇，悉歸"史料"，則其章回唱白即亦"惟像"，須成史方得爲具"形"。"形"乎"像"乎，直所從言之異路而已。《文子·道原》："已雕已琢，還復於朴"；竊謂苟易下句作"亦復爲朴"，八字便道出斯意矣。

"胡維嗜不同味而快鼂飽。"按别詳《毛詩》卷論《汝墳》。

九　九　章（一）

《涉江》："入漵浦余儃佪兮，迷不知吾所如。深林杳以冥冥兮，猨狖之所居。山峻高以蔽日兮，下幽晦以多雨。"按《九歌・湘夫人》："嫋嫋兮秋風，洞庭波兮木葉下，白薠兮騁望"；《九章・悲回風》："憑崑崙以瞰霧兮，隱岷山以清江，憚涌湍之磕磕兮，聽波聲之洶洶。……悲霜雪之俱下兮，聽潮水之相擊。"皆開後世詩文寫景法門，先秦絶無僅有。《文心雕龍・辨騷》稱其"論山水則循聲而得貌"，《物色》又云："然屈平所以能監風騷之情，抑亦江山之助乎?"；惲敬《大雲山房文稿》二集卷三《遊羅浮山記》云："《三百篇》言山水，古簡無餘詞，至屈左徒肆力寫之而後瑰怪之觀、遠淡之境、幽奥朗潤之趣，如遇於心目之間。"皆徵識力。竊謂《三百篇》有"物色"而無景色，涉筆所及，止乎一草、一木、一水、一石，即侔色揣稱，亦無以過《九章・橘頌》之"緑葉素榮，曾枝剡棘，圓果摶兮，青黄雜糅。"《楚辭》始解以數物合布局面，類畫家所謂結構、位置者，更上一關，由狀物進而寫景。即如《湘夫人》數語，謝莊本之成"洞庭始波，木葉微脱"，爲《月賦》中"清質澄輝"之烘托；實則倘付諸六法，便是絶好一幅《秋風圖》。晁補之《雞肋集》卷三四《捕魚圖序》稱王維“妙於詩，故畫意有餘”，因引《湘夫人》此數句曰：“常憶楚人云云，引物連類，謂便若湖湘在目前”，正謂其堪作山水畫本也。吴子良《林下偶談》卷一亦謂“文字有江湖之思，起於《楚辭》”，即舉“嫋嫋兮”二句，稱“摹想無窮之趣，如在目前”。《文選》諸賦有《物色》一門，李善註：“有物有文曰色；風雖無正色，然亦有聲。《詩·註》云：‘風行水上曰漪’；《易》曰：‘風行水上涣’；涣然，即有文章也”；頗可通之畫理。蘇洵名篇《仲兄郎中字序》暢申“涣”義，有曰：“蕩乎其無形，飄乎其遠來，既往而不知其迹之所存者，是風也，而水實形之”；堪爲善註作疏。朱翌《灊山集》卷一《謝人惠淺灘一字水圖》：“風本無形不可畫，遇水方能顯其質；畫工畫水不畫風，水外見風稱妙筆”；實承蘇文之意。江湜《伏敔堂詩録》卷七《彦沖畫柳燕》：“柳枝西出葉向東，此非畫柳實畫風；風無本質不上筆，巧借柳枝相形容”；即同劉方平《代春怨》之“庭前時有東風入，楊柳千條盡向西”，又以樹形風。《湘夫人》之風，既行水面，復著樹頭，兼借兩物，其質愈顯。苟得倪瓚簡淡之筆，衹畫二者，别無他物，蕭散清空，取境或且在其《秋林圖》之上也（參觀董其昌《容臺别集》卷四，曹培廉編倪瓚《清閟閣集》卷三）。達文齊謂畫風時，於枝亞葉翻之外，復須畫塵起接天（In addition to showing the bending of the boughs and the inverting of their leavcs at the approach of the wind, you should represent the clouds of fine dust mingled with the sky）①，則風威風力，而非風致風姿矣。

---

① *The Notebooks of Leonardo da Vinci*, tr. E. MacCurdy, II, 281.

【增訂二】張問陶《船山詩草》卷一一《冬日即事》之二："雲過地無影，沙飛風有形"，下句則類達文齊所言畫風矣。

顧翰《拜石山房集》卷二《偕竹畦弟汎舟虹橋》："塔影卧晴瀾，一枝自孤直，輕颸偶蕩漾，宛宛千百折"；黄公度《人境廬詩草》卷三《不忍池晚游詩》之一三："柳梢斜掛月如丸，照水摇摇頗耐看；欲寫真容無此鏡，不難捉影捕風難!"非"捕風"之難，而水中撈月之難，正如卧瀾塔影之難寫。蓋月影隨水波摇曳而猶若不失圓整"如丸"，塔影隨水波曲折而猶若不失"孤直"如筆，心(ce que l'esprit en sait)眼(ce que l'oeil en voit)合離①，固丹青莫狀也。

【增訂二】"心眼合離"者，眼中實見每爲心中成見僭奪，故畫家每須眼不爲心所翳。近世法國名小説家(Marcel Proust)寫一畫師(Elstir)手筆，發揮此意最徹(se dépouiller en présence de la réalité toutes les notions de son intelligence; dissoudre cet agrégat de raisonnements que nous appelons visions. —*A l'Ombre des Filles en Fleurs*；*Le Côté* de *Guermantes*，II. ii)(*A la Recherche du Temps perdu*，"la pléiade"，I，836；II，419)。現象學(Phenomenology)所謂"拆散"(Abbau)，實可倫比，特施於致知而非爲造藝耳。

蘇軾《十月十五日觀月黄樓》："山上白雲横匹素，水中明月卧浮圖"，下句言波面映月，光影蕩漾連綿，層列猶寶塔倒横，正徐元歎《串月詩》所謂："金波激射難可擬，玉塔倒懸聊近似。"紀

① Cf. G. H. Luquet, *L'Art primitif*, 79(le réalisme intellectuel et le réalisme visuel).

昀批蘇詩于此聯曰："落小樣!"，艷説"串月"者亦未數典及之（參觀吴景旭《歷代詩話》卷八〇、蔡顯《閒漁閒閒録》卷六、又曹爾堪《南溪詞·木蘭花令·寄松之》、顧嗣立《閭邱詩集》卷三《串月歌》、商盤《質園集·虎邱燈船詞》之四、浦起龍《三山老人不是集》卷四《串月詞》），抹摋良工心苦矣。

【增訂四】唐曹松《南塘暝興》："風荷摇破扇，波月動連珠。"曰"動連"，即"串"也。更早於蘇軾。

趙彦端《謁金門》："波底斜陽紅濕"，袁去華《謁金門》："照水斜陽紅濕"，吴儆《浣溪紗》："斜陽波底濕微紅"，同時偶合。趙句最傳誦，張端義《貴耳集》卷上引作"紅皺"，當是意中有蘇、顧、黄所摹景象，遂以"皺"易"濕"；猶洪邁《夷堅三志》己卷八載曹道沖《浪花》："萬里波心誰折得，夕陽影裏碎殘紅"，"皺"極則"碎"也。曰"皺"曰"碎"，言外亦以"水形風"耳。

一〇 九 章（二）

《哀郢》：“心絓結而不解兮，思蹇産而不釋”；《註》：“心肝懸結、思念詰屈而不可解也。”按《詩·小雅·正月》：“心之憂兮，如或結之”，即此“結”字；《曹風·鳲鳩》：“心如結矣”，《檜風·素冠》：“我心蘊結”，《正義》均釋曰：“如物之裹結。”《荀子·成相篇》：“君子執之心如結”，楊倞註：“堅固不解也。”《漢書·景十三王傳》中山王勝對曰：“今臣心結日久”，又廣川王去歌曰：“心重結，意不舒”；詞旨一律。人之情思，連綿相續，故常語逕以類似緜索之物名之，“思緒”、“情絲”，是其例也。《太平廣記》卷四八八元稹《鶯鶯傳》崔氏寄張生“亂絲一絇”，自言：“愁緒縈絲，因物達情。”詞章警句，如六朝樂府《華山畿》：“腹中如亂絲，憒憒適得去，愁毒已復來”；《全唐文》卷一八八韋承慶《靈臺賦》：“繁襟霧合而烟聚，單思針懸而縷續”；劉允濟《經廬岳回望江州想洛川有作》：“言泉激爲浪，思緒飛成繳”；皎然《效古》：“萬丈游絲是妾心，惹蝶縈花亂相續”；施肩吾《古別離》：“三更風作切夢刀，萬轉愁成繫腸線”；鮑溶《秋懷》：“心如繅絲綸，展轉多頭緒”；張籍《憶遠曲》：“離憂如長線，千里繫我心”，又《別段生》：“離情兩飄斷，不異風中絲”；李商隱《春光》：“幾時心緒渾無事，得似游絲百尺長”；司空圖《春愁賦》：“鬱情條以凝睇，裊愁緒以傷年”；韓偓（或高蟾）《長信宫》：“平生心緒無人識，一隻金梭萬丈絲”；吴融《情》：“依依脈脈兩如何，細似輕絲渺似波”；李後主《蝶戀花》：“一寸相思千萬縷，人間没個安排處”，又《相見歡》：“剪不斷，理還亂，是離愁”；

【增訂四】《全唐文》卷七三八沈亞之《爲人祭滕者文》：“情如繭絲，繚不可央”；黄庭堅《次韻王稚川客舍》第二首：“身如病鶴翅翎短，心似亂絲頭緒多。”

以至《小西遊記》第三三回不老婆婆有法寶曰“情絲”，可以縛人。

【增訂二】釋典又有“妄想絲作繭”之喻，常語“作繭自縛”之所出也。劉宋天竺三藏求那跋陀羅譯《楞伽經·一切佛語心品》之三：“故凡愚妄想，如蠶作繭，以妄想絲自纏纏他，有無相續相計著”；又：“譬如彼蠶蟲，結網而自纏，愚夫妄想縛，相續不觀察”；又同品之四：“妄想自纏，如蠶作繭。”後世不獨僧書習用，如釋延壽《宗鏡録·自序》：“於無脱法中，自生繫縛，如春蠶作繭，似秋蛾赴燈”；詞章中亦熟見，如白居易《赴忠州中示舍弟五十韻》：“燭蛾誰救護，蠶繭自纏縈”，且寖忘其來歷矣。居易《見元九悼亡詩，因以此寄》：“人間此病治無藥，只有《楞伽》四卷經”，正指宋譯；自唐譯七卷本流行，四卷本遂微。陳與義《簡齋詩集》卷三〇《玉堂儤直》：“只應未上歸田奏，貪誦《楞伽》四卷經”，用居易舊句恰合。光聰諧《有不爲齋隨筆》卷丁本《憨山心語》，謂《楞伽經》爲《金剛經》所掩，“惟秘館有之，‘歸田’去則難求誦”，故陳詩云然。似欠分雪，唐譯“《楞伽》七卷經”初不“難求”，未足爲不“歸田”之藉口也。

【增訂四】《劍南詩稿》卷七五《茅亭》：“讀罷《楞伽》四卷經，

其餘終日在茅亭。”亦沿承香山、簡齋句。使如《有不爲齋隨筆》所解，則放翁“歸田”已久，“四卷經”更“難求誦”也。

【增訂三】“蛾赴燈”、“燭蛾”之喻亦早見釋典，如失譯人名附秦録《無明羅刹集》卷中：“菩薩言：‘愛最是大火，能燒種種，處處皆遍。……嬰愚墮中，如蛾赴火。’”蒙田亦嘗以蠶作繭自縛喻人之逞智生妄，因而錮執成迷(il ne faict que fureter et quester, et va sans cesse tournoiant, bastissant et s'empestrant en sa besogne, comme nos vers de soye, et s'y estouffe. *Essais*, III. xiii, *op. cit.*, 1028)。但丁詩中以蠶繭喻上帝越世離塵（參觀 904 頁），美詞也，蒙田文中以蠶繭喻世人師心自蔽，刺詞也。斯又一喻之兩柄也。歌德劇本(*Torquato Tasso*, V. ii)以蠶吐絲作繭喻詩家慘澹經營(Cf. S. S. Prawer, *Karl Marx and World Literature*, 160)，則復同喻而異邊矣（參觀67－69頁）。

西語習稱“思想之鏈”、“觀念之線”（the chain of thought, der Faden des Denkens, le fil des idées)；詩人或咏此念牽引彼念，糾卷而成“思結”（la tua mente ristretta/di pensier in pensier dentro ad un nodo)①，或咏愛戀羅織而成“情網”（Nè per suo mi riten nè scioglie il laccio)②，或咏愁慮繚縈而成“憂繭”（knits up the ravell'd sleave of care)③，或以釋恨放心爲弛解摺疊之思緒俾如新嫁娘卸妝散髮(untie your unfolded thoughts, /And let

① Dante, *Paradiso*, VII. 52-3.

② Petrarca, *Le Rime*, cxxxiv, *Rime*, *Trionfie Poesie latine*, Ricciardi, 196.

③ Shakespeare, *Macbeth*, II. ii. 38.

them dangle loose，as a bride's hair)①，更僕難終。斯意在吾國則始酣暢於《九章》。情思不特糾結而難分解，且可組結而成文章。《悲回風》："糺思心以爲纕兮，編愁苦以爲膺"，《註》："糺、戾也，纕、佩帶也，編、結也，膺、絡胸者也"；又："心鞿羈而不形兮，氣繚轉而自締"，《註》："肝膽係結，難解釋也；思念緊卷而成結也"，《補註》："'不形'謂中心係結，不見於外也；締、結不解也"；《惜誦》："固煩言不可結詒兮，願陳志而無路"，《註》："其言煩多，不可結續"；《抽思》："結微情以陳詞兮，矯以遺夫美人"，《註》："結續妙思，作詞賦也"；《思美人》："媒阻路絶兮，言不可結而詒"，《註》："秘密之語難傳也。"或言糾結，或言組結；牢愁難畔曰"結"，衷曲可申亦曰"結"。胥比心能心所於絲縷纏續；"糺思"、"編愁"；詞旨尤深。蓋欲解糾結，端須組結。愁煩不釋，則條理其思，條緝其念，俾就緒成章，庶幾蟠鬱心胸者得以排遣，杜甫《至後》所謂"愁極本憑詩遣興"。不爲情感所奴，由其擺播，而作主以御使之②。不平之善鳴，當哭之長歌，即"爲纕"、"爲膺"，化一把辛酸淚爲滿紙荒唐言，使無緒之纏結，爲不紊之編結，因寫憂而造藝是矣。陸機《歎逝賦》："幽情發而成緒，滯思叩而興端"，又《文賦》："雖杼軸於余懷"，《文選》李善註："以織喻也"；《魏書·祖瑩傳》："常語人云：'文章須自出機杼'"；取譬相類。《全唐文》卷二二一張説《江上愁心賦》："貫愁腸於巧筆，紡離夢於哀絃"；周密《掃花游》："情絲恨縷，倩回文爲織那時愁句"；以

---

① Webster，*The White Devil*，IV. i(Monticelso)，*Plays by Webster and Ford*，"Everyman's"，49.

② Cf. Spinoza. *Ethica*，V. prop. 3："Affectus，quipassioest，desinitessepassio，simulatque ejus claram et distinctam formamus ideam"，Garnier，II，176.

文詞"貫"愁如珠，以音樂"紡"夢如錦，以回文"織"情與恨，尤"紉愁"、"編思"之遺意與夫極致哉！"心情與琴絲儷合，組紾成歌"（consort both heart and lute, and twist a song）①，固亦西方詩人舊説也。又按前引吴融絶句，於"似絲"外復曰"似波"，即《漢書·外戚傳》上武帝悼李夫人賦："思若流波，怛兮在心"；徐幹《室思》："思君如流水，何有窮已時"；何遜《爲衡山侯與婦書》："思等流水，終日不息"，又《野夕答孫郎擢詩》："思君意不窮，長如流水注。"六朝以還，寖成套語。惟杜甫《江亭》："水流心不競"，溶心於水，二而一之（empathy），頗能與古爲新；《子華子·執中》篇："觀流水者，與水俱流，其目運而心逝者歟！"可移作讀杜心解。釋典如《大乘本生心地觀經·觀心品》第一〇亦曰："心如流水，念念生滅，於前後世，不暫住故"；《宗鏡録》卷七詳説"水喻真心"共有"十義"。詹姆士《心理學》謂"鏈"、"串"等字僉不足以示心行之無縫而瀉注（such words as "chain" or "train" does not describe it fitly. It is nothing jointed; it flows），當命曰"意識流"或"思波"，（stream of consciousness or thought）②。正名定稱，衆議翕然。竊謂吾國古籍姑置之，但丁《神曲》早言"心河"（della mente il fiume）③，蒙田摯友作詩亦以思念相聯喻於奔流（Aussi voit l'on, en un ruisseau coulant, /Sans fin l'une après l'autre roulant）④。詞人體察之精，蓋先於學人多多許矣。

---

① George Herbert: "Easter", *Works*, ed. E. F. Hutchinson, 42, 489, note.

② W. James, *Principles of Psychology*, I, 239.

③ *Purgatorio*, XIII, 90.

④ La Boétie: "Vers à Marguerite de Carl", in Montaigne, *Essais*, III xiii, *Bib. de la Pléiade*, 1029.

一一 九 章（三）

《懷沙》："伯樂既没，驥焉程兮！"《註》："言騏驥不遇伯樂，則無所程量其材力也。"按《九辯》五："却騏驥而不乘兮，策駑駘而取路。當世豈無騏驥兮，誠莫之能善御。見執轡者非其人兮，故駶跳而遠去"；又八："國有驥而不知兮，焉皇皇而求索。……無伯樂之善相兮，今誰使乎譽之"；皆承此意，而詞冗味短。杜甫《天育驃圖》："如今豈無騕褭與驊騮？時無王良、伯樂死即休！"跌宕昭彰，唱歎無盡，工於點化。元稹《八駿圖詩》謂苟無神車、神御，"而得是八馬，乃破車掣御躓人之乘也"，"車無輪扁斲，轡無王良把，雖有萬駿來，誰是敢騎者！"則祇言"莫之能善御"，未及"不知"。韓愈《雜説》四："世有伯樂，然後有千里馬。千里馬常有，而伯樂不常有。嗚呼！其真無馬耶？其真不知馬也？"，又祇言"不知"，以摇曳之調繼斬截之詞，兼"卓犖爲傑"與"紆徐爲妍"，後來益復居上。黄庭堅《過平輿懷李子先、時在并州》："世上豈無千里馬？人間難得九方臯！"尤與韓旨相同，而善使事屬對；史容註《山谷外集》祇知引《列子·説符》記九方臯事，大似韓盧逐塊矣。

【增訂三】容與堂刻《水滸傳》第二九回"李禿翁"總評即用

韓愈《雜説》語而申明之："故曰：賞鑑有時有，英雄無時無。"語亦簡辣。

一二　九　章（四）

《思美人》："因歸鳥而致辭兮，羌宿高而難當"，《註》："思附鴻雁，達中情也。"按後人多祖此構，而無取於《九辯》八之"願寄言夫流星兮，羌倏忽而難當。"劉向《九歎·憂苦》："三鳥飛以自南兮，覽其志而欲北；願寄言於三鳥兮，去飄疾而不可得"；《藝文類聚》卷一八應瑒《正情賦》："聽雲鴈之翰鳴，察列宿之華輝，……冀騰言以俯首，嗟激迅而難追"；《文選》江淹《雜體詩·李都尉從軍》："袖中有短書，願寄雙飛燕"，李善註引陳琳《止欲賦》"欲語言於玄鳥，玄鳥逝以差池"；

【增訂四】《古文苑》卷四李陵《録别》："有鳥西南飛，熠熠似蒼鷹。朝發天北隅，暮宿日南陵。欲寄一言□，託之牋綵繒；因風附輕翼，以遺心蘊蒸。鳥辭路悠長，羽翼不能勝。意欲從鳥逝，駑馬不可乘。"《玉臺新詠》卷一徐幹《室思》："浮雲何洋洋，願因通我辭。飄颻不可寄，徙倚徒相思"；卷九魏文帝《燕歌行》："鬱陶思君未敢言，寄聲浮雲往不還。"均祖《九章·思美人》之古製也。

李白《感興》之三："裂素持作書，將寄萬里懷。……征雁務隨陽，又不爲我栖"；《敦煌掇瑣》一《韓朋賦》："意欲寄書與人，恐人多言，寄書與鳥，鳥恒高飛”；宋祁《景文集》卷一六《感秋》：“莫就離鴻寄歸思，離鴻身世更悠悠”（參觀李商隱《夕陽樓》：“欲問孤鴻向何處，不知身世自悠悠”）；姜夔《白石道人詩集》卷上《待千巖》：“作箋非無筆，寒雁不肯落。”長短句中倩鳥傳書尤成窠臼，如黄庭堅《望江東》：“燈前寫了書無數，算没個人傳與；直饒尋得雁分付，又還是秋將暮”；蘇茂一《祝英臺近》：“歸鴻欲到伊行，丁寧須記，寫一封書報平安”；劉克莊《憶秦娥》：“梅謝了，塞垣凍解鴻歸早；鴻歸早，憑伊問訊，大梁遺老”；吴文英《鷓鴣天》：“吴鴻好爲傳歸信，楊柳閶門屋數間。”宋徽宗《燕山亭》：“憑寄離恨重重，這雙燕何曾會人言語！”；不得作書，衹能口囑，有若岑參《逢入京使》所謂：“馬上相逢無紙筆，憑君傳語報平安”，奈言語不通，則鳥雖“不高飛”，縱“爲我栖”，而余懷渺渺，終莫寄將，殊破陳言。

【增訂三】黄遵憲《海行雜感》第一三首：“拍拍羣鷗逐我飛，不曾相識各天涯。欲憑鳥語時通訊，又恐華言汝未知！”即此機杼。曰“華言”而不同宋徽宗詞之曰“人言”者，蓋謂鳥與外國人皆鉤輈格磔，故言語相通，正顧歡、韓愈所謂“鳥聒”、“鳥言”也（參觀2076－2077頁）。

陳耀文《花草粹編》卷八引《古今詞話》載無名氏《御街行》：“霜風漸緊寒侵被，聽孤雁聲嘹唳。一聲聲送一聲悲，雲淡碧天如水。披衣起，告雁兒略住，聽我些兒事：‘塔兒南畔城兒裏，第三個橋兒外，瀕河西岸小紅樓，門外梧桐彫砌。請教且與、低聲飛過，那裏有人人無寐’”；呼鳥與語而非倩寄語，“人人無寐”當是相思失眠，却不寫書付遞以慰藉之，反囑雁“低聲”潛過，免其人聞雁而盼音訊，舊意翻新，更添曲致。陳達叟《菩薩蠻》：

“舉頭忽見衡陽雁，千聲萬字情何限！叵耐薄情夫，一行書也無！泣歸香閣恨，和淚掩紅粉。待雁却回時，也無書寄伊！”；雁可寄書而未傳書來，遂亦不倩其傳書去，别下一轉語。《陽春白雪》後集卷五蒲察善長《新水令》：“……不由我淚盈盈，聽長空孤雁聲。雁兒我爲你暫出門庭，聽我叮嚀：‘自別情人，……相思病即漸成。……一封書與你牢拴定，快疾忙飛過蓼花汀。那人家寢睡長門静，雁兒呀呀叫幾聲，驚起那人，聽説着咱名姓，他自有人相迎。……你與我疾回疾轉莫留停。……你必是休辭雲淡風力緊，……我這里獨守銀缸慢慢的等。’”；似取《御街行》擬議變化，酣暢淋漓，在雁爲“疾回疾轉”而在“我”爲“慢慢的等”，相映成趣，妙盡心理。《九章》“因鳥致辭”之意，至此而如附庸蔚爲大國矣。《九辯》欲“寄言流星”，後世詞章則以雲代星，如陶潛《閑情賦》：“託行雲以送懷，行雲逝而無語”；歐陽修《行雲》：“行雲自亦傷無定，莫就行雲託信歸”；柳永《卜算子》：“縱寫得離腸萬種，奈歸雲誰寄。”既可囑去鳥寄聲，自亦得向來鳥問訊，如杜牧《秋浦途中》：“爲問寒沙新到雁，來時還下杜陵無?”又《贈獵騎》：“憑君莫射南來雁，恐有家書寄遠人。”劉克莊《後村大全集》卷一七五《詩話》載陳克斷句：“莫向邊鴻問消息，斷腸書信不如無!”，復類杜甫《述懷》所謂：“反畏消息來，寸心復何有!”南宋偏安，作者紛紛借以寄中原故國之思，如周紫芝《太倉稊米集》卷二〇《白湖聞雁》、吴龍翰《古梅吟稿》卷二《登金陵鍾山絶頂》等①，尋常見慣而利鈍不等焉。

---

① 參觀《宋詩選註》楊萬里《初入淮河》註四。

一三　遠　遊

“惟天地之無窮兮，哀人生之長勤；往者余弗及兮，來者吾不聞”；《補註》：“此原憂世之詞，唐李翺用其語作《拜禹言》。”按宋人詩話、筆記等記杜詩“身輕一鳥過”，一本缺“過”字，“白鷗波浩蕩”，一本蝕“波”字，“林花著雨燕支濕”，題壁而“濕”字已漫漶，人各以意補之，及覩完本足文，皆爽然自失①。蘇軾《謝鮮于子駿》：“如觀老杜飛鳥句，脱字欲補知無緣”；陳師道《寄侍讀蘇尚書》：“遥知丹地開黄卷，解記清波没白鷗”；蓋當時已成典故，供詩人運使矣。即其事未必盡實，亦頗足采爲賞析之助。取名章佳什，貼其句眼而試下一字，掩其關捩而試續一句，皆如代大匠斵而争出手也。當有自喜暗合者，或有自信突過者，要以自愧不如者居多。藉習作以爲評鑑，亦體會此中甘苦之一法也。如《遠遊》“惟天地”云云兩語，倘第二句末二字蠹蝕漫滅，補之者當謂是“不永”或“有盡”之類，以緊承上句之“無窮”。屈子則異撰。不言短而反言“長”，已出意外；然“長”

① 略似桓吉爾史詩遺稿缺而未完(inperfectos)之句，後人擱筆不能足成(Suetonius, *De Poetis*, II “Loeb”, II, 478)。

者非生命而爲勤苦，一若命短不在言下者；又命既短而勤却長，蓋視天地則人生甚促，而就人論，生有限而身有待，形役心勞，仔肩難息，無時不在勤苦之中，自有長夜漫漫、長途僕僕之感，語含正反而觀兼主客焉。“往者余弗及”謂古人之命皆短，“來者吾不聞”謂“吾”之命亦短，均與“天地無窮”反襯。始終不明道人命之短，而隱示人生之“哀”尚有大於命短者，餘味曲包，少許勝多。《補註》在前二句下，實則李翺《拜禹歌》并取下二句，祇加“已而！已而！”四字，殆春秋時“賦詩”之遺意歟（參觀《左傳》卷論襄公二十八年）。宋無名氏《愛日齋叢鈔》卷三：“林肅翁序樂軒《詩筌》，末云：‘師學之傳，豈直以詩？詩又不傳，學則誰知！後千年無人，已而已而！後千年有人，留以待之。’是摹擬舒元輿《玉篆銘》，感今懷古，此意多矣。東方朔云：‘往者不可及兮，來者不可待’；嚴忌云：‘往者不可攀援兮，來者不可與期’；王文公《歷山賦》云：‘曷而亡兮我之思，今孰繼兮我之悲！嗚呼已矣兮，來者爲誰！’不若柳子厚詩：‘誰爲後來者？當與此心期’，猶可以啓來世無窮之思，否則夫子何以謂‘焉知來者之不如今也？’”。《詩筌》未之覩，林希逸序中語亦見劉壎《隱居通議》卷一引；舒元輿《玉筯篆志》即見《全唐文》卷七二七，歐陽修《集古録跋尾》卷八《唐滑州新驛記》篇亦引其文拓本，字句小異，而云“不知作者爲誰”；東方朔語出《七諫》嚴忌語出《哀時命》，馮衍《顯志賦》全襲之；柳宗元句出《南磵中題》。《叢鈔》不引《遠遊》、《莊子·人間世》、楚狂接輿歌：“來世不可待，往世不可追”，及《尉繚子·治本》：“往世不可及，來世不可待，求己者也”，不無遺珠之恨。陳子昂《登幽州臺歌》：“前不見古人，後不見來者，念天地之悠悠，獨愴然而涕下!”抒寫此情最佳，歷來傳誦，尤如交臂失之。趙秉文《滏水文集》卷一一《黨公神道碑》銘詞亦仿舒元輿，則作者不得見矣。援孔子及柳宗元以駁蒼茫獨立之歎，自是正論；尉繚子空諸依傍，亦爲壯語。然前瞻不見，後顧無覩，弔影孤危，百端交集，齊心同慨，不乏其人。西方浪漫詩人每悲一世界或世紀已死而另一世界或世紀未生，不間不架，著己渺躬而罹此幽憂(Est-ce qu'un siècle meurt quand l'autre n'est pas né//Tout ce qui était n'est plus: tout ce qui sera n'est pas encore; ne cherchez pas ailleurs le secret de nos maux. //Wandering between two worlds, one dead, the other powerless to be born)①。使得聞屈原、陳子昂輩之自傷，或亦會心不遠，有蕭條異代之悵乎?

“聞赤松之清塵兮，願承風乎遺則。……美往世之登仙，……羡韓衆之得一”；《註》：“思奉長生之法式也”；《補註》引《列仙傳》載赤松子“服水玉”及韓終“採藥”“自服”事。按《天問》：“白蜺嬰茀，胡爲此堂?安得夫良藥，不能固臧?……大鳥何鳴?夫焉喪厥軀?”《註》、《補註》皆言指崔文子學仙於王子喬事，見《列仙傳》佚文者（今本《搜神記》卷一亦載之）。則《遠遊》下文之“吾將從王喬而娛戲”，又“見王子而宿之兮”，正即此持藥化鳥之人。合三節而觀之，《天問》“安得良藥?”“焉喪厥軀?”之非闢求仙而譏方術，斷可識矣。蓋疑事之

① Hugo, *L'Année Terrible*, Mai I, “Les Deux Trophées”; Musset, *Les Confessions d'Un enfant du Siècle*, Ptie II, ch.2; Arnold: “The Grande Chartreuse”. Cf. Chateaubriand, *René*, Droz, 30-1: “Le passé et le présent sont deux statues incomplètes: l'une a été retirée toute mutilée du débris des âges; l'autre n'a pas encore reçu sa perfection de l'avenir.”

無而駁詰，“問”也；信事之有而追究，亦“問”也；自知或人亦知事之有無而虛質佯詢(erotesis)，又“問”也。不識而問，不解而問，不信而問，明知而尚故問，問固多方矣，豈得見“問”而通視爲獻疑辯難哉？蔣驥《楚辭餘論》卷上云：“《天問》有塞語，有謾語，有隱語，有淺語；塞語則不能對，謾語則不必對，隱語則無可對，淺語則無俟對。”名目未必盡愜，然亦知言之選也。

【增訂四】克爾愷郭爾謂發問有兩類，一者思辯之問，二者譎諷之問。知事理之有，而窮源竟委，故問；知事理之無，而發覆破迷，故亦問。前者欲稽求實是，後者欲揭示虛妄。蘇格拉底問人，多屬後類(One may ask a question for the purpose of obtaining an answer containing the desired content, so that the more one questions, the deeper and more meaningful becomes the answer; or one may ask a question... to suck out the apparent content with a question and leave only an emptiness remaining. The first method naturally presupposes a content, the second an emptiness: the first is speculative, the second the ironic. —Kierkegaard, *The Concept of Irony*, tr. Lee M. Capel, 1966, p. 73)。屈子未必盡知所問之“無可對”而故問也，柳子厚或復强以爲知而率對焉。蓋《天對》使《天問》不意輒成“譎諷”，猶祖父賴子孫而得封贈矣！

“漠虛静以恬愉兮，澹無爲而自得”；《註》：“滌除嗜欲，獲道實也。”按此老、莊道家語也。下文：“餐六氣而飲沆瀣兮，漱正陽而含朝霞”；《註》：“遠棄五穀，吸道滋也，餐吞日精，食元符也。”則又燕齊方士語也，即司馬相如《大人賦》所謂“呼吸沆瀣兮餐朝霞”，或《真誥·稽神樞》之三所載微子“服霧法”。《莊子·刻意》不屑於“彭祖壽考”者之“道引”、“養形”、“爲壽而已”，而《天問》則歎慕之：“彭鏗斟雉帝何饗？受壽永多夫何長！”莊子言“聖人”之“死也物化”、“死若休”，而屈原欲求羽化不死。蓋術之於道在先秦已如移花接木矣。參觀《老子》卷論第一三章。“道滋”難飽，而道士口饞。《抱朴子》内篇《雜應》早言辟穀以求“腸中清”之難：“行氣者，一家之偏説，不可便孤用。”後來黄冠遂多作張智，如《雲笈七籤》卷二三説學道者當“服日月之精華”云：“常食竹筍，日華之胎也，又欲常食鴻脯，月胎之羽鳥也。”令人絶倒，正“餐六氣”、“吞日精”之勢所必至耳。《酉陽雜俎》續集卷八記李德裕述“道書中言，麞鹿無魂，故可食”，《清異録》卷二：“道家流書言麞鹿麂是‘玉署三牲’，神仙所享，故奉道者不忌”；《埤雅》卷三《麢》條亦引“道書”曰：“麞鹿無魂。”蓋由飛禽而及走獸，搜入食譜。卮言日出，巧覓藉口，清虚不納烟火之士爲口而忙，有如此者！

【增訂二】《高僧傳》二集卷三〇《智炫傳》言道士上章醮請，“必須鹿脯百柈”。

“曰：‘道可受兮不可傳’”；《註》：“言易者也；一曰：云無言也，誠難論也”；《補註》：“謂可受以心，不可傳以言語也。《莊子》曰：‘道可傳而不可受’，謂可傳以心，不可受以量數也。”按補註引《莊子》語，見《大宗師》；“不可受以量數”亦即《天運》言孔子“求之於度數”而“未得”道。其意正《知北遊》：“道不可聞，聞而非也，道不可見，見而非也，道不可言，言而非也”；釋氏所謂：“無一法可得”，“無智亦無得”，“不得一法，疾與授記”（《宗鏡録》卷四引“古教”）。王應麟《困學紀聞》卷一〇云：“莊子所謂‘傳’，傳以心也；屈子所謂‘受’，‘受’以心也。目擊而存，不言而喻。耳受而口傳之，離道遠矣！”實亦不外《補註》之意。雖然，竊謂莊、屈貌同心異。莊繼曰：“可得而不可見”，復歷舉狶韋氏以下“得之”之例，皆寓言也。徵之《天運》，孔子求道於度數、陰陽而不能得，老子告之曰：“使道而可以告人，則人莫不告其兄弟；使道而可以與人，則人莫不與其子孫，然而不可也。……由中出者，不受於外，聖人不出；由外入者，無主於中，聖人不隱。”“不出”、不授也；“不隱”、不受也。故屈之“受”，即莊之“傳”，亦即韓愈《五箴·言箴》所謂“默焉而意已傳”。莊之“受”却異於屈之“傳”，屈之“不可傳”謂非語言文字所能傳示，莊之“不可受”乃謂無可交付承受，得道還如未得。《齊物論》曰：“庸詎知吾所謂知之非不知耶？庸詎知吾所謂不知之非知耶？”又《知北遊》曰：“弗知乃知，知乃不知”；《維摩詰所説經·菩薩品》第四曰：“菩提者，不可以身得，不可以心得”；《肇論·般若無知論》第三曰：“聖智之無者，無知；惑智之無者，知無。”蓋神秘宗之公言也。

【增訂四】《五燈會元》卷一一李端愿居士章次：“偈曰：‘及其有知，何異無知。’”

參觀《老子》卷論第四〇、五六兩章。

“虚以待之兮，無爲之先”；《補註》：“莊子曰：‘氣者，虚而待物者也’；此所謂‘感而後應，迫而後動，不得已而後起。’”按“感而後應”三語亦出《莊子·刻意》篇。《易·隨》卦《彖》曰：“動而説隨”，《史記·老子、韓非列傳》曰：“虚無因應”，

《清波雜志》卷九記胡安國教徐積曰："莫安排"，均此旨。許月卿《先天集》卷七《書〈楚辭〉後》凡七則，有説此句云："兩'之'字當作一樣看，猶言勿爲事始，事來然後應之，不先以事累吾心也。"

"下峥嶸而無地兮"；《補註》："顔師古曰：'峥嶸、深遠貌也。'"按别詳《史記》卷論《司馬相如列傳》。

一四　卜　居

“突梯滑稽。”按“滑稽”之解，别詳《史記》卷論《樗里子、甘茂列傳》。文廷式《純常子枝語》卷九論雙聲疊韻形容之詞，有云：“註家未有能解‘突梯’者。余按‘突’、‘滑’、‘梯’、‘稽’皆疊韻，‘突梯’即‘滑稽’也，變文以足句。”是矣而未盡。倘依鄒誕之釋“滑稽”，則匪止變文疊韻，且爲互文同意。“突”、破也，“梯”、階也，去級泯等猶“滑稽”之“亂礙”除障，均化異爲同，所謂“諧合”也。

一五　九　辯（一）

《九辯》之一、三、七皆寫秋色，其一尤傳誦。潘岳《秋興賦》云："善乎宋玉之言曰：'悲哉秋之爲氣也！蕭瑟兮草木摇落而變衰，憭慄兮若在遠行，登山臨水送將歸。'夫送歸懷慕徒之戀兮，遠行有羈旅之憤，臨川感流以歎逝兮，登山懷遠而悼近。彼四感之疚心兮，遭一塗而難忍。嗟秋日之可哀兮，諒無愁而不盡！"；又《藝文類聚》卷七載潘岳《登虎牢山賦》曰："彼登山而臨水，固先哲之所哀，矧去鄉而離家，邈長辭而遠乖"；洵識曲聽真者矣。蓋宋玉此篇貌寫秋而實寫愁，猶史達祖《戀繡衾》之"愁便是秋心也"、或吴文英《唐多令》之"何處合成愁，離人心上秋"。雖歷來舊説如《禮記·鄉飲酒義》："秋之爲言愁也"，《白虎通，五行》："秋之爲言愁亡也"，然物逐情移，境由心造，苟衷腸無悶，高秋爽氣豈遽敗興喪氣哉？戎昱《江城秋夜》不云乎："思苦自看明月苦，人愁不是月華愁"；晁説之《嵩山集》卷七《偶題》亦云："夕陽能使山遠近，秋色巧隨人慘舒。"故"自古逢秋悲寂寥，我言秋日勝春朝"，發爲劉夢得之《秋詞》；"何人解識秋堪美，莫爲悲秋浪賦詩"，見於葉夢得之《鷓鴣天》。更端以説，陸機《春詠》："節運同可悲，莫若春氣甚”，韓愈《感春》：“皇天平分成四時，春氣漫誕最可悲”，與宋玉之“悲哉秋氣”，仁智異見，左右各袒矣。吴融《楚事》絶句早拈《楚辭》本地風光，屈、宋自家物事，以解蔽通郵：“悲秋應亦抵傷春，屈、宋當年並楚臣；何事從來好時節，只將惆悵付詞人?”自註：“屈原云：‘目極千里傷春心’，宋玉云：‘悲哉秋之爲氣。’”蓋言節物本“好”而人自“惆悵”，風景因心境而改觀耳①。潘岳《秋興賦》之亂曰：“泉涌湍於石間兮，菊揚芳於涯澨；澡秋水之涓涓兮，玩游儵之瀲瀲；逍遥乎山川之阿，放曠於人間之世”；始爲造哀興歎之資，終乃變而供游目賞心之娱，正如其《哀永逝文》所云：“匪外物兮或改，固歡哀兮情换。”張衡《東京賦》：“既春游以發生，啓諸蟄於潛户；度秋豫以收成，觀豐年之多稌”；春與秋均足騁懷也②。江淹《别賦》：“或春苔兮始生，乍秋風兮蹔起”，《文選》李善註：“言此二時别恨逾切”，又春秋均足銷魂也；淹《四時賦》更明言人苟心有愴億，“四時足傷”，“四時皆難”。王勃《秋日餞别序》取宋玉、江淹語合爲對偶曰：“黯然别之銷魂，悲哉秋之爲氣!”（參觀駱賓王《螢火賦》：“凄然客之爲心乎！悲哉秋之爲氣也!”），以心境“黯然”，而風景“悲哉”。不獨節令也，鄉土亦正同然。白居易《代春贈》：“山吐晴嵐水放光，辛夷花白柳梢黄；但知莫作江西意，風景何曾異帝鄉?”；白行簡《在巴南望郡南山》：“臨江一障白雲

① Cf. F. H. Amiel, *Journal intime*, 31 oct. 1852：“Un paysage quelconque est un état de l'âme”.

② Cf. H. Weber, *La Création poètique au* 16e *Siécle en France*, I, 331—2 (l'automne：la saison de la tristesse et de la mort et la saison des vins et des fruitages).

間，紅緑層層錦繡斑；不作巴南天外意，何殊昭應望驪山?”悲愁無形，侔色揣稱，每出兩途。或取譬於有形之事，如《詩·小弁》之“我心憂傷，惄焉如擣”，或《悲回風》之“心踊躍其若湯”，“心鞿羈而不形兮”；是爲擬物。或摹寫心動念生時耳目之所感接，不舉以爲比喻，而假以爲烘托，使讀者玩其景而可以會其情，是爲寓物；如馬致遠《天淨沙》云：“枯藤、老樹、昏鴉，小橋、流水、人家，古道、西風、瘦馬，夕陽西下——斷腸人在天涯!”不待侈陳孤客窮途、未知税駕之悲，當前風物已足銷凝，如推心置腹矣。二法均有當於黑格爾談藝所謂“以形而下象示形而上”(sich bestimmten dadurch das sinnliche Scheinen der Idee)①之旨。然後者較難，所須篇幅亦逾廣。《詩》之《君子于役》等篇，微逗其端，至《楚辭》始粲然明備，《九辯》首章，尤便舉隅。潘岳謂其以“四蹙”示“秋氣”之“悲”，實不止此數。他若“收潦水清”、“薄寒中人”、“羈旅無友”、“貧士失職”、“燕辭歸”、“蟬無聲”、“雁南游”、“鵾雞悲鳴”、“蟋蟀宵征”，凡與秋可相係着之物態人事，莫非“蹙”而成“悲”，紛至沓來，彙合“一塗”，寫秋而悲即同氣一體。舉遠行、送歸、失職、羈旅者，以人當秋則感其事更深，亦人當其事而悲秋逾甚，如李善所謂春秋之“别恨逾切”也。李仲蒙説“六義”，有曰：“敍物以言情，謂之‘賦’”(參觀《毛詩》卷論《關雎》)，劉熙載《藝概》卷三移以論《楚辭》：“《九歌》最得此訣。如‘嫋嫋兮秋風，洞庭波兮木葉下’，正是寫出‘目眇眇兮愁予’來，‘荒忽兮遠望，觀流水兮潺湲’，正是寫出‘思公子兮未敢言’來”；妙得文

① *Aesthetik*, Berlin: Aufbau Verlag, 146; cf.82.

心。竊謂《九辯》首章尤契斯義。“敍物以言情”非他，西方近世説詩之“事物當對”(objective correlative)者是[①]。如李商隱《正月崇讓宅》警句：“背燈獨共餘香語”，未及烘托“香”字；吴文英《聲聲慢》：“膩粉闌干，猶聞凭袖香留”，以“聞”襯“香”，仍屬直陳，《風入松》：“黄蜂頻探秋千索，有當時纖手香凝”，不道“猶聞”，而以尋花之蜂“頻探”示手香之“凝”、“留”，蜂即“當對”聞香之“事物”矣。歌德名什《迷娘歌》(Mignons Lieder)咏思歸而列舉檸檬樹花、黄金橘、蔚藍天等故國風物以映發之[②]，亦“事物當對”，正“敍物以言情”之“賦”耳。

“薄寒之中人。”按“中”如“中矢”、“中傷”之“中”，猶蜮“短弧”射影之“中”。“疾”字從“疒”從“矢”，合之蜮射之説，則吾國古人心目中之病魔以暗箭傷人矣。

【增訂三】《水經注》卷三六《若水》：“此水傍瘴氣特惡。氣中有物，不見其形，其作有聲，中木則折，中人則害，名曰‘鬼彈’。”彈與矢均張弓發以“中人”者也。梁章鉅《制義叢話》卷八引胡天游十三歲作《疾》一字題云：“‘疾’之文從乎‘矢’，來無向而中人甚疾”；俞樾《春在堂詩編》卷一三《張船山集有觀我詩四首，擬作》之三《病》云：“病魔來似空中箭”，自註：“俗言‘病來似箭’，此語深合‘疾’字從‘矢’之義。”

---

① R. W. Stallman, *The Critics' Notebook*, 116. Cf. R. Wellek, *History of Modern Criticism*, I, 254; Christina Brooke-Rose, *A Grammar of Metaphor*, 29, 35.

② W. Kayser, *Das sprachliche Kunstwerk*; 4. Aufl., 121.

【增訂四】《世説新語·文學》"左太沖作《三都賦》"條劉孝標註引《左思别傳》載《賦》逸句，有"鬼彈飛丸以礌礉"。西方神話有相類者，不獨愛情之神彎弓以射也；如荷馬史詩即寫日神降大疫，在空中發矢下射人畜（he twang'd his deadly bow, /And hissing fly the feather'd fates below. /On mules and dogs the infection first began, /And last, the vengeful arrows fix'd in man）①。王安石《字説》已佚，不識於"疾"字作底解會；阮元《揅經室集》卷一《釋矢》衹以弓矢之"矢"通矢溺之"矢"而已（Shoot, shit; schiessen, scheissen）。

① *The Iliad*, Bk I, tr. A. Pope, "The World's Classics", 3.

一六 九 辯（二）

《九辯》之四：“皇天淫溢而秋霖兮，后土何時而得漧！塊獨守此無澤兮，仰浮雲而永歎”；《註》：“久雨連日，澤深厚也；山阜濡澤，草木茂也；不蒙恩施，獨枯槁也。”按深譏雨露之不均沾也；然一若“塊獨”所“守”不屬“皇天”、“后土”之所覆載而别有天地，豈“浮雲”之“仰”，另有太空歟？“何時得漧”，乃苦雨也；“守此無澤”，又苦旱也。過接太驟，亦似須補筆而語始圓順者。劉禹錫《竹枝詞》曰：“東邊日出西邊雨”，馬戴《題廬山寺》曰：“上方雲雨下方晴”，分疏明白，則不妨無晴却有晴耳。

一七　招　魂

《註》："宋玉之所作也。……宋玉憐哀屈原忠而斥棄，愁懣山澤，魂魄放佚，厥命將落，故作《招魂》，欲以復其精神，延其年壽。"按朱熹《楚辭集註》亦仍王逸説，歸諸宋玉；黄文焕《楚辭聽直》、林雲銘《楚辭燈》重申《史記》之説謂作者即是屈原，蔣驥《山帶閣註〈楚辭〉》因之。蕭穆《敬孚類稿》卷一《〈楚辭〉〈招魂〉解》、卷三《書朱文公〈楚辭集註〉後》亦駁王、朱之説，謂當據《史記》以此篇屬屈原，"所招當即楚懷王魂，中間所述聲色之娱、飲食之美，非弟子招師魂之道也。"王逸主張，先唐亦未成定論，如《藝文類聚》卷七九載梁沈炯《歸魂賦》即以"《招魂》篇"爲"屈原著"。嘗試論之，脱師而如馬融之"奢樂恣性"，則絳帳弟子招其浮魂沉魄，自必侈陳"居宇服飾女樂"，似不得概摒爲"非道"。顧施此於"廉潔"、"枯槁"之三閭大夫，誠有張弓祝雞之誚耳。《招魂》、《大招》不問誰作，所招非屈子之魂。黄之雋《㾌堂集》卷一六《屈原説》"疑屈子未必沉"，觀《招魂》"上天下地，東西南北，靡所不招，絶無一言及於水，則其不死於沉可知也"；夫此篇雖招未死者之迷魂，而屈子數言"沉流"、"葬魚腹"，文却"無一言及於水"，則所招非其魂亦可知也。“魂兮歸來，反故居些！……像設君室，静閒安些！”；於是鋪陳高堂邃宇、層臺累榭、冬厦夏室，豈屈子“故居”華奂如是耶？極言耳目之娱、口腹之奉，豈屈子平生愛好在此耶？至曰：“二八侍宿，射遞代些！”幾如“妓圍”、“肉陣”，皇甫湜《出世篇》所寫“天姝當御，百千爲番”，屈子而然，“善淫”之“諑”，不爲無因矣！余少日尚及見招魂舊俗，每以其人嗜習之物爲引致之具，援後度前，不中不遠。徵之先載，如《南齊書·張融傳》融“遺令人捉麈尾登屋復魂，曰：‘吾生平所善’”；李賀《緑章封事》：“揚雄秋室無俗聲，願携漢戟招書鬼”，以雄曾爲執戟郎也；洪亮吉《卷施閣文》乙集卷二《七招》摹狀離魂聞所愛之事則徘徊欲即，聞所憎之事則飄脱而没，湛思綺藻，與古爲新，尤資參驗。《招魂》所誇宫室之美、聲色之奢，非國君身分不辦，特未必即屬楚懷王。王逸輩固執魂屬屈原，於《亂》之言“吾”與“王”，不得不曲解曰：“代原爲詞”，“以言嘗侍從君獵，今乃放逐，歎而自傷閔也”，則幾如原自招其魂，歧中又有歧也！夫發端“朕幼清以廉潔兮”至“長離殃而愁苦”，乃患失魂者之詞，即“君王”也；自誇“盛德”而怨“上”帝之不鑑照，勿降之祥而反使“離殃”。“朕”在秦始皇前固屬上下之通稱，然上帝告巫陽曰：“有人在下，我欲輔之”，脱非國君，一介臣民，安敢當天帝之“輔”乎？合之下文鋪張諸節而益明。“乃下招曰”至篇末俱爲“君王”招魂者之詞，《亂》之“吾”，即招者自稱。“獻歲發春兮，汩吾南征。……與王趨夢兮課後先，君王親發兮憚青兕”，乃追究失魂之由，與發端遥應，首尾啣接。患者祇怨尤而不自知何以致殃，招者始洞察其根源也。“春”上溯其時，“夢”追勘其地，“與王後先”復儼然如親與其事，使情景逼真。蓋言王今春獵於雲夢，爲青兕所懾，遂喪其魂；《國策·楚策》一楚王“游於雲夢，有狂兕牂車依輪而至”，事頗相類，然彼“一發”而“殪”兕，此“親發”而“憚”兕，强孱判然。接曰：“朱明承夜兮，時不可以淹；皋蘭被徑兮斯路漸”；謂驚魂之離恒幹已自春徂夏，來路欲迷，促其速返故居。故以“魂兮歸來”結焉。舊日不死於家者，其魂必出外招之，如高啓《青邱詩集》卷一《征婦怨》：“紙幡剪得招魂去，只向當時送行處。”倘人患病，家人疑爲受驚失魂者，則詳詢或臆測受驚之處，黄昏往而呼患者名曰：“毋驚毋駴，偕我返舍！”復代之答曰：“唯！吾歸也！”倘其處甚遠，不便遽往，則遶屋呼曰：“好自某地歸矣！”拾土裹紅紙中，歸而納病者枕下。余兒時在錫、蘇、澄習見此俗，且嘗身受招呼，二十許寓滬西尚聞鄰人夜半爲此。招生魂於其迷失之地，中西舊習略同；

【增訂四】《夷堅志丁志》卷一三《李遇與鬼鬭》：“遇迎新郡守於城西，既行十餘里，……忽百許小兒從路旁出，……合圍擊之。……李回及門，不能行，門卒扶以歸，至家惛不醒。諸子揭衣視，但青痕遍體，即就其處招魂，呼僧誦經。”“其處”者，李爲小兒聚毆處，即“招生魂於其迷失之地”也。

如十八世紀初一法文小説記國王出獵，夜宿野堡，醒而病狂(devenu fou)，醫無能治，公卿乞諸巫，巫謂王之子女當至王喪魂處求覓之(que ses enfants n’avaient qu’aller chercher l’esprit de leur père au même endroit où il l’avait perdu)①。《招魂》追溯雲夢之獵，亦正窮病之源，彷彿就地以招耳。謀篇有往復開合，異

① Antoine Hamilton: “Le Bélier”, *Oeuvres complètes*, A. Bélin, 231.

於一味排比，并可藉以想見古代風俗。《大招》無此間架，僅著招徠之辭，遂損劇情(dramatic interest)；然如“名聲若日”、“德譽配天”、“立九卿”而“尚三王”等語，更昭然爲招君王之魂矣。

“巫陽對曰：‘掌夢’”；《註》：“巫陽對天帝言，招魂者本掌夢之官所主職也。”按《周禮·春官》掌六候之夢，人所熟知。玩索巫陽對上帝之語，似當時信忌，以生魂別於死魂，招徠各有司存，不容越俎。《招魂》所招，自爲生魂。夫生魂之説，肇端夢寐。《九章·惜誦》：“昔余夢登天兮，魂中道而無杭”；《抽思》：“惟郢路之遥遠兮，魂一夕而九逝；……願徑逝而不得兮，魂識路之營營”；《哀郢》：“羌靈魂之欲歸兮，何須臾而忘反”，《註》：“精神夢遊，還故居也。”皆言生人之魂於睡夢中離體外遊也。沈炯《望郢州城》詩云：“魂兮何處反，非死復非仙”，是生魂之的詁；杜甫《歸夢》詩云：“夢魂歸未得，不用《楚辭》招”，更等生魂於夢魂。治宗教神話之學者，謂初民區别固結於體之魂(die gebundene Seele)與游離於體之魂(die freie Seele)。固結之魂即身魂(Körperseele)，心腎是也；游離之魂有二：氣魂(Hauchseele)、吐息是也，影魂(Schattenseele)、則夢幻是矣①。掌夢者可以招魂，當緣夢亦魂之屬。顧“有人在下”，雖尚視息而未遽死，却已痴坐囈行，“魂魄離散”；不同尋常夢魂之出游，則非掌夢所能奏功，於是上帝“必”欲巫陽從事。蓋死魂之招，

① W. Wundt, *Völkerpsychologie*, IV(*Mythus und Religion*, I Teil), 3Aufl., 78ff., 125ff., 170ff. Cf. E. Rohde, *Psyche*, tr. W. B. Hillis, “International Library of Psychology, Philosophy and Scientifie Method”, 7-8(a second self active in dreaming).

如《禮·檀弓》、《喪大記》、《禮運》等所謂“復”者，由亡人親屬於氣乍絶之時升屋而號，“先復”而“後行死事”。以魂之去未遠，遂不須乞靈於巫術。苟死已經時，則魂之招致非巫術不能，即《招魂》之“工祝”；如《漢書·外戚傳》上載李夫人卒後，“方士”齊人少翁爲“致其神”。是以招死魂者，巫所主也。“恐後之謝，不能復用巫陽焉”，“謝”、殂謝之謂，即死耳。其意若曰：倘今招生魂而逕用巫，他日招死後之魂恐將用巫而無效。方術神通勿可濫施輕用，不然臨急失驗；雅記野語皆嘗道之，匪獨招魂爲然。如《左傳》僖公四年晉獻公卜驪姬爲夫人節，《正義》引鄭玄《禮》註、《詩》箋謂“卜筮數而瀆龜，不復告之以實”，

【增訂三】《易·蒙》早曰：“初筮告吉。再三，瀆；瀆則不告。”

即李義山《雜纂》所嘲“殢神擲校”（“校”同“珓”，見程大昌《演繁露》卷三《卜教》）；《太平廣記》卷七八《茅安道》、卷八五《李生》皆言神術以妄用而漸不神；袁枚《新齊諧》卷一七《婁真人錯捉妖》以一言蔽之曰：“我法只可行一次，第二次便不靈。”“不能復用”之“恐”，殆以此歟。

“豺狼從目，往來侁侁些”；五臣註：“從、豎也。”按《大招》亦云：“豕首從目。”陸佃《埤雅》卷四：“俗云：‘熊羆眼直，惡人横目’”；“從目”即“眼直”也。

“工祝招君，背行先些。”按具見《史記》卷論《高祖本紀》。

“蛾眉曼睩，目騰光些。靡顔膩理，遺視矊些。”按下又云：“娭光眇視，目曾波些。”《詩·碩人》衹曰“美目盼兮”而已，此遂描狀工細。“曼睩”“騰光”者，言眸之明（flashing eyes）；“遺矊”、“眇視”者言睞之媚（languishing sidelong glances）。

“曾波”即宋玉《神女賦》：“望余帷而延視兮，若流波之將瀾”，正後世詞章稱目爲“秋水”、“秋波”之託始。竊謂《西廂記》第一本第一折之“秋波那一轉”可移釋“目曾波”，而第二折之“鶻伶淥老不尋常”復可移釋“曼睩騰光”也。《大招》則體物更精：“嫭目宜笑，娥眉曼只。”目之善睞，人所易知，目之“宜笑”，愈造微傳神。王逸不解此，故其註曰：“工於嫭眄，好口宜笑，蛾眉曼澤”，一若“笑”僅爲“口”之所有事者！《紅樓夢》第三回寫寶玉“睛若秋波，雖怒時而似笑，即瞋視而有情”，寫黛玉“一雙似喜非喜含情目”；孫原湘《天真閣外集》卷四《横波》絶句咏目也，有曰：“如愁如喜還如怒，媚態三番一刹那”；皆可謂得屈、宋心印，王逸相形，幾如無目（參觀《全晉文》卷論陶潛《閑情賦》）。且人固有口濃笑而目無笑意者，逸竟不知耶？

【增訂三】司湯達一八〇四年七月十四日日記載與人立道傍，觀拿破侖一世盛服緩轡而過，萬衆歡呼，“拿破侖頻頻行軍禮示意，且微笑。劇臺上之笑容耳，齒露而已，目初不笑”（Il salue beaucoup et sourit. Le sourire de théâtre，où l'on montre les dents，mais où les yeux ne sourient pas—Stendhal，*Oeuvres intimes*，“Bib. de la Pléiade”，516）；又一八〇五年二月二十五日記覩己所愛之蕩婦“報一狎客以微笑示謝，然目無笑意，喬作笑容耳”（Elle l'en a remercié par un sourire，mais non pas des yeux，joué－654）。即余所謂笑非口可得而專也。

“大苦醎酸，辛甘行些”；《註》：“大苦、豉也”；《補註》：“逸説非也，蓋苦味之甚者爾。”按下文云：“和酸若苦，陳吴羹些”，又《大招》云："醢豚苦狗。"余居湘時，方識以苦瓜入饌，想古之楚庖早已尚苦爾。

"被文服纖，麗而不奇些"；《註》："不奇、奇也，猶《詩》云：'不顯文王'，不顯、顯也。言美女被服綺繡，曳羅縠，其容靡麗，誠足奇怪也。"按以"不奇"爲"奇"，即王引之《經義述聞》卷三二《語詞誤解以實義》之旨。別詳《左傳》卷論僖公二十二年。此處則誤解不當。"奇"、奇衺也，《左傳》僖公二十四年所謂"服不之衷"。《文子·符言》："聖人無屈奇之服、詭異之形"；《晏子春秋》内篇《問》上之一六："六冠無不中，故朝無奇辟之服"；《荀子·非相》："美麗姚冶，奇衣婦飾"；正此"奇"字。"麗而不奇"，猶"威而不猛"，"謔而不虐"，"盡而不汙"，"哀而不傷"，"好色而不淫"，"展而不信、愛而不仁、詐而不智、毅而不勇、直而不衷、周而不淑"（《國語·楚語》下），"和調而不緣、谿盎而不苛、莊敬而不絞、和柔而不跧、刻廉而不劌"（《晏子春秋》内篇《問》下之二四），"嚴而不殘"（《漢書·雋不疑傳》），"行而不流、止而不滯"（成公綏《嘯賦》）。

【增訂三】《楚辭》本書之"未形唯象"，《易·繫辭》之"不疾而速"，亦"麗而不奇"、"嚴而不殘"之類。《法言·問神》所謂"別似"也。

句法一律，胥取詞意易於通融混淆者，嚴加區別判辨，不使朱亂於紫①。王逸見單詞而忽全句也。

① Cf. Rivarol, *Écrits politiques et littéraires*, choisis par V.-H. Debidour, 48 (les synonymes les plus piquants); Coleridge, *Biographia Literaria*, ed. J. Shawcross, II, 255 (desynonymizative analysis).

一八 大 招

“豐肉微骨，調以娱只”。按當合觀下文：“豐肉微骨，體便娟只”，又：“曾頰倚耳，曲眉規只”，别詳《毛詩》卷論《澤陂》。《西京雜記》卷一稱合德“弱骨豐肌，尤工笑語”，謝靈運《江妃賦》云：“小腰微骨”，皆此形模。韓愈《送李愿歸盤谷序》之“曲眉豐頰”，又即《大招》之“曾頰”、“曲眉”，如爲唐畫中士女及出土唐女俑寫真也。

“青色直眉，美目媔只”；《註》：“復有美女，體色青白，顔眉平直”；《補註》：“‘青色’謂眉也。”按王誤“青”爲肌色，故洪正之。《東觀漢記》卷六寫明德馬后姿容，有曰：“長七尺二寸，青白色”，似東漢時“青白”得聯綿以指白，故王逸坦然言“體色青白”；《後漢書·皇后紀》上削去此三字，似晉、宋人已不解其言，唐、宋人讀王註必更覺似“青面獸”、“藍面鬼”之醜婦矣。韓愈《華山女》：“白咽紅頰長眉青”，蘇軾《芙蓉城》：“中有一人長眉青”，皆早擻去王註，逕得正解；秀才讀詩，每勝學究，此一例也。“青色直眉”之“青”，即謂黑色，則以“青”爲“黑”，早見《楚辭》，非創自趙高（參觀《史記》卷論《秦始皇本紀》）。後世詩文小説常言“青鬢”、“滿頭青絲細髮”，皆謂其黑；阮籍"作青、白眼"之"青"亦正謂黑，"睛"字從"目"從"青"，吴語稱"眼黑"又稱"眼烏珠"，"烏"即黑；

【增訂三】陳忱《水滸後傳》第一一回花逢春射死鯨魚，"那兩個眼睛烏珠挖將出來，如巴斗大小"；即載籍中"烏珠"之例。

《世説·容止》王羲之見杜乂，歎曰："眼如點漆"，蘇軾《仇池筆記·論墨》曰："要使其光清而不浮，湛湛然如小兒目睛乃佳。"墨與漆均狀眼之"烏"、"黑"，所謂"青"是矣。

【增訂二】韓愈《劉生》："妖歌慢舞爛不收，倒心迴腸爲青眸"，亦言睛黑，猶"雙瞳點漆"。《感春》之三："艷姬蹋筵舞，清眸刺劍戟"，則言目明，"清"如《贈張十八助教》"喜君眸子重清朗"之"清"；"清"而"刺"，遂喻以"劍戟"，猶章回小説中動稱"刀槍雪亮"也（如《水滸》五二回："三股叉、五股叉、燦燦秋霜，點鋼鎗、蘆葉鎗、紛紛瑞雪"；六三回："青銅刀、偃月刀、紛紛似雪"等）。言各有當。方成珪《韓集箋正》乃欲改《感春》之"清"以從《劉生》之"青"，一若詩人用字顒如畫一者！强求一律，殊屬多事。

上文方言"曲眉"，而此忽言"直眉"，若相龃龉；"直"殆同"值"，謂眉長幾於相接，有若古希臘美人所尚通眉(the joined eyebrows)歟[①]？梁、陳間姚最《續畫品》推謝赫畫人物"切似"："麗服靚妝，直眉曲鬢"，似同斯義，謂雙眉梢長欲值，非謂眉作直線形。司馬相如《上林賦》："長眉連蜷"，郭璞註："言曲細"；六朝詩如鮑照《翫月》："蛾眉蔽珠櫳，玉鈎隔疏窗"，王

① E. g. Theocritus, viii: "A maid with meeting eyebrows", *The Greek Bucolic Poets*, "Loeb", 119.

褒《詠月贈人》："初魄似蛾眉"，以反求覆，觀其所託，便知眉樣曲如鈎而不直如弦矣。故唐人小說《游仙窟》曰："乍出雙眉，漸覺天邊失月"，"眉間月出疑争夜"，亦言眉彎。庾信《鏡賦》："鬟齊故略，眉平猶剃"，"平"謂整齊、淨盡，非如王逸所謂"平直"也。

《文史通義·詩教》上："孟子問齊王之大欲，歷舉輕暖、肥甘、聲音、彩色，《七林》之所啓也。而或以爲創之枚乘，忘其祖矣!"未爲中肯探本。枚乘命篇，實類《招魂》、《大招》，移招魂之法，施於療疾，又改平鋪而爲層進耳。西土名作如密爾敦《樂園復得》(*Paradise Regained*)卷二、弗羅拜《誘惑安東尼》(*La Tentation de Saint Antoine*)第二章，其袪魔拒誘之旨，與釋典一揆（如《雜阿含經》卷三九《魔有三女》章、《佛本行集經·魔怖菩薩品》第三一、《方廣大莊嚴經·降魔品》第二一），而蕩心移志之具，又與二《招》、《七》林同類。采風借燭，聊復及之。

太平廣記

二一三則

一　太平廣記

書僅冠以李昉等《表》，無序例可按，殊難窺其命名與取舍之故。“太平”易了，“廣記”則不識何謂。《引用書目》有《廣異記》；顧況作《戴氏〈廣異記〉序》（《全唐文》卷五二八），歷舉漢、晉以還志怪搜神之著，“蔓延無窮”，直可移爲本書序例。《廣記》殆名本《廣異記》而文從省乎？抑晚唐人撰《卓異記》，流俗以之屬李翱者，亦列《引用書目》中；其自序（《全唐文》卷六三六）云：“廣記則隨所聞見，雜載其事，不以次第。然皆是警惕在心，或可諷歎；且神仙鬼怪，未得諦言。非有所用，俾好生不殺，爲仁之一途，無害於教化。故貽謀自廣，不俟繁書，以見其意。”則《廣記》之稱，或兼“載事”與“貽謀”之“廣”乎？采擷用意，益復難解。如有《莊子》而無《列子》，於唐人文集掛漏尤多，《書目》祇標《韓愈〈歐陽詹哀辭序〉》，又無柳宗元集；而卷五五《軒轅彌明》條引《仙傳拾遺》，實即襲取韓愈《石鼎》聯句《序》，卷三四一《李赤》條引《獨異志》，實即點竄柳宗元《李赤傳》。撰輯諸臣中有張洎，著《賈氏談録》者；有徐鉉及其婿吴淑，鉉作《稽神録》，淑作《江淮異人録》，亦好奇志異之士。此等人編此書，洵投所好而得其宜。袁褧《楓窗小牘》卷上記“儒臣”輯《廣記》時，徐鉉“每欲採擷”其自著《稽神録》，“不敢自專”，使宋白請于李昉。《引用書目》中《稽神録》赫然斯在，是於古人雖漫與率易，而鉉自薦甚勇，淑亦舉不避親也。若夫編纂失察，以至一事重出，分類乖當，標題鹵莽而未顧事義，官書粗草，見慣尋常，固勿須苛責矣。朱熹《朱子語類》卷百二七：“太宗每日看《太平廣記》數卷，若能推此心去講學，那裏得來！不過寫字作詩，君臣之間，以此度日而已！”宋太宗日看《太平御覽》三卷，《皇朝類苑》卷二備著其事，朱熹當出誤憶；然即憶爲《御覽》而未誤，恐亦仍譏太宗之以記誦爲“帝學”耳。

明嘉靖時吾鄉談愷重刊《廣記》，作序謂在宋已少流傳，《四庫總目》卷一四二同其説；均舉鄭樵《通志·校讎略》之誤爲證。所覩宋人著述，唯吴曾《能改齋漫録》徵引此書以爲考訂之資，既多且確。卷帙繁重，即有翻印，行布亦必不便。故博覽如洪适，《盤洲文集》卷四《還李舉之〈太平廣記〉》云：“稗官九百起虞初，過眼寧論所失巫。午睡黑甜君所賜，持還深愧一瓻無！”；具徵手一編者尚勿克家有其籍——“所失巫”出范甯《穀梁集解·序》。洪适弟邁、愈號淹貫，其《夷堅三志》辛自序謂“古今神奇之事”有“甚同”者，舉所記孫斯文夢中換頭事（亦見邁同時人郭彖《睽車志》卷五，“斯”作“思”），因言“比讀《太平御覽》所編《幽明録》”載賈弼事相同，“《幽明録》今無傳於世”，故備引之云云。實則《廣記》卷二七六《賈弼》、卷三六〇《賈弼之》均引《幽明録》，已重見疊出，而邁未省。又張元濟《〈夷堅志〉再補》有《鼠怪》、《道人符誅蟒精》二事，云出《稗史彙編》，實則二事與《廣記》卷四四〇《王周南》、四五八《選仙場》字句幾全同。

【增訂四】《王周南》鼠怪事至采入正史，見《宋書·五行志》五《黄告黄祥》節。

《直齋書録解題》卷一一記"妄人多取《廣記》中舊事，改竄以投"洪邁；此兩事竟直録原文，苟《稗史彙編》非誤繫主名，則《廣記》於邁亦如《南華》之爲僻書也。陸游《老學菴筆記》卷七考"冬住"俗語，嘗援據《廣記》卷三四〇《盧頊傳》；姜特立《梅山續稿》卷七《藹菴》、卷一一《放翁示雷字詩》皆附陸氏來書，陸《寄題藹菴》七古後有自註兩條發明詩中典故，其一即引《太平廣記》，《劍南詩稿》中削去，夫來歷須註，又見其書尚堪爲摭華炫博之資焉。羅燁《醉翁談録》甲集卷一《小説開闢》條謂説話人取材《廣記》；然斯書千百事中敷説以成公案話本，耳熟而口膾炙者，未必及十一，因而遽測宋末《廣記》廣傳，猶未許在。

【增訂四】元好問《遺山文集》卷二三《劉景玄［昂霄］墓志》："予初識景玄於太原，人有爲予言，是家讀《廣記》半月而初無所遺忘者，予未之許也。"頗徵此書在金亦成自炫記誦之資也。

下迨有明，郎瑛《七修類稿》卷一九記張錫作文，用事杜撰，人有質者，"輒曰：'出《太平廣記》。'蓋其書世所罕也"；周嬰《巵林》卷六引陳耀文《正楊》譏楊慎師張"故智"，"意謂《廣記》繁多，人難徧閲，故每借以欺人"。嘉靖重刻以後，仍有風影之談。南宋僧志磐《佛祖統紀》卷四三特記《廣記》書成，以志"法運"亨通，贊其"録佛法者三十卷，……古今悟心得道之衆、神僧經論定慧之學、君臣信毁休咎之徵，靡所不載"；雖海樣言語，鋪張彼教門面，猶非耳食無稽。明末凌濛初《二刻拍案驚奇》卷三七記人議論《太平廣記》曰："上自神祇仙子，下及昆蟲草木，無不受了淫褻污玷"；則夜航船中大膽亂道。《豆棚閒話》第一則《總評》："《太平廣記》云：'婦人屬金，男子屬木，金剋木，故男受制於女'"；亦出嚮壁虛造。蓋書即易得多有，而人之不知爲知者故常不乏爾。

二 卷二

《彭祖》（出《神仙傳》）："故有上士别牀，中士異被，服藥百裹，不如獨卧。"按當依《太平御覽》卷七二〇作："《經》有'上士'"云云。《能改齋漫録》卷五謂世傳《神仙秘訣》亦曰："服藥千朝，不如獨寢一宵。"戴埴《鼠璞》卷上引"上士"諸句而論之曰："故世論素女術出於彭籛者大相反；所謂'喪四十九妻、五十四子'，特形容八百歲之壽且久耳"；俞正燮《癸巳類稿》卷一五復專作《彭祖長年論》。夫陶潛《神釋》詩："彭祖愛永年，欲留不得住；老少同一死，賢愚無復數"，言明且清，已如老吏斷獄；左道邪説，假託加誣，無所不用其極，實勿須硜硜辯訂師説真傳。然戴氏割裂上下文，難免"芟角"之譏（晁説之《嵩山文集》卷一《儒言》："不顧其本而特出一句，以濟私而困衆論者，謂之'芟角'"）。本篇明記彭祖引《經》中此四語後，辭而闢之曰："古之至人恐下才之子不識事宜，流遯不還，故絶其源"；繼而大放厥詞，曰："苟能節宣其宜適、抑揚其通塞者，不以減年，得其益也。凡此之類，譬猶水火，用之過當，反爲害也。……男女相成，猶天地相生也。……天地得交接之道，故無終竟之限。"藉口天地，實屬古人套語，初非道家秘旨，方士售奸，攘以裝鋪席耳。破俗祛惑如王充，《論衡·自然篇》即云："天地合氣，萬物自生，猶夫婦合氣，子自生矣"；又云："儒家說夫婦之道，取法於天地；知夫婦法天地，不知推夫婦之道，以論天地之性。"《易·繫辭》之"天地絪緼"四句，《白虎通·嫁娶》篇引以明"人道"之須有"夫婦"，而《廣記》失收之五代無名氏《燈下閒談》卷上《桃花障子》條左慈引以明"道家"之不"去大情欲"。至若"節宣宜適"，即《抱朴子》内篇《釋滯》所謂"得其節宣之和"，又未始非《詩·關雎·序》之言"不淫其色"，《正義》曰："'淫'者過也，過其度量謂之爲'淫'"；清初穢史一名《覺後禪》者，第一回有"當飯"與"當藥"之喻，正其意。西方古醫家言無不同(Venus omitted and intemperate Venus)①。未可以道家久假而遂謂爲所私有。男女歡愛之效法天地，亦歐洲舊說，每形諸詠歌，如馬利諾之"天愛地"一節(Ama la terra il cielo, e'l bel sembiante ecc.)②，洋洋百餘句，而雪萊之《愛情哲學》(Love's Philosophy)尤傳誦之名什也。

---

① Burton, *Anatomy of Melancholy*, Pt I, Sect. II, Mem. II, Subs. VI Bell I, 269-270.

② Marino, *L'Adone*, VII. 235-248, *Marino e i Marinisti*, Ricciardi, 149-153.

三 卷 三

《漢武帝》（出《漢武内傳》）："帝下席叩頭曰：'徹下土濁民，不識清真。'" 按卷四六《王太虚》（出《仙傳拾遺》）亦有"稽首再拜言曰：'下土賤臣，形濁氣穢'"等語。道書中此等謙稱，以見諸《太平經》者爲最可笑。如第四六篇："大頑鈍、日益暗昧之生再拜，今更有疑"；第五五篇："日益愚、暗曚不闓生謹再拜，請問一事"；第一〇二篇："大暗愚、日有不解、冥冥之生稽首再拜，問一大疑"；第一五四篇："真真愚暗、日益劇不曉、大不達之生謹再拜。" 王世貞《觚不觚録》、沈德符《野獲編》卷一七皆譏卑諂之自稱，如"渺渺小學生"、"何罪生"之類，不知其冥契神仙家法也。西方舊日亦有自謙套語（Selbstverkleinerungsformeln），如曰："小的我"（mea tenuitas，parvitas）或"小蝨我"（ego pulex minimus）[①]，不過"小子"、"蟣蝨臣"之類，方此蔑如矣。

---

① E. R. Curtius, *Europäische Literatur und lateinisches Mittelalter*, 2. Aufl, 94; H. Küpper, *Wörterbuch der deutschen Umgangssprache*, I, 3. Aufl., 517-8.

四　卷　四

《月支使者》（出《仙傳拾遺》）月支國獻“猛獸”一頭，“形如五六十日犬子”，漢武帝以付上林苑，“令虎食之，虎見獸，皆相聚屈蹟如也。”按《博物志》（《指海》本）卷三記漢武帝時，大宛之北胡人獻一物，大如狗，名曰“猛獸”，帝怪其細小，欲使虎狼食之，虎見此獸輒低頭云云，即此事。古羅馬人《博物志》載一事劇相類。亞歷山大大帝征印度，道出亞爾巴尼亞，其王以巨犬獻；帝嗾熊羆、野豬等臨之，犬偃卧，夷然不屑一顧（contemptu immobili iacente eo），帝惡其惰，殺之。王乃復進一頭曰：“孑遺惟此，當令禦獅象，不宜以小獸試之也”（ne in parvis experiri vellet sed in leone elep-hantove）。帝如其言，獅象果皆挫伏①。後世詩文每用爲典藻者②。

---

① Pliny，*Natural History*，VIII. 61，“Loeb”，III，104-6.

② E.g. Basile，*Il Pentamerone*，tr. B.Croce，I. iii，p. 39：“Ma questi ne fecero conto che il Cane di Alessandro dei conigli.”

五　卷　七

《王遠》（出《神仙傳》）。按篇中麻姑事一大節重見於卷六〇《麻姑》（出《神仙傳》）。

《白石先生》（出《神仙傳》）："彭祖問之曰：'何不服昇天之藥？'答曰：'天上復能樂比人間乎？但莫使老死耳！天上多至尊，相奉事更苦于人間。'"按神仙家言之非"出世間法"，一問一答，不啻供狀，李德裕、歐陽修輩崇論閎議無此簡捷。《抱朴子》内篇《對俗》："若且欲留在世間者，但服半劑而録其半。……不死之事已定，無復奄忽之慮，正復且遊地上，或入名山。……彭祖言：'天上多尊官大神，新仙者位卑，所奉事非一，但更勞苦'；故不足役役於登天，而止人間八百餘年也。……篤而論之，求長生者，正惜今日之所欲耳，本不汲汲於昇虚、以飛騰爲勝于地上也。若幸可止家而不死者，亦何必求於速登天乎？"更暢乎言之，然道此意者乃彭祖而非白石先生；《抱朴子》與《神仙傳》出於葛洪一手，違異如斯，豈彭祖明知故問，以言餂白石歟？陶弘景《真誥・稽神樞》之四幾如古來得道者之點仙簿，有曰："至於青精先生、彭鏗、鳳綱、商山四皓、淮南八公，並以服上藥不至一劑，自欲出處語默，肥遁山林；以遊仙爲樂，以昇虚爲戚，非不能登天也，勿爲之耳”，自註：“鏗則彭祖名也”；即自《抱朴子》來。“天上復能樂比人間乎”與“正惜今日之所欲耳”兩句探示學道求仙之衷曲，坦見肺肝；蓋擺脱凡人之患苦，卻恣適凡人之嗜欲，腰纏而兼跨鶴，有竹不俗而復有肉不瘦者。皇甫湜有詩，題曰《出世篇》，所賦則曰：“上括天之門，直指帝所居，羣仙來迎塞天衢。……旨飲食兮照庖廚，食之不飫飫不盡，使人不陋復不愚。旦旦狎玉皇，夜夜御天姝，當御者幾人，百千爲番宛宛舒”——“番”即“上番”、“下番”之“番”，輪值也；“出世”之飲食、男女全同人世，而享受之能與所，則邁“出世”人，“昇虚”而不特未失“地上”，之樂，抑且大過之。以皇甫之詩合諸葛、陶之論，抉發仙家心事，庶無賸義矣。與彭祖、白石問對相印可者，如《廣記》卷七《馬鳴生》（出《神仙傳》）：“不樂昇天，但服半劑爲地仙，恒居人間”；卷八《張道陵》（出《神仙傳》）：“合丹，丹成，服半劑，不願即升天也”；卷一九《李林甫》（出《逸史》）：“二十年宰相，重權在己，安可以白日升天易之乎?”；卷六四《太陰夫人》（出《逸史》）：“問：‘盧杞欲水晶宫住？作地仙？及人間宰相？此度須決!’杞大呼曰：‘人間宰相!’”；《北齊書·方伎傳》：“又有張遠遊者，顯祖令與諸術士合九轉金丹，及成，顯祖置之玉匣云：‘我貪世間作樂，不肯即飛上天，待臨死時服。’”韓愈《奉酬盧給事雲夫四兄》：“天門九扇相當開，上界真人足官府，豈如散仙鞭笞鸞鳳相追陪”——倒句即：“鞭笞鸞鳳相追陪，豈如散仙［逍遥乎?］”，又《記夢》：“我能屈曲自世間，安能從汝巢神山?”；陸游《烏夜啼》詞：“細思上界多官府，且作地行仙”；辛棄疾《水調歌頭·和德和上南澗韻》：“上界足官府，公是地行仙”；皆用此意。

【增訂四】《十洲記》：“方丈洲在東海中央。……羣仙不欲升天者，皆往來此洲。”是不願“升天”者尚可以避地“出世”，而不必即“居人間”也。朱彝尊《曝書亭集》卷一《五游篇》之五：“方丈之山，其高五千。羣仙往來，不欲昇天”；全用《十洲記》語。陸游《劍南詩稿》卷一二《感舊絶句》一：“金丹煉成不肯服，且戲人間五百年”；《兩浙輶軒續録》卷二二載王斯年《哭張船山先生即題序詩卷子》第一首自註：“先生自鏤印章曰：‘羣仙之不欲昇天者’”；皆即白石先生、馬鳴生輩遺意也。船山印文正本諸《十洲記》。

是以屈原《遠遊》、郭璞《游仙》並企慕沖舉，而六朝以來常寫神仙“思凡”，一若脱去人間，長生不老即成虚度歲月。如《廣記》卷二〇《楊通幽》（出《仙傳拾遺》）上元女仙曰：“偶以宿緣世念，其願頗重，聖上降居於世，我謫居於人間”；卷六五《趙旭》（出《通幽記》）天上青童曰：“久居清禁，……時有世念，帝罰隨所感配”；劉禹錫《巫山神女廟》：“何事神仙九天上，人間來就楚襄王！”；謂必降人間方得遂男女大欲也。蘇轍《欒城集》卷一三《正旦夜夢李士寧過我》：“先生惠然肯見客，旋買雞豚旋烹炙；人間飲食未須嫌，歸去蓬壺卻無喫！”；并謂居仙山不能縱飲食大欲矣。李商隱《戊辰會静中出貽同志二十韻》：“三山誠迴視，九州揚一塵。我本玄元冑，禀華由上津；中迷鬼道樂，沉爲下土民”；梁同書《頻羅菴遺集》卷二《元遺山〈無題〉詩有“死恨天台老劉、阮，人間何戀卻歸來！”余爲大地下一轉語》：“到底人間勝天上，不然晨、肇不歸來”；均言“思凡”。劉、阮本事即見《廣記》卷六一《天台二女》，元好問詩意早發于元稹《題劉、阮入山》：“千樹桃花萬年藥，不知何事憶人間！”

康有爲《大同書》癸《去苦界至極樂》篇侈陳“大同之世”飲食男女以至溷廁疾病，莫不怡神娱體，乃曰：“安樂既極，唯思長生。……蓋神仙者，大同之歸宿也”；廛世已等欲界仙都，故神仙不必超凡出世，省去思凡謫降種種葛藤，用意與彭祖、北齊顯祖輩實殊塗同歸而已。古希臘神話多言天神求妃偶於人間，亦思凡之例。基督教宗雖無思凡之説，顧似天上頗苦清静，無事而亦無聊，和適而又沉悶(l'ennui du ciel)[①]，有若“無間歇之星期日”(Because it's Sunday—all the time/And Recess—never comes)[②]。

【增訂四】海涅有詩，述夢己成上帝，高拱九霄，諸神環坐，口飫甘旨，極清貴之福，而無聊悶厭不可堪，毋寧墮地或入九幽爲魔鬼(Doch Langweile plagt mich sehr，/Ich wollt，ich wär auf Erden，/Und wär ich nicht der liebe Gott，/Ich könnt des Teufel werden. —*Die Heimkehr*，lxvi，“Mir träumt”，*op. cit.*，Vol. 1，p. 137)。亦即寫“天上之沉悶”(l'ennui du ciel)也。處人間地獄固不聊生，而居人世天堂即無聊賴以至將無事生事爾。

但丁、密爾敦二豪均信有天堂：一寫天堂諸衆見凡人來，如池魚覩投物，以爲得食，噞喁紛聚(come'n peschiera ch'è tranquilla e pura/traggonsi i pesci a ciò che vien di fori/per modo che lo stimin lor pastura)[③]；一寫天堂諸衆聞有携人間消息至者，奔赴

① Max Milner，*Le Diable dans la Littérature française*，I，386，389 (Vigny).
② Emily Dickinson：“I Never Felt at Home Below”.
③ *Paradiso*，V，100-2.

問訊，星流雲集（in multitudes，/The Ethereal people ran，to hear and know）[1]。桃源中人聞武陵漁夫來，無如許急遽，則上界日月之難於消磨，天神之静極思動、閒極生忙，皆可文外得之。近世一小説有諺語云："天堂願同去，但今夜且緩"（Vous voulez aller au ciel，moi aussi. Mais nous ne voulons pas y aller ce soir）[2]，尤似《隋書·儒林傳》所記辛彦之事："彦之又崇信佛道。……州人張元暴死，數日乃蘇，云遊天上，見新構一堂，制極崇麗，元問其故，人云：'潞州刺史辛彦之有功德，造此堂以待之。'彦之聞而不悦。"正"不願即升天"、"不肯即飛上天"也。

《李阿》（出《神仙傳》）。按《抱朴子》内篇《道意》，則阿亦名"李八百"，故李寬冒其稱。卷六一《李真多》（出《集仙録》）記李脱又號"李八百"，即《晉書·周札傳》所言道士李脱"自號李八百"，妖術鬼道，惑衆作亂，爲王敦殺者。北宋黄休復《茅亭客話》卷一《車轍跡》記當時有虎耳先生李洞賓，有道之士，"時呼爲'李八百'"。正如上古善射者皆曰"羿"、美女子皆曰"西施"耳。

---

① *Paradise Lost*，X，26-7.

② A. Maurois，*Les Silences du Colonel Bramble*，ch. 7.

六　卷　八

《劉安》（出《神仙傳》）："餘藥器置在中庭，雞犬舐啄之，盡得昇天。"按卷五一《宜君王老》（出《續仙傳》）："居舍草樹，全家人物雞犬一時飛去，……唯貓棄而未去"；卷四四〇《鼠》（出《異苑》）唐昉升天，"雞犬皆去，唯鼠墜下，不死而腸出數寸。"《水經注》卷二七《沔水》記唐公房得仙，"白日升天，雞鳴天上，犬吠雲中，唯以鼠惡留之"；然漢闕名《仙人唐公房碑》（《全後漢文》卷一〇六）僅云"屋宅六畜翛然與之俱去"，未及鼠事，上文且記君房以鼠嚙被具，"召鼠誅之"。元好問《遊天壇雜詩》之五："同向燕家舐丹鼎，不隨雞犬上青雲"，自註："仙貓洞。土人傳燕家雞犬升天，貓獨不去。"則鼠以"惡"被擯，故"墜下"，貓雖仙而不肯去，非遭"棄"。《論衡·道虚》、《風俗通·正失》皆早斥劉安仙去之爲妄説；葛洪撰《抱朴子》内篇，《祛惑》有取於《論衡》此篇之斥項曼都，《道意》有取於《風俗通·怪神》之闢鮑君、李君等，而其《神仙傳》仍以劉安爲昇天，殆《武成》之祇取二三策歟！唐公房"屋宅俱去"，後世貪痴之夫遂有如《野獲編》卷一七所記："起大宅埒王公，云：'拔宅上昇時，勿令資財有所遺。'"鼠"惡"不許上天，其理固然，貓之獨留，荒唐言中亦藴博物識性之學。俗諺："貓認屋，狗認人"，正道此況。觀察畜獸者嘗謂貓戀地勝於戀人(The cat, though she possesses but a meagre attachment to persons, has a very strong affection for places)，狗則不爾①；

【增訂四】張德彝《八述奇》光緒二十九年七月二十六日記："吾人嘗有俗諺云：'貓認家不認人，狗認人不認家。'"

一文家嘲主翁好客，戚友賁來，譬如貓之習其屋非好其人(who, like cats, frequents the place and not the man)②。貓居洞而不入雲，蓋以誕語示實情耳。又按王充痛詆神仙，而作《神仙傳》之葛洪於《抱朴子》外篇《喻蔽》極口歎爲"冠倫大才"。《抱朴子》内、外篇宗旨每如水火，此其一例焉。

《劉安》："八公與安所踏山上石，皆陷成跡，至今人馬跡猶存。……帝大懊恨，乃歎曰：'使朕得爲淮南王者，視天下如脱屣耳！'"按飛昇而身重如許，輕舉之謂何矣？

【增訂三】昇仙號"輕舉"，故齊己《昇天行》開宗明義即曰："身不沉，骨不重；驅青鸞，駕白鳳。"葛洪記八公事，未照管及此，蓋説神搗鬼，亦後來針線愈細密也。

未上、將"傳與麻姑借大鵬"，既上、將"黄雲踏破紫雲崩"！劉叉《自古無長生》詩云："何曾見天上，著得劉安宅？"夫安身且難著，何況其宅！《水經注》卷三二《肥水》："余登其上，人馬之跡無聞矣"；可補前一事。《史記·封禪書》："於是天子曰：'嗟呼！吾誠得如黄帝，吾視去妻子如脱躧耳！'"；後一事移此以稱淮南王耳。

---

① Georgina S. Gates, *The Modern Cat*, 80.

② Emerson, *Journals*, in *Works*, "Centenary Ed.," V, 270.

《劉安》："仙伯主者奏安不敬，謫守都廁三年。"按前論卷七彭祖、白石先生輩所謂"天上多尊神，新仙奉事更勞苦"，斯其顯例。宋祁《景文集》卷二《詆仙賦》謂淮南王昇仙事出於葛洪揑造，有云："王負驕以弗虔兮，又見謫於列真，雖長年之彌億兮，屏帑偃而愈恧"，自註即引此數語。祁兄郊《元憲集》卷一四《默記淮南王事》："室餌初嘗謁帝晨，宮中雞犬亦登真。可憐南面稱孤貴，纔作仙家守廁人！"；劉克莊《後村大全集》卷四一《雜興》之一："昇天雖可喜，削地已堪哀。早知守廁去，何須拔宅來！"，亦借以寄意。明袁祈年《楚狂之歌·夢上天擬李長吉》之二："偶便玉堦上，淮南送廁籌"，至取爲惡謔。《史記·天官書》："其南有四星，曰天廁，下一星，曰天矢"，擬象之詞耳；不謂天闕竟有"都廁"，是神仙未免便溺也。《廣記》卷三八三《古元之》（出《玄怪録》）言和神國"不置溷所"；黃生《義府》卷下："宋人《海陵三仙傳》：'獨處一室，卧起方丈間，食酒肉如平時，而無更衣之處'，蓋言得道者雖飲食而無漏也。"僊僊乎飄逸清虛之體，應無穢濁，葛洪著書，猶有敗筆焉。釋典如《長阿含經》之六《轉輪聖王修行經》謂太古之人安隱快樂，惟有"九病"："一寒，二熱，三飢，四渴，五大便，六小便，七欲，八饕餮，九老"；鳩摩羅什譯《彌勒下生成佛經》："唯有三病：一者便利，二者飲食，三者衰老"，而失名譯《彌勒來時經》作："一者意欲所得，二者飢渴，三者年老"，竊疑"意欲有所得"即指"便利"，原文當類歐語之婉言内逼曰"需要"[①]，譯者未得解

① E.g. Quintilian, *Institutio oratoria*, VIII. vi. 59: "At requisita naturae", "Loeb", III, 334.

而直繙耳。成佛則“三病”都祛，故如《佛祖統紀》卷一〇《荆溪旁出世家》記行滿禪師“於四十年間未嘗便溺，或謂‘大士現身’，受食而實不食故也”。西方傳説天帝不可思議之神功妙用，無便利即是一端。古希臘有王(Antigonous)聞人貢諛稱爲天神，答曰：“浣滌吾廁牏之内侍卻不知此!”（The slave who attends my chamber-pot is not conscious of that），一作：“妄言哉！吾之虎子可證”（Mon lasanophore le nie）①。中世紀神甫斤斤辯究天堂中有無矢溺(Aquinas could gravely debate，whether there are excrements in Paradise)②。馬丁・路德則斷言“上帝無矢無溺”(Gott kacket und bisset nicht)③。伏爾泰謂上帝無腸胃，不飲食，凡人自負於上帝具體而微，乃蹲踞溷上，了不知羞(Toi，l'image de Dieu sur ta chaîse percée!)④。由是觀之，《神仙傳》言天上有“都廁”，直是失口；葛洪非獷野無文者，乃疏忽未之思爾。

《張道陵》(出《神仙傳》)記道陵試趙昇，七度皆過，始授以丹經。按卷二《魏伯陽》、卷七《李八百》、卷一二《壺公》、卷五七《太真夫人》均有仙人試弟子事；《真誥》卷五《甄命授》言“仙道十二試皆過而授此經”，尤詳。蓋道士之常

---

① Plutarch，*Moralia*，“Sayings of Kings and Commanders”，§ 182 and “Isis and Osiris”，§ 360，“Loeb”，III，71 and V，59；Rabelais，*Gargantua et Pantagruel*，Liv. IV，ch. 60，*Oeuv. comp.*，éd. J. Plattard，IV，219，320. Cf. Montaigne，*Essais*，I. xiii and III. xiii，“la Pléiade”，260，1045.

② Disraeli，*Curiosities of Literature*，“Chandos Classics”，I，64-5.

③ Quoted in F. Mauthner，*Kritik der Sprache*，3. Aufl.，I，60.

④ Voltaire，*Dictionnaire philosophique*，art. “Déjection”，*Oeuv. comp.*，ed. L. Moland，XVIII，326.

談也。仙師重道尊經，不輕許濫傳，遂設阱垂餌，極考校之苛峻。西方中世紀基督教苦行長老於從學者試其願力堅固，頗有肖者[①]。用意皆欲得其人也。釋典試誘，情事頗異；主試常爲魔鬼，旨在使修淨業者破戒，則用意欲敗其人矣，又與西説魔鬼惑僧侶相似。如《佛本行集經·魔怖菩薩品》第三一是，彷彿《舊約全書·約伯記》撒但之料理約伯、《新約全書·馬太福音》第四章魔鬼之誘引耶穌。蓋仙望受試者之或能過，而魔幸受試者之或不能過，貌同心異；王畿《龍溪全集》卷九《與陸平泉》："魔有二：有正道試法之魔，有陰邪害法之魔"，可相發明。若《太子須大拏經》之類，則主試非魔而爲"天帝釋"，略近神仙家言；然飽歷楚毒，復安富尊榮，又似約伯結局，非同仙師之試弟子，即能過尚有事在。韋應物《學仙》二詩均賦"靈真下試"，而曰："存道忘身一試過，名奏玉皇乃升天"，言之太躐等矣。張籍《學仙》於先生"傳方"、弟子"得訣"後，繼以清齋、鍊氣、燒丹、服食諸節，較爲得之。

① Gibbon, *Decline and Fall of the Roman Empire*, ch. 37, "The World's Classics", IV, 77-8 (trials of patience and endurance).

七　卷一〇

《劉根》（出《神仙傳》）："妻登時死，良久乃蘇。"按卷五七《太真夫人》（出《神仙傳》）："登時而愈"；卷七二《張山人》（出《原化記》）："登時却廻"；卷一七〇《姚元崇》（出《明皇雜録》）："既獲其文，登時便寫進"；卷二三〇《王度》（出《古鏡記》）："度登時爲匣鏡。"敦煌變文《難陀出家緣起》亦有："難陀登時便走，夜叉從後趕來。""登時"具"當時"之用，不止如今人所言"頓時"已也。黄生《義府》卷下嘗引《冥通記》等説"登"之義，翟灝《通俗編》卷三别舉《魏志》等例。實則《六經》註、疏已有之，如《詩·周頌·小毖》："肇允彼桃蟲，拚飛維鳥"，鄭《箋》："如鷦鳥之小，不登誅之，後反叛而作亂，猶鷦之翻飛爲大鳥也"，孔《正義》："恨不登時誅之。……今悔不登時誅之。"自漢至清，沿用不輟。如《三國志·吴書·孫討逆傳》裴註引《吴録》："貢登時出其母"，《鍾離牧傳》裴註引《會稽典録》："牧遣使慰譬，登皆首服"；《梁書·王僧辯傳》："登即赦爲内城都督"；《藝文類聚》卷八引沈約《修竹彈甘蕉文》："登攝芭蕉左近"；釋道宣《高僧傳》二集卷三《慧賾傳》："登即有詔"；

【增訂四】唐寫本六朝《老子化胡經·序説第一》："誕生於亳。……鬚髮皓白，登即能行。"

洪邁《夷堅志甲》卷九《張琦使臣夢》："果有趙君者……卒於舟中，琦登時亦死"，又《夷堅志庚·序》："每聞客語，登輒記録"；元好問《中州集》卷九王利賓小傳："惜登時不謄寫，今忘之矣。"《紅樓夢》例作"登時"，如第三〇回："寶釵聽説，登時紅了臉"，又同回："登時衆丫頭聽見王夫人醒了"；《儒林外史》亦然，如第六回嚴監生"登時就没了氣"，又嚴貢生"登時好了"。"紅了臉"一例中可作"頓時"，猶《二十年目覩之怪現狀》第五七回："聽了之時，頓時三屍亂爆、七竅生煙"，謂立刻也；"衆丫頭"一例中不可作"頓時"，而祇可作"當時"，猶《水滸》第四〇回："當時晁蓋并衆人聽了，請問軍師"，謂此際也。正如《詩·正義》之"登時"可作"當時"，當此鳥尚小之時，若作"頓時"，便不詞矣。"頓時"示兩事接貫，此觸彼發，波及浪追；若夫疊出並行，適逢其會，則非所能達，不及"登時"、"當時"之兩施咸可。又按"時"、"世"、"代"三文同義，而加一"當"字，則"當世"、"當代"乃言現前而"當時"則言過去，大相逕庭矣。參觀《左傳》卷論隱公元年。

八 卷一二

《壺公》（出《神仙傳》）：“長房下座頓首曰：‘肉人無知’。”按卷一五《阮基》（出《神仙感遇傳》）：“凡夫肉人，不識大道。”“肉人”之稱，頻見《真誥》，如卷一：“且以靈筆真手，初不敢下交於肉人”，卷八：“學而不思，浚井不渫，蓋肉人之小疵耳”，卷一一：“肉人喁喁，爲欲知之。”其名似始見《文子·微明》篇中黄子論“天地之間有二十五人”，其“下五”爲“衆人、奴人、愚人、肉人、小人”。道士以之指未經脱胎换骨之凡體，非《文子》本意；蓋倘言重濁之軀，則“二十五人”舍“上五”外，莫非“肉人”也。《廣記》卷七《王遠》（出《神仙傳》）：“謂蔡經曰：‘今氣少肉多，不得上去，當爲屍解，如從狗竇中過耳！’”道士所謂“肉人”，觀此可了。《大唐三藏取經詩話·入大梵天王宫》第三玄奘上水晶座不得，羅漢曰：“凡俗肉身，上之不得”，足以參證。李賀《馬詩》之二三云：“廐中皆肉馬，不解上青天”；曹鄴《題濮廟》：“人間直有仙桃種，海上應無肉馬蹤”；曹唐《游仙詩》：“人間肉馬無輕步，踏破先生一卷書。”“肉馬”之“肉”正“肉人”之“肉”，非徒謂肥膘，有若杜甫《李鄠縣丈人胡馬行》之“不比俗馬空多肉”或《丹青引》之“幹惟畫肉不畫骨”。骨瘦如柴，影削如山，無妨俗馬之爲“肉馬”、凡人之爲“肉人”也。《廣記》卷二五一《鄭光業》（出《摭言》）：“當時不識貴人，凡夫肉眼；今日俄爲後進，窮相骨頭”；《舊唐書·哥舒翰傳》：“肉眼不識陛下，遂至於此！”；盧仝《贈金鵝山人沈師魯》：“肉眼不識天下書，小儒安敢窺奥秘！”“肉眼”之“肉”亦即“肉人”、“肉馬”之“肉”，皆凡俗之意。詩家如厲鶚《樊榭山房集》卷三《東扶送水仙花五本》：“肉人不合尋常見，燈影娟娟雨半簾”；沈德潛《歸愚詩鈔》卷七《爲張鴻勛題元人唐伯庸〈百駿圖〉》云：“不須更責鷗波法，世上紛紛畫肉人”；摭取道家詞藻，以指庸俗之夫，未爲乖違也。

【增訂三】“肉人”之名出於道書，而“肉眼”之稱傳自釋典，如《大智度論》卷三〇《釋初品中善根供養》：“智慧者、其明第一，名爲‘慧眼’。若無慧眼，雖有肉眼，猶故是盲；雖云有眼，與畜生無異。”

九　卷一三

《蘇仙公》（出《神仙傳》）："即見橋亘嶺傍，直至郡城；行次，有一官吏輒廻顧，遂失橋所，墮落江濱，乃見一赤龍，於脚下宛轉而去。"按卷二五《元柳二公》（出《續仙傳》）："'來從一葉舟中來，去向百花橋上去。'……俄有橋長數百步，……見千龍萬蛇遽相交遶，爲橋之柱。"《離騷》："遵赤水而容與，麾蛟龍使梁津"；《文選·恨賦》李善註引《竹書紀年》："東至於九江，叱黿鼉以爲梁"；《魏書·高句麗傳》記朱蒙"中道遇一大水，欲濟無梁，……於是魚鼈並浮，爲之成橋"，《梁書·諸夷傳》作："淹滯水，以弓擊水，魚鼈皆浮爲橋。"造境既同，因勢生情，遂復肖似，未必有意踵事相師。《西遊記》第四九回唐僧師徒過通天河，大白黿爲"船兒"而不爲"橋"、"梁"，則與古爲新矣。

《成仙公》（出《神仙傳》）解鳥獸語，"嘗與衆共坐，聞羣雀鳴而笑之。衆問其故，答曰：'市東車翻，覆米，羣雀相呼往食。'"按卷四六二《楊宣》（出《益都耆舊傳》）記宣行縣，聞雀鳴桑上事全同。皇侃《論語義疏·公冶長》"雖在縲紲之中"句註："別有一書，名爲《論釋》云：'……駐冶長在獄六十日，卒日有雀子緣獄栅上相呼：‘嘖嘖唶唶’。冶長含笑，吏啓主：‘冶長笑雀語，似是解鳥語。’主教問冶長：‘雀何所語而笑之?’冶長曰：‘雀鳴：嘖嘖唶唶！白蓮水邊有車翻，覆黍粟，牡牛折角，收斂不盡，相呼往啄。’……後又解豬及燕語屢驗，於是得放。”即此等事之緣飾增華。《敦煌掇瑣》之四《燕子賦》燕與雀争，自誇門閥，有云：“是君不信語，請問讀書人。……請讀《論語》驗，問取公冶長，當時在縲絏，緣燕免無常。”所謂《論語》，必指皇侃《義疏》；一若冶長“得放”緣於終解“燕語”，此鳥引書，亦善於“斐角”也。

《郭璞》（出《神仙傳》）：“璞得兵解之道，今爲水仙伯。”按《四庫總目》卷一四六《神仙傳》提要云：“至謂許由、巢父服箕山石流黄丹，‘今在中岳中山’，若二人晉時尚存，洪目覩而記之者，尤爲虚誕！”郭璞斯節，若是班乎。《史通·因習》：“《史記·陳涉世家》稱‘其子孫至今血食’，《漢書》具載遷文；按遷之言‘今’，實孝武之世，固之言‘今’，當孝明之世。……《漢》云：‘嚴君平既卒，蜀人至今稱之’，皇甫謐全録斯語，載於《高士傳》。”《總目》之糾“今”字，殆亦準此。雖然，世事與仙迹迥異，一易改而一不遷；人古而不物故，則長生亦即常“今”，未爲不可。顧言之愈確切以求聞者遽信，而聞者愈覺荒唐不可信；政如《劉安》傳言人馬升天時陷石之跡存留“至今”，若可供目驗而堅信心，渾不省沉重至於陷石，豈辦騰空而上昇碧落哉？不入地而下及黄泉者幾希！

一〇 卷一六

《杜子春》（出《續玄怪録》）。按卷四四《蕭洞玄》（出《河東記》）、卷三五六《韋自東》（出《傳奇》）兩則相類，皆前承《大唐西域記》卷七記婆羅痆斯國救命池節，後啓《緑野仙踪》第七三回《守仙爐六友燒丹藥》。《酉陽雜俎》續集卷四載顧玄績事亦同，段成式即引《西域記》比勘。《華嚴經疏鈔懸談》卷二〇論“夢中所見廣大，未移枕上，歷時久遠，未經斯須”，《宗鏡録》卷六八論“三世十世等皆從能變心生”，均舉《西域記》此節爲例。撲殺兒子，以試道念堅否，則葛洪書早有，如《廣記》卷一二《薊子訓》（出《神仙傳》）：“見比屋抱嬰兒，訓求抱之，失手墮地，兒即死。”西方中世紀苦行僧侣試其徒，亦或命之拋所生呱呱赤子於深沼中(to cast their infant into a deep pond)[①]。

---

① Gibbon, *loc. cit.*, 78.

一一　卷一八

《柳歸舜》（出《續玄怪録》）："鳳花臺曰：'……殊不知近日誰爲宗匠？'歸舜曰：'薛道衡、江總也。'因誦數篇示之。鳳花臺曰：'近代非不靡麗，殊不骨氣。'"按薛道衡每遭唐人小説中鬼神嗤薄，如卷三四二《獨孤穆》（出《異聞録》）縣主曰："當時薛道衡名高海内，妾每見其文，心頗鄙之。"齊諧志怪，臧否作者，掎摭利病，時復談言微中。夫文評詩品，本無定體。陸機《文賦》、杜甫《戲爲六絶句》、鄭燮《板橋詞鈔·賀新郎·述詩》、張塤《竹葉菴文集》卷三二《離别難·鈔〈白氏文集〉》、潘德興《養一齋詞》卷一《水調歌頭·讀太白集·讀子美集》二首，或以賦，或以詩，或以詞，皆有月旦藻鑑之用，小説亦未嘗不可①。即如《閲微草堂筆記》卷二魅與趙執信論王士正詩一節，詞令諧妙，《談龍録》中無堪儔匹。祇求之詩話、文話之屬，隘矣！兹就《廣記》，更舉三例。卷三一一《蕭曠》（出《傳記》）神女問曰："陳思王《洛神賦》如何？"曠曰："真體物瀏亮，爲梁昭明之精選爾！"女微笑曰："云：'翩若驚鴻，婉若游龍'，得無疏矣！"名句而被目爲

① Cf. P. Moreau, La *Critique littéraire en France*, 37(la critique romancée).

“疏”，殊耐思索。《文選》李善註此二句，引邊讓《章華臺賦》：“體迅輕鴻，榮曜春華”，實當引：“縱輕體以迅赴，若孤鵠之失羣，振華袂以逶迤，若游龍之登雲”，邊賦形容“妙舞”語也。雖宋玉《神女賦》有“步裔裔兮曜殿堂，……婉若游龍乘雲翔”，曹植此賦下文亦有“體迅飛鳧，……凌波微步”，而傅毅《舞賦》之“超逾鳥集”、“體若游龍”已指舞態，邊讓因承不改。神女殆以爲描寫雅步之姿，而無異妙舞之狀，斯乃“疏”耳。卷三四九《韋鮑生妓》（出《纂異記》）長鬚云：“竊能者制作，見屬對頗切，而賦有‘蜂腰’、‘鶴膝’之病，詩有‘重頭’、‘重尾’之犯。足下‘洞庭’、‘木葉’之對爲紕繆，小子賦云‘稍遠’、‘忽起’之聲，俱遭黜退矣！”即指如《文鏡秘府論·西》卷所舉“文二十八種病”之類；戒律苛碎，以之衡文，傳作如《月賦》、《恨賦》亦舉體瘡痏也。卷三七一《姚康成》（出《靈怪集》）鐵銚、破笛、秃帚三物成精，論詩曰：“近日時人所作，皆務一時巧麗，其於託情喻己、體物賦懷，皆失之矣！”大似張戒《歲寒堂詩話》主張。試觀元結《〈篋中集〉序》：“近世作者更相沿襲，拘限聲病，喜尚形似”云云；殷璠《〈河嶽英靈集〉序》：“至如曹、劉，詩多直致，語少切對，或五字並側，或十字並平，而逸價終存。然挈瓶膚受之流，責古人不辨宫商、詞句質素。……理雖不足，言常有餘，都無比興，但貴輕艷”云云；李德裕《文章論》：“古人詞高者，蓋以言妙而工，適情不取於音韻，意盡而止，成篇不拘於隻耦”云云；與二節都相印可。豈得子不語怪而因鬼廢言哉！復如《廣記》卷四四八《何讓之》（出《乾𦠆子》）載狐應“天狐超異科”策八道，文詞詭澀，其一尤酷類樊宗師，大似揶揄韓愈門下艱棘軋茁之體也。

一二　卷一九

《李林甫》（出《逸史》）。按卷七六《安禄山術士》（出《逸史》）則，與此則“安禄山嘗養道術士”一節重出。

一三　卷二一

《尹君》（出《宣室志》）：“密以堇斟致湯中，命尹君飲之，尹君既飲，驚而起曰：‘吾其死乎！’俄吐出一物甚堅。……自是尹君貌衰齒墮。”按卷二三《吕生》（出《逸史》）吸豬脂酒、卷三〇《張果》（出《明皇雜録》等）進堇斟（原誤作“謹斟”）事皆相似。

一四　卷二三

《張李二公》（出《廣異記》）。按與卷一七《盧李二生》（出《逸史》）情事全同，特易持拄杖向波斯店取錢爲持席帽向王老藥鋪取錢耳，則又同卷一六《張老》（出《續玄怪録》）之持席帽向賣藥王老家取錢矣。

一五　卷三〇

《張果》（出《明皇雜録》、《宣室志》、《續神仙傳》）："時玄宗欲令尚主，果未之知也，忽笑謂二人曰：'娶婦得公主，甚可畏也！'"按《宋書·后妃列傳》宋太宗疾諸主嚴妬，使人爲江斅讓尚世祖女表、《魏書·太武五王傳》元孝友上表（"將相多尚公主，王侯亦娶后族，故無妾媵習以爲常。……持制夫爲婦德，以能妬爲女工"）、《野獲編》卷五《駙馬受制》又《補遺》卷一《主婿受辱》、《五雜俎》卷一五《國朝駙馬》等合觀，足知"娶婦得公主"之"可畏"矣。《朝野僉載》記唐宜公主駙馬裴巽"有外寵一人，公主遣閹人執之，截其耳鼻，剥其陰皮，漫駙馬面上，并截其髮，令廳上判事集僚吏共觀之"；江斅讓表中寫諸主悍妬事，尚無酷暴如此者。《幽閒鼓吹》亦記唐宣宗聞駙馬鄭顥得危疾而萬壽公主在慈恩寺看戲場，怒且歎曰："我怪士大夫不欲與我爲親，良有以也！"

一六　卷三三

《馬自然》（出《續仙傳》）求菜不得，畫白鷺及猧子踐壞菜畦。按卷九〇《杯渡》（出《高僧傳》）乞魚不得，擲兩石子化水牛突破魚網，行事略同。雖云神通狡獪，而起嗔心惡作劇，殊乖成仙作佛之體。

一七 卷三七

《賣藥翁》（出《續仙傳》）："多於城市笑罵人曰：'有錢不買藥喫，盡作土饅頭去！'" 按王梵志詩"城外土饅頭"云云，爲黄庭堅稱引，人所熟知；賣藥翁語惟見沈欽韓《范石湖詩集註》卷下《重九日行營壽藏之地》詩註中引之，然於范句未爲得當，范上下句自以梵志詩對梵志詩耳（參觀《宋詩選註》論范成大）。司空圖《詩品·自然》所謂"俯拾即是，不取諸鄰"，固詩人運典用古語之祈嚮也。

一八　卷三八

《李泌》（出《鄴侯外傳》）。按此以李泌屬《神仙》門，而卷二八九《妖妄》門《李泌》（出《國史補》）又譏其譸張虛誕，“神仙”、“妖妄”，實爲一事，乃譽毁天淵，足爲《尹文子·大道》篇所謂“名”同而“分”異之例；事物之性質（quality）無殊，而論事觀物者之情感（the feeling towards the quality）各别[①]。本篇尚有一例。下文稱泌“每導引，骨節皆珊然有聲，時人謂之‘鏁子骨’”，即卷一〇一《商居士》（出《宣室志》）所言：“每運支體，瓏然若戛玉之音，……真鏁骨也。”而卷三四二《鬼》門《周濟川》（出《廣異記》）寫“白骨小兒”於庭中“趨走，叉手擺臂；格格者，骨節相磨之聲也”。《法苑珠林》卷九《鬼神部·述意》言“餓鬼……肢節一時火起，動轉五百車聲”，即白骨小兒所作聲而加大耳。等是“骨節相磨之聲”，而趣判仙鬼，情異好惡，揣稱遂爾不齊。《老學菴筆記》卷四：“慎東美（伯筠）工書，王逢原贈之詩，極稱其筆法，有曰：‘鐵索急纏蛟龍僵’，蓋言其老勁也。東坡見其題壁，亦曰：‘此有何好？但似

① W. M. Urban, *Language and Reality*, 163.

篾束枯骨耳!’伯筠聞之，笑曰：‘此意逢原已道了!’”足資比勘。愛之贊爲鐵索纏龍，憎之譏爲竹篾束骨，此觀者情感之異也。然二者均言其書之瘦硬，而非一謂“金錯刀”，一謂“墨豬”，則於物之形質固所見相同。故曰：“此意已道”，蓋譽與毁所道之筆法一爾。許顗《彦周詩話》稱釋覺範詩“類鉅公語，不似衲子”；方回《瀛奎律髓》卷四七斥覺範“却是士人詩、官員詩”，不及參寥之有“山林道人真面目”。言其詩之爲“肝臟饅頭”、無“蔬笋氣”，初無二致，或揚之，或抑之，此物此事也。又如程俱《北山小集》卷一五《賀方回詩集序》：“方回儀觀甚偉，如羽人劍客”，又《賀方回墓志銘》(《小集》未收，見宜秋館本賀鑄《慶湖遺老集·拾遺》)：“方回哆口竦眉，面目鐵色”；而《老學菴筆記》卷八言：“方回狀貌奇醜，色青黑而有英氣，俗謂之‘賀鬼頭’。”夫“羽人劍客”之與“鬼頭”、“儀觀甚偉”之與“狀貌奇醜”，有加膝墜淵之殊，而言賀氏非子都之姣、徐公之麗，則歸乎一揆。狄爾泰(Dilthey)亦玄亦史，世推大師。美國一哲人與之晤言，家書中笑其容貌瑣陋、衣服垢敝，多聞而健談，“滔滔汩汩，横流肆溢，事物之可知與夫不可知者，蓋無所不知。此傖直是大學教授而已”(The Prof. was overflowing with information with regard to everything knowable and unknowable. This cuss seemed to be nothing if not a professor)①；而一奥國詩家則稱晉接之如秋清氣爽，醒發心神，其議論貫串古今，洵是德國教授，此頭銜固足以重斯人，而亦藉斯人增重耳(Wunderbar die Luft um diesem alten Mann. Herbstluft. So

① William James, *Letters*, ed. Henry James, I, 109-10.

knüpfte er Zeit an Zeit. Ein deutschen Professor, wie Doktor Faust. Der Name ehrt ihn, er ehrt den Namen)①。彼貶此褒，然皆指其人之有大學教授風習，正無不同。仁智之異見與酸鹹之殊好，不可混爲一談，又齊物論者所應知也。

① Hugo von Hofmannsthal, *Gesammelte Werke*, S. Fischer, III, 155-8.

一九　卷三九

《韋老師》（出《驚聽録》）“其犬長數丈，成一大龍。”按同卷《慈心仙人》（出《廣異記》）：“汝謂此爲狗乎？非也，是龍耳”；卷四七《韋善俊》（出《仙傳拾遺》）：“常携一犬，號之曰‘烏龍’。……犬化爲龍，長數十丈”；卷五九《酒母》（出《女仙傳》）：“持二茅狗，……俱令騎之，乃龍也”；卷八三《賈耽》（出《會昌解頤》）：“忽見一黄犬來池中，……狀如沐浴，……其水即香，……即飲黄龍浴水”；卷三九五《甘露寺》（出《稽神録》）褐衣人牽一黄狗，實“霹靂取龍”；卷四二三《盧君暢》（出《宣室志》）二白犬“腰甚長”，入湫成白龍。古之常談，“畫虎類狗”、“天馬龍種”、“白龍魚服”，又有所謂“豬龍”。然觀《博物志》卷七、《搜神記》卷一四、《水經注》卷八《濟水》引《徐州地理志》、《藝文類聚》卷九四引《述征記》等載徐偃王狗名“后倉”或“鵠倉”者實爲黄龍，則黄龍狗服，亦早有其説，而畫龍正不妨復類狗。《晉書·郭璞傳》爲庾冰筮曰：“有白龍者，凶徵至矣！”後果有一“白狗子”，其身“至長而弱”；是又白龍狗服矣。晉人每以龍名狗，猶今人之每以虎名狗也，如《搜神記》卷二〇李信純狗字曰“黑龍”，《廣記》卷四三七《張然》

（出《續搜神記》）養狗名“烏龍”。唐人艷體詩中，以“烏龍”爲狗之雅號。如元稹《夢遊春》：“烏龍不作聲，碧玉曾相慕”；白居易《和〈夢遊春〉》：“烏龍卧不驚，青鳥飛相逐”；李商隱《重有戲贈任秀才》：“遥知小閣還斜照，羨殺烏龍卧錦茵”；韓偓《夏日》：“相風不動烏龍卧，時有嬌鶯自唤名”，又《妬媒》：“洞房深閉不曾開，横卧烏龍作妬媒。”宋世已入俗諺；王楙《野客叢書》卷二四：“今諺有‘唤狗作烏龍’語”，《説郛》卷四四章淵《槁簡贅筆》：“俚語云：‘拜狗作烏龍’。”明小説《平妖傳》第三九回述。“烏龍斬將法”，焚符念咒，以刀斫斷“純黑雄犬”之頸，則敵家之將頭亦落地；命犬曰“龍”，尚是晉人風流。任淵《後山詩註》卷二《寄豫章公》：“密雲不雨卧烏龍”，陳師道自註：“許官茶未寄”；任註祇謂借用《易》“密雲不雨”以指“密雲龍”茶團，而未言“卧烏龍”之借用唐詩。“卧”則身不動，與“不雨”均雙關茶之不來，而龍司行雨，龍卧則“不雨”，又相貫注，修詞工密，正未可以數典故究來歷了却也。又按劉壎《隱居通議》卷一六載劉辰翁《藥王贊》：“左畔龍樹王望龍，右畔孫真人騎虎，惟有藥王屹立於其中，不龍不虎，獨與犬爲伍，不知何故！”（《豫章叢書》本《須溪集》未收）；劉侗、于奕正《帝京景物略》卷三《藥王廟》：“韋慈藏左將一丸，右蹲黑犬，人稱‘藥王’也”；實則藥王即韋老師，黑犬即烏龍，《翻譯名義集·菩薩别名篇第六》中《阿迦雲》條引《本草序》言之甚明。貫休《寄四明閭丘道士》之二：“常將藥犬行”，正用烏龍故事。

《麻陽村人》（出《廣異記》）青衣童子曰：“我王輔嗣也。受《易》以來，向五百歲，而未能通精義，故被罰守門。”按卷一八《文廣通》（出《神仙感遇傳》）略同，但非未通《易經》，而爲

“問《老子》滯義”；兩則皆云王弼受役於河上公。五代無名氏《鐙下閒談》，《廣記》所遺，卷下《獵豬遇仙》敍述最詳，則王弼因誤釋《道德經》，被讁於天宫門外執帚，所服事者，“玄元皇帝”、“老君”也。蓋非門下弟子而是宫中執事。夫“羽衣星冠”雖視“青衣”爲顯赫，顧門徒之與府吏，身分高卑，正未易言。卷三一七《王弼》（無出處）又記弼註《易》時嗤笑鄭玄“老奴無意”，夜爲玄鬼所祟。既蒙仙讁，又遭鬼責，註書者多矣，何於輔嗣獨嚴乎！唐之朝士經生，如劉知幾於《道德經》，斥河上公註爲僞而請行王弼註（《唐書》本傳），孔穎達於《易經》，直用王弼註而盡廢諸家註；顧短書小説又云爾，豈處士横議歟？陳澧《東塾讀書記》卷四引朱彝尊《王弼論》、錢大昕《何晏論》皆推王之註《易》，因謂孔用王註“大有廓清之功”，則久而論定矣。《魏書·儒林傳》記劉蘭毁《公羊》，又非董仲舒，一日静坐讀書，有叩門入者，“葛巾單衣”，曰“君自是學士，何爲每見毁辱？……無禮見陵，今欲相召！”；少時蘭病卒。與《廣記·王弼》情事相類。

二〇 卷四〇

《陶尹二君》（出《傳奇》）古丈夫自言本秦人，成童爲徐福所選，航海求不死藥，脱歸業儒；又值焚坑之禍，乃改業爲板築夫，則築長城興大役，幾不得免；因再遷業爲工匠，而始皇適崩，鑿山修塋，“復在數中，又出奇謀，得脱斯苦。”按託於避秦之故事不少，未有三折四累，文心如此篇之曲者。其人食“松脂木實”而得“延齡”“凌虚”，徒野語耳；其人趨避道窮、動與禍會，則微言也。以喻世事難料，人生維艱，去辛而未必不就蓼；元無名氏《千里獨行》第二折所謂：“正是躲了點鋼鎗，撞見喪門劍”①。參觀《易林》卷論《觀》之《益》。

① Cf. La Fontaine, *Fables*, VIII. 16, “L'Horoscope”: “On rencontre sa destinée/Souvent par des chemins qu'on prend pour l'éviter”; L'eigh Hunt: “The Inevitable”. (Cf. R. Otto, *The Idea of the Holy*, tr. J. W. Harvey, 93, the story told by Beidhavi)

二一　卷五〇

《嵩岳嫁女》（出《纂異記》）穆天子重歌一章云“八馬廻乘汗漫風”云云。按乃七律也；王母、漢武帝、丁令威等酬答之作亦皆七言律絶。卷三〇九《蔣琛》（出《集異記》）范蠡作七律，卷四八九《周秦行記》王嬙、潘妃作七絶；惟卷三四三《陸喬》（出《宣室志》）記沈青箱之鬼作五言律詩，喬問其父約之鬼曰：“自唐朝沈佺期、宋之問方好爲律詩，青箱之詩乃效今體，何哉？”約答曰：“今日爲之而爲今體，亦何訝乎？”蓋知須解嘲補罅。屠紳《六合内外瑣言》卷一四《宗人》魯邦瞻過“憤王祠”，項羽鬼見，賦七絶感懷詩，魯曰：“詩爲後世格調，大王技殆貶耶？”羽答：“音有升降，聖者因乎時；今日而續《垓下歌》，亦陳陳無謂矣！”，即陰師其意。趙翼《甌北詩鈔·七律》卷六《和乩仙詩》云：“人是古時詩近體，知君學亦逐時新！”，此之謂歟。錢曾《讀書敏求記》卷二《譜牒》類有宋槧本孔傳《東家雜記》，中載孔子登杏壇思臧文仲誓師事，鼓琴作歌曰：“暑往寒來春復秋，夕陽西去水東流，將軍戰馬今何在？野草閒花滿地愁！”是孔子在春秋之世已預作七絶晚唐體，非僅“時聖”，直爲先覺！述祖德之家乘尚如此，何況稗史鬼董乎？是以小説之鋪演人事者，亦每貽“人是古時詩近體”之譏，如《封神演義》第一回殷紂王即作七律題於女媧行宫壁上，而第三四回哪吒之歌與《水滸》第三七回張横之《湖州歌》笙磬同音。毛宗岡評點《三國演義·凡例》有云：“七言律詩起於唐人，俗本往往捏造古人詩句，如鍾繇、王朗頌銅雀臺，蔡瑁題館驛壁，皆僞作七言律體，殊爲識者所笑，必悉依古本削去。”然如第三七回石廣元、孟公威在酒店所吟，明是七言歌行；毛氏辨七律之爲近而莫辨七古之非古，所謂“君知其一、未知其二”者。參觀《全宋文》卷論謝莊《月賦》。

【增訂三】元好問《遺山樂府》卷上《水調歌頭》附少姨廟古仙人題壁七言古詩，雷淵跋謂“字畫在鍾王之間”，而斷以漢末田尚之鬼所題，且曰：“觀者不當以文體古今之變而疑仙語也。”即人是“古時”而詩書是“近體”也。王世貞《藝苑卮言》卷三笑“諸仙詩，在漢則漢，在晉則晉，在唐則唐，不應天上變格乃爾！”《閲微草堂筆記》卷一八記西湖扶乩，蘇小小下壇詩作七律，客曰：“仙姬在南齊，何以亦能七律？”乩判曰：“閲歷歲時，幽明一理，性靈不昧，即與世推移。宣聖惟識大篆，祝詞何寫以隸書？釋迦不解華言，疏文何行以駢體？是知千載前人，其性識至今猶在，即能解今之語，通今之文。江文通、謝玄暉能作《愛妾换馬》八韻律詩，沈休文子青箱能作《金陵懷古》五言律詩，古有其事，又何疑於今乎？”援其事爲先例，一若非仿其文而祖構者，旁通連類，善於辯解，此紀氏書所長也。

二二　卷五二

《殷天祥》（出《續仙傳》）每日醉歌曰："解醖頃刻酒，能開非時花。"按下文周寶亦謂七七曰："常聞'能開非時花'，此花可開否？"然他書如曾慥《類説》卷三、黄庭堅《山谷内集》卷六《詠雪奉呈廣平公》"天巧能開頃刻花"句任淵註、張君房《雲笈七籤》卷一一三下引《續仙傳》，皆作："解醖逡巡酒，能開頃刻花"，律諧而義亦勝。"逡巡"、"頃刻"，一意重言以申明也。蓋神通幻術不僅能致"非時"之物，亦能致非地之産，以非常之事，如非分之願。此不待言而言亦不能盡也，要貴乎迅速而已。咄嗟便辦，瞬霎即得，故曰"彈指"，曰"屈伸臂頃"，曰"急急如律令！"，曰"喝聲道'疾！'"，西方幻術呪語亦曰"快變！"（Presto change！）。隨心所欲，而復如響斯應。《顔氏家訓·歸心》論"祝師幻術"："種瓜移井，倏忽之間，十變五化"；《洛陽伽藍記》卷一《景樂寺》："飛空幻惑，世所未覩，異端奇術，總萃其中，剥驢投井，植棗種瓜，須臾之間，皆得食"；"倏忽"、"須臾"即殷七七詩之"逡巡"、"頃刻"也。《西遊記》第四五回孫行者與虎皮大仙鬬法求雨，皆争"令"出效著；及雨已足，行者"將金箍棒往上又一指，只見霎時間雷收風息、雨散雲收。……滿朝文武盡皆稱贊道：‘好和尚！……就我國師求雨雖靈，若要晴，細雨兒還下半日；……怎麽這和尚要晴就晴，頃刻間杲杲日出，萬里就無雲也！’”尤可闡發此意。《抱朴子》内篇《對俗》謂學道術既成，“吞刀吐火，坐在立亡”，又《道意》謂“假託小術，坐在立亡，變形易貌”；《西京雜記》卷三記東海黄公“能立興雲霧，坐成山河”；《廣記》卷五六《雲華夫人》（出《集仙録》）：“顧盼之際，化而爲石，或倏然飛騰，散爲輕雲”，又卷六○《孫夫人》（出《女仙傳》）：“能分形散影，坐在立亡。”“立”、立即也，與“顧盼”、“倏然”一揆；“坐”之爲言，猶《管子·君臣》下：“君爲倒君，臣爲亂臣，國家之衰也，可坐而待之”，或《孟子·離婁》下：“千歲之日至，可坐而致也”，與“立”貌反實合，皆謂登時、霎時、不消多時，如何光遠《鑑戒録》卷一《知機對》：“而且朝令夕改，坐喜立嗔。”章回小説中，有如《水滸》第五二、五四回高廉、宋江、公孫勝之“喝聲道‘疾！’”，復有如《西遊記》第三○回黄袍怪“將一口水望唐僧噴去，叫聲‘變！’”或第四七回八戒“把頭摇了幾摇，叫‘變！’”。呼“疾！”，言外命其“變！”，呼“變！”，言外促其“疾！”；文偏舉而意兼賅，正所謂“坐在立亡，變形易貌”、“立興雲霧，坐成山河”也。宋儒張載《正蒙·神化》篇：“神爲不測，故緩詞不足以盡神”；《朱子語類》卷九九答問曰：“神自是急底物事，緩詞如何形容得來！”夫“疾！”、“急急如律令！”之類，皆非“緩詞”，所以形容神速也。費爾巴哈謂，非特如願以償，抑且不稍遲阻而隨願即償，是爲神工奇蹟（Und siehe da! so schnell wie der Wunsch, so schnell ist das Wunder.

Die Wunderkraft verwirklicht augenblicklich, mit einem Schlag, ohne alles Hindernisse, die menschlichen Wünsche)①;弗洛伊德亦謂,倏忽成辦,乃魔術之特色(Zum Zauber gehört unbedingt die Schnelligkeit, man möchte sagen: Plötzlichkeit des Erfolges)②。張、朱之言,不啻印可。德諺曰:"迅捷非即妖法"(Geschwindigkeit ist keine Hexerei),堪窺俗情之以妖術爲迅捷矣。《孫子·作戰篇》僅云:"兵貴勝不貴久",《三國志·魏書·郭嘉傳》記嘉語:"兵貴神速",常語遂言"神速"。劉書《劉子·貴速》篇曰:"力貴突,智貴卒。"蓋"神通"者,"神"則空諸障礙,唯"通"故著其"神",而無障礙則了不停滯,其"速"也斯亦其所以爲"神"也歟。

【增訂二】《劉子》引諺早見《吕氏春秋·貴卒》篇。

【增訂三】《易·繫辭》上:"唯神也,故不疾而速。"《大智度論》卷三八《釋往生品第四之一》:"譬如遠行,或有乘羊而去,或有乘馬而去,或有神通去者。乘羊者久久乃到,乘馬者差速,神通者發意頃便到。"皆"神速"之闡申也。

【增訂四】《宋書·武帝紀》上:"公[劉裕]笑曰:'此是兵機,非卿所解,故不語耳。夫兵貴神速。'"

又按六朝至初唐記言呼"變!",尚有一義。如慧皎《高僧傳》卷一〇佛圖澄與石虎共升中臺,"澄忽驚曰:'變!變!幽州當火災!'";《隋書·藝術傳》王令言聞子彈琵琶,"大驚,蹶然而起

---

① Feuerbach, *Das Wesen des Christenthums*, Kap. 14, *Sämmtliche Werke*, hrsg. W. Bolin und F. Jodl, VI, 156.

② Freud, quoted in W. Muschg, *Die Zerstörung der deutschen Literatur*, 3, Aufl., 342.

曰：'變！變！……帝必不返。'”皆謂有大變故，如章回小説中慣見之“怪哉！怪哉!”、“不好了！不好了!”、“禍事了!”、“壞了！壞了!”，驚嘆而非命令之詞也。

二三　卷五三

《麒麟客》（出《續玄怪録》）主人曰："經六七劫，乃證此身；回視委骸，積如山岳；四大海水，半是吾宿世父母妻子别泣之淚。"按本於釋書輪迴習語，如《佛説大意經》："我自念前後受身生死壞敗，積其骨過於須彌山，其血流、五河四海未足以喻"；《大般涅槃經·光明徧照高貴德王菩薩品》第一〇之二："一一衆生一劫之中所積身骨，如王舍城毗富羅山。……父母兄弟妻子眷屬命終哭泣，所出目淚，多四大海"；《宏明集》卷八釋玄光《辯惑論》："大地丘山莫非我故塵，滄海淈漫皆是我淚血"；寒山詩："積骨如毗富，别淚如海津。"

【增訂三】《瑜珈師地論》卷九言此尤詳："或生象、馬、蛇、驢、牛、羊、雞、鹿等衆同分中，多被斫截身諸支分，身血流註，過四大海；又復喪分無量父母、兄弟、姊妹、親屬、種種財寶、諸資生具，令汝洟淚，極多流注，如前血量；所飲母乳，其量亦爾。……於一劫中，所受身骨，假使有人爲其積集，不爛壞者，其聚量高王舍城側廣博脅山。"

【增訂四】《大智度論》卷二八《釋初品中六神通等》："一人一劫中作畜生時，屠割剥刺，或時犯罪，截其手足，斬其身首，如是等血，多於此水［五恒河］。……啼哭流淚及飲母乳，亦如是。計一劫中，一人積骨，過於鞞浮羅山。”卷三一《釋初品中十八空》略同。

吾國詞章則以此二意道生世苦辛，不及多生宿世。前意如劉駕《古出塞》：“坐怨塞上山，低於沙中骨”；後意尤多，如古樂府《華山畿》：“相送勞勞渚，長江不應滿，是儂淚成許”；李羣玉《感興》：“天邊無書來，相思淚成海”；聶夷中《勸酒》第二首：“但恐別離淚，自成苦水河”；貫休《古離別》：“只恐長江水，盡是兒女淚”；《花草粹編》卷八韓師厚《御街行》：“若將愁淚還做水，算幾個黄天蕩！”以至《紅樓夢》第三六回寳玉云：“如今趁你們在，我就死了，再能彀你們哭的眼淚流成大河，把我的屍首漂起來。”套語相沿，偶加渲染，勿須多舉。《廣記》卷一二五《盧叔倫女》（出《逸史》）：“夫妻涕泣，計淚過兩三石矣”，亦其類；卷二八三《許至雍》（出《靈異記》）：“許生泣曰：‘願惠一物，可以爲記。’妻曰：‘幽冥唯有淚可以傳於人代’”，詞旨尤悽警。或變兒女怨戚爲風雲慷慨，如戴復古《頻酌淮河水》：“莫向北岸汲，中有英雄淚”，《梅磵詩話》卷中載趙善倫《京江多景樓》：“江流千古英雄淚，山掩諸公富貴羞”；關漢卿《單刀會》第四折則如《大意經》之不言“淚”而言“血”：“這也不是江水，二十年流不盡的英雄血！”

《維楊十友》（出《神仙感遇傳》）蒸一童兒乃千歲人參。按卷五一《陳師》（出《稽神録》）蒸嬰兒及犬子乃千歲人參枸杞，卷六四《楊正見》（出《集仙録》）蒸嬰兒乃茯苓。後來仿構頻繁，如洪邁《夷堅丙志》卷四《青城老澤》蒸一物如小兒乃松根下人參，屠紳《六合内外瑣言》卷一二《出入袖中》四客饌各蒸一嬰兒，乃“地精”。

二四　卷五九

《西河少女》（出《女仙傳》）伯山甫外甥女年一百三十歲，“色如嬰兒”，笞一老翁，“頭白如雪”，是其子也，年纔七十一，“恚”其不肯服藥，故笞之。按與卷七《伯山甫》（出《神仙傳》）重出，特彼作女年二百三十、翁年八十。卷七五《王先生》（出《宣室志》）“召其女，乃一老嫗也，年七十餘，……惰而不好道，今且老矣”，機杼亦同。皆言“真”仙也。卷二八九《目老叟爲小兒》（出《玉堂閒話》）記一“道術人”自稱三百歲，與朝士飲啜時，有老叟“昏耄傴僂”，趨入而拜，其人謂坐客曰：“小兒愚騃，不肯服食丹砂，以至於是！”叟實其父也。則飾僞亂“真”，亦《神仙傳》有以啓之耳。黄休復《茅亭客話》卷四《女先生》記遂州女道士游氏命父佯爲己孫，黄親見其事；師故智而幾出藍。《妙法蓮華經·從地踊出品》第一五彌勒問佛：“譬如有人，色美髮黑，年二十五，指百歲人言：‘是我子’；其百歲人亦指年少言：‘是我父，生育我等。’是事難信”；智者《法華文句記》卷二五釋之云：“淮北諸師以譬釋；譬父服還年藥，貌同二十五，子不服藥，形如百歲。”正指此等事。

《毛女》（出《列仙傳》）。按同卷《秦宫人》（出《抱朴子》）、卷六三《玉女》（出《集異記》）、卷六五《蕭氏乳母》（出《逸史》）、卷八六《盧延貴》（出《稽神録》）、卷四一四《食黄精》（出《稽神録》），均一意之孳乳。常建有《仙谷遇毛女、意知是秦宫人》五古，一若真遇其人者，甚矣詩人之好自欺也！

【增訂三】《虞初新志》卷九陳鼎《毛女傳》記河南諸生任士宏妻平氏事，亦增飾秦宫人舊説，以明神仙“輕舉”之“樂”終不敵夫婦之好耳。

《女几》（出《女仙傳》）：“乃仙方養性長生之術也，几私寫其要訣，依而修之。”按《太平御覽》卷六六八引《集仙録》，祇數字異，而卷八二八引《列仙傳》則作：“開書乃養性交接之術，閉房與諸少年飲酒，與宿止，行文書法。”求道行逕披猖如此，女仙中所僅見。“盗道無師，有翅不飛”二語每被稱引，如陳繼儒《太平清話》卷上、袁枚《新齊諧》卷一七《採戰之報》是也。袁氏《爲雲華君翠袖圖徵詩啓》：“昔女丸與少年苟合成仙，歌曰：‘盗道無私，有翅不飛’”；石韞玉《袁文箋正》卷四補註引《女仙傳》，復按曰：“女几作‘女丸’，‘無師’作‘無私’，皆誤，又‘苟合成仙’不知所本。”

二五　卷六二

《白水素女》（出《搜神記》）。按與卷八三《吴堪》（出《原化記》）實爲一事，皆螺精也，宜入卷四六七《水怪》門者；而前篇屬《女仙》，或猶有説，後篇屬《異人》，則匪夷所思矣。縣宰向吴堪“要蝦蟆毛及鬼臂二物”，“度人間無此”；“鬼臂”不知何謂，“蝦蟆毛”殆“龜毛、兔角”之類乎。

【增訂三】《西湖二集》卷二九敷陳吴堪事，增“二物”爲三：“升大雞蛋、有毛蝦蟆、鬼臂膊一隻。”

二六　卷六五

《姚氏三子》（出《神仙感遇傳》）夫人“乃敕地上主者，令召孔宣父，須臾，孔子具冠劍而至，夫人臨階，宣父拜謁甚恭。”按此道士之明抑儒家也。卷六六《謝自然》（出《集仙録》）自然騎麟升天，跨鶴還家，曰：“上界無削髮之人，若得道後，悉皆戴冠”；此道士之隱貶釋家也。又仙人來召自然時，“將天衣來迎，自然所著衣留在繩牀上”，即韓愈《謝自然》詩所謂：“須臾自輕舉，飄若風中煙；入門無所見，冠履同蛻蟬。”施肩吾《謝自然升仙》：“如花年少一女子，身騎白鶴遊青天”；則不必拘以與“騎麟”、“跨鶴”較覈矣。

二七　卷六八

《郭翰》(出《靈怪集》)織女曰："人中五日，彼一夕也。"按"彼"指天上。卷六《東方朔》(出《洞冥記》)："朝發中返，何云經年乎?"，謂人世"經年"，仙家纔半日；同言天仙日月視塵凡爲長，惟長量兩説差殊。卷一一五《張法義》(出《法苑珠林》)師曰："七日、七年也"；卷三四三《李和子》(出《酉陽雜俎》)："鬼言三年，人間三日也"；卷三八三《琅玡人》(出《幽明録》)："此間三年，是世中三十年"；則或言冥間日月長於人世，或言其短於人世，尚未衆論僉同。釋説如《長阿含經》之七《弊宿經》："此間百歲，正當忉利天上一日一夜耳"；《大般涅槃經·如來性品》第四之六："如人見月，六月一蝕，而上諸天須臾之間頻見月蝕，何以故？彼天日長，人間短故"；釋貫休《再游東林寺》第一首："莫疑遠去無消息，七萬餘年始半年"，自註："人間四千年，兜率天一晝夜"(參觀《法苑珠林》卷五《三界篇》第二之二《壽量》)。言天上時長於人間，與織女、東方朔之旨無異，而計量各別。安世高譯《十八泥犁經》謂地獄有以"人間三千七百五十歲爲一日"、以"人間萬五千歲爲一日"者不等，"大苦熟之獄"至以"人間四十八萬歲爲一日"；《翻譯名義集·鬼神篇》引《世品》

謂“鬼以人間一月爲一日”。又衹言地下時光亦如天上時光之長於人間世，即《張法義》、《琅玡人》之旨，而未如《李和子》言人世時光之長於地下，正猶天上時光之長於人世。荒唐卮言，稍析以理，當從《李和子》。蓋人間日月與天堂日月則相形見多，而與地獄日月復相形見少，良以人間樂不如天堂而地獄苦又逾人間也。常語稱歡樂曰“快活”，已直探心源；“快”、速也，速、爲時短促也，人歡樂則覺時光短而逾邁速，即“活”得“快”，如《北齊書·恩倖傳》和士開所謂“即是一日快活敵千年”，亦如哲學家所謂“歡樂感即是無時間感”（Lust fühlen heisst die Zeit nicht fühlen）①。樂而時光見短易度，故天堂一夕、半日、一晝夜足抵人世五日、半載、乃至百歲、四千年；苦而時光見長難過，故地獄一年衹折人世一日。仲長統《昌言·理亂篇》：“夫亂世長而化世短”；張華《情詩》：“居歡惕夜促，在戚怨宵長”；劉禹錫《問大鈞賦》：“望所未至，謂予舒舒；欲其久留，謂我瞥如”；王建《將歸故山留別杜侍御》：“沉沉百憂中，一日如一生”；《竹莊詩話》卷一八引許彦國《長夜吟》：“南鄰燈火冷，三起愁夜永；北鄰歌未終，已驚初日紅。不知晝夜誰主管，一種春宵有長短”；古希臘詩人云：“幸運者一生忽忽，厄運者一夜漫漫”（For men who are fortunate all life is short, but for those who fall into misfortune one night is infinite time）②；拉丁詩人進一解云：“人生本短，疾苦使之長耳”（Brevis ipsa vita est sed malis fit longior）③；十

① F. Th. Vischer, *Auch Einer*, Insel Verlag, 543.

② *The Greek Anthology*, X. 27, Lucian, “Loeb”, IV, 19.

③ Publius Syrus, § 92, *Minor Latin Poets*, “Loeb”, 26; cf. § 485, p. 76.

九世紀名什云："安得歡娱時刻漫長難過渾如苦戚歲月耶?"(Temps jaloux, se peut-il que ces moments d'ivresse, /Où l'amour à longs flots nous verse le bonheur, /S'envolent loin de nous de la même vitesse/Que les jours de malheur?)①；胥相發明。然人世三十年、七年或一日而幽冥僅三年、七日或一日者，亦自有説。《潛夫論·愛日篇》："治國之日舒以長，亂國之日促以短"；《清波雜志》卷一載無名氏《温陽老人對》，略謂："天有二日，人有二年；富貴之年舒以長，貧賤之年促以短。吾雖閲一百二十二年之寒暑，而不離貧賤，若以二當一，則吾年始六十有一。"章學誠《丙辰劄記》云："《西遊演義》'天上一日，人間一年'之説，却有至理，非'山中七日，世上千年'、爛柯、劉阮諸説所等例也。假令天上果有帝庭仙界，天體轉運於上，列宿依之，一歲一週；一日十二時間，日僅行天一度，則必週三百六十日而始復原次。豈非'天上一日，人間一年'乎?"則于舊解能出新意矣。《廣記》卷二九八《柳智感》(出《冥報録》)："知幽顯晝夜相反矣，於是夜判冥事，晝臨縣職"；然使幽明非惟晝夜相反，抑且時日長短不齊，一身焉能二任哉? 又按"天上一日、人間一年"之説，咏賦七夕，每借作波瀾。如崔塗《七夕》："自是人間一週歲，何妨天上只黄昏"；李廌《濟南集》卷二《七夕》："人間光陰速，天上日月遲，隔歲等旦暮，會遇未應稀"；韓元吉《南澗甲乙稿》卷六《七夕》："天上一年真一日，人間風月浪生愁"，又卷七《虞美人·七夕》："離多會少從來有，不似人間久；歡情誰道隔年遲? 須信仙家日月未多時"；《齊東野語》

① Lamartine："Le Lac."

卷二〇載嚴蕊《鵲橋仙·七夕》："人間剛道隔年期，想天上方纔隔夜。"桃源屢至，即成市廛，後來如李漁《笠翁一家言》卷五《七夕感懷》、孫原湘《天真閣集》卷一《七夕》、平步青《越吟殘草·七夕》、《晚晴簃詩匯》卷七四載孫擴圖《七夕吟》、《春在堂隨筆》卷七載潘玉泉《賦衷情·七夕》等，騰挪狡獪，不出匡格。聊舉張聯桂《延秋吟館詩鈔》卷二《七夕》以概其他："洞裏仙人方七日，千年已過幾多時；若將此意窺牛女，天上曾無片刻離。"李商隱《七夕》："争將世上無期別，換得年年一度來!"，李郢《七夕》："莫嫌天上稀相見，猶勝人間去不回!"；皆無此巧思，而唱歎更工，豈愁苦易好耶？抑新巧非抒情所尚也？

【增訂三】西方史學鼻祖記波斯王叔語曰："災難頻仍，重之以疾痛爲患，人有生之日雖短而祇覺其長"（Misfortunes so fall upon us and sicknesses so trouble us, that they make life seem too long for all its shortness—Herodotus, VII. 46, "Loeb", III, 361）。以身事充類至於世事，亦復如《昌言》所謂"亂世長而化世短"，理無二致。故國泰民安，其史書必簡略沉悶，以乏非常變異可得而大書特書不一書也。此論由來已久，習焉而不察，亟待標而出之。《韓非子·大體》："故至安之世，法如朝露，純樸不散，心無結怨，口無煩言。故車馬不疲勞於遠路，旌旗不亂於大澤，萬民不失命於寇戎，雄駿不創壽於旗幢，豪傑不著名於圖書，不録功於盤盂，記年之牒空虚"（參觀《守道》："如此故圖不載宰予，不舉六卿，書不著子胥，不明夫差"）。曹唐《昇平詞》之五（亦作薛能《昇平詞》之一〇）："五帝、三皇主，蕭、曹、魏、邴臣。文章唯返樸，戈甲盡生塵。諫紙應無用，朝綱自有倫。昇平不可記，所見是閑人”；曹詩之“昇平不可記”即韓非之“記年之牒空虛”也。《苕溪漁隱叢話》後集卷一九引《復齋漫録》載無名氏題寢宫詩：“農桑不擾歲常登，邊將無功吏不能，四十二年如夢覺，東風吹淚灑昭陵”（參觀王惲《秋澗大全集》卷三七《過仁宗陵》自序引首句作“干戈銷弭歲年登”）；“無功不能”即韓非之“不著名、不録功”，“如夢覺”者，猶好夢之短而易醒也。馬戴《塞下曲》之一：“却想羲皇代，無人説戰功”，貫休《塞下曲》之五：“因思無戰日，天子是陶唐”，而劉駕《塞下曲》：“聖代書青史，當時破虜年”；相映成趣，無戰無功，則“青史”無可“書”矣。李光地《榕村語録》續集卷七：“東宫問張英，《史記·殷紀》祖甲、祖乙直下許多年代不載一事，但有帝名而已，想是年代久遠無稽之故。張曰：‘固是如此。然許多年代，無一事可記，此天下所以太平也’”；質語甚明。貫華堂本《水滸》第一回：“那時天下盡皆太平，四方無事——且住！若真個太平無事，今日開書演義，又説着些甚麽？”則是反跌之詞。章回小説中套語：“有話即長，無話即短”，有事即“有話”可“説着”，而“無話”即無從“開書演義”矣。蒙田《面貌篇》曰：“善著史書者視太平之世有若死水無瀾，走筆亟過，而逕敍作亂用兵等事，蓋深知此乃吾輩所欲聞也”（Et les bons historiens fuyent comme une eau dormante et mer morte des narrations calmes, pour regaigner les seditions, les guerres, où ils savent que nous les appelons — *Essais*, III. xii “De la Phisionomie”, *op. cit.*, 1007）。黑格爾《歷史哲學》曰：“世界史中無可著安樂之處。時安世樂則於史書中爲無字白紙”（Die Weltgeschichte ist nicht der Boden des Glücks. Die Perioden des Glücks sind leere Blätter in ihr —*Vorlesungen über die Philosophie der Geschichte*, Reclam, 62)。卡萊爾《法國革命史》曰："孟德斯鳩嘗云：'國史沉悶，國民幸運'(Happy the people whose annals are tiresome)，或進一解云：'國史無録，國民有福'"(Happy the people whose annals are vacant—Carlyle, *he French Revolution*, Bk II, ch. 1, Chapman and Hall, I, 24)；其《弗里德里克大帝傳》則直以後一語爲出於孟德斯鳩(Montesquieu's aphorism, Happy the people whose annals are blank in history books—*Frederick the Great*, Bk XVI, ch. 1, Chapman and Hall, IV, 128)。俗諺有之："無新事可報，即是佳事可喜"(No news is good news)；野人塗説與哲士微言，若合符契。斯意亦見諸論文談藝。黄宗羲《吾悔集》卷一《謝皋羽年譜遊録注序》："夫文章、天地之元氣也。元氣之在平時，昆侖旁薄，和聲順氣，發自廊廟，而鬯浹於幽遐，無所見奇。逮夫厄運危時，天地閉塞，元氣鼓盪而出，擁勇鬱遏，坌憤激訐，而後至文生焉。故文章之盛，莫盛於宋亡之日。"歸莊《歸莊集》卷三《吴余常詩稿序》："故自古詩人之傳者，率多逐臣騷客，不遇於世之士。吾以爲一身之遭逢，其小者也，蓋亦視國家之運焉。詩家前稱七子，後稱杜陵，後世無其倫比。使七子不當建安之多難，杜陵不遭天寶以後之亂，盜賊羣起，攘竊割據，宗社𪁺㼎，民生塗炭，即有慨於中，未必其能寄託深遠，感動人心，使讀者流連不已如此也。然則士雖才，必小不幸而身處阨窮，大不幸而際危亂之世，然後其詩乃工也。"趙翼《甌北詩鈔·七律》卷四《題元遺山集》："國家不幸詩家幸，賦到滄桑句便工”——用字來歷則《左傳》宣公一六年：“民之多幸，國之不幸。”十七世紀英詩人考萊自序其集曰：“兵兇戰危、慘戚多事之秋乃最宜入詩之題材，亦即最不便作詩之時世”（A warlike, various and a tragical age is the best to write of, but worst to write in—Abraham Cowley, *Essays and Other Prose Writings*, ed. A. B. Gough, 5）。狄德羅論劇曰：“人相殘殺，流血成渠，詩神之桂樹賴以灌溉而怒茁敷榮。在太平無事之世，則此樹婆娑意盡。何世無才，而非多故不安之世，末由發其才耳”（C'est lorsque la fureur de la guerre civile ou du fanatisme arme les hommes de poignards, et que le sang coule à grands flots sur la terre, que le laurier d'Apollon s'agite et verdit. Il en veut être arrosé. Il se flétrit dans les temps de la paix et du loisir. Le génie est de tous les temps, etc. —Diderot: “De la Poésie dramatique”, XVIII, *op. cit.*, VII, 371-2）。蘭德論彼德拉卡情詩曰：“幸而其意中人心腸堅冷，不許其遂欲如願，吾輩耽詩者遂有佳什可以吟賞；倘渠好事竟成，則如鳴禽已營巢，不復嬌啼恰恰矣”（Perhaps it is well for those who delight in poetry that Laura was inflexible and obdurate: for the sweetest song ceases when the feathers have lined the nest—W. S. Landor: “Francesco Petrarca”, *Complete Works*, ed. T. E. Welby and S. Wheeler, XII, 29）。孟佐尼小說寫男女角飽閲艱辛，終成眷屬，乃曰：“此後兩小生涯、平静美满，至於極地，令人艷羡。然吾苟敍述之，則諸君將讀而厭倦欲死”（Fu, da quel punto in poi, una vita delle più tranquille, delle più feici, delle più invidiabili; di maniera che, se ve l'avessi a raccontare, vi seccherebbe a morte—A. Manzoni, *I Promessi Sposi*, cap. 38, *Opere*, Riccardo Ricciardi, 958)。喬治·愛略德小説亦曰:"最幸福之婦女,猶最安樂之國家,了無歷史可述"(The happiest women, like the happiest nations, have no history—George Eliot, *The Mill on the Floss*, Bk IV, ch. 3, "The World's Classics", 445)。叔本華詳論:"史詩與劇本皆衹寫爲幸福而求爭競鬬之情事,而不寫長久圓滿之幸福。真正而復長久之幸福既無其事,遂亦不堪爲文藝題材"(Jede epische oder dramatische Dichtung nämlich kann immer nur ein Ringen, Streben und Kämpfen um Glück, nie aber das bleibende und vollendete Glück selbst darstellen... Weil ein echtes, bleibendes Glück nicht möglich ist, kann est kein Gegenstand der Kunst seyn—*Die Welt als Wille und Vorstellung*, IV 58, *Samtl. Werk.*, hrsg. E. Grisebach, I, 415)。所見略同焉。托爾斯太名言:"一切歡樂之家庭均相類肖,每一不歡樂之家庭則痛苦各異"(All happy families resemble one another; every unhappy family is unhappy in its own way—*Anna Karenina*. Pt I, ch. 1),實與印可,歡愉既相肖似,遂刻板依樣,一言以蔽或不言可喻;愁苦各具特色,變相別致,於是言之而須長言之矣。亞理士多德嘗引諺云:"人之善者同出一轍,人之惡者殊塗多方"(Men are good in one way, but bad in many—*Nichomachean Ethics*, Bk II, ch. 6, *op. cit.*, 959; cf. Montaigne, *Essais*, I. ix, *op. cit.*, 52: "Si, comme la vérité, le mensonge n'avoit qu'un visage" etc.;Goethe,*Spruchweisheit*, *op. cit.*, 451－2:“Das Wahre, Gute und Vortreffliche ist einfach... Das Irren aber ist höchst mannigfaltig” etc.），足資傍參。

【增訂四】愛略脱小説中語或本諸席勒一小詩來：“最有善政之國家正如最有淑德之婦女，均悄然不引人談論”（“Woran erkenn’ich denn besten Staat? ”—Woran du die beste/Frau kennst! daran，mein Freund，dass man von beiden nicht spricht. —Schiller：“Votivtafeln”，xxix，*Werke*，ed. L. Bellermann,Vol. I,p.180,cf.p.360,note）。

二八　卷六八

《封陟》(出《傳奇》)。按陟拒上元夫人求偶事與《類説》卷二七《逸史》任生拒紫素元君求偶事相同，夫人賦詩:“弄玉有夫皆得道，劉綱兼室盡登仙；君能仔細窺朝露，須逐雲車拜洞天”，與元君賦詩:“葛洪亦有婦，王母亦有夫；神仙盡靈匹，君子竟何如?”，詞意亦類。朱彝尊《曝書亭集》卷二《無題》之二:“織女牽牛匹，姮娥后羿妻；神人猶薄命，嫁娶不須啼”，仿元君詩句而另有命意。

【增訂四】羅曄《醉翁談録》己集卷二《封陟不從仙姝命》即取此事而敷陳之，篇末論曰:“語云:‘三軍可奪帥也，匹夫不可奪志也。’以常人之情，遭遇仙女，恨不得與爲耦。封陟執德不回，終不肯就，誠若可愛，然細而思之，實無仙風道骨，是故執一而不通也。可惜乎哉！吾夫子曰:‘可以仕則仕，可以急則速。伯夷隘，柳下惠不恭，君子不由也。’”所謂“吾夫子”，非孔子也，實點竄孟子贊孔子語，而渾忘“吾夫子”之“不語怪力亂神”矣。

二九　卷七一

《竇玄德》（出《玄門靈妙記》）司命使者曰："道家章奏猶人間上章表耳。前上之章有字失體，次上之章復草書'仍乞'二字。表奏人主，猶須整肅，況天尊大道，其可忽諸？所上之章咸被棄擲。"按此意在後世野記中孳甲增華，如陸粲《庚巳編》卷四："玄妙觀李道士早歲頗精於焚修，晚更怠忽，嘗上青詞，乘醉戲書'天尊'爲'夫尊'、'大帝'爲'犬帝'。一日被雷震死，背上朱書二行可辨云：'夫尊可恕，犬帝難容。'事在天順、成化間"；姚旅《露書》卷一三："龍巖蘇鏓十歲時在其邑三清觀讀書，道士日浼其填疏封，蘇厭之。一日戲書'王皇犬帝'，夜夢玉帝仗劍欲砍之云：'王皇猶自可，犬帝最難當。'"《精忠説岳全傳》第一回宋徽宗章奏事所本也。《警世通言》卷一五入話張皮雀事亦其類。

三〇　卷七四

《俞叟》（出《宣室志》）、《石旻》（出《宣室志》）。按二則與卷八四《俞叟》（出《補録記傳》）、《石旻》（出《補録記傳》）實同，雖有小小差異，不得别成子目，充量衹應如卷七五《王先生》（出《宣室志》）之後附《酉陽雜俎》、或卷九九《蛤像》（出《酉陽雜俎》）之後附《杜陽雜編》、卷四〇二《李灌》（出《獨異志》）之後附《尚書故實》耳。卷二四二《閻玄一》（出《朝野僉載》）與同卷《張藏用》（出《紀聞》）事同而主名異，亦當附麗。王先生"刻紙狀月"事，即《平妖傳》第二六回、《聊齋志異》卷一所記張鸞、勞山道士之術也。

三一　卷七五

《馮漸》（出《宣室志》）："有道士李君以道術聞，……知漸有奇術，……寓書於崔曰：'當今制鬼，無過漸耳！'……別後長安中人率以'漸'字題其門者，蓋用此也。"按《聊齋志異》會校會註會評本卷五《章阿端》："鬼之畏聻，猶人之畏鬼也"；何註引《宣室志》："裴漸隱居伊上，有道士曰：'當今除鬼，無過漸耳！'朝士皆書'聻'於門以厭鬼。"何註稗販舛謬，不勝枚舉，本條即竊取《正字通》未集卷中杜撰之說。《酉陽雜俎》續集卷四："俗好於門上畫虎頭，書'聻'字，謂陰刀鬼名，可息瘧癘也。余讀《漢舊儀》説儺逐疫鬼，又立桃人、葦索、滄耳、虎等。'聻'爲合'滄耳'也。"《正字通》當本此以竄易《宣室志》耳。鬼亦能死，唐前早有俗傳，別見論《廣記》卷三二〇《劉道錫》；鬼死稱"聻"，則不曉昉自何時。唐人書門而外，口語用此字，皆作詰問助詞，禪人語録中常覩之。如《五燈會元》卷三智堅章次："師喫飯次，南泉收生飯，乃曰：'生聻？'師曰：'無生'"；卷五唯儼章次："師曰：'那個聻？'巖曰：'在'"；卷六常察章次後附："昔有官人作《無鬼論》，中夜揮毫次，忽見一鬼出云：'汝道無，我聻？'""生飯"即"䐈飯"，"生聻?”如曰“賸的呢?”；鬼語如曰：“汝道無鬼，我呢?”陸游《渭南文集》卷四〇《松源禪師塔銘》亦記問答：“木菴云：‘瑯玡道好一堆爛柴聻?’師云：‘矢上加尖。’如是應酬數反。”即此數例，已見《正字通》之爲胸馳臆斷而《聊齋》何註之以訛傳訛矣。又按史繩祖《學齋佔嗶》卷二記成都華嚴閣下飯僧事，有云：“未食先出生，蓋《鄉黨》所謂‘必齊如也’”；未食而撥出少許謂之“生”，吾鄉今語稱未食而先另留者曰“生賸飯”、“生賸菜”，以别於食後殘餘之“賸飯”、“賸菜”。《五燈會元》之“生飯”，即“出生”、“生賸”也；貫休《湖頭别墅》之二：“壍蟻争生食”，亦其義。

【增訂三】王士禛《香祖筆記》卷一〇：“……鬼死爲‘聻’……音‘積’，又有‘你’音，指物貌，禪家有此語。”“你”音即“呢”，“物貌”之解非是；“禪家語”已舉例矣。釋氏進食前，“撮飯出生”，詳見《百丈清規·大衆章·日用軌範》。出生飯“不過七粒，太少爲慳”；出生時“想念偈云：‘汝等鬼神衆，我今施汝供，此食徧十方，一切鬼神共。’”杜荀鶴《題戰島僧居》：“載土春栽樹，抛生日餧魚”，下句即指“出生”之飯也。

【增訂四】《五燈會元》尚多用“聻”字之例。卷二南陽慧忠章次：“師曰：‘還將得馬師真來否?’曰：‘只這是。’師曰：‘背後的聻?’”卷七巖頭全奯章次：“師曰：‘祗如適來左邊一圓相，作麽生?’曰：‘是有句。’師曰：‘右邊圓相聻?’曰：‘是無句。’”卷九潙山靈祐章次：“百丈曰：‘汝撥爐中有火否?’師撥之，曰：‘無火。’丈躬起深撥，得少火，舉以示之，曰：‘汝道無，這個聻?’”卷一二芭蕉谷泉章次：“倚遇來參，問：‘菴主在麽?’師曰：‘恰菴主不在。’曰：‘你聻?’師曰：‘向道不在，説甚麽你我?’”卷一八張商英章次：“問：‘玉谿去此多少?’曰：‘三十里。’‘兜率聻?’曰：‘五里。’”卷一九上方日益章次：“師曰：‘左眼半斤，右眼八兩。’僧提出坐具曰：‘這個聻?’”禪語而外，罕覯以此字作“呢”義用者。唯清初人院本《陰陽判》第八齣：“這個斷然使不得的聻”，第一二齣：“小的死不甘服的聻”，第一三齣：“小的此來是求生聻”，第十四齣：“爺爺，没有這樣事聻，……實是釘鏴毆斃聻”，屢見不一見，可謂絶無僅有，不知何故避熟選生如此。其確知“聻”即“呢”而非“指物貌”，則王士禎所不逮矣。又《會元》卷九仰山慧寂章次亦有“潙山餧鴉生飯”之語；《劍南詩稿》卷六三《貧甚戲作絶句》之三：“飢腸雷動尋常事，但誤生臺兩鵲來”，即謂置“生飯”餧鳥之“臺”也。

三二　卷七七

《羅思遠》(出《開天傳信記》)又《葉法善》(出《廣德神異録》)。按皆與卷二二《羅公遠》(出《神仙感遇傳》等)、卷二六《葉法善》(出《集異記》等)駢多於歧。編者以彼屬《神仙》門，僅列此於《方士》門，抑揚任意，進退失據。《神仙》門《葉法善》張説與麴處士事又即卷七二《葉静能》(出《河東記》)常持蒲(當是“滿”之譌)、卷三七〇《精怪》門《姜修》(出《瀟湘録》)成德器兩事之藍本。鄭嵎《津陽門詩》:“禁庭術士多幻化，上前較勝紛相持，羅公如意奪顔色，三藏袈裟成散絲”，自註甚詳，可與《羅思遠》諸則參印。

三三　卷八〇

《周隱克》（出《逸史》）：“段公與賓客博茶，周生連喫數椀，段起旋溺不已。……蓋飲茶慵起，遣段公代之。”按王士禎《居易録》：“叔祖季木吏部家有一客，往往代人食，其人亦飽，亦往往令人代食，至溲溺亦如之。”嵇康《與山巨源絶交書》云：“每常小便而忍不起”；梅堯臣、謝景初《冬夕會飲聯句》亦云：“脬尿既懶溺”；當皆甚願得遣人代之。

【增訂三】嵇康《絶交書》於“忍不起”下尚云：“令胞中略轉乃起耳”，嵇書之“胞”即梅詩之“脬”。《外臺秘要方》卷二七有《胞轉方》一五首，謂：“由是胞屈辟，小便不通”，“忍尿……令胞轉”，“小便忍久致胞轉”。嵇言“略轉”，猶曰“稍轉”，祇是小不適，而未至於“外内相擁塞，故令不通。”近人《嵇康集校注》引焦循説，以“略”通“了”，復以“了”通“戾”，失之。“胞中軫戾”，則已“外格”成病，“起”復何益？當服藥耳。

實則非獨嵇、梅有此惰情懶態；稽神志怪，大抵過屠大嚼，畫餅充飢，以虛願託償於幻術耳。《五燈會元》卷二〇開善道謙章次宗元曰：“途中可替底事，我盡替你。只有五件事替你不得，你須自家支當，……着衣、吃飯、屙屎、放尿、駝個死屍路上行”——駝屍即指人身，猶曰行屍走肉，如斯多噶派言人乃“微小靈魂負戴死屍”（a little soul burdened with a corpse）（參觀《老子》卷論第一三章），非真同《西遊記》第三八回豬八戒之於烏雞國王也。西方舊日小説亦每不言溲溺而曰“他人所不能代了之事務”（à el le vino en voluntad y deseo de hacer lo que otro no pudiera hacer por él; I was pressed to do more than one thing which another could not do for me）①，

【增訂二】今日英美市語亦有“請也代我來一下!”（Do one for me! ）之謔（E. Partridge, *A Dictionary of Catch Phrases*, 44）。

或曰“雖帝王亦須躬親而欽差不能效勞之事”（Mlle de la Rappinière eut envie d'aller où les roys ne peuvent aller qu'en personne; Il faut que j'aille tout maintenant faire ce que les Roys ny les Empereurs ne peuvent faire par ambassade）②。此所以有周隱客事等戲論也。參觀前論卷八《劉安》又《列子》卷論《楊朱》篇。

① *Don Quixote*, I xx, "Clásicos Castellanos," II, 145; *Gulliver's Travels*, Pt II, ch. 1, Oxford, 108.

② Scarron, *Le Roman comique*, Pte I, ch. 4, "Librairie des Bibliophiles", I, 18; Charles Sorel, *Histoire comique de Francion*, Liv. IV, "Société des Textes Francais modernes," II, 92. Cf. Herbert, *Jacula Prudentum*, § 1034: "To go where the King goes afoot", *Works*, ed. E. F. Hutchinson, 356.

三四　卷八一

《趙逸》（出《洛陽伽藍記》）“逸曰：‘生時中庸之人耳，及其死也，碑文墓誌，莫不窮天地之大德，盡生民之能事。……所謂生爲盜跖，死爲夷齊，妄言傷正，華詞損實。’當時作文之士，慚逸此言。”按《北齊書·魏收傳》文宣論崔綽，問曰：“公何由知其好人？”收對：“高允曾爲綽讚，稱有道德。”文宣曰：“司空才士，爲人作讚，正應稱揚；亦如卿爲人作文章，道其好者，豈能皆實？”收“無以對，戰慄而已。”時近意類；清議傳聞衹使“慚”，王言面命方使“慄”。此事古來共慨。《韓非子·外儲說》左上早曰：“且先王之賦頌、鐘鼎之銘皆播吾之迹、華山之博也。”《困學紀聞》卷一〇復舉蔡邕惟《郭有道碑》爲“無愧”，韓愈不免“諛墓”，白居易《秦中吟·立碑》亦歎：“銘勳悉太公，敍德盡仲尼，……豈獨賢者嗤，并爲後代疑”；卷一四又引李翱《百官行狀奏》所謂：“今之作行狀者，非其門生，即其故吏，莫不虛加仁義禮智，妄言忠肅惠和”，而舉歐、蘇等作碑狀誤信家人行述爲例。《羣書治要》卷四七引桓範《政要論·銘誄》曰：“所在宰蒞無清惠之政，而有饕餮之害，爲臣無忠誠之行，而有姦欺之罪，……而門生故吏，合集財貨，刊石紀功，稱述勳德。高邈伊周，下陵管晏，遠追豹產，近逾黄邵。勢重者稱美，財富者文麗。……欺耀當時，疑誤後世”；《宋書·裴松之傳》以“世立私碑，有乖事實”，上表曰：“碑銘之作，以明示後昆，自非殊功異德，無以允應茲典。……俗敝僞興，華煩已久；是以孔悝之銘，行是人非，蔡邕制文，每有愧色。……勒銘寡取信之實，刊石成虚僞之常”；

【增訂四】《魏書·甄琛傳》：“太常議謚‘文穆’。吏部郎袁翻奏曰：今之行狀，皆出自其家。……臣子之欲光揚君父，但苦迹之不高，行之不美，是以極辭肆意，無復限量。觀其狀也，則周孔聯鑣，伊顔接衽；論其謚也，雖窮文盡武，罔或加焉。”

杜甫《唐故萬年縣君京兆杜氏墓碑》曰：“大抵家人賄賂，詞客阿諛，真僞百端，波瀾一揆。”此所以王曾《王文正公筆録》記丁謂語至云：“古今所謂忠臣孝子，皆不足信；乃史筆緣飾，欲爲後代美談者也。”

【增訂三】《閲微草堂筆記》卷一三記某顯宦之鬼因己墓上豐碑誇誕失實，“遊人過讀，時有譏評，鬼物聚觀，更多訕笑”，自慚“虚詞招謗”，不安於墓，遁至一岩洞中。託説鬼以諷世，視《伽藍記》等正論莊語，更爲諧妙。

《梁四公》（出《梁四公記》）。按四公姓名詭異，雖有音釋，亦復欲讀如箝在口，唯“闖”、“杰”二字沿用迄今。《困學紀聞》卷八嘗借《三國志·孫休傳》裴松之註語譏之，所謂“造無況之字，制不典之音”也。後蜀詹敦仁《復留侯從効問南漢劉巖改名“龑”字音義》詩歷舉孫休四子名及武曌所制字，而未及梁四公。杰公述域外奇事，有云：“西海中有島，方二百里，島上有大林，林皆寶樹。……島西北有坑，盤坳深千餘尺，以肉投之，鳥銜寶出，大者重五斤”；又扶南國商人言西天竺國“衆寳如山，納之山藏，取之難得，以大獸肉投之藏中，肉爛粘寳，一鳥銜出”。黎媿曾《仁恕堂筆記》：“金剛鑽若塵沙，出西域，在萬山深谷中，非人力可取。土人先驅駝馬墮谷中，使其肉潰爛沾濡，烏鳶飛下食之，人乃取鳥糞淘汰，間有得者。以其得之艱，故換價比於黄金者且倍。”黎氏所載實出元常德《西使記》；杰公所述則同馬哥波羅《游記》第一七一章載一國(Muftili)人取金剛石，投肉谷中，鷲銜肉出，驅之得石①。《天方夜譚》中一則(The Second Voyage of Sindbād the Sailor)寫此尤詳，土克曼童話《寳石山》(Der Edelsteinberg)亦相類②。又按卷四一八《震澤洞》(出《梁四公記》)割裂《四公記》文以之入《龍》門，實宜併入此則。卷三一一《蕭曠》(出《傳記》)龍女所斥“梁朝四公誕妄之詞”，即見《震澤洞》中。

① *The Book of Ser Marco Polo*, tr. with notes by H. Yule, 3rd rev. ed. by H. Cordier, II, 361, 362-3.

② *The Thousand Nights and One Night*, tr. Powys Mathers, IV, 266-7; *Die Wunderblume und andere Märchen*, Berlin: Verlag Kultur und Fortschritt, 192-6.

三五　卷八二

《管子文》（出《大唐奇事》）布衣自稱曰："業八體書生管子文"，實"故舊大筆"。按當屬《精怪》之《雜器用》門，而編入《異人》門。

三六　卷八五

《華陰店嫗》（出《稽神録》）楊彦伯將行，失其所着鞋，詰責甚喧，嫗曰："此即神告也；夫將行而失其鞋，是事皆不諧矣！"按卷四八七蔣防《霍小玉傳》夢脱鞋，驚寤自解曰："鞋者諧也，夫婦再合；脱者解也，既合而解，亦當永訣。"此唐人俗語，詩中屢見，如王涣《惆悵詩》之六："薄倖檀郎斷芳信，驚嗟猶夢合歡鞋"；白居易《感情》："中庭晒服玩，忽見故鄉履；昔贈我者誰，東鄰嬋娟子。因思贈時語，特用結終始：'永願如履綦，雙行復雙止'"；李商隱《戲題樞言草閣》："及今兩携手，對若牀下鞋"；陸龜蒙《風人詩》："旦日思雙屨，明時願早諧。"洪邁《夷堅甲志》卷一一《李邦直夢》亦有"鞋者諧也"之語。張雲璈《四寸學》卷一云："今俗新婚之夕，取新婦鞋，以帊包裹，夫婦交遞之，名曰'和諧'；《中華古今註》卷中：'凡娶婦之家，先下絲麻鞋一兩，取和諧之義。'"然鞋不必即示諧象，又孳生節目，如李開先《詞謔·鞋打卦》云："不來呵根兒對着根兒，來時節頭兒抱着頭，丁字兒滿懷，八字兒開手。"鞋爲吉，以字音也；靴爲凶，則以字形。《北齊書·徐之才傳》太后病，弟之範問童謡"唯得一量紫綖靴"，"靴"是何義，之才曰："'靴'者、'革'傍'化'，寧是久物？"此復毫釐千里也。

三七　卷八八

《佛圖澄》（出《高僧傳》）嘗與石虎共處中堂，忽驚曰："幽州當火災！"仍取酒洒之；虎遣驗幽州，云爾日火起，驟雨滅之，雨亦有酒氣。按此道家自詡優爲之事，卷一一《欒巴》（出《神仙傳》）、一三《成仙公》（出《神仙傳》）即皆有之；《藝文類聚》卷二、卷八〇引《楚國先賢傳》、《汝南先賢傳》等復載樊英、郭憲潄水噀酒以滅異地大火。釋子知而艷羡，故言僧亦能辦，不容道士專美耳。《初學記》卷二"含水、噀酒"之對衹取欒巴、樊英故事，不及釋典。《西遊記》第七〇回孫行者撇杯息火，則繼佛圖澄而起者。杜光庭爲道流鉅子，而嘗作《迎定光菩薩祈雨文》，至云："急難告佛，實出微誠！"（《全唐文》卷九三四）；即所謂"抱佛脚"也，蓋"急難"求雨，不顧門户之見矣。

三八　卷八九

《鳩摩羅什》(出《高僧傳》)。按《高僧傳》卷二此傳尚載什來中國以前事，爲《廣記》删去，記大阿盤頭達多語一節尤佳。“安捨有法而愛空乎？如昔狂人令績師績綿，極令細好，績師加意，細若微塵，狂人猶恨其粗。績師大怒，乃指空，示曰：‘此是細縷。’狂人曰：‘何以不見?’師曰：‘此縷極細，我工之良匠，猶且不見，況他人耶?’狂人大喜，以付織師，師亦效焉。皆蒙上賞，而實無物。”安徒生童話《皇帝新衣》(The Emperor's New Clothes)一篇，舉世傳誦，機杼酷肖；唯末謂帝脱故着新，招摇過市，一無知小兒呼曰：“何一絲不掛!”(“But he has nothing on! ” a little child cried out at last)①，轉筆冷雋，釋書所不辦也。明末陳際泰《已吾集》卷一《王子涼詩集序》：“余讀西氏記，言遮須國王之織，類於母猴之削之見欺也。欲其布織輕細，等於朝之薄烟，乃懸上賞以走異國之工曰：‘成即封以十五城市，不則齒劍，余無墮言。’蓋殺人而積之闕下者纍纍矣。有黠者閉户經年，曰：‘布已成。’捧于手以進，視之，等於空虚也。王大悦，輒賞之。因自逃也。”“母猴之

① Andersen, *Fairy Tales*, Oxford, 158.

削”見《韓非子・外儲説》左上，“西氏記”疑即指《鳩摩羅什傳》，陳氏加以渲染耳。

【增訂三】李賀《艾如張》：“齊人織網如素空，張在田野平碧中，網絲漠漠無形影，誤爾觸之傷首紅。”《高僧傳》中績師指空爲絲，此則指絲爲空；誕妄之竅言，亦即夸飾之妙喻也。湯球輯本崔鴻《十六國春秋・前趙録》四記東平王約死，見劉淵於不周山，語約曰：“東北有遮須夷國，無主久，待汝父爲之”——“汝父”、劉聰也。陳氏文中“遮須國”始出此。曾慥《類説》卷三二《傳奇》中一則記洛浦神女告蕭曠：“［陳］思王見爲遮須國王”；曹植雖前於劉聰，而裴鉶則後於崔鴻多矣。

明季天主教入中國，詩文遂道“二西”（參觀《昭代叢書》甲集《西方要紀》小引、全祖望《鮚埼亭詩集》卷八《二西詩》）；如虞淳熙《虞德園先生集》卷二四《答利西泰書》：“幸毋以西人攻西人”，正謂耶穌之“西”説與釋迦之“西”説相争也。近世學者不察，或致張冠李戴；至有讀魏源記龔自珍“好西方之書，自謂造微”，乃昌言龔通曉歐西新學。直可追配王餘祐之言杜甫通拉丁文（《四庫總目》卷一八一《五公山人集》）、廖平之言孔子通英文、法文（江庸《趨庭隨筆》）也！如錢謙益《有學集》卷八《金陵雜題絶句》之一五、卷一九《陸敕先詩稿序》又《題交蘆言怨集》、卷二二《送方爾止序》皆用賣針兒至針師家故實，卷三八《復徐巨源書》標明來歷曰：“西國有譎人説法者，曰：‘販針兒過針師門賣針耶？’”；此典出《雜阿含經》卷四一（一一四三）、《佛本行集經》卷一三《角術争婚品》下等，則所謂“西國”謄“譎”，正指佛書。陳際泰“讀西氏紀”，亦類斯歟。

三九　卷九〇

《釋寶誌》（出《高僧傳》及《洛陽伽藍記》）。按以南朝之寶誌與北朝之寶公合爲一人，此又編纂之鹵莽也，實則後篇倘不别出，亦當附而不當并，如卷一五七《李敏求》（出《河東記》）附“又一説”（出《逸史》）。寶誌吐“鱠殘魚”事與卷四六四《吴餘鱠魚》（出《博物志》）所記相同，吴曾《能改齋漫録》卷一已言之；實則卷九六《鴟鳩和尚》（出《雲溪友議》）事亦類，易魚爲鳩而已。此則又記殷齊之入廬山，追騎將及，登樹，樹上“鳥竟不飛”，追者見鳥，謂無人而返，與卷一三五《漢高祖》（出《小説》）高祖避項羽，隱身井中，“雙鳩集其上，誰知下有人”相類。高祖事始見《風俗通》，作“遁於叢薄中”，非井也，《水經注》卷七《濟水》號咷城節引而釋之曰：“楚鳩一名嗥啁。”

四〇　卷九一

《稠禪師》（出《紀聞》及《朝野僉載》）食筋便具神力。按卷九五《法通》（出《西京記》）、卷三一二《新昌坊民》（出《唐闕史》）事略同。法通事即見道宣《高僧傳》二集卷三五《法通傳》中。

四一　卷九四

《儀光禪師》（出《紀聞》）拒女“自斷其根”。按卷九七《空如禪師》（出《朝野僉載》）不肯婚，“以刀割其勢”。《四十二章經》及《法句譬喻經·勸學品》皆記：“有人患婬不止，欲自斷陰，佛曰：‘不如斷心。’”此二僧“自斷陰”，所以“斷”他人之“心”，使於己不存想耳。

《玄覽》（出《酉陽雜俎》）題詩竹上曰：“欲知吾道廓，不與物情違；大海從魚躍，長空任鳥飛。”按《全唐詩》失收，三四句傳誦幾成習諺，《五燈會元》卷四大隨法真章次即引之。

四二　卷九六

《釋道欽》（出《酉陽雜俎》）答劉晏有云："三尺童子皆知之，百歲老人行不得"，與梁元帝《雜傳》記耆域答竺法行語相似。按耆域問答見《高僧傳》卷九耆域本傳；道欽問答亦見《五燈會元》卷二，而作鳥窠道林禪師答白居易："三歲孩兒雖道得，八十老人行不得。"

四三　卷九八

《李德裕》（出《宣室志》）。按卷一五六《李德裕》（出《補録紀傳》）事同。

《懷濬》（出《北夢瑣言》）以詩代通狀曰："家在閩川西復西，其中歲歲有鶯啼；如今不在鶯啼處，鶯在舊時啼處啼。家住閩川東復東，其中歲歲有花紅；如今不在花紅處，花在舊時紅處紅。"按洪邁《萬首唐人絶句》七言卷六九載此詩第二首"川"作"山"，《全唐詩》兩"川"皆作"山"。《類説》卷五五引《文酒清話》（《事文類聚》别集卷二〇作《文酒詩話》）："河朔書生與洛陽書生同飲賦詩，洛陽生曰：'昔年曾向洛陽東，年年只是看花紅；今年不見花枝面，花在舊時紅處紅。'河朔生曰：'昔年曾向北京北，年年只是看蘿蔔；今年不見蘿蔔面；蘿在舊時蔔處蔔。'"即仿懷濬體。

四四　卷九九

《僧惠祥》（出《三教珠英》）夜睡呼救，云："適有人衆，縛我手足，鞭箠交下，問：'何故嚙虱？……若更不止，當入於兩山間磕之。'"按卷九二《無畏》（出《開天傳信記》）："忽中夜宣律師捫蝨，將投于地，三藏半醉，連聲呼曰：'律師律師！撲死佛子耶？'"贊寧《高僧傳》三集卷二《善無畏傳》亦載此事，卷一四《道宣傳》則云："道宣捫蝨，以綿紙裹投於地，三藏云：'撲有情於地之聲也！'"道宣自撰《高僧傳》二集卷二〇《慧成傳》："有常律師者，……同宿，夜中投蝨於地，……及明告别，成曰：'昨夜來一檀越被凍困苦！'常慚之永戒"；豈載此垂誡而躬自蹈之耶？釋氏慈悲戒殺，故王建《寄舊山僧》曰："獵人箭底求傷雁，釣户竿頭救活魚"，蘇軾《次韻定慧欽長老》曰："鈎簾歸乳燕，穴紙出癡蠅，爲鼠常留飯，憐蛾不點燈。"然皆未及其惜物命之不遺草木，有如安世高譯《佛説處處經》："佛行，足去地四寸，有三因緣：一者、見地有蟲蟻故，二者、地有生草故，三者、現神足故"；唐僧智遠《律僧》："濾水與龕燈，長長護有情，自從青草出，便不下階行"，自註："衆生謂'有情'"——"濾水"所以捨蟲，"龕燈"所以救蛾；清初僧蒼雪

《南來堂詩集》卷一《侍雨師籐溪休夏》："出門便是草，何處不傷生!"么麽嘬人如蚊蝨，亦在憐護之數。慧皎《高僧傳》卷一一道法"乞食所得，常減其分以施蟲鳥，每夕輒脱衣露坐以飼蚊蝱"，又一二法恭"以敝衲聚蚤蝨，常披以飼之"；《高僧傳》二集卷三五《道悦傳》："雖衣弊服而絶無蚤蝨，時又巡村，乞蝨養之，誡勿令殺"；虞淳熙《虞德園先生集》卷九《蓮池祖師傳》記其"養蝨綿筒中"。《南齊書·孝義傳》江泌"性行仁義，衣弊，恐虱餓死，乃復取置衣中"；觀泌"詣誌公道人"問事，當亦是奉佛者。《全梁文》卷三二沈約《懺悔文》乃清信弟子之自責，有云："暑月寢卧，蚊蝨噆膚，忿之於心，應之於手，歲所殲殞，略盈萬計。"陸游《劍南詩稿》卷五七《自警》："拍蚊違殺戒，引水動機心"，又卷七八《仲秋書事》："省心要似晨通髮，止殺先從暮拍蚊"；而范成大《石湖詩集》卷二四《藻侄比課五言詩、因吟病中十二首示之》第六首："捫蝨天機動，驅蚊我相生"，囿於平仄，改"殺"爲"天"，遂語理乖牾，卷二一《睡覺》之"心兵休爲一蚊動"，則順妥矣。朱敦儒《西江月》："飢蚊餓蚤不相容，一夜何曾做夢！被我不扇不捉，廓然總是虛空"；則非慈心捨我，而欲慧眼觀空，於彼法境界更高。西方教徒如紅衣主教貝拉明（Cardinal Bellarmine）不去身上蝨，以爲么麽死後無靈魂，此生暫得飽噉，不必斬之。莫里哀《假道學家》（Tartuffe）藍本意大利笑劇《僞善者》（Lo Ipocrito）中主角，殺一蝨而引咎痛悔①。蕭伯納嘗詑佛子爲蝨咬不得眠，設捉得蝨將作麽處置（We do not know what the Buddhist does when he cat-

① J. Cairncross, *New Light on Molière*, etc., 2-3.

ches a flea that has kept him awake for an hour)①，蓋未聞此等張智，亦渾忘基督教徒行事也。

【增訂四】《孔子家語·弟子解》："高柴啓蟄不殺，方長不折"；《後漢書·方術傳》上："折像、字伯式。……幼有仁心，不殺昆蟲，不折萌牙。……好黄老言。"二人行事，全合佛氏不傷"生草"、"蟲蟻"之戒，故《顔氏家訓·歸心》以冥契釋教許之："高柴、折像未知内教，皆能不殺，此乃仁者自然用心。"十八世紀英國目録校訂學者利特生(Joseph Ritson)茹素，嘗著論斥食肉者，而極稱印度婆羅門之護惜微命，不遺蟣蝨麽蟲(the meanest animal，mite or flea)；一日飯於友家，以乾乳酪佐麵包而已(some bread and cheese)，乳酪中常寓小蛆，一稚女子適過，忽注視曰："嘻！翁翁啖生蛆多矣哉！"(La! Mr. Ritson，what a quantity of mites you are eating!)利惶駭廢食，謂友賣己，怒而絶交(James Sutherland，*The Oxford Book of Literary Anecdotes*，Pocket Books，1976，p. 154)。《小婦人》作者之父白朗生·阿爾科特(Bronson Alcott)信持古希臘哲人畢達哥拉斯(Pythagoras)遺教，不殺生傷命；爲護身計，蚊來嘬，則揮之去，不忍拍殺之也(Self-defense might extend to waving a mosquito aside，but never to slaughter. —Donald Hall，*The Oxford Book of American Literary Anecdotes*，OUP Paperback，1983，p. 36)。二事可與諺"若依佛法，冷水莫呷"(1398頁引)及劍南句"拍蚊違殺戒"參印。

① Hesketh Pearson，*Bernard Shaw*，"The Reprint Society" ed.，65.

四五　卷一〇〇

《道嚴》（出《宣室志》）善神曰：“天命我護佛寺之地；以世人好唾佛寺地，我即以背接之，受其唾，由是背有瘡。”按此非佛法之究竟義諦也。《增壹阿含經》卷三〇之六：“舍利弗白佛：‘亦如此地，亦受淨，亦受不淨，屎尿穢惡皆悉受之，膿血涕唾終不逆之。然此地亦不言惡，亦不言善。亦如此水，能使好物淨，能使不好物淨，無有異想。我今此心如是’”；《五燈會元》卷六：“有一行者，隨法師入佛殿，行者向佛而唾。師曰：‘行者少去就！何以唾佛？’行者曰：‘將無佛處來與某甲唾。’師無對。仰山代法師云：‘但唾行者，行者若有語，即向伊道：還我無行者處來。’”即《莊子·知北遊》所謂道“無所不在”，“在螻蟻”，“在稊稗”，“在屎溺”，“無乎逃物”。

四六　卷一〇一

《延州婦人》（出《續玄怪録》）一“淫縱女子”早死，瘞於道左，忽有胡僧敬禮墓前曰：“斯乃大聖，慈悲喜捨，世俗之欲，無不徇焉。此即鏁骨菩薩。”按黄庭堅《豫章黄先生集》卷一四《觀世音贊》第一首：“設欲真見觀世音，金沙灘頭馬郎婦”；《山谷内集》卷九《戲答陳季常寄黄州山中連理松枝》第二首：“金沙灘頭鏁子骨，不妨隨俗暫參禪”，任淵註：《傳燈録》：“僧問風穴：‘如何是佛？’穴曰：‘金沙灘頭馬郎婦。’世言觀音化身，未見所出”；《外集》卷六《次韻知命永和道中》：“靈骨閟金鏁”，史容註即引《續玄怪録》此則，又曰：“世傳觀音化身，所謂金沙灘頭馬郎婦，類此。”宋葉廷珪《海録碎事》卷一三：“釋氏書。昔有賢女馬郎婦於金沙灘上施一切人淫；凡與交者，永絶其淫。死葬後，一梵僧來云：‘求我侶。’掘開乃鏁子骨，梵僧以杖挑起，升雲而去。”後來釋書益復增華潤色，觀宋濂《宋文憲公全集》卷二六《魚籃觀音像贊》引《觀音感應傳》可知。蓋以好合誘少年誦佛經，故泉州粲和尚贊之曰：“風姿窈窕鬢欹斜，賺殺郎君念《法華》。”《維摩詰所説經・佛道品》第八：“或現作婬女，引諸好色者，先以欲鉤牽，後令入佛智”；《宗鏡録》卷二一述“圓人又有染愛法門”云：“先以欲鉤牽，後令入佛智，斯乃非欲之欲，以欲止欲，如以楔出楔，將聲止聲”；其是之謂歟。偏其反爾，亦有現男子相以“鉤牽”婬女“令入佛智”者，如《觀佛三昧海經·觀馬王藏相品》第七所載化人度妙意事，《法苑珠林》卷四三即采之，尤佛典中“以欲止欲”最可笑之例也。

【增訂三】北宋壽涯禪師《漁家傲·詠魚籃觀音》：“提魚賣，堪笑馬郎來納敗”（《全宋詞》二一三頁），即所謂“馬郎婦”。《西湖二集》卷一四《邢君瑞五載幽期》敷陳金沙灘賣魚女子嫁“馬小官”事爲入話，卷二〇《巧妓佐夫成名》又述唐延州女妓“不接錢鈔”，乃“捨身菩薩化身，以濟貧人之欲。”一則觀音化身爲貞女，一則“大聖”化身爲淫嫗，然遺骸皆爲“黄金鎖子骨”，一而二、二而一者也。

【增訂四】《五燈會元》卷一一風穴延沼章次：“問：‘如何是清淨法身？’師曰：‘金沙灘頭馬郎婦。’”以淫穢婦爲“清淨身”，機鋒更捷。同卷廣慧元章次：“楊億侍郎問：‘風穴道金沙灘頭馬郎婦，意旨如何？’師曰：‘更道也不及’”；蓋成禪家公案矣。

四七　卷一〇二

《趙文信》（出《法苑珠林》）貞觀中遂州人暴死，見閻羅王，自言好庾信文集，王曰："庾信是大罪人，在此受苦"，即令引出庾信，"乃見是龜身"。按此見《法苑珠林》卷二六引《冥報記》，作"乃見一龜，身一頭多"；《廣記》同卷《陸懷素》下註出《冥報記》，而此則忽轉引《珠林》，斯類甚夥。《永樂大典》卷七五四三《剛》字引永明沙門延壽《金剛證驗賦》："降五色之祥雲，迎歸天上"，註即言庾信爲"一龜有數個頭"事，又言遂州人乃開元中人，名任善。陳師道《次韻蘇公勸酒與詩》："不憂龜九頭，肯爲語一誤"，用此典而易"多"爲"九"，殆求對仗之工，任淵註私改《珠林》原文爲"身一頭九"以遷就之，大可不必。《五燈會元》卷一七圓通法秀禪師戒黄庭堅作詞曰："汝以艷語動天下人淫心，正恐生泥犁耳"（《豫章黄先生文集》卷一六《小山集序》自記作："道人法秀獨罪余'以筆墨勸淫，於我法中，當下犁舌之獄'"）。明沈謙《東江集鈔》卷九《雜説》："彭金粟在廣陵，見余小詞及董文友《蓉渡集》，謂鄒程村曰：'泥犁中皆若人，故無俗物！'夫韓偓、秦觀、黄庭堅及楊慎輩皆有鄭聲，既不足害諸公之品；

悠悠冥報，有則共之!”；正指法秀之訶，而忘庾信之讁。《周書·庾信傳·論》斥信“誇目侈於紅紫，蕩心逾於鄭衛”，爲“詞賦之罪人”，即此已足與韓、秦、黄、楊輩同罰，況《冥報記》重科以“妄引佛經，雜糅俗書，誹謗佛法”一款乎!

【增訂三】釋皎然《哭吴縣房聳明府》：“幸願示因業，代君運精專”，自註：“沈約死後，冥中見十因師云：‘師急爲我造經，拔我苦難。’”是地獄受苦毒之六朝文流見諸記載者，庾信而外，尚有斯人，特不知緣其綺語業否。豈約暮年事佛，不足贖平生罪過耶？則所作《懺悔文》、《捨身願疏》等（《全梁文》卷三二），皆唐捐矣!

湯顯祖《玉茗堂文集》卷四《〈溪上落花詩〉題詞》：“世云：‘學佛人作綺語業，當入無間獄’，如此，喜二虞入地當在我先；又云：‘慧業文人應生天上’，則我生天亦在二虞之後矣”；沈起鳳《諧鐸》卷二《筆頭減壽》：“語云：‘世上演《牡丹亭》一日，湯若士在地下受苦一日’”（參觀卷一二《天府賢書》），則是顯祖長淪地下而終不得生天上也。西方虔信基督教者亦嘗揚言：“世上紀念莎士比亞生辰，地獄中莎士比亞方在受罪”（At this very moment there is proceeding，unreproved，ablasphemous celebration of the birth of Shakespeare，a lost soul now suffering for his sins in hell）①；《黑奴籲天録》女作者（Mrs Harriet Beecher Stowe）著書痛詆拜倫，以爲毁其身後之名，不特可以挽救世道人心，而亦堪折除拜倫在地獄之苦趣（By blasting Byron's memory she might weaken his evil influence and shorten his expiation in

① E. Gosse，*Father and Son*，ch. 12.

another world)①。

【增訂四】西方言詩人身後在地獄受苦者，莫古於希臘哲人畢達歌拉斯。相傳渠自道嘗游地獄，覩赫西俄德縛於銅柱，呻呼不成語，荷馬懸掛樹上，羣蛇繞嚙之(When he had descended into Hades, he saw the soul of Hesiod bound fast to a brazen pillar and gibbering, and the soul of Homer hung on a tree with serpents writhing about it. —Diogenes Laertius, *Lives of Eminent Philosophers*, VIII. 21, Loeb, Vol. II, p. 339)。

"慧業文人生天"語即見《廣記》卷二四六《謝靈運》(出《南史》)，蓋沿舊讀破句；《宋書》卷六七《謝靈運傳》張照校謂"業"字絶句，"文人"當作"丈人"而屬下句，是也。湯右曾《懷清堂集》卷一五《僧房閒寂，偶憶東坡"白髮相望兩故人"句，因念磵房甫至，悔餘得歸，隔越數百里，不得見也。悵然各寄一首》："爲樂每憂兒輩覺，生天一任丈人先"；儷事工緻，已知"文"字之誤而"丈人"之當下屬，後湯讀書視前湯爲審密矣。沈謙甘入泥犁，與才人共受冥報，大似西方古小説(Aucassin et Nicolette)男角曰："寧與所歡同入地獄，不樂隨老僧輩升天；地獄中皆才子、英雄、及美婦之多外遇者，得爲伴侶"；名言傳誦，以爲中世紀末"自由精神"之宣示(the most famous expression of the spirit of freedom)者②。

① *D. N. B.*, VIII, 142.

② Pater, *The Renaissance*, Macmillan, 27.

四八　卷一一二

《孟知儉》（出《朝野僉載》）曰："一生誦《多心經》及《高王經》。"按卷九二《玄奘》（出《獨異志》）："僧授《多心經》一卷。"可徵唐人已偶以"般若波羅蜜多"之"多"下屬"心"字。《大唐三藏取經詩話·天竺國變海之處》第一五："各各具足，只無《多心經》本"；《轉至香林寺受〈心經〉本》第一六："忽夢神人告云：'來日有人將《心經》本相惠助汝。'……袖出《多心經》，謂法師曰：'授汝《心經》'"；蓋流俗以《心經》與《多心經》通用無别。歐陽修《集古録跋尾》卷六有《唐鄭預註〈多心經〉跋》，劉昌詩《蘆浦筆記》卷四"經爲'多心'，何以爲佛？恐公誤筆爾。因書以袪見者之惑"；不知其爲從俗而非"誤筆"。後人或笑爲"歐九不讀書"之證，且謂《心經》俗稱《多心經》昉此，失實過當。儒家亦有《心經》，南宋真德秀輯性理語而命以此名，足輔佐《近思録》者。

四九　卷一二七

《蘇娥》、《涪令妻》（皆出《還冤記》）。按二事均言官宿郵亭，見女鬼訴爲亭長所殺，特人地不同耳。前事早見《搜神記》卷一六，後事早見《水經注》卷一八《渭水》；編纂諸臣之稗販充數如此。

五〇　卷一二八

《尼妙寂》（出《續幽怪録》）。按即卷四九一李公佐《謝小娥傳》，且明言“覽”公佐之《傳》“遂纂於此”。即不憚煩，亦當附見，不宜别出。

五一　卷一三一

《冀州小兒》（出《冥報記》）。按與卷一三三《孫季貞》（出《玉泉子》）事類。

五二　卷一三三

《李詹》（出《玉泉子》）。按同卷《徐可範》（出《報應記》）食鱉、驢事相似。卷二六七《張易之兄弟》（出《朝野僉載》）食鵝、鴨、驢事亦然。

五三　卷一三五

《陸賈》（出《小説》）。按此條見《西京雜記》卷三。卷一三七《文翁》、《董仲舒》等均出《西京雜記》，而皆註出《小説》，《五鹿充宗》又註出《西京雜記》，羌無定準，未識何故。

《吴大帝》（出《武昌記》）孫權獵獲豹，見一老母曰："何不豎其尾?"按《水經注》卷三五《江水》亦引《武昌記》此則，字句小異，并引應劭《漢官儀》釋之曰："豹尾之内爲省中，蓋權事應在此，故爲立廟也。"《晉書·沈充傳》："謂其妻子曰：'男兒不豎豹尾，終不還也!'"，可參觀。

《唐齊王元吉》（出《廣德神異記》）。按卷一六三《唐高祖》（出《太原事蹟雜記》）事同。

五四　卷一三六

《萬里橋》（出《松窗録》）。按卷一四九《一行》（出《傳載》）事同。

五五　卷一四〇

《汪鳳》（出《集異記》）掘地得石櫃，符篆繞之，破櫃有銅釜，以銅盤爲蓋，亦有印記，揭蓋，一大猴跳出，不知所詣，見釜中銘云："茅山道士鮑知遠囚猴神於此，其有發者，發後十二年，胡兵大擾"；果安禄山起戎。按《水滸》第一回洪太尉"誤走妖魔"事似即本此增飾。符咒能禁服鬼怪而不能約束常人，常人畏鬼怪，却不畏鬼怪所畏之符咒；此種繫連，亦見西方神話。如淍堤孩以巨石蓋井，使大白人(der lange weisse Mann)不出爲厲，曰："吾畫符石上，足制此物，然不能妨阻常人之移石也"(Darum liess ich den Stein über des Brunnens Öffnung wälzen und schrieb Zeichen darauf, die alle Kraft des eifenden Oheims lähmen. Menschen freilich können trotz der Zeichen mit ganz gewöhnlichem Bemühen den Stein wieder abheben: die hindert es nicht)①。

【增訂三】程穆衡《水滸傳註略·石碣妖魔》早引《集異記》汪鳳事，謂《水滸》"用此事爲發端"。常人畏鬼怪，却不畏鬼

① Fouqué, *Undine*, kap. 13, Nelson, 65.

怪所畏之禁呪，此意始發於莊子；《藝文類聚》卷八六《桃》部引《莊子》佚文："插桃枝於户，連灰其下，童子入不畏而鬼畏之，是鬼智不如童子也!"

五六　卷一四一

《王仲文》（出《幽明録》）。按卷四三八《王仲文》（出《搜神記》）重出。

五七　卷一四六

《魏徵》（出《朝野僉載》）徵寢時聞二典事相語，一謂官職由徵，一謂“由天上”，徵遂作書云：“與此人一員好官”，命前人送至侍郎處，其人不知，忽心痛，由後人送書，送者得官。按趙與時《賓退録》卷四以此事與《能改齋漫録》記宋仁宗聞二近侍争貴賤在命抑在至尊事相比，謂“二事蓋只一事”；周亮工《同書》卷四復以二事與《金史》記海陵聞二衛士争富貴在天抑由君賜事合舉。《能改齋漫録》卷一一記宋仁宗事亦見《獨醒雜志》卷二。然疑皆本之釋典。《大莊嚴論經》卷一五之七二略云：“憂悦伽王於晝睡眠，有二内官，持扇捉拂，共作論議。一則自稱‘是我業力’，一則自稱‘我因王力’。王聞不悦，即向彼稱業力者説偈曰：‘依於我國住，自稱是業力，我今試看汝，爲是誰力耶?’往夫人所，言：‘今當遣人來到汝邊，汝好莊嚴如帝釋幢。’以蒲萄漿與彼依王活者，送與夫人。彼業力者，着好衣服，來至王邊，王大生怪。彼人説：‘此人奉使出門，卒爾鼻衄，即以此漿與我使送。’”《雜寶藏經》卷三之二六波斯匿王及二内官事同。

【增訂三】王惲《秋澗先生大全集》卷四四《御書銀盒事》記“道陵朝二近侍”事，即自魏徵此則孳生者。

五八　卷一四九

《術士》（出《逸史》）。按卷一五一《韓滉》（出《前定録》）事類。

五九　卷一五三

《李宗回》(出《逸史》)："食五般餛飩。……有五般餛飩，問煮那般?"按陸游《劍南詩稿》卷五六《對食戲作》之三："餛飩那得五般來?"，用此語；其《南唐書·雜藝、方士、節義列傳》："某御廚者……其食味有……五色餛飩"，當即"五般餛飩"，"色"如"四色禮物"之"色"，非謂顏色，乃謂樣色。《舊唐書·睿宗諸子傳·讓皇帝憲傳》裴耀卿奏："水陸一千餘種，每色瓶盛，……並諸藥酒三十餘色"，正以"色"與"種"爲互文也。

六〇　卷一六三

《天后》（出《談賓録》一作《朝野僉載》）。按此則與卷二一五《貞觀秘記》（出《感定録》）、卷二二四《李淳風》（出《定命録》）所言爲一事，采入《舊唐書·李淳風傳》者，亦即舊日俗傳李淳風《推背圖》附《藏頭詩》後問答第一節。觀此三則，唐人衹言淳風觀象望氣而前知武后“當有天下”，未嘗言其畫圖也。《北史·王世充傳》記道士桓法嗣“自言解圖讖，……上《孔子閉房記》，畫作丈夫持一竿以驅羊。法嗣云：‘楊、隋姓也；干一者，王字也；王居楊後，明相國代隋爲帝也’”；則亦有“圖”而據以“推”，却未道有讖。宋岳珂《桯史》卷一：“唐李淳風作《推背圖》，五季之亂，王侯崛起，人有倖心，故其學益熾。……藝祖即位，始詔禁讖書。然圖傳已數百年，民間多有藏本，不復可收拾，有司患之。上曰：‘正當混之耳。’乃命取舊本，自己驗之外，皆紊其次而雜書之，凡爲百本，使與存者並行”；明郎瑛《七修類稿》卷一五記曾見《推背圖》。二家皆未及《藏頭詩》，然足徵自《推背圖》出，如《孔子閉房記》之類遂盡廢矣。《史記·秦始皇本紀》燕人盧生“奏録圖書曰：‘亡秦者胡也’”；《趙世家》秦繆公告公孫支以夢游帝所事，“公孫支書而藏之，秦讖於是出矣”；圖讖見史似始此。公孫支“書藏”，則讖不必有圖，正如明太祖封鍵鐵冠道人或劉基所授“秘記”（參觀陳濟生《再生紀略》卷上、吴偉業《綏寇紀略·虞淵沉》篇、董含《三岡識略》卷一、吴慈鶴《求是續録·洪武十三年親封鐵冠道人所授圖》、蔣湘南《春暉閣詩鈔選》卷五《明太祖親封鐵冠道人所授圖》），圖復不必有讖也。《後漢書·蘇、楊列傳》楊厚祖春卿“善圖讖學”，囑其子曰：“吾綈袠中有先祖所傳秘記”；《貞觀秘記》之名昉此。西漢圖讖有“代漢者當塗高”之語，《後漢書·公孫述傳》載光武帝與述書，嘲之曰：“君豈高之身邪?”；下至東漢之末，袁術又自謂應“當塗高”之讖，李雲則謂應此讖者爲曹魏；更下至西晉之末，王浚猶“以父字‘處道’，爲‘當塗高’，應王者之讖，謀將僭號”（《晉書·王浚傳》）。解因人而異，釋隨心所欲，各以爲代興張本，即所謂“人有倖心”也。《晉書·武帝紀》：“禁星氣讖緯之學”，而《元帝紀》：“初《玄石圖》有‘牛繼馬後’，故宣帝深忌牛氏”；則乃祖固信圖讖者，其孫禁之，亦恐“人有倖心”爾，而禁之嚴適由於其信之深焉。《魏書·高祖紀》上詔禁“圖讖秘緯，……留者以大辟論”，而《廣記》卷三九一《樊欽賁》（出《宣室志》）載後魏“天師”寇謙之刻石記，正屬讖緯秘記；苟石刻果出謙之，而能免於磨滅破碎，豈“天師”手跡，在在神物呵護歟?《南史·隱逸傳》下記梁武帝禁蓄讖緯，阮孝緒“兼有其書”，乃焚之，而《梁書·處士傳》記梁武將受齊禪，陶弘景“援引圖讖，數處皆成‘梁’字，令弟子進之”（《南史·隱逸傳》下同）；豈非唯其信而喜之，故亦恐而禁之乎?《南史·隱逸傳》

下又記釋寶誌“預言未兆，……梁武帝尤深敬事。……好爲讖記，所謂‘誌公符’是也”；則焚者自焚，而作者自作也。《隋書·經籍志》一述宋大明、梁天監及隋二帝嚴禁圖讖，煬帝“發使四出，搜天下書籍與讖緯相涉者皆焚之，爲吏所糾者至死。自是無復此學”。安知當煬帝之世已有《孔子閉房記》，厥後《貞觀秘記》、《推背圖》接踵而起乎！《舊唐書·代宗紀》大曆二年正月《詔》即以“四方多故，一紀於兹”，又“禁斷”讖緯、符命矣。當代一法國文家，惜忘其名，嘗曰：“有史以來，世人心胸中即爲夢想三端所蟠據：飛行也，預知未來也，長生不死也”（D'aussi loin qu'on se souvienne，l'homme a été habité par trois rêves：voler，connaître l'avenir et ne pas mourir）。圖讖既可逞預知未來之癡想，復得稱“王侯崛起”之倖心，宜其如春草之火燒不盡而風吹復茁耳。

【增訂二】《後漢書·鄧晨傳》：“蔡少公頗學圖讖，言：‘劉秀當爲天子。’或曰：‘是國師公劉秀乎?’光武戲曰：‘何用知非僕耶?’”；《竇融傳》：“智者皆曰：‘……今皇帝姓號見於圖書，……故劉子駿改易名字，冀應其占。’”亦“人有倖心”之例。

【增訂四】《雞肋編》卷中：“范忠宣公……曰：‘神考於某有保全家族之大恩。’……蓋李逢乃公外弟，嘗假貸不滿，憾公。後逢與宗室世居狂謀，事露繫獄。吏問其發意之端，乃云因於公家見《推背圖》，故有謀。時王介甫方怒公排議新法，遽請追逮。神考不許，曰：‘此書人皆有之，不足坐也。’”

【增訂三】鄭君朝宗曰：“培根有《論預言》一文，所斥即西方之‘讖’。”是也。其文謂奸黠之徒，多閒生事(idle and craftie Braines)，於事後造作言語，以欺世惑人(Impostures)。讖之爲物，祇宜鄙視，而讖之流傳，則不可掉以輕心(they ought all to be *despised*... the Spreading and Publishing of them is in no sort to be Despised)；蓋其爲害非尠(For they have done much Mischiefe)，故國法禁之(Bacon："Of Prophecies"，*Essays*，"The World's Classics"，153)。

六一　卷一六四

《員半千》（出《廣德神異録》）。按與卷一六九《王義方》（出《談賓録》）爲一事。

六二　卷一六六

《楊素》（出《本事詩》）徐德言與樂昌公主破一鏡，各執其半，期得重合。按卷四八六陳鴻《長恨傳》玉妃命碧衣“取金釵鈿合各析其半”，白居易《長恨歌》申説曰：“釵留一股合一扇，釵擘黄金合分鈿，但教心似金鈿堅，天上人間會相見”；杜牧《送人》詩：“明鑑半邊釵一股，此生何處不相逢！”皆以示情偶之原爲合體，分則各殘缺不完。《儀禮·喪服傳》：“夫婦牉合也”，賈公彦疏：“是半合爲一體也”；唐人文中常作“判合”，如《梁書·顧協傳》：“晚雖判合，卒無胤嗣”，《全唐文》卷九五三常德志《兄弟論》：“判合近而爲重，則衣衾爲血屬之親。”段玉裁《經韻樓文集》卷二《夫妻牉合也》一文考論“牉”、“判”即“半”，“牉合”即合兩半而成整體也。

【增訂四】《莊子·則陽》：“雌雄片合”，《釋文》：“片、音判。”厥例尤古，段玉裁未舉。

柏拉圖説兩情相悦慕亦云：“男女本爲同氣并體，誕生則析而爲二，彼此欲返其初，是以相求相愛；如破一骰子，各執其半，庶若左右符契之能合”（Each of us, then, is but a tally of a man, and each is ever searching for a tally that will fit him)[①]。詩人常取此意入其賦詠[②]。韓愈《寄崔二十六立之》詩以雙杯之一贈崔云："我有雙飲醆，其銀得朱提。……異日期對舉，當如合分支"；正同此意，施之朋友，故不用釵、鏡耳。

① *Symposium*, 191D, 193A, *Plato's Dialogues*, "Loeb", V, 141, 145.

② E.g. Schiller: "Das Geheimnis der Reminiszenz", "Die Geschlechter" (*Werke*, hrsg. L. Bellermann, 2. Aufl, I, 54, 169); D.G. Rossetti, *The House of Life*, *Sonnet xi* "*The Birth-Bond*".

六三　卷一六九

《李勣》（出《廣人物志》）贈少決之人以刀，“戒令果斷”，贈不拘之人以帶，“戒令檢約”。按此仿《韓非子·觀行》篇西門豹、董安于事，參觀《易》卷論《革》卦。

《王珪》（出《會要》）“品藻”同僚并“自量”曰：“孜孜奉國，知無不爲，臣不如玄齡”云云。按此古來月旦人倫之匡格，如《管子·小匡》篇又《吕氏春秋·勿躬》篇論百官：“升降揖讓，進退閑習，辨辭之剛柔，臣不如隰朋”一節，《韓非子·外儲說》一節略同；《史記·高祖本紀》高祖曰：“公知其一，未知其二，夫運籌帷帳之中，決勝於千里之外，吾不如子房”一節；《三國志·魏書·陳矯傳》陳登曰：“有德有行，吾敬陳元方兄弟”一節；《後漢書·陳蕃傳》讓曰：“率由舊章，臣不如太常胡廣”一節；《世說·品藻》庾龢曰：“思理倫和，吾愧康伯”一節。若夫僅舉一人與己短長者，則如《國語·越語》下范蠡曰：“四封之内，百姓之事，蠡不如種也”云云，《史記·項羽本紀》宋義曰：“夫被堅執鋭，義不如公”云云，《吕后本紀》陳平、絳侯曰：“於今面折廷争，臣不如君”云云，《田叔列傳》附褚先生記田仁、任安“相推第”云云；《三國志·吴書·孫破虜討逆傳》

孫策謂孫權曰："與天下争衡，卿不如我"云云；《北齊書·儒林傳》張雕曰："若作數行兵帳，雕不如［唐］邕；若致主堯、舜，身居稷、契，則邕不如我"；《北史·李渾傳》謂魏收曰："雕蟲小技，我不如卿；國典朝章，卿不如我"；《世説新語·方正》王爽與王恭較量語，《品藻》龐統自較顧劭語，謝鯤、周顗自較庾亮語（《世説》記龐統語："陶冶世俗，與時浮沉，吾不如子；論王霸之餘策，覽倚仗之要害，吾似有一日之長"；《三國志·蜀書·龐統傳》裴松之註引張勃《吴録》作"陶冶世俗，甄綜人物……論帝王之秘策，攬倚伏之要最……"，於義爲長，"與時浮沉"與"陶冶世俗"尤詞意背忤）。六朝以還，如《舊唐書·李光弼傳》謂韋陟曰："夫辨朝廷之禮，光弼不如公；論軍旅之事，公不如光弼"，不復具舉。後世黄道周《黄忠端公全集》卷二有《三罪四恥、七不如疏》。顧炎武《亭林文集》卷六《廣師》，尤成章之在人耳目者。平步青《霞外攟屑》卷七上謂《廣師》本《東坡志林》卷一劉原父語，似未知漢、唐早有此體制也。

《選將》（出《譚賓録》）李勣臨陣，"必相有福禄者"遣之，曰："薄命之人，不足與成功名。"按《史記·李將軍列傳》所謂"數奇"是也。相傳拿破侖選將亦然，忘見何書矣。

【增訂三】《精忠説岳傳》第三〇回王貴以岳飛點牛皋作先鋒，心懷不平，訴於湯懷曰："難道我二人的本事不如了他麽？"湯解之曰："不是這等説！大哥常説他大難不死，是員福將，故此每每教他充頭陣。"可以箋李勣語。

《張鷟》（出《朝野僉載》）論李嶠曰："李公有三戾：性好榮遷，憎人升進；性好文章，憎人才筆；性好貪濁，憎人受賂。"按錢易《南部新書》丙略同，蓋仿《世説新語·品藻》卞望之論郗鑒曰："郗公體中有三反：方於事上，好下佞己；治身清貞，大修計校；自好讀書，憎人學問"；《三國志·魏書·王朗傳》裴松之註引劉寔論王肅亦曰："方於事上，而好下佞己，此一反也；性嗜榮貴，而不求苟合，此二反也；吝惜財物，而治身不穢，此三反也。"

六四　卷一七〇

《姚元崇》（出《明皇雜録》）張説悔恨曰："死姚崇猶能算生張説！"按《三國志·蜀書·諸葛亮傳》裴松之註引《漢晉春秋》："百姓爲之諺曰：'死諸葛走生仲達。'或以告宣王，宣王曰：'吾能料生，不能料死也！'"《玉照新志》載道士過蘇軾廟七律頸聯："才力謾趨生仲達，功名猶忌死姚崇"，即連類儷事。《廣記》卷三二七《顧總》（出《玄怪録》）引時人語："死劉楨猶庇得生顧總"，語型亦同。

六五　卷一七一

《嚴遵》（出《益都耆舊傳》）聞女子哭夫而聲不哀，考問，以淫殺夫。按卷一七二《韓滉》（出《酉陽雜俎》）事同而異主名，皆本《韓非子·難》三子産晨出，過東匠之閭，聞婦人之哭"不哀而懼"，知其有姦。《酉陽雜俎》引《論衡》記子産事與韓滉事相比，實則《論衡·非韓篇》明言爲《韓非子》語也。

《李傑》（出《國史異纂》）寡婦告其子不孝，傑察知其與道士姦。按《緑窗新話》卷上《王君判道士犯姦》、《初刻拍案驚奇》卷一七事同。

六六　卷一七三

《張融》（出《談藪》）歎曰："不恨我不見古人，恨古人不見我"，又曰："不恨臣無二王法，亦恨二王無臣法。"按卷二三六《元琛》（出《洛陽伽藍記》卷四）謂章武王融曰："不恨我不見石崇，恨石崇不見我。"釋德洪《石門文字禪》卷二《贈王性之》："不恨子未識和仲，但恨和仲未識君"；辛棄疾《賀新郎》："不恨古人吾不見，恨古人不見吾狂耳"；均仿此。

【增訂三】《虞初新志》卷四余懷《寄暢園聞歌記》爲徐君見作也，謂："南曲蓋始於崑山魏良輔云。……此道不絶如線，而徐生蹶起吴門，搴魏赤幟易漢幟，恨良輔不見徐生，不恨徐生不見良輔也。"樂鈞《耳食録》卷五《瘋道人》："一妓繼歌曰：'……古人不見今時月，今月曾經照古人。'仙者笑曰：'誤矣！乃今人不見古時月也。'妓曰：'今人不見古時月，古人亦誰見今時月來？'仙者歎息"；"仙者"即李白，此妓口給，仿張融語式爲李白詩句進一解耳。

六七　卷一七五

《元嘉》（出《朝野僉載》）五官並用，“六事齊舉”，能“左手畫圓，右手畫方，……足書五言絶”。按《韓非子·功名》篇：“右手畫圓，左手畫方，不能兩成”，又《外儲説》左下：“子綽曰：‘人莫能左畫方而右畫圓也。’”《廣記》卷一八四《韋貽範》（出《北夢瑣言》）羅隱曰：“是何朝官！我脚夾筆，亦可敵得數輩”；狂語也，元嘉則實解脚夾筆矣。梁玉繩《瞥記》卷四、梁學昌《庭立紀聞》卷一列舉五官並用故事頗備。

《蘇頲》（出《開天傳信記》）詠兔曰：“兔子死闌殫，持來掛竹竿。”按“闌殫”者，疲軟不振貌，如《藝文類聚》卷六四《宅舍》引晉束晳《近游賦》：“乘篳輅之偃蹇，駕蘭單之疲牛”；唐人多用之。盧照鄰《釋疾文》之二《悲夫》：“草木扶疏兮如此，余獨蘭單兮不自勝”；劉知幾《史通》内篇《二體》：“碎瑣多蕪，闌單失力”；白行簡《天地陰陽交歡大樂賦》：“袋闌單而亂擺”，“單”必“單”之譌；《清異録》卷三《衣服》引諺：“闌單帶，疊垛衫，肥人也覺瘦巖巖”，即言帶之柔弛貌。“闌單”音轉而爲“郎當”，如《朱子語類》卷一三〇謂“張文潛軟郎當”；蘇鶚《演義》謂“龍鍾”乃“不昌熾、不健舉貌，如‘藍鬖’、‘拉搭’之類”，亦音之轉也。

六八　卷一七六

《婁師德》（出《國史異纂》）教弟曰："人唾汝面，拭之是違其怒，正使自乾耳。"按吴曾《能改齋漫録》卷一謂師德語本《尚書大傳·大戰》篇太公曰："罵汝毋歎，唾汝無乾。"羅璧《羅氏識遺》卷二："小説著太公勸忍之言曰：'吞鈎之魚，悔不忍飢；罹網之鳥，悔不忍飛；人生誤計，悔不忍爲。故唾面將襟拭，嗔來把笑迎，則知辱之當忍矣'"；與《大傳》載太公語適反，正師德所戒也。"小説"當即《太公家傳》或《太公家教》；"嗔來把笑迎"猶《水滸》第二七回："自古嗔拳輸笑面"或《五燈會元》雲臺因禪師語："嗔拳不打笑面"，而《中州集》卷七載王革一聯："赤心遭白眼，笑面得嗔拳"，則憤慨之詞。高承《事物紀原》卷九記"江淮之俗，每作諸戲，必先設'嗔拳'、'笑面'。"

六九　卷一七七

《陸象先》（出《國史補》）謂參軍曰：“打也得，不打也得；官人打了，去也得，不去也得。”按亦見卷四九六《趙存》（出《乾𦠆子》）記象先事。

《元載》（出《國史補》）魚朝恩曰：“怒者常情，笑者不可測也。”按《全唐文》卷七九八皮日休《鹿門隱書》：“古之殺人也怒，今之殺人也笑”，均李義府“笑中有刀”之意。白居易《新樂府・天可度》：“君不見李義府之輩笑欣欣，笑中有刀潛殺人”；明用義府事入詩，似莫早於此，所謂“直道當時語”也。喬叟名句亦曰：“面上笑，衣下刀”（The smyler with the knyf under the cloke）。范成大《石湖詩集》卷二四《題請息齋六言》之三：“笑中恐有義府，泣裏難防叔魚”，則言哭亦不可測；沈起鳳《諧鐸》卷一一《老僧辨奸》託僧語論嚴嵩曰：“哭者人情，笑者真不可測也”，又仿魚朝恩之論元載。屈大均《廣東新語》卷一六記西洋人“機銃名‘覷面笑’，弢藏於衣袖之中，而突發於咫尺之際，殺機不測，良可寒心！”；復本“笑中刀”之意，以題目手鎗，非“西洋人”原命“名”也。

【增訂三】十八世紀英國大畫師嘗言，圖畫中欲示人物之爲僞君子，最難著筆。道貌岸然而面帶奸相，善氣盎然而目露凶光，則斯人雖裝幌子，其飾僞望而可識，安能惑衆售欺乎？繪之者須於形相之外，另著跡象，如容顏堆笑而手刃方刺，其心事之藏奸藴毒遂曉然矣(so that the character of a hypocrite is entirely out of the power of the pencil, without some adjoining circumstance to discover him, as smiling and stabbing at the same time, or the like—W. Hogarth, *The Analysis of Beauty*, ch.15, ed. J. Burke, 137)。與"義府笑中刀"之喻，真造車合轍者。

七〇　卷一八〇

《宋濟》（出《盧氏小説》）德宗曰："茶請一碗"，濟曰："鼎水中煎，此有茶味，請自潑之。"按《雲笈七籤》卷一一三下引《續仙傳》聶師道尋蔡真人，投一草舍，"主人以湯潑茶"。觀此二則，唐人已有瀹茗者。蘇軾《試院煎茶》詩自註："古語云：'煎水不煎茶'"；蘇轍《欒城集》卷四《和子瞻煎茶》："相傳煎茶只煎水，茶性仍存偏有味"；蓋必有所承矣。

《李固言》（出《摭言》）不曉人事，親表戲於其頭巾上帖文字云："此處有屋僦賃。"按法俗語嘲無智者亦云："渠頭中有屋召租"（Il y a bien des chambres à louer dans sa tête）。英一文人自負好頭腦，狂言曰："吾將大書額上曰：'召租'"（I will write upon my forehead in legible characters, "To be let"），父聞之曰："兒乎，莫忘加'空屋'兩字也"（And under that write —"Unfurnished"）[①]。

① *Sheridaniana*, J. Thornton, ed. *Table Talk*, "Everyman's", 128.

七一　卷一八一

《賈島》（出《摭言》）不善程試，每試，巡鋪告人曰：“‘原夫’之輩：乞一聯！乞一聯!”按“告”如“告急”之“告”，“夫”音“扶”，“原夫”指程試律賦中起轉語助。轉如《文苑英華》卷一翟楚賢《天行健賦》：“原夫天者乾之形，乾者天之名”，卷四紇干俞《海日照三神山賦》：“原夫出巨浸以貞明，次崇岡而久照”；起如卷二〇甘子布《光賦》：“原夫陽之化，陰之融”，卷二四顔舒《刻漏賦》：“原夫陰陽遞運，日月分馳。”

【增訂三】釋文瑩《玉壺清話》卷四記朱台符“少有賦名”，所作文字“皆類於賦，章疏歌曲亦然”，嘗爲數闋，其鄉人田錫嘗曰：“朱拱正一闋，乃《閨怨賦》一首，衹少‘原夫’。”

“輩”謂解作此類語句之士，即《日知録》卷一七所考唐時應試者互稱“先輩”之“輩”。耳食爲文，不求甚解，或誤以“夫”爲實字，讀成“丈夫”之“夫”，甚或通假作“父”字，指人而言。名士勝流，亦每未免。如陳造《江湖長翁文集》卷一一《送李生歸赴秋試》第一首：“功名數前輩，術業舊原夫”，以“夫”對“輩”，似認作實字也。劉克莊《後村大全集》卷一〇九《跋李光子詩卷》："士生叔季，有科舉之累，以程文爲本經，以詩古文爲外學，惟才高能並工。賈浪仙有詩名，入試，乃問原父輩乞一聯"，若非謄録、印刷有謁，則幾同劉敞之字矣！陳人傑《沁園春·登岳陽樓》："原夫輩，算事今如此，安用毛錐!"；以"原夫"泛指文墨之事，亦未切當。楊萬里詩文中用此事最多，如《誠齋集》卷一五《題龍舜臣遜志齋》："欲知聖處真消息，不是'原夫'一兩聯"；卷一〇五《與權府聶通判》："渠於'原夫輩'之外，詩文超絶云"；卷一三一《静菴居士曾君墓銘》："既而又奮曰：'原夫之輩，豈學也乎!'"；觀卷五四《回余復狀元啓》："問學河漢，豈屑'原夫'之兩聯；時世文章，政堪莞爾之一笑"；以"原夫"别出於"詩文"、"學"，"莞爾"之"爾"，亦屬語助，對偶銖錙悉稱，足證其於"原夫"得正解也。賈島《送雍陶及第歸成都》："不唯詩著籍，兼又賦知名"；語涵驚羡，正緣己祇偏長，不能"兼"擅耳。

《蘇景、張元夫》（出《盧氏雜説》等）"後有東西二甲，東呼西爲'茫茫隊'，言其無藝也。"按董逌《廣川畫跋》卷五《書舉子圖後》："人物衣冠作唐人服，爲舉子者七十八人，列二隊，是若相嘲謔。……舊無名，惟呼《措大出隊》。……此殆昔《朋甲圖》也。……各以朋甲相爲敵者，至有東、西甲，東呼西爲'茫茫隊'，言無所知也。"即本此。"甲"與"朋"猶"隊"；封演《封氏聞見記》卷六載"拔河"，謂"分兩朋，兩相齊挽"，中宗時曾以清明命侍臣爲此戲，"東朋貴人多，西朋奏勝"；猶此言"東西二甲"也。

【增訂三】徐夤《忙》："雙競龍舟疾似風，一星球子兩明同"，《全唐詩》於"明"字下註："一作'朋'"，蓋不知"明"爲

"朋"之訛字。孟元老《東京夢華録》卷七《駕登寶津樓諸軍呈百戲》:"分爲兩隊,各有朋頭一名。……一朋頭用杖擊球子,如綴球子方墜地,兩朋争占。""朋"即是"隊",宋世語尚然。

【增訂四】《晋書·魏舒傳》:"累遷後將軍鍾毓長史,毓每與參佐射。……後遇朋人不足,以舒滿數。""朋人"即謂一隊之人數也。崔令欽《教坊記·序》亦云:"凡戲輒分兩朋,以判優劣。"李商隱《驕兒詩》:"朋戲渾甥姪",諸家註皆未解,正言與甥姪輩偕戲,分爲兩隊耳。《全唐詩》花蘂夫人《宫詞》:"分朋閑座賭櫻桃"句中"朋"字下註:"一作'明'",蓋不解"朋"義,多此一舉也。

七二　卷一八八

《張易之》（出《國史異纂》）。按與卷一四三《張易之》（出《朝野僉載》）乃一事。

七三　卷一九三

《虬髯客》（出《虬髯傳》）。按《雲笈七籤》卷一一二《神仙感遇傳·蚪鬚客》即蹈襲本篇而增首句云："蚪鬚客道兄者，不知名字。"道士瓜皮搭李，買菜求益，令人笑來，豈師法紅拂之稱虬髯爲"兄"乎？真取則不遠矣！宋范公偁《過庭録》記曾見《黄鬚傳》，中載李靖竊富家女而遁，於逆旅見黄鬚老人切人頭食之云云；疑是此篇之别本耳。紅拂曰："妾亦姓張，合是妹"，蓋覩虬髯平視己之梳頭，故正名定分，防其萌非分想也。《水滸傳》第八一回李師師"看上"燕青，"把言語調他"，燕青"心生一計"，問師師年齡，即曰："娘子既然錯愛，願拜爲姐姐"；《警世通言》卷二一《宋太祖千里送京娘》公子曰："俺借此席面，與小娘子結爲兄妹"，即爲後文"兄妹相稱，豈可及亂！"伏筆；均可相參。王實甫《西廂記》第二本第三折："老夫人云：'小姐近前拜了哥哥者。'張背云：'呀！聲息不好了也！'鶯鶯云：'呀！俺娘變了卦也！'張生退席云：'今日命小生赴宴，將謂有喜慶之期，不知夫人何見，以兄妹之禮相待？'"；鄭德輝《㑳梅香·楔子》："裴小蠻云：'不知夫人主何意，却叫俺拜他做哥哥'"，第一折："白敏中云：'將親事全然不提，則説着小姐拜哥哥’”；則老母板障，以“兄妹之禮”阻兩小夫婦之儀，作用正同。孟德斯鳩《隨筆》(Spicilège)亦引語云：“願彼美莫呼我爲兄；若然，吾亦不得不以妹稱之矣！”(Qu'il n'arrive point，dit Aristarque，à ce beau visage，à ce doucereux，de m'appeler frère，car je l'appellerais soeur)①。當世英國一小説家撰自傳，記曾識一女小説家才高而貌寢，恐其鍾情於己，乃與書約爲兄妹(I asked Dorothy Edwards in a letter if she were willing to adopt me as her brother，and allow me to adopt her as a sister. I hoped that if we adopted each other in this way，we should be able to avoid a sex entanglement)②。與紅拂、宋祖、燕青百慮一致。王猷定《四照堂集》卷一二《戲論紅拂奔李靖》：“嗟乎！興衰去就之際，苟失大勢，雖以英雄處此，不能保婢妾之心。況其他乎！”慨明亡而借題寓感耳。

《嘉興繩技》（出《原化記》)。按《聊齋志異》卷一《偷桃》所濫觴也。《聊齋》馮評：“明錢希言《獪園》一書敘有此事”，尚未的當。《獪園》卷二《偷桃小兒》謂緣木棍升天，《聊齋》則同《廣記》之言拋繩虚空，蓋捉二事置一處。德國故事亦謂術士擲繩高空(Warf er ein Seil in die Höhe)，繩引小駒，術士攀馬蹄，妻牽夫足，婢牽婦衣，魚貫入雲而逝③。愛爾蘭故事(*O'Donnell's Kern*)言有精繩技者拋絲線掛浮雲上(He

① Montesquieu，*Oeuvres complètes*，“Bib. de la Pléiade，”II，1278.

② David Garnett，*The Familiar Faces*，87－8.

③ Brüder Grimm，*Deutsche Sagen*，§253，“Fest Hängen”，Propyläen Verlag，I，273－4.

tosses up a silken thread so that it catches on a cloud)，使一兔、一犬、一童緣而登天，繼遣一少女去善視兔，良久不下，繩師心疑，遂收其線，則女方與童狎而兔已爲犬噉(Sure enough，the boy is between the girl's legs and the dog is picking the hare's bones)，怒斬童首，觀者責其忍，乃復安頭頸上，以面背向，童即活①；尤爲詼詭。《西洋記》第七五回金碧峰使飛鈸禪師所殺諸人復活，亦有"一個人錯安了頭，安得面在背上"。

① Vivian Mercier，*The Irish Comic Tradition*，24.

七四　卷一九四

《崔慎思》（出《原化記》）。按與卷一九六《賈人妻》（出《集異記》）皆即《全唐文》卷七一八崔蠡《義激》所記事也，情節蓋兼《聊齋志異》卷二《俠女》與卷六《細侯》。

《聶隱娘》（出《傳奇》）“化爲蠛蠓，潛入僕射腸中聽伺。”按《中阿含經》之一三一：“魔王化作細形，入大目犍連腹中”，又《增壹阿含經》卷二八記目連降龍，“化爲細身，入龍身内，從眼入耳出，耳入鼻出，鑽嚙其身”，亦即《西遊記》中孫行者化蟭蟟蟲或紅桃入鐵扇公主、金毛白鼠精或獅駝洞老魔等腹中之術。宋人《大唐三藏取經詩話·過長坑大蛇嶺》第六行者謂虎精曰：“看你肚中有一老獼猴”，虎精果腹裂而死；然行者初未潛入虎腹。元曲李好古《張生煮海》第三折石佛寺行者則乘大蟲飲水“開口之時，只一個筋斗早打到他肚裏去了”；雖入肚而未化形。吴昌齡《西遊記》第九折祇言行者化焦螟蟲，未道其鑽入腹中。烟霞散人《斬鬼傳》第八回黑眼鬼“使出神通，將身縮小，竟往鍾馗眼裏直鑽，竟鑽入去了，疼得鍾馗滿眼流淚”；不入腹而入目，伎倆實同。《新齊諧》卷一四《狐鬼入腹》：“李晚膳畢，忽腹中呼曰：‘我附魂茄子上，汝啖茄即啖我也；我已居汝腹中，汝復何逃?’”《六合内外瑣言》卷五《豬母》寫金山老僧降水怪云：“赤牛難治，衲以身餌，遂爲所食，登岸而刳其心。”則皆師行者故智，而隱娘事其椎輪也。《廣記》卷四四五《楊叟》（出《宣室志》），似本竺法護譯《生經》第一〇《鼈、獮猴經》而爲孫行者比邱國剖心一節所自出，卷四一五《賈秘》（出《瀟湘記》）則唐僧木仙菴談詩一節所自出也。連類舉之。

【增訂四】西故亦道小物爲大物所吞食，入腹遂咀嚙或顛攪其臟腑者。相傳埃及之獴能入巨鱷之口而食其肝腸，略如孫行者恫嚇獅駝洞老魔及金毛白鼠精所謂“將這裏邊的肝、腸、肚、肺細細兒受用”，“吃了六葉連肝肺，三毛七孔心”；文家論大惡巨憝每爲微賤之徒所困虐，即取此設譬焉（Oftentimes a base contemptible fellow is the instrument of God's justice to punish, to torture, to vex them, as an *ichneumon* doth a *crocodile*. —R. Burton, *Anatomy of Melancholy* Part II, Sect. iii, Mem. 7, George Bell, 1904, Vol. II, p. 226, Note: The ancients thought the ichneumon ... even entered the mouth of the crocodile, and gnawed its entrails.）。英國童話言侏儒“大拇指湯姆”爲巨人所食，一躍入腹，不遭齒決，於是虎跳筋斗，幾欲穿穴臟腑，巨人痛極，覺如有魔鬼在腹中作網球戲者，急向大海哇而出之（*Tom* did, [when the Gyant tooke hold of him] give a skippe downe [unchewed] into his throat, and so into his belly, and there kept such a rumbling and tumbling in his guts, as if he would have gnawne a hole quite thorow: ... the Gyant ... thought the

Diuell or his dam had plaid at Tennis in his paunch：therfore in fury ... he disgorged his stomacke，and cast out his burthen，at least three miles into the Sea. —lona and Peter Opie，*The Classical Fairy Tales*，Granada，1980，p. 51）。孫行者在羅刹女腹内“耍子”，在金毛白鼠精口内“轂轆徑到肚腹”，“支架子，理四平，幾乎把個皮袋兒搗破”，又與此大類矣。

七五　卷一九五

《馮燕》（出沈亞之《馮燕傳》）。按本則標明沈文，而卷二八二《邢鳳》、《沈亞之》兩則亦即《沈下賢文集》卷四《異夢録》、卷二《秦夢記》，却皆標“出《異聞録》”，紛錯如此。司空圖《馮燕歌》末云：“爲感詞人沈下賢，長歌更與分明説”；王明清《玉照新志》卷二載曾布《水調七遍》亦賦燕事，多本於司空《歌》，如“爾能負心於彼，於我必無情”，即《歌》之“爾能負彼必相負，假手他人復在誰”，沈《傳》初無爾許語也。張齊賢《洛陽縉紳舊聞記》卷三向拱殺所私潞民妻事、《紀録彙編》卷二〇一陸釴《病逸漫記》北京馬姓事又卷二〇二祝允明《前聞記》某校尉“牀下義氣”事，均與馮燕行徑大似，《貪歡報》第八回鐵念三事所出也。

七六　卷一九七

《傅奕》（出《國史纂異》）婆羅門僧有佛齒，所觸無堅不碎，奕謂其子曰："吾聞金剛石至堅，物莫能敵，唯羚羊角破之"；果然。按傅奕闢佛，爲僧徒所深仇痛恨；《廣記》卷一一六《傅奕》（出《地獄苦記》）記奕暴卒，"配越州爲泥犁"，《法苑珠林》卷九六《感應緣》之一一即其事。蓋緇流加誣爲幻，稍抒憤毒，以證實《舊唐書》奕本傳蕭瑀所謂"地獄所設正爲是人"耳。志磐《佛祖統記》卷三九："奕小人謗法，罪在泥犁。……佛舍利齒骨，一切物不能壞，彼婆羅門所携之齒，恐非佛真。……雖足以成傅奕博物之名，而終不能知吾佛金剛不壞之體。"痴人前真說不得夢也！何以不曰奕之"博物"亦正竊"吾佛"之餘智耶？《大般涅槃經·菩薩品》第一六："譬如金剛，無能壞者，悉能破壞一切諸物，惟除龜甲及白羊角"；《全唐文》卷九一四惠能《〈金剛般若波羅蜜經〉序》："金剛喻佛性，羚羊角喻煩惱。金剛雖堅，羚羊角能碎；佛性雖堅，煩惱能亂。"志磐豈未聞此等言說耶？

《郝處俊》（出《朝野僉載》）太宗須"無脂肥羊"充藥，郝云："須五十口肥羊，一一對前殺之，其羊怖懼，破脂並入肉中，取最後一羊，則極肥而無脂也。”按隱本釋書，鳩摩羅什譯《大智度論·論忍義》第二五：“國王言：‘取無脂肥羊來，若不得者，當與汝罪。’大臣有智，繫一大羊，以草穀好養，日三以狼畏怖之；羊雖得養，肥而無脂。菩薩見無常苦空狼，令諸結使脂消，諸功德肉肥。”智者《摩訶止觀》屢用此喻，如卷六：“三藏菩薩初修空狼，伏煩惱羊，……煩惱脂消，功德轉肥”；卷七：“多修六度功德，善本似羊身肥，勤觀無常諸惡業壞，恒被狼怖，如羊無脂”；卷一〇：“以無常狼，怖空見羊，煩惱脂銷，廣起願行，功德身肥。”

七七　卷一九八

《張説》（出《大唐新語》）。按見《大唐新語》卷八，《舊唐書·楊炯傳》、《新唐書·駱賓王傳》全采之。《皇甫持正文集》卷一《諭業》云："夫比文之流，其來尚矣。當朝之作，則燕公悉已評之"；正指此，"當朝"即宋以來所謂"本朝"也。

七八　卷二〇〇

《杜荀鶴》（出《北夢瑣言》）荀鶴詩："舊衣灰絮絮，新酒竹篘篘"；韋莊詩："印將金鎖鎖，簾用玉鈎鈎。"按以文爲戲，偶弄狡獪，亦未須詩律傷嚴，防微杜漸。然充類至盡，必如成書《古詩存·凡例》論蘇蕙《璇璣圖》所言："謂之絶技則可，謂之詩則不可"，蓋加厲則將變本矣。貫休《寄懷楚和尚》之二："争將金鎖鎖，那把玉籠籠"；何光遠《鑑戒録》卷八高駢、羅隱聯句："青蠅被扇扇離坐，白澤遭釘釘在門"；司馬光《涑水紀聞》卷三路沖、王嗣宗聯句："佳果更將新合合，惡人須用大枷枷"；李新《跨鼇集》卷一《瘦賦》自註："世詩有'妻憐爲枕枕，兒戲作胞拋'之句"；楊萬里《誠齋集》卷六《秋暑》："剩暑不蒙蕉扇扇，細雲聊借月梳梳"；阮大鋮《詠懷堂詩》外集乙部《石巢夜起看月》："久拜兩疏疏，穩作陶潛潛"；皆此體。王次回《疑雨集》卷一《寄懷弢仲秣陵》之一："見説人歸歸雁後，那堪淚落落花前"，小變其格而尤工。

七九　卷二〇一

《獨孤及》（出《傳載》）嗜鼓琴，“得眼病不理，意欲專聽。”按卷二〇三《師曠》（出《王子年拾遺記》）亦云：“乃薰目爲瞽，以絶塞衆慮，專心於星算音律。”參觀《史記》卷論《老子、韓非列傳》。

《房琯》（出《傳記》）顏真卿刻姓名於石，或置之高山，或沉之大洲，曰：“安知不有陵谷之變耶?”按《晉書·杜預傳》：“預好爲後世名，常言：‘高岸爲谷，深谷爲陵。’刻石爲二碑，紀其勳績，一沉萬山之下，一立峴山之上，曰：‘焉知此後不爲陵谷乎?’”此亦可入吴曾《能改齋漫録》之《類對》門或周亮工《同書》者。

八〇　卷二〇二

《劉獻之》（出《談藪》）謂所親曰："觀屈原《離騷》之作，自是狂人，死何足惜！"按《魏書·儒林傳》記其語作："自是狂人，死其宜也，何足惜也！"元吾邱衍《閒居録》："越士王榮仲不能通訓詁，見古書輒不悦。一日見《楚辭》，歎曰：'作文如此艱澀，宜乎投水死也！'"；明姚旅《露書》卷六："屈原宜放，馬遷宜腐。《傳》曰'吉人之詞寡，躁人之詞多'；觀其《經》，觀其《書》，不亦然乎！"《經》謂《離騷經》，《書》謂《太史公書》也。明人常有此等猥惡議論，如《紀録彙編》卷一八七田藝蘅《留青日札》："解縉詩皆口號。而當世人皆稱其才名絶世，可謂貽笑萬世也！不得其死所，宜哉！"是貽笑後世尚不足以償惡詩之罪，而必作者現世得惡報也。據王世貞《弇州山人四部稿》卷一四九《藝苑卮言》，明成祖"命獄吏沃解大紳以燒酒，埋雪中死"。

八一　卷二〇三

《蔡邕》（出《漢書》，疑是華嶠《後漢書》）。按《藝文類聚》卷九七、《太平御覽》卷九四六皆引此節，明言出華嶠書。其事實本《韓詩外傳》卷七孔子鼓瑟事，《孔叢子·記義》篇則作孔子鼓琴。《太平御覽》卷九一二引《琴操》載曾子鼓琴事略類。

八二　卷二〇四

《秦青、韓娥》（出《博物志》）。按亦見《列子・湯問》篇。又按卷二〇五《趙辟》（出《國史補》）："方吾浩然，眼如耳，目如鼻，不知五絃爲辟，辟之爲五絃也"；亦本《列子・黄帝》："而後眼如耳，耳如鼻，鼻如口。""目"字必爲"耳"字，《得月簃叢書》本《國史補》卷下此則亦誤作"目"，校刊者不知出處，遂沿譌耳。

《李衮》（出《國史補》）崔昭"請第一部樂及京邑之名倡"爲會，曰："請表弟歌"，座皆匿笑，及衮發聲，樂人皆大驚曰："是李八郎也!"按《苕溪漁隱叢話》後集卷三三引李清照《詞論》："開元、天寶間，有李八郎者"云云，即此事，而誤憶爲新進士曲江之宴，至謂曹元寵念奴皆與會。

八三　卷二〇七

《僧智永》（出《尚書故實》）取筆頭瘞之，號爲“退筆塚”。按卷二〇八《僧懷素》（出《國史補》）棄筆堆積，埋於山下，號曰“筆塚”。

八四　卷二〇八

《購蘭亭序》(出《法書要録》)。按“購”字疑當作“賺”字，然宋袁文《甕牖閒評》卷五引宋祁《雞跖集》曰：“余幼時讀《太平廣記》，見唐太宗遣蕭翼購蘭亭帖”，苟非袁書梨棗貽誤，則原是“購”字矣。此則即《全唐文》卷三〇一何延之《蘭亭始末記》；趙彦衛《雲麓漫鈔》卷六嘗謂事不可信，指其謬妄七端。董逌《廣川畫跋》卷二《書〈陸羽點茶圖〉後》言人稱《蕭翼取蘭亭圖》，已爲更定其名；吴曾《能改齋漫録》卷四載蔣璨《跋閻立本畫蕭翼取蘭亭》而辯之曰：“據此所畫書生衣白與夫老僧張頤，皆失實，恐非閻筆”；樓鑰《攻媿集》卷七一《跋袁起巖所藏閻立本畫〈蕭翼取蘭亭圖〉》：“此圖世多摹本，或謂韓昌黎見大顛，或謂李王見木平，皆非也。使是二者，不應僧據禪牀而客在下座，正是蕭翼耳。”蓋皆見古畫人物而各以意牽合故事，加之標識，未保其畫之真出閻立本手筆或果取賺《蘭亭》爲題材也。謝肇淛《五雜俎》卷七云：“宦官婦人每見人畫，輒問：‘甚麽故事?’談者往往笑之”；十八世紀英國一畫師(John Opie)亦深厭俗人見畫人物輒問“阿誰？肖否?”(all reiterating the same dull and tasteless question，*Who is it*？*and Is it like*？)①。此等附會題目，政所以塞宦官俗人輩之問耳，初非定論也。

① *Lectures on Painting*, quoted in C. B. Tinker, *Painter and Poet*, 22.

八五　卷二〇九

《東都乞兒》（出《酉陽雜俎》）無兩手，以右足夾筆，寫經乞錢。按宋上官融《友會談叢》（《説郛》卷四〇）引之而增所見婦人以足梳頭及其友所見婦人以足刺繡；清梁玉繩《瞥記》卷七、梁學昌《庭立紀聞》卷一又蒐討正史、野記所載以足代手之事。《酉陽雜俎》卷五以此事入《詭習》門。蒙田論習（la coustume）可移性，舉無臂人以足行手事（Je viens de voir un petit homme né sans bras，qui a si bien façonné ses pieds au service que luy devoyent les mains）爲例；列奥巴迪論技皆由習（l'assuefazione），亦舉無臂童子能以足代手及有手女子能以足趾刺繡（Io ho veduto un fanciullo nato senza braccia，far coi piedi le operazioni tutte delle mani；ho inteso di una donzella benestante che ricamava coi piedi）爲例①；正與"詭習"之旨相契。張彦遠《歷代名畫記》卷四《張衡》條自註論足亦能畫云："巧者非止於手運思，脚亦應乎心也。"以足書畫，西人掌故亦數述之②。

---

① Montaigne，*Essais*，I. xxiii"Bib. de la Pléiade"，123；Leopardi. *Zibaldone*，ed. F. Flora I，1374-5. Cf. *Il Pentamerone*，III. 2，*op. cit.*，255.

② G. B. Hill，ed.，*Johnsonian Miscellanies*，I，419；Katharine C. Balderston，ed.，*Thraliana*，I，49；Goldsmith，*The Citizen of the World*，no. 45，etc..

八六　卷二一〇

《張衡》（出《郭氏異物志》）有獸名“駭神”，狀貌醜惡，衡往寫其象，獸“畏寫”不出，衡去紙筆，獸乃出，衡拱手而“潛以足指畫之”。按《水經注》卷一四《濡水》引《三齊略記》海神自言“我形醜，莫圖我形”，秦始皇命工人“潛以脚畫其狀”；卷一九《渭水》忖留神自言“貌很醜”，畏人圖容，魯班乃拱手命之出而“以脚畫地”。三事相類；《歷代名畫記》卷四已將張衡事與秦始皇事並提。《藝文類聚》卷七四引《風俗通》：“按《百家書》云：‘公輸班之水，見蠡，曰：見汝形。蠡適出頭，般以足畫圖之，蠡引閉其户，終不可得開’”；事又相同，蠡即螺也。西方舊日僧侶畫魔鬼像狰獰醜惡，資袪除之用，據云魔鬼自慚形穢，羞見己相（It was also believed that the devil felt much mortification in being thus portrayed）①。顧德諺謂：“壁上莫畫魔鬼”（Man soll den Teufel nicht an die Wand malen），蓋圖鬼足以召鬼②；略如

① J，Dunlop，*The History of Fiction*，4th ed.，289.

② Wundt，*Völkerpsychologie*. IV，*Mythus und Religion*，I Teil，489（Zauber des Berufens）；Cf. O. Rank，*Der Künstler*，37：“Wenn man den Teufel an die Wand malt，so kommt er.”

《新序·雜事》言葉公子高屋室畫龍而天龍下窺，或如《龍城録》引諺言“談鬼則怪至”，則魔鬼又似顧影自憐而非自觀猶厭者。俗忌之紛紜如此。

《徐邈》（出《齊諧記》）畫板作鯔魚，懸岸，羣獺競來。按卷二一一《張僧繇》（出《朝野僉載》）、《高孝珩》（出《名畫記》）、《劉殺鬼》（出《名畫記》）、卷二一三《厲歸真》（出《玉堂閒話》）類此。他若《唐文拾遺》卷三二温憲《程修己墓志銘》、卷四二歐陽炯《蜀八卦殿壁畫奇異記》以至曾敏行《獨醒雜志》卷九東安士人畫鼠、史震林《華陽散稿》卷上《記天荒》所記，繪畫不特似真逼真，抑且亂真奪真，更僕難終。《廣記》卷二一三《程修己》（出《畫斷》）唐文宗作歌云："再盼真假殊未分"，可以概之。詞人賦詠，已成印板。如王季友《觀于舍人壁畫山水》："獨坐長松是阿誰，再三招手起來遲；于公大笑向予説：'小弟丹青能爾爲！'"；杜甫《畫鶻行》："高堂見生鶻，颯爽動秋骨，初驚無拘攣，何得立突兀？"；高適《同鮮于洛陽於畢員外宅觀畫馬歌》："半壁趁趯勢不住，滿堂風飄颯然度；家僮愕視欲先鞭，櫪馬驚嘶還屢顧"；方干《水墨松石》："蘭堂坐久心彌惑，不道山川是畫圖"；黄庭堅《題鄭防畫夾》："惠崇煙雨歸雁，坐我瀟湘洞庭；欲喚扁舟歸去，故人言是丹青"；孫覿《題莫壽朋内翰所藏東坡畫枯木》："龍筋鶴骨老摧頹，百尺修圍折巨雷；倦鵲飛來空百繞，踏枝不着又驚回"；藍仁《題荷池白鷺》："西風雨過藕花稀，湛湛池波見雪衣；老眼不知原是畫，移笻欲近畏驚飛。"異域舊日品畫，正復同揆，以亂真爲貴（the ideal of facsimile painting），詩人題畫（the tradition of iconic poetry），亦無二致①。古希臘名手畫屋舍而飛鳥爰止，畫葡萄而衆禽争啄，畫馬則馬見而長嘶，畫蛇則鳥見而息噪②；所謂“繪事欲真，匪徒似真而已”(cum in pictura verum esse，non verisimile vellet)③。所傳兩畫師競技事，此(Zeuxis)畫葡萄，鳥下欲啄，彼(Parrhasius)畫垂帷，此來欲揭，方知非實，乃自失曰：“吾藝能欺鳥，渠巧竟能惑我耶!”又可與釋典如《根本説一切有部毘奈耶藥事》卷一六記中天竺國兩畫師事相比。文藝復興時名家自道職志，仍云眩惑觀者，俾誤認爲真(che il visivo senso degli uomini vi prese errore，quello credendo esser vero che era dipinto)④，至比繪畫於詐誑，畫師以手代口，浪舌脱空(La Pittura non vuol dir altro che bugia；un pittore eccellentissimo，sì come un bugiardo，s'ingegna di somigliare la verità)⑤。後人别畫，識力漸進，歌德遂嘲人之以逼真肖物求畫者，厥智不能逾欲啄畫中葡萄之鳥雀(dass diese Liebhaber echte Sperlinge waren)⑥；黑格爾亦隱采其語⑦。

---

① Robert J. Clements，*Michelangelo's Theory of Art*，148；Jean H. Hagstrum，*The Sister Arts*，97 ff. Cf. Dryden："To Sir Godfrey Kneller，"7－20，*Poems*，ed. J. Sargeaunt，167－8；Anonymous："A Poem in Defence of the Decent Ornaments of Christ Church，Oxon，" *The Oxford Book of Seventeenth-century English Verse*，805－6.

② Pliny，*Natural History*，XXXV. 7，36，38；"Loeb"，Vol. IX，pp. 276，308－10，350.

③ *Ibid*. XXXV. 36 (Protogenes)，*op. cit*.，336.

④ Boccaccio，*Il Decamerone*，VI. 5 (Giotto)，Ulrico Hoepli，388.

⑤ Cellini："Discorsi Sopra l'Arte"，*La Vita scritta per Lui Medesimo seguita dai Trattati* ecc.，a cura di A. J. Rusconi e A. Valeri，800，Cf. 809 nota(Il Tribolo).

⑥ "Ueber Wahrheit und Wahrscheinlichkeit der Kunstwerke"，in G. F. Senior and C. V. Bock，ed.，*Goethe the Critic*，21.

⑦ Hegel，*Aesthetik*，Aufbau，85.

蘇軾《書鄢陵王主簿所畫折枝》第一首："論畫以形似，見與兒童鄰"，即此意爾。

《顧愷之》（出《名畫記》）畫人物，數年不點目睛，曰："傳神寫貌，正在阿堵之中。"按此本《世説新語·巧藝》，而《太平御覽》卷七〇二又七五〇皆引《俗説》云："顧虎頭爲人畫扇，作嵇、阮，而都不點眼睛，曰：'點眼睛便欲語。'"似較《世説》所載更爲警切。蘇軾《傳神記》引"阿堵中"語而釋之曰："傳神之難在目，其次在顴頰；眉與鼻口，可以增減取似也"；惲格《甌香館集》卷一一《畫跋》曰："譬之人有眼，通體皆靈。究竟通體皆靈，不獨在眼，然而離眼不可也。"《廣記》卷二一一《張僧繇》（出《名畫記》畫四龍，不點眼睛，云："點之即飛去"，人請點之，二龍乘雲騰上天；卷二八四《騫霄國畫工》（出《王子年拾遺記》）又爲龍鳳，皆不得作目，作必飛走，秦始皇使以淳漆各點兩玉虎一眼睛，旬日即失之。二事與《俗説》"點睛便語"相發明。洪邁《夷堅丙志》卷一九《汪大郎馬》記汪有良馬，其童又善調馭，邑之五侯廟塑泥馬，塑工寫汪之馬及童，宛然得真，"點目睛才畢手，汪馬忽狂逸，童追躡乘之"，皆溺水死。事相反而旨相成。

【增訂四】 妙藝通靈（Pygmalion's power），各國舊日皆有此俗信，故畫師每不肯畢功定稿，恐所繪人物如真真之活也（artists ... refrain from putting the finishing touch to their paintings to prevent the images from coming to life. —E. H. Gombrich, *Art and Illusion*, 5th ed., 1977, p. 94）。

《孟子·離婁》章云："存乎人者，莫良於眸子"，趙岐註："言目爲神候，精之所在"；劉邵《人物志·九徵》："徵神見貌，則情發於目”，劉昞註：“目爲心候。”蓋目乃心靈流露之官，人遂謂是精神滙注之處，認果作因，以跡爲本，“阿堵”不僅神賴以傳，而即神之所寓矣。《平妖傳》第四〇回：“原來萬物精靈都聚在兩個瞳神裏面，隨你千變萬化，瞳神不改；這天鏡照了瞳神，原形便現”；足爲箋疏。西說有可比勘者。蘇格拉底論畫人物像，早言傳神理、示品性全在雙瞳①。正同《世説》所記顧愷之語。李伐洛曰：“目爲心與物締合之所，可謂肉體與靈魂在此交代”(C'est dans les yeux que se fait l'alliance de la matière et de l'esprit. On peut parodier un vers de la *Henriade*：Lieux où finit le corps et commence l'esprit)②。黑格爾以盼睞爲靈魂充盈之極、内心集注之尤(Der Blick ist das Seelenvollste，die Konzentration der Innigkeit und empfindenden Subjektivität)③。列奥巴迪亦謂目爲人面上最能表達情性之官，相貌由斯定格(la parte più espressiva del volto e della persona；come la fisionomia sia determinata dagli occhi)④。采風詢芻，初民野人之信忌亦歸一揆焉⑤；參觀論卷三六二《房集》則。樓鑰《攻媿集》卷七九《書老牛智融事》：“嘗問：‘尚可作人物否?’曰：‘老不復能作，蓋目昏不能下兩筆也。’問：‘豈非阿堵中耶?’曰：‘此雖古語，近

---

① Xenophon，*Memorabilia*，III. 10. 6，“Loeb”，237；Cf. B. Bosanquet，*History of Aesthetic*，2nd ed.，25，117.

② Rivarol，*Oeuvres Complètes*，2e éd.，1808，V，332.

③ *Op. cit.*，675.

④ *Zibaldone*，I，1032-3，1520-1；II，912-3.

⑤ Wundt，*Völkerpsychologie*，105 (die Vorstellung vom Sitz der Seele im Blick des Auges).

之而非也。欲作人物，須先畫目之上瞼，如兩筆如人意，則餘皆隨事而成，精神遂足。'只此一語，畫家所未及也。"爲顧愷之下一轉語，而人罕稱述者。

《黄花寺壁》（出《林登博物志》）元兆詰畫妖曰："爾本虚空，而畫之所作耳，奈何有此妖形？"對曰："形本是畫，畫以象真，真之所示，即乃有神；況所畫之上，精靈有凭可通。"按卷二一一《韓幹》（出《酉陽雜俎》）記畫馬"通靈"、卷二八六《畫工》（出《聞奇録》）記真真像"遂活"，可合觀。

【增訂五】西方迷信亦謂人物之照相與圖像於其人其物不利（lona Opie and Moira Tatem, *A Dictionary of Superstitions*, 1989, p.305）。

卷二一〇《顧愷之》（出《名畫記》）桓玄詼語："妙畫通神，變化飛去"，在此數則中遂坐實矣。畫形則神式憑之，故妙繪通靈能活，擬像而成實物真人。言雖幻誕，而寓旨則謂人能競天，巧藝不亞於造化，即藝術家爲"第二造物主"（a second maker）①之西土常談也。王維《爲畫人謝賜表》："皆就筆端，别生身外"；獨孤及《和李尚書畫射虎圖歌》："精微入神在毫末，作繢造物可同功"；董其昌《容臺集·别集》卷四演此意："衆生有胎生、卵生、濕生、化生，余以菩薩爲'毫生'，蓋從畫師指頭放光拈筆之時，菩薩下生矣。丁南羽在余齋中寫大阿羅漢圖，余因贈印章曰：'毫生館。'"董語雋而見尚狹。夫何止佛像？韓幹之馬、畫

① Shaftesbury: "Soliloquy, or Advice to Author", *Characteristics*, ed. J. M. Robertson, I, 136. Cf. E. R. Curtius, *Europäische Literatur und lateinisches Mittelalter*, 2 Auf., 442 (Macrobius).

裏之真真，莫非“毫生”也。白居易《畫鵰贊》：“想入心匠，寫從筆精；不卵不雛，一日而成”，又《畫竹歌》：“不筍而成由筆成”；裴諧《觀修處士畫桃花圖歌》：“堪憐彩筆似東風，一朵一枝隨手發”；陳與義《和張矩臣水墨梅花》之四：“含章簷下春風面，造化功成秋兔毫”；豈不正謂此鳥、此竹、此花之爲“毫生”乎？手筆精能，可使所作虚幻人物通靈而活，亦可使所像真實人物失神而死。兩説相反相成，並行不悖。

【增訂三】黄庭堅《山谷内集》卷七《小鴨》：“小鴨看從筆下生，幻法生機全得妙”，又卷九《和子瞻戲書伯時畫好頭赤》：“李侯畫骨不畫肉，筆下馬生如破竹。”“生”字正“毫生”之“生”。畫松而松枯，圖馬而馬死，此意類推及於詩詠，則“花鳥”之“愁”少陵，“山川”之“怕”誠齋，指歸一揆；參觀《宋詩選註》論楊萬里註二八。

【增訂四】王建《哭孟東野》第一首：“吟損秋天月不明，蘭無生氣鶴無聲。自從東野先生死，側近雲山得散行。”謂萬物竊幸東野已死，無復遭斯人“吟損”之虞。少陵言“花鳥深愁”，亦“愁”遭“詩篇”之“吟損”也。又王建《寄上韓愈侍郎》：“詠傷松桂青山瘦，取盡珠璣碧海愁”，“詠傷”正同“吟損”，而“取盡”即唐扶《題道林岳寺》所歎“杜甫少恩”之“物色採拾盡”矣。

《廣記》卷四〇七《怪松》（出《酉陽雜俎》）：“每令畫工畫松，必數枝衰悴”，是後説之例。他如《水經注》卷一三《灅水》：“昔慕容廆有駿馬，赭白有奇相逸力，至儁光壽元年，齒四十九矣，而駿逸不虧；儁奇之，比鮑氏驄，命鑄銅以圖其像，親爲銘讚，鎸頌其傍，像成而馬死矣”（亦見《晉書·慕容儁載記》升平元年)；王令《廣陵先生文集》卷五《賦黄任道韓幹馬》："傳聞三馬同日死，死魄到紙氣方就"；程頤《家世舊事》："少師影帳畫……抱笏蒼頭曰福郎；家人傳曰：畫工呼使啜茶，視而寫之，福郎尋卒，人以爲'畫殺'。叔父七郎中影帳亦畫侍者二人，大者曰楚雲，小者曰僊奴，未幾二人皆卒。由是家中益神其事"；周密《雲烟過眼録》卷一載曾紆《跋李伯時畫〈天馬圖〉》："魯直［黄庭堅］謂余曰：'異哉！伯時貌天廄滿川花，放筆而馬殂矣！蓋神駿精魂皆爲伯時筆端攝之而去，實古今異事，當作數語記之'"；鄧公壽《畫繼》卷六："朱漸、京師人，宣和間寫六殿御容。俗云：'未滿三十歲，不可令朱待詔寫真，恐其奪精神'"；《西遊記》第三二回魔王"叫掛起影神圖來，八戒看見，大驚道：'怪道這些時没精神哩，原來是他把我的影神傳來也!'"蘇轍《欒城集》卷一四《郭尉惠古鏡》七絶自註："俗言以鏡予人，損己精神，故解之云"；俗忌正復相通，以己之形容曾落鏡中，影徙神留，鏡去則神俱去矣。異域亦有類此者。德國一詩人嘗賦畫師爲少女寫真逼肖，然畫中人頰嫣紅，則女頰變爲慘白，畫中人目炯如，則女目轉而黯然(Er malte ihrer Wangen Rot，/Des Auges Glanz zugleich，/Da ward ihr Auge blind und tot/Und ihre Wange bleich)，圖成而女死(Ich wünsch' der Jungfrau gute Ruh'，/Sie wird gestorben sein)①。人類學家記初民畏攝影，非洲班圖族(The Bantu)謂照一相乃剥去靈魂之外罩(an unsheathing of the soul)②；頗可連類。方以智《藥地炮莊》卷一《齊物

① Hebbel："Der Maler"，*Werke*，hrsg. T. Poppe，I，47.

② M. H. A. Jounod，*Life of a South African Tribe*，340.

論》："章大力曰：'影以翳光，而如形之餘，非離也。神工灸影以起病，短狐射影以中人；是則去身之物，尚亦關身也耶？'參！"灸影、避影等事，出《酉陽雜俎》卷一一記王山人張燈相人影一則。苟"參"之，便知自古在昔，以爲影之於形、像之於真，均如皮傅肉而肉着骨，影既隨形，像既傳真，則亦與身同氣合體（For mythic thought，there is no such thing as a mere picture，since every image embodies the "nature" or "soul" of the object）①。是以攝影寫像足以損體傷生，"晝殺"與"毫生"遂如翻手雲而覆手雨矣。

① E. Cassirer，*Language and Myth*，tr. Susanne Langer，94.

八七　卷二一一

《袁蒨》（出謝赫《畫品》）鄱陽王被誅，妃劉氏追傷成痼，妃"兄劉繒命蒨畫王形像與平生所寵共照鏡，妃見乃唾之，罵曰：'斫老奴晚！'悲情遂歇，病亦痊除。"按沈起鳳《諧鐸》卷二《妙畫當良醫》即仿斯事，自言："此袁蒨故智也。""繒"乃"繪"字之訛，據《南史》卷三九《劉繪傳》附弟《劉瑱傳》，則倩畫代醫者乃瑱而非繪，畫手非袁蒨而爲陳郡殷蒨，不特"共照鏡"而且"狀如欲偶寢"。《南史》填傳未及其他；此事雖資談助，然單憑以立傳入國史，似太便宜若人。《晉書》出於官修，多採小說；《南史》、《北史》爲一家之言，於南、北朝斷代諸《書》所補益者，亦每屬没正經、無關係之閒事瑣語，其有乖史法在此，而詞人之喜漁獵李延壽二《史》，又緣於此也。

《陶弘景》（出《名畫記》）畫二牛，一以金籠頭牽之，一就水草。按此事已見卷一五《貞白先生》（出《神仙感遇傳》）。其意實本《莊子·秋水》論龜寧曳尾泥塗抑巾笥而藏之廟堂，又《達生》論彘寧食糠糟而錯之牢筴之中抑藉白茅而加乎雕俎之上。《廣弘明集》卷二八上梁簡文帝《唱導文》："金鎖玉牀，猶念解脱；雕珠飾綺，不及塗中"；白居易《見蕭侍御憶舊山草堂詩、因以繼和》："玉架絆野鶴，珠籠鎖冥鴻"；宋祁《筆記》卷下："珠丸之珍，雀不祈彈也；金鼎之貴，魚不求烹也"，尤工於語言。元曲、明小説常言"金枷玉鎖"（如《任風子》第二折、《鐵拐李》第四折、《警世通言》第二卷），皆"金籠頭"之意，《宗鏡録》卷四所謂："金鐵雖殊，被縛義等。"

【增訂三】法國寓言名篇，寫狼雖困餓而野性自適，狗固饜飽，却爲頸圈牽制（le collier dont je suis attaché），見役於人（La Fontaine, *Fables*, I. v "Le Loup et le Chien"）；用意類陶弘景之二牛。十七世紀德國詩人句云："鐵索縛奴金縛主"（Mit Eisen wird ein Knecht, mit Gold ein Furst gebunden—Andreas Gryphius: "Melancholie des Herrschers", M. Wehrli, *op. cit.*, 25）；即《宗鏡録》所謂"金鐵雖殊，被縛義等。"《舊唐書·渾瑊傳》記結贊召陷蕃將吏，謂曰："本劫是盟，志在擒瑊，吾已爲金枷待瑊，將獻贊普"，則"金枷"乃真物而非假喻。十七世紀英國悲劇中女主角云："以金鋼鑽斷吾喉，以桂皮窒吾息，以明珠爲彈丸射我至於死，我亦何樂有是哉？"（What would it pleasure me to have my throat out with diamonds? or to be smother'd/With cassia? or to be shot to death with pearls? —J. Webster, *The Duchess of Malfi*, IV. ii, *Plays by Webster and Ford*, "Everyman's", 159）；又無異宋祁所謂"珠丸之珍，雀不祈彈"。

又按隋釋湛然《法華玄義釋籤》卷三上論神通云："亦如此土古人，張楷能作霧，欒巴善吐雲，葛洪、陶淵明等皆薄有術數，蓋小小耳"；陶潛善幻，未之他見。苟讀淵明集而知人論世者得聞此言，必能好古敏求，然竊疑實謂"陶弘景"而筆誤未正耳。

《王維》(出《國史補》) 見畫《奏樂圖》，曰："此《霓裳羽衣曲》第三疊第一拍。"按卷二一四《雜編》(出《盧氏雜記》) 有別畫者，看壁畫音聲一鋪，曰："此《涼州》第幾遍"；二事實一。沈括《夢溪筆談》卷一七嘗駁前一事："此好奇者爲之，凡畫奏樂，止能畫一聲"；說理犁然。洪邁《夷堅丙志》卷六《桃源圖》記異人刻景物，"女仙七十二各執樂具；知音者按之，乃《霓裳》法曲全部也"；師仿唐人遺意而不省本朝人已有辯駁也。"止能畫一聲"，可參觀徐凝《觀釣臺畫圖》："畫人心到啼猿破，欲作三聲出樹難"，正萊辛論"空間藝術"所謂於全事止能示某一片刻之某一面(kann der Künstler von der immer veränderlichen Natur nie mehr als einen einzigen Augenblick, und der Maler inbesondere diesen Augenblick nur aus einen einzigen Gesichtspunkt brauchen)①。

《韓幹》(出《酉陽雜俎》)。按《聊齋志異》卷八《畫馬》仿此，易韓幹爲趙孟頫。

① *Laokoon*, iii, *Gesammelte Werke*, Aufbau, V, 28.

八八　卷二一三

《張萱》（出《畫斷》）"《乞巧圖》、《望月圖》皆紙上幽閑多思，意餘於象。"按藝事要言，比於禪家之公案可參，聊疏通申明之。陳師道《後山集》卷一九《談叢》："韓幹畫走馬，絹壞，損其足。李公麟謂：'雖失其足，走自若也'"；失其足，"象"已不存也，走自若，"意"仍在也。張畫出於有意經營，韓畫乃遭非意耗蝕，而能"意餘於象"則同。

【增訂四】奥地利一文家嘗言，劣手畫物之動態，適形其膠止，好手則能畫人疾走而不必具陳脛足（Nie ist mehr Stillstand, als wenn ein schlechter Zeichner Bewegung darstellt. Ein guter kann einen Läufer ohne Beine zeichnen. —Karl Kraus, *Sprüche und Widersprüche*, Suhrkamp, 1984, p. 114）。此有當於《後山談叢》記李公麟稱韓幹馬所謂："雖失其足，走自若也。"《韻語陽秋》卷一四引公麟題韓幹馬殘幅語，作："此馬雖無追風奔電之足，然甚有生氣"；經後山剪裁錘鍊，語遂遠勝原來也。

宋明院畫，如《六月杖藜來石路，午陰多處聽潺湲》，不畫一人對水而坐，而畫長林亂石，"一人於樹陰深處，傾耳以聽，而水在山下，目未嘗覩”；《野水無人渡，孤舟盡日横》，不畫空舟繫岸側，而畫“一舟人卧於船尾，横一孤笛，其意以爲非無舟人，但無行人耳”；《竹鎖橋邊賣酒家》，衹畫“橋頭竹外掛一酒帘”，《踏花歸去馬蹄香》，衹畫“數蝴蝶逐馬後”（洪邁《夷堅乙志》卷五《王道亨》、鄧公壽《畫繼》卷一又卷六、俞成《螢雪叢説》卷上，參觀陳善《捫蝨新話》卷九、俞文豹《吹劍續録》、郎瑛《七修類稿》卷四三、洪亮吉《玉麈集》卷下），亦皆於像外見意。黎士宏《託素齋文集》卷四《與官文佐》：“《孟嘗君宴客圖》竟作兩列長行，何異《鄉飲酒禮》圖説？陳章侯衹作右邊筵席，而走使行觴，意思盡趨於左；覺隔樹長廊，有無數食客在。省文取意之妙，安得不下拜此公！”曰“省文取意”，已知繪畫此境，猶聲詩之“空外音”、“言外意”耳。《晉書·文苑傳》張華稱左思《三都賦》曰：“讀之者盡而有餘”；《文心雕龍·定勢》記劉楨曰：“使其詞已盡而勢有餘，天下一人耳”；杜甫《八哀詩》稱張九齡曰：“詩罷地有餘”；《六一詩話》記梅堯臣曰：“含不盡之意，見於言外”；《白石道人詩説》曰：“意有餘而約以盡之。”詩文評中老生常談①，勿須覼縷；唐人論書畫亦標厥旨，則亟待一以貫之。張彦遠《歷代名畫記》卷一論吴道子不用界筆直尺云：“意在筆先，畫盡意在也，雖筆不周而意周也”；吴之“畫盡意在”，非張之“意餘於象”乎？惲格《甌香館集》卷一一《畫跋》：“嘗謂天下爲人不可使人疑，惟畫理當使人疑，又當使人疑

① Cf. Servius, *Ad Aen.*, I. 683: “Artis poeticae est non omnia dicere”, quoted in T. R. Glover, *Greek Byways*, 195; Dante, *Purgatorio*, XXXIII, 139–142: “Ma perchè piene son tutte le carte/ordite a questa cantica seconda, /non mi lascia più ir lo fren dell'arte.”

而得之”；“疑而得”即耐人思索而遇諸像外，非一覽無餘，惲氏危言之以發深省爾。《全唐文》卷三三七顔真卿《張長史十二意筆法記》記與張旭問答：“曰：‘損’謂有餘，汝知之乎?，曰：‘豈不謂趣長筆短，常使意勢有餘，點畫若不足之謂乎?’”書之“點畫”、畫之“像”與詩文之“言”相當。西方亦早窺此理。古希臘名手(Timanthus)畫祀神圖，以一女爲牲，諸親友極悲啼愴痛之狀，而其生父則自掩面，容不可覩，使人於畫像之外想象之(intelligitur plus semper quam pingitur)①；莎士比亞詩稱古希臘圖英雄，僅畫健腕握長槍，貌不可覩(left unseen)，蓋昔人繪事，僅示一手、一足、一脛或一頭而使觀者擬想其全身(A hand, a foot, a leg, a head, /Stood for the Whole to be imagined)②；十八世紀英畫家(Hogarth)《酒街圖》(Gin Lane)亦被畫盡而意不盡(something beyond the sphere of composition)之品目③。均與張、吴相視而笑。莎士比亞“一手一足”云云，尤類趙執信《談龍録》載王士禛“雲中之龍時露一鱗一爪”之喻。竊謂王氏《香祖筆記》卷六：“余嘗觀荆浩論山水而悟詩家三昧，其言曰：‘遠人無目，遠水無波，遠山無皴’”，實與“談龍”之旨，分途歧出，而王氏或未之省，後人亦混作一談。《香祖筆記》標舉以擬詩者，南宗寫意畫也；《談龍録》標舉以擬詩者，工筆

① Pliny, *Natural History*, XXXV. 36, “Loeb,” IX, 316. Cf. A. Soreil, *Introduction à l'Histoire de l'Esthétique française*, nouv, ed. rev., 67 (Le Chevalier de Méré).

② *Rape of Lucrece*, st 204.

③ Lamb: “On the Genius of Hogarth”, *Works of Charles and Mary Lamb*, ed. E. V. Lucas, I, 74.

形似畫也，龍而亦“遠”，則無“鱗”無“爪”，正似遠人“無目”、遠水“無波”耳。張萱、吴道子、院工以及西方諸師之畫皆工筆也，而未嘗不“意餘於象”、“畫盡意在”；左思《三都賦》鋪張排比，博物儷詞者也，而未嘗不“盡而有餘”。足見曲包餘味、秀溢目前之境地，非“清談”家數所可得而專焉（劉因《静修先生文集》卷三《書東坡〈傳神記〉後》譏畫家高語“傳神”，不求“形似”，卷一一《米元章〈雲烟疊嶂圖〉》第二首曰：“畫家亦有清談弊，到處《南華》一嗒然”）。近世談藝事風格，區别“逼視”（proximate vision）與“遥眺”（distant vision）①或“注目前景”（of the foreground）與“注目背景”（of the background）②。莫泊桑諷小説作者或患近視症（tous les degrés et les différences des myopies），刻劃細密（le grossissement du détail, sa minutie），或患遠視症，揮斥闊略（le regard étendu mais lâche d'un presbyte）③；雖輕薄語，亦可節取。患近視症而遥眺背景，揮毫落紙，便“遠人無目，遠水無波，遠山無皴”矣。至於含蓄隱示，作者不著跡象而觀者宛在心目（shifting something of the load of creation on the beholder）④，則近視之工筆與遠視之大寫均優爲之；同本於視覺之“孕蕴趨向”（Prägnanztendenz），利用善導，以策“意餘於象”之動。夫含蓄省略者，不顯豁詳盡之

① Ortega Y. Gasset："On Point of View in the Arts", M. Philipson, ed., *Aesthetics Today*, "Meridian Books", 130-1.

② E. Auerbach, *Mimesis*, 1. "Odysseus'Scar", tr. W. R. Trask, 12. Cf. Coleridge, *Biographia Literaria*, ch. 16, ed., J. Shawcross, II, 22-3.

③ Maupassant, *La Vie errante*: "La Nuit", Conard, 24-5.

④ E. H. Combrich: "Meditations on a Hobby Horse", *Aesthetics Today*, 125.

謂。依稀隱約，遠景也；蔽虧減削，近景也；其爲事意餘於跡象，一也。王士禛拈出“遠人無目，遠水無波，遠山無皴”，特含蓄之遠景而已。《琵琶行》：“猶抱琵琶半遮面”，禪偈：“彩霞堆裏仙人見，手把紅羅扇遮面”（王畿《龍溪先生全集》卷一一《答王敬所》又林雲銘《挹奎樓選稿》卷八《答應嗣寅》引），則堪爲含蓄之近景示例，正宜工筆細描。歌德詩云：“文詞如美人手中扇，遮面而露目，目固面上之最動人處也，已與余目成矣！”（Das Wort ist ein Fächer! zwischen den Stäben/Blicken ein paar schöne Augen hervor，/Der Fächer ist nur ein lieblicher Flor，/Er verdeckt mir zwar das Gesicht，/Aber das Mädchen verbirgt er nicht，/Weil das Schönste，was sie besitzt，/Das Auge，mir ins Auge blitzt）①；

【增訂三】尼采論詩中命意，當如埃及婦人之以紗羃面，祇露其目（Die wirklichen Gedanken gehen bei wirklichen Dichtern alle verschleiert einher，wie die Ägypterinnen：nur das tiefe *Auge* des Gedankens blickt frei über den Schleier hinweg — *Menschliches*，*Allzumenschliches*，II.ii. §105，*op. cit*. I，920）。與歌德喻詩於美人執扇，遮面露目，可相參稽。

罕譬而喻，何必“遠人無目”方爲含蓄哉！“難寫之景如在目前”者復含“不盡之意見於言外”，梅堯臣兩語自可合而都指寫景，呈前逗外，虛實相生；張耒《張右史文集》卷四八《記〈行色〉詩》即不以梅語分判爲二事也。王士禛引荆浩語，《山水賦》（亦

① *West-östlicher Divan*："Wink"，*Sämtliche Werke*，"Tempel-Klassiker"，II，368.

作王維《山水論》）中“無皴”原作“無石”，尚有“遠樹無枝”；郭熙《山水訓》始删“遠樹”四字，易“石”字爲“皴”，且申言曰：“非無也，如無耳”；《輟耕録》卷八載黄公望《寫山水訣》又曰：“遠水無灣。”劉大櫆《海峯文集》卷一《論文偶記》：“文貴遠，遠必含蓄。……昔人論畫曰：‘遠山無皺，遠水無波，遠樹無枝，遠人無目’，此之謂也”；視王氏所引較備，而用心無異，拘見亦同，衹以爲“遠”方能“含蓄”也。别見《全齊文》卷論謝赫《畫品》、《全唐文》卷論顧況《右拾遺吴郡朱君集序》。

【增訂四】趙執信《談龍録》記漁洋所謂“雲中之龍時有一鱗一爪”，而指摘其語病。毛先舒《詩辨坻》卷四《學詩徑録》論作“古風長篇”云：“實敍本意處，不必言其餘；拓開作波瀾處，却要時時點著本意，離即之間方佳。此如畫龍，見龍頭處即是正面本意，餘地染作雲霧。雲霧是客，龍是主，却於雲霧隙處都要隱現鱗甲，方見此中都有龍在，方見客主。否是，一半畫龍頭，一半畫雲霧耳；主客既無别，亦非可畫完龍也。”此亦清初人説詩之“談龍”也，雖爲歌行一體而發，正復可以推類泛指。“隱現鱗甲”而外，尚“見龍頭”，義遂圓匝矣。

王士禛《漁洋菁華録》卷二下《黄子久、王叔明合作山水圖》七古：“遠人無目樹無枝，妙解通靈失糟粕”，與《香祖筆記》所引，同出荆浩，《筆記》略去“遠樹”，猶詩之略去“遠山”、“遠水”也。

八九　卷二一六

《張璟藏》（出《朝野僉載》）相裴珪妾趙氏曰："夫人目長而慢視；准相書，豬視者淫。"按張璟藏與卷二二一之《張冏藏》（出《定命録》）乃一人，而分屬《卜筮》與《相》兩門。《戰國策·齊策》一齊貌辨謂靖郭君曰："太子相不仁，過頤豕視"，宋劉辰翁評："'過頤'即俗所謂'腦後見腮'，'豕視'即相法所謂'下邪偷視'"；《孔叢子·執節》篇子順論馬回曰："聞諸孫卿云：'其爲人也，長目而豕視者，必體方而心圓。'每以其法相人，千百不失。"皆言男相，張璟藏取古説施之女相耳。《藥地炮莊》卷六《田子方》天界覺杖人評引諺："腦後見腮，莫與往來"，可補釋"過頤"則其人"不仁"。意大利文藝復興時雕鏤妙手自記晉謁教皇，教皇豬視之（Giunto al papa，guardatomi così coll'occhio del porco），註家曰："斜睨也"（cioè，biccamente）①；法俗語嘲顧視淫蕩者曰："有豬眼"（avoir les yeux cochons）；均與"豬視者淫"、"下邪偷視"印可。

---

① B.Cellini，*La Vita*，I.x.6，*op.cit.*，121，126.

九〇　卷二一八

《華佗》（出《獨異志》）有郡守病甚，佗言“當極怒嘔血”始瘳，因疏其罪而責罵之，守大怒，“嘔黑血升餘，其疾乃平。”按此事早見《三國志·魏書·方技傳》，實本《吕氏春秋·至忠》篇文摯治齊王“疾痏”事，所謂“非怒王則疾不可治”。《太平御覽》卷七三八引楊泉《物理論》則作扁鵲治趙簡子病，“知大怒則氣通血脈暢達也”。楊萬里《誠齋集》卷七八《送侯世昭序》：“予聞世昭嘗療一疾，不藥不鍼，而愈之以一驚。予曰：‘此於書何徵？’世昭曰：‘吾以意也。’不廢書又不可歟！”謂“書”無可“徵”者，斯人也、斯疾而斯治也；若夫其事，則“徵”之《吕覽》、陳《志》等“書”可矣。後世小説亦有師故智者，如《野叟曝言》第一九回文素臣爲任湘靈治“悶痘”，使其“又驚又怕，又恐又羞”，是也。

《吴太醫》（出《酉陽雜俎》）。按此事早見王嘉《拾遺記》卷七，何舍彼取此？《酉陽雜俎》卷八言時世妝尚“黄星”，故及鄧夫人“赤點如痣”舊聞；今盡删“黄星”一節，更不必引《雜俎》矣。“黄星”、“丹點”飾頰，以益妍要寵，事同西方舊日婦女妝點面胸之黑“蠅”（la mosca）一名“美貌之補釘”

(beauty patch)，收烘雲托月之效者①。

《勾驪客》(出《酉陽雜俎》)能以針貫髮，"言髮中虚也"。按馮夢龍《古今談概》卷三二引此則，按語云："諺譏蘇人爲'空心頭髮'，是未檢段成式語。北人有以'空髮'嘲余者，余笑謂曰：'吾鄉毛髮玲瓏，不似公等七竅俱實。'"以"空髮"譏"蘇意"之華而不實，明季書中習見。如王世貞《鳴鳳記》第二一折趙文華命衆軍士云："遇倭斬倭；若無真倭，就殺幾個面生可疑的百姓，亦可假充要賞。只是一件，不要殺蘇州人，他頭髮都是空的"；《豆棚閒話》第一〇則："蘇州風氣澆薄，人生的眉毛，尚且説他空心……不要説别處人叫他'空頭'"；《露書》卷一二："王百穀作'風'字，必'虫'字落下，上半空。俗謂蘇人多空頭，即眉毛亦空，或以問百穀，百穀曰：'不然!'袁太初在傍，曰：'不見王二官作風字乎?'"翟灝《通俗編》卷二考杭人本號"空頭"而蘇人本號"獃頭"，未知蘇人尚有此綽號也。

【增訂三】《堅瓠五集》卷二《吴評》："吾蘇轄一州七縣，舊有評語曰：'……紙長洲，空心吴縣。'言……紙薄、空心虚僞也。"又《餘集》卷四《俗語有本》："虚而少實曰'空頭'。"

【增訂四】晚明常言"蘇意"，謂虚浮無實，即"空頭"之旨。《尺牘新鈔》二集卷八周文煒《與婿王荆良》："今人無事不蘇

① Cf. Lyly, *Euphues*: "Venus had hir Mole in hir Cheeke which made hir more amiable: Helen hir Scarre on hir chinne which Paris called *Cos amoris*, the Whetstone of loue" (*Complete Works*, ed. R. W. Bond, I, 184); F. Thompson: "The Way of Imperfection": "Ovid's dictum: *decentiorem esse faciem in qua aliquis naevus esset*" (*Works*, III, 97).

矣！……坐而蘇矣，語言舉動，安能不蘇？……來作吴氓，當時時戒子弟，勿學蘇意。”周亮工《賴古堂集》卷一一《閩茶曲》第五首：“歙客秦淮盛自誇，羅囊珍重過仙霞。不知薛老全蘇意，造作蘭香誚閔家”；自註：“……三山薛老……嘗言［閔］汶水假他味逼在蘭香，究使茶之本味本色全失。”“全蘇意”即謂“全失本色”，二句糾繞不達，串講當爲：“不知薛老誚閔家造作蘭香全蘇意。”李漁《意中緣》第一一齣閹人黄天監諢曰：“替做新郎忒燥脾，不費；洞房花燭儘堪陪，蘇意。”“蘇意”謂閹人娶婦，浪得虚名。錢希言《戲瑕》卷二：“……許批‘大有蘇意’四字，蓋稱其文氣大有三蘇意味耳。爲長班傳出，誤作‘蘇州’之‘蘇’解，……謂吴俗脱略不拘也”；解不甚切，當曰“浮文不實”。李應桂《梅花詩》第一三折梅翰林所謂：“從來慣弄虚頭，説是蘇州，果出蘇州”，即此意。王次回《疑雨集》卷四《買妾詞》五：“如今不作揚州纂，蘇意新梳燕尾長”，則稱“蘇州頭，揚州脚”之梳裝。周亮工於《閩小紀》卷上復誚閔汶水茶，然則董其昌、張岱、阮大鋮輩極口贊“閔老子茶”，殆非别茶人耶？參觀《容臺别集》卷一《金陵春卿署中有以松蘿茗相貽者》一則，《陶菴夢憶》卷三《閔老子茶》一則又《琅嬛文集》卷一《茶史序》，《詠懷堂詩外集》甲部《過閔汶水茗飲》七律。

【增訂五】周亮工《書影》卷一亦載乃翁《觀宅四十吉祥相》戒“不學蘇意”，謂不“輕嘴薄舌……狡獪”。

《許裔宗》（出《譚賓録》）人請其著書，答曰：“醫乃意也。……意之所解，口莫能宣。”按《後漢書·方術傳》下郭玉曰：“醫之爲言意也。……可得解而不可得言也”；《全唐文》卷一五八孫思邈《千金翼方序》云："若夫醫道之爲言，實惟意也"；《子華子·北宫意問》篇云："醫者理也，理者意也"；《北夢瑣言》卷一〇亦云："醫者意也"，《廣記》卷二一九《梁新、趙鄂》（出《北夢瑣言》），删去此句。《通俗編》卷二一引《子華子》、《後漢書》及《事文前集》載"唐胤宗"語，"唐胤宗"實即此則"許胤宗"之訛耳。

九一　卷二一九

《田令孜》（出《玉堂閒話》）“西市飲子蓋福醫也，鄴都有張福醫亦然。”按常言“醫道”與“醫運”，“福醫”者，有“醫運”也。羅懋登《西洋記》第五三回王明道：“趁我十年運，有病早來醫。……好下手時須下手，得欺人處且欺人”；李漁《十二樓》之五《歸正樓》第五回：“俗語道：‘趁我十年運，有病早來醫’”；《聊齋志異》會校會註會評本卷八《醫術》但評：“語有云：‘乘我十年運，有病早來醫’”；皆即醫運之謂。

九二　卷二二一

《袁天綱》（出《定命録》）高宗以銀合藏一鼠，令諸術數人射之，皆言有一鼠，天綱子客師言有四鼠，啓視則鼠已生三子矣。按本於卷八一《梁四公》（出《梁四公記》）梁武帝命闖公射合中鼠事。

九三　卷二二五

《燕巧人》（出《藝文類聚》）。按事見《韓非子·外儲説》左上，却引類書。

九四　卷二二六

《殷文亮》、《楊務廉》（皆出《朝野僉載》）。按卷二二五《區純》（出《晉陽秋》）與此二則均記巧匠刻木爲人，能作聲行動。然《列子·湯問》篇記偃師、陸翽《鄴中記》記解飛、魏猛諸則胥從棄置，何哉？

九五　卷二二七

《華清池》（出《譚賓録》）。按卷二三六《玄宗》（出《明皇雜録》）首節全同。

《督君謨》（出《酉陽雜俎》）王靈智學射於君謨，“以爲曲盡其妙，欲射殺君謨，獨擅其美”，君謨張口承矢，笑曰：“未教汝嚙鏃法”；《列子》記紀昌、飛衛又《孟子》記逢蒙、羿事相類。按段玉裁《經韻樓集》卷一二《七與顧千里書論〈學制備忘之記〉》云：“若乃未知□駕，而自謂已能御，未知銜箭，而自謂已能射”，即用《酉陽雜俎》。卷七《東原先生札册跋》云：“世有剽竊師門一二，遽勇於樹幟欲爲逢蒙者之可恥”；其外孫龔自珍《己亥雜詩》亦云：“學羿居然有羿風，千秋何可議逢蒙？絶憐羿道無消息，第一親彎射羿弓！”則皆用《孟子》。屈大均《翁山詩外》卷一六《屢得朋友書札感賦》第七首言其詩弟子，第八首云：“欲折彎彎射日弓，有人争欲作逢蒙”，則言羿激於逢蒙，已亦罷射，另出一意。督君謨不教嚙鏃法，俗語謂之“留一手”，即《學記》所譏：“教人不盡其材”，鄭註：“謂師有所隱也”，孔疏：“恒恐人勝之，故不盡其道也。”釋曉瑩《羅湖野録》卷二載唐禪師風穴延沼作《頌》云：“五白貓兒爪距獰，養來堂上絶蟲行；分明上樹安身法，切忌遺言許外甥”；《五燈會元》卷一一延沼再傳弟子谷隱蘊聰章次亦引之。拾得詩曰：“若解捉老鼠，不在五白貓”，“蟲”者“老蟲”、鼠也；“外甥”者虎，陸游《劍南詩稿》卷三八《嘲畜貓》自註所云：“俗言貓爲虎舅，教虎百爲，唯不教上樹”（參觀卷二三《得猫於近村、以雪兒名之》：“似虎能緣木”）。西方諧語言貓不肯教虎緣樹，自解曰：“良師必不盡其道授弟子”（The cat said to the jaguar：“A smart teacher never teaches a pupil all his tricks”）①。《妙法蓮華經文句記》卷三引經載身子師事沙然梵志，得師之傳，及師死，方省“未盡師術”，有一法未授，即此意也。波斯古詩人（Sa'adi）有句曰：“以我爲弓矢之鵠招者，曾從我學射者也；以我爲嘲諷之題目者，曾從我學文者也”（None e'er learnt the art of bow from me, who did not in the end make me his target；no one learnt rhetoric from me, who did not make me the subject of a satire）②。則又逢蒙射羿之類矣。

① B. Cerf, *Anything for a Laugh*, 80.

② E. Denison Ross, *Both Ends of the Candle*, 325.

九六　卷二三〇

《王度》（出《異聞集》）。按章回小説所寫“照妖鏡”也。《西遊記》、《封神榜》中照妖鏡能照見魔怪之原形，《西洋記》中照妖鏡則能照見隱形之人（第五四回王明恃隱形草，潛立番王座側，金毛道長以鏡照出）；不知是兩種鏡抑一鏡有兩用也。“照妖鏡”之名似始見李商隱《李肱所遺畫松》詩：“我聞照妖鏡，及與神劍鋒”；馮浩《玉谿生詩箋註》卷一引《西京雜記》謂漢宣帝臂上“帶身毒寶鏡，舊傳此鏡照見妖魅”，似病拘攣。晉唐俗説，凡鏡皆可照妖，李句亦泛言耳。《抱朴子》内篇《登涉》：“不知入山法者，多遭禍害。……萬物之老者，其精悉能假託人形，惟不能鏡中易其真形耳。是以古之入山道士，皆以明鏡徑九寸以上懸於背後，則老魅不敢近人”；《摩訶止觀》卷八：“隱士頭陀人多蓄方鏡，掛之座後，媚［魅］不能變鏡中色像，覽鏡識之，可以自遣。”見於六朝詞章者，如徐陵《山齋》：“懸鏡厭山神”，庾信《小園賦》：“厭山精而照鏡”，可覘風俗。王勣“將遍遊山水”，而向度乞鏡，職是之由。《廣記》卷四四三《車甲》（出《五行記》）引陶潛《搜神記》：“忽有二年少女來就之，……其壁上先掛一銅鏡，徑數寸，回顧鏡中，有二鹿在牀前”；即其例，亦如《抱朴》、《止觀》未言鏡之“古”與不也。《全後漢文》卷九七《鏡銘》拓本之四：“洞照心膽，屏除妖孽”，與沈濤《交翠軒筆記》卷一自記得唐鑄海心鏡銘全同；唐乎、後漢乎，言新鑄鏡即能除妖，則無待於鏡古而後奏效。劉禹錫《磨鏡篇》：“流塵翳明鏡，歲久看如漆，門前負局人，爲我一磨拂。……山神妖氣沮，野魅真形出”；《墨莊漫録》卷一〇載崔伯易《金華神記》記吴生見女子，疑爲鬼，示以劍與鏡，女子曰：“劍陽物，鬼陰物，故鬼畏劍；鏡陰物，精陽物，故精畏鏡。昔抱朴子嘗言其略”；《誠齋樂府·喬斷鬼》徐行之鬼云：“則被他牀頭鏡兒照出我醜身形”；自唐迄明，均以爲常鏡已可祛魅卻鬼。《廣記》卷三七一《馬舉》（出《瀟湘録》）：“公知其精怪，遂令左右以古鏡照之，棋局忽躍起，墜地而碎，似不能變化”；卷四四〇《逆旅道士》（出《瀟湘録》）：“持一古鏡，潛伺之，俄有一隊少年至，……道士以鏡照之，其少年棄甲奔走”；薛逢《靈臺家兄古鏡歌》：“人言此是千年物，百鬼聞之形暗慄”；章孝標《覽楊校書文卷》：“誰有軒轅古銅鏡，爲持相並照妖看”；則皆如王度之“古鏡”。當是其新孔嘉，其舊彌甚，鏡愈古乃愈通靈耳。

【增訂四】王嘉《拾遺記》卷一〇《方丈山》：“有池，……泥色若金，……百鍊可爲鏡，色青，照鬼魅猶如石鏡，魑魅不能藏形矣。”此如王度所藏寶鑑，非常鏡也。《初學記》卷二五引李巨仁《賦得鏡》：“非復照佳麗，復得厭山精”，乃詠常鏡，下句正同庾信《小園賦》之“厭山精而照鏡”。《全唐詩外編》一七三頁張祜《古鏡歌》：“青龍耀［當作“躍”］躍麟［當作“鱗”］眼動，神鬼不敢當庭前。明朝擎出游都市，一半狐狸落城死”；則明言“古鏡”降妖，曰“落城”者，使“城狐社鼠”故典耳。

西方相傳俗信，謂操隱身術者，遇鏡與水，形狀呈映，不能遁匿①，與《西洋記》説吻合。《女仙外史》第二三回鮑師以仙術救婦女出教坊，“一路上的狗跟着亂吠，可笑仙家隱形之術瞞不得狗眼”；仙家照妖之鏡衹等狗眼之用，復“可笑”也。西方又有俗信，謂鬼魅臨鏡，不落影像②，蓋彼土亦以爲鬼無影③。《晉書·五行志》上、《甘卓傳》、《殷仲文傳》皆記“卓照鏡不見其頭，遂夷滅”，仲文“照鏡不見其頭，尋亦誅剪”，《梁書·河東王譽傳》記譽“將敗也，私引鏡照面，不見其頭”，《舊唐書·太宗諸子傳》記越王貞“臨水自鑒，不見其首，……未幾而及禍”，豈將爲無頭鬼，故頭臨鏡無影耶？道家古説仙人或無影，如《列仙傳》及左思《魏都賦》所稱“玄俗無影”；佛典如隋譯《起世經》列舉“諸天有十别法”，其六曰：“諸天之身，有形無影”；貫休《贈信安鄭道人》曰：“點化金常有，閑行影漸無。”歐西之“仙”乃山水草木之精④，非凡人修煉所成，脱西人而日中無影，則已自鬻於魔鬼矣⑤。

---

① Brüder Grimm, *Deutsche Sagen*, Nr. 85 "Das Vogelnest", *Op. cit.*, I, 115: "um sie nun zu finden, muss man sie zufällig in einem Spiegel oder Wasser erblicken."

② Bram Stoker, *Dracula*, ch. 1, Doubleday, 25-6: "I had hung my shaving glass by the window, and was just beginning to shave. Suddenly I felt a hand on my shoulder and heard the Count's voice saying to me, 'Good morning!'... But there was no reflection of him in the mirror."

③ Cf. Dante, *Purgatorio*, V. 8-9 (il lume ch'era rotto), 25-7; XXVI. 7-12, 16-24 (fai di te parete al sol).

④ Cf. C. S. Lewis, *The Divided Image*, 122-3 (longaevi, faeiries).

⑤ E. g. A. Chamisso, *Peter Schlemiehl*, Kap. 2, Nelson, 9: "... der arme Mensch hat keinen Schatten!"

【增訂三】吾國古説謂鬼無影，故如《牡丹亭・圓駕》欲驗杜麗娘“是人是鬼”，即以“有踪有影”斷之。然妖怪則有影，觀《警世通言》便知。卷二八白娘子曰：“我怎的是鬼怪？衣裳有縫，對日有影”，則白蛇成精也；卷三〇：“恍惚見一婦人，……道他是鬼，又衣裳有縫，地下有影”，則人雖死而蒙太元夫人“授以太陰煉形之術，以此元形不損”者也；卷三九白衣女子曰：“我即非鬼，亦非魅，我乃是人。你看我衣裳有縫，月下有影”，則壽星所騎白鶴爲幻也。三者皆具形質，非祇神魂，遂皆日月下有影。蛇與鶴均屬“怪”、“魅”，是以亟自明非鬼而順口連及非怪非魅，夾帶混過；於煉形之死人，説話人則僅曰“道他是鬼”而已，不言“道他是怪”也。文心細甚。長白浩歌子《螢窗異草》三編卷一《挑繡》：“衆見其衣有縫，其行有影，不敢臆定爲異類”，承《通言》來。太元夫人煉形術當即是《夷堅乙志》卷七《畢令女》所言“九天玄女回骸術”；《夷堅三志》己卷二《許家女郎》許女不諱爲鬼，濮六曰：“姐姐若是鬼，如何月下有影？”破柩則尸已不存，蓋見形者非魂而爲體矣。參觀本書 1971 頁、2212－2213頁。

【增訂四】《全唐文》卷二八二王適《體元先生潘尊師碣》：“身外無影，骨間有聲。”言此道士修成“仙體”，故無影而有鏁子骨也。

九七　卷二三三

《徐邈》（出《異苑》）。按何不逕採《三國志·魏書·徐邈傳》？鮮于輔解"中聖人"曰："醉人謂清酒爲'聖人'，濁酒爲'賢人'"；俞德鄰《佩韋齋輯聞》卷一謂其説出於鄒陽《酒賦》："清酒爲聖明，濁醴爲愚騃"，皇甫松《醉鄉日月》中"聖"、"賢"、"愚"、"君子"、"中庸"、"小人"諸品目皆本之。是也。趙一清《東潛文稿》卷下《徐邈"中聖人"説》謂鮮于輔"未得其解"；《左傳》襄公二十二年御叔曰："焉用聖人？我將飲酒而已！"邈用其語爲廋詞，他日文帝問："頗復中'聖人'不？"邈引子反、御叔事爲答，足見其以《左傳》語爲調笑。竊謂鮮于得邈語原意，邈作游詞以亂本真耳。

九八　卷二三四

《御廚》（出《盧氏雜説》）取鵝，去毛及五臟，釀以肉及糯米飯，調五味，先取羊一口，亦燖剥，去腸胃，置鵝其中，縫合炙之，謂之“渾羊没忽”。按《南部新書》卷壬亦載此饌；“渾”如“渾家”之“渾”，“渾羊”謂“全羊”、“整羊”也，“没忽”似爲飽滿之意，《敦煌掇瑣》之三一《五言白話詩》：“聞道賊出來，母愁空有骨；兒回見母面，顔色肥没忽”即今語“肥鼓鼓”耳。

【增訂四】 王梵志詩《道人頭兀雷》篇亦有“獨養肥没忽”句。後世庖廚每師其法，特不必用羊；如《負曝閒談》第一回陸鵬誇府裏飯菜云：“有一隻鵝，鵝裏面包着一隻雞，雞裏面包着一隻鴿子，鴿子裏面包着一隻黄雀，味道鮮得很!”言雖誇飾，實即俗書《家庭新食譜》之“套雞一稱三套頭”，鴨中裹雉，雉中復裹鴿也。相傳古希臘人造大木馬，空其腹，中匿士卒，遂得破特羅伊城，故希臘、羅馬盛饌有“特羅伊豬”（porcus Troianus）品目[1]；取

---

① Athenacus, *The Deipnosophists*, IV. 129; IX. 376, 383, “Loeb”, II, 95; IV, 205, 235.

大野彘，去腸胃，滿填鷄鴨諸禽而烤之，或且彘腹中置一小鹿，鹿腹中置一兔，兔腹中置一竹雞，雞腹中置一鶯。正“没忽”或“套”。古羅馬諷世小説寫暴發户肆筵設席(Cena Trimalchionis)，第三道饌爲大野豬，剖之則畫眉鳥如紛飛而出(primae magnitudinis aper ex cuius plaga turdi evolaverunt)①；《堂·吉訶德》記以全牛烤火上，腹中縫十二小豬，俾牛肉香嫩(En el dilatado vientre del novillo estaban doce tiernos y pequeños lechones, que, cosidos por encima, servían de darle sabor y enternecerle)②；英國一舊小説敍德帝加冕，置酒高會，肴有烤全牛，牛裏一鹿，鹿裏一羊，羊腹中皆禽鳥(there is an ox roasted with a stag in the belly, and that stag in his belly hath a kid, and that kid is stuffte full of birds)③；意大利古掌故書記一人烤鵝，納雲雀等鳥滿其中(una oca piena d'allodole e d'altri uccelletti grassi)，爲數惡少所攘④。此物此志也。

【增訂四】十九世紀英國歷史小説名著中寫勃艮地大公(the Duck of Burgundy)獨享之肴，以鹿、兔、羊、雞、鴨等納牛空腹中烹之(whatever venison, hares, lamb, poultry, etc., you skewered into that beef cavern, got cooked to perfection. — Charles Reade, *The Cloister and the Hearth*, ch. 2, Everyman's Lib., p. 34)。即“特羅伊豬”、“渾羊没忽”之類。

① Petronius, *Satiricon*, XL, "Loeb", 64.

② *Don Quixote*, Pte II, Cap. 20, *op. cit.*, VI, 33.

③ Thomas Nashe, *The Unfortunate Traveller*, *Works*, ed. R. B. McKerrow, II, 253.

④ Franco Sacchetti, *Il Trecentonovelle*, no. 186, *Opere*, Rizzoli, 620.

九九　卷二三六

《隋煬帝》（出《紀聞》）蕭后入唐，告太宗謂隋時殿内房中，不燃膏火，無“煙氣薰人”，懸明月寶、夜光珠等以照之。按吴騫《拜經樓詩話》卷三：“宋人小説每多不可盡信。王銍《默記》：‘宋平江南，大將得李後主寵姬，夜見然燈，輒閉目云：煙氣！易以燭，云：煙氣愈甚！問：宫中不然燈耶？曰：宫中每夕懸大寶珠，光照室如晝日。’漁洋《南唐宫詞》云：‘從兹明月無顔色，御閣新懸照夜珠’，用其事。《賢愚因緣經》：‘王昇七寶殿，彌離夫人在其殿上，所坐之牀，用紺流離。王令坐，彌離夫人言：王來大善，但王衣服有微煙氣，令我淚出。王因問：汝家不然火耶？冥暮何以爲明？答言：用摩尼珠。即便閉户出珠，明逾晝日。’《默記》似從此附會。要皆無稽之談也。”是矣而尚未晰。《默記》卷中明言“小説載”云云，則“附會”者非即王氏；“小説”實從《廣記》此則“附會”，故亦有亡國一段因緣，而此則又從釋典“附會”耳。吴氏所引《賢愚經》一節，出《檀彌離品》第四八，《法苑珠林》卷七一亦引之；《珠林》同卷復引《樹提伽經》：“王臨其家，樹提伽婦端正無雙，爲王作禮，眼中淚出，王問其故。答言：

‘不敢欺王，聞王煙氣，以是之故，眼中淚出。’王言：‘庶人然脂，諸侯然蠟，天子然漆，亦有煙也。’答言：‘臣家有一明月神珠。’”《藝文類聚》卷五七引徐幹《七喻》早云：“懸明珠于長韜，燭宵夜而爲陽”；王嘉《拾遺記》卷六記郭況家“懸明珠於四垂，晝視之如星，夜望之如月，里語曰：‘洛陽多錢郭氏室，夜月晝星富無匹’”；釋書添出燃燈淚出一節，情事遂細緻。晚唐王棨《綴珠爲燭賦》形容珠之“凝不摇風，明能奪火”（《全唐文》卷七七〇），數典未及釋書。《江左十五子詩選》卷一王式丹《南唐宫詞》之四：“相看不用金釭綻，掛定中間大寶珠”，則如漁洋詩之用《默記》也。

一〇〇　卷二三七

《同昌公主》（出《杜陽編》）公主死，李可及進《歎百年曲》，聲詞哀怨。按《舊唐書·曹確傳》亦記“伶官李可及爲《歎百年》舞曲，……詞語悽愴，聞者流涕。”敦煌寫本曲子中有《丈夫百歲篇》、《女人百歲篇》，當是其類。歐陽修《五代史·唐本紀》記李克用置酒三垂岡，“伶人奏《百年歌》，至於衰老之際，聲辭甚悲，坐上皆悽愴”，亦謂此也。陸機集有《百年歌》一〇首，則雅言之導夫先路者。

一〇一　卷二三八

《張祜》（出《桂苑叢談》）"非常人"以豕首貯囊中，言是仇人頭，向祜假十萬緡。按即《儒林外史》第一二回張鐵臂"虚設人頭會"事所本，人皆知之。張齊賢《洛陽縉紳舊聞記》卷三《白萬州遇劍客》記白廷誨兄弟爲黄鬚劍客所紿，韋驤《韋先生集》卷一七《白廷誨傳》本之，事與張祜受欺酷類，第無人頭一節，祇騙去銀、馬而已。

【增訂三】《湧幢小品》卷九《豕首》記"有客卒"誑取東吴張氏十萬緡事，亦即唐代舊聞而流傳以爲明季新談耳，却皆繫之張姓。

《大安寺》（出《玉堂閒話》）"小僕擲眼向僧"。按卷一三九《惠炤師》（出《廣古今五行記》）："眼語挑弄"，均後世章回小説所謂"使個眼色"。羅虬《比紅兒詩》："可得紅兒抛醉眼，漢皇恩澤一時迴!"；"抛"與"擲"等。《漢書·李廣傳》任立政等見李陵，"未得私語，即目視陵"，顔師古註："以目相視而感動之，今所謂'眼語'者也"；《惠炤師》即用"今"語也。《史記·貨殖列傳》："今夫趙女鄭姬，設形容，……目挑心招"，正同《列子·湯問》："瞬其目而招王之侍妾"；梁武帝《子夜歌》："賣眼拂長袖”，李白《越女詞》之二：“賣眼擲春心。”夫不恤而棄曰“抛”、曰“擲”，善價而沽曰“賣”；“抛”與“擲”、去也，“招”與“挑”、來也。單文孑立，義皆倍反，而施之以目傳心，則旨歸一揆，李白之“賣眼擲心”無異乎馬遷之“目挑心招”。此又“不以文害詞”、“依義不依語”之例矣。參觀《左傳》卷論隱公元年、《全晉文》卷論陶潛《閑情賦》。

一〇二　卷二四三

《張延賞》(出《幽閒鼓吹》):“錢至十萬貫，通神矣！無不可回之事。”按《太平御覽》卷三六杜恕《體論》：“可以使鬼者，錢也；可以使神者，誠也”；《晉書·魯褒傳》載《錢神論》：“有錢可使鬼，而況於人乎!”一明言神不可以利動，一祇言利可以驅役人、鬼，張延賞遂言“聰明正直”之“神”亦可以錢使矣。《金瓶梅》第五七回西門慶曰：“咱聞西天佛祖也祇不過要黄金鋪地，陰司十殿也要些楮鏹營求；咱只消儘這些家私，廣爲善事，便强奸了嫦娥、和奸了織女”云云，足以箋“通神無不可回之事”。法國一文人引波斯諺“錢可買鬼”，駁之曰：“大不然！尚有送錢之方式在”(“Avec de l’or on achète jusqu’aux démons”(proverbe persan). Pas du tout! Il y a encore la façon de l’offrir)①；補筆庶無賸義。蓋賄賂必以其道，人事各有攸宜。託上壽之名，擇暮夜之候，或問以苞苴簞笥，或遺之襆軸縹囊，以至於贈田宅，進姬侍，萬變不離其宗，皆“送錢之方式”也。故曰“送禮”，曰“孝敬”，亦見利亦有禮，猶盜亦有道。否則叱爾嗟來，乞人不屑，珠璧而暗投焉，反致案劍相眄耳。

---

① Henry de Montherlant, *Carnets*, 6e éd., Gallimard, 375.

一〇三　卷二四四

《皇甫湜》（出《闕史》）裴度欲請白居易撰福先寺碑，湜聞之大怒曰："近舍某而遠徵白，信獲戾於門下矣！某文若方白之作，所謂寶琴瑶瑟而比之桑間濮上也。"度謝過，請湜命筆，文成"約三千字"，一字索三匹絹，"更減五分錢不得"；度"依數酬之"，輦負相望，洛人聚觀。按高彦休《唐闕史》卷上自註："愚幼年嘗數其字，得三千二百五十有四，計送絹九千七百六十有二；後逢寺之老僧曰師約者，細爲愚説，其數亦同。"碑文已佚，《皇甫持正集》未收，故姚範《援鶉堂筆記》卷三三、蕭穆《敬孚類稿》卷六《再跋〈皇甫持正集〉》皆疑無撰碑事。然湜與白居易争名，或出傳聞；碑文則彦休目驗，必非虚構。蕭氏云："碑文至三千二百餘字，何煩冗無法！爲韓公《神道碑》，亦祇一千六百餘字耳。"殆貪潤筆之豐，詞不裁剪，多多益善，以便計字索酬，如後世之稿費歟。不知碑頭之題目、署名等亦與三匹絹潤筆之數否。"近舍某而遠徵白"語，可持較《三國志·魏書·邴原傳》裴註引《邴原别傳》載原游學詣安邱孫崧，崧辭曰："君鄉里鄭君，……誠學者之師模也。君乃舍之，躡屣千里！"白居易《哭皇甫七郎中》云："《涉江》文一首，便可敵公卿"；自

註："持正奇文甚多，《涉江》一章尤著。"使湜真有奪去上門買賣之事，則居易雅量，古今文士罕比矣。《皇甫持正集》中無《涉江》文，當亦佚去，然竊疑即《讓風》一篇，居易誤憶耳。

一〇四　卷二四五

《張裕》（出《三國志》或《啓顏録》）饒鬚，劉先主嘲之曰："諸毛繞涿居。"按此穢褻語；錢大昕《潛研堂文集》卷三五《與洪稚存書》之一説"涿"即"豚"，而章炳麟《新方言》卷四《〈爾雅〉"白州驠"》説"涿"即"州"，要不外乎下體者是。詩人貪使故實而不究詁訓，每貽話把笑柄。如林壽圖《黄鵠山人詩鈔》卷一《曹懷樸先生縣齋燕飲》："使君半醉撚髭鬚，惜少繞涿諸毛居"，自註："公云：'吾貌枯少鬚'"；無知漫與，語病而成惡謔矣。黄遵憲《人境廬詩草》卷四《逐客篇》："招邀盡室至，前脚踵後脚，抵掌齊入秦，諸毛紛繞涿"，乃作族姓地名用，無可譏彈；卷五《春夜招鄉人飲》："子年未四十，鬑鬑鬚在頰，諸毛紛繞涿，東塗復西抹"，則與林詩同謬。梁同書《頻羅厂遺集》卷三《題項一鳴贅髯》："題詩客亦繞諸毛，妙謔能令意也消"；郭麐《靈芬館詩》二集《留鬚》："密竹緣坡生已晚，諸毛繞涿誚還無"；點明爲"謔"爲"誚"，自首減等，足以間執吹毛者之口。古羅馬詞學謂苟用字設喻而詭異不經，誇飾而張大逾分，祇須作者自示爲明知故作而非不知亂道（non falli iudicium），則無不理順言宜(nihil non tuto dici potest)①；即此法也。王曇《烟霞萬古樓集》佚詩《戲作肉身定光佛歌》："又不是潞涿君，河間鼻"云云，固知"涿"字之解者。韓愈《寄崔二十六立之》："又論諸毛功"，何焯評引先主此謔説之，李光地謂指"筆墨之事"，蓋二人亦未識"涿"字何意；竊意"諸"乃"楮"之訛，指"楮先生"與"毛穎"也。

① Quintillan, *Institutio oratoria*, VIII.iii.37, "Loeb", III, 230.

一〇五　卷二四六

《張融》（出《談藪》）融“於御前放氣”。按卷二五三《侯白》（出《啓顔録》）“乃傍卧放氣與之言。”即《法苑珠林》卷一一三引《毗尼母經》所云：“不得放下風出聲。”《老學菴筆記》卷二毛德昭“亟起掩耳曰：‘放氣！放氣！’”，蓋承六朝文語；宋人口語，實與今無異，觀《夷堅三志》辛卷一〇《李三夫妻豬》及《癸辛雜識》章宗卿謔，可知也。漢人則曰“失氣”；《全後漢文》卷三八《風俗通》佚文：“宋遷母往阿奴家飲酒，坐上失氣。”《侯白》則亦見《朝野僉載》卷四。

一〇六　卷二四七

《石動筩》（出《啓顔録》）曰：“郭璞《游仙詩》云：‘青溪千餘仞，中有一道士’，臣作云：‘青溪二千仞，中有兩道士’，豈不勝伊一倍?”按梁紹壬《兩般秋雨盦隨筆》卷三：“某作詩，力求新異，有句云：‘金欲二千酬漂母，鞭須六百撻平王’，語奇而殊無理，此與‘青溪二千仞，中有兩道士’何異!”即指動筩之句。“某”者、明末徐開元，其聯見王應奎《柳南隨筆》卷四引張遠撰《徐五傳》；“欲”作“以”，“撻”作“報”，梁氏改字，似勝原句，“欲”與“須”銖錙較稱，而“報”與“酬”本若合掌也。

動筩問國學博士，孔子弟子“達者七十二人，幾人已著冠?幾人未著冠?”博士不能答；動筩曰：“《論語》云：‘冠者五六人’，‘五六’三十人也；‘童子六七人’，‘六七’四十二人也。”按皇侃《論語義疏·先進》此章疏云：“或云……‘五六’三十人也，……‘六七’四十二人也；……合爲七十二人也，孔門升堂者七十二人也。”此解漢世夙有，《太平御覽》卷五二六引《漢舊儀》：“禮后稷於東南，常以八月祭，舞者七十二人：冠者五六、三十人，童子六七、四十二人”；宋員興宗《九華集》卷一二《答洪丞相問隸碑書》嘗引以釋《唐扶頌》、《堯祠請雨碑》等之“五六六七，化道若神”，清俞正燮《癸巳類稿》卷二據《隸釋》載員氏書而增雲臺廿八將稱“四七之將”爲例。

【增訂三】程大昌《考古編》卷八記夜閲《漢舊儀》，思及石動筩語，因謂“五六人、七八人”乃“姑以意言之，非決定語也”，而“石優戲語，漢儒固已用爲實事，此其傳誤，與‘小姑嫁彭郎’亦何異也!”

夫折計數目，早見於經，如《周禮·考工記》：“堂脩二七”，《左傳》襄公十一年：“女樂二八”，《大戴禮·易本命》尤多；王楙《野客叢書》卷一六、洪邁《容齋續筆》卷七蒐列頗夥。兹補説數例。《廣記》卷一七四《東方朔》（出《東方朔傳》）：“‘叱叱’四十九也”；“叱”諧“七”，猶“破瓜年”爲十六歲，以“瓜”字破之爲二“八”字（《皇朝類苑》卷四三引楊億《談苑》），一諧音，一拆字，折計而以廋詞出之。《藝文類聚》卷三一馬融《與竇伯向書》：“書雖兩紙，紙八行，行七字——七八五十六字，百十二言耳”；不特言兩數，且言兩數之積。他如《南齊書·五行志》永元中童謡：“七九六十三，廣莫人無餘”，或盧仝《月蝕詩》：“駕車六九五十四頭蛟螭虬”，皆即《漢舊儀》句法。令狐楚《八月十七夜書懷》：“三五既不留，二八又還過”，盧仝《有所思》：“娟娟姮娥月，三五、二八盈又缺”；謂月之十五、十六兩日，又即《唐扶頌》等句法。《全後漢文》卷一二張純《泰山刻石文》引《河圖赤伏符》曰：“四七之際火爲主”，下文曰：“受命中興，年二十八載興兵起”；則記漢光武事，有兩“四七”，不止雲臺二十八將也。六朝詩文尤好用折計述年歲，如陶潛《雜詩》：“年始三五間”，《責子》：“阿舒已二八”，《祭程氏妹文》：

“我年二六”;《魏書·李平傳》載李諧《述身賦》:“自方年之四五,實始仕之弱齡。”

【增訂四】蕭子顯《日出東南隅行》:“三六前年暮,四五今年朝”;謂此婦“前年”十八歲,“今年”二十歲。梁簡文帝《東飛伯勞歌》第一首:“可憐年幾十三四,工歌巧舞入人意”;“年幾”即“年紀”,如字面之十三四歲;第二首:“少年年幾方三六,含嬌聚態傾人目”;則字法與前首不同,謂十八歲也。

蘇轍《欒城集》卷二四《祝文》、《青詞》輒有“請女道士二七人”、“請僧三七人”等句,余兒時見僧道齋醮張榜,尚依此樣也。

一〇七　卷二四八

《山東人》（出《啓顔録》）。按敦煌變文《孔子項託相問書》小兒却問“鵝鴨何以能浮”云云一節仿此。

一〇八　卷二四九

《尹神童》（出《朝野僉載》）伯樂命子執《馬經》作圖樣以相馬，子出見大蝦蟆，歸謂父："得一馬，略與相同。……其隆顱、跌目、脊郁縮，但蹄不如累趍耳。"按《埤雅》卷一二引之，比於趙括之"徒能讀其父書，不知合變"。此謔亦殊中理。文字描摹，終不如繪畫之得形似，故依文作圖而按圖索驥，則蛙可以爲馬矣。汪曰楨《湖雅》卷六："道光辛卯，吾友海寧許心如丙鴻與余論近人《山海經》圖之誕妄。時適多蚊，因仿《山海經》説之云：'蟲身而長喙，鳥翼而豹脚。'設仿此爲圖，必身如大蛹，有長喙，背上有二鳥翼，腹下有四豹脚，成一非蟲非禽非獸之形，誰復知爲蚊者?"可相參印。皆資讀《拉奥孔》之助。

【增訂二】《全晉文》卷一五二苻朗《苻子》："齊景公好馬，命善畫者圖而訪之。殫百乘之價，期年而不得，像過實也。"此亦按圖索驥，與伯樂子事相映成趣。一則圖過實，按之索驥而不得；一則圖如實，按而索，索而得焉，則蝦蟆耳，非驥也。兩者通觀，足資諷諭。

一〇九　卷二五〇

《李安期》（出《朝野僉載》）“看判曰：‘書稍弱。’選人對曰：‘昨墜馬傷足。’安期曰：‘損足何廢好書？’”按此謔於英國名家小說中兩見。迭更司《滑稽外史》中一愚妄女子作書云：“吾父命我通書，因其足傷，不能把筆，醫言恐難復原”（My pa requests me to write to you, the doctors considering it doubtful whether he will ever recover the use of his legs which prevents his holding a pen）①；蓋斯基爾夫人《鄉鎮舊聞》中一人致函言“勿許其妻作書，因妻足踝扭筋，握管不便”（His wife did not write, said the old gentleman, because he had forbidden it, she being indisposed with a sprained ankle, which (he said) incapacitated her from holding a pen）②。

---

① *Nicholas Nickleby*, ch. 15.

② Mrs Gaskell, *Cranford*: “Old Letters”.

一一〇　卷二五一

《楊虞卿》（出《本事詩》）。按見《本事詩·情感》第一；《綠窗新話》卷下《張公嫌李氏醜容》即此則，而誤註其出於《古今詞話》。張又新所吟爲七絶，非長短句，《詞話》無緣標舉之也。《唐詩紀事》卷四〇記此詩本事，而語焉不詳。《本事詩》作"特甚"，又新詩遂難索解；《綠窗新話》作"白特甚"，詩意乃明。《廣記》亦奪去"白"字，須據《新話》訂補。又新蓋謂女常以白皙爲美，今娶婦方知"粲者"之説不盡然；雪膚未必花貌，白之甚者不妍而反醜，故曰："牡丹一朵直千金，將謂從來色最深；今日滿欄花似雪，一生辜負看花心"——"色最深"即"色最勝"。《晉書·后妃傳》上武帝博選良家女充後宫，使楊后揀擇，"后性妬，惟取潔白長大，其端正美麗者並不見留"；足以闡又新之詩矣。俞正燮《癸巳類稿》卷一四《長白美人》引《詩》、《史記》、《魏書》、《唐書》以明"婦容以長爲貴，……長白即美德"，而獨遺《晉書》，豈惡其害己之説耶？文藝復興時名著《美女論》（Della Bellezza delle Donne）謂膚色尚白，第不可"死白"①，人色之"死白"殆如張岱言物色之"呆白"

(《陶菴夢憶》卷七《龍山雪》:“月不能光，雪皆呆白”，又《瑯嬛文集》卷二《海志》:“日呆白而扁，類果盒”)。美國名小説《捕鯨記》有一章專論白色，謂人物之白者雖足貴惜，然亦復正緣色白而更可憎惡，如天老兒是(what is that in the Albino man so peculiarly repels and often shocks the eye)②；殆“白特甚”者歟?《廣記》卷二五六《崔涯》(出《雲溪友議》)讚李端端曰:“一朵能行白牡丹”，元稹《離思》有“偏摘梨花與白人”，王涯《宫詞》有“白人宜着紫衣裳”，徐凝賦《白人》詩。張又新非故欲違人自異，亦以白有幾般白耳。

《鄰夫》(出《笑言》)夫贈婦詩曰:“吹火朱唇動，添薪玉腕斜，遥看烟裏面，大似霧中花”；鄰婦知而羡之，亦索己夫贈詩，詩曰:“吹火青唇動，添薪黑腕斜，遥看烟裏面，恰似鳩槃荼。”按宋江少虞《皇朝類苑》卷一六:“元豐中，高麗使朴寅亮至，明年，象山尉張中以詩送之。寅亮答詩，序有:‘花面艷吹，愧鄰婦青唇之效；桑間陋曲，續郢人白雪之音。’有司劾中:小官不當外交夷使。神宗問‘青唇’何事，皆不能對。趙元老誦《太平廣記》”云云。朱弁《曲洧舊聞》卷二亦記元老此事而未道《太平廣記》。

【增訂三】《皇朝類苑》記趙元老論“青唇”事，蓋本之《澠水燕談録》卷九。

---

① Burckhardt, *Die Kultur der Renaissance in Italien*, “Grosse Illustrierte Phaidon-Ausgabe,” 198:“... die Haut hell leuchtende (candido), aber nicht von toter Weisse (bianchezza)”.

② Melville, *Moby Dick*, ch. 42.

一一一　卷二五二

《〈千字文〉語乞社》（出《啓顔録》）。按《陔餘叢考》卷二二謂《牡丹亭》第一七折石道姑以《千字文》自道出身，即仿此體；《霞外攟屑》卷五復引《廣記》卷二五六《封抱一》（出《啓顔録》）、卷二五七《患目鼻人》（出《啓顔録》）等增益之。《類説》卷四九及《事文類聚》别集卷二〇引《籍川笑林》有《決水灌田伏罪狀》："只因天亢'律吕調'，切慮田苗'宇宙洪'"云云，亦此體，且用《千字文》而兼縮脚語，與《患目鼻人》之相詠尤類。明清小説、院本遂以爲打諢窠臼，如《龍膏記》第二一折郭曖語、《蜃中樓》第二一折蝦兵語、《品花寶鑑》第八回孫嗣徽語等；《貪歡報》第九回張二官語用《千字文》多至一三四句；

【增訂四】清初署名雙溪廌山作《芙蓉樓》第一〇齣白鬚門公上場白亦用《千字文》二十餘句。

《西洋記》第七八回剌撒國王禱求尉仇大王神，神附小童身上，語皆出《千字文》而縮脚爲三字句，又《患目鼻人》、《決水灌田伏罪狀》之祖構。其他零星數句者如《雞肋編》卷中載金人入寇諺、《詞謔》載《傍妝臺》詠薄酒、《談概》卷二七載袁景文、諸理齋詩、《一夕話》卷二載嘲時少灣詩，更復不少。《南亭四話》卷八載顧立謙作狎客《自悔歌》亦用《千字文》四四句。

《吴堯卿》（出《妖亂志》）其妻斂以紙絮葦棺，好事者題曰："信物一角，附至阿鼻地獄，請去斜封，送上閻羅王。"按沈作喆《寓簡》卷一〇："司馬温公薨時，程頤以臆説，斂如封角狀，東坡疾其怪妄，因怒詆曰：'此豈信物一角，附上閻羅大王者耶?'人以東坡爲戲，不知《妖亂志》所載吴堯卿事，已有此語，東坡以比程之陋耳。"

一一二　卷二五五

《石抱忠》（出《御史臺記》）爲諧詩云：“一羣縣尉驢騾驟，數箇參軍鵝鴨行。”按雖《魏書·官氏志》記道武名諸曹走使爲“鳧鴨”，取“飛之迅疾”；然此詩正以俚俗發噱，非用故實。“鵝鴨”、“驢騾”，均直白語，“鵝鴨行”即雅言“雁行”耳。韓愈《藍田縣丞廳壁記》：“文書行，吏抱成案詣丞，……雁鶩行以進”；“雁鶩行”酌古斟今，融會“雁行”與“鵝鴨行”。作手鑄詞，每掇拾時俗語而拂拭之，此堪爲例。又如《廣記》卷二六八《張亶》（出《朝野僉載》）有突厥投化，張亶炙之以火，“不勝楚痛，日夜作蟲鳥鳴”，而孟郊《病客吟》：“病客晝呻吟，徒爲蟲鳥音”，世推名句。《敦煌掇瑣》之三一《五言白話詩》：“若不急抽御，眼看塞天破”，而柳宗元《段太尉逸事狀》：“副元帥勳塞天地”，劉禹錫《祭韓吏部文》：“三十餘年，聲名塞天”，李翱《感知己賦》：“是時梁君之譽塞天下”，尤以韓愈《寄崔二十六立之》：“歡華不滿眼，咎責塞兩儀”，爲工於點化也。

《宋務先》（出《御史臺記》）一監察御史“不工文而好作”，人誤之，輒折俸助廚，號曰：“光臺”，其妻誡之曰：“公經生，素非文筆，此必臺中玩公！”遂不復出錢，諸御史知之，相謂曰：

“彼有人焉，未可玩也。”按卷二五八《并州士族》（出《顏氏家訓》）記一人“爲可笑詩賦”，人嘲弄而“虚相稱讚，必擊牛釃酒延之”，其妻泣諫，此人歎曰：“才華不爲妻子所容！”至死不覺。二事相似，特一悟一不悟耳。《家訓·文章》篇原文作“便擊牛釃酒，招延聲譽”，《廣記》删改，精采大減。西方舊籍記一人(Barballius)好作詩，羅馬教皇(Leo X)戲譽之爲可比詩聖(Petrarch)，是人大喜自詡，友知其遭弄，直言諫之，乃大恚怒，謂己才高爲朋友所嫉①；正并州士之類。《梁書·胡僧祐傳》：“性好讀書，不解緝綴，然每在公宴，必强賦詩，文詞鄙俚，多被嘲謔。僧祐怡然自若，謂己實工，矜伐益甚”；自得其樂如此，更省却出錢置酒，招人延譽矣。

《侯味虚》（出《朝野僉載》）著《百官本草》。按同卷《賈言忠》（出《御史臺記》）撰《監察本草》。《全唐文》卷二二七有張説《錢本草》，錢大昕《潛研堂文集》卷三《跋〈錢本草〉》則謂“此好事所爲，託之燕公”。蓋唐人游戲文章有此一體，後世祖構如《羅湖野録》卷四慧日雅禪師《禪本草》、董説《豐草菴前集》卷三《夢本草》、張潮《檀弓叢書·書本草》，其尤雅令者也。

《王維》（出《盧氏雜説》）王璵好與人作碑誌，有送潤筆，誤扣王維門，維曰：“大作家在那邊！’”按劉克莊《後村大全集》卷二四《答楊浩》：“自慚吾非三長史，誰誤君尋五作家？”自註：“工縉多爲人作志銘，或送潤筆達維處，維笑曰：‘五作家在那邊！’”“非”字必是“匪”字之訛，不然失拈；誤憶璵爲縉，小

① *Anatomy of Melancholy*, Part. I, Sect. II, Mem. IV, Subs. IV, Bell, I, 393.

眚無傷；以“大”爲“五”，了無理致，大類杜撰以求“三長史”對仗，不免英雄欺人。“三長史”字面出《漢書·張湯傳》，而語意不合，且“長史”之“長”上聲，又屬失拈；必是用劉知幾《答鄭唯忠史才論》所謂“史才須有三長”（《全唐文》卷二七四），然割裂“史才三長”爲“三長史”，亦蠻做欠妥適。此一聯上下句均可勒帛也。

一一三　卷二五六

《平曾》（出《雲溪友議》）獻白馬詩云："雪中放出空尋迹，月下牽來只見鞍。"按同卷《崔涯》（出《雲溪友議》）嘲李端端云："黄昏不語不知行，鼻似煙窗耳似鐺。"平詩譽馬毛之白，崔詩譏女膚之黑，而機杼全同。皆言其人其物與所處境地泯合難分，如所謂"保護色"（protective colouration）者。此固寫景狀物詩文中習用技倆，初不限於俳諧之作也。卷四〇三《延清室》（出《拾遺録》）董偃以玉精爲盤貯冰，二物"同潔澈"，侍者以爲"冰無盤，必融濕席，乃和玉盤拂之"，落階下俱碎；《太平御覽》卷七五八、九六九皆引《拾遺録》載漢明帝月夜讌羣臣，以櫻桃盛赤瑛盤中，"共一色，羣臣皆笑，云是空盤"；李白《白胡桃》："紅羅袖裏分明見，白玉盤中看卻無"；王昌齡《採蓮詞》："荷葉羅裙一色裁，芙蓉花臉兩邊開；棹入横塘尋不見，聞歌始覺有人來"（瞿佑《歸田詩話》卷上："貢有初謂余曰：'謂葉與裙同色，花與臉同色，故棹入花間不能辨'"）；雍陶《咏雙白鷺》："立當青草人先見，行傍白蓮魚未知"；李洞《宿成都松溪》："翡翠鳥飛人不見，琉璃瓶貯水疑無"（上句言松色，下句言水色）；曹松《水精念珠》："幾度夜深尋不着，琉璃爲殿月爲燈”；韋莊《白牡丹》：“昨夜月明渾如水，入門唯覺一庭香”；《五燈會元》卷一三洞山良价囑付曹山本寂詞：“銀盌盛雪，明月藏鷺”；韓淲《澗泉集》卷一七《和昌甫》第一首自註引尹穡《西軒》：“草黄眠失犢，石白動知鷗”；楊萬里《誠齋集》卷二五《披仙閣上酴醿》之一：“仰架遥看時見些，登樓下瞰脱然佳；酴醿蝴蝶渾無辨，飛去方知不是花”；姚勉《雪坡舍人集》卷一二《四望亭觀荷花》：“面面湖光面面風，可人最是白芙蓉；分明飛下雙雙鷺，纔到花邊不見蹤”；舒岳祥《閬風集》卷九《無題》第一首：“谿草鴨頭相間緑，山榴雉頰一時紅；白鷗飛起無尋處，滚入梨花柳絮中”；吴師道《吴禮部詩話》載龔開《黑馬圖》詩：“幽州俠客夜騎去，行過陰山鬼不知”；高啓《梅花》：“春風未動枝先覺，夜月初來樹欲空”；《警世通言》卷一三、《初刻拍案驚奇》卷一一、洪昇《長生殿·夜怨》等引不知何人詩：“雪隱鷺鷥飛始見，柳藏鸚鵡語方知”；嚴熊《白雲詩集》卷七《馮定遠先生挽詞》自註：“吴夫人冰仙（綃）學詩於定翁，曾賦《梨花》云：‘月明無色但空枝’，真妙句也！”；洪亮吉《玉塵集》卷下自記少作《白杜鵑》詩：“應是蜀禽啼未遍，却教明月照還空”；以至《野叟曝言》第四七回斗方名士咏梅，李姓詩云：“月下朦朧驚我眼，如何空剩老丫叉！”，元姓恭維曰：“出神入化之筆！月色朦朧，與梅花融成一片，豈不單剩了枝梗？”手眼無不同。“聞歌始覺有人”，“鸚鵡語方知”即“不語不知行”；黑馬過而“鬼不知”即翠鳥飛而“人不見”；均一色莫辨、“融成一片”也。嵇康《養生論》：“蝨處頭而黑”，《文選》李善註此句引《抱朴子》佚文：“今頭蝨著人，皆稍變而白；身蝨處頭，皆漸化而黑；則是玄素果無定質，移易存乎所漸”；《酉陽雜俎》卷二〇論禽獸“必藏匿形影”，是以“蛇色逐地，茅兔必赤，鷹色隨樹”①，李郢《滑河館》所謂：“青蛇上竹一種色。”古人格物，已窺“保護色”之理矣。《全後漢文》卷二九馬第伯《封禪儀記》：“遥望其人，或以爲小白石，或以爲冰雪；久之，白者移過乃知是人也。”詞章家以“移過乃知”之事合於一色莫辨之狀，刻劃遂進一解。楊萬里詩謂蝶飛方知其非酴醾，或人詩謂鷺鷥飛方知其非積雪，即“白者移乃知是人也”之旨。《誠齋集》卷三二《曉行望雲山》：“却有一峯忽然長，方知不動是真山”（參觀陳沆《簡學齋詩存》卷三《默深留長沙相聚旬餘得詩》之四：“君看出山雲，崇朝幾沉浮，真山久不動，兹焉庶堪儔”），則山“不動”而知其非雲，反面着眼以與古爲新，亦即雲移過而知其非山耳。蓋如法炮製，依樣葫蘆，學邯鄲之步，效西施之顰，夫人知爲模仿也。反其道以行，以魯男子之不可仿柳下惠之可，亦模仿而較巧黠焉；《漢書・揚雄傳》云：“摭《離騷》文而反之，名曰《反離騷》”，是矣。十八世紀德國文家嘗謂模仿不特有正仿，亦且有反仿（Grade das Gegentheil thun ist auch eine Nachahmung, und die Definition der Nachahmung müssten von Rechtswegen beydes unter sich begreifen）②。

---

① Cf. Butler, *Characters and Passages from Note-books*, ed. A. R. Waller, 359: “The backs of all fishes are very near of the colour of the water that they are bred in, to avoyd the discovery of those that prey upon them.”

② Lichtenberg, *Aphorismen*, hrsg. A. Leitzmann, III, 134. Cf. Novalis, *Fragmente*, Nr. 102, hrsg. E. Kamnitzer, 88: “Kontraste sind inverse Ähnlichkeit”; Valéry: “Lettre sur Mallarmé,” *Oeuvres*, “Bib. de la Pléiade”, II, 634: “Toujours *ce qui se fait* répète *ce qui fut fait* ou le réfute: le répète en d’autres tons, l’épure, l’amplifie, le simplifie; ou bien le rétorgue, l’extermine, le renverse, le nie: mais donc le suppose, et l’a invisiblement utilisé. Le contraire naît du contraire.”

誠齋兩詩，恰可各示其例。

【增訂三】禪人有“如何是一色”問答，洞山良价語特其最雅令者耳。他如《五燈會元》卷六元安章次：“鷺倚雪巢猶可辨，烏投漆立事難分”，同卷善静章次：“易分雪裏粉，難辨墨中煤”；又卷一四警玄章次：“鷺倚雪巢猶自可，更看白馬入蘆花”，同卷子淳章次：“鷺鷀立雪非同色，明月蘆花不似他。”《夷堅志》支景卷六記葉祖義賦詩詠“世間有不分曉事”曰：“醉來黑漆屏風上，草寫盧仝《月蝕詩》”，正謂集黑暗之大成；屏既漆黑，醉復昏蒙，盧詩寫景則“一搭如煤炲”，重以草字體之“渾沌草昧”（張懷瓘《書斷》上《草書》），如合秋水於長天矣。鄧椿《畫繼》卷六《王可訓》條論《瀟湘夜雨圖》云：“瀟湘夜矣，又復雨作，有何所見？……嘲誚云：‘不過剪數尺皂絹，張之堂上，始副其名也！’”亦言“一色”、“不分曉”。近世法國善戲謔者（Alphonse Allais）展覽“胡亂畫”（Le Salon des Incohérents），即用此法，如懸黑帆布一巨幅，題爲黑人在山洞内夜戰圖。“雪隱鷺鷀”一聯又見於《金瓶梅》第五又二五又六七回、《玉嬌梨》第一五回、《西湖二集》卷二一、《後西遊記》第八回。王昌齡詩詠“花與臉同色不能辨”，則猶王嘉《拾遺記》卷八記蜀先主甘后“入綃帳中，於户外望者如月下聚雪”，又“取玉人置后側，潔白齊潤，觀者殆相亂惑。”但丁嘗以“珍珠著玉顔上”喻不易遽辨（sì che perla in bianca fronte/non vien men tosto alle nostre pupille — *Paradiso*, III. 14–5）。又意大利詩人（Marino）賦女郎擠牛乳（Ninfa mungitrice），謂是手是乳，一白莫判彼此（ne distinguer sapea/il bianco umor da le sue mani intatte, /ch'altro non discernea che latte in latte — *op. cit.*, 361)。復猶《南史·梁本紀》下言簡文"手執玉如意，不相分辨"，或蘇軾《賀新郎》所謂"手弄生綃白團扇，扇手一時似玉。"

【增訂四】《世説新語·容止》言王夷甫"恒捉白玉柄麈尾，與手都無分别。""雪隱鷺鷀"一聯又早見於徐渭《四聲猿·狂鼓史》中女樂唱"一個蹺蹊"曲。莎士比亞詩寫愛情女神執美少年手，二手一色，如雪裹蓮花，雪花石嵌象牙，主白而客亦白(Full gently now she takes him by the hand, /A lily prison'd in a jail of snow, /Or ivory in an alabaster band; /So white a friend engirts so white a foe. —Shakespeare, *Venus and Adonis*, 360ff.)。

【增訂五】法國文家嘗以黑上加黑，如烏鴉入夜(Noir sur noir, comme un corbeau dans la nuit. —Jules Renard, *Journal*, Bib. de la Pléiade, p. 455)，與"雪隱鷺鷀"真貌異心同矣。

《李寰》(出《因話録》)表兄武恭性誕妄，好道及蓄古物，生日，寰"擎一破敝幞頭餉恭曰：'知兄深慕高真，求得一洪崖先生初得仙時幞頭，願兄得道如洪崖。'"按卷二四六《何勗》(出《因話録》)江夏王義恭性愛古物，向朝士徵索不已，勗甚不平，行道見狗枷、犢鼻，"擎送之，牋曰：'承復須古物，今奉李斯狗枷、相如犢鼻'"；此牋亦見嚴可均《全宋文》卷四〇，輯自謝綽《宋拾遺録》。

【增訂三】嚴可均註謂輯自謝綽《宋拾遺録》，實則轉引自《因話録》耳。《因話録》卷四記李寰表兄事，復曰："余嘗讀謝綽《宋拾遺録》云：'江夏王義恭'"云云，即此文，結曰："此頗與武恭相類耳。”

後世笑林每師二則之意，以諷骨董家。如《增新事林廣記》辛集卷下載秦士酷好古物，黠者以敗席誑之曰：“此魯哀公坐孔子之席也”，又售以杖曰：“此太王避狄所操之馬箠也”，既而持朽椀曰：“此殷商物，乃桀［紂］所造”，皆索重價；秦士罄家購之，遂無以衣食，“于是披哀公之席，把太王之杖，執桀［紂］之椀，行丐於市曰：‘衣食父母：有太公九府錢，乞一文！’”謝肇淛《五雜俎》卷一六采録之，張大復《梅花草堂筆談》、破額山人《夜航船》皆增飾之，獨逸窩退士《笑笑録》卷四載楊朝麟爲蘇藩司，判賣骨董者被騙訴狀，亦曰：“爾何不携陋巷之瓢，提叩脛之杖，披曾子之簀，而吹伍子胥之簫？豈無捨太公九圜錢者？”西方詩文有云欲貽收藏家(virtuoso)以原人亞當蔽下體之樹葉(Adam's figleaf)、諾亞避洪水時舟中所放鴿子之遺體(The pigeon stuffed, which Noah sent)等罕物①；或以敝履亂髮給收藏家云：“此乃尼羅帝撻其后之履也(la pantofola de Neron, colla qual l'ha dà quel terribil calzo a Poppea)，此又太金王施强暴於烈女時扯取之髮也”(la drezza de cavelli de Lucrezia Romana, restada in mano a Sesto Tarquini)②；正復相類。

---

① Sir Charles Hanbury Williams, quoted in O. Elton, *A Survey of English Literature* 1739-1780, II, 29.

② Goldoni, *La Famiglia dell'Antiquario*, II. xii, *Commedie Scelte*, Cremonese, I, 394; cf, I. xvii, p. 367.

一一四　卷二五八

《高敖曹》（出《啓顔録》）作詩："塚子地握槊，星宿天圍棋，開轀甕張口，卷席牀剥皮"；又"桃生毛彈子，瓠長棒槌兒，牆欹壁亞肚，河凍水生皮。"按《類説》卷一四引《啓顔録》，"開轀"句作"開門屋張口"，"亞"作"凹"，"皮"作"肌"。《北夢瑣言》卷七載包賀斷句："霧是山巾子，船爲水靸鞋"；"櫂摇船掠鬢，風動水搥胸"；《類説》卷五三引《楊文公談苑》載朱貞白詠月："八月十五夜，一似没柄扇"；皆此體。取譬於家常切身之鄙瑣事物，高遠者狎言之，洪大者纖言之（the diminishing or domesticating metaphor）[1]，初非獨游戲文章爲爾。刻劃而騖尖新，亦每游彀中而不悟。《野獲編》卷二六載周如斗、胡宗憲聯句"瓶倒壺撒溺"云云，《柳南隨筆》卷三載湖上某禪師雪詩"天公大吐痰"云云，蜀西樵也《樵説》載或仿李白詩"小時不識雨，只當天下痢"云云，此類承高敖曹、包賀體制，固不必言。然如姚合《對月》："一片黑雲何處起，皂羅籠却水

① R. Wellck and A. Warren, *Theory of Literature*, "Peregrine Books", 198-9.

精球”；陳陶《海昌望月》：“疑抛雲上鍋，欲摟天邊球”；蘇軾《新城道中》：“嶺上晴雲披絮帽，樹頭初日掛銅鉦”；王之道《卜算子》：“風喘西頭客自東”，又《西江月》：“緑楊風喘客帆遲”；曾異撰《紡授堂二集》卷四《冬日溪行》：“石渴谿寒齒，沙分岸反脣，薄烟衣水骨，落木裸山身”；袁勵準《恐高寒齋詩》卷下《登看雲起亭子逢大雷雨》：“凍雨欲來天霍亂，迅雷奮起地怔忡”；雖非俳體，而幾如步趨高、包。“嶺披絮帽”與“山巾子”不謀而合，“天霍亂”與“天下痢”、“天吐痰”亦無以異。故紀昀批點蘇詩，於此聯勒帛之，評曰：“自惡，不必曲爲之諱。”沈欽韓《蘇詩查註補正》卷一謂下句用《清異録》載高太素《冬日銘》之“金鑼騰空”，政恐未然。軾之《日喻説》亦云：“日之狀如銅盤，扣盤而得其聲”；軾弟轍《欒城集》卷一七《黄樓賦》又以“金鉦”擬月：“送夕陽之西盡，導明月之東出，金鉦湧於青嶂，陰氛爲之辟易。”壎箎之吹，均心生眼處，何待假借？亦猶雲蓋山顛，常比於冠巾之加，如《水經注》卷一一《易水》燕王仙臺：“騰雲冠峯，高霧翼嶺”，又卷一五《洛水》鵜鶘山：“長霄冒嶺，層霞冠峯”；范成大《吴船録》卷下：“雲繞山腹則雨，雲翳山頂則晴，俗謂‘廬山戴帽，平地安竈；廬山繫腰，平地安橋。’”蓋莫非直尋，豈須拆補古語哉。《史記·天官書》記星象，有“天矢”之名，且曰：“矢黄則言，青、白、黑凶”；稱雷雨爲天之遺溺失氣，自是題中應有之義，早見古希臘笑劇中，德國俚語尚然①。余讀

① Aristophanes，*Clouds*，372-3，391-2，“Loeb”，I，291，301-3；H. Küpper，*Wörterbuch der deutscher Umgangssprache*，I，183，428，II，212.

黑格爾《自然哲學》，見其謂繁星麗天有若人膚患癬或羣蠅嘬聚，何堪歎美（Dieser Licht-Ausschlag ist so wenig bewunderns würdig，als einer am Menschen，oder als die Menge von Fliegen）[①]，爲之駭笑，思及董説《西遊補》第三回踏空兒鑿天，有云："不知是天生癢疥，要人搔背呢?"後閱葉昌熾《緣督廬日記鈔》光緒二十八年七月一日："鹻地經炎日蒸曬，皆坼裂如龜兆，皮片剥落如松鱗，余謂之'地癬'。"因歎"地癬"與"天癬"無獨有偶，堪入《清異録》也。

【增訂四】海涅追記在大學時，受業於黑格爾。一夕師生二人同觀夜色，繁星麗天，海涅心馳神往，讚賞不容口。黑格爾不耐，嗤曰："彼離離者何足道！星辰衹是上天之癩皮作作發光耳"（Der Meister aber brümmlete vor sich hin："Die Sterne，hum！hum！die Sterne sind nur ein leuchtender Aussatz am Himmel."—Heine，*Geständnisse*，in *Werke und Briefe*，Aufbau，1962，Vol. VII，p. 126）。觀原引黑格爾《自然哲學》二六八節，則渠一時殺風景語亦正其格物窮理之定見也。

《權龍襄》（出《朝野僉載》）秋日述懷曰："簷前飛七百，雪白後園强"云云，自釋之曰："鷂子簷前飛，直七百文；洗衫掛後園，乾白如雪"云云。按壓縮省削，襯字方可解，開滑稽詩之另一體。如《説郛》卷三二元無名氏《拊掌録》載"日暖看三織"五律，《七修類稿》卷四九《排笑詩》載"布議蘇

① *Die Naturphilosophie*，§268，*Sämtliche Werke*，hrsg. H. Glockner，IX，118.

崑李”五律，烟霞散人《斬鬼傳》第四回不通鬼七律“生衙錢短忍書房”，《嘻談録》卷上富翁五律“我本蘇吴百”，《緑野仙踪》第六回鄒繼蘇《花》詩之“媳釵俏矣兒書廢，哥罐聞焉嫂棒傷”，又《月》詩之“野去酒逢酣宋友，家回牌匿笞金哥”，皆權龍襃詩派也。

一一五　卷二五九

《成敬奇》（出《御史臺記》）。按與卷二三九《成敬奇》（出《大唐新語》）乃一事複見。

一一六　卷二六〇

《殷安》（無出處）記安謂人曰：“自古聖賢，不過五人”，因屈指數得伏羲、神農、周公、孔子，“自此之後，無屈得指者，良久乃曰：‘并我五也！’遂屈五指。”按此則即《類説》卷四〇引《朝野僉載·賢聖不過五人》，而不見通行六卷本《朝野僉載》中，可補註明出處。《類説》所引《僉載》溢出通行本者尚有，足資增訂，至字句改削，則其引書慣習也。明趙南星《清都散客笑贊·唐朝山人殷安》一謔取此則而易其結尾，添一波折，更堪解頤：“……自此之後，無屈得指者。其人曰：‘老先生是一個。’乃屈五指曰：‘不敢！’”

一一七 卷二六二

《長鬚僧》（出《王氏見聞》）曰：“落髮除煩惱，留鬚表丈夫。”按明陸粲《庚巳編》卷七載僧時蔚自贊、郎瑛《七修類稿》卷四七、吴肅公《明語林》卷二記來復見心答明太祖語大同；《西洋記通俗演義》第四、第五回金碧峯亦云然，并引“漢末美髯公”、“唐初虬鬚客”爲比。《水滸》第四回魯達受戒時，不願剃鬚，曰：“留下這些兒還洒家也好！”，即“留鬚表丈夫”也。

《昭應書生》（出《因話録》）奔馳入京，曰：“將應‘不求聞達科。’”按《老學菴筆記》卷九記天聖中置“高蹈邱園科”，許人於所在地“投狀求試，時以爲笑”，即引此事連類。

《不識鏡》（出《笑林》）夫持鏡歸，妻引自照，驚告母曰：“某郎又索一婦歸也！”母亦照曰：“又領親家母來也！”按俞樾《俞樓雜纂·一笑》有“漁婦不蓄鏡”一則，全襲此。敦煌卷子本侯白《啓顔録·昏忘門》載鄠縣董子尚村人買奴，入市覩鏡中己影，誤爲少壯奴，買鏡歸；父視鏡，怒子買老奴；母抱小女觀之，詫“買得子母兩婢”；召師婆禳之，懸鏡落地分兩片，師婆拾取，驚覩兩婆云云；則踵事而增華矣。竊疑濫觴於《雜譬喻經》卷下之二九，有長者命婦取蒲桃酒來共飲，婦往開甕，“自見身影在甕中，謂更有女人”，大恚，夫自往視，“見己身影，逆恚其婦，謂藏男子”，互諍相毆。《維摩詰所説經·觀衆生品》第七“菩薩云何觀於衆生”句下，鳩摩羅什附註：“如一癡人行路，遇見遺匣，匣中有大鏡，開匣視鏡，自見其影，謂是匣主，稽首歸謝，捨之而走”；用意同此。《青瑣高議》前集卷三《高言》在胡地時，“或臨野水，自見其形，不覺驚走，[以]爲鬼出於水中，枯黑不類可知也!”，亦可參觀。蓋均認我爲人也。

【增訂三】陳繼儒《晚香堂小品》卷五《贈楊姬》：“少婦顔如花，妬心無乃競！忽覩鏡中人，撲碎妝臺鏡。”機杼與《雜譬喻經》、《啓顔録》等所載事同。鳩摩羅什附註即《百喻經》卷二《寶篋鏡喻》。

釋典另有喻認人爲我者，相反相成。《大莊嚴論經》卷一五之八一略謂一長者婦爲姑所嗔，走入林中，上樹自隱，樹下有池，婦影現水；時有婢使擔甕取水，覩水中影，以“爲是己有”，作如是言：“我今面貌端正如此！何故爲他持甕取水?”即打甕破；西方童話言黑婢(una schiava nera)取水，水邊樹上有美女影落水中，婢覩影大詫，自歎曰：“蘿茜何太薄命乎！美貌如此而爲主婦行汲乎！而安之若素乎?”(Quale vedere, Lucia sfortunata, ti cosìbella stare, e patruna mandare acqua a pigliare; e mi sta cosa tollerare, o Lucia sfortunata!)，因打桶破①。誤認人爲己，誤認己爲人，其苦不自知一也。但丁論水鑑，嘗謂誤以影爲形與誤以形爲影，兩者同病(tali vid'io più facce a parlar pronte, /

① *Il Pentamerone*, V. 9, *op. cit.*, 528-9.

perch'io dentro all'error contrario corsi/a quel ch'accese amor tra l'uomo e il fonte)①。竊謂鏡花水月喻真幻，已屬常談，鏡妻水婢喻人我，亦殊親切有味。古希臘傳説美少年映水覩容，不省即己，愛慕勿釋，赴水求歡，乃至溺死，化爲水仙花；自愛成痼，如患心疾者，世即以此名其症(narcissism)②。水仙花亦由無自知之明，然愛悦而不猜嫌，於《雜譬喻經》、《笑林》所嘲外，又闢一境。張華《博物志》卷二言山雞"自愛其毛，終日映水，目眩則溺水"；劉敬叔《異苑》卷三則言山雞"鑑形而舞，不知止，遂乏死。"脱山雞顧影而不知爲己，單情欲雙，故鳴舞以媚誘之，則事與希臘傳説相類③，"水仙花症"不妨改稱"山雞症"。脱山雞識影之即已而自賞孤芳，若崔國輔《麗人曲》："紅顔稱絶代，欲並真無侶，獨有鏡中人，由來自相許"，或《虞初新志·小青傳》載焚餘詩："瘦影自臨秋水照，卿須憐我我憐卿"，則正因自知進而自醉，我執我慢，不知有人，實復苦不自知也。

【增訂二】《宗鏡録》卷六六："又如惡狗臨井，自吠其影；水中無狗，而有其相，而生惡心，投井而死。"與山雞事相待相成。自愛症(narcissism)可名"山雞對鏡病"，而自仇症(nemesism)亦不妨名"惡狗臨井病"也。

---

① *Paradiso*, III, 16-8.

② Cf. Hebbel: "Das Kind am Brunnen": "Das Kindlein Winkt, der Schatten geschwind/Winkt aus der Tiefe ihm wieder. /Herauf! Herauf! so meint's das Kind; /Der Schatten: Hernieder! Hernieder!" (*Werke*, hrsg. T. Poppe, I, 51)

③ Cf. Marino, *L'Adone*, V. 26: "Egliamante, egliamato, orgella, or bolle, /fatto è strale e bersaglio, arco ed arclero"; A. Muscettola: "Narciso": "me con me stesso implago, e'l desir mio/me di me stesso innamorato or rende. / ... /io che l'offeso son, so chi m'offende" (*Marino e i Marinisti*, Ricciardi, 76, 1001).

【增訂三】《宗鏡録》惡狗自吠其影之喻實出《大智度論》卷八九《釋善達品》第七九。

釋典另一鏡喻見《楞嚴經》卷四："室羅達城演若達多忽於晨朝以鏡照面，愛鏡中頭，眉目可見，嗔責己頭，不見面目，以爲魑魅，無狀狂走"；愛己之影乃至憎己之形，分兩截而進一解，仍苦於不自知而已。余所見漢、唐鏡皆銅鑄，《廣記》卷一六六《楊素》記破鏡爲兩半，非有削金鐵如泥之利器不辦，已大非易事，《啓顔録》言壁上鏡墮地分二片，更難想象；舊藏古鏡十數枚，嘗戲一一擲諸地，了無損裂。疑冰莫涣，當見博古或博物者而叩之。馮小青"瘦影"兩句，當時傳誦，張大復《梅花草堂筆談》卷一二即歎："如此流利，從何摸捉!"，後來《紅樓夢》第八九回稱引之以傷黛玉。明季艷説小青，作傳者重疊，乃至演爲話本，譜入院本，幾成"佳人薄命"之樣本，李雯《蓼齋集》卷一八《彷彿行·序》論其事所謂："昔之所哭，今已爲歌。"及夫《紅樓夢》大行，黛玉不啻代興，青讓於黛，雙木起而二馬廢矣。歐洲十九世紀末詩文中有"脆弱女郎"一類型，具才與貌而善病短命①；采風論世，頗可參驗異同焉。

【增訂四】十九世紀初法國浪漫主義以婦女瘦弱爲美，有如《紅樓夢》寫黛玉所謂"嬌襲一身之病"者。聖佩韋記生理學家觀風辨俗云："嬌弱婦女已奪豐艷婦女之席；動止懈惰，容顔蒼白，聲價愈高"（Un observateur physiologiste l'a dit: C'est l'avènement de la femme frêle, à qui un ton de lan-

① Ariane Thomalia, *Die "Femme Fragile": ein literarischer Fauentypus der Jahrhundertwende*, 1972.

gueur et de pâleur donne plus de prix：elle a remplacé la femme opulente.—Sainte-Beuve：“Madame Sophie Gay”，*Causeries du lundi*，Gamier，Vol.Vl，p. 79)。維尼日記言一婦爲己所酷愛，美中不足者，伊人生平無病；婦女有疾痛，則己覺其饒風韻、增姿媚(...il y a telle femme que j'ai bien aimée，à qui je ne trouvais qu'une imperfection，c'était de ne jamais être malade. La souffrance dans les femmes est pour moi une grâce et un charme de plus. —Alfred de Vigny，*Le Journal d'un poète*，in *Oeuvres complètes*，Bib. de la Pléiade，Vol.II，p. 1353)。此兩名家所言，大類爲吾國馮小青“瘦影”、林黛玉“病三分”而發；龔自珍《寱詞》之“玉樹堅牢不病身，恥爲嬌喘與輕顰”，則掃而空之矣。

一一八　卷二六七

《來俊臣》（出《御史臺記》）。按卷二六八《酷吏》（出《神異經》）宜附此。

《侯思止》（出《朝野僉載》）："殺戮甚衆，更無餘語，唯謂囚徒曰：'不用你書言筆語，止還我白司馬，若不肯來俊，即與你孟青。'……'白司馬'者，北邙山白司馬坂也；'來俊'者，中丞來俊臣也；'孟青'者，將軍孟青棒也。"按酷吏以歇後諧音爲雙關之廋詞也。"白司馬"縮脚"坂"，"坂"、扳也，即攀引，俗語曰"咬"；"來俊"縮脚"臣"，"臣"、承也，《來俊臣》則"棒名'見即承'"之"承"，即招認；"孟青"縮脚"棒"，即棒打耳，《來俊臣》則記狄仁傑等曰："向不承，已死於枷棒矣！"《酷吏》則記侯思止"嚇"魏元忠曰："急承白司馬，不然吃孟青"，釋云："'孟青'者，姓孟名青，即殺瑯玡王冲者也；'白司馬'、坂名"；未得正解。《類說》卷四〇引《朝野僉載》此則約爲一語曰："侯思止以決囚大棒爲'孟青'"，亦不明晰。

一一九　卷二七二

《任瓌妻》（出《朝野僉載》）。按卷二四八《任瓌》（出《御史臺記》）前半同。

一二〇　卷二七三

《李秀蘭》（出《中興閒氣集》）知劉長卿“有陰疾”，謂之曰：“山氣日夕佳”，長卿答：“衆鳥欣有託。”按分別摘取陶潛《飲酒》及《讀〈山海經〉》中句，雙關爲狎褻嘲弄也。“山”諧音“疝”，如《全唐文》卷七八六温庭筠《答段柯古贈葫蘆筆管狀》：“累日洛水寒疝，荆州夜嗽”；“鳥”如《水經注》卷二二《洧水》：“俗人覩此水掛於塢側，遂目爲‘零鳥水’”，即《水滸》中常見之“鳥”（如第四回：“干鳥麽”、“燒了這鳥寺”）。西方文人刻劃景物，亦以水之涓注擬於“零鳥”（L’eau a baissé ... Une source fait un pipi presque indécent）①；“零鳥水”（Les Pisseuses）又法國腦門地（Normandie）水名也。

《徐月英》（出《北夢瑣言》）有詩云：“枕前淚與階前雨，隔箇窗兒滴到明。”按《緑窗新話》卷下載聶勝瓊《鷓鴣天》撏撦之，改“與階”爲“共簾”。白仁甫《梧桐雨》第四折唐明皇唱：“斟酌來這一宵雨和人緊廝熬。伴銅壺，點點敲；雨更多，淚不少。雨濕寒梢，淚染龍袍，不肯相饒，共隔着一樹

① Jules Renard, *Journal*, NRF, 296.

梧桐直滴到曉”，衹鋪陳排比而已。《玉照新志》卷二載無名氏《眉峯碧》：“薄暮投村驛，風雨愁通夕；窗外芭蕉窗裏人，分明葉上心頭滴”，不別言淚，而逕以雨兼融裏外，筆法更勝；《花草粹編》卷三宋曾揆《謁金門》：“伴我枕頭雙淚濕，梧桐秋雨滴”，亦即此意，而下一“伴”字，愈見警鍊。唐劉媛《長門怨》：“雨滴梧桐秋夜長，愁心和雨斷昭陽；淚痕不學君恩斷，拭卻千行更萬行”，梧桐雨與人面淚尚不緊貼也。袁枚《小倉山房詩集》卷一〇《秋夜雜詩》：“雨自屋外鳴，愁自屋中入”，因陳爲新，弄巧成拙，上句之“自”尚可爲“自如”之“自”，下句之“自”必爲“自從”之“自”，是“愁”在“屋中”而“入”“屋中”也，是底言語！天下雨而人下淚，兩者見成連類，不費工夫。西方童話寫小兒女不堪後母之虐，姊携弟出走，適遇零雨，歎云：“吾儕酸心下淚，天亦同泣矣！”(Wennesregnete, sprachdas Schwesterchen:“Der Himmel und unsere Herzen, die weinen zusammen!”)①。浪漫主義以“外景”與“内景”貫通②，聖佩韋論一才媛(Eugénie de Guérin)，謂其心境與天氣印契(son âme reflète le ciel; elle a l'âme couleur du temps)，雨若蕭蕭，則淚欲潸潸(les jours de pluie, où l'on a envie de pleurer)③。大家壯夫詩文每道此況(Und es regnete dann immer stärker, ausser mir und in mir, dass mir fast

① Brüder Grimm, *Die Kinder-und Hausmärchen*:“Brüderchen und Schwesterchen,” Berlin: Der Kinderbuchverlag, 33.

② Cf. P. Moreau:“De quelques Paysages introspectifs”, in *Formen der Selbstdarstellung*, hrsg. G. Reichenkron und F. Haase, 279 ff..

③ Sainte-Beuve, *Nouveaux Lundis*, III, 170.

die Tropfen aus den Augen herauskommen; Il pleure dans mon coeur/Comme il pleut sur la ville; Du ciel choit ou de la paupière déborde une larme identique)[1]；女郎詩好爲悽惋，取境寓情(Only a summer's fate of rain, /And a woman's fate of tears. If I look inward I find tears; if outward, rain. But whatever I write will be melancholy and self-conscious as are all women's poems)[2]，更與徐月英、聶勝瓊同聲相應矣。

[1] Heine, *Reisebilder*: "Italien", Kap. 12; Verlaine, *Ariettes oubliées*, iii; Claudel, *Connaissance de l'Est*: "Tristesse de l'Eau."

[2] Viola Meynell, *Alice Meynell*, 20.

一二一　卷二七五

《捧硯》（出《三水小牘》）裴至德家僮也。按同卷《捧劍》（出《雲溪友議》）郭氏有蒼頭名“捧劍”，卷二四七《王元景》（出《啓顔録》）有奴名“典琴”，卷四三七《柳超》（出《集異記》）有二奴名“掌閣”、“掌書”，卷四八六《無雙傳》有婢名“采蘋”，卷四八七《霍小玉傳》有婢名“浣紗”。《三國志·吴書·吴主傳》太元元年：“有神自稱王表，……又有一婢名紡績”；《真誥·稽神樞》之四：“霍光有典衣奴子，名還車”；張文成《游仙窟》有“奴曲琴”，“曲”必“典”字之訛，蓋與王元景奴同名；《敦煌掇瑣》之五《季布歌》言布變形易服，僞爲周氏“家生賤人”，賣與朱解，名曰“典倉”（“買得典倉緣利智”，“莫唤典倉稱下賤”，“名曰典倉應是假”），正“典琴”、“掌閣”之類。

【增訂四】《全唐文》卷一三三陳叔達《答王績書》亦有“家人典琴至”之語。

僮婢此種命名，異於王褒之“便了”、石崇之“宜勤”，乃《紅樓夢》之“焙茗”、“司棋”、“侍書”等所祖。命名未渠即示職司，故霍家奴典衣者名“還車”，亦猶“浣紗”不必浣紗而“焙茗”

不必焙茗。《南齊書・倖臣傳》劉係宗"少便書畫，爲宋竟陵王誕子景粹侍書"，後"爲東宫侍書"，復"爲主書"；《舊唐書・韋皋傳》及《王伾傳》皆記伾爲"侍書待詔"，《柳公權傳》記其"充翰林侍書學士"，"三朝侍書中禁"，柳公綽"恥"其"以侍書見用"；劉、王書跡無傳，柳則爲八法楷模。若迎春之婢名"侍書"，則未必緣渠"便書畫"耳。"家生"指家奴所生子女，非買自外者，《水滸》第六一回吴用所謂"却是家生的孩兒"。《初學記》卷一九引喬道元《與天公牋》："小者家生，厥名曰饒"，是六朝已有此稱；錢大昕《恒言録》卷三引《漢書・陳勝傳》顔註等，謂是唐人語，尚未的也。

《卻要》（出《三水小牘》）授李氏兄弟四人茵席，命各趨廳一隅，待其來幽會。按俗書《三笑姻緣》中秋香戲弄華文、華武兄弟事即本此。楊有仁編《太史升菴全集》卷七三："佛經云：'西域多根樹，東西南北中，五方不相見。國中有婬女，求偶者衆多，初有一男求女，約中枝會；後有四男亦欲求之宿，女亦以言許，東西與南北，各各抱被去。至曉女不來"；卻要機關，殆有師承，惜未知此經何名。伏爾泰小説中一艷孀(la jeune veuve Almona)智救主角，密約司天四僧(les prêtres des étoiles)同時於同地幽會①，情節亦酷肖。王次回《疑雨集》卷一《和于氏諸子秋詞》第二首："卻要因循席未鋪，鸚哥傳道後堂呼；風光暫去銷魂在，贏得驚心也勝無"；運卻要事入詩，似始見此，三、四句則本韓偓《五更》："光景旋消惆悵在，一生贏得是淒凉"，而

① Voltaire, *Zadig*: "Les Rendez-vous", *Romans et Contes*, "Bib. de la Pléiade", 38-9.

反其意。

【增訂四】王彦泓《疑雨集》卷一《和于氏諸子秋詞》第二首："卻要因循簟未鋪，鸚哥傳道後堂呼"，正用《三水小牘》記婢名"卻要"事；卷二《述婦病懷》之一："慵唤侍兒憑響板，鸚哥傳出翠簾前"，合觀亦見"卻要"之指"侍兒"。顧原書前一首有註云："《香奩集》：'卻要因循添逸興'，不知爲何語，想亦助詞耳。"按所引乃韓偓《擁鼻》七律一聯出句，對句爲"若爲趨競愴離憂"，遂類推曰"助詞"。此蓋不知彦泓句之另具來歷，而以兩"卻要"混爲一談，必非作者自註也。集中如卷二《婦病憂絶》第一首"昜"字下註："入聲、次回自讀如此"，卷四《旅況書寄雲客》第二首"殢"字下註："當作'泥'"；當皆是于彂中所註，而未示别於彦泓自註者，"卻要"之註，正亦其類。

一二二　卷二七六

《賈弼》（出《幽明録》）。按即卷三六〇《賈弼之》（出《幽明録》）而較略；又此屬《夢》，彼屬《妖怪》。

《孫氏》（出《集異記》）。按卷二七九《蕭吉》（出《大業拾遺記》）亦言夢雙鳳集兩拳，後遭母喪，當是一事。

一二三　卷二七八

《張鎰》（出《集異記》）“任調”反語“饒甜”。按卷一六三《魏叔麟》（出《朝野僉載》）“叔麟”反語“身戮”，又《武三思》（出《朝野僉載》）“德靖”反語“鼎賊”；卷二四七《邢子才》（出《談藪》）“蓬萊”反語“裴聾”；卷二五〇《鄧玄挺》（出《啓顔録》）“木桶”反語“幪禿”；卷二五五《安陵佐史》（出《啓顔録》）“奔墨”反語“北門”，又《契綟禿》（出《啓顔録》）“天州”反語“偷氈”，“毛賊”反語“墨槽”，“曲録鐵”反語“契綟禿”；卷二五八《郝象賢》（出《朝野僉載》）“寵之”反語“痴種”；卷二七九《李伯憐》（出《酉陽雜俎》）“洗白馬”反語“瀉白米”；卷三一六《盧充》（出《搜神記》）“温休”反語“幽婚”；卷三二二《張君林》（出《甄異記》）“高褐”反語“葛號”。三國至唐，利口嘲弄，深文吹索，每出此途。觀梁元帝《金樓子·雜記篇》上，可見一斑；有曰：“鮑照之‘伐鼓’”，《文鏡秘府論》西卷《文二十八種病》之二〇“翻語病”舉例，即照詩“伐鼓早通晨”，反語“腐骨”。《文心雕龍·指瑕》篇所謂“反音取瑕”是也。《三國志·吴書·諸葛恪傳》童謡：“於何相求成子閤”，反語“石子岡”；

《晉書·孝武帝紀》“清暑”反語“楚聲”；《南齊書·五行志》“舊宫”反語“窮廄”，“陶郎來”反語“唐來勞”，“東田”反語“顛童”；《南史·梁武帝紀》“大通”反語“同泰”，《陳後主紀》“叔寶”反語“少福”，《袁粲傳》“袁愍”反語“殞門”，《昭明太子傳》“鹿子開”反語爲“來子哭”；《隋書·五行志》上“楊英”反語“嬴殃”；《舊唐書·高宗紀》下儀鳳三年十二月“詔停明年‘通乾’之號，以反語不善故也”，謂反語“天窮”；《水經注》卷四《河水》“索郎”反語“桑落”；《全唐文》卷七九七皮日休《論白居易薦徐凝、屈張祜》載詩：“吟得新詩草裏論”，乃“戲反其詞，謂‘村裏老’也”。牽連附此。

一二四　卷二八三

《楊林》（出《幽明録》）入玉枕坼中，見朱樓瓊室，娶趙太尉女，生六子，歷數十年，“忽如夢覺，猶在枕傍”。按《太平寰宇記》卷一二六引此則，云出《搜神記》。《廣記》卷八二《吕翁》（出《異聞集》）本而鋪張增飾；卷二八一《櫻桃青衣》（無出處）、卷四七五《淳于棼》（出《異聞録》）機杼均同，且不須枕作夢媒矣。《吕翁》乃取沈既濟《枕中記》而稍竄易之，沈文見《文苑英華》卷八三三。汪師韓《讀書録》卷四謂沈記影射蕭嵩事，臆測姑妄聽之。《廣記》卷三五三《陳璠》（出《三水小牘》）臨刑賦詩：“五年榮貴今何在？不異南柯一夢中！”；李肇《國史補》卷下：“沈既濟撰《枕中記》，莊生寓言之類；韓愈撰《毛穎傳》，其文尤高，不下史遷。二篇真良史才也”，又：“近代有造謗而著《書雞眼》、《苗登》二文，有傳蟻穴而稱李公佐‘南柯太守’，有樂妓而工篇什者、成都薛濤，有家僮而善章句者、郭氏奴，皆文之妖也”；《全唐文》卷七六〇房千里《骰子選格序》：“彼真爲貴者，乃數年之榮耳；吾今貴者，亦數刻之樂耳。雖久促稍異，其歸於偶也同。列禦寇敍穆天子夢遊事，近者沈拾遺述枕中事，彼皆異類微物，且猶竊爵位以加人，或一瞬爲數十歲。吾果斯人耶？又安知數刻之樂不及數年之榮耶?"；卷七七七李商隱《爲李貽孫上李相公啓》："井覺蛙窺，蟻言樹大"；足徵《吕翁》、《淳于棼》兩篇傳誦當時，且已成詩材文料矣。王士禎《池北偶談》卷一四、一八深譏宋劉克莊、王義山作詩"用本朝故事，畢竟欠雅"，"用本朝人事，尤可厭"；周壽昌《思益堂日札》卷六引杜牧、羅虬等詩，以證晚唐早有此習。均不免少見多怪，所舉諸例亦皆祇用掌固史事，未嘗驅遣晚近小説。房千里、李商隱、陳璠詩文之闌入《南柯記》、《枕中記》，應比王士禎、尤侗等詩文之闌入《三國演義》也（王應奎《柳南隨筆》卷一、卷五）。房文"異類微物竊爵禄以加人"一句，蓋淆《南柯記》事於《枕中記》；以《枕中記》配《列子·周穆王》，則殊具文心。洪邁《容齋四筆》卷一謂唐人《南柯》、《黄粱》、《櫻桃》諸則本《列子·周穆王》記化人事；趙彦衛《雲麓漫鈔》卷三論文家胎息，有曰："唐人《大槐國傳》依《列子·湯問》"——《湯問》必《周穆王》之筆誤；王應麟《困學紀聞》卷一〇引《齊物論》郭象註："世有假寐而夢經百年"，謂"邯鄲枕、南柯守之説皆原於此意"；可以合觀。房文又以作夢、擲采相提並論，感諷亦深。鄭谷《永日有懷》："能消永日是樗蒲，坑塹由來似宦途"；孔平仲《朝散集》卷四《選官圖口號》："須臾文换武，俄頃後馳先，錯雜賢愚品，偏頗造化權"；蔡絛《鐵圍山叢談》卷三記蔡京"語客曰：'某仕宦已久，皆悉之矣。今位極人臣，則亦可已，所謂"骰子選"爾。人間榮辱，顧何足算！'"；

【增訂三】《國老閑談》卷一記丁謂除參政，楊億賀之，丁答："骰子選耳，何足道哉！"

周必大《平園續稿》卷一五《書贈安福劉儼》："又十五年，未遇如初。予安能知？盍問諸嚴君平乎？不然，讀房千里《骰子選格序》，爲一餉之歡，洗積年之滯可也！"；薛季宣《浪語集》卷五《讀邸報》之二："世味刀頭蜜，人情屋上烏；榮華葉子格，升黜選官圖"；趙必瑑《覆瓿集》卷二《沁園春·歸田作》："看做官來，只似兒時，擲選官圖。如瓊崖儋岸，渾么便去；翰林給舍，喝采曾除。都一擲間，許多般樣，輸了還贏贏了輸。……歎塞翁失馬，禍也福也；蕉間得鹿，真歟夢歟！"；

【增訂四】《吹劍録》記陳埈漫翁失官絶句："硯乾筆秃墨糊塗，半夜敲門送省符。擲得么么監嶽廟，恰如輸了選官圖。"

錢泳《履園叢話》卷二一："師禹門太守兩次落職，余慰之曰：'一官何足介意？亦如擲升官圖，其得失不係乎賢不肖，但卜其遇不遇耳'"；王闓運《湘綺樓日記》光緒八年七月二十四日："左季高語人：'吾此官，雖擲升官圖亦不易得！'丈夫自致青雲，而乃比於牧豬之戲！左侯之胸襟未嘗自以爲人才可知。"胥房文之遺意焉。王弘撰《砥齋集》卷二《題爛柯圖》："嗚呼！修短有命，同歸於盡。衍短爲修，其實仍短，盧生黄粱是也；縮修爲短，其修安在？王質爛柯其然乎？"王質事見《述異記》，亦見《水經注》卷四《漸江水》引《東陽記》，略同《異苑》卷五有人乘馬山行見老翁樗蒲事，易翁爲童、復變馬鞭爲斧柯。《宗鏡録》卷二八、卷四〇論"仙人之力長短自在"，舉王質之"三歲尚謂食頃"及《列子》記周穆王之"經多年實惟瞬息"；《七修類稿》卷二八論王質事，謂"須臾過百年"，則"仙亦不久"；均不如砥齋之意賅而詞雋也。黄庭堅《欸乃歌》之二："從師學道魚千里，蓋世成功黍一炊"；王鐸《擬山園初集》七言古卷二《邯鄲黄黍歌》、五言律卷八《辛未五月十三日再過邯［鄲］拜黄粱祠》、五言絶卷一《再過黄黍》反復據《枕中記》“主人方蒸黍”、“主人蒸黍未熟”等句，糾正流傳之“訛爲‘黄粱’”。然《廣記》引《異聞集》已作“蒸黄粱爲饌”，則訛傳久矣。王應麟稱郭象語“世有假寐而夢經百年”；白居易《自秦望赴五松驛馬上偶睡》：“形神分處所，遲速相乖異，馬上幾多時，夢中無限事”；兩者視《關尹子·五鑑》所謂“夜之所夢，或長於夜”，肅括遠遜。《楊林》、《吕翁》、《淳于棼》等篇，後世每相仿效，如《青瑣高議》前集卷二《慈雲記》、《聊齋志異》卷四《續黄粱》、《野叟曝言》第四九回。

【增訂三】後世仿《吕翁》等篇之作，尚可增閒齋氏《夜譚隨録》卷四《修鱗》、長白浩歌子《螢窗異草》二編卷四《女南柯》、王韜《淞濱瑣話》卷四《反黄粱》、又卷一〇《夢中夢》。又按《隨録》詞氣，作者必是滿人，觀《嘯亭續録》卷三，乃知名和邦額，官止縣令。此書摹擬《聊齋》處，筆致每不失爲唐臨晉帖。袁枚《子不語》屢竄取焉（如卷六《常熟程生》、《怪風》即本此書卷六《棘闈誌異》、卷五《怪風》，卷二二《鐵公雞》即本此書卷一一《鐵公雞》，不備舉）。

伏爾泰小説寫一少年(Rustan)具歷險艱，備經哀樂，至於身故，遽然而覺，乃知是夢，詢之白奴(Topaze)，奴言主睡衹一小時耳，匹似讀書，一小時中可讀畢八千年國史提綱也(“Tu te moques de moi, combien de temps aije dormi?” “Monseigneur, vous n’avez encore dormi qu’une heure, ...et vous auriez pu réellement faire le tour du monde et avoir beaucoup plus d’aventures en bien moins de temps. N’est-il pas vrai que vous pouvez lire en une heure l'abrégé de l'histoire de Perse ... ? Cependant, cet abrégé contient 8000 années")[①]；洵罕譬而喻者矣。

《阿來》（出《朝野僉載》）。按此“邪俗師婆”與同卷《來婆》（出《朝野僉載》）“彈琵琶卜”之“阿來婆”，正是一人，且同出《朝野僉載》卷三，《廣記》收入同一卷；分爲兩則，大可不必。同卷《何婆》（出《朝野僉載》）記其“善琵琶卜”，卷三八四《王勳》（出《廣異記》）記巫“彈琵琶”降神；段安節《琵琶録》記康崑崙告段師：“少年初學藝時，偶於鄰家女巫處授一品絃調”；王建《華嶽廟》詩第一首：“女巫遮客買神盤，争取琵琶廟裏彈”；蓋唐女巫皆能彈琵琶，亦如後世江南道士皆能吹笙笛，余少時常見之。楊維楨《鐵崖古樂府》卷一〇《西湖竹枝詞》之六：“見説枯槽能卜命，柳州衖口問來婆”，爲直道當時耶？抑依傍故實也？《廣記》同卷又有《阿馬婆》（出《開天傳信記》），卷三六一《張易之》（出《朝野僉載》）：“母韋氏號阿臧”（《舊唐書·張行成傳》作“母韋氏阿臧”）。古人男女之名皆可繫“阿”，如《漢書·游俠列傳》陳崇劾陳遵“過寡婦左阿君，置酒歌謳”；《全後漢文》卷三八《風俗通》佚文：“龐儉婦艾氏，女字阿横，大兒字阿嶷。”三國以還，“阿蒙”、“阿鶩”、“阿利”、“阿戎”、“阿環”、“阿忠”等，疊著載籍，“宫人阿秋、阿虔”兩見於《舊唐書·哀宗紀》及《后妃傳》下《何后傳》。黄庭堅詩中好以此爲琢句尖新之助，如《贈米元章》：“教字元暉繼阿章”，《和答魏道輔寄懷》：“天涯阿介老”，《代書》：“阿熊去我時”，《送劉道純》：“阿秤亦聞有筆端”；攀附江西詩派如吴則禮《北湖

---

① Voltaire: *Le Blanc et le Noir*, *op. cit.*, 123 ff..

集》效顰加厲，“阿常”、“阿傑”、“阿球”、“阿度”、“阿蒼”、“阿先”、“阿印”、“阿朔”、“阿相”之類，連篇累牘。《蘆浦筆記》卷一、《日知録》卷三二、《陔餘叢考》卷三八、《交翠軒筆記》卷四先後考名之繫“阿”，然均未辨古書中男女名皆可冠以“阿”，而姓則惟女爲爾，不施於男也。《雲麓漫鈔》卷一〇：“婦人無名，以姓加‘阿’字；今之官府，婦人供狀，皆云‘阿王’、‘阿張’。”實乃六朝以來久然，且未必由於“無名”，亦不限於官文書。《南齊書·周盤龍傳》高祖以金釵鑷送其愛妾杜氏，手敕曰：“餉周公阿杜”；《北齊書·平鑒傳》以愛妾劉氏送和士開，謂人曰：“老公失阿劉，與死何異!”；《隋書·文四子傳》獨孤后言及昭訓雲氏曰：“專寵阿雲”，“向阿雲兒前再拜問訊”，“共阿雲相對而坐”；《洛陽伽藍記》卷四韋英卒，妻梁氏不治喪而嫁，英鬼白日見形曰：“阿梁，卿忘我也!”；《舊唐書·宣宗紀》大中二年二月御史臺奏：“劉羣於阿顔家喫酒，與阿顔母阿焦同坐，羣自擬收阿顔爲妻”；

> **【增訂四】**《全唐文》卷六一宪宗《誅殺武元衡賊張晏等勑》：“李惠嵩妻阿馬，……蘇表……妻阿康，……趙環等妻阿樊、阿唐”；卷一〇七後唐明宗《誅安重誨詔》：“及重誨妻阿張”；卷七四四蕭俶《請旌表鄭神佐室女奏》：“阿鄭知父神佐陣歿……阿鄭痛結窮泉。”不備舉。

《全唐文》卷七四六劉三復《請誅劉從諫妻裴氏疏》：“阿裴已不得免於極法矣。……阿裴廢臣妾之道。……阿裴請準法”，又卷七七六李商隱《爲河東公上西川相國京兆公書》：“阿安未容決平，遽詣風憲”，又卷九八二闕名《對婢判》：“命官婦女阿劉母先是蔣恭家婢，……懷阿劉娠出嫁”；《唐文拾遺》卷三〇吴汝訥

《訴吴湘屈殺狀》："娶顔悦女爲妻，……估阿顔資從衣服作錢數，……顔繼室阿焦"；《唐文續拾》卷一三《優婆夷阿劉造石浮圖銘》："有清信優婆夷阿劉爲亡過夫、亡過男在禪院内敬造七級浮圖一所"；韋莊七絶題《女僕阿汪》；《鑑戒録》卷六《戲判作》："李紹妻阿鄧乞判改嫁"；《敦煌掇瑣》之四八《翟明明受田清單》："妻阿馬"又六〇《寡婦阿龍訴狀》。《廣記》尚有卷一〇二《沈嘉會》（出《報應記》）："有婦人阿趙"；卷三五八《齊推女》（出《玄怪録》）："乃命追阿齊"；卷四四九《焦鍊師》（出《廣異記》）："有黄裙婦人，自稱阿胡。"後世則稱"劉氏"、"鄧氏"、"龍氏"、"趙氏"等矣。

【增訂三】釋文瑩《玉壺清話》卷二引"不知何人"撰《愍説》，載熙寧四年四月二十六日"潭州婦人阿毛斃於道"；周密《志雅堂雜鈔》卷上載宋太祖"御筆"批"阿劉稱夫"爲人打死呈狀。

劉崇遠《金華子雜編》卷上記竇修宴李紳，當筵舞伎年已長，伶人趙萬金獻口號譏之曰："相公經文復經武，常侍好今又好古；昔日曾聞阿武婆，如今親見阿婆舞。"夫唐韋后自呼"阿韋"，武后自呼"阿武婆"，猶"阿胡"、"阿來婆"也，二后豈"無名"之婦哉？

【增訂二】李賀《宫娃歌》："屈膝銅鋪鎖阿甄"，謂甄后，亦"阿武婆"、"阿韋"之比。

朱熹《朱文公集》卷一六《阿馬奏狀内小貼子》、卷一九《按唐仲友第四狀》、卷二〇《論阿梁獄情劄子》，則《雲麓漫鈔》所謂"今"官府文書之例也。

一二五　卷二八四

《陽羡書生》(出《續齊諧記》)。按《酉陽雜俎》續集卷四早考其事淵源於《譬喻經》;見《舊譬喻經》卷上之一八,《法苑珠林》卷九二引之;《珠林》卷七六、《太平御覽》卷七三七引《靈鬼志》一則略類。"書生便入籠,籠亦不更廣,書生亦不更小";

【增訂三】《西湖二集》卷三〇《馬神仙騎龍昇天》:"馬自然把拳頭塞將進去,又取將出來,拳頭又不見小,鼻子又不見大,仍舊是好端端的鼻孔。"《夜譚隨録》屢師其意。卷一《香雲》:"最可異者,列筵十數,屋不更廣,亦不覺隘";卷五《阿稺》:"盈階滿室之物悉入洞房,房不加廣,而位置羅列,饒有隙地";卷九《霍筠》:"門前已駐一犢車,黄色甚小,……車亦不廣。……一家十數人乘之,人不覺小,車亦不覺隘。"釋典祇言諸佛聚坐之處小"如錐頭針鋒",西方宗教家則逕謂天使濟濟有衆,以針鋒爲坐席。德國神秘宗大師(Meister Eckhart)即言天堂中靈魂千輩團坐於一針之尖(tûsent sêlen sitzent in dem himel ûf einer nâdelstize—F. Pfeiffer, *Deutsche Mystiker des* 14. *Jahrhunderts*, II, 474)。

【增訂四】《晉書·藝術列傳·王嘉傳》:"隱形不見,衣服在架，履杖猶存。或欲取其衣者，終不及；企而取之，衣架踰高，而屋亦不大，履杖諸物亦如之。”則衣架增高至不可攀及，而屋矮如故；於鵝籠等故事稍不依樣因陳，猶如言“書生更大而鵝籠則不更廣”耳。

此固釋典常談。《維摩詰所説經·佛國品》第一：“佛之威神令諸寶蓋合成一蓋，徧覆三千大千世界，而此世界廣長之相悉於中現”，僧肇註：“蓋以不廣而彌八極，土亦不狹而現蓋中”；又《不思議品》第六：“舍利弗言：‘居士，未曾有也！如是小室乃容受此高廣之座，於毘耶離城無妨礙，又於閻浮提聚落地邑及四天下諸天龍王鬼神宫殿亦不迫迮。’維摩詰言：‘唯！舍利弗。諸佛菩薩有解脱，名不可思議。……以須彌之高廣内芥子中，無所增減，須彌山王本相如故；……又以四大海水入一毛孔，……而彼大海本相如故’”；《力莊嚴三昧經》卷中：“三千大千諸世界中所有災水，……盡皆掬取，悉内於一小藕孔中，……而是藕根不大不破。……一切風輪，盡皆和合，以手遮取，置於一個小芥子中，而是芥子不大不寬不迮不毁”；《大般涅槃經·一切大衆所問品》第五之一：“又見諸佛，其身姝大，所坐之處，如一針鋒，多衆圍繞，不相障礙”（參觀同品：“體貌瓌異，姝大殊妙”，又《壽命品》第一之一：“爾時四方無邊身菩薩及其眷屬所坐之處，或如錐頭、針鋒、微塵”）。李商隱《題僧壁》：“大去便應欺粟顆，小來兼可隱針鋒”，馮浩《玉溪生詩箋註》卷四：“句未詳。”竊疑原作“小去”、“大來”，不識何時二字始互易位，此聯遂難索解。“欺”如王建《贈王屋道士》：“法成不怕刀槍利，體實常欺石榻寒”，沈亞之《曲江亭望慈恩杏花》：“帶雲猶誤雪，映日欲欺霞”，姚合《軍城夜會》：“遠鐘經漏壓，殘月被燈欺”，温庭筠《寄渚宫遺民弘里生》："波月欺華燭，汀雲潤故琴"，齊己《夏日作》："竹衆涼欺水，苔繁緑勝莎"，王安石《次韻答平甫》："長樹老陰欺夏日，晚花幽艷敵春陽"；較量而勝越之意。"隱"即"穩"，《朱駿聲文集》卷三《刻〈参同契〉序》："魏君自序：'安𢡟長生'；'𢡟'者，所依據也，古多借'隱'今俗作'穩'也。"《全晉文》卷九明帝《書》："伏想墓次安隱，守視文帝平安"，又卷二七王凝之《書》："汝勉［娩］難安隱，深慰耶心"；杜甫《投簡梓州幕府兼簡韋十郎官》："幕下郎官安隱無"，朱鶴齡註："《説文》：'隱、安也'，《通鑑》安禄山問中使曰：'聖人安隱。'"佛書尤多，如鳩摩羅什譯《彌勒下生成佛經》："人壽八萬四千歲，安隱快樂"；《大般涅槃經・獅子吼菩薩品》第二三之二："身心安隱，恐怖得除"；唐譯《華嚴經》卷五三："心得安隱"，卷五九："而令母身安隱無患"，卷七二："其光觸身悉使安隱"，《勝天王經》佛自説八十好相之二十二："住處安隱，不危動"；《佛本行集經》卷四九："五百商人安隱得度大海彼岸。"商隱贊釋氏神通之能大能小："小去便應欺粟顆"謂苟小則能微逾粟粒，即如商隱《北青蘿》之"世界微塵裏"或吕巖《七言》之"一粒粟中藏世界"；"大來兼可隱針鋒"謂雖大而能穩據針鋒，即如《涅槃經》之諸佛"身姝大"而聚坐針鋒，亦如陽羨書生"不更小"而鵝籠"不更廣"爾。《廣記》卷四〇〇《侯遹》（出《玄怪録》）："盡取遹妓妾十餘人，投之書笈，亦不覺笈中之窄"；《瑯嬛記》卷下引《賈子説林》記一人與鄰女有情，無緣得近，忽"夢乘一玄駒入壁隙中，隙不加廣，身與駒亦不減小，遂至女前"；皆逕師鵝籠遺意。彌爾敦詩寫地獄大會，無央數龐然巨魔奔赴咸集，室不加廣而魔體縮小，遂廓然盡容（They but now seemed/In bigness to surpass Earth's giant sons，/Now less than smallest dwarfs，in narrow room/Throng numberless)①；其神通纔等《廣記》卷二八六《胡媚兒》(出《河東記》) 所云以萬錢入瓶中小如粟粒、馬驢入瓶中如蠅大、諸車入瓶中如行蟻，遠輸佛法之不可思議矣。又按鵝籠書生所吐女子"實懷外心"，因吐一男子，而此男子"心亦不盡"，别吐一女；其事實爲宋、明嘲謔語之所濫觴。羅曄《醉翁談録》丙集卷二《耆卿譏張生戀妓》言曹國舅化爲丹，吞入何仙姑腹，何又化丹，爲吕洞賓所吞，漢鍾離因笑語藍采和："你道洞賓肚裏有仙姑，你不知仙姑肚裏更有一人!"；馮猶龍《廣笑府》卷六《防人二心》襲之。易吐人爲吞人，即前論卷二五六《平曾》則所謂"反仿"也。此種"外心"、"二心"固西方情詩一題材，古希臘已有(Pan loved his neighbour Echo；Echo loved a frisking Satyr；and Satyr was head over ears for Lyde)②。海涅嘗詠一少年悦一女郎，女則愛他男，此男又别有所娶(Ein Jüngling liebt eine Mädchen，/Die hat einen andern erwählt；/Der andre iebt eine andre，/Und hat sich mit dieser vermählt)；又賦蝴蝶戀玫瑰花，玫瑰花却慕想夜鶯或明星(Der Schmetterling ist in die Rose verliebt，/.../Jedoch，in wen ist die Rose verliebt? /Das wüsst ich gar zu gern. /Ist es die singende Nachtigall? /Ist es der schwelgende Abendstern?)③，法國一小名家作詩歎風愛花，花愛蝴蝶，蝴蝶愛蔚藍天，蔚藍天

---

① *Paradise Lost*，I，177 ff..

② Moschus，v，*The Greek Bucolic Poets*，"Loeb"，459.

③ Heine，*Werke und Briefe*，Aufbau，I，88，218.

愛星，星愛大海，大海愛崖石，作浪頻吻之，而石漠然無動（Le vent aime la fleur；la fleur，le papillon；/Le papillon，l'azur；l'azur，le doux rayon/De l'étoile lointaine；/L'étoile aime la mer，et la mer，le rocher/Qui reçoit ses baisers sans se laisser toucher/Par l'amour ou la haine）①。戲劇及小説每有此情節，班·瓊生稱爲"交錯求情"（some such cross wooing）②，近人或謂之"連鎖單相思"（chaînes d'amours en cascades）③；竊以爲不妨名曰"鵝籠境地"。明人院本《獅吼記》第一三折寫土地娘娘撻土地，土地揪打官夫人，官夫人揪打官，官揪打柳氏，柳氏揪打陳季常，異口同聲曰："因你却打我，我只打你！"，混作一團；《歌代嘯》第四折、《醒世姻緣傳》第九一回亦寫此景象。蓋不啻爲"鵝籠境地"之反；《莊子·山木》、《戰國策·楚策》四、《韓詩外傳》卷一〇、《説苑·正諫》胥言螳螂捕蟬，雀、鵲在後，童子挾彈以俟，又《元史·畏答兒傳》及《聊齋志異》卷一〇《席方平》灌口二郎判皆有"斧敲斵，斵入木"之語，則不妨名甲打乙、乙因打丙之狀爲"鵲螳境地"或"斧斵境地"也。西方謡諺亦道此境地④。英國十六世紀一名士，才兼文武，有子頑

---

① E. Grenier："Plainte"，G. Walch，*Anthologie des Poètes français contemporains*，I，75.

② Ben Jonson，*Every Man out of his Humour*，III. i（Mitis）.

③ J. Rousset，*Circé et le Paon*，Nouv. éd.，40；Hardy，*The Hand of Ethelberta*："a concatenated affection"（Julian）；J. Dunlop，*The History of Fiction*，329："brouillerie d'amour"；Hallett Smith，*Elizabethan Poetry*，18："cross-eyed Cupid."

④ E. g. *Don Quijote*，I. 16："el gato al rato，el rato á la cuerda，la cuerda al palo"，*op. cit.*，II，45；lona and Peter Opie，*The Oxford Dictionary of Nursery Rhymes*，229-31，"This is the house that Jack built."

很，嘗共赴人招，父子接席，衆賓遶桌談讌；酒半，子忽出語不遜，父怒批其頰，子不敢報，乃掌鄰坐者之面，且曰："依次一一摑去！周而即及吾翁頰耳"（Box about，'twill come to my Father anon）①。其道還治其人，斧斵而兼輪轉矣。

《徐登》（出《水經》）。按雖見《水經注》卷四〇《漸江水》，實本《搜神記》卷二。

① Aubrey，*BriefLives*："Sir Walter Raleigh"，Ann Arbor Paperbacks，256.

一二六　卷二八八

《紇干狐尾》（出《廣古今五行記》）有人好劇，聞人間有狐魅，遂得一狐尾，綴着衣後，妻及鄰人皆疑爲狐。按《聊齋志異》卷一《賈兒》綴繫狐尾，以使狐不疑爲人，貌同心異，亦反仿之一道也。

一二七　卷二八九

《雙聖燈》（出《辨疑志》）。按卷四二八《張竭忠》（出《博異志》）、卷四五八《選仙場》、《狗仙山》（均出《玉堂閒話》）、卷四七六《蘇湛》（出《酉陽雜俎》）諸則都相類，皆祖《博物志》卷二"天門郡有幽山峻谷"一則，《廣記》卷四五六即采之。後來如洪邁《夷堅志補》卷二二《武當劉先生》、徐芳《懸榻編》卷四《夢花潭記》，亦淵源於此。或爲虎，或爲蟒，或爲蜘蛛，或爲黿，世人妄想成仙升天者趨騖之而喪厥軀，其歸一也。

一二八　卷二九一

《李冰》(出《成都記》) 冰化牛與江神鬬。按其事始見《風俗通》,《水經注》卷三三《江水》引之。冰“以太白練自束以辨”,又與《廣記》卷一一八《程靈銑》(出《歙州圖經》)、卷一三一《臨海人》(出《續搜神記》) 事類,特牛鬬與蛇鬬異耳。歐陽修《集古録跋尾·張龍公碑》謂撰者唐趙耕,記張、鄭二人奪居龍宫,化龍相鬬,以絳綃、青綃爲辨,蘇軾《張龍公祠記》一稱《昭靈侯廟碑》轉述之,劉斧《青瑣高議》後集卷九《夢龍傳》又以爲宋曹鈞事;亦踵李冰之傳説者。

一二九　卷二九二

《陽雍》（出《孝德傳》）。按即《搜神記》卷一一楊雍事，《水經注》卷一四《鮑丘水》嘗引之。

一三〇 卷二九三

《蔣子文》（出《搜神記》等）見形於王導，自言將救其病兒，因索食，導喜設食，食畢忽慘然云：“此兒命盡，非可救者!”遂不見。按南朝虔祀蔣子文，《南史》卷七七《恩倖傳》綦母珍之“就蔣王廟”乞願祈福，卷五五《曹景宗傳》載“蔣帝神”威靈顯赫，梁武帝“畏信遂深”。此處蔣乃作餧鬼趕嘴行徑。蓋神猶人然，齒爵漸尊，德望與以俱高，至其少日營生，卻每不可道；子文之神在晉尚如漢高微時之無賴不治産業，下迨齊梁，封“王”號“帝”，位逾貴而行亦遂端矣。《廣記》卷二九五《曲阿神》（出《神鬼傳》）一劫盜逸入廟中，跪請神祐，許供一豬，官司踪至，覓盜不得，因禱曰：“若得劫者，當上大牛!”盜形即現，被縛而去；卷二九七《睦仁蒨》（出《冥報録》）寄岑文本書：“鬼神定是貪諂；往日欲郎君飲食，乃爾殷勤，比知無復利，相見殊落漠”；皆既信奉鬼神，又復薄其貪詐。然人之信奉鬼神，正亦望其非冰心鐵面而可利誘勢奪，故媚奥媚竈，投合所好耳。王符《潛夫論·巫列》斥“淫鬼”曰：“鬼之有此，猶人之有姦言賣平以干求者也”；韓愈《紀夢》：“夜夢神官與我言，羅縷道妙角與根。……乃知仙人未賢聖，護短憑愚邀我敬”；袁宏道

《墨畦》："官慕神仙，神仙亦慕官；小修曰：'分之則山人，合之則仙也'"；梁章鉅《制義叢話》卷五引明趙南星《非其鬼而祭之，諂也》文："藉靈寵於有位，既以諂鬼者而諂人；求憑依於無形，又以諂人者而諂鬼"；林雲銘《挹奎樓選稿》卷八《與丁勗菴》："昨承面教云：'神仙離不得勢利二字'，未經人道。僕以爲今世學仙佛者，無非欲得其神通，受人供養，使勢成於我，利歸於我；雖學仙佛，却是學勢利也"；李瑞清《清道人遺集》卷二《書鄭大鶴山人尺牘册子後》："山人號目能視鬼，余戲山人曰：'余居有鬼否?'山人笑曰：'君居陋巷中，故安所得鬼乎！鬼附勢慕利。'"小説中陳詞最痛切者，其瞿佑《剪燈新話》卷二《令狐生冥夢録》及蒲松齡《聊齋志異》卷一〇《席方平》乎。袁枚《新齊諧》卷八《蔣廚》、卷九《城隍神酗酒》及《地藏王接客》、卷一二《鬼借官銜嫁女》、卷一四《鬼怕冷淡》、卷一九《金剛作鬧》等反復言："誰謂陰間官明於陽間官乎!"，"果然陰間勢利!"，"金剛乃佛家木强之神，黨同伐異，……全不顧其理之是非曲直也。"均可以覘迷信者之心理矛盾焉，别見《左傳》卷論僖公五年。神於人勢利，人於神亦勢利；仇遠《金淵集》卷六《東郊少步》之二："野風吹樹廟門開，神像凝塵壁擁苔；笑爾不能爲禍福，村人誰送紙錢來!"神道之與人事如影之肖形、響之答聲也。

一三一　卷三〇三

《鄭仁鈞》（出《戎幕閒談》）有表弟因疾喪明，“自髮際，當鼻準中分，至於頷下，其左冷如冰而色白，其右熱如火而色赤”，不知何疾，實乃“天曹判官”居人世者。按陳師道《後山集》卷一九《談叢》記張鍔“得奇疾，中身而分；左常苦寒，雖暑月，巾襪袍袴紗綿各半”，則言其病之“奇”而不以其人爲神。舊日城隍、東岳廟中塑鬼吏像，有號“陰陽面判官”者，面左右半黑白異色；徵之載籍，殆以此“表弟”爲朔矣。陰陽面者，以示《廣記》卷二九八《柳智感》（出《冥報録》）所謂“夜判冥事，晝臨縣職”，人事鬼事，一身二任；猶西方古畫“時間老人”（Father Time），身有兩翼，一鳥翼示白晝，一蝠翼示黑夜，飛逝無間日夕也①。《廣記》卷三六七《壽安男子》（出《朝野僉載》）能“半面笑，半面啼”，則非顏色有殊，而是表情各别。釋氏“十一面觀音”一首而同具“慈悲”、“嗔怒”、“暴惡大笑”諸相，黄庭堅《題神移仁壽塔》所謂“十二觀音無正面”；此仿其意而削其繁，乃成悲喜兩面。卷三六一《范季輔》（出《記聞》）

① Samuel C. Chew, *The Virtues Reconciled*, 17.

有物如狗而九頭，“皆如人面，面狀不一，有喜者、怒者、妍者、醜者”云云，遠不足比《大乘金剛髻珠菩薩修行分經》所言“或於一身生無量頭面，或馬面、象面、豬面、鼠狼面、鱔魚面”乃至“百足蟲面”等等。

【增訂三】樂鈞《耳食録》卷二《廊下物》即本《壽安男子》、《范季輔》兩則而添花葉作波折者。某甲見一物，“狀如人，一身兩首，……一面衰老，一面夭少，老者慘淡，少者歡愉。”其物曰：“我不足異!”乃去偕一物至，“人身而九面環肩而生，大如拳，……有嘻笑者，有哭泣者，有喜者，有怒者，有愁者，有閉目睡者，有傾耳聽者，有言語者，有静默若凝思者。”此物亦曰：“我不足異!”去而導一物至，“其首乃多至無數，叢生側出若花瓣，或仰或俯，或側或欹，悉大如桃核，妍媸雜見，奇正互出。……少頃變形異相，則［甲渾家］衆人之貌悉具，無異纖毫”（黄鈞宰《金壺遯墨》卷三《視鬼》中一節襲此）。修詞之增華法(amplification)而幾如名學之歸謬法(reductio ad absurdum)，所謂“充類以至於盡”也。

然狗身人面爲怪相，而人身豬、馬面則爲佛相，其理不可究矣。

《王常》（出《瀟湘録》）。按即卷七三《王常》（出《奇事記》）。彼云：“黄金可成，水銀可死”，此則“死”字作“化”，語意較醒豁。然竊疑作“死”爲是，校刻者不知煉丹術語，以爲“死”形近“化”致譌，遂臆改耳。《參同契》上篇言“金入於猛火”云：“水勝火消滅，俱死歸厚土。……炁索命將絶，体死亡魄魂，色轉更爲紫，赫然成還丹”；《全唐詩》存孫思邈《四言詩》一首，有云：“取金之精，合石之液。……洪爐烈火，烘焰翕赫。煙未及黔，焰不假碧。……宛其死矣，適然從革”；白居易詩中屢言從道士受《參同契》，其《潯陽歲晚寄元八郎中、庾三十二員外》云："閲歲年將暮，燒金道未成；丹砂不肯死，白髮自須生。"皆此"死"字，"化"字非也。

一三二　卷三〇五

《王法智》（出《廣異記》）。按郎子神詩二首皆饒風致。第二首："折得蓮花渾忘却，空將荷葉蓋頭歸"；《愛日齋叢鈔》卷三謂陸游《採蓮》："霧鬟風鬟歸來晚，忘却荷花記得愁"，本此詩與方澤《阻風》："與君盡日閒臨水，貪看飛花忘却愁。"柯九思《丹邱生集》卷三《宮詞》之九："折得海棠無覓處，依然遺却月明中"，亦師此而兼和凝《宮詞》："花下貪忙尋百草，不知遺却蹙金蟬。"

一三三　卷三一〇

《張生》（出《纂異記》）舜之神曰："孟是何人？得與孔同科而語！"因力斥《孟子·萬章》記舜"怨慕"，乃"不知而作"。按此亦宋司馬光、李覯輩非孟之先驅。晁説之《嵩山文集》卷一五《答勾龍壽南先輩書》、邵博《聞見後録》卷一一至一三皆列舉《荀子》、《論衡》以還非難《孟子》之作，而遺唐李宗閔《隨論》、來鵠《相孟子説》（《全唐文》卷七一四、八一一）。若《纂異記》乃底下短書，固宜勿齒於大雅矣。何得"同科"一語尤可參觀《嵩山文集》卷一三《儒言》："孔孟之稱，誰倡之者？漢儒猶未之有也。"南宋如洪邁《容齋三筆》卷五、俞文豹《吹劍録》亦皆非孟；趙與時《賓退録》卷一〇記"有黄次伋者，不知何許人，賦《評孟詩》十九篇"，引兩首；羅大經《鶴林玉露》卷七記鄭叔友著《崇正論》非孟。清李塨《〈春秋繁露〉書後》、汪士鐸《乙丙日記》卷二及卷三、奭召南《野棠軒文集》卷一《讀〈孟子〉》等，蓋此類文字之後繼也。俞允文《尊孟辨》嘗詳駁司馬光《疑孟》、李覯《常語》、鄭厚《藝圃折衷》，《朱文公集》卷七三備録而申説焉。

一三四　卷三一五

《鮑父廟》（出《異苑》）。按同卷《鮑君》（出《抱朴子》）、《著餌石人》（出《抱朴子》）、《張助》（出《風俗通》）、《畫琵琶》（出《原化記》）情事都類，卷四一六《京洛士人》（出《原化記》）與《畫琵琶》前半相似，後半添妖由人興波折。《著餌石人》、《鮑君》實亦出《風俗通·怪神》，《抱朴子》内篇《道意》轉述之耳。《三國志·魏書·邴原傳》裴註引《原別傳》："嘗行而得遺錢，拾以繫樹枝；此錢既不見取，而繫錢者愈多，……謂之'神樹'"；又堪連類。劉昌詩《蘆浦筆記》卷四《草鞋大王》復即祖構。李肇《國史補》卷下："南中有山洞一泉，往往有桂葉流出，好事者因目爲'流桂泉'，後人乃立棟宇爲漢高帝之神，尸而祝之"；即不僅附會，抑且傳訛，以"流桂"爲"劉貴"。韓愈《題木居士》："火透波穿不計春，根如頭面幹如身；偶然題作木居士，便有無窮求福人"；張籍《古樹》："若當江浦上，行客祭爲神"；羅隱《衡陽泊木居士廟下作》："此中枯木似人形"；足以囊括厥旨矣。譚峭《化書·德化》第三："畫者不敢易於圖象，苟易之，必有咎；刻者不敢侮於本偶，苟侮之，必貽禍。始製作於我，又要敬於我，又置禍於我。是故張機者用於機"；古羅馬詩人曰："幻造之物轉使幻造其物者悚懼"（Quae finxere timent）[①]；神象設教，而其理何嘗不可通諸人事世法乎[②]？趙孟之所貴者，趙孟未遽能賤之，或且屈身曲意而畏之媚之矣。

《狄仁傑檄》（出《吴興掌故集》）焚毁項羽祠。按卷三〇一《崔敏殼［慤］》（出《廣異記》）"奪"項羽故居，可參觀。吴興祀項羽神事，屢見於南朝國史，趙翼《陔餘叢考》卷三六蒐討頗備。狄仁傑《檄》云："固當匿影東峯，收魂北極"；"東峯"指泰山，鬼魂所歸也，詳見《史記》卷論《封禪書》，"北極"則牽合數事。《淮南子·墬形訓》："西北方曰不周之山，曰幽都之門，北方曰北極之山，曰寒門，……北方之美者，有幽都之筋角焉"，言"北極"、"幽都"而與鬼無關；《楚辭·招魂》："魂兮歸來，君無下此幽都些，土伯九約，其角觺觺些"，則"幽都"乃"鬼伯"治所，然在地"下"而不在地北；阮籍《詠懷》："北望青山阿"，《文選》李善註："《風俗通》：'葬之郭北，北首，求諸幽之道'"，"幽"之"都"自居"北"之"極"矣。仁傑謂項羽游魂當向鬼伯投案耳。

【增訂二】《後漢書·臧宫傳》："乘勝追北"，章懷註："人好陽而惡陰，北方幽陰之地，故軍敗者謂之'北'。"未必得"敗北"之正解，而足徵古人以"北"與"幽陰"通貫，故管輅告

---

① Lucan, *Civil War*, I. 486, "Loeb", 38. Cf. Montaigne, *Essais*, II 12, "Bib. de la Pléiade", 510-1: "Nous pipons de nos propres singeries et inventions". etc..

② Cf. Goethe, *Faust*, II, Akt iii, 7003-4: "Am Ende hängen wir doch ab/ Von Kreaturen, die wir machten"; Mary Shelley, *Frankenstein*, ch. 10, The Heritage Press, 104: "Remember, thou hast made me more powerful than thyself", etc.; Marx—Engels, *Die Deutsche Ideologie*, "Vorrede," Dietz, 11: "Vor ihren Geschöpfen haben sie, die Schöpfer, sich gebeugt."

趙顏曰："南斗注生，北斗注死。"《真誥·闡幽微》謂文王爲"北斗師"、"官鬼"，武王爲"北斗君"、"鬼官"，羅酆山在"北方癸地"，爲"鬼王決斷罪人住處"。西方舊俗以北爲魔鬼所主，呼爲"鬼方"（The Devil's Side），靈魂入天堂者南升，入地獄者北降，教堂北扉遂有"鬼門"（The Devil's Door）之稱。頗可參印。

【增訂三】《古詩十九首》："驅車上東門，遥望郭北墓"，《文選》李善註又引《風俗通》。《詩·北門》："出自北門"，毛《傳》："背明向陰。"《周禮·地官司徒·牧人》："凡陽祀用騂牲毛之，陰祀用黝牲毛之"，鄭玄註："陰祀、祭地北郊及社稷也。……陽祀、祭天於南郊及宗廟。"西土舊俗以北方屬魔鬼所轄，亦可徵諸意大利文藝復興時名著《藝人列傳》。一畫師（Spinello of Arezzo）爲教堂祭壇彩繪，畫魔鬼雄長於北，天使之遭上帝貶斥者紛如雨下而成小鬼（representing Lucifer establishing his seat in the north, and the fall of the angels, who change into devils as they rain upon the earth—Giorgio Vasari, *The Lives of the Painters, Sculptors, and Architects*, "Everyman's Library", I, 183）。

【增訂四】屈大均《廣東新語》卷二八《北門邪》："自瓊至崖，所歷州縣，皆杜北門不開。……此甚妄也！北非鬼門也。"

【增訂五】西方習俗亦以教堂北門爲魔鬼之門（the Devil's door），公墓北角爲地獄之角（Hell Corner）（Opie and Tatem, *A Dictionary of Superstitions*, 1989, pp. 48, 287）。

一三五　卷三一七

《周翁仲》（出《風俗通》）臘祭，屠人鬼踞神坐享食，周氏祖宗彷徨不進，蓋子非周出，乃易屠人男。按卷三一九《陳素》（出《幽明録》）事相類。《增補儒林外史》第四六回《争血食兩父顯靈魂》即仿此。

《秦巨伯》（出《搜神記》）。按與卷三五三《望江李令》（出《稽神録》）皆本《吕氏春秋·疑似》篇黎邱丈人事。

《倪彦思》（出《搜神記》）魅乃取伏虎，道士忽覺背上冷，解衣乃伏虎也。按"伏虎"即溺器，《太平御覽》卷七一二《服用》部《伏虎》門引此，言出《録異傳》。

一三六　卷三一八

《陸機》（出《異苑》）。按《水經注》卷一六《穀水》引《袁氏王陸詩序》，即此則所本。

一三七　卷三二〇

《蔡謨》（出《幽明録》）聞鄰左復魄聲，見新死老嫗欲升天，“聞一喚聲，輒回顧，三喚三顧，徘徊良久。”按卷三三〇《王光本》（出《廣異記》）妻李氏卒，王慟哭，李見形曰：“聞君哀哭，慟之甚，某在泉途，倍益淒感，語曰：‘生人過悲，使幽壤不安’”；卷三三七《李澣》（出《廣異記》）死後見形於妻竇氏曰：“每在地下，聞君哭聲，輒令淒斷”；卷三三八《盧仲海》（出《通幽録》），從叔纘死，仲海行“招魂望反諸幽”之“禮”，連呼纘名不息，纘得復活，自言方燕會，“聞喚聲哀厲，眩惻不安”，遂請放歸。英國一女詩人篇什中亦屢賦鬼魂見形於所歡，謂其哭聲徹地，淚滴及泉，長眠者不能自安（But why did your tears soak through the clay，/And why did your sobs wake me where I lay? etc. ；I could rest if you would not moan/Hour after hour... /But there's no sleeping while you sit weeping，etc.）[1]。

---

[1] Christina Rossetti："The Poor Ghost"，"The Ghost's Petition"；*Poetical Works*，ed. W. M. Rossetti，Macmillan，360，364-5.

【增訂四】格林童話一則言一小兒七歲夭，母哀之，日夜涕泣，一夕兒現形曰："阿娘莫啼哭！娘眼淚流注，使兒裹身布淋漓不乾，兒不得安眠棺中"（Oh，mother，do stop crying or I shall never fall asleep in my coffin，for my shroud will not dry because of all your tears，which fall upon it）。母遂止聲收淚。明夕，兒復見，曰："阿娘視兒！裹身布就燥，兒可棲息地下矣"（Look，mother，my shroud is nearly dry and I can rest in my grave.—"The Shroud"，*The Complete Grimm's Fairy Tales*，Routledge and Kegan Raul，1975，pp. 502－3）。亦言泣淚滴九泉，吾國古小説衹道哭聲徹九幽耳。

《劉道錫》（出《幽明録》）不信鬼，從兄興伯能見鬼，指示東頭桑樹上有稚鬼，長必害人，夜道錫以戟刺鬼所在，翌日，興伯驚曰："此鬼昨夜那得人刺之？殆死，都不能復動，死亦當不久。"按卷二九七《睦仁蒨》（出《冥報録》）問成景曰："鬼有死乎？"曰："然"，曰："死入何道？"曰："不知。如人知生而不知死"；卷三八四《許琛》（出《河東記》）問曰："鵶鳴國空地何爲？"黄衫鬼使答："人死則有鬼，鬼復有死，若無此地，何以處之？"是則鬼亦有死之説，由來已久，然在蒲松齡以前，似未有本斯意弄狡獪以出奇者。《聊齋志異》卷五《章阿端》寫阿端身死爲鬼，被鬼死爲聻者所祟，"鬼之畏聻，猶人之畏鬼也。"袁枚《新齊諧》卷三《城隍殺鬼不許爲聻》二隸請曰："可准押往鵶鳴國爲聻否？"城隍曰："此奴作鬼便害人，若作聻必又害鬼"；正兼用《許琛》之典及《章阿端》之意也。歧外有歧，夢中入夢，西方俗信無此譎詭。安世高譯《十八泥犁經》言："能不死，而復生，無歲數"，"又不死，無歲數"，"痛不可言，已復不死"，毋慮十數次，未嘗道鬼亦能死。故魏禧《魏叔子文集》卷一《地獄論》上云："刑莫慘於求死不得，求死不得，莫甚於死可復生，散可復聚，血肉糜爛可成體，以輾轉於刀鋸鼎鑊之中，百千萬年而無已極"；例如《廣記》卷一三二《李知禮》（出《冥報記》）"其肉剥而復生，生而復剥"，或董説《西遊補》第九回《秦檜百身難自贖》孫行者爲閻羅王，審訊"偷宋賊"，使上刀山、入油海、被碓磨、遭雷劈，施一刑畢，"吹轉真形"。此意則西方詞章常及之，每言鬼魂入無間地獄，受諸苦毒，求再死而不得(Che la seconda morte ciascun grida; De l'enfer il ne sort/Que l'éternelle soif de l'impossible mort; deathless death; O grausam Angst! stets sterben, sonder sterben!)①；甚且推而言仙女思凡不遂，傷心欲絶，願斷煩惱而求死不得(E per dar fine a tanto aspro martire, /Spesso si duol di non poter morire. /Morir non puote alcuna fata mai)，或天神失志憔悴，長生徒供長病，不克一死了事(bright-blanch'd by an immortal sickness which kills not; /It works a constant change which happy death/Can put an end to)，或天神哀凡人之短命，而自恨不能亦死(I would give/All that I am to be as thou now art! /But I am chained to Time, and cannot thence depart)②。古羅馬詩人詛其仇曰："願汝祈死而無死法"（Causa

① Dante, *Inferno*, I. 117; D'Aubigné, *Tragiques*: "Jugements," 1021-2; Milton, *Paradise Lost*, X. 798; Andreas Gryphius: "Die Hölle". Cf. Webster, *The Duchess of Malfi*, IV. i, Duchess: "In hell, that they must live, and cannot die"; Ford, *'Tis Pity She's a Whore*, III. vi, Friar: "... in this place/Dwell many thousand sundry sorts/Of never dying deaths."

② Ariosto, *Orlando furioso*, X. lv-lvi (Alcina), Hoepli, 87; Keats, *Hyperion, a Vision*, Canto I (Moneta); Shelley, *Adonais*, st 26 (the Muse).

que non desit, desit tibi copia mortis: /optatam fugiat vita coacta nocem)①; 用意正同。

【增訂二】古希臘神話言天神許一人長生不死而未許其長壯不衰，英詩家嘗賦詩託爲其人老弊嗟怨之詞，與天齊壽而深恨長壽考之爲長受罪(Me only cruel immortality/Consumes—Tennyson: "Tithonus")。正所謂"無死法"。

又按《廣記》卷三二三《張隆》(出《幽明録》)以大刀斫鬼處，即聞數十人哭甚悲曰："死何由得棺!"旋又聞笑曰："汝那能殺我也!"于《劉道錫》一則復添波折焉。

---

① Ovid, *Ibis*, 123-4, *The Art of Love and Other Poems*, "Loeb," 260.

一三八　卷三二一

《賈雍》(無出處)。按見《搜神記》卷一一。

《宋定伯》(出《列異傳》)。按見今本《搜神記》卷一六，《法苑珠林》卷一〇《鬼神部之餘》引此則亦註“出《列異傳》”。“定伯復言：‘我新鬼，不知有何所惡忌?’鬼答言：‘不喜人唾’”；鬼畏唾沫之説，始著於此。《睽車志》卷一記孫元善過市，“見鬻餅者乃其亡僕，自疑白晝見鬼，唾之”；《夷堅三志》辛卷二《永寧寺街女子》記兩鬼相語，一曰：“七哥必欲撓他，莫是曾相犯否?”一曰：“恰在慶善橋上，爲他噀唾喝我，故欲報之”；姚旅《露書》卷六：“鬼不畏符只畏唾，人不畏辱只畏妻。”《廣記》卷二四二《蕭穎士》(出《辨疑志》)穎士薄暮行荒郊，一少婦騎驢願相伴，自言“姓胡”，穎士“遂唾叱之曰：‘死野狐！敢媚蕭穎士！’”遂鞭馬疾馳，投宿逆旅；少間，此婦亦至，即主人女也，告父曰：“適被一害風措大，呼兒作野狐，合被唾殺!”則似俗信以爲唾不僅卻鬼，并可驅妖也。

【增訂四】《太平廣記》卷三一六《盧充》(出《搜神記》)早曰：“將兒還。四坐謂是鬼魅，僉遥唾之。”《夷堅三志》己卷六《王元懋巨惡》又記宋六生還，其父“噀唾駡之曰：‘汝不幸死於非命，……勿用惱我！’”；《夷堅志補》卷一〇《周瑞娘》：“父母見而唾之曰：‘爾不幸夭没，……乃敢白晝爲怪！’”憶吾鄉舊有諺：“噀唾不是藥，到處用得着”；小兒爲蟲蟻所嚙，肌膚痛痒，嫗媪塗以唾沬（old wives' remedy），每道此語。是唾兼巫與醫之用矣。

《郭翻》（無出處）。兒書“皆横行，似胡書”，曰：“此是鬼書，人莫能識。”按卷一五九《定婚店》（出《續幽怪録》）老人檢書，韋固不識其字，因問曰：“固少小苦學，字書無不識者，西國梵字亦能讀之，唯此書目所未覿，如何？”老人曰：“此非世間書。……幽冥之言”；卷三一九《蘇韶》（出王隱《晉書》）謂其子節曰：“死者書與生者異”，因作字，“像胡書也”；卷三二二《王矩》（出《幽明録》）使者曰：“身是鬼，見使來詣君”，矩索文書看，使者曰：“君必不解天上書”；卷三二八《解襆人》：“有五百帖子，似紙，非篆隸，並不可識。”皆言鬼書不可識，如元好問《論詩絶句》所嘲：“真書不入今人眼，兒輩從教鬼畫符。”然卷三二四《梁清》（出《異苑》）鬼送書七十許字，“書跡婉媚，遠擬羲、獻”；卷三三一《劉洪》（出《記聞》），鬼索紙作詩“書跡特妙，可方王右軍”；是鬼亦能變體作人間書。卷四四八《何讓之》（出《乾𦠆子》）一狐跳出，“几上有一帖文書，文字不可曉”；卷四四九《林景玄》（出《宣室志》）射老翁斃，現形爲狐，“其書點畫甚異，似梵書而非梵字”；卷四五三《王生》（出《靈怪録》）二狐遺書而走，“文字類梵書而莫究識”，又《李自良》（出《河東記》）逐狐入古壙中，“掣得文書而出，字皆古篆，人莫之識”；卷四五四《張簡棲》（無出處）得狐文書，“其册子裝束，一如人者，紙墨亦同，皆狐書不可識。”則狐書復如鬼書之不可識。黄庭堅《豫章黄先生文集》卷一五《鐵羅漢頌》：“或得野狐書，有字不可讀”；陸游《劍南詩稿》卷七一《閒中偶詠》：“不識狐書那是博”，又卷七八《秋來益覺頑健、時一出游、意中甚適、雜賦》之七：“多愛奪狐書”，正用此等典故。鬼、狐書而曰類胡、梵，即胡、梵而鬼、狐視之，如後世呼“番鬼”、“洋鬼子”耳。《警世通言》卷九《李謫仙醉草嚇蠻書》李白稱“番書”曰：“皆是鳥獸之跡”，亦此意。《全梁文》卷六七庾元威《論書》列舉百體書中有“鬼書”、“胡書”、“天竺書”、“鼠書”、“牛書”、“馬書”、“羊書”、“虎書”、“兔書”、“猴書”、“雞書”、“犬書”、“豕書”，却無“狐書”。

一三九　卷三二二

《劉遁》（出《廣古今五行記》）。按卷三一九《劉他》（出《續搜神記》）事同。

《吕順》（出《幽明録》）喪妻，續娶婦從妹，婦鬼見，怒責妹曰："天下男子復何限？汝乃與我共一婿！"按《夷堅丁志》卷一五《田三姑》亦記姊之鬼"憑人，咄咄責妹曰：'何處無昏姻？必欲與我共一婿！'"

【增訂三】夫死改嫁或妻死續娶，致亡者之鬼作祟，《廣記》本卷《吕順》、《袁乞》而外，尚有如卷三二一《司馬義》、卷三七一《梁氏》。楊泉《物理論》有云："世傳有夫死而婦許不嫁者，誓以繡衣襚，以衣尺納諸棺焉。後三年，婦出適，迎有日矣。有行道人，夜求人家宿，向晨［？晨向］主人，語之婦約之辭，寄所誓之衣，曰：'子到若千［？干］里，當逢之，還此衣焉。'或［？主］者出門，到所言處，果見迎車，具以事告，還其繡衣。婦遂自經而死。"實爲此類事之朔，《廣記》却未收，而《太平御覽》卷八一五《布帛部》二採之。王充於流俗不經之説，必訂詰不稍逭，而《論衡·論死篇》云："妬夫媢妻，同室而處，淫亂失行，忿怒鬭訟。夫死妻更嫁，妻死夫更娶，以有知驗之，宜大忿怒。今夫妻死者寂寞無聲，更嫁娶者平忽無禍，無知之驗也。”是當充世尚未流傳《物理論》、《幽明録》等所載鬼掌故也。

一四〇　卷三二三

《富陽人》（出《述異記》）。按言“山魈”也，卷三二四《山都》（出《南廣記》）言“木客”也，皆不當入《鬼》門。卷三六〇《富陽王氏》（出《搜神記》）即《富陽人》，“山魈”作“山獠”，却入《妖怪》門。

一四一　卷三二五

《庾季隨》（出《述異記》）見有鬼逐父後，“以皮囊收其氣，數日遂亡。”按卷一〇六《陳昭》（出《酉陽雜俎》）：“又一人手持一物如球胞，曰：‘取生人氣須得豬胞’”；卷一〇九《李山龍》（出《冥報記》）：“一人以赤繩縛君者，一人以棒擊君頭者，一人以袋吸君氣者”；卷三四五《光宅坊民》（出《酉陽雜俎》）：“得一袋，蓋鬼間取氣袋也”；又《淮西軍將》（出《酉陽雜俎》）奪得鬼手中革囊，鬼哀祈相還，曰：“此蓄氣袋耳”；卷三四六《利俗坊民》（出《宣室志》）：“受寄者因發囊視之，内有一物，其狀如牛胞，及黑繩長數尺。”卷三五〇《浮梁張令》（出《纂異記》）解革囊，中貯“死籍”，則非生氣。敦煌卷子《黄仕强傳》：“初死之時，見有四人來取；一人把文書來取，一人撮頭，二人策腋，將向閻羅王處”；則有公文，無囊，雖非棒擊繩縛，而扭首推身。《青瑣高議》前集卷六《温泉記》地界吏召張俞魂，“出銀鈎以刺入胸中”，則更酷於棒擊、繩縛。後世如《西遊記》第三回：“美猴王睡裏見兩人拿一張批文，上有‘孫悟空’三字，走近身，不容分説，套上繩，就把美猴王的魂靈兒索了去”；《紅樓夢》第一六回：“秦鍾餘氣在胸，正見許多鬼判持牌提索來捉他”；則勾魂使携公文與繩索，省去鈎、棒、袋等物。《儒林外史》第二一回：“卜老睡在牀上，見窗眼裏鑽進兩人來，走到牀前，手裏拿了一張紙，遞與他看，……一張花批文，上寫着許多人的名字，……末了一名，便是他自己。……把眼一眨，人和票子都不見了”；并繩索而無之，又不捉搦，勾魂幾如請客送知單而已。

一四二　卷三二八

《閻庚》（出《廣異記》）地曹主婚姻，“絆男女脚”，袋中有細繩。按卷一五九《定婚店》（出《續幽怪録》）老人曰：“主天下婚牘，巾囊中有赤繩子以繫夫婦之足。”按蘇武《古詩》第三首：“結髮爲夫妻，恩愛兩不疑”，乃謂男女各“始成人”而上頭也，《文選》李善註説之甚明，非謂合男女之髮糾成一結；唐人小説則真言繫脚成夫妻矣！同心之結而如連雞之縛，以此示婚姻之象，寓旨深微。西方禮俗以指環爲婚姻標志，基督教《婚儀詞》（Solemnization of Matrimony）所謂：“夫婦禮成，指環爲證”（With this ring I thee wed）；而善滑稽者曰：“戴指之環即亦拴鼻之環耳”（The ring on the finger is a ring in the nose），可相參印。

《陸餘慶》（出《御史臺記》）寒甚，羣鬼環火而坐，陸以爲人，“訝火燄熾而不煖”。按卷三三一《薛矜》（出《廣異記》）亦言矜入殯宫，“覺火冷，心竊疑怪”。《晉書·紀瞻傳》舉秀才，陸機策之，問曰：“今有温泉，而無寒火，何也?”鬼火亦“寒火”也。人覺鬼火冷，而鬼必覺其火熱；不然，不環坐取煖。釋典“八大地獄”中有“熱”、“大熱”二獄，“十六小地獄”中有“炎火”八獄，故知鬼火自能灼鬼；《那先比丘問佛經》即云：

“世間火熱不如泥犁中火熱；如持小石着世間火中，至暮不消，取大石着泥犁火中即消。”人覺鬼火不熱，遂亦見鬼火不明。《薛矜》又云：“見一燈，火色微暗，將近又遠”；

【增訂三】李賀《蘇小小墓》：“冷翠燭，勞光彩”，王琦註：“翠燭、鬼火也。”鬼火故“冷”，適與《陸餘慶》、《薛矜》兩則所言相似。“勞”乃勞頓疲乏之意，即“乏光彩”，又所謂鬼火暗也；《全宋文》卷五五虞龢《上明帝論書表》：“染變紙色，加以勞辱，使類久書”，又鮑溶《苦哉遠征人》：“勞劍無龍光”，可以參觀。《夜飲朝眠曲》：“觴酣出座東方高，腰横半解星勞勞”，重文“勞勞”似亦不妨作天曙則星光黯淡解會。

卷三三〇《王鑑》（出《靈異集》）：“令取燈而火色青暗”；《青瑣高議》别集卷三《越娘記》：“燈青而不光，若無一意”，後四字當是“一若無者”之譌。此意入李賀筆下而爲《感諷》第三首之“漆炬迎新人，幽壙螢擾擾”，又《南山田中行》之“鬼燈如漆點松花”。王琦註後句謂鬼燈低暗不明，是也；而復引《述異記》載闔閭夫人墓中“漆燈爛如日月焉”，望文數典，反乖詩意。李商隱《十字水期韋、潘同年不至》：“漆燈夜照真無數，蠟炬晨炊竟未休”，或于鵠《古挽歌》：“莫愁埏道暗，燒漆得千年”，則可引《述異記》或無名氏《煬帝開河記》所謂古墓中“漆燈晶煌，照耀如晝”，以爲之註。李賀詩非言漆燭之燦明，乃言鬼火之昏昧，微弱如螢，沉黯如墨；“漆炬”、“如漆”非謂燒漆取明，乃謂祇如漆之黑而發光。想象新詭，物色陰悽，因舊詞而别孳新意，遂造境而非徒用典，其事與“爛如日月”大異。賀《十二月樂詞》之《十月》亦曰：“釭花夜笑凝幽明”；“明”而“幽”，猶“燈如漆”矣。《法苑珠林》卷一二《地獄部之餘·典主》引《問地獄經》："有日月光而不明淨"；同一光景。高乃依寫星光正曰"幽明"（Cette obscure clarté qui tombe des étoiles），密爾敦亦寫餘燼"作光仿效昏黯"（Teach light to counterfeit a gloom）①，皆會心不遠。沈德潛《國朝詩別裁》卷二五徐蘭《燐火》："別有火光黑比漆，埋伏山坳語啾唧"，即賀之"漆炬"、"燈如漆"，詩人心印勝於註家皮相也。光焰而爲墨色，古籍數見，如王嘉《拾遺記》卷四燕昭王坐握日之臺，"有黑鳥白頭，集王之所，銜洞光之珠，圓徑一尺，此珠色黑如漆，照於室内，百神不能隱其精靈"；梁元帝《金樓子·箴戒》："夏桀時兩日並出，黑光徧天。"鄧漢儀《詩觀》三集卷一馮明期《滹沱秋興》即以爲寫景語："倒捲黑雲遮古林，平沙落日光如漆。"《廣記》卷一八四《高輦》（出《玉堂閒話》）："凡有牓出，書以淡墨。或曰：'名第者，陰注陽受；淡墨書者，若鬼神之跡耳，此名鬼書也。'"夫鬼墨淡，鬼火冷，鬼燈黑，比物此志耳。密爾敦詩言地獄中火無光輝，僅吐黑焰（Yet from the flames/No light; for lightning see/Black fire）②；雨果詩文言黑太陽放射夜色（Un énorme soleil terrible, qui semble rendre le ciel noir; un affreux soleil noir d'où rayonne la nuit）③，波德萊亞詩以之喻女之黲者（un soleil noir, un astre

① Corneille, *Le Cid*, IV. iii; Milton, *Il Penseroso*, 80.

② *Paradise Lost*, I. 62-3; II. 66-7. Cf. Fulke Greville, *Alaham*, II ii: "By fires of Hell, which burn and have no light", quoted in Coleridge, *Notebooks*, ed. Kathleen Coburn, II, § 2925.

③ *William Shakespeare*, II. ii, *Oeuvres*, Ollendorff, 130; *Les Contemplations*, VI. xxvi, p. 421. Cf. Gautier: "Melancholia", *Poésies complètes*, Charpentier, I, 220; Nerval: "El Desdichado", "Voyage en Orient", *Oeuv. comp.*, "Bib. de la Pléiade", I, 33, II, 136.

noir versant la lumière)①；均資比勘。陶穀《清異録》卷三《器具》門之“黑太陽”，指燃炭可抵負暄，猶謂“煤乃英國最佳之太陽”(The best sun we have is made of Newcastle coal，and I am determined never to reckon upon any other)②，文同意別，且言暖非言光也。童話中嘲諷科學家，謂其能造“黑光”(the production of that seldom - seen - but - greatly - to - be - admired phenomenon，Black Light)，視之若無有(Nothing)③，則亦謂實無光耳。

---

① Baudelaire：“Le Désir de peindre”，*Oeuv. comp.*，“la Pléiade”，341；cf. “Les Ténèbres”，112. Cf. Marino：“Schiava”：“O luce nascir di tenebroso inchiostro”；“La bruna Pastorella”，335-6：“O luci tenebrose，/tenebre luminose”，*Marino e i Marinisti*，Ricciardi，374，520.

② Walpole，*Correspondence*，Yale ed.，X，262(to Montagu，15 June 1768).

③ Lewis Carroll，*Sylvie and Bruno Concluded*，ch. 21，*Complete Works*，The Nonesuch Press，713.

一四三　卷三二九

《劉諷》（出《玄怪録》）。按此篇寫女郎談謔，頗曲傳口吻而不爲文語，如“須與蔡家娘子賞口”，“何不與他五道主使，怕六姨姨不歡”之類，與卷四八七《霍小玉傳》之“蘇姑子作好夢也未”等足相頡頏。雅中攙俗，筆致尖新，然惟記婦女談吐爲爾。《聊齋志異》屢仿此法，如卷二《聶小倩》媪笑曰：“背地不言人，我兩個正談道”云云；卷五《閻王》嫂怒曰：“小郎若個好男兒，到不得代哥子降伏老媪”云云；蓋唐人遺意也。

一四四　卷三三〇

《崔尚》（出《玄怪録》）著《無鬼論》，有道士詣門曰："我則鬼也，豈可謂無？"按卷三一七《宗岱》（出《雜語》）、卷三一九《阮瞻》（出《幽明録》）、卷三二三《施續門生》（出《搜神記》）、卷三二七《魏徵》（出《瀟湘録》），事皆相同。又《宋書·范曄傳》記曄欲作《無鬼論》，《新唐書·林藴傳》記藴父披以臨汀多山鬼淫祠，撰《無鬼論》。《施續門生》單衣白袷客曰："僕即是鬼，何以云無？"尤類《崔尚》道士語。《五燈會元》卷六："昔有官人作《無鬼論》，中夜揮毫次，忽見一鬼出云：'汝道無，我聻？'"即以此爲禪機也。《癸巳類稿》卷一四力非無鬼，謂六藝九流以至天主教莫不明鬼，有曰："昔阮瞻執無鬼論，而親與鬼反覆屈之；無鬼，何以屈之？然則論無鬼者亦明鬼者也！"夫瞻祇知與客辯難，不識客之爲鬼，豈得謂瞻"亦明鬼"乎？阮瞻事見《搜神記》卷一六，原云："及鬼神之事，反覆甚苦，客遂屈，乃作色曰"；《廣記》乃引《幽明録》作："末及鬼神事，反覆甚苦，客遂屈之，仍作色曰"，則似客屈瞻而非瞻屈客矣，當有得色，何須"仍作色"哉？

一四五　卷三三二

《蕭穎士》（出《集異記》）舟中遇二少年，熟視穎士曰："此人甚似鄱陽忠烈王也！"蓋發塚之盜，曾掘鄱陽墓者，穎士即鄱陽曾孫也。按卷四二《蕭穎士》（出《原化記》）逆旅中遇一老翁，目穎士久之，曰："觀郎君相貌，一似齊鄱陽王"；翁嘗爲鄱陽書佐，修道得仙，已二二七歲矣。《三國志·魏書·諸葛誕傳》裴註又《水經注》卷三八《湘水》吴芮塚下引郭頒《世語》云："魏黄初末，吴人發芮塚，……見芮屍容貌衣服並如故；吴平後，與發塚人於壽春見南蠻校尉吴綱，曰：'君形貌何類長沙王吴芮乎？但君微短耳。'綱瞿然曰：'是先祖也！'"《廣記》卷三八九《吴綱》（出《水經》）即引之。三則實一事之胎衍也。又按本篇與鬼無涉，亦如卷三三四《朱敖》（出《廣異記》）、卷三四三《竇玉》（出《玄怪録》）、卷三四四《成叔弁》（出《河東記》）、卷三四五《鄭紹》（出《瀟湘録》）、《孟氏》（出《瀟湘録》）、卷三四六《送書使者》（出《河東記》），或妖或神而羼入《鬼》門，不復一一指摘矣。

一四六　卷三三四

《韋栗》（出《廣異記》）行上揚州，女囑栗，“欲市一漆背金花鏡”。按揚州銅鏡，唐世侈稱，《舊唐書·韋堅傳》：“若廣陵郡船，即堆積廣陵所出錦鏡銅器，……先是人間戲唱歌詞曰：‘……潭裏舟船鬧，揚州銅器多’”；即《樂府詩集》卷八六之《得寶歌》也。《廣記》卷三九六《一行》（出《酉陽雜俎》）記盤龍鼻鏡“是揚州所進”；《游仙窟》中臨別“取揚州青銅鏡留與十娘”；韋應物《感鏡》：“鑄鏡廣陵市，菱花匣中發”；《全唐文》卷八一〇司空圖《容成侯傳》之“金炯”、指銅鏡言，亦云：“宗人派別於廣陵者，炫飾求售。”至吴承恩《射陽先生存稿》卷四《踏莎行》之一：“揚州鏡子有何緣，時時長與他相面!”，則正用此等故事，未可遽以爲直道當時器物也。

一四七　卷三三六

《常夷》（出《廣異記》）白衣者乃梁朱均之鬼，爲言：“元帝一目失明，深忌諱之。爲湘東，鎮荆州，使博士講《論語》，至於‘見瞽者必變色’［《論語·鄉黨》：‘見冕者及瞽者，雖褻必以貌’］，語不爲隱，帝大怒，乃酖殺之。……此皆史所脱遺。”按梁元帝忌諱眇一目事，《梁書》“脱遺”未道，《南史》則數言之。卷三九《劉諒傳》：“爲湘東王所善，王嘗游江濱，歎秋望之美，諒對曰：‘今日可謂帝子降於北渚。’王有目疾，以爲刺己，應曰：‘卿言目眇眇以愁予耶？’從此嫌之”；卷八〇《賊臣傳》王偉在獄中上五百字詩於元帝，“帝愛其才，將捨之。朝士多忌，多請曰：‘前日偉作《檄文》，有異辭句。’元帝求而視之。《檄》云：‘項羽重瞳，尚有烏江之敗；湘東一目，寧爲四海所歸？’帝大怒，使以釘釘其舌於柱，剜其腸。”卷一二《后妃傳》下元帝徐妃“以帝眇一目，每知帝將至，必爲半面妝以俟，帝見則大怒而出”；則妻憎夫貌，有意揭短觸忌，以爲戲弄，其“咄咄逼人”，遠過於參軍“危語”之“盲人騎瞎馬”矣。《魏書·匈奴劉聰等傳》記苻生“既眇其目，所諱者、不足不具，‘少’、‘無’、‘缺’、‘傷’、‘殘’、‘毁’、‘偏’、‘隻’之言皆不得道”；相形之下，梁元猶易與耳。古希臘修詞學書言與暴君語，慎毋觸諱，舉例有馬基頓王（Philip）眇，最惡人道荷馬史詩中“奇目漢”，且不許人談及眼（any reference to Cyclops or to an eye at all）[①]；“丁奇目”名出《女仙外史》第四七回。

① Demetrius, *On Style*, V. 294, “Loeb”, 479.

一四八　卷三四一

《道政坊宅》(出《乾𦠆子》)人居者"必大遭凶禍",房次卿假住累月無患,李直方曰:"是先輩凶於宅。"按此亦嘲謔匡格,古希臘小詩謂蝮蛇嚙一人,其人無恙而蛇則死矣,蓋人毒於蝮也(An evil viper once bit a Cappadocian, but it died itself, having tasted the venomous blood)①。仿作甚多,如有言渾家人病疫死,一悍婦獨勿藥瘳,此婦凶於疫鬼也(the yellow Fiend in Lust and Pride/Would clasp a Fury as his Bride/And the Plague died of fierce Jane Burr)②。

---

① *Greek Anthology*, XI. 237, Demodocus, "Loeb", IV, 123.

② Coleridge, *Notebooks*, II, § 2779.

一四九　卷三四二

《獨孤穆》（出《異聞録》）縣主贈詩曰：“白刃汙黄屋，邦家遂因傾，疾風知勁草，世亂識忠臣。”按“疾風”一聯，已成後世常諺。周嬰《巵林》卷六《廣陳·疾風知勁草》條補《天中記》，蒐羅自漢至唐，最爲詳博，此詩亦在其中，而未言其末句之本鮑照《出自薊北門行》：“時危見臣節，世亂識忠良。”

一五〇　卷三四四

《王裔老》（出《白居易集》）。按即《長慶集》卷二六《記異》一文。此書採擷唐人文集之義例，百思莫解。

一五一　卷三四八

《唐燕士》（出《宣室志》）白衣丈夫吟詩："澗水潺潺聲不絕"云云。按同卷《韋齊休》（出《河東記》）詩與此首僅數字異，《全唐詩·鬼》九華山白衣《吟》附註已言之。又《全唐詩》甘露寺鬼《西軒詩》虜衣者曰："趙壹能爲賦"云云，縫掖衣者曰："偉哉横海鱗"云云，南朝衣者曰："功遂侔昔人"云云；此事出馮翊《桂苑叢談》，三詩蓋分别取之《南史·賊臣傳》及《宋書·謝晦傳》，乃王偉、謝晦與姪世基之鬼，自誦其生前所作詩。自是六朝人詩，非唐鬼詩或六朝鬼入唐所賦，《全唐詩》濫收未别擇也。卷三五〇《許生》（出《纂異記》）白衣叟朗吟："春草萋萋春水緑"云云，乃李洞《繡嶺宫詞》，而《全唐詩》又輯作李玖《噴玉泉冥會詩》，復不以入《鬼》。

【增訂三】《許生》噴玉泉之白衣叟以"玉川"稱，自爲盧仝之鬼；其他四丈夫則王涯、賈餗、舒元輿、李訓之鬼，《後村大全集》卷一七三《詩話》所言是也，特未道白衣叟朗吟之詩乃李洞作耳。

【增訂四】《南部新書》壬卷記李紋作《纂異記》，"《記》中有《噴玉泉幽魂》一篇，即甘露四相也。"遠在《後村詩話》前。

一五二　卷三四九

《韋鮑生妓》（出《纂異記》）鮑愛姬易韋良馬，謝莊、江淹之鬼遂以《妾換馬》爲題，各賦四韻。按江淹賦云："望新恩，懼非吾偶也；戀舊主，疑借人乘之"；絶好唐人律賦破題，屬對渾成，又已近"宋四六"矣。明郎仁寶《七修類稿》卷二五、錢希言《戲瑕》卷一皆嘗言此題來歷，然首考之者，宋董逌《廣川畫跋》卷一《書以妾換馬圖後》也。唐人不僅明用爲題目，抑且暗使作典故，如李白《襄陽歌》："千金駿馬換少妾，醉坐雕鞍詠落梅"；裴度《答白居易求馬》："君若有心求逸足，我還留意在名姝"，又《酬張秘書因寄馬》："若逢佳麗從將換"；白居易《酬裴令公贈馬相戲》："欲將赤驥換青娥"，又《公垂尚書以白馬見寄》："免將妾換慚來處"；劉禹錫《夔州竇員外使君見示悼妓詩、因命同作》："龍媒欲換歎無期"，又《裴令公見示樂天寄奴買馬絶句》："若把翠娥酬騄駬，始知天下有奇才"；段成式《和周繇見嘲·序》："妾換名馬，賦闢長門"；紀唐夫《驄馬曲》："今日虜平將換妾"；羅虬《比紅兒詩》之二六："捨却青娥換玉鞍。"《全唐詩》司空圖斷句："驊騮思故第，鸚鵡失佳人"；倘非《補遺》中輯圖《庚子臘月五日》詩全首，此聯即出其中，則片言隻語，推索詞意，必以爲亦詠此題。賀貽孫《詩筏》極稱王世貞、鍾惺兩五律，則確不惡。明人院本《鸞鎞記》中有此題褻諢“若把這媽換那馬”云云，即張祜《愛妾換馬》詩所謂“忍將行雨換追風”，而質言之耳。

《梁璟》（出《宣室志》）四人聯句，璟曰：“秋雲輕比絮”，諸葛長史沉吟久之，方續曰：“秋草細同毛”，衆皆笑其遲而拙。按姚合《遊春》：“嫩雲輕似絮，新草細如毛。”

一五三　卷三五三

《青州客》（出《稽神録》）賈客泛海遇風，漂入鬼國。按善於翻案出新，寫鬼不能見人，爲人陽氣所“祟”，延巫向人“祀祝”；即“反仿”之法，以其道還治其身也。釋典以賈客漂入鬼國爲常談，如《中阿含經》第四一之一《馬王品》、《佛本行集經·五百比丘因緣品》第五〇、《出曜經》卷二一《如來品》之二、《妙法蓮華經·觀世音菩薩普門品》第二五等。《廣記》卷二五三《盧思道》（出《啓顔録》）“陳主以《觀世音經》語弄思道曰：‘是何商人齎持重寶？’思道應聲，還以《觀世音經》報曰：‘忽遇惡風，漂墮羅刹鬼國’”；《魏書·道武七王傳》載元樹遺魏公卿百寮書：“夜叉羅刹，此鬼食人；非遇黑風，事同飄墮”；《五燈會元》卷三于頔與道通問答、卷五李翺與惟儼問答均有黑風漂墮鬼國公案。范成大《石湖詩集》卷三一《有會而作》：“念動即時漂鬼國”，沈欽韓《范石湖詩集註》卷下引《傳燈録》藥山李翺問答，似未得朔，當引佛經耳。

一五四　卷三五八

《齊推女》（出《玄怪録》）。按卷四四《田先生》（出《仙傳拾遺》）即其事而分門重出。鬼吏曰：“生人三魂七魄，死則散離，……今收合爲一體，以續絃膠塗之。”“續絃膠”亦名“集絃膠”，能使弓弩刀劍之斷者復合，具見《廣記》卷四《王母使者》（出《仙傳拾遺》）、卷二二五《吴夫人》（出《王子年拾遺記》），此乃擴而充之，并粘合浮魂沉魄。姚燮《復莊詩問》卷六《閒情續詩》：“合歡擬借屠蘇酒，續恨應無慎邺膠”；意謂“續絃膠”，而囿於平仄，妄以“慎邺膠”當之，遂成笑枋。“慎邺膠”乃房中藥，伶玄《趙飛燕外傳》所謂“得慎邺膠一丸一幸”者是。姚氏詩文務爲沉博幽異，而使事不求甚解，時時孟浪。又如卷二〇《天主堂》：“倚膝耶穌兒，丫髻索黄嬭”，蓋誤認“黄嬭”爲乳。方世舉《春及堂二集·田田行》：“錦帷高捲出紅兒，翠袖長拖抱黄嬭”；則非誤，言女説書者手携唱本也。《人境廬詩草》卷四《海行雜感》之一一：“一日明明十二時，中分大半睡迷離；黄公却要携黄嬭，遮眼文書一卷詩”；尤爲貼切。《金樓子·著書篇》自記小時撰《黄嬭自序》三卷，又《雜記篇》上云：“有人讀書，握卷而輒睡者，梁朝名士呼書卷爲‘黄嬭’”，黄氏詩言書足引睡，復以爲已姓牽合，洵工於儷事者。

一五五　卷三五九

《東方朔》（出《搜神記》）有物像牛，“動而不徙”，灌以酒數十斛而消，蓋秦時“獄地”，罪人憂思所結。按卷一四五《劉知俊》（出《鑑戒録》）亦記掘得一物，狀若油囊，蓋“冤氣所結，古來囹圄之地或有”，沃以醇醪；卷四七三《怪哉》（出《小説》）又謂出赤色蟲，東方朔見而識爲獄囚怨憤所生，地必秦時獄處，以酒灌之“糜散”。

一五六　卷三六二

《房集》（出《原化記》）小兒持布囊，傾之，“中有數升眼睛，在地四散，或緣牆上屋。”按卷三四九《王超》（出《酉陽雜俎》）謂“有生之類，先死爲‘畢’”，故冥間有“畢院”，庭中“有人眼數千，聚成山”，扇之或飛或走。兩則當合觀。鬼魂爲眼者，眸子乃精神之所貫注，《陰符經》下篇所謂：“心生於物，死於物，機在目”；詳見論卷二一〇《顧愷之》。《朱文公集》卷四七《答呂子約》之七：“體、魄自是二物；魄之降乎土，猶今人言‘眼光落地’云爾”；《夷堅志甲》卷六《巴東太守》余紹祖“一日正晝，呼其子曰：‘天色已夜，何不張燈?’……其僕燃兩燭至，又云了不見有光。……子疑爲失明，近而瞻視，雙目瞭然，俄頃而卒。……所謂‘眼光落地’者歟。”魂魄去身而曰“眼光落地”，即布囊或庭院中積聚眼睛之旨也。西方民俗學者考論目睛爲靈魂安宅(ein Sitz der Seele)，雖著面上而能視遠，與軀幹亦即亦離(eine Zwischenstellung zwischen der an den Körper gebundenen und der freiwerdenden Seele)①，可相發明。

① Wundt, *op. cit.*, 108.

一五七　卷三六三

《李哲》（出《通幽記》）乃投書曰："諺所謂：'一雞死，一雞鳴'，吾屬百户當相報耳。"按王楙《野客叢書》卷二九考"今鄙俗語"，有曰："'一雞死，一雞鳴'，此語亦有自也；觀《前漢·郅都傳》曰：'亡一姬，復一姬'，疑是此意，訛'一姬'爲'一雞'耳"；雖出附會，且失引《通幽記》，然足徵宋世仍行此諺。馮夢龍《山歌》卷三《隙》："一雞死子一雞鳴，囉見無雞睏殺子人!"，更徵斯語明末尚流傳。"雞死雞鳴"，"亡姬復姬"，即西諺："先王千古！新王萬壽!"（The King is dead! Long live the King!），所從言之異路耳。

【增訂三】《金瓶梅》第八六回："常言'一雞死了一雞鳴'"，而七六回："常言道：'一雞死，一雞鳴，新來雞兒打鳴不好聽'"，别生一意。

【增訂四】《雞肋編》卷上："人家養雞雖百數，獨一擅場者乃鳴，餘莫敢應，故諺謂：'一雞死後一雞鳴。'"

一五八　卷三六七

《彭顒》（出《稽神録》）病中見俳優樂工數十人“百戲並作，朱紫炫目”，顒“或時欣笑，或憤懣”，病愈不復見。按酷肖霍瑞斯詩所詠希臘一士（Fuid haud ignobilis Argis），詳見《列子》卷論《周穆王》。

《黄崇嘏》（出《玉溪編事》）。按後世以黄崇嘏與花木蘭並爲美談，如徐渭《四聲猿》是，而《廣記》編纂者乃列之於《人妖》門。《晏子春秋》内篇雜下：“靈公好婦人而爲丈夫飾者，國人盡服之”；《南史》卷四五《崔慧景傳》言“東陽女子婁逞變服詐爲丈夫，此人妖也!”。《廣記·人妖》門中，凡“變服爲丈夫”之女子皆與焉，崇嘏連類有《婁逞》（出《南史》）、《孟嫗》（出《乾饌子》）、《白項鴉》（出《玉堂閒話》）。唐韋元甫依傍《木蘭詩》作五言《木蘭歌》，倘以散文作《傳》如陳鴻之於《長恨歌》，則亦將采入《人妖》門矣!《荀子·非相》斥男子“美麗姚冶，奇衣婦飾，血氣態度，擬於女子”，韓愈《辭唱歌》亦訶：“豈有長直夫，喉中聲雌雌？君心豈無恥？君豈是女兒?”；院本中與徐渭《女狀元》配當者，有秦樓外史《男皇后》（參觀王驥德《曲律》卷四《雜論》下）。此類當同屬《人妖》，而宋以前記載不多，故《廣記》缺焉。偶見如《宋書·五行志》記魏尚書何晏好服婦人之衣；《北齊書·元韶傳》言文宣帝“剃韶鬢鬚，加以粉黛，衣婦人服以自隨”；王嘉《拾遺記》卷六言漢哀帝命董賢“更易輕衣小袖，不用奢帶修裙”，則亦謂婦服爾。

一五九　卷三六八

《韋訓》（出《廣異記》）"於其家學中讀《金剛經》"，忽見緋裙婦人"遥捉其家先生，……先生被曳"云云。按師號"先生"，《管子·弟子職》中已九見，唐人詩文中習用，相沿迄今。《舊唐書·李忠臣傳》記德宗爲太子時侍講張涉坐受賄，忠臣奏曰："陛下貴爲天子，而先生以乏財抵法，以愚臣觀之，非先生之過也"；《全唐文》卷六二七吕温《與族兄皐請學〈春秋〉書》："公卿大夫耻爲人師，至使鄉校之老人，呼以'先生'，則勃然動色"；卷六五三元稹《白氏〈長慶集〉序》："村校諸童競習歌詠，召而問之，皆對曰：'先生教我樂天、微之詩'"；白居易《飲後戲示弟子》："吾爲爾先生，爾爲吾弟子"；王建《送司空神童》："秋堂白髮先生别，古巷青襟舊伴歸"；杜荀鶴《賀顧雲侍御府主爲子弟奏官》："戲把藍袍包果子，嬌將竹笏惱先生。"《廣記》卷一七五《韋莊》（無出處）載莊二詩，亦有"纔得先生去始休"，"夜偎燈影弄先生"，幾如《醒世姻緣傳》第三四回狄希陳使促狹弄塾師之椎輪也。

一六〇　卷三六九

《岑順》（出《玄怪録》）金象軍與天那軍對陣，軍師進曰："天馬斜飛度三止，上將横行係四方，輜車直入無迴翔，六甲次第不乖行"；蓋"象戲行馬之勢也"，墓中"有金牀戲局，列馬滿枰"。按"係"字乃"擊"之譌。謝肇淛《五雜俎》卷六謂讀此則"可見當時象棋遺制，所謂'天馬斜飛'、'輜車直入'、'步卒横行'者，皆彷彿與今同，但云'上將横行擊四方'者稍異耳"。《玄怪録》作者爲牛僧孺；象棋之制雖出北周武帝（參觀倪璠註《庾子山集》卷一《象戲賦》、卷七《進象經賦表》），而據釋念常《佛祖通載》卷二二，則始以車、馬、將、卒代日、月、星、辰者，豈異人乎，正牛僧孺耳。白居易《和春深》第一七首《春深博弈家》有云："兵衝象戲車"，所詠即僧孺新製。"天馬"之"馬"乃車、馬之"馬"；"列馬"、"行馬"之"馬"即"碼"，猶《莊子·齊物論》："以馬喻馬之非馬"，成玄英疏："馬、戲籌也"或《世説·任誕》桓温博戲，"投馬絶叫，傍若無人"。蓋圍棋稱"子"而象棋稱"馬"也。

《元無有》（出《玄怪録》）故杵、燈臺、水桶、破鐺四物吟詩，"不虞無有之在堂隍也，遞相褒賞，勸其自負，則雖阮嗣宗

《詠懷》，亦若不能加矣。”按“勸”字乃“觀”之誤。卷四九〇《東陽夜怪録》駝、驢、雞、犬等各於成自虚前自矜篇什，亦可比勘。無佛稱尊，羣兒自貴，不知有旁觀竊聽，絶倒於地者。後世嘲諷文士，如《諧鐸》卷二《考牌逐腐鬼》、《野叟曝言》第四七回、《二十年目覩之怪現狀》第三三回等，機杼皆同。

一六一　卷三七〇

《王屋薪者》（出《瀟湘録》）鐵鋒化老僧，龜殼化道士，争佛道優劣，負薪者攘袂呵斥二氏無父無君，“不耕而食，不蠶而衣”，焚茅菴而揮斧欲殺。按幾如韓愈《原道》之寓言矣。

一六二 卷三七七

《趙泰》（出《冥祥記》）"受變形城"中鬼吏對校文書云："殺生者當作蜉蝣，朝生暮死；劫盜者當作豬羊，受人屠割；淫逸者作鶴鶩鷹麋；兩舌作鴟梟鵂鶹；捍債者爲騾驢牛馬。"按釋典説"煩惱餘報"，如《大般涅槃經·光明徧照高貴德王菩薩品》第一〇之四所舉"從地獄出、受畜生身"諸例，吾國稗官、院本承之而加細密。《牡丹亭》第二三折《冥判》判官云："趙大喜歌唱，貶做黄鶯兒；錢十五住香泥房子，做個小小燕兒；孫心使花粉錢，做個蝴蝶兒"云云，亦供隅反。古希臘大哲學家作小詩，自言前生爲男子、爲女人、爲樹、爲鳥、爲魚；又魯辛《雞談》寫雄父能作人言，自述夙生即大哲學家畢達哥拉士（Pythagoras），轉世爲妓、爲國君、爲馬、爲烏鵲、爲蛙等，輪迴百千度①。後世不乏祖構，所見詼詭莫過詩人勃來克記蚤蝨自言皆殺人流血者魂魄所寓，化作蟲豸么麽，則已欲易遂而爲人害又不大（The flea told Blake that all fleas were inhabited by such men as

① *Greek Anthology*, IX. 569, Empedocles, "Loeb", III, 317; Lucian: "The Dream, or the Cock", "Loeb", II, 179-213.

were by nature bloodthirsty to excess, and were therefore providentially confined to the size and form of insects)①。蓋造物兩全兼顧，正如蜜既得成而花復不損也。

① A. Gilchrist, *Life of William Blake*, "Everyman's Lib.", 266.

一六三　卷三七八

《李主簿妻》（出《逸史》）。按與卷二九八《趙州參軍妻》（出《廣異記》）、卷三〇〇《河東縣尉妻》（出《廣異記》）、卷三五二《王鮪》（出《劇談録》），皆一事，亦即敦煌變文《葉淨能詩》中無錫張令妻爲華岳神攝去生魂事。

一六四　卷三八三

《曲阿人》（出《幽明録》）令至遼東行雨，乘露車，中有水，東西灌灑。按卷三九五《王忠政》（出《唐年小録》）相類而較詳，則以“小項瓶子”貯水。卷三〇四《潁陽里正》（出《廣異記》）、卷四一八《李靖》（出《續玄怪録》）亦以瓶中水行雨，又皆欲所居村落沾足而反致水災。四則實一事。《茵夢湖》作者又有《司雨娘娘》一篇，寫雨母久眠不醒，人間大旱，其神亦以瓶爲法寶（vergiss nicht den Krug），特非瀉瓶降霖，而以瓶水啓引井水，俾雲騰致雨耳①。

《古元之》（出《玄怪録》）“和神國”中“田疇盡長大瓠，瓠中實以五穀，甘香珍美，人得足食，不假耕種”；“樹木枝幹間悉生五色絲纊，人得隨色收取，任意紝織異錦纖羅，不假蠶杼”；無蟲獸之患；人皆無病長壽；“無私積”；“餐亦不知所化，不置溷所”；“無主守”；“官不知身之在事”；“君不自知爲君”云云。按此即“烏託邦”（Utopia）而兼“可口鄉”（Pays de Cocagne）或“大糖山”（The Big Rock Candy Mountains）者。所言幾全本佛

---

① T. Storm：“Die Regentrude”，*Sämtliche Werke*，Aufbau，I，337，339.

典《彌勒下生經》及《長阿含經》之三〇《世紀經·鬱單曰品》第二（西晉譯《大樓炭經》、隋譯《起世本因經》），而稍緣飾以道家稱赫胥、容成至德上世之説。黄周星《九烟先生遺集》卷五《鬱單越頌》七首，即心傾神馳於"自然衣食、宫殿隨身"等等也。《山海經·海外南經》有"载國"，郭璞《圖贊》所謂："不蠶不絲，不稼不穡，……是號载民，自然衣食"；亦大類鬱單曰國。均憂生勞生之妄想快心耳。《鬱單曰品》云："自然粇米着於釜中，以焰光珠着於釜下，飯自然熟，……諸有來者，自恣食之"；又云："大小便時，地爲開坼，便利訖已，地還自合"；和神國中并省却煮飯、便利兩事。和神國中有君有官，《鬱單曰品》則略而不言，《法苑珠林》卷八《人道部·貴賤》云："北鬱單越無貴無賤。……餘之三方皆有貴賤，以有君臣民庶之分、大家僕使之殊。"《鬱單曰品》云："復有香樹，高七十里，……小者五里，其果熟時皮破，自然出種種衣"，《彌勒下生經》亦云："自然樹上生衣，極細柔軟"；和神國僅有現成絲纊，却無自然衣服，遜其便捷。西方古人不知吾國得絲所自，因相傳大秦有異樹，爬梳其葉，獲絲縷縷，桓吉爾詩即言之（ut foliis depectant tenuia Seres）[①]，亦拉丁詞章中常談[②]，則大似和神國事也。

【增訂三】《列子·湯問》禹治水迷塗，"謬之一國，……名曰終北。"國人"不競不争，不驕不忌，……不君不臣，……不

① *Georgics*, II. 121, "Loeb", I, 124.

② Pliny, *Natural History*, VI. xxii, 54, "Loeb", II, 378; Seneca, *Hippolytus*, 398, *Hercules Oetaus*, 667, *Tragedies*, "Loeb", I, 348, II, 238; Ausonius, *Technopaegnion*, X. 21, *Poems*, "Loeb", I, 300; Claudian: "Eulogy of Probinus and Olybrius", 179–80, *Poems*, "Loeb", I, 14.

媒不聘，……不耕不稼，……不織不衣，……不夭不病。……有喜樂，無衰老哀苦。”亦即鬱單越、和神之類。

一六五　卷三八七

《劉三復》（出《北夢瑣言》）能記三生事，嘗爲馬，傷蹄則心痛，轉世爲人，乘馬至磽確之地必緩轡，有石必去。按《聊齋志異》卷一《三生》前生曾爲馬，故勸人厚障泥，事仿此。

《圓觀》（出《甘澤謠》）。按即贊寧《高僧傳》三集卷二〇《感通篇》之三《圓觀傳》所本；蘇軾《東坡續集》卷一二《僧圓澤傳》蓋病此文"煩冗"，删節而成，易"觀"之名爲"澤"，則蒙所不解矣。

一六六　卷三八九

《丁姬》（出《水經》）、《渾子》（出《酉陽雜俎》）。按兩則銜接，《渾子》後半亦見《水經注》卷二八《沔水》，却舍而引《酉陽雜俎》。

《潘章》（無出處）。按《類説》卷四〇《稽神異苑》引《三吴記》："潘章夫婦死、葬，冢木交枝，號'並枕樹'"，則潘與其婦而非與其友也。《石點頭》卷一四《潘文子契合鴛鴦塚》即本《廣記》此則。潘與王仲先"合葬於羅浮山"，亦有寓意，以地切事。《藝文類聚》卷七引《羅浮山記》："羅、羅山也，浮、浮山也，二山合體"，故可借喻好合；如孫原湘《天真閣外集》卷一《大家》第二首："心如江漢交流水，夢在羅浮合體山。"

【增訂二】《西廂記》第二本第二折："自古云：'地生連理木，水出並頭蓮'"；《原本題評〈西廂記〉》眉批："此□□出羅浮山，乃男寵所致祥異，世人多不識。"即指此篇。

冢上生"共枕樹"，其"柯條枝葉無不相抱"，可參觀同卷《陸東美》（出《述異記》）與妻朱氏合葬，冢上生梓樹，"同根二身，相抱而合成一樹，每有雙鴻，常宿於上。"《孔雀東南飛》："兩家求合葬，合葬華山傍。東西植松柏，左右種梧桐，枝枝相覆蓋，葉葉相交通；中有雙飛鳥，自名爲鴛鴦"；此物此志也。《搜神記》卷一一韓憑與妻何氏死，宋王不許合葬，"冢相望也，宿昔之間，便有大梓木生於二冢之端，旬日而大盈抱，屈體相就，根交於下，枝錯於上。又有鴛鴦，雌雄各一，恒栖樹上，……交頸悲鳴。……宋人哀之，遂號其木曰'相思樹'"（亦見《廣記》卷四六三《韓朋》出《嶺表録異》）；《敦煌掇瑣》之一《韓朋賦》渲染之曰："道東生於桂樹，道西生於梧桐，枝枝相當；葉葉相籠，根下相連，下有流泉，絶道不通。……枝枝相當是其意，葉葉相籠是其恩，根下相連是其氣，下有流泉是其淚。""共枕"、"相思"，樹名異而樹形同。王建《春詞》："庭中並種相思樹，夜夜還棲雙鳳凰"，以平仄故，易"鴛鴦"爲"鳳凰"；張籍《憶遠》："唯愛門前雙柳樹，枝枝葉葉不相離"，以樹之枝當葉籠反襯"行人"之遠隔"萬里"。《南史》卷七四《孝義傳》下衛敬瑜妻王氏年十六而喪夫，截耳爲誓，不再適人，"手爲亡婿種樹數百株，墓前柏樹忽成連理，一年許還復分散"，王乃賦詩："墓前一株柏，根連復並株，妾心能感木，頽城何足奇？"；"一株"必爲"二株"之譌。則兩人幽明雖判而兩情生死不易，亦"能感木"成"相思"、"合枕"之形，不減雙雙同歸地下之潘王、陸朱、韓何焉。《能改齋漫録》卷一七記陳師之妾温卿、黄子思妾宜哥皆葬於宿州柳岸之東，張先過而題詩云："何時宰木連雙塚，結作人間並蒂花！"；一味貪使故典而渾不自知其詞旨乖剌也。西方古説以棕櫚（palm tree）爲相思或合歡樹（they will be sick for love; they marry one another）[1]；傳奇、

---

① *Anatomy of Melancholy*, Part. III, Sect. II, Mem. III, Subs. I, "Everyman's Lib.", III, 43.

風謡亦每道情人兩塚上生樹，枝葉并連①；情詩又以夾道兩樹對立交陰，喻身雖分而心已合（como los árboles somos/que la suerte nos separa，/con un camino por medio，/pero se juntan las ramas）②；或以兩樹上枝不接而下根於土中相引，喻意密體疏（E due piante talor divise stanno，/ma sotterra però con le radice，/se non co'rami，a ritrovar si vanno）③。蓋於李商隱《無題》之"身無彩鳳雙飛翼，心有靈犀一點通"，及李調元《粤風》卷一所採民謡之"竹根生筍各自出，兄在一邊妹一邊，衫袖遮口微微笑，誰知儂倆暗偷連"，不啻左挹浮丘而右拍洪崖矣。濟慈有詩詠蛇妖化女身，欲與美少年爲夫婦，吉期幻出屋宇輪奐，兩行樹夾道枝當葉對（Two palms and then two plantans，and so on，/From either side their stems branch'd one to one/All down the aisled place）④；正象"共枕"、"連理"。都穆《遊名山記》卷一《首陽山》記伯夷、叔齊隱居處有古柏二，"二根相距數尺，而幹上交若兄弟之相倚者"；雨果詩中亦寫兩樹隔岸交枝如兄弟怡怡携手（arbres frères/Qui se donnent la main des deux rives contraires）⑤；蓋其象非兒女之情所可得而專也。

① J. Dunlop，*The History of Fiction*，87－8（*Le Roman du Chevalier Tristan*，*Lord Percy and Fair Annet*，etc.）.

② Copla quoted in S. de Madariaga，*Shelley and Calderon and other Essays*，119.

③ Marino："Dipartita"，*Marino e i Marinisti*，Ricciardi，378.

④ Keats，*Lamia*，II，128－30.

⑤ Hugo，*Les Contemplations*，I. xxix，"Halte en marchant".

一六七　卷三九三

《華亭堰典》（出《原化記》）或疑雷擊之失公道，曰："人則有過，天殺可也；牛及樹木、魚等，豈有罪惡而殺之耶？又有弑君弑父非理者，天何不誅？"按《論衡·雷虚》、柳宗元《斷刑論》下已發其意，特未及牛、魚耳。《鑑戒録》卷一《走車駕》載唐昭宗詠雷云："祗解劈牛兼劈樹，不能誅惡復誅凶"，乃全同《廣記》此則之言。韓偓《雷公》云："閒人倚柱笑雷公，又向深山劈怪松；必若有蘇天下意，何如驚起武侯龍！"；則又兼《論衡·龍虚》所謂："雷電發時，龍隨而起，……雷龍同類，感氣相致。"黄式三《儆居集·雜著》卷三《對王仲任雷虚問》謂"天之誅惡，不盡以雷"，因科王充"罪至慢天"，連坐柳宗元、袁枚。夫"誅不盡以雷"，固可以開脱天之不擊凶擊惡，然"誅"自必爲惡，則仍無以文解雷之劈樹劈牛。黄對何足塞仲任之問哉！古希臘、羅馬詩文亦每以雷不擊凶人惡人而劈樹破屋爲天公憒憒之證[①]。

---

① Aristophanes, *The Clouds*, 398ff., "Loeb", I, 303; Lucian: "Zeus catechized", "Loeb", II, 81ff.; Lucretius, II. 1100-4, VI. 380-450, "Loeb", 162, 470-6.

一六八　卷三九四

《雷公廟》（出《嶺表録異》）“得楔如斧者，謂之霹靂楔”。按同卷《陳義》（出《投荒雜録》）“得黑石，或圓或方，號雷公墨”；卷四〇四《肅宗朝八寶》（出《杜陽雜編》）其六曰“雷公石”，斧形，長可四寸，即《舊唐書·肅宗紀》寶應元年建巳月楚州刺史崔侁所獻“定國寶玉”十三枚之十二曰“雷公石斧，長四寸，闊二寸，無孔，細緻如青玉”。《封氏聞見記》卷七記常見“細石赤色、形如小斧，謂之‘霹靂斧’，……俗謂之‘霹靂楔’”；《雲仙雜記》卷一玄針子得石斧，銘曰：“天雷斧，速文步。”西方舊日拾得初民石斧、石矢鏃之類，亦誤爲雷火下燎而墮，呼曰“雷器”（ceraunia）。

一六九　卷三九九

《陸鴻漸》（出《水經》）。按即張又新《煎茶水記》（《全唐文》卷七二一）之後半，非酈道元所註之《水經》也。

一七〇　卷四〇〇

《鄒駱駝》（出《朝野僉載》）。按卷四九五《鄒鳳熾》（出《西京記》）富商“號‘鄒駱駝’”。

一七一　卷四〇二

《寶珠》（出《廣異記》）以金瓶盛珠於醍醐中煎熬。按卷四一六《江叟》（出《傳奇》）以醍醐煎明月珠，卷四七六《陸顒》（出《宣室志》）投“消麪蟲”於銀鼎中煉之，皆元曲李好古《張生煮海》之權輿也。

《水珠》（出《紀聞》）。按同卷《青泥珠》（出《廣異記》）、《嚴生》（出《宣室志》）涯略相似。胡人得珠，剖臂或股，納而藏之，見《青泥珠》及同卷《徑寸珠》（出《廣異記》）、《李勉》（出《集異記》）、《鬻餅胡》（出《原化記》）諸則；《通鑑·唐紀》八太宗貞觀二年謂侍臣曰：“吾聞西域賈胡得美珠，剖身以藏之”；《西洋記》第二〇回亦寫老猴抓破李海“腿肚子”，以夜明珠“填在那口子裏”；《聊齋志異》卷六《八大王》嚙臂納鼈寶，即其遺意也。李勉不受商胡臨死贈珠，與卷一六八《李約》（出《尚書故實》）事同而主名異，卷一六五《李勉》（出《尚書談録》）則記勉不受書生臨死贈金，又一事別傳也。

一七二　卷四〇三

《魏生》（出《原化記》）舟行檢得石片，赴羣胡寶會，寶物多者居上坐。按《今古奇觀》第九回《轉運漢巧遇洞庭紅》後半檢得敗龜殼事仿此，波斯胡亦云："請列位貨單一看，好定坐席。"

一七三　卷四〇五

《岑文本》（出《博異志》）道士“衣服纖異”，文本問曰：“吾人冠帔，何制度之異?”按潘岳《西征賦》：“陋吾人之拘攣”，《文選》李善註：“言己闕行藏之明”，“吾人”作“己”解，世所熟知。然“吾人”不僅如“吾”、“我”之爲自道，抑亦每等“爾”、“汝”之爲稱人，如文本此語是也。卷一五七《李敏求》（出《河東記》）：“幽顯殊途，今日吾人此來，大是非意事，僕幸在此處，當爲吾人理之”；卷三七〇《姜修》（出《瀟湘録》）：“我嘗慕君高義，幸吾人有以待之”；卷四七四《木師古》（出《博異志》）：“誠非悋惜於此，而卑吾人於彼”；胥謂“爾”、“汝”，詞意皎然。《三國志·蜀書·諸葛亮傳》裴註引《蜀記》李興立碣表亮故居，其文有曰：“昔在顛夭，有名無迹；孰若吾儕，良籌妙畫！臧文既歿，以言見稱，又未若子，言行並徵!”；“吾儕”即“子”之互文。《全唐文》卷二三八盧藏用《答毛傑書》：“倘吾人起予，指掌而説”；“吾人”與“予”對照，猶“爾”與“我”。“吾人”指爾汝，語氣親暱；而“人”又可自指，語氣責怨。如《詩·鄘風·柏舟》：“母也天只，不諒人只”；《公羊傳》昭公三十一年夏父曰：“以來！人未足!”，《解詁》：“以彼物來置我前，‘人’、夏父自謂也”；辛棄疾《眼兒媚·妓》：“來朝去也，莫因別箇，忘了人咱!”；《玉簪記》第二一折陳妙常久待而恚，潘必正來，陳不睬，潘問：“爲甚事淚雙流？心中暗愁!”陳答：“愁什么！把人丢下就是!”；《西遊記》第二三回沙僧曰：“二哥，你便在他家做個女婿罷!”八戒答：“兄弟，不要栽人!”——諸“人”胥自道也。今口語稱人有曰“咱們”，與小兒語（childrenese）尤多，稱己有曰“人家”，憤慨時更然。

一七四　卷四〇九

《染牡丹花》（出《酉陽雜俎》）。按與卷五四《韓愈外甥》（出《仙傳拾遺》）實一事。

一七五　卷四一一

《櫻桃》（出《摭言》）新進士重櫻桃宴，“和以糖酪”。按見《唐摭言》卷三，《猗覺寮雜記》卷下引之以説“北人以乳酪拌櫻桃食之”。《廣記》卷一九四《崑崙奴》（出《傳奇》）：“以金甌貯含桃而擘之，沃以甘酪而進”；和凝《宫詞》：“君王宣賜酪櫻桃”；亦言此。杜牧《和裴傑秀才新櫻桃》：“忍用烹酥酪，從將翫玉盤”，《侯鯖録》卷二據此謂“遂知唐人已用櫻桃薦酪也”。顧觀《太平御覽》卷八五八、九六九引鍾繇與魏武帝及太子書：“屬賜甘酪及櫻桃”，則三國時早然。杜牧詩意似謂和乳而熟煮者，與哀家梨蒸食何異！曾慥《樂府雅詞·拾遺》卷上宋徽宗《南歌子》：“更將乳酪拌櫻桃，要共那人一遞一匙抄”；陸游《劍南詩稿》卷一六《偶得北虜金泉酒小酌》：“朱櫻羊酪也嘗新”，又卷七四《病起初夏》：“一甌羊酪薦朱櫻”，又卷八一《食酪》：“未必鱸魚芼菰菜，便勝羊酪薦櫻桃”；辛棄疾《菩薩蠻·坐中賦櫻桃》：“香浮乳酪玻璃盞。”蓋北宋上承唐風，而南宋全從北俗矣。“一匙抄”同《廣記》卷二八五《鼎師》（出《朝野僉載》）：“即令以銀甕盛醬一斗，鼎師以匙抄之。”杜甫《與鄠縣源大少府宴渼陂》之“飯抄雲子白”，張鷟《游仙窟》之“莫言長有千金面，終歸變作一抄塵”，即此“抄”，皆謂以匕、杓之類盛取。《廣記》卷二〇〇《趙延壽》（出《趙傳》）在虜庭賦詩：“探水人回移帳就，射雕箭落着弓抄”，則以弓承迎，如匙盛物也。

一七六　卷四一六

《鮮卑女》（出《異苑》）。按卷四一七《光化寺客》（出《集異記》）、《蘇昌遠》（出《北夢瑣言》）亦皆言指環掛花莖事。

一七七　卷四一八

《李靖》（出《續玄怪録》）。按行雨事見前論卷三八三《曲阿人》。靖入龍宫，食，“頗鮮美，然多魚”。夫海爲魚鼈所生，就地取材治具，情理之常。西方傳説每謂水神登岸赴屠肆購肉①，則似近舍水味，遠求陸珍，殆厭螺蛤而思芻豢耶？《鬼谷子·内揵》篇、《鄧析子·無厚》篇皆謂：“日進前而不御，遥聞聲而相思”，正復情理之常。人事之不齊難言如此。

① Brüder Grimm，*Deutsche Sagen*，§ 53.“Der Wassermann an der Fleischerbank”，§ 60.“Die Elbjungfer und das Saalweiblein”；*op. cit.*，I，56，62.

一七八　卷四一九

《柳毅》（出《異聞集》）。按演爲評話，譜入傳奇，歷來稱引。唐世已成口實；卷四九二《靈應傳》善女湫龍神九娘子謂周寶曰："頃者涇陽君與洞庭外祖，世爲姻戚。後以琴瑟不調，棄擲少婦，遭錢塘之一怒；傷生害稼，懷山襄陵，涇水窮鱗，尋斃外祖之牙齒。今涇上車輪馬跡猶在，史傳具存，固非謬也。""史傳"正指此篇。卷三〇〇《三衛》（出《廣異記》）北海女神爲華嶽第三新婦，"夫婿極惡"，乞三衛寄家書，旋大風折華山樹，雷火喧薄，徧山涸赤；與柳毅爲龍女致家書而錢塘君怒淹涇川，水火異災，情節一揆。龍女謂毅："洞庭之陰，有大橘樹焉。……叩樹三發，當有應者"；北海女神謂三衛："海池上第二樹，但扣之當有應者"；皆落窠臼。《水經注》卷一九《渭水》引《春秋後傳》華山君託鄭容以書致鄗池君，"過鄗池，見大梓下有文石，取以欵列梓，當有應者"（《搜神記》卷四同）；又卷三八《溱水》有使自洛還，忽一人託寄書，謂家在觀歧渚前，"石間懸籐，……但叩籐自當有人取之"（《廣記》卷二九一《觀亭水神》出《南越志》即此）。《廣記》卷二九二《洛子淵》（出《洛陽伽藍記》）洛水神倩樊元寶致家書，曰："卿但至彼，家人自出相看”；卷二九三《胡母班》（出《搜神記》）泰山府君託致書河伯，曰：“扣舟呼青衣，當自有取書者”；卷二九五《邵敬伯》（出《酉陽雜俎》）吴江使託通問齊伯，教至社林中，“取樹葉投之於水，當有人出”；卷四二一《劉貫詞》（出《續玄怪録》）龍子託寄書，曰：“家在渭橋下，合眼叩橋柱，當有應者”；則均小異。“取石”以“欵”，要聲之響澈達内，勝於手叩，即所謂“敲門磚”、“叩門瓦”。元曲高文秀《黑旋風》第三折李逵白：“此間是牢門，傍邊兒有這半頭磚，我拾將起來，我是敲這門咱”，是其正解。宋曾敏行《獨醒雜志》卷五記蘇軾引許沖元登科時賦中句，許曰：“敲門瓦礫，公尚記憶耶?”已借爲制舉文字之别稱，明以來尤專作此用矣（馮夢禎《快雪堂集》卷三《皇明四書文紀序》、曾異撰《紡授堂詩集》卷三《醉中放歌呈施辰卿》、黄之雋《唐堂集·補遺》卷一《一畝宫制藝序》、鄭梁《寒村雜録》卷一《宋伊平文稿序》、焦袁熹《此木軒雜著》卷五、西湖居士《鬱輪袍》第二折、《聊齋志異》卷九《于去惡》）。《柳毅》記洞庭君“與太陽道士講《大經》”；觀下文“龍以水爲神，舉一滴可包陵谷，……人以火爲神聖，發一燈可燎阿房”云云，《大經》當爲《火經》之訛，如《參同契》上篇言“《火記》六百篇”之類，“聖”字必衍。毅曰：“見大王愛女，牧羊於野，風鬟雨鬢，所不忍視”；下文錢塘君歌又曰：“腹心辛苦兮，涇水之隅；風霜滿鬢兮，雨雪羅襦。”是“風鬟雨鬢”乃言容顔減悴，略同常語之“滿面風霜”、“一臉風塵之色”。後世却以“風鬟霧鬢”形容儀態萬方，如蘇軾《洞庭春色賦》：“携佳人而往遊，勒霧鬢與風鬟。”如李清照《永遇樂》：“如今憔悴，風鬟霧［一作‘霜’］鬢，怕見夜間出去”，或《聲畫集》卷七陳克《曹夫人牧羊圖》：“美人零落涇水寒，雨鬢風鬟一揮涙”，用其語而未失本意者，僅偶一遭耳。《柳毅》篇末薛嘏經洞庭見彩船事，即《青瑣高議》前集卷三《長橋怨》王師孟過吴江見彩船、《聊齋志異》卷五《西湖主》梁子俊過洞庭見畫舫等節所仿。《聊齋》會校本卷一一《織成》後附記舊傳洞庭君遜位柳毅，亦廣異聞，且曰：“又以毅貌文，不能懾服水怪，付以鬼面，晝戴夜除。久之漸習忘除，遂與面合爲一，毅覽鏡自慚。”寓言而亦微言，可以移疏《荀子・性惡》篇所謂“積僞”、“化性起僞”。面具稱“代面”，亦稱“假面”；既久假不歸，則可取而代。借面長戴，漸奪本相，即習慣成自然，弄假變爲真，故曰：“長此作僞者初僞而終失其僞”(Der Heuchler, welcher immer ein und dieselbe Rolle spielt, hört zuletzt auf, Heuchler zu sein)，或曰：“真善每託始於僞善”(Hypocrisy is sometimes the beginning of virtue)①。假面本爲掩飾之具，以免真相真情爲人知見，而戲劇中之假面正以顯示角色之身份性格，俾人一見便知②。柳毅之“鬼面”既掩飾其“貌文”，又顯示其爲“懾怪”之洞庭新君，作用相反復相成也。

【增訂二】《後漢書・張湛傳》：“詳言正色，三輔以爲儀表，人或謂湛詐。湛聞而笑曰：‘我誠詐也。人皆詐惡，我獨詐善，不亦可乎?’”最可申説《荀子》所言“積僞”。《高僧傳》二集卷一一《靈裕傳》：“或曰：‘名本爲利緣耳。’裕曰：‘吾得利便

① Nietzsche, *Menschliches, Allzumenschliches*, § 51, *Werke*, hrsg. K. Schlechta, I, 487; F. H. Bradley, *Aphorisms*, § 73. Cf. Max Beerbohm, *The Happy Hypocrite*; Luigi Chiarelli, *La Maschera ed il Volto*.

② John Jones, *On Aristotle and Greek Tragedy*, 45: “They [the masks] stated, they did not hint or hide”.

失名矣。’又曰：‘此乃詐爲善相。’答曰：‘猶勝真心爲惡也。’”與張語有契。

【增訂四】納蘭性德《渌水亭雜識》卷三：“釋典言：龍能變人形，唯生時、死時、睡時、淫時、嗔時不能變本形。……龍於淫時，不能變本形，則非人所能匹；《柳毅傳》亦不讀釋典者所作。”斯人蓋讀《柳毅傳》而亦“讀釋典”矣，惜於二者均“盡信書”，慧心才士遂無異乎固哉高叟。三國時康僧會譯《舊雜譬喻經》卷上第六則記沙彌羡爲龍事，早曰：“婦女端正無比，欲爲夫婦禮，化成兩蛇相交”，即所謂“淫時不能變本形也”。

一七九　卷四二〇

《陶峴》（出《甘澤謡》）賦詩有云："鶴翻楓葉夕陽動，鷺立蘆花秋水明。"按《全唐詩》有峴《西塞山下迴舟作》即此篇，"鶴"作"鴉"。清徐增《而菴詩話》説"唐人"此一聯之妙，曰："夫鴉翻楓葉，而動者却是夕陽，鷺立蘆花，而明者却是秋水，妙得禪家三昧!"夫夕陽照楓葉上，鴉翻楓葉，夕陽遂與葉俱動，猶李商隱《子初全溪作》："皺月覺魚來"，月印水面，魚唼水而月亦隨皺也；鷺羽蘆花色皆皎白，點映波上，襯托秋水，益見明澄，猶李商隱《西溪》："色染妖韶柳，光含窈窕蘿"，水仗柳蘿之映影而添光色也。語意初非費解，無所謂"禪家三昧"。談藝者每傭耳賃目，未飲先醉，擊節絶倒，自欺欺人；《妙法蓮華經·方便品》第二論增上慢，《圓覺經》論嫉妬，皆曰："未得謂得，未證謂證"，八字道盡矣。

一八〇　卷四二二

《許漢陽》（出《博異志》）溺殺四人，蓋水龍王諸女宵宴，取人血爲酒。按卷二九二《洛子淵》（出《洛陽伽藍記》）洛水神宴客，“酒色甚紅”，蓋童子血也。

一八一　卷四二六

《峽口道士》（出《解頤録》）。按卷四二七《費忠》（出《廣異記》）、《稽胡》（出《廣異記》）、卷四三三《柳并》（出《原化記》）諸則情節如一。

一八二　卷四二九

《申屠澄》（出《河東記》）至妻本家，見壁角一虎皮，妻大笑曰："不知此物尚在耶!"披之，變虎形，突門而去。按卷四二七《天寶選人》（出《原化記》）、卷四三三《崔韜》（出《集異記》）、卷四六三《新喻男子》（出《搜神記》）皆相彷彿，惟前三事妻虎，末一事妻鳥耳。偶覩挪威一傳説酷似。一少年游海濱，見獺皮數張委沙上，波中有諸女方浴而水嬉。少年取一皮匿之，女郎輩浴罷，各拾皮自披，即化爲獺，相逐而去。一女獨不得皮，佇立啼泣；少年慰喻之，攜歸爲婦，積歲有子女。一日，長兒登庋物小閣上，忽得舊獺皮一張，持下作劇。母正免身卧蓐，覩皮躍起，奪披己身，復形爲獺，疾趨入海而逝(She leaps out of bed, snatches the skin, and is instantly changed into scal, who jumps into the sea and disappears)①。

【增訂四】西方他國尚有天鵝妻、鴿妻等俗説，皆與挪威相傳獺妻事相類，亦均如《廣記》所載虎妻、烏妻之復得衣毛即變

① Johan Bojer: "Norwegian Fairy Tales", F. H. Pritchard ed., *Great Essays of All Nations*, 710.

舊形而去(“Seal Maidens”, “Swan Maidens”, Katharine Briggs, *A Dictionary of Fairies*, Penguin Books, 1977, pp. 349-50, 386-7; “The Dove Girl”, Italo Calvino, *Italian Folktales*, No. 164, tr. George Martin, 1980, pp, 593-4, Note, p. 749)。

又按申屠澄作贈内詩，“其妻終日吟諷，似默有和者，然未嘗出口，每謂澄曰：‘爲婦之道，不可不知書，倘更作詩，反似嫗妾耳!’”儼然章學誠《文史通義》内篇五《婦學》議論，所謂“婦人文字非其職業”，“婦女而鶩聲名則非陰類”，“傾城名妓”則“閨閣之篇鼓鐘閫外”。制禮者爲周公而非周姥，宜有此等女誡閨訓。澄妻雖胭脂虎乎，既成女人身，則須守“婦道”；斑子勉學班昭，語曰“成人不自在”者是已。李商隱《雜纂·不如不解》：“婦人解詩則犯物忌”，孫光憲《北夢瑣言》卷一一引李義山《雜纂》作：“婦人識字即亂情，尤不可作詩。”孟昌期妻孫氏善詩，每代夫作，一日忽曰：“才思非婦人事!”遂焚其集，《全唐詩》衹存三首，更少於《小青焚餘》;《全唐詩》載若耶溪女子《題三鄉詩》,《類説》卷二九引《麗情集》載自《序》尚有末句：“以筆墨非女之事，名姓故隱而不書。”何光遠《鑑戒録》卷五論徐后、徐妃出遊作詩云：“議者以翰墨文章之能，非婦人女子之事；所以謝女無長城之志，空振才名，班姬有團扇之詞，亦彰淫思。”王灼《碧雞漫志》卷二論李清照云：“作長短句，能曲折盡人意，輕巧光新，姿態百出，閭巷荒淫之語，肆意落筆。自古搢紳之家能文婦女，未見如此無顧籍也。……閨房婦女夸張筆墨，無所羞畏。”朱淑真《斷腸詩集》卷一〇《自責》：“女子弄文誠可罪，那堪詠月更吟風！磨穿鐵硯非吾事，繡折金針却有功。”劉將孫

《養吾齋集》卷七《沁園春·序》載楊氏女題清江橋小引云："觀者毋謂弄筆墨非好人家兒女，當諒此情"，又詞云："便歸去，懶東塗西抹，學少年婆。"周亮工《書影》卷一載其父作《觀宅四十吉祥相》之五："婦女不識字：世家大族一二詩章不幸流傳，必列於釋子之後、娼妓之前，豈不可恥!"；同卷又記徐世溥語："太史采詩之职廢，而民間女未聞有詩者。自非託於貴族，書於驛，拾於道，失身於倡家而贈送遠人，微是四者，雖有《谷風》之怨、《死麕》之悲，無由得傳"；同卷復云："宛丘王氏、十五歸余，詩二百餘首、小詞數十首。余欲傳之，輒欲自焚，曰：'吾懼他日列狡獪瞿曇後、穢跡女士中也!'蓋自來刻詩者，《方外》之後，緊接《名媛》，而貞婦、烈女、大家世族之詩類與青樓泥滓並列；姬每言之，輒以爲恨。予嘉其志，不敢付梓，並其名字亦不忍露也。"

【增訂三】《程氏文集》卷一二程頤《上谷郡君家傳》："夫人好文而不爲辭章，見世之婦女以文章筆札傳人者，深以爲非。平生所爲詩，不過三十篇，皆不存。"又記其七八歲時，父"教以古詩曰：'女人不夜出，夜出秉明燭'，自是日暮則不復出房閣"；《困學紀聞》卷五以爲美談。余按《公羊》、《穀梁》二傳皆記襄公三〇年宋災，伯姬不肯出，曰："吾聞之也，婦人夜出，不見傅母不下堂"，遂"逮乎火而死。"使此等列女得見李清照《永遇樂》："風鬟霧鬢，怕見夜間出去"，亦必訶責不稍恕，斷不以其"怕夜出"而寬假也。毛先舒《匡林》卷下《書朱淑真詩後》："'女子無才便是德'，此語雖未盡然，要之婦人終不應專以才見也。況文采乎！故曰'無儀'。"淑真《斷腸詩集》好作道學陳腐語，以自示爲有德之言，故姚旅《露書》卷五譏其“詩多陳氣”，而終不免“無儀”之目。其《自責》又云：“始知伶悧不如癡”，“伶悧”即有“才”耳。《醉翁談録》乙集卷二《婦人題詠》載朱横妻錢氏題壁詩後自記云：“因吐其胸中，書於壁間，好事君子幸勿以婦人玩弄筆墨爲誚。”與楊氏女題清江橋之自解乞諒，如出一口。又按《談録》庚集卷一《閨房賢淑門》中首標“伊川先生之母”，即全本《上谷郡君家傳》，其“深非婦女以筆札傳於人”一事，亦在稱引之列，了不自覺與誦説《婦女題詠》扞格。説故事人拍板隨身，逢場作戲，以其矛攻其盾則大殺風景矣。《紅樓夢》中薛寶釵高才工吟詠，却誦説“女子無才便是德”（六四回），屢以“女孩兒”、“姑娘”做詩爲戒，甚且宣稱“做詩寫字究竟也不是男人分内之事”（三七、四二、四九回）；蓋於上谷郡君與伊川先生母子議論兼而有之，洵《牡丹亭》第五折所謂“女爲君子儒”哉。

【增訂四】吾國經籍中昌言愚爲女德者，無過《大戴禮》，却鮮見徵引。《大戴禮記·主言》：“七教者，治民之本也，教定是正矣。……是故君先立於仁，則大夫忠而士信，民敦，工璞，商慤，女憧，婦空空。七者、教之志也”；王聘珍《解詁》：“憧、無知也，空空、無識也。”蓋“教”婦女之職“志”，非使其有知識，乃轉使其無知識也。又按柳宗元《眎民詩》：“士實蕩蕩，農實董董，工實蒙蒙，商實融融。”可與此數語參觀，“董”即“憧”耳。

陸繼輅申儒家經訓，謂婦女無妨作詩，議論剴切，過於陳兆崙《才女説》。《崇百藥齋文集》卷一四《五真閣吟稿序》乃弁其婦錢惠貞詩集首者，略云：“吾聞諸儒家者曰：‘婦人不宜爲詩。'……抑吾又聞《詩三百篇》皆賢人君子憂愁幽思，不得已而託焉者也。夫人至於憂愁幽思，不得已而託之於此，宜皆聖人之所深諒而不禁者，於丈夫婦人奚擇焉？訦宜早喪母，……嚴君官三千里外，定省久廢，逮捐館舍，又不獲視含斂。……余以負米出游。……孤處徘徊，諷詠間作，於此而申之以明禁曰：'婦人不宜爲詩'，是父子之恩終不得達，夫婦之愛終不得通，而憂愁幽思之蘊結於中者，終於不可得而發抒也！曾聖人之爲訓而若是酷歟！"

風氣久成，隄防難決，雖男子大度，許女作詩，或女子大膽，自許能詩，發爲堂皇之崇論，亦必飾以門面之腐談，示別於"泥滓"、"穢跡"。如陳兆崙《紫竹山房文集》卷七《才女説》："何爲不可以才名也？大《易·家人》之象、辭曰：'言有物'，此非專爲男子位外者訓也。'物'者、事也；言中事理之謂'物'，言合古事之謂'物'。誠能於婦職餘閒，流覽墳素，諷習篇章，因以多識故典，大啓性靈，則於治家、相夫、課子，皆非無助。……又《經解》云：'温柔敦厚、《詩》教也'；柔與厚皆地道也、妻道也，由此思之，則女教莫詩爲近，才也而德即寓焉矣"；王貞儀《德風亭初集》卷三《虛室記》："吾之居其間也，有女工之事，有誦讀之樂。……或曰：'女工者、女子之常務，誦讀者、非女子事也。'……嗟乎！是非君子之言也"，又卷四《上卜太夫人書》："默觀目前之女士，多半有不守姆教，不謹壼矩，不端大體，或略識之無，朝學執筆，暮即自命爲才女。……至於有柳絮之才，而罕柏舟之操。……今世迂疏之士，動謂婦人女子不當以誦讀吟咏爲事；夫同是人也，則同是心性，《六經》諸書皆教人以正性、明善、修身、齊家之學，而豈徒爲男子輩設哉!”王穉登《丹青志》載“閨秀”一人、“仇氏英之女”，按曰：“必也律之女行，厥亦牝雞之晨也”；蓋詩畫一律爲厲爲禁，腐頭巾不許巾幗游於藝也。周亮工言女詩人羞伍詩僧，却不省詩僧且以伍女詩人爲恥，方外閨中，相輕交賤。釋澹歸《徧行堂文集》卷四《見山詩集序》：“嗚呼！道人吟咏，直寄興耳。聽俗士之去取，劣得數章，位置於羽流、閨秀之間，亦不雅矣!”；卷一五《閩中趙尊客以〈梵雅〉一册見貽，先得我心，題此却贈》：“已落貴人才子後，可堪閨秀羽流間!”自註：“選詩者置僧詩於羽流之後、閨秀之前，蓋别無頓放處。”魏憲《詩持》第二集卷七選林氏《晚春》，按語云：“吾閩女子能詩十有五六，余不敢入選，緣周櫟園先生有言：‘選閨閫之詩，多列釋子之後、娼妓之前，殊爲失體。’故得林氏詩，隨手增入，恐落卷後也”；遁詖之詞，閱之笑來，林氏正列同卷釋大依之次也。男女不等，中外舊俗同陋，故持論每合。婦女戒“誦讀”，如十七世紀法國文家云：“寧願婦人鬚髯繞頰，不願其詩書滿腹”(Je souffrirais plus volontiers une femme qui a de la barbe, qu'une femme qui fait la savante)，又云：“女博士不可爲，猶女騎士不可爲”(Je n'approuve pas davantage les femmes docteurs que les femmes cavaliers)①。尤戒“吟詠”，如古波斯人以婦女作詩比於牝雞之晨：“牝雞而長鳴，當斷其吭”(Die Frauenzimmer sind in Persien von der Poesie ausgeschlossen. Sie sagen, wenn die Henne

① Guez de Balzac, quoted in J.-E. Fidao-Justiniani, *L'Esprit classique et la Préciosité au 17e Siècle*, 48-9.

krähen，so muss man ihr die Kehle abschneiden)①。下至十九世紀，男子以詩文名者，輒戒絶女子親筆墨。英國一小説家("Monk" Lewis)云："女手當持針，不得把筆；婦人舍針外，無得心應手之物"(The needle, not the pen, is the instrument they should handle, and the only one they ever use dexterously)；大似應和朱淑真"金針有功"之句。席勒嘲一婦以詩名者，託爲婦之夫慰友曰："汝自傷汝妻有外遇，吾方妬羡汝也；汝衹與一人平分春色，吾則與舉世人共吾婦，不啻爲名妓之緑巾夫焉!"(Dich schmerzt, dass sich in deine Rechte/Ein zweiter teilte? — Beneidenswerter Mann! /*Mein* Weib gehört dem ganzen menschlichen Geschlechte. / ... /*Mich* kennt man als *Ninons* Mann)，復目才婦爲"不男不女"(Ein Zwitter zwischen Mann und Weib)②；與章學誠"非陰類"、"傾城名妓"之訶，如東喁西于。卡度契曰："老夫嘗制定詩律，中有一條曰：'僧侶與婦女嚴禁作韻語'"(Nel mio codice poetico c'è questo articolo: Ai preti e alle donne è vietato far versi)③；則兼《尺牘新鈔》三集卷一二吴宗信《與吴介兹》所謂："予最喜蕭伯玉先生之主祠祭也，與諸髡約法三章，妄談詩禪者服上刑。"卡度契同國十六世紀一"名妓"有詩集，不諱己之爲"穢跡女士"(così come sono abietta e vile/donna)④，其才情筆力，意大利名媛正罕倫比也。近世法國名小説中一侯爵夫人(La Marquise de Villeparisis)，家

① Lichtenberg, *Aphorismen*, F §376, *op. cit.*, III, 197; cf. 462.

② Schiller: "Die berühmte Frau", *op. cit.*, III, 93, 96; cf. 346.

③ Carducci, quoted in P. Pancrazi, *Scrittori d'Oggi*, VI, 295.

④ Gaspara Stampa, *Sonetti*, viii, *Rime*, a cura di A. Salza, 9.

世非凡，才貌殊衆，而上流貴介疏棄之，以其爲女學士(un bas bleu)耳①，足相發明。

① Proust, *Le Côté de Guermantes* I, *A la Recherche du Temps perdu*, "Bib. de la Pléiade", II, 183-6.

一八三　卷四三三

《姨虎》（出《録異記》）有婦人自稱“十八姨”，虎所化也。卷四一六《崔玄微》（出《酉陽雜俎》及《博異記》）云：“封十八姨乃風神也”；卷四二六《封邵》（出《述異記》）忽化爲虎，人爲之語曰：“無作封使君，生不治民死食民”，則虎亦可姓封而稱十八姨也。“封”諧“風”音，入耳心通；“十八姨”者，隱本《易·説卦》：“巽爲木、爲風、爲長女”，唐國姓“李”之讖曰“十八子”，“木”析爲“十八”，“長女”視作“姨”。虎可稱“十八姨”者，《易·乾》：“風從虎”，故虎亦從風稱，抑或以《太平御覽》卷八九一引《風俗通》言“虎本李氏公所化”，牝虎遂析“李”號“姨”耳。

【增訂三】《外臺秘要方》卷四〇《熊虎傷人瘡方》引《肘後方》云：“到山下，先閉氣二十五息，所在山神將虎來到吾前，乃存吾肺中有白帝出，收取虎兩目，塞吾下部中。……祝曰：‘李耳！李耳！圖汝非李耳耶？汝盜黄帝之犬，黄帝教我問汝，汝答之云何？’畢，便行一山，虎不可得見。”王書所引《肘後方》，當是葛洪、陶弘景之舊，亦徵《風俗通》所傳“俗説”，至六朝尚存，以老虎與老聃爲同姓名也。下至明清，猶有沿承未改之例。吾鄉顧彩《容美紀遊》康熙四二年三月初二日："過江上李虎坡"，自註："相傳昔有虎化爲人，自稱姓李，居此，故名。"《風俗通》謂"李氏公化虎"，此則虎化人而復本姓李耳。

一八四　卷四三四

《甯茵》（出《傳奇》）班寅曰：“況遇當家，尤增慰悦。”按“當家”之義非一，此處指班特言，即同姓、同宗、“五百年前是一家”也。《廣記》中他例不少，如卷四八《李吉甫》（出《逸史》）：“本師爲在白鹿，與判官亦當家”；卷一七六《婁師德》（出《朝野僉載》）：“有鄉人姓婁者爲屯官，犯贓，尚書曰：‘犯國法，師德當家兒子亦不能捨’”；卷一九八《王建》（出《雲溪友議》）贈王樞密詩：“不是當家頻向説，九重争遣外人知?”，《全唐詩》載此詩，正作：“自是姓同親向説”；卷二七三《周皓》（出《酉陽雜俎》）：“汴州周簡老義士也，復與郎君當家。”明周祈《名義考》卷五衹釋“當家”爲“奴婢之監知家務者”，自屬“當家”之一義，而引王建詩爲例，則張冠李戴矣。班寅乃虎精，其侈陳得姓原委，略同《漢書·敍傳》上。然《太平御覽》卷八九一引《風俗通》：“俗説虎本南郡中盧李氏公所化，爲呼‘李耳’因喜，呼‘班’便怒。”令公喜怒，漢唐之虎不同乃爾。

一八五　卷四三七

《楊生》（出《續搜神記》)。按《搜神記》卷二〇李信純狗黑龍濡水濕草使火不燎其主，與此則前半所載事全同，却舍彼取此。同卷《華隆》（出《幽明録》）亦見《搜神記》，即與黑龍一則相次。

一八六　卷四三八

《韓生》（出《宣室志》）有駿馬，清晨每“汗而喘，若涉遠而殆者”，圉人怪而夜偵之，則黑犬爲妖，騎馬適城南古墓。按西方志怪亦云人晨起見廐馬疲頓，乃夜來爲魘鬼所乘騁也（Nachts reitet er oft die Pferde，so dass man ihnen morgens anmerkt，wie sie abgemattet sind）①。卷四六〇《户部令史妻》（出《廣異記》）家有駿馬，恒倍芻秣，而瘦劣益甚，蓋妻爲蒼鶴所魅，夜騎之行千餘里，事與《韓生》此節略似。令史妻乘馬，“婢騎掃帚隨後，冉冉乘空”，西俗亦言妖巫常跨帚自煙囱出屋而騰空，帚柄先以神油塗之②。抑掃帚可騎，猶兒童竹馬，其行非其力也。帚而“乘空”，物實憑焉，更可知也。令史之馬如《莊子·人間世》所謂“絶迹無行地”，電腰風脚，一宵能

① Brüder Grimm，*Deutsche Sagen*，Nr. 80，“Der Alp”，*op. cit.*，I，107.

② E.g.“The Witches Frolic”：“Now away! and away! without delay，/Hey Cockalo rum! my Broomstick gay! /.../Hey up the chimney! away! away! ”（*Ingoldsby Legends*，Grant Richards，42）；Keller，*Der grüne Heinrich*，I. vii：“... von einem Hexenmeister ... die Salbe herbeizuschaffen，mit welcher die Besen bestrichen würden，um darauf aus dem Schornsteine fahren zu können”（*Sämtliche Werke*，Aufbau，IV，63）.

往返千餘里，亦必不假自運，何至瘏痡而“瘦劣”哉？苟馬爲之“瘦劣”，則帚將敗脱而不可收拾，非止敝秃已也。豈帚乃神行而驥恃筋力乎？此又異想奇情而未稍加以理，遂函蓋不相稱者。

一八七　卷四三九

《李校尉》（出《法苑珠林》）校尉語豬："某今上番一月，未得將婆還舍，未知將何處安置婆?"豬答："縱汝下番，亦不須將我還。"按"上番"、"下番"，即"上班"、"下班"，或"上值"、"下值"，明、清人所稱"番役"即在值之鈴下也。《漢書·蓋寬饒傳》："共更一年"，顏師古註："'更'猶今人言'上番'"；釋道宣《高僧傳》二集卷一〇《慧遠傳》武帝云："朕亦依番上下，得歸侍奉"；洪邁《夷堅支志》景卷八《上官醫》："兵校交番，其當直者必大聲曰：'上番來!'當下者繼之曰：'下番去!'"

一八八　卷四四〇

《貓》（出《酉陽雜俎》）貓“目睛旦暮圓，及午豎斂如綖；俗言貓洗面過耳則客至”。按陸佃《埤雅》卷四：“貓眼早暮則圓，日漸午狹長，正午則如一線爾”；託名蘇軾《物類相感志·禽魚》門有《貓兒眼知時歌》：“子午線，卯酉圓，寅申巳亥銀杏樣，辰戌丑未側如錢”；《瑯嬛記》卷下引《志奇》至謂掘得貓屍，“身已化，惟得二睛，堅滑如珠，中間一道白，横搭轉側分明，驗十二時不誤。”故波德萊亞散文詩有曰：“中國人觀貓眼以知時刻”（Les Chinois voient l'heure dans l'oeil des chats）①。

【增訂四】俞樾《春在堂隨筆》卷九論“貓兒眼知時”云：“王夢薇捉貓驗之。謂：同一午時而晴雨異，同在一日而又以地之明暗異；昔人定時之歌，特以晝所見而推之於夜，實未嘗細驗之也。”

嚴元照《柯家山館遺詩》卷四《詠貓》之五：“我欲試君洗面，

① Baudelaire: “L' Horloge”, *Oeuv. comp.*, “la Pléiade”, 303, cf. 1443 note.

今朝有客來無”，正指《雜俎》所引“俗言”；憶德國亦有諺，稱貓自舐鬚乃人客過訪之兆（Die Katze leckt ihren Bart，wir bekommen Besuch）。

《王周南》（出《幽明録》）。按早見《搜神記》卷一八；屠紳《六合内外瑣言》卷一《混元扁畐佛》仿此。

《李甲》（出《宣室志》）家不好殺，未嘗畜貓；一日，親友會食於堂，“門外有數百鼠，俱人立，以前足相鼓。……乃空其堂而縱觀，人去且盡，堂忽摧圮，其家無一傷者。堂既摧，羣鼠亦去。”按同卷《柴再用》（出《稽神録》）廳事獨凭几坐，“忽有一鼠，走至庭下，向再用拱手而立。……即起逐之，鼠乃去；而廳屋梁折，所坐牀几，盡壓糜碎。”二則可合之《國史補》卷下記海舶“舟人”言：“鼠亦有靈；舟中羣鼠散走，旬日有必覆溺之患。”古羅馬《博物志》言屋宇將傾，鼠捨而他之（ruinis inminentibus musculi praemigrant），蜘蛛亦收網[①]；後世常借以喻孟嘗君、翟公之賓客所行事。培根文即道室將圮，鼠必棄（It is the wisdom of rats，that will be sure to leave a house somewhere before it fall），莎士比亞劇即道船已漏，鼠不留（A rotten carcass of a butt，not rigged，/Nor tackle，sail，nor mast；the very rats/ Instinctively have quit it）[②]。

【增訂四】張德彝《八述奇》光緒二十八年九月十四日記：“天下各國風土人情有迥異者，有相同者，有跡同而義異者。如中

① Pliny，*Natural History*，VIII. xiii. 103，“Loeb”，III，74.

② Bacon，*Essays*：“Of Wisdom for a Man's Selfe”；Shakespeare，*Tempest*，I. ii. 147-9（Prospero）.

國江海船上有鼠方得興旺，是目鼠如財神。西國雖不信讖緯，而大小各船亦必有鼠方敢遠駛，不則慮遭沉裂，是又目鼠如福神矣。”此又英諺“鼠不戀破舟”（Rats leave a sinking ship）之別解也。

一八九　卷四四一

《雜説》（出《酉陽雜俎》）“犀之通天者，必惡影，常飲濁水。”按《埤雅》卷三“舊説”所本。蓋犀自慚形穢，水濁則不可鑑形也，與山雞對鏡（見前論卷二六二《不識鏡》），相映成趣。顧影自憐，可以山雞象之；自觀猶厭，不妨取象於通天犀。《三國志·魏書·夏侯惇傳》：“傷左目”，裴註引《魏略》：“惇惡之，每照鏡恚怒，撲鏡於地”；李益作《罷鏡》詩：“手中青銅鏡，照我少年時；衰颯一如此，清光難復持。……縱使逢人見，猶勝自見悲”；《太平樂府》卷八鍾繼先自號“醜齋”，賦《一枝花》云：“清晨倦把青鸞對”；李漁《奈何天》第二折闕里侯自道：“惡影不將燈作伴，怒形常與鏡爲仇”；通天犀之同志也。梁鍠（一作楊巨源）《艷女詞》：“自愛頻開鏡”；《清異録》卷三《居室》：“王希默簡淡無他好，惟以對鏡爲娱，整飾眉髩；以杜甫有‘勳業頻看鏡’之句，作‘策勳亭’”；又山雞之儕類矣。雖然，二者跡異心同，兩端一本，均緣我相太甚。憎影自鄙，正因自視甚高、自愛太過，遂恨形貌之不稱，恥體面之有虧，反頭責之文，同腹負之謔。《韓非子·觀行》：“鏡無見疵之罪”，《三國志·蜀書·李嚴傳》裴註引《漢晉春秋》：“鏡至明而醜者忘怒”，劉禹錫《昏鏡》：“瑕疵既不見，妍態隨意生，一日四五照，自言美傾城”；三語互相發明，以見疵而怒鏡之明，故不照，則亦以不見疵而喜鏡之昏，故頻照，令公喜怒，我相實爲之。是以後之自觀猶厭者即昔之顧影自憐者也，憐與厭爲因果而成比例。厭也者，未能忘情於憐爾，觀李益詩可知；紀昀《閱微草堂筆記》卷九記“伶人方俊官幼以色藝擅場，老嘗攬鏡自歎曰：‘方俊官乃作此狀！’”，亦即李詩意也。古希臘小詩嘲醜人云：“尊範如此，奉勸莫臨清可鑑人之水。水仙花前身爲美男子，池中覩己影，慕戀至喪厥軀；君若自見陋容，必憎恨飲氣而死。(Having such a mug, Olympycus, go not to a fountain nor look into any transparent water, for you, like Narcissus, seeing your face clearly, will die, hating yourself to death)①；意大利名篇亦云：“今日紅顔麗質，臨流而端詳已影；他年雞皮鵠面，見水而亟避若浼”(E già non dico/allor che fuggirai le fonti ov'ora/spesso ti specchi e forse ti vagheggi, /allor che fuggirai le fonti, solo per tema di vederti crespa e brutta)②。或借此意爲諷諫，如《十日談》記一女郎自視甚高，每云舉目所見人物莫不取憎可厭，其舅微詞諷之曰：“妮子若永不照鏡，則眼中長清淨矣!”(Figliuola, se così ti dispiaccion gli spiacevoli come tu di', se tu vuoi viver lieta, non ti specchiare giammai!)③。有謂世人惡文學寫實猶怪物覩鏡中己影而怒(the rage of Caliban seeing his own

① *The Greek Anthology*, XI. 76, Lucilius, "Loed", IV, 109.

② Tasso, *Aminta*, I.i (Dafne), *Poesie*, Ricciardi, 620-1.

③ *Il Decamerone*, VI. 8, Hoepli, 395. Cf. Corneille, *La Place Royale*, II.i, Alidor: "Cassez; ceci vous dit encore plus pis que ma lettre" etc..

face in the glass)①，亦罕譬而喻。然復有貌實惡，鏡非昏，而蔽於我見，仍自鑑自賞者，如鄭谷《閑題》："舉世何人肯自知，須逢精鑑定妍媸。若教嫫母臨明鏡，也道不勞紅粉施"；吴昌齡《西遊記》第一三折豬八戒曰："今日赴佳期去，對着月色，照着水影，是一表好人物！"（參觀《續西遊記》第九七回："八戒聽得老道誇奬好相貌，便扭頭揑頸、裝嬌作媚起來，説道：'不敢欺老師父，我老豬還不曾洗臉包唐巾哩！'"）；又如前引意大利名篇中怪物求歡，爲少女所拒，乃赴海濱自照，曰："吾映波自視，風貌亦殊不陋"（Non son io da disprezzar，se ben me stesso vidi/ne'l liquido de'l mar），蓋脱胎於古希臘、羅馬詩人句②。《醒世恒言》卷七寫顔大官人"取鏡子自照，側頭側腦的看了一回，良心不昧，自己也看不過了"；則賢於妖怪遠矣，倘妖怪無"良心"而人有之耶？博物學者言，鳥對鏡則怒啄己影(stizzirsi colla propria immagine)，猴覩鏡中己影則擲鏡於地而踐踏之(lo gitta in terra，e lo stritola co'piedi)，蓋不知影之即己而誤以爲忽遇同類也；詩人聞而大悟萬物之良能初非同類相愛(amor grande dato ci dalla natura verso i nostri similii!!)，乃是同類相仇③。怒影

---

① Wilde，*Dorian Gray*，Preface. Cf. Allan Wade，ed.，*Letters of W. B. Yeats*，334："Moore's play is falsely supposed to be a satire on everybody and everything. Somebody is certain to find his face in the mirror and to try if he can break the glass."

② *Aminta*，II.i(Satiro)，*op. cit.*，636. Cf. Theocritus，XI，*The Greek Bucolic Poets*，"Loeb"，143；Virgil，*Eclogues*，II，25-6，"Loeb"，I，10；Ovid，*Metamorphoses*，XIII，839-41，"Loeb"，II，286.

③ Leopardi："Pensieri"，*Opere*，Ricciardi，I，723；*Zibaldone*，Mondadori，II，1114，1317.

仇鏡之喻，又增一邊，借以象示黑格爾所謂自我離異(die eigne Entäusserung und Entwesung, eine Entzweiung)①，不亦可乎?

《閬州莫徭》(出《廣異記》)老象足中有竹丁，乞人拔之。按同卷《華容莊象》(出《朝野僉載》)事類。劉敬叔《異苑》卷三記始興郡陽山縣有人行田，遇象，被捲入山中，爲病象拔脚上巨刺；《大唐西域記》卷三《覩貨羅國》節詳載羣象負載沙門入大林爲病象拔枯竹刺事。閬州之象酬莫徭以"酷大"象牙，售價百萬；西域之象報沙門以"佛牙"，海舶中爲龍所奪，人幾溺死。以俗諦論之，出家人大失便宜也。

① *Phänomenologie des Geistes*, Berlin: Akademie Verlag, 347; *Geschichte der Philosophie*, Leipzig: Felix Meiner, I, 110.

一九〇　卷四四二

《黄審》（出《搜神記》）疑婦人非人，“預以長鐮伺其還，未敢斫婦，但斫所隨婢，婦化爲狸走去，視婢，但狸尾耳。”按《宗鏡録》卷一五論“五種通”，其五爲“妖通”，如“狐狸老變，木石精化”。尾能别變形象，固是差事，然在妖通，未爲至奇。白居易《新樂府·古冢狐》：“頭變雲鬟面變妝，大尾曳作長紅裳”；尾雖變而仍着於身。《西遊記》第六回孫大聖變作一座土地廟兒，“只有尾巴不好收拾，豎在後面，變做一根旗竿”，是尾亦着身；第三四、七五回且言苟變人物，“只是頭臉變了，身子變不過來”，依然“搠起猴尾巴子”。若乃尾能去體，離而不即，相隨而復獨立，有若曹冏《六代論》所謂“非體之尾”者，惟狸二娘具此妖通，小説中莫之與京也。

一九一　卷四四七

《漢廣川王》（無出處）。按見《搜神記》卷一五，亦見《西京雜記》卷六。

《陳羡》（出《搜神記》）“道士云：‘此山魅。’狐者、先古之淫婦也，名曰阿紫。”按《搜神記》卷一八作：“《名山記》曰：‘狐者’”云云；《廣記》卷四五四《劉元鼎》（出《酉陽雜俎》）：“舊説：野狐名紫狐，夜擊尾火出；將爲怪，必戴髑髏拜北斗，髑髏不墜，則化爲人。”卷二九二《阿紫》（出《異苑》）乃指紫姑神，名相如實不相如也。卷四四八《何讓之》（出《乾𦠆子》）：“一狐跳出，尾有火焰如流星”；卷四五一《僧晏通》（出《集異記》）：“忽有妖狐，踉蹌而至，……取髑髏安於其首，遂摇動之，倘振落者，即不再顧，因别選焉。”皆本“舊説”來。釋贊寧《高僧傳》三集卷二四《志玄傳》記玄夜止墓林中，“月色如晝，見一狐置髑髏於首摇之，落者不顧，不落者戴之，取草葉蔽身，化爲女子”；實嫁僧晏通事於志玄耳。《劍南詩稿》卷五八《憫俗》：“野狐出林作百態，擊下髑髏渠自作”；《續金陵瑣事》卷下屠夫陳元嘉見兩狐取髑髏加頂拜月，變爲二妓；《平妖傳》第三回寫獵户趙壹見狐戴髑髏拜月事，敷飾尤多。唐時有一俗説，後世無傳，余讀唐詩得之。如張祜《中秋夜杭州翫月》："鬼愁緣避照"，李頻《中秋對月》："萬怪想潛形"，方干《中秋月》："當空鬼魅愁"，孫緯《中秋夜思鄭延美》："中秋中夜月，世説慴妖精"，釋可朋《中秋月》："迥野應無鬼魅形"，似月至中秋，功同古鏡。然則妖狐拜月，當不在中秋之夕矣。《平妖傳》第三回引諺："無狐不成村"，本《廣記》卷四四七《狐神》（出《朝野僉載》）："當時有諺曰：'無狐魅不成村'"；第六回聖姑姑變普賢菩薩以欺楊娘娘，又師《廣記》卷四四七《僧服禮》、四四九《汧陽令》、《焦練師》、四五〇《唐參軍》、《代州民》、四五一《長孫甲》（均出《廣異記》）各則所載妖狐幻作彌勒、文殊、老君等形以侮弄愚夫婦。其朔見諸釋典，釋志磐《佛祖統紀》卷五引《付法藏經》："毱多每以不見佛爲恨，因問魔曰：'汝曾見佛，其相如何？汝能現否？'曰：'能。'於大林前現一佛形，相好奇特。……毱多歡喜，不覺致拜。"《西遊記》第四一回紅孩兒"變作一個假觀世音模樣"，豬八戒"見像作佛"，下拜叩頭；第六五回黄眉怪"假設小雷音"，三藏下拜，八戒磕頭，沙僧跪倒；第九一回犀牛精假裝"佛爺現身"，慌得唐僧倒身下拜；皆此機杼。

《張簡》（出《朝野僉載》）曾爲鄉學講《文選》，"有野狐假簡形，講一紙書而去"。按古來以狐爲獸中黠而淫之尤，傳虚成實，已如鐵案。然獸之好講學而愛讀書者，似亦推狐，小説中屢道不一道。《搜神記》卷一八記"吴中有一書生，皓首，稱'胡博士'，教授諸生"，重九日人游山，聞空塚中講書聲，視之，"羣狐羅列，見人即走，老狐獨不去，乃是皓首書生"；同卷又記燕昭王墓前斑狐化書生謁張華，於"三史"、"百家"罔弗淹貫；

《廣記》卷四四八《李參軍》遇老人讀《漢書》，狐也，卷四五一《崔昌》有小兒來曰："本好讀書，慕君學問爾"，常問文義，亦狐也，同卷《孫甑生》入一窟，"見狐數十枚讀書，有一老狐當中坐，迭以傳授"，三則皆出《廣異記》；卷四五四《尹瑗》（出《宣室志》）白衣丈夫自稱"早歲嗜學"，以"文業"來"質疑"，則嘗"媚"一裨將至死之狐；卷四四九《李元恭》（出《廣異記》）胡郎謂崔氏曰："人生不可不學！"乃引一老人授以經史，則"魅"李氏外孫女之狐。《聊齋志異》卷四《雨錢》稱胡翁"博洽"，深於"經義"；晉、唐小説中胡氏家風未墮也。"書淫"與"媚學"二語大可別作解會。

【增訂三】《閱微草堂筆記》卷七"狐窟"中老狐鞭撻小狐，"責數"曰："爾不讀書識字，不能明理"云云。紀氏此書於《廣記》或明徵，或隱承，此亦其例。

《大安和尚》（出《廣異記》）。按具見《列子》卷論《黄帝》篇。晁迥《法藏碎金録》卷一所謂："以無住心，退藏於密，令人不可窺測。有如季咸善相，不能相壺邱子末後之相；又如大耳三藏得他心通，不能觀慧忠國師末後之心，無迹可尋故也。"

一九二　卷四四八

《楊伯成》（出《廣異記》）"家人竊罵，皆爲料理。"按"料理"乃相苦毒、相虐侮之義，張相《詩詞曲語辭匯釋》卷五論"料理"有"幫助"、"排遣"、"逗引"三義，蓋不識尚有此義也。《世説新語·德行》韓母謂康伯曰："汝若爲選官，當好料理此人"，《簡傲》桓車騎謂王子猷曰："卿在府久，比當相料理"，又《儉嗇》衛江州在潯陽，"有知舊人投之，都不料理"；《宋書·吴喜傳》世祖與劉勔等詔曰："處遇料理，反勝勞人"；《真誥·稽神樞》之四吴睦遁入山中，"孫先生知是叛人，初不問之，與食料理"；皆李治《敬齋古今黈》卷四所謂"《世説》中'料理'猶今俚俗所謂'照當'、'覷當'"，亦猶後世之言"照拂"、"看承"。《廣記》卷三〇一《仇嘉福》（出《廣異記》）："君婦若我婦也，寧得不料理？"；卷四五一《王黯》（出《廣異記》）："許以厚利，萬計料理"；即此義，均謂善視優遇也。翩其反而，復謂嚴治苛待，如《楊伯成》之例，又卷八四《張儼》（出《酉陽雜俎》）："君受我料理"，卷三三四《楊準》（出《廣異記》）："必不得已，當隨君去，何至苦相料理？"《三國志·魏書·崔琰傳》裴註引《魏略》："太祖……遂欲殺之，乃使清公大吏往經營琰"；"經營"

如言“料理”。白居易《對鏡偶吟贈張道士抱元》：“眼昏久被書料理，肺渴多因酒損傷”；朱熹《朱文公集·别集》卷二《與黄直卿》：“外間洶洶未已。……北諸人擣剥已盡，或須作話頭，來相料理；老朽寧復計此？一聽諸天而已”；楊萬里《誠齋集》卷三四《明發祈門悟法寺、溪行險絶》第六首：“已是山寒更水寒，酸風苦雨併無端；詩人瘦骨無半把，一任殘春料理看”；“料理”之非善義而爲惡義甚明，即傷害耳。黄庭堅《戲詠高節亭山礬花》：“北嶺山礬取次開，輕風正用此時來；平生習氣難料理，愛著幽香未放回”，謂愛花成癖；挽銀河水洗不淨“平生習氣”，“料理”者、剷除也；又《催公静碾茶》：“睡魔正仰茶料理”，謂賴茶破睡，“料理”者、驅逐也；陳與義《諸公和淵明〈止酒〉詩因同賦》：“三杯取徑醉，萬緒散莫起，奈何劉伶婦，苦語見料理”，謂劉婦諫夫毋飲，“料理”者、誡阻也。胥足發明。註山谷、簡齋詩者輒引《晉書·王徽之傳》桓沖語，徒見用字之同，不察用意之反，亦如韓盧逐塊耳。

【增訂三】黄庭堅愛花香而自責“平生習氣”，釋氏所謂“染着”也；故宫藏其行書七絶，即見《竹坡詩話》所引者，首句“花氣薰人欲破禪”，可相發明。此意詩中常見，如白居易《榴花》：“香塵擬觸坐禪人”；劉禹錫《牛相公見示新什謹依本韻次用》：“花撩欲定僧”；陳與義《蠟梅》：“祇恐繁香欺定力”；朱熹《題西林院壁》：“却嫌宴坐觀心處，不奈簷花抵死香”；方德亨《梅花》：“老夫六賊銷磨盡，時爲幽香一敗禪”（《後村大全集》卷一八〇《詩話》引）。納蘭性德《淨業寺》：“花香暗入定僧心”，著“暗”字，遂若遭“破”、“敗”、“欺”、“撩”而僧尚蒙然不自覺焉。又按《山谷内集》卷九《出禮部試院王才元惠梅花》之三："百葉緗梅觸撥人"，任淵註："'觸撥'字一作'料理'，王立之《詩話》曰：'初作故惱'。"足徵山谷用"料理"字有"惱"意，即《王充道送水仙花》所謂"坐對真成被花惱"也。

一九三　卷四五五

《張直方》（出《三水小牘》）“遥聞大叱曰：‘夫人，差事！’”按卷四七〇《趙平原》（出《博物志》）“良久張目曰：‘大差事！大差事！’”；卷四九〇《東陽夜怪録》“叟倚帚驚訝曰：‘極差！極差！’”“差”謂奇、怪也。《敦煌掇瑣》之八《醜女緣起》亦有“差事非常不小”、“醜差都來不似人”、“今日渾成差事”等語。胡震亨《唐音癸籤》卷二四嘗釋韓愈《瀧吏》詩“掀簸真差事”，可以此數例廣之。吾鄉口語稱可奇、可怪者尚曰“差異”，然衹以言事，不似六朝及唐之并以“差”言人。去鄉四十載，未知今猶如此道否。

【增訂三】張君觀教曰：“‘差’疑即‘詫異’之‘詫’，音轉而借此字。”是也；明葉盛《水東日記》卷八：“‘詫異’、‘差（去聲）異’……等字，非必古有所出，亦還就彷彿耳。”

【增訂四】《五燈會元》卷一二金山曇穎章次：“老鼠多年變作牛，……三脚猢猻差異猴”；又西余淨端章次：“山僧不曾見恁麽差異畜生。”李漁《凰求鳳》第二齣：“丑笑介：‘好詫事！好詫事！做男子的倒被婦人淘漉不過，竟要閉起關來！’”亦見“詫異”可作“差異”，“差事”可作“詫事”。

一九四　卷四五六

《邛都老姥》（出《窮神秘苑》）。按前半戲以血塗門事與卷一六三《歷陽媪》（出《獨異記》）同；後半居民相謂曰“汝頭何得戴魚!”云云，與卷四六八《長水縣》（出《神鬼傳》）事同，其事亦見《搜神記》卷一三及《水經注》卷二九《沔水》引《神異傳》。

一九五　卷四五八

《擔生》（出《廣異記》）。按本《水經注》卷一〇《濁漳》："武强縣耆宿云，邑人有行於途者，見一小蛇，疑其有靈，持而養之，名曰'擔生'。長而吞噬人，里中患之，遂捕繫獄，擔生負而奔。邑淪爲湖，縣長及吏咸爲魚矣。"唐人增"書生每自擔之，號曰'擔生'"，"其後不可擔負，放之澤中"，"蛇遂攻陷一縣爲湖，獨獄不陷，書生獲免"等情節，斐然益復成章。書生過大澤，"忽有蛇逐，書生尚識其形色，遥謂之曰：'爾非我擔生乎？'蛇便低頭"；《聊齋志異》卷一《蛇人》："蛇暴出如風，蛇人大怖而奔，……視其首，朱點儼然，……下擔呼曰：'二青！二青！'蛇頓止"云云，即擬此節。

【增訂三】俞蛟《遊蹤選勝》記桂林白龍洞，謂"昔有乞丐畜白蛇最馴"云云（《小方壺齋輿地叢鈔》第五帙第三册），亦猶"二青"之出於"擔生"事也。

一九六　卷四五九

《番禺書生》（出《聞奇録》）。按後世筆記中多襲述之，如何薳《春渚紀聞》卷一〇《草制汞鐵皆成庚》記僧法堅言歙客事、袁枚《新齊諧》卷二一《蛇含草消木化金》記張姓事。“及撤被視之，唯殘枯骸，餘化爲水矣”；宋以來必曰：“唯餘枯骸，他化爲水。”“殘”字倘意謂賸、餘，唐後常祇作形容詞用，又僅限於“殘兵”、“殘食”、“殘骸”、“殘年”之類，未嘗泛施，復少作動詞用者。前此則不然。如北魏譯《賢愚經·須達起精舍品》第四一記布金事：“八十頃中，須臾欲滿，殘有少地”，即“餘有少地”；敦煌《降魔變文》亦作：“須臾向周，餘殘數步已來，大段欲遍。……須達布金欲了，殘功計數非多。”杜審言《經行嵐州》：“往來花不發，新舊雪仍殘”，即“仍餘”，猶杜甫《老病》：“藥殘他日裹，花發去年叢”，以“發”對“殘”。錢起《太子李舍人城東別業與二三文友逃暑》：“鳥道掛踈雨，人家殘夕陽”；宋後則當曰：“人家銜夕陽”，蓋祇言“殘陽”或“夕陽”，視錢詩屬詞爲如塗塗附矣。白居易詩用“殘”字最多，殊耐尋味。《睡覺》：“老眠早覺常殘夜，病力先衰不待年”，《庾樓曉望》：“子城陰處猶殘雪，衙鼓聲前未有塵”；“殘雪”、“殘夜”

之“殘”均動詞而非形容詞，故“有”、“待”作對，銖錙悉稱。《上陽白髮人》：“同時采擇百餘人，零落年深殘此身”，《同崔十八寄元浙東王陝州》：“惆悵八科殘四在，兩人榮鬧兩人閒”，《醉中留别楊六兄弟》：“别後何人堪共醉，猶殘十日好風光”；正如杜甫《洗兵馬》：“祇殘鄴城不日得”或《秦州雜詩》：“仍殘老驌驦”，嚴維《書情上李蘇州》：“東土苗人尚有殘”，“餘”之義甚明。《衰荷》：“白露凋花花不殘”，《惜牡丹》之一：“晚來惟有兩枝殘”，苟出唐後人筆下，意適相反，非謂“花無餘”、“惟餘兩枝”，而謂“花無損”、“惟損兩枝”；亦猶杜甫《三絶句》：“二十一家同入蜀，唯殘一人出駱谷”，《敦煌掇瑣》之二《燕子賦》：“渾家不殘”，又一一《舜子至孝變文》：“渾家不殘性命”，若無上下文，後世將解爲死者僅一人而餘皆生還，全家無恙、闔門得保生命。字義稍變，古今詞旨遂爾懸殊。《全唐文》卷三四五顔真卿《修造紫陽觀敕牒》：“迴殘錢二百四貫二百八十五文，又有迴殘銀一百兩”；“殘”雖爲形容詞，後世不如此用。

【增訂三】張君觀教曰：“顔文中‘迴殘錢’、‘迴殘銀’之語，吾鄉口説尚云然；如餽物數色，不盡受，其却還者曰‘迴殘’。”是也。顧禄《清嘉録》卷三《犯人香》條：“廟祠司香收神前殘蠟，復售於燭肆，俗呼‘回殘蠟燭’。按……《舊唐書·王毛仲傳》：‘管閑廐芻粟之類，每歲回殘常至萬斛’；又《新唐書·食貨志》：‘太和元年，以天下回殘錢置平倉本錢。’吴人謂買物用過仍賣店中，曰‘回殘’，二字本此。”送物退回，賣物買回，皆曰“回殘”，其事相類。《周禮·天官冢宰》：“以九賦斂財賄：……九曰幣餘之賦”，孫詒讓《周禮正義》卷三：“‘幣’當讀爲‘敝’。《説文》：‘敝……從攴㡀，㡀、敗衣也。……'是'敝'爲衣敗殘之名，殘則餘矣。因而凡物之殘者皆謂之'敝餘'，今時營造用物有餘，價賣以還官，謂之'回殘'，是也。"

《廣記》卷一八六《斜封官》（出《朝野僉載》）："天下選殘明經進士"，又《崔琳》（出《唐會要》）："收殘選人"；卷二四六《梁武》（出《談藪》）："臣昨祭禹廟，殘六斛熟鹿肉"；卷三六八《居延部落主》（出《玄怪録》）："相吞，殘二人"，可參觀。後來無言"殘人"者，正如不言"殘錢"、"殘銀"，更無言"唯殘某人在"矣。

《舒州人》（出《稽神録》）有人入山，見大蛇四足，殺而負出，路遇縣吏告之，吏聞聲而不覩其形，大詫，棄蛇於地，"乃見之，於是負此蛇者皆不見。案此蛇生不自隱其形，死乃能隱人之形，此理有不可窮者。"按記其事而復言理所必無，即欲示事之真有①；自疑其理，正所以堅人之信其事。語怪述奇，難圓厥說，則抵却獻疑於先，可以關他人質詰之口，文家狡獪，比之自首減等也，參觀前論卷二四五《張裕》。魯辛《實録》荒唐滿紙，每曰："吾囁嚅勿敢出諸口，恐君輩不信，斥我打誑語也"（I am reluctant to tell for fear that you may think me lying on account of the incredulity of the story）②；但丁《神曲》寫地獄諸變相，

① Cf. Boileau, *L'Art poétique*, Chant III, 48:"Le vrai peut quelquefois n'être pas vraisemblable"; *Le Journal des Goncourt*, Sept. 1864: "Le défectueux de l'imagination, c'est que ses créations sont rigoureusement logiques. La vérité ne l'est pas" (Éd. définitive, II, 175); Maupassant:"Le Roman": "Corriger les événements au profit de la vraisemblance et au détriment de la vérité" (*Pierre et Jean*, Conard, p. xiv).

② Lucian, *A True Story*, Bk. I, "Loeb", I, 279; cf. 271.

屢曰："真事説來每如撒謊，然吾欲默不可；吾鑿鑿目覩，而欲言之則恐一人之口，無徵不信"（Sempre a quel ver c'ha faccia di menzogna/... ma qui tacer uol posso；e vidi cosa，ch'io avrei paura，/sanza più prova，di contarla solo）①；薄卡邱《十日談》曰："聞者以爲離奇古怪，若非衆人共見而吾亦親見，則吾且不敢信真有其事耳"（il che se dagli occhi di molti e da miei non fosse veduto，appena che io ardissi di crederlo）②；卡洛爾所撰詼誕童話中亦曰："吾將述身經之一奇事，使非吾親覩，吾必不信；讀者或未嘗目擊，則吾安能望其輕信吾言哉？"（And now I must record an experience so strange... I would not have believed it，I freely confess，if I had not seen it with my own eyes：then why should I expect it of my reader，who，quite possibly，has never seen anything of the sort?）③作用正同。

【增訂四】 英國一民歌亦云："吾嘗覩魚池失火，汽球製以鉛"（I saw a fishpond all on fire. /.../I saw a balloon made of lead）等詫事，終之曰："吾曾見一人，渠亦嘗親覩上述諸事，且云此等事雖差異而莫不確鑿"（I saw a man who saw these too，/And said though strange they all were true. —"I Saw a Fishpond"，G. Grigson，ed.，*The Faber Book of Popular*

① *Inferno*，XVI. 124–7；XXVIII. 112–7；cf. *La Divina Commedia*，Ricciardi，193，nota："La veritade ha molte volte la faccia di menzogna"（Bono Giamboni）.

② *Il Decamerone*，"Introduzione"，Hoepli，7.

③ Lewis Carroll，*Sylvie and Bruno*，ch. 23，*Complete Works*，The Nonesuch Press，477.

Verse, 1974, p. 91)。

莎士比亞劇中一角色云:“使此等事而在戲中演出,吾必斥爲虛造不合情理耳”(If this were play'd upon a stage now, I could condemn it as an impossible fiction)①。戲中人以此口吻論場上搬演之事,一若場外旁觀之話短長,則看戲者即欲譏彈“斷無兹事”、“萬不可能”,亦已落後徒爲應聲,而大可怵先不必置喙矣。明邵經邦《弘藝録》卷首論“詩之景”須“似有而無,似真而假”,李贄評《琵琶記》(《書影》卷一列葉文通託名李贄評點書中有《琵琶記》,《戲瑕》卷三舉葉僞託書中無此《記》評點,《游居杮録》卷六記“見李龍湖批評《西廂》、《伯喈》”,《伯喈》即《琵琶記》)第八折考試云:“太戲!不像!……戲則戲矣,倒須似真,若真者反不妨似戲也”;皆談言微中,頗相發明。

① *Twelfth Night*, III.iv.141(Fabian).

一九七　卷四六〇

《鸚鵡救火》（出《異苑》）。按《藝文類聚》卷九一引作《宣驗記》；《大唐西域記》卷六《拘尸那揭羅國》節羣雉王救火事類此，釋典如《舊雜譬喻經》卷上言鸚鵡救火，《大智度論》卷一六言雉救火，殆一鳥而譯名異耶？

一九八　卷四六四

《烏賊魚》（出《酉陽雜俎》）"江東人或取其墨書契，以脱人財物，書跡如淡墨，逾年字消，唯空紙耳。"按《瑯嬛記》卷上引《謝氏詩源》："宋遷寄試鶯詩有云：'誓成烏鰂墨，人似楚山雲。'人多不解'烏鰂'義，《南越志》云：'烏鰂懷墨，江東人取墨書契'云云"，即《酉陽雜俎》卷一七此則。吴景旭《歷代詩話》卷四六亦説宋遷句曰："《本草》云：'其墨用以書僞券，踰年即脱'，遷意盟誓成虚也。"宋遷詩僅見《瑯嬛記》，吴氏必得睹其書。"烏鰂"句用意頗巧，未宜以出僞書捏造而棄置勿道。然宋薛季宣《從孫元式假定本韓文》詩早曰："脱落間亡烏鰂墨，蠹殘寧免白魚辭"，人語皆實，數典當自隗始。《晚晴簃詩匯》卷一八四張令儀《讀〈霍小玉傳〉》："密誓俄成烏鰂墨，新歡又占鳳凰樓"，則公然對面作賊矣。

一九九　卷四六六

《東海人》（出《西京雜記》）。按《西京雜記》卷五劉歆難揚雄二事之一，言洲乃大魚。《廣記》同卷《行海人》（出《異物志》）事類，而言洲爲大蟹。《金樓子·志怪》篇則云："巨龜在沙嶼間，背上生樹木，如淵島。嘗有商人，依其採薪及作食。龜被灼熱，便還海，於是死者數十人。"疑胥來自釋典。《生經》卷三第三五則略云："有一鼈王，游行大海，時出水際卧，其身廣長，邊各六十里。有賈客從遠方來，謂是高陸之地。五百賈客車馬六畜有數千頭，各止頓其上，炊作飲食，破薪燃火。鼈王身遭火燒，馳入大海。賈謂地移，悲哀呼嗟：'今定死矣！'鼈痛不能忍，投身入水，人畜併命。"第三六則卻謂鼈王告衆人："慎莫恐怖，吾被火焚，故捨入水，欲令痛息，今當相安，終不相危"，因忍痛負衆人安濟。《天方夜譚》中一則（The first Voyage of Sindbad the Sailor）亦記航海人誤以鯨背爲小島，登覽遂致滅頂①。

---

① *The Thousand Nights and One Night*, tr. P. Mathers, IV, 251.

二〇〇　卷四六九

《鍾道》（出《幽明録》）欲雞舌香，女子掬以授道；狗咋殺女子，乃是老獺，"口香即獺糞，頓覺臭穢"。按卷四五八《李黄》（出《博異志》）："從者云：'郎君頗聞異香，某輩所聞，但蛇臊不可近'"；元稹《古社》亦云："惟有空心樹，妖狐藏魅人；狐惑意顛倒，臊腥不復聞。"志怪而可以風世；蓋事過乃克豁悟，局外則能洞觀，當時身處其境者固迷昧也。明人院本《琴心記》第二九齣："後妻之溺好澆飯吃"；《隨園詩話》卷八"才女"柯錦機《調郎》："薰蕕郎不知，故故偎儂立"；西方古諺："所愛之婦矢不臭穢"（Immo nec ipsum amicae stercus foetet），又有人曰："所愛之婦體即芳馨"（La femme qu'on aime sent toujours bon），或曰："欲驗己用情之真摯，祇須自問亦覺所歡汗香如玫瑰油不"（The test of true love is whether you find your Julia's sweat as sweet as otto of roses）①，皆以獺糞爲雞舌香、蛇

① Burton, *The Anatomy of Melancholy*, Part. III, Sect. II, Mem. III, "Everyman's Lib.", III, 158; Remy de Gourmont: "Des Pas sur le Sable", *Promenades philosophiques*, IIIe Série, 266; N. W. F. Barbellion, *The Journal of a Disappointed Man*, Nov. 23, 1914, "St. Martin's Library", 117.

臊爲異香之旨。秦觀《淮海集》卷一二《眇娼傳》："諺有之：'心相憐，馬首圓'"；視覺如此，嗅覺亦爾。既情眼出西施[①]，自復情鼻出香妃，惟愛所丁也。

---

① Cf. Stendhal, *De l'Amour*, Liv. I, ch. 17, "Le Divan", I, 80 (la beauté détrônée par l'amour).

二〇一　卷四七四

《盧汾》(出《窮神秘苑》)“立於大屋之中，其額號曰‘審雨堂’”。按《窮神秘苑》此則冠以“《妖異記》曰”，不知何書。實造端於《搜神記》卷一〇：“夏陽盧汾，字士濟，夢入蟻穴，見堂宇三間，勢甚危豁，題其額曰‘審雨堂’”，而增益諸女子歡宴、大風折槐枝等情節。張嵲《紫微集》卷九《讀〈太平廣記〉》之三：“夢裏空驚歲月長，覺時追憶始堪傷：十年烜赫南柯守，竟日歡娱審雨堂”，即用《妖異記》，《搜神記》初無“竟日歡娱”事也。方回數使此典，如《桐江續集》卷一《七月初一日晚惡風而雨》：“審雨堂中知是夢，未須豪横詫衰翁”；卷三《老悔》：“即今安在凌烟閣，畢竟無非審雨堂。”譚嗣同《石菊影廬筆識·思篇》自稱所撰“壁聯”：“雲聲雁天夕，雨夢蟻堂秋”，下句亦用其事。

二〇二　卷四七七

《青蚨》（出《窮神秘苑》）子母錢“輪還不知休息”。按《太平御覽》卷九五〇引《淮南萬畢術》即言之，故《搜神記》卷一三述此事，有曰“故《淮南子術》”云云。西方舊日亦有“自還錢”（Wechselpfennig）、“出少歸多錢”（Raubtaler）、“常滿錢包”（Glücksäckel）等無稽俗説，《無影人》小説具列諸名①；亦號“子母錢”（Brutpfenning，Heckegroschen），以錢三一枚祝鬼通靈②。吾國衹取錢八一枚，塗青蚨血埋地下三日而已，無須謀之惡魔，以靈魂爲質也。

① A. Chamisso，*Peter Schlemihls Wundersame Geschichte*，Kap. 1，Nelson，7.

② *Deutsche Sagen* §86. “Der Brutpfenning”，*op. cit.* I，117.

二〇三　卷四八一

《新羅》（出《紀聞》、《玉堂閒話》等）長人、大人。按後世談瀛，多襲此事。《永樂大典》卷二九七八《人》字引《夷堅志》、《邵氏聞見録》、《張氏可書》言“外國長人”、“絶域長人”，却未采此，數典而忘祖也。徐芳《懸榻編》卷四《海舟記》亦爲仿作。《夷堅乙志》卷八《長人國》、《丙志》卷六《長人島》即《大典》所徵，至《甲志》卷七《島上婦人》、《支志》甲卷一〇《海王三》，則於《聊齋志異》卷三《夜叉國》如先河之於後海矣。《睽車志》卷四有《長人島》，先於《夷堅》。又按《廣記》引《玉堂閒話》記揮劍斷大人三指，“指粗於今槌帛棒”，《夷堅乙志・長人國》：“或持斧斫其手，斷三指，……指粗如椽”，《丙志・長人島》：“斷其一臂，長過五尺”，《聊齋志異》卷六《大人》：“斷其一指而還，大於脛骨焉。”

二〇四　卷四八二

《懸渡國》（出《酉陽雜俎》）烏耗“西有懸渡國山溪不通，引繩而渡，朽索相引二千里。……累石爲室，接手而飲，所謂猿飲也。”按《漢書·西域傳》上云：“烏秏國，……累石爲室，民接手飲。……其西則有縣度，……石山也，谿谷不通，以繩索相引而度云”；顏師古註“民接手飲”句云：“自高山下谿澗中飲水，故接連其手，如猿之爲。”則“猿飲”者、烏秏國民而非懸渡國民也。《藝文類聚》卷七引吴均《與施從事書》寫鄣縣東山，亦曰：“企水之猨，百臂相接”，以“企”示渴望而難遽即之意，下字甚工。《法苑珠林》卷六六引《僧祇律》記五百獼猴見井中月影，猴主言：“月今日死，落在井中，……我捉樹枝，汝捉我尾，輾轉相連，乃可出之”，乃猿接之又一法也。

《飛頭獠》（出《酉陽雜俎》、《博物志》）。按《博物志》卷九、《搜神記》卷一二言“落頭民”頭飛時“以耳爲翼”，語誕而有理。吾國及意大利俗語呼耳大而外聳曰“招（扇）風耳朵”（orecchie a sventola），體物揣稱，用意正同；《西遊記》第三〇回亦言豬八戒“正遇順風，撑起兩個耳朵，好便似風篷一般，早過了東洋大海。”王嘉《拾遺記》卷九：“東方有解形之民，使頭飛於南海，左手飛於東山，右手飛於西潭，自臍以下，兩足孤立。至暮頭還肩上，兩手遇疾風，飄於海外，……使人割裹肉以爲兩臂，宛然如舊也"；其事更奇，似踵《博物志》而增飾也。《西洋記》第三一回羊角道德真君遣飛頭婦人吵擾寶船，"到了五更頭，其頭又飛將回來，合在身子上"；小説家信口開河，不必責難，若志地記游，便不得援例亂道。鄺露《赤雅》自述桂游，備載風土，好奇搗鬼，至耳聞木客之吟詩，目擊猩猩之飲酒，身遭短狐之射影，言之鑿鑿，談之津津，卷上即記親覩獠頭以耳爲翼、飛而食蚓。錢秉鐙《藏山閣詩存》卷一一《光孝寺即事示湛若；湛若諱露，好談奇事，不必取信》："更喜奇痴鄺居士，時時妄語破閒愁！"殆謂此類歟。

《頓遜》（出《窮神秘苑》）梁武帝時來貢方物，其俗，"人死後鳥葬"，有鳥如鵝而色紅，飛來萬萬，啄肉盡，家人即燒骨而沉海中。按《南齊書·蠻、東南夷傳》記林邑國"燔尸中野以爲葬；遠界有靈鷲鳥，知人將死，集其家食死人肉盡，飛去，乃取骨燒灰投海中水葬"；《梁書·諸夷傳》志頓遜國，而未言此俗，惟記扶南國"死者有四葬：水葬則投之江流，火葬則焚爲灰燼，土葬則瘞埋之，鳥葬則棄之中野。"《莊子·列禦寇》篇謂死不必備葬具，"在上爲烏鳶食，在下爲螻蟻食"；在達人爲越世高談，在異域則固積世陋俗耳。蒙田有文論殊方異俗，亦及鳥葬、狗葬（Où la plus désirable sépulture est d'estre mangé des chiens, ailleurs des oiseaux）[①]。

《繳濮國》（出《廣州記》）"其人有尾，欲坐，輒先穿地作

---

① Montaigne, *Essais*, I. 23, "Bibliothèque de la Pléiade", 125.

穴，以安其尾”。按似其尾垂而不能舉者，故此民尚勿如猴或狗之坐地自如也。歐洲古説則謂英國人尻生小尾如鹿尾狀（where folk are born with tails，/Short，as are found in stag），故號“尾巴民”或“尾巴鬼”（anglica cauda，les coués，les diables à queue）①。

① Fazio degli Uberti，*Dittamondo*，Lib. IV，cap. 23（D. G. Rossetti，*Poems and Translations*，“Everyman's Lib.”，244）；P. Gsell，*Propos d'Anatole France*，79. Cf. S. Lee，*The French Renaissance in England*，17；P. Rickard，*Britain in Medieval French Literature*，165-6.

二〇五　卷四八三

《獠婦》（出《南楚新聞》）生子便起，其夫卧牀褥，飲食皆如乳婦，稱爲"產翁"。按袁枚《新齊諧》卷二一《產公》述"查中丞儉堂"語同。馬哥孛羅《游記》第一一九章記"金齒國"(Zardandan)俗亦然，西方謂之"夫蓐"（couvade，hatching，Männerkindbett）①；英國村壤間至謂婦雖有胎而實夫代之懷孕者②！或嘲一女作家著述僉其夫捉刀云："大似婦生兒而夫坐蓐"（Vos livres me font l'effet d'un accouchement où le mari prendrait le lit）③，即指"產翁"也。

《嶺南女工》（出《投荒録》）語曰："若修治水蛇黄蟮，即一條必勝一條矣。"按可與"一蟹不如一蟹"作對。

---

① *The Book of Ser Marco Polo*, tr. H. Yule, 3rd rev. ed. by H. Cordier, II, 85, 91-5.

② Mary Eden and Richard Carrington, *The Philosophy of the Bed*, 46-8.

③ Paul Léautaud, *Journal littéraire*, II, 232 (Mariéton à Aurel).

二〇六　卷四八四

《李娃傳》（出《異聞集》）。按《清異録》卷一《人事門》："司馬安仁謂不肖子傾産破業爲'鄭世尊'，曰：'鄭子以李娃故，行乞安邑，幾爲餒鬼，佛世尊於舍衛次第而乞，合二義以名之。'"即指此篇滎陽公子"持一破甌，巡於閭里"事。

二〇七　卷四八五

《東城老父傳》（陳鴻撰）“今北胡與京師雜處，娶妻生子，長安中少年有胡心矣。吾子觀首飾鞾服之制，不與向同，得非物妖乎?”按王建《涼州行》：“城頭山雞鳴角角，洛陽家家學胡樂”；元稹《新題樂府·法曲》：“胡音胡騎與胡妝，五十年來競紛泊”；白居易《新樂府·時世妝、儆戎也》：“元和妝梳君記取，髻椎面赭非華風。”與此老有同憂焉。

【增訂四】《後漢書·五行志》一：“靈帝好胡服、胡帳、胡牀、胡坐、胡飯、胡空侯、胡笛、胡舞，京都貴戚皆競爲之，此服妖也。”東城老父之歎“物妖”，白居易之賦“儆戎”，猶此志也。

二〇八　卷四八六

《長恨傳》（陳鴻撰）。按《文苑英華》卷七九四此傳後附刻一篇，云出《麗情集》及《京本大曲》，附刻篇中寫詔浴華清池，有“清瀾三尺中洗明玉”等句。《青瑣高議》前集卷六秦醇《趙飛燕别傳》：“昭儀坐其中，若三尺寒泉浸明玉”，胡應麟《少室山房筆叢》卷二九贊歎曰：“百世下讀之猶勃然興，矧親炙耶?”；錢希言《戲瑕》卷二謂胡不知其實承陳鴻語，是也。《長恨傳》謂“有道士自蜀來”，白居易《長恨歌》謂“臨邛道士鴻都客”；據董逌《廣川畫跋》卷一《書馬嵬圖》云：“予在蜀時，見《青城山録》，記當時事甚詳。上皇嘗召廣漢陳什邠行朝廷齋場，禮牲幣，求神於冥漠。是夕奏曰：‘已於九地之下、鬼神之中，搜訪不知。’二日又奏：‘九天之上、星辰日月之間、虚空杳冥之際，遍之矣。’三日又奏：‘人寰之中、山川岳瀆祠廟、十洲三島江海之間，莫知其所。’後於蓬萊南宫西廡有上元玉女張太真，謂曰：‘我太上侍女，隸上元宫，而帝乃太陽朱宫真人。世念頗重，上降理於人世，我謫人世爲侍衛耳。’因取玉龜爲信。其事在一時已有録，宜爲世所傳，而鴻所書乃言‘臨邛道上’，又不著其奏事，其有避而不敢盡哉？將欲傳之，未得其詳，故書隨以略也？今《青城山録》好異者傳出久矣。”《青城山録》余未得見，而《廣記》卷二〇《楊通幽》（出《仙傳拾遺》）：“本名什伍，廣漢什邠人”一則，與董氏所引全合而加詳，必自阿堵中來，則得見《廣記》斯可矣。陳《傳》“出天界没地府以求之不見”云云，白《歌》“上窮碧落下黄泉，兩處茫茫皆不見”云云，囊括道士三奏，事既一時盛傳，人所多言，我寡言之，詩文剪裁法耳。董氏獻疑，似屬無謂。《全唐文》卷七〇〇李德裕《與紇扢斯可汗書》：“昨見可汗表，求訪公主，使公主上天入地，必須求得”（又見同卷《賜黠戛斯書》、卷七〇七《代劉沔與回鶻宰相書》）；道士誕誇，亦取俗語而一若坐實之耳。陳《傳》、白《歌》皆有七夕感牛女而誓願世世爲夫婦事，《楊通幽》一則所無，想《青城山録》當亦闕如。陳《傳》尚有：“自悲曰：‘由此一念，又不得居此，復墮下界’”，可參觀卷六五《趙旭》（出《通幽記》）記上天青童夫人與旭訣别，“旭悲哽執手，女曰：‘悲自何來？’旭曰：‘在心所牽耳。’女曰：‘身爲心牽，鬼道至矣！’”皆言太上貴乎忘情也。《楞嚴經》卷八：“純想即飛，必生天上。……情少想多，輕舉非遠。……情想均等，不飛不墜，生於人間。……情多想少，流入横生。……純情即沉，入阿鼻獄”；可以參觀。道家以“慈”爲“寶”，佛家以“悲”爲本，而均以與人無情爲究竟義？[1]，則幾不異乎法家、兵家之刻峭斬絶。《全唐文》卷九二四司馬承禎《坐忘論·真

[1] Cf. M. Scheler, *Wesen und Formen der Sympathie*, 3. Aufl., 90-1 (der Buddhismus kein Ethos der Liebe ist usw.).

觀》章引道家《經》云："今世發心爲夫妻，死後不得俱生人道。所以者何？爲邪念故。"信斯言也，則七夕長生殿之密誓豈非揠苗助長，爲者敗之歟！

《無雙傳》（薛調撰）古押衙曰："茅山道士有藥術，其藥服之者立死，三日却活，某使人專求得一丸"，與劉無雙服之。按"却活"即"復活"、"回生"，唐人語也，如卷三七五《崔生妻》（出《芝田録》）："蕭卒十二年，託夢於子曰：'吾已得却生於陽間……'家人又曰：'娘子却活也！'"；卷三七六《五原將校》（出《芝田録》）："官曰：'不却活，君須還命。'胥曰：'活得'"；《李簡》（出《酉陽雜俎》）："經宿却活"；卷三七九《梅先》（出《廣異記》）："王曰：'君尚未合死，今放却生。'""却活"之"却"猶唐詩文中"却回"之"却"耳。服暫死藥(sleeping potion)俾情人終成眷屬，西方舊小説亦屢言之①，莎士比亞即兩用此爲劇本中節目(Take thou this viol etc.; I did compound for her a certain stuff etc.)②。

① J. Dunlop, *The History of Fiction*, 4th ed., 16(Jamblichus, *Babylonica*), 35(Xenophon, *Ephesiaca*), 255(Massuccio di Salerno, *Il Novellino*, xxxiii).

② *Romeo and Juliet*, IV. i. 93 ff. (Friar Laurence); *Cymbeline*, v. v. 253ff. (Cornelius).

二〇九　卷四八七

《霍小玉傳》（蔣防撰）李益於妻"心懷疑惡，猜忌萬端，竟訟於公庭而遣之，三娶率皆如初。"按《全唐文》卷六三四李翱《論故度支李尚書狀》："朝廷公議皆云，李尚書性猜忌，甚於李益，而出其妻"；是李十郎事並上達帝聽。諺曰："疑心自生鬼"，此則"疑心自認龜"也①。《國史補》卷中舉時士患"心疾"者，有云："李益少有疑病，亦心疾也。"

① Cf. Jonson, *Every Man in his Humour*, V. i, Justice Clement (on Master Kitely): "Horns in the mind are worse than on the head", *Plays*, "Everyman's", I, 623.

二一〇　卷四八八

《鶯鶯傳》（元稹撰）崔氏報張生書曰：“兼惠花勝一合、口脂五寸，致耀首膏唇之飾。雖荷殊恩，誰復爲容！……玉環一枚，是兒嬰年所弄，寄充君子下體所佩，玉取其堅潤不渝，環取其終始不絶。兼亂絲一絇、文竹茶碾子一枚。此數物不足見珍，意者欲君子如玉之貞，弊志如環不解，淚痕在竹，愁緒縈絲，因物達情。”按贈玉環而以玉望人、以環喻己，一物分屬彼此，寓意酷似盧仝《自君之出矣》：“妾有雙玉環，寄君表相憶：環是妾之心，玉是君之德。”此一節文前半如《全後漢文》卷九六徐淑《答夫秦嘉書》：“素琴之作，當須君歸；明鏡之鑑，當待君還；未奉光儀，則寶釵不設也；未侍帷帳，則芳香不發也。”後半如《全漢文》卷二〇鄒長倩《遺公孫弘書》：“勿以小善不足修而不爲也，故贈君素絲一緵。……士有聚斂而不能散者，將有撲滿之敗，可不誡歟！故贈君撲滿一器”；《全三國文》卷七五孫仲奇妹《臨亡書》：“鏡與粉盒與郎，香奩與若，欲其行身如明鏡，純如粉，譽如香”；《玉臺新詠》卷四鮑令暉《代葛沙門妻郭小玉詩》：“君子將遥役，遺我雙題錦；臨當欲去時，復留相思枕。題用常著心，枕以憶同寢。”賈至《寓言》之二：“聞有關河信，欲寄雙玉盤，玉以委貞心，盤以薦嘉餐”；一物兼寓兩意，而非兩意分指兩人。韓愈《寄崔二十六立之》：“我有雙飲盞，其銀得朱提，黄金塗物象，雕鎸妙工倕：乃令千里鯨，么麽微螽斯，猶能争明月，擺掉出渺瀰；野草花葉細，不辨資菉葹，……四隅芙蓉樹，擢艷皆猗猗。鯨以興君身，失所逢百罹；月以喻夫道，僶勉勵莫虧；草木明覆載，妍醜齊榮萎”；更就一物生發，不假殊品。黄庭堅《送王郎》：“酌君以蒲城桑落之酒”云云，歷來談藝者皆謂其仿鮑照《擬行路難》：“奉君金卮之美酒”云云；然黄詩申說：“酒澆胸中之磊塊”云云，補出崔鶯鶯所謂“因物達情”，則兼師鮑令暉詩，鎔鑄兄妹之作於一鑪焉。

二一一　卷四九〇

《東陽夜怪録》敬去文自誇《咏雪》，有“愛此飄颻六出公”之句，因曰：“曹州房難云：‘呼雪爲公，得無［無］檢束乎?’余遂徵古人尚有呼竹爲‘君’，後賢以爲名論，用以證之。曹州房結舌，莫知所對。然曹州房素非知詩者。”按此篇中雙關影射語多加自註，“曹州房”獨未，竊疑亦指犬；卷一九四《崑崙奴》（出《傳奇》）：“一品宅有猛犬，……其猛如虎，即曹州孟海之犬也”，“房”如“長房”、“次房”之“房”，同族之異裔者。敬去文不引“天公”、“雷公”爲答，殆以“此公”必得“此君”解圍耳。劉禹錫《送僧方及南謁柳員外》：“山果屬狙公”，自註：“按‘狙公’宜斥賦芧者，而《越絶書》有‘猨公’，張衡賦《南都》有‘猨父長嘯’之句，繇是而言，謂猨爲‘公’舊矣”；劇類去文之自解，“斥”、指也，非責也，《詩》鄭《箋》、孔《疏》中習用（如《出車》、《節南山》、《既醉》、《車攻》、《雝》）。盧仝《蕭宅二三子贈答詩》中“石兄”、“竹弟”、“石公”、“井公”，疊出頻見，去文似未之或知也。袁凱《雷震田夫耕牛謡》有“雷哥哥”之稱；石成金《傳家寶》三集釋志明《野狐詩》三〇首之一三：“那巖打坐這巖眠，聽了松聲又聽泉；常笑風爹多禮數，花香直送到牀前”；“雷哥”、“風爹”與“雪公”連類。《荀子·賦篇》稱雲曰：“友風而子雨”；《後漢書·李固傳》對策：“臣聞王者父天母地”，章懷註引《春秋感精符》：“故父天母地，兄日姊月”，乃指親屬之誼，非相稱謂之詞，與此貌同心異。意大利古詩《萬物頌》有“月姊”、“風哥”、“水姊”、“火哥”（sora luna，frate vento，sor'acqua，frate focu）諸稱[①]，庶幾“雪公”、“雷哥”、“風爹”之倫；其最奇者爲“后土娘娘姊姊”（sora nostra matre terra），《梁書·元帝紀》南平王恪等奉牋稱“明公大王殿下”，《西遊記》第五四回西梁女國王稱唐僧曰“御弟哥哥”，若是班乎。

【增訂四】稱“后土”曰“母”，而復連稱之曰“姊”（sora nostre matre terra），已爲離奇；但丁詩中稱聖母瑪利亞尤顛倒倫常，却自有義理：“完處子身之母，以所生子爲父之女，卑而又尊於兒”（Vergine madre，figlia del tuo figlio，/ umile ed alta più che creatura. —*Paradiso*，XXXIII，1–2）。意語、法語皆稱祖國爲“父國”而以“阿母”呼之（madre patria，mère patrie）；當世法國社會學家遂謂國家儼若雌雄兩性體，觀“父國母親”之怪稱足徵（La nation est，en effet，bisexuée.…La fusion du maternel et du paternel se manifeste . . . dans l'étrange association de la formule sacramentelle：“mère-patrie” —Edgar Morin，*Sociologie*，1984，p. 131）。吾國古語“父母國”、“父母之邦”，可出新義於舊

① San Francesco d'Assisi：“Il Cantico delle Creature”，L. R. Lind ed.，*Lyric Poetry of the Italian Renaissance*，2.

解矣。

智高曰："一夕之聚，空門所謂'多生有緣，宿鳥同樹'者也。"按隋譯《佛本行集經·剃髮染衣品》第二二下太子命車匿去，爲説偈曰："譬如大樹衆鳥羣，各從諸方來共宿，後日别飛各自去，衆生離别亦復然"；《法苑珠林》卷六五引《五無返復經》有婦喪夫不哭，梵志怪而問之，婦説喻言："譬如飛鳥，暮宿高林，同止共宿，伺明早起，各自飛去，行求飲食；有緣即合，無緣即離。我等夫婦，亦復如是"，常諺"夫妻本是同林鳥，大限來時各自飛"，當出於此。白居易詩好用此語，如《詠懷》："心似虚舟浮水上，身同宿鳥寄林間"，《在家出家》："夜眠身是投林鳥，朝飯心同乞食僧"，《逸老》："眷屬偶相依，一夕同栖鳥"；范成大《石湖詩集》卷一五《陳仲思等追路過大通相送，留詩爲别》："嗟我與五君，曩如栖鳥聚。偶投一林宿，飄摇苦風雨。明發各飛散，後會渺何處。栖鳥固無情，我輩豈漫與!"

【增訂三】《全金元詞》一二一九頁姬翼《青杏兒》之三："妻男眷戀何時盡？同枝宿鳥，天明解散，各自東西。"《紅樓夢》第五回《仙曲十二支·飛鳥各投林》則云："好一似食盡鳥投林，落了片白茫茫大地真乾淨。"鳥食飽而各投林，鳥眠足而各去樹，取象相反，喻事相同，均謂偶聚合而終分散也。修詞取譬，可資舉隅。

樊增祥《樊山詩集》三刻卷八《蒲州道中閲題壁詩戲書其後》："敬文苗立總能詩，塗徧蒲東及絳西"，正用《夜怪録》中狗、貓賦詩事；貓名"苗介立"者，草書"貓"字"豸"傍近草書"介"字也。李昌祺《剪燈餘話》卷三《武平靈怪録》摹擬《夜怪録》；然此篇惡詩皆出於游戲，所以嘲諷文士，而李篇諸什經心刻意，不特“靈怪”自以爲工，即李氏亦不知其徒成苦海中物。蓋李氏自運，庸音蕪藻，高出敬文苗立，正復無幾，觀卷四《元白遺音》可見也。

二一二　卷四九六

《趙存》（出《乾𦠆子》）陸象先信佛，其弟竊非曰："家兄溺此教，何利乎？"象先曰："若果無冥道津梁，百歲之後，吾固當與汝等。萬一有罪福，吾則分數勝汝。"按宗教誘人，常持此論，始發於尊天事鬼之墨翟。《墨子·明鬼》下："若使鬼神請［誠］有，是得其父母姒兄而飲食之也，豈非厚利哉！若使鬼神請［誠］無，是乃費其所爲酒醴粢盛之財耳。……内者宗族，外者鄉里，皆得如具飲食之。……此猶可以合歡聚衆。"《青瑣高議》前集卷二《慈雲記》："通判牛注謂師曰：'天堂地獄有之乎？'師曰：'寧可無而信，不可使有而不信也'"；即其意而言尤簡括。西方誦説巴斯楷爾勸人虔奉上帝語，謂寧可信有神道，如賭博下注然，勝則有大利，負却無毫髮損失（Oui，il faut parier. Si vous gagnez，vous gagnez tout；si vous perdez，vous ne perdez rien）①；吾國先秦以來兹説舊矣。

① Pascal，*Pensées*，III. 233，ed. V. Giraud，147.

二一三　卷四九八

《李宗閔》（出《幽閒鼓吹》）李德裕復書曰："怨則不怨，見則無端。"按《劉賓客嘉話録》記王縉下獄，問詞曰："身爲宰相，夜醮何求？"王對："知則不知，死則合死。"宋人詞每有此句法，如李甲《帝臺春》："拚則而今已拚了，忘則怎生便忘得？"，曾揆《謁金門》："去則而今已去，憶則如何不憶？""則"前而"即"後，則如《五燈會元》卷一五淨戒守密章次："似則恰似，是即未是"；"即"前而"則"後，即如《青瑣高議》後集卷六《范敏》："將軍怒，面若死灰，曰：'歌即不望，酒則須勸一杯'"；前後均"即"，猶李德裕《書》等之前後均"則"者，有如《五燈會元》卷五仙天禪師章次："師曰：'還將南溪消息來麼？'洛瓶曰：'消即消已，息即未息。'""即"與"則"宋前通用，無間雅俗，宋以來則多見諸語録、詞曲、小説而已。《墨子·兼愛》上："即必曰，……然即之交别者，……然則敢問，……即此文王兼也"；連行接句諸"即"字入宋明古文當爲"則"耳。《妙法蓮華經·常不輕菩薩品》第二〇："豈異人乎？則我身是"，宋明文當曰"即我"；《摩訶止觀》卷五："若從一切心生一切法者，此則是縱；若一時含一切法者，此即是横"，互文更見同義。《漢書·王莽傳》上哀帝白太后："大司馬即不起，皇帝即不敢聽政"，却不得混爲一談；前"即"乃"如"、"倘"、"脱"之義，非此所謂"即"，後"即"即通"則"也。